FUSSBALL
Weltmeisterschaften

**Weltmeisterschaft 1930
in Uruguay**   6

**Weltmeisterschaft 1934
in Italien**   15

**Weltmeisterschaft 1938
in Frankreich**   26

**Weltmeisterschaft 1950
in Brasilien**   37

**Weltmeisterschaft 1954
in der Schweiz**   46

**Weltmeisterschaft 1958
in Schweden**   62

**Weltmeisterschaft 1962
in Chile**   75

**Weltmeisterschaft 1966
in England**   89

**Weltmeisterschaft 1970
in Mexiko**   111

**Weltmeisterschaft 1974
in Deutschland**   130

INHALT

Weltmeisterschaft 1978
in Argentinien 150

Weltmeisterschaft 1982
in Spanien 166

Weltmeisterschaft 1986
in Mexiko 186

Weltmeisterschaft 1990
in Italien 208

Weltmeisterschaft 1994
in den USA 233

Weltmeisterschaft 1998
in Frankreich 250

Weltmeisterschaft 2002
in Südkorea und Japan 270

Weltmeisterschaft 2006
in Deutschland 288

Weltmeisterschaft 2010
in Südafrika 308

**Statistik zur Geschichte
der Fußball-Weltmeisterschaft** 324

Weltmeisterschaft 1930 in Uruguay

Ehe der erste Ball rollte, verstaubten Stöße von Papier in Schubladen und Schränken, wurden jahrelang Briefe nutzlos hin und her geschickt, traf man sich ergebnislos zu Konferenzen. Die Fußball-Weltmeisterschaft war eine schwere Geburt.

Dabei hatten ihre Väter eigentlich schon kurz nach der Jahrhundertwende den kühnen Plan gehegt, sie zu schaffen. Der Holländer Hirschmann sprach schon am 23. Mai 1904 von einem »Welt-Turnier« mit Meisterschaftscharakter. Doch er wurde noch ausgelacht.

Hirschmann war einer jener sechs Gründungsmitglieder gewesen, die den Fußball-Weltverband aus der Taufe hoben: Frankreich, Belgien, Holland, Dänemark, die Schweiz und Spanien standen Pate, als die FIFA das Licht der Fußball-Welt erblickte.

Es strahlte noch nicht allzu hell in jener Zeit. Fußball – das war jener Rabauken-Sport, der vornehmlich in England gepflegt wurde, wo man von jeher eine etwas andere Einstellung zu den Dingen des Lebens an den Tag legte. Kein Wunder, daß die spleenigen Tommys auch nichts dabei fanden, junge Männer in kurzen Hosen hinter einem ledernen Ball herlaufen zu lassen und ihnen sogar noch Geld dafür zu geben.

England indessen, das Mutterland, trieb auch in dieser Rolle seine splendid isolation auf die Spitze. Ein Fußball-Weltverband – lächerlich! Was wollten diese kontinentalen Wichtigtuer denn? Etwa Old England Macht und Kontrolle über das Spiel mit dem runden Leder abnehmen? Die Briten gaben nicht einmal eine Antwort, als sie zur Gründungsversammlung nach Paris eingeladen wurden.

FIFA also ohne England – aber auch noch ohne Deutschland, ohne Italien, ohne die Donau-Monarchie und vor allem ohne die Südamerikaner. Doch Hirschmann, der Holländer, sprach kühn von einer Weltmeisterschaft. Zwei Jahre später, als immerhin schon 12 nationale Verbände dem Weltverband angehörten, legte er sogar einen Spielplan vor – ohne Rücksicht auf Mitgliedschaft: Gruppe 1: die Verbände Großbritanniens, Gruppe 2: Spanien, Frankreich, Belgien, Holland; Gruppe 3: Ungarn, Österreich, Italien, Schweiz; Gruppe 4: Deutschland, Dänemark, Schweden.

Der Plan fand begeisterten Widerhall, aber kaum konkrete Unterstützung. Kein Land meldete wirklich für diese WM, der eine wahrhaft gesamteuropäische Idee zugrunde lag. Und so vergingen Jahre, ehe sie wirklich Gestalt annahm. Erst als Hirschmann Generalsekretär der FIFA geworden war, hielt er es für angebracht, das Thema wieder auf die Tagesordnung zu bringen. Diesmal mit Erfolg: die FIFA beschloss, das olympische Turnier 1916 in Berlin zugleich als Weltmeisterschaft auszuschreiben.

WELTMEISTERSCHAFT 1930 IN URUGUAY

Das ist das riesige Stadion Centenario mit seinen Betontribünen und einem Fassungsvermögen von rund 100000, damals auch für die europäischen Besucher eine absolute Sehenswürdigkeit.

Kanonen übertönten die olympische Glocke. Der Erste Weltkrieg zerstörte nicht nur diesen Plan. Nur im fernen Südamerika, wohin der Krieg kaum Schatten warf und wo man die WM-Bestrebungen mit großem Interesse verfolgt hatte, bestand noch die Chance, dem Fußball Priorität einzuräumen. Während Europas Jugend bei Verdun verblutete, rollte in Buenos Aires der Ball zu einer ersten, freilich inoffiziellen »Weltmeisterschaft«.

Beim FIFA-Kongreß 1920 in Brüssel lebte mit der Wahl des Franzosen Jules Rimet zum Präsidenten die Idee einer »echten« WM wieder auf. Schon Jahre zuvor hatte Rimet den Plan leidenschaftlich unterstützt. Jetzt sah er die große Chance zur Verwirklichung.

Doch immer noch dauerte es ein Jahrzehnt, ehe die Zeit reif war. Europas kleines Karo, in der großen Politik scheinbar überwunden, beherrschte nach wie vor Hirne und Herzen der Menschen. Auch der Deutsche Fußball-Bund vermochte sich mit dem Gedanken einer WM nicht anzufreunden. Die offenbar allen deutschen Sportfunktionären angeborene Skepsis gegenüber der Entwicklung ließ DFB-Präsident Felix Linnemann, von Beruf Kriminalkommissar, zu einem Führer der Opposition werden.

Doch die Befürworter hatten die stärkeren Argumente: Zunächst einmal wollte die FIFA dem olympischen Turnier den Glanz fußballsportlicher Exklusivität nehmen. Denn die IOC-Bosse hatten den Fußball naserümpfend an den Rand des Programms geschoben. In Amsterdam wurde das Turnier Monate vor den eigentlichen Spielen ausgetragen.

Österreich, Ungarn und die ČSSR hatten zudem den Berufsfußball eingeführt und damit einen Zustand legalisiert, der in den Nachbarländern nicht anders war, aber weiterhin ignoriert wurde. Ja, der DFB erließ sogar einen Boykott gegen die österreichischen Profis, die natürlich auch nicht länger bei Olympischen Spielen auftreten konnten, ebensowenig wie Ungarn und Tschechen.

Österreichs Fußball-Boss Dr. Hugo Meisl war darum auch einer der eifrigsten Befürworter einer WM, die offen sein sollte für »alle« Spieler und somit auch den britischen Profis den Weg in die Gemeinschaft der FIFA hätte ebnen können.

Mit großer Mehrheit beschloß die FIFA, ab 1930 alle vier Jahre eine Weltmeisterschaft zu veranstalten. DFB-Präsident Linnemann hatte sich der Stimme enthalten, wurde aber dennoch in die Dreier-Kommission berufen, die das erste Turnier vorbereiten sollte. Die anderen Mitglieder waren Hugo Meisl und der Franzose Henri Delauney, der Jahrzehnte später erfolgreiche Initiativen für die Fußball-Europameisterschaft entwickelte.

Doch die Hoffnungen, man würde sich um das erste WM-Turnier in der Geschichte des Fußballs reißen, erfüllten sich nicht. Allgemein waren Deutschland und Österreich als Bewerber erwartet worden, doch es ging keine Offerte ein. Selbst eine Bitte der FIFA um Ausrichtung fand kein Gehör. Beim DFB zierte man sich immer noch, an einem Turnier überhaupt teilzunehmen, das auch Profis offen stand.

Da Wien noch über kein genügend großes Stadion verfügte (erst 1929 wurden die Pläne für das Prater-Stadion genehmigt), unverbindliche Anfragen Schwedens und Italiens kein echtes Interesse verrieten, stand die FIFA 1929 immer noch mit leeren Händen da. Da tauchte wie ein rettender Engel Uruguay auf, dessen Fußballer 1924 in Paris und 1928 in Amsterdam die olympische Goldmedaille gewonnen hatten.

Die FIFA atmete auf: Als Veranstalter schien ihr das kleine Land am Rio de la Plata zwar suspekt, doch die Furcht vor der Blamage, auf der WM sitzenzubleiben wie auf einem alten Ladenhüter, war noch stärker. Pfingsten 1929 vergibt der FIFA-Kongress in Barcelona die WM nach Montevideo.

Weltmeisterschaft 1930 – Der Verlauf des Turniers

Erste Runde	Semifinale	Finale
Gruppe 1 1. Argentinien 2. Chile 3. Frankreich 4. Mexiko		
Gruppe 2 1. Jugoslawien 2. Brasilien 3. Bolivien	Uruguay 6 Jugoslawien 1	
Gruppe 3 1. Uruguay 2. Rumänien 3. Peru		Uruguay 4 Argentinien 2
Gruppe 4 1. USA 2. Paraguay 3. Belgien	Argentinien 6 USA 1	

Unverzüglich begann man dort mit dem Ausbau des »Centenario«, des Stadions. 1,6 Millionen Mark wurden investiert, dann hatte das kleinste Fußball-Land der Welt die größte Arena: 100 000 Zuschauer faßte das »Centenario«, das »Stadion des Jahrhunderts«.

Doch die Europäer verspürten nun keine große Lust mehr, sich in diesem Wettbewerb zu engagieren. WM in Südamerika? Das hatte wenig Reiz für sie. Die weite Reise (damals noch zu Schiff), das unbekannte Land, klimatische und finanzielle Überlegungen waren stärker als die sportliche Einstellung. Mit überhöhten finanziellen Forderungen versuchte man, sich aus der Affäre zu ziehen. 60 000 Mark sollte der Veranstalter den Europäern zahlen und alle Unkosten übernehmen. Das war das Doppelte von dem, was Uruguay bei den Olympischen Spielen in Europa bekommen hatte.

Verständlicherweise wehrten sich die »Urus«. Als sogar die Holländer absagten, die erst zwei Jahre zuvor mit den Uruguayern und Argentiniern ihre Stadien gefüllt hatten, zog eine erboste Menschenmenge vor das Gebäude der holländischen Botschaft, verbrannte niederländische Fahnen und machte seiner Enttäuschung durch Schmährufe auf Königin Wilhelmine Luft.

Südamerikas Verbände solidarisierten sich mit dem schmählich im Stich gelassenen Uruguay und drohten mit Austritt aus der FIFA. Verzweifelt reiste Jules Rimet durch Europa, um doch noch einige Nationen zur Teilnahme zu bewegen. Immerhin sagte der von ihm geführte französische Verband zu, und auch die Belgier zogen mit. Jugoslawien und Rumänien hatten sich schon vorher zur Teilnahme entschlossen.

Drei der vier Mannschaften traten gemeinsam die Reise an. Franzosen, Belgier und Rumänen gingen im französischen Hafen Villafrance an Bord des Dampfers »Conte Verde«. Mit ihnen schifften sich die Schiedsrichter Langenus aus Belgien und Fischer aus Ungarn ein. Amüsiert beobachteten sie die unterschiedlichen Methoden der drei Mannschaften, sich während der langen Schiffsreise fit zu halten. Die Belgier bevorzugten Turnübungen, die Franzosen hielten mehr vom Kartenspiel ...

Bei der Zwischenlandung in Rio gingen auch die Brasilianer an Bord des Schiffes. Ihr Fußball hatte zwar noch nicht den Stand Uruguays und Argentiniens erreicht, doch das soziale Niveau, so beobachtete Schiedsrichter Fischer, war erstaunlich hoch: alle Spieler waren Beamte oder Studenten, Söhne von hohen Offizieren oder bekannte Persönlichkeiten des öffentlichen Lebens.

Alle Gäste wurden von den uruguayischen Gastgebern stürmisch begrüßt. Der Enthusiasmus, die Erwartung, die in jeder Beziehung an die WM geknüpft wurde, war in diesem kleinen Land überwältigend.

Flanke von Andrade im Spiel Uruguay – Rumänien (4:0) – eine Aufnahme von Seltenheitswert.

José Leandro Andrade mit dem legendären Masseur Ernesto »Matucho« Figoli, der die uruguayischen Olympiasieger- und Weltmeister-Mannschaften der Jahre 1924, 1928, 1930 und 1950 betreute.

Zwei der wenigen Fotos vom ersten Endspiel um eine Fußball-Weltmeisterschaft.
Links: Stabile, der Torschützenkönig des WM-Turniers von Monevideo, in Aktion.
Rechte Seite: Nasazzi (ganz links) und Andrade (Mitte) sichern das Tor bei einer hohen Flanke der Argentinier.

Da fiel kaum ins Gewicht, daß die Organisation nicht ganz Schritt halten konnte, daß der Ausbau des Stadions nicht pünktlich abgeschlossen war und nicht einmal zuverlässige Informationen über sein Fassungsvermögen erhältlich waren. Die Veranstalter gaben es mit 80 000 an, doch zum Eröffnungsspiel sollen 100 000 Platz gefunden haben, während weitere 40 000 keinen Einlaß mehr fanden, obwohl im Innern die Gitter niedergerissen wurden. Indigniert vermerkte Schiedsrichter Langenus ferner, zu keiner der angesetzten Besprechungen seien die südamerikanischen Kollegen »auch nur annähernd pünktlich« erschienen.

Das Turnier begann (am 13. Juli 1930), und es begann gleich mit einer bösen Überraschung für die Europäer: Belgien unterlag den USA mit 0:3. Sieben ehemalige schottische Profis, in den USA eilends naturalisiert, bildeten den Stamm der Mannschaft, die im zweiten Spiel auch Paraguay – mit dem gleichen Ergebnis – erledigte.

Insgesamt waren 13 Mannschaften am Start, aufgeteilt in vier Gruppen. Die Amerikaner qualifizierten sich klar als Sieger der Gruppe 4.

In den anderen Gruppen setzten sich die Favoriten durch: Argentinien, Jugoslawien und natürlich Uruguay, das gegen Peru zwar nur 1:0, aber gegen Rumänien mit 4:0 gewann. Schätzungsweise 100 000 Fans hatten das Premieren-Match der Gastgeber gesehen und 25 811,50 Pesos Eintritt bezahlt.

Bestes Spiel der Vorrunde war Jugoslawiens 2:1-Sieg über Brasilien gewesen. Die »Jugos« mußten auf mehrere Stammspieler verzichten und hatten dafür drei in Frankreich tätige »Gastarbeiter« aufgeboten.

In der Gruppe 1 hatte es Frankreich mit Argentinien zu tun. 25 000 Zuschauer waren gekommen, um die Europäer gegen den »Erzfeind« zu unterstützen. Das nutzte auch etwas – bis zur 81. Minute. So lange hatte Frankreichs großartiger Torwart Thépot alle Schüsse der Südamerikaner gehalten, waren die Abwehrspieler der Tricolore wie die Teufel in die Angriffe der »Gauchos« gefahren. Doch in dieser 81. Minute verließ das Glück die tapferen Franzosen. Argentiniens Mittelläufer Monti jagte einen Freistoß direkt ins Tor. Thépot war die Sicht versperrt gewesen.

Nach dem Match, das vier Minuten zu früh abgepfiffen wurde, stürmten argentinische Schlachtenbummler das Spielfeld. Halbstürmer Cherro erlitt vor Freude einen Nervenschock. Er konnte in den weiteren Spielen nicht mehr eingesetzt werden.

WELTMEISTERSCHAFT 1930 IN URUGUAY

Die Auslosung des Halbfinals kam den Wünschen der Gastgeber weitgehend entgegen: die USA mußten gegen Argentinien antreten, Uruguay hatte es mit Jugoslawien zu tun. Damit zeichnete sich das Wunsch-Finale ab: Uruguay–Argentinien, eine Wiederholung des olympischen Endspiels von Amsterdam zwei Jahre zuvor, wo die »Urus« erst in der Wiederholung mit 2:1 die Goldmedaille gewonnen hatten. Immer noch standen fünf Spieler dieses Teams in ihrem Aufgebot: der Verteidiger Nasazzi, die großartige Läuferreihe Andrade, Fernandez, Gestido und Halbstürmer Scarone.

José Nasazzi war Kapitän, mit drei Goldmedaillen ging er als erfolgreichster Mannschaftsführer aller Zeiten in die Geschichte ein. Auch nach seiner aktiven Laufbahn blieb er die große Persönlichkeit, die er auf dem grünen Rasen gewesen war. Über 30 Jahre lang war er Generaldirektor des Spielkasinos von Montevideo, Generationen von bekannten Fußballern verdienten bei ihm, zum Teil als Croupiers, ihr Gnadenbrot.

Viele tausend Argentinier waren mit Schiffen über die Mündung des La Plata gekommen, um das Halbfinalspiel ihrer Elf gegen die USA zu sehen. 1200 Polizisten sicherten das »Centenario«, um Tumultszenen wie beim Spiel Uruguay – Peru zu verhindern.

Doch diesmal ging alles viel reibungsloser. Zwar erzielten die Argentinier bis zur Pause nur ein Tor, als US-Goalie Douglas einen Aufsetzer falsch berechnete, doch im zweiten Durchgang setzte sich ihr großartiges Passspiel durch. Fünf Treffer, allesamt begeisternd herausgespielt, demoralisierten die Yankees, die erst ganz zum Schluss zum Ehrentreffer kamen.

Vier Helden der 1930er Nationalelf, die für Uruguay nach zwei Olympiasiegen in Paris und Amsterdam schließlich auch die Weltmeisterschaft errang. Von links nach rechts: Verteidiger Nasazzi, Mittelläufer Fernandez, Halbstürmer Scarone und Außenläufer Gestido.

Mit dem gleichen Resultat, 6:1, war auch Gastgeber Uruguay gegen Jugoslawien erfolgreich. Hier jedoch half der brasilianische Schiedsrichter Rego, der schon die Partie Argentinien – Frankreich zu früh abgepfiffen hatte, tüchtig mit. Sein europäischer Kollege Langenus bescheinigte ihm »glattes Versagen«.

Möglicherweise hätten die Gastgeber auch mit einem anderen Referee gewonnen, obwohl sie nach nur vier Minuten eine kalte Dusche über sich ergehen lassen mußten: Sekulic erzielte das 1:0 für Jugoslawien. Minutenlang brauchte der Favorit, den Schock zu überwinden. Erst nach 19 Minuten gelang ihm der Ausgleich: Schiedsrichter Rego übersah großzügig die Abseitsposition von drei (!) Uruguayern. Cea schoß ein.

Dann lief die Spielmaschine der Andrade, Nasazzi und Scarone auf Hochtouren. Anselmo erzielte das 2:1, Cea (2) und Iriarte die weiteren Treffer. Beim Stande von 2:1 hatte Jugoslawien noch einmal den Ausgleich erzielt, den Rego jedoch nicht anerkannte. Der Brasilianer war der erste in jener langen Liste von Unparteiischen, die bei Weltmeisterschaften böse Geschichte(n) machten. Nur die weite Entfernung und der noch unterentwickelte Stand der Kommunikationsmittel hat wahrscheinlich verhindert, daß er heute mit Zsolt, Aston, Dienst, Kreitlein oder Yamasaki in einem Atemzug genannt wird.

Die Final-Gegner standen damit fest: Uruguay gegen Argentinien, die beiden herrschenden Fußball-Mächte des südamerikanischen Halb-Kontinents, der Zwerg gegen den Riesen, der kleine gegen den großen Nachbarn.

Wieder kamen sie zu Tausenden über den Rio de la Plata, der an seiner Mündung 200 km breit ist, wieder standen

Rangliste der Torschützen

18 Spiele – 70 Tore

8 Tore	Stabile (Argentinien)
5 Tore	Cea (Uruguay)
4 Tore	Subiarde (Chile)
3 Tore	Bek (Jugoslawien)
	Netto (Brasilien)
	Patenaude (USA)
	Peucelle (Argentinien)
2 Tore	Castro (Uruguay)
	Dorado (Uruguay)
	Iriarte (Uruguay)
	Maschinot (Frankreich)
	McGhee (USA)
	Monti (Argentinien)
	Scopelli (Argentinien)
	Staucin (Rumänien)
	Varallo (Argentinien)
	Wisitainer (Brasilien)
1 Tor	18 weitere Spieler

WELTMEISTERSCHAFT 1930 IN URUGUAY

Tausende von Polizisten bereit, um den größten Teil der Argentinos einer Leibesvisitation zu unterziehen. »Kein argentinischer Revolver im Centenario!« war die Parole, die unter anderem Schiedsrichter Langenus ausgegeben hatte. Hinter jedem Tor war eine eigene Leibwache für ihn postiert. Er hatte darum gebeten.

Dann begann das Spiel, das erste Finale um eine Fußball-Weltmeisterschaft. Es begann mit großer Erbitterung, denn der tagelange Publicity-Krieg zwischen den beiden Gegnern hatte die Stimmung angeheizt. Die Zeitungen überschlugen sich fast in Berichten und Kommentaren, ein Tatbestand, der für Europäer erst Jahrzehnte später zur Gewohnheit wurde.

Die Argentinier waren eher im Bilde. Nach anfänglicher Nervosität begannen sie, das Spiel zu gestalten. Doch wie so oft in solchen Situationen, fiel das erste Tor für die scheinbar unterlegene Elf: Scarone, Uruguays brillanter Halbstürmer, paßte zu Dorado: 1:0!

Jubelstürme stiegen in den blauen Himmel über dem Stadion, doch sie verebbten jäh, als Peucelle fast schon im Gegenzug ausglich. Dann, in der 24. Minute, ein böser Schock für die Gastgeber: Guillermo Stabile, Jahrzehnte später Trainer der argentinischen Mannschaft, spielte sich durch und brachte die Gäste in Führung.

Im Zuschauer-Sektor der Frauen holen die uruguayischen Senoritas ihre Rosenkränze aus den Handtaschen und schickten inbrünstige Gebete zur heiligen Jungfrau gen Himmel. Doch es mussten noch viele Perlen durch die Finger gleiten, ehe Cea (in der 60. Minute) wenigstens den Gleichstand hergestellt hatte.

Dann jedoch gewann die glänzende Läuferreihe der »Urus« endgültig die Oberhand. José Leandro Andrade, die »schwarze Perle«, glänzte heller als die Sonne. Immer wieder schickte er seine Passbälle in den Sturm, wo Scarone, Cea und Castro lauerten.

Es war nur logisch, daß Iriarte Uruguay in Führung brachte und Castro kurz vor Schluss mit einem Kopfball den Sieg sicherte.

Was dann geschah, war sogar für den weitgereisten FIFA-Präsidenten Jules Rimet unvergeßlich. In seinen Memoiren schreibt er: »Nie zuvor habe ich solche Beispiele von emotioneller Leidenschaft, Enthusiasmus und Begeisterung erlebt, wie sie dieser Sieg freisetzte. Als die Fahne Uruguays am Siegesmast hochstieg, die Spieler des Weltmeisters weinend dem Fahnentuch nachschauten, schien sich das ganze Volk des Weltmeisters im Stolz auf diesen Erfolg zu verbinden ...«

Niemand versagte Uruguay die Anerkennung. Der erste Weltmeister hatte seine Siegesserie von Paris und Amsterdam logisch fortgesetzt, sein Spiel aber auch weiterentwickelt. Schon damals spielte Uruguay mit einer Art »Libero«. José Nasazzi verkörperte ihn mit der ganzen Kraft seiner Persönlichkeit. Seine Aufgabe bestand – wie heute – darin, Schloss am Abwehrriegel zu sein, die gegnerischen Steilpässe abzufangen, zugleich aber auch das eigene Spiel anzukurbeln, der Offensive Impulse zu geben, den freien Raum zu nutzen.

Uruguay hatte gewiss den leichteren Weg ins Finale als Argentinien, steigerte sich aber von Spiel zu Spiel und besaß im Endeffekt nicht nur die größeren Persönlichkeiten, sondern auch die homogenere Mannschaft.

Viel schwerer jedoch fiel ins Gewicht, daß diese erste Weltmeisterschaft allen Unkenrufen zum Trotz ein Erfolg gewesen war. Zwar schrieben deutsche Blätter noch über das »Märchen von der WM«, zwar weigerten sich die Nationen, die nicht dabei waren, den Standpunkt der Ignoranz aufzugeben, doch alle Beteiligten stellten einhellig fest: es war eine Sache, die es verdient hat, wiederholt und zur dauernden Einrichtung gemacht zu werden. »Ein Erfolg für Südamerika«, stellte Präsident Rimet fest, »aber auch ein Sieg des Fußballs und seiner kommunikativen Wirkung.«

Nicht zuletzt blieb auch die wirtschaftliche Bilanz positiv. Bei Unkosten von rund 200 000 Peso waren 255 000 Peso eingenommen worden, davon 35 057,20 im meistbesuchten Spiel, dem Halbfinale Uruguay–Jugoslawien. So erhielt jeder der 13 Teilnehmer noch einen mehr oder minder ansehnlichen Betrag ausbezahlt, was die europäischen Teams nicht hinderte, ihre Kasse durch lukrative Freundschaftsspiele im Lande weiter aufzubessern.

Weltmeisterschaft 1934 in Italien

Trotz aller Widrigkeiten konnte die FIFA das erste Welt-Turnier des Fußballs, 1930 in Uruguay veranstaltet, als Erfolg bilanzieren. Somit stand es auch Pate bei der Durchführung des zweiten, in positiver wie in negativer Hinsicht ...

Schon mit der Niederlage Italiens beim FIFA-Kongress in Barcelona 1929 war der Veranstalter des 34er Turniers eigentlich gegeben. Zudem bekamen die Italiener politischen Rückenwind: Benito Mussolini war Ministerpräsident, seine faschistische Bewegung brauchte das Spektakel und den nationalen Erfolg. Ein Rezept, das Hitler mit den Olympischen Spielen 1936 in Berlin ebenso anwandte.

Die »Copa mondiale di Calcio« war dem »Duce« etliche Millionen Lire wert. In Turin, Florenz und Neapel entstanden prächtige neue Stadien, in Mailand und anderen Städten wurden vorhandene Arenen renoviert. Die ganze Welt sollte Italiens Glanz und Größe sehen oder wenigstens davon lesen – und sei es nur in der Projektion auf ein sportliches Ereignis.

Am 27. Mai 1934 in Florenz. Deutschland spielt zum erstenmal um die Weltmeisterschaft; gegen Belgien treten an, von links: Haringer, Hohmann, Kress, Siffling, Zielinski, Schwartz, Conen, Kobierski, Janes, Lehner, Szepan.

Doch zunächst einmal kam die Ernüchterung. Uruguay hatte nicht vergessen, dass Italien dem Turnier 1930 ferngeblieben war. Die Südamerikaner rächten sich bitter: der Weltmeister verteidigte seinen Titel nicht! Italien war schockiert und in seinem Stolz tief getroffen. Doch alles Lamentieren half nichts: Uruguay blieb im Abseits, gab den »Coupe Jules Rimet« freiwillig preis.

Dennoch meldeten sich immerhin 32 Länder für die zweite Weltmeisterschaft. Welch ein Fortschritt gegenüber 1930, als mit Mühe und Not nur ganze 13 auf die Beine gebracht wurden! Erstmals mußten Qualifikationsspiele angesetzt werden, da nur 16 Teams an der Endrunde in Italien teilnehmen konnten. Deutschland schlug Luxemburg 9:1. Österreich und Ungarn kamen ebenfalls klar durch.

Überhaupt – Österreich: Zwei Jahre zuvor hätte es kaum einer, anderen Favoriten für dieses Turnier gegeben, den Weltmeister vielleicht ausgenommen. Das »Wunderteam« befand sich auf dem Höhepunkt seiner Spielkunst, begeisterte das Publikum und entzückte die Experten. Mit 5:0 und 6:0 fertigten Sindelar und Co. die deutsche Nationalelf ab, mit 4:2 gelang selbst zu Beginn des WM-Jahres 1934, noch ein Sieg über Italien – in Turin!

Kein Wunder, daß Qualifikationsgegner Bulgarien keine Chance hatte und 1:6 unterging. Kein Wunder auch, daß man den Wienern viel zutraute bei dieser WM. Doch die Spieler waren älter geworden, und die Vereine sahen sie lieber im eigenen Trikot als in dem des »Teams« spielen. Und der ÖFB sah den blanken Boden, sooft er in seine Kasse schaute. Für die Reise nach Italien reichte es weder zu einem Masseur noch zu einem richtigen Trainer. Erst kurz vor Turnierbeginn stieß Hugo Meisl, der Vater des »Wunderteams«, zur Mannschaft. Er war als Mitglied des Organisationskomitees weitgehend mit anderen Aufgaben belastet.

England fehlte erneut, spöttisch schauten die Briten über den Kanal auf die eifrigen Vorbereitungen. Immer noch hielten sie sich für den Nabel der Fußball-Welt, auch wenn ihre Nationalelf kurz vor der WM in Prag und Budapest jeweils mit 1:2 unterlag.

Waren das »Mutterland« und der Weltmeister gar nicht vertreten, so der »Vize« nur unzulänglich. Argentinien schickte eine Amateur-Elf, die weder den Anforderungen ei-

Weltmeisterschaft 1934 – Der Verlauf des Turniers

Achtelfinale		Viertelfinale			Semifinale		Finale	
Italien	7							
USA	1	Italien	1*	1**				
Spanien	3	Spanien	1	0				
Brasilien	1				Italien	1		
Österreich	3*				Österreich	0		
Frankreich	2	Österreich	2				Italien	2*
Ungarn	4	Ungarn	1				ČSSR	1
Ägypten	2							
Deutschland	5							
Belgien	2	Deutschland	2					
Schweden	3	Schweden	1		ČSSR	3		
Argentinien	2				Deutschland	1	**Um den dritten Platz**	
Schweiz	3							
Niederlande	2	ČSSR	3				Deutschland	3
ČSSR	2	Schweiz	2				Österreich	2
Rumänien	1							

* nach Verlängerung, ** Wiederholung.

WELTMEISTERSCHAFT 1934 IN ITALIEN

nes solchen Turniers genügte noch den wahren Stand des Fußballs im Lande repräsentierte. Doch in Buenos Aires war gerade der Profi-Fußball offiziell eingeführt worden.

Das brachte Probleme mit sich, die auf die Entsendung einer WM-Vertretung nicht ohne Einfluss blieben.

Allein Brasilien schickte eine starke Mannschaft nach Europa, darunter den schwarzen Leonidas. Zusammen mit Italien zählten die Südamerikaner zum Favoritenkreis, der auch noch Ungarn, Österreich und die ČSSR umfaßte.

Nach dem damaligen Modus wurde von Beginn an im K.o.-System gespielt, also keine Gruppenspiele, keine Vorrunde. Somit kam der Auslosung der ersten Paarungen bereits große Bedeutung zu. Natürlich »setzte« man, um frühzeitiges Ausscheiden von Favoriten zu verhindern. Deutschland kam ganz gut weg, der Gegner hieß Belgien.

Apropos Deutschland: der Regime-Wechsel hatte auch einen Wandel der Einstellung des DFB bewirkt. War 1930 noch das Mitwirken an einem Turnier zusammen mit Profis undenkbar für ihn gewesen, so gebot das neue politische Weltbild nunmehr die Teilnahme.

Schuß von Conen, der beim 5:2 über die Belgier drei Treffer erzielte.

Und zwar nicht nur die Teilnahme, sondern auch den Erfolg. Das Fachamt Fußball war gehalten, der nationalen Vertretung die bestmögliche Vorbereitung angedeihen zu lassen. »Es wird nichts versäumt, was den Erfolg zu verbürgen vermag«, versicherte der »Kicker« seinen Lesern.

Reichstrainer Nerz und sein Assistent Herberger luden zunächst 38 Spieler nach Duisburg ein, stellten Mannschaften auf, schickten sie in vier Testspiele gegen die englische Profi-Elf von Derby County und fanden auf dem Boden dieses Siebes schließlich 18 Spieler, denen sie ihr Vertrauen schenkten. Auffallendstes Merkmal: das Aufgebot war mit 23 Jahren das bis dahin jüngste in der Geschichte des deutschen Fußballs.

In den ersten 45 Minuten dieser WM schien es dann auch prompt zu jung zu sein. Belgien führte in Florenz zur Halbzeit mit 2:1.

Nur 8000 Zuschauer waren gekommen, darunter auch einige wenige Deutsche, an ihren Hakenkreuzfähnchen deutlich zu erkennen. Überhaupt hielt sich das Publikumsinteresse in dieser ersten Runde noch in Grenzen. Der »Giro d'Italia« lief gerade, und das war harte Konkurrenz für König Fußball. Zudem brannte die Sonne vom wolkenlosen italienischen Himmel. Über 30 Grad wurden in fast allen Stadien gemessen. Auch in Florenz, wo Deutschland und Belgien spielten.

Nerz hatte auf strengste Disziplin geachtet. Er wußte, welche Rolle die Kondition bei einem Turnier in diesem Land spielen würde. Das deutsche Quartier am Comer See wurde geheimgehalten, erstmals fuhr die Mannschaft in einem eigenen Bus zu den Spielen. Und zu einem Empfang durch die Honoratioren der Stadt Florenz durften nur die Ersatzspieler ...

Der belgische Torhüter Vandeweyer in Aktion.

Es hatte lebhafte Debatten um die deutsche Mannschaft und ihre Chancen gegeben. Taktisch war der deutsche Fußball noch in zwei Lager gespalten: hier Offensive, dort WM-System. Nerz hatte sich – vor allem gegen den Widerstand der Nürnberg-Fürther Schule – für das WM entschieden und seinen besten Spieler, Fritz Szepan, als Stopper eingesetzt. Vielen alten Hasen blutete das Herz, als sie einen solchen Mittelläufer als dritten Verteidiger »mißbraucht« sahen.

Die erste Halbzeit gegen Belgien schien ihre Befürchtungen zu bestätigen. Torwart Kress, mit 28 Jahren der Älteste der Elf, stand unter ständigem Beschuss. Das Spiel der deutschen Abwehr wirkte konfus.

Dennoch war Deutschland in Führung gegangen. Otto Siffling hatte Kobierski bedient, der sich mit einem Volltreffer bedankte. Doch dann mißglückte Fritz Szepan eine Kopfball-Abwehr. Wie der Blitz war Belgiens Mittelstürmer Vorhoof zur Stelle und schoss ein.

Die Italiener auf den Rängen witterten eine Sensation. »Forza, Belgia!« brüllten sie und trieben die Männer aus Brüssel und Lüttich zu neuen Taten. Vorhoof ließ sich nicht lange bitten. Kurz vor der Pause erzielte er das wichtige 2:1.

Bedrückt schlichen die deutschen Spieler in die Kabine, doch es gelang Nerz, ihre Resignation zu vertreiben und ihnen den Glauben an das eigene Können zurückzugeben. Wie umgewandelt kamen sie zur 2. Halbzeit aufs Spielfeld. »Ein schnelles Tor!« hatte Nerz befohlen, und schon nach fünf Minuten meldete Siffling den Vollzug. Lehner hatte präzise nach innen geflankt.

Noch hielten die Belgier das für Zufall. Sie erhöhten noch einmal das Tempo, verbrannten aber in ihrem eigenen Feuer. Nach etwa einer Stunde mussten sie ihrem kraftraubenden Einsatz Tribut zollen, Deutschland kam immer besser ins Bild.

Die Tore fielen dann wie reife Früchte. In der 63. Minute lockte Kobierski Belgiens Torwart Vandeweyer aus dem Kasten und schob den Ball zu Edmund Conen, der den Rest besorgte. Deutschland führte 3:2.

WELTMEISTERSCHAFT 1934 IN ITALIEN

Es war Conens erster Treffer gewesen, zwei weitere sollten folgen. Der deutsche Mittelstürmer rochierte nach rechts und links, schoss aus allen Lagen, war nicht mehr zu halten. Am Ende stand es 5:2 für Deutschland.

Nerz hatte seine Kritiker zum Schweigen gebracht, Conen es seinem schärfsten Kritiker gezeigt: eben Nerz. Erst ein halbes Jahr zuvor, nach der Länderspiel-Premiere des 19jährigen Saarbrückers gegen Ungarn, hatte der Reichstrainer ihm prophezeit: »Mein Lieber, Sie haben heute zwei Länderspiele gemacht – Ihr erstes und Ihr letztes ...«

Doch Conen setzte sich durch, nutzte die Chance der Probespiele gegen Derby County und strafte seinen Trainer Lügen. Nach der Weltmeisterschaft zählten ihn anerkannte Experten zu den besten Mittelstürmern des Turniers.

Deutschland also weiter, ebenso Italien, ebenso Ungarn. Überhaupt waren Sensationen ausgeblieben. Zwar hatte Österreich eine Verlängerung gebraucht, um Frankreich 3:2 zu schlagen, zwar hatte sich die ČSSR beim 2:1 gegen Rumänien sehr schwer getan, doch unter den letzten Acht standen eigentlich alle Mannschaften, die man dort erwartet hatte. Auch Spanien, das Brasiliens Vertretung mit 3:1 abfertigte. Und auch Schweden, das die Argentinier mit 3:2 ausgebootet hatte.

Die Schweden wurden Deutschlands Gegner im Viertelfinale. Die Bilanz bot Anlass, Schlimmes zu fürchten: in zehn Spielen nur drei Siege. Doch die gute Leistung der 2. Halbzeit gegen Belgien stand dagegen. Indessen: würde Conen wieder so groß aufspielen?

Nerz hüllte sich hinsichtlich der Chancen in Schweigen. Auch die Aufstellung verfiel der Geheimhaltung. Nur soviel war klar: Paul Janes war verletzt und konnte mit

Viertelfinalspiel gegen Ungarn: Gefahr vor dem österreichischen Tor. Platzer rettete mit Faustabwehr, Österreich gewinnt 2:1.

Respektvoll begrüßen sich Fritz Szepan und der schwedische Mannschaftskapitän vor der Begegnung in Mailand, wo Szepan dem deutschen Spiel entscheidende Impulse gibt. Die Deutschen gewinnen 2:1 und stehen in der Vorschlußrunde.

Sicherheit nicht spielen. Doch welche Konsequenzen würde Nerz noch ziehen?

Das Spiel fand in Mailand statt. Erst kurz vor Anstoß erfuhren die deutschen Berichterstatter Nerzens Schlachtordnung. Für Janes spielte Gramlich, für Schwarz der Duisburger Busch. Stopper blieb jedoch Fritz Szepan, dem damit die Aufgabe zufiel, den gefürchteten schwedischen Goalgetter Jonasson, der gegen Argentinien zwei Tore geschossen hatte, auszuschalten.

Es regnete in Mailand, der Rasen des San-Siro-Stadions war nass und glatt. Die Schweden fühlten sich schneller heimisch, Deutschland kam nur schwer in Tritt. Zur Pause stand es noch 0:0.

Wie schon gegen Belgien, kam auch jetzt eine weitaus entschlossenere deutsche Elf zur 2. Halbzeit aufs Feld. Der junge Rudi Gramlich aus Frankfurt spielte erstaunlich selbstbewusst. Nach etwa zehn Minuten hob er einen Freistoß gefühlvoll über die schwedische Abwehrmauer. Hohmann nahm den Ball mit dem Kopf, nickte zu Conen und lief sich sofort wieder frei. Der Paß kam postwendend, mit dem Seitenrist schob Hohmann den Ball ins Tor. 1:0!

Auch das 2:0 ging auf Gramlich zurück. Sein Steilpass sah erneut Hohmann blitzschnell im Bilde. Torwart Rydberg war ohne Chance, Deutschland führte mit zwei Toren.

Das genügte, obwohl die Schweden noch einmal stark aufkamen und dem Spiel eine dramatische Schlussphase gaben. Mit Glück und Geschick rettete sich Deutschland über die Zeit und ins Halbfinale.

Derweil sprach man in Italien vom vorweggenommenen Finale zwischen dem Gastgeber und der spanischen Elf. 35 000 Zuschauer in Florenz wußten nicht, ob sie dem 38jährigen Mann im spanischen Tor Bewunderung zollen oder ihn verwünschen sollten. Ricardo Zamora brachte Spieler und Anhänger der Squadra Azzurra zum Verzweifeln.

Nach einer halben Stunde war Spanien durch Regueiro in Führung gegangen. Kurz vor der Pause der Ausgleich: Zamora wird gerempelt und kommt an den Schuss Ferraris nicht heran. Bei diesem 1:1 bleibt es – trotz erbitterten Kampfes auch in der Verlängerung.

Im Wiederholungsspiel, schon 24 Stunden später, fehlt Zamora ebenso wie die spanischen Star-Stürmer Langara und Irrargori. Sie sind Opfer des zum Teil überharten italienischen Spiels geworden.

Sechs neue Spieler im spanischen Team – trotzdem hat Italien es nicht leichter. Doch siehe da: statt des Belgiers Baert, der das erste Spiel glänzend geleitet hatte, ist der Schweizer Mercet als Schiedsrichter aufgeboten, ein Tessiner ...

Er benachteiligt die Spanier schamlos und wird später von seinem eigenen Verband auf Lebenszeit suspendiert. Doch das nutzt den Spaniern wenig. Sie müssen mit Monsieur Mercet leben, wenigstens 90 Minuten lang. Sie genügen dem »Unparteiischen«, die Geschicke zu bestimmen. Sieben Spanier sind verletzt, einer liegt draußen, da gelingt Meazza ein irregulärer Treffer, den Mereet glatt anerkennt. Den einwandfreien Ausgleich der Spanier ignoriert er.

Viertelfinale in Florenz und Wimpeltausch zwischen zwei der berühmtesten Torhüter ihrer Zeit: Combi (links) und Zamora. Die Begegnung Italien–Spanien endet 1:1, Zamora verletzt sich und wird im Wiederholungsspiel von Noguet vertreten. Die Italiener gewinnen 1:0.

Also Deutschland und Italien als Halb-Finalisten, doch wer noch? Das dritte Viertelfinalspiel ist die 76. Partie Österreich–Ungarn. Die Wiener knüpfen noch einmal an alte Glanzzeiten an, gewinnen durch Tore von Horvath und Bican 2:1. In Turin besiegt die ČSSR die Schweiz nur knapp 3:2. Das Los bestimmt die Tschechen zum Gegner der deutschen Elf. Damit steht auch die andere Partie fest: Italien gegen Österreich.

Erneut verhilft hier ein dubioses Tor den Italienern zum Sieg. Österreichs Torwart Platzer kann einen Schuß von Schiavio nicht festhalten und wird von Meazza über die Linie gerempelt. Schiedsrichter Eklund aus Schweden gibt seinen Segen.

Auf solche Hilfe ist die ČSSR nicht angewiesen. In Rom erwischt Deutschlands Torhüter Kress einen rabenschwarzen Tag. Die Tschechen nutzen das Handikap des Gegners sofort aus. Ihr 3:1-Sieg geht völlig in Ordnung.

Die deutsche Mannschaft war mehrfach gehandicapt. Gramlich hatte aus beruflichen Gründen (!) abreisen müssen, Hohmann war verletzt. Dennoch kamen die Männer um Szepan schneller ins Spiel. Doch als Planicka im Tor der ČSSR gerade einen »unhaltbaren« Schuss doch gehalten und die Führung des Gegners vereitelt hat, ging die ČSSR in Führung: Kress hielt einen Schuß von Junek nicht fest, Nejedly sprang

Die deutsche Abwehr schaut verdutzt dem Ball hinterher; Nejedly hat zum erstenmal zugeschlagen. In der 18. Minute bereits steht es 1:0 für die Tschechoslowakei.

hinzu und schoss ein. Doch noch gab sich die deutsche Elf nicht geschlagen. Sie versuchte, ihr Spiel zu machen. In der 60. Minute glich Noack zum 1:1 aus, die Chancen zum Erfolg standen nicht schlecht.

Dann kam die verhängnisvolle 73. Minute: Puc zog eine Flanke in den deutschen Strafraum, Kress wollte den Ball fangen, versuchte dann jedoch zu fausten, verfehlte das Leder und musste zusehen, wie es auf Nejedlys Kopf landete: 2:1.

Der Schock war tödlich. Auch das dritte Tschechen-Tor, erneut durch Nejedly, hätte ein anderer Torwart wohl gehalten. Doch Kress war längst ein gebrochener Mann.

Immerhin – Deutschland war wenigstens Vierter und durfte mit Österreich sogar um den dritten Platz spielen. Freilich waren die Aussichten darauf mehr als schlecht. Österreichs Kantersiege drei Jahre zuvor wirkten nach. 5:0 in Wien und gar 6:0 in Berlin – Deutschland war in Neapel nicht mehr als Außenseiter.

Brillante Paraden der Torhüter im Semifinalspiel Italien–Österreich: Combi beeindruckt in Mailand.

WELTMEISTERSCHAFT 1934 IN ITALIEN

Lehner mit zwei Treffern und Conen (links) sind die Torschützen. Die deutsche Mannschaft gewinnt 3:2 und erreicht auf Anhieb den dritten Platz der Weltmeisterschaft.

Nerz mußte umbauen. Kress war nicht mehr zu gebrauchen, Paul Janes wieder fit. Der Reichstrainer stellte Hans Jakob ins Tor und Janes auf den rechten Verteidiger-Posten. Er sollte zu seinem Stammplatz werden.

Entscheidender aber war, daß Fritz Szepan in den Sturm beordert wurde. Gegen Österreich war nichts zu verlieren, da konnte offensiv gespielt werden. Als Mittelläufer ließ Nerz den Aachener Reinhold Münzenberg anreisen, der drei Jahre nicht mehr international gespielt hatte.

Das Experiment gelang. Deutschland erwischte einen Blitzstart. Schon nach einer Minute erzielte Ernst Lehner das 1:0, nur wenig später erhöhte Conen auf 2:0.

Da beide Teams im gleichen Dress spielten und sich vor Beginn nicht auf andere Farben hatten einigen können, glaubten die italienischen Zuschauer, in der besser spielenden deutschen Elf das berühmte österreichische »Wunderteam« zu sehen. Als sie nach einer halben Stunde ihren Irrtum erkannten, gab es massive Proteste. Der Schiedsrichter unterbrach die Partie und ließ losen. Deutschland verlor und mußte rote Hemden anziehen. Doch jetzt standen die Italiener auf Grund der vertrauten Farbe hinter der Mannschaft. Sie feuerten sie an, als wäre sie der SC Neapel.

Die junge deutsche Elf spielte hervorragend. »Wir spielten die Österreicher an die Wand«, erinnerte sich Conen noch Jahre später. »Ernst Lehner schoss zwei herrliche Tore, denen ich ein drittes anfügte.«

Das war der Sieg, denn die Österreicher, denen Sindelar wegen Verletzung fehlte, kamen nur auf 2 Gegentreffer. Den zweiten erzielte Sesta aus rund 40 Metern Entfernung.

Deutschland also Dritter, der bislang größte Erfolg in der Geschichte des deutschen Fußballs. Unter Beifall nahm Fritz Szepan in Rom den Pokal entgegen. Kein Zweifel,

In der 69. Minute scheint das Spiel entschieden. Puc hat das 1:0 erzielt – Combi liegt geschlagen am Boden.

der Erfolg war auch ein Sieg für Trainer Nerz und seine Politik.

Rom, 10. Juni 1934: Finale der Fußball-Weltmeisterschaft, Italien gegen die ČSSR. Zwei Torhüter tauschen die Wimpeln, zwei Torhüter sind Kapitäne ihrer Elf: Combi und Planicka. Das ist symptomatisch für dieses Turnier, das mehr große Torwart-Persönlichkeiten in Aktion sah als irgendeines danach: neben Combi und Planicka vor allem den »göttlichen Spanier«, Ricardo Zamora, den Franzosen Thepot, Platzer oder auch den Schweden Rydberg.

Auch das Finale steht im Zeichen eines Torwarts: Planicka im Tor der Tschechen hält alles, was Italiens Stürmer auf ihn abfeuern. Unruhig rutscht die massige Gestalt Mussolinis auf dem Ehrensitz hin und her, denn in der 70. Minute hatte Puc die Tschechen in Führung gebracht. Orsi glich vier Minuten später aus, doch dann schien der Italien-Express sich festgefahren zu haben. Dem Duce, gekommen, um einen nationalen Sieg zu feiern, wurde unbehaglich.

Er mußte noch eine Weile schmoren. Erst nach der Verlängerung vermochte Schiavio den Siegtreffer zu erzielen und Italien zum Weltmeister zu machen.

Ein würdiger Titelträger? »Was sich auf dem Rasen abspielte, hatte mit Fußball und Sport gar nichts mehr zu tun«, kritisierte der »Kicker« in seinem Endspiel-Bericht. Selbst die politische Brüderschaft zur Achsenmacht Italien vermochte die Ansicht nicht zu tarnen, daß der Verbündete sich im Finale nicht nur aller erlaubten, sondern auch vieler unerlaubter Mittel bedient habe. »Monti und einige andere Italiener gehören einfach nicht auf Spielfelder.«

Dieser Monti war eigentlich gar kein Italiener. Er stammte aus der vier Jahre zuvor im WM-Finale unterlegenen argentinischen Elf. Ebenso wie Orsi und Guaita hatte er plötzlich italienische Vorfahren entdeckt und nicht nur einen Wechsel des Arbeitsplatzes, sondern auch der Staatsangehörigkeit bewirkt.

So kam Südamerika in Italien doch noch zu Ehren. Zumindest Orsi und Guaita, die ebenfalls aus der argentinischen Vizemeister-Elf stammten und im 34er Finale die Tore schossen bzw. vorbereiteten, durften als herausragende Spieler gelten. Doch im gleichen Maße wie die »Squadra azzurra« hätten wohl auch die unglücklich unterlegene ČSSR oder Spanien den Titel verdient gehabt. Vittorio Pozzos Mannschaft besaß ohne Zweifel die besseren Individualisten, aber sie profitierte auch von der heimischen Umgebung und allen Vorteilen, die das eigene Land mit sich bringt – nicht zuletzt die Gunst der Schiedsrichter.

Triumph für Italien und Pozzo, den seine Spieler vom Feld tragen.

Pozzo erklärte den Triumph mit der leidenschaftlichen Hingabe »des ganzen Volkes«. Er meinte: »In Italien beschäftigt Fußball das ganze Land, es ist ein nationales Anliegen. Diese Fähigkeit muß ein Trainer nutzen. Meine Spieler bekamen damals nichts als ihre Plaketten, doch mit welcher Hingabe setzten sie sich ein?! Ich hatte ihnen den englischen Stil verordnet, natürlich italienisch modifiziert: freies Spiel auf die Flügel. Ich glaube, das war die Grundlage des Erfolgs.«

Auch die FIFA durfte sich als Sieger fühlen. Das WM-Turnier 1934 war ein voller Erfolg: Statt 13 Teilnehmer wie vier Jahre zuvor, deren 32, statt 250 000 Peseten Gesamteinnahme 3,6 Millionen Lire. 1,4 Millionen blieben übrig für die teilnehmenden Verbände.

Die siegreiche italienische Mannschaft, stehend von links: Combi, Monti, Ferraris IV, Allemandi, Guaita, Ferrari; sitzend: Schiavio, Meazza, Monzeglio, Bertolini, Orsi.

Weltmeisterschaft 1938 in Frankreich

1934 in Rom hatte Jules Rimet seine eigenen Prinzipien durchbrochen und für einen veränderten Austragungsrhythmus plädiert: Das nächste WM-Turnier solle bereits in drei Jahren, also 1937, stattfinden und mit der Pariser Weltausstellung im gleichen Jahr zusammenfallen.

Natürlich hatte der Taktiker Rimet seine Gründe dafür. Er hoffte, das Komitee der Ausstellung werde die nicht unerheblichen finanziellen Garantien für das WM-Turnier übernehmen. Doch weder die Messe-Männer, noch die in den eigenen Reihen bissen auf den Köder an. Südamerika bestand auf Wechsel-Rhythmus und glaubte, nun sei es wieder an der Zeit, die WM auf dem anderen Kontinent zu veranstalten. Kandidat war Argentinien. Völlig zerstritten ging die Vollversammlung des Weltverbandes auseinander und entschied erst zwei Jahre später, beim Kongre in Berlin, für Frankreich und das Jahr 1938. Es blieb also beim Abstand von vier Jahren.

Acht Verbände des amerikanischen Kontinents zogen daraufhin ihre Meldung zurück, darunter Argentinien und Uruguay. Lediglich die USA, Brasilien und Kuba blieben bei der Stange, woraufhin in Rio wieder einmal das Fußballfieber ausbrach. Jeder Spieler wurde für 50 000 Mark versichert und der Staat erklärte sich bereit, die Kosten der Expedition zu tragen, soweit der Veranstalter nicht dafür aufkam. (Frankreich zahlte Reise- und Aufenthaltskosten aller teilnehmenden Mannschaften bis zu jeweils 17 Personen.)

Weltmeisterschaft 1938 – Der Verlauf des Turniers

Achtelfinale		Viertelfinale			Semifinale		Finale	
Italien	2							
Norwegen	1	Italien	3					
Frankreich	3	Frankreich	1		Italien	2		
Belgien	1				Brasilien	1		
ČSSR	3*							
Niederlande	0	Brasilien	1*	2**				
Brasilien	6*	ČSSR	1	1			Italien	4
Polen	5						Ungarn	2
Schweden kampflos	***	Schweden	8					
Kuba	3* 2**	Kuba	0					
Rumänien	3 1				Ungarn	5	**Um den**	
Schweiz	1* 4**				Schweden	1	**dritten Platz**	
Deutschland	1 2	Ungarn	2				Brasilien	4
Ungarn	6	Schweiz	0				Schweden	2
Niederl. Ind.	0							

*nach Verlängerung   ** Wiederholung   *** nach Verzicht Österreichs wegen »Anschluss«

WELTMEISTERSCHAFT 1938 IN FRANKREICH

Der Belgier Jan Langenus begrüßt die Mannschaftskapitäne Mock und Minelli vor dem denkwürdigen Achtelfinalspiel Schweiz gegen Deutschland am 4. Juni 1938 in Paris. Die Begegnung endet 1:1, und fünf Tage später müssen die beiden Mannschaften (oben die Deutschen, in der Mitte die Schweizer) ein zweites Mal gegeneinander antreten.

Als Niederländisch-Indien nachmeldete, wuchs die Zahl der Amerika-Repräsentanten auf vier, doch die USA sagten kurzfristig wieder ab. Der Grund: ihre aus England stammenden Spieler weigerten sich, am Sonntag Fußball zu spielen ...

Apropos England: das Mutterland stand weiter abseits. Selbst ein Telegramm Frankreichs vermochte die Splendid Isolation nicht zu durchbrechen. Die Antwort bestand aus einem einzigen höflichen Satz: »Die FA sieht sich leider nicht in der Lage, ihren Standpunkt hinsichtlich einer Teilnahme an einem WM-Turnier aufzugeben.«

Dabei arbeiteten zu dieser Zeit 35 englische Fußball-Lehrer auf dem Kontinent ...

Also England nicht, Uruguay nicht, Argentinien nicht. Drei große Fußball-Nationen stehen abseits. Eine vierte kommt hinzu: Österreich. Aber ihr Grund ist nicht selbstgewählte Abstinenz, sondern hohe Politik. Österreich hat nämlich aufgehört zu bestehen, zumindest für einige Jahre. Hitler war nach Wien marschiert, was dort zwar großen Jubel auslöste, fußballsportlich aber noch einige Probleme mit sich bringen sollte.

Nach der WM '34, als sie den dritten Platz belegt hatte, war die deutsche Nationalelf als beste Amateurmannschaft der Welt gefeiert worden. Reichstrainer Nerz und sein Assistent Sepp Herberger schienen darüber hinaus eine Mannschaft zu besitzen, deren Jugend eine erfolgsträchtige Zukunft versprach. Jedenfalls galt sie für das olympische Fußballturnier 1936 als klarer Favorit – zumal im eigenen Land.

Dass sich die Prognosen nicht erfüllten, mag für Deutschland schmerzlich gewesen sein, für den Fußball war es gut. Er lebt davon, daß Favoriten gelegentlich auf die allzu hohe Nase fallen. Deutschland passierte das gegen den Außenseiter Norwegen, was Reichstrainer Nerz das Amt kostete. Er ging zwar »auf Raten«, aber seine Ablösung durch Herberger war praktisch mit dem Berlin-Debakel beschlossene Sache. Am 12. Mai 1938 wurde sie offiziell.

Der Assistent also sollte die Schmach des olympischen Turniers vergessen machen, sollte bis zur WM 1938 das zerbrochene Porzellan wieder kitten. Er schien der richtige Mann dafür zu sein, kein absoluter Herrscher wie Nerz, sondern eher ein Freund der Spieler, ein Psychologe vor allem.

Im Handumdrehen hatte Herberger das Team dann auch auf Erfolg getrimmt. Die nationalsozialistischen Machthaber ließen ihm jegliche Unterstützung angedeihen. Ihr Interesse an sportlichen Erfolgen war riesengroß, lenkten sie doch von Dingen ab, die nicht unbedingt das Licht breiter Öffentlichkeit vertrugen.

Das Jahr 1937 begann zwar mit einem kleinen Schönheitsfehler (2:2 gegen Holland), doch dann folgte eine beispiellose Siegesserie: zehn Spiele hintereinander wurden gewonnen und am 16.5.1937 in Breslau gegen Dänemark jene Elf gefunden, die als »Breslau-Elf« in die Fußball-Geschichte einging. Jakob, Janes, Münzenberg, Kupfer, Goldbrunner, Kitzinger, Lehner, Gellesch, Siffling, Szepan, Urban schlugen die armen Dänen mit 8:0 und empfahlen sich nachdrücklich als Stamm für die WM 1938.

Deutschland musste Qualifikationsspiele gegen Estland, Finnland und Schweden bestreiten, was reine Formsache war. Die Männer um Fritz Szepan gewannen alle.

Indessen: Des Lebens ungemischte Freude wird keinem Irdischen zuteil. Auch dem armen Sepp Herberger nicht. In seine Vorbereitungsidylle platzte Hitlers Annexion der »Ostmark«. Jetzt hatte der gute Sepp zwei hochwertige Nationalmannschaften zur Verfügung. Doch so angenehm war ihm das nicht, denn er sollte ja eine daraus machen. Die Reichssportführung in Berlin hatte natürlich verboten, daß die »Ostmark«, obwohl mit einem Sieg über Lettland qualifiziert, mit einer eigenen Vertretung an der WM teilnahm. »Großdeutschland« hieß die Parole.

Ehe sie als Fußball-Nation gestrichen wurden, erhielten die Wiener noch ein kleines Trostpflaster. Noch einmal durften sie zu einem Länderspiel antreten, natürlich gegen Deutschland, und zwar aus Anlass einer »Werbereise« des Reichssportführers. Am 3. April, also schon drei Wochen nach dem »Anschluss«, fand dieses »Glaubensbekenntnis der Fußballer im großdeutschen Reich« („Der Kicker") statt. Am Prater-Stadion wehten die Hakenkreuzfahnen, Spruchbänder verkündeten die neue Dreifaltigkeit: Ein Volk, ein Reich, ein Führer.

Österreich gewann 2:0 und registriert dieses Spiel bis zum heutigen Tag als offiziellen Länderkampf. Der DFB hingegen hält sich in seinen Annalen bis heute an die Sprachregelung von damals und ignoriert das Match, das seine Mannschaft in offiziellen Trikots, der Gegner hingegen im neutralen Dress bestritten hatte.

Für den »Kicker« hatte mit diesem Spiel im Prater »die Zukunft der großdeutschen Fußball-Nationalelf« begonnen. Für Sepp Herberger begannen Ärger und Arbeit, denn er war gehalten, die beiden Kader zu verschmelzen, um den politischen Akt auch sportlich zu demonstrieren.

So etwas geht selten gut. Elf hochklassige Spieler sind noch lange keine gute Mannschaft. Und zwischen Deutschen und Österreichern bestanden damals erhebliche mentalitätsbedingte Unterschiede in der Auffassung von gutem Fußball. Den »Wiener Walzer« mit all seinen Vor- und Nachteilen dem deutschen Marschtakt anzupassen, das konnte nur Probleme bringen. Herberger wußte es wohl.

Rangliste der Torschützen	
18 Spiele – 83 Tore	
7 Tore	Leonidas (Brasilien)
6 Tore	Zsengeller (Ungarn)
5 Tore	Sarosi I (Ungarn)
	Piola (Italien)
	Willimowski (Polen)
4 Tore	Colaussi (Italien)
3 Tore	Abegglen III (Schweiz)
	Nyberg (Schweden)
	Keller (Schweden)
	Peracio (Brasilien)
	Wetterström (Schweden)
3 Tore	Bindea (Rumänien)
	Nicolas (Frankreich)
	Romeu (Brasilien)
	Socorro (Kuba)
1 Tor	27 weitere Spieler
1 Eigentor: Lörtscher (Schweiz)	

Dennoch versuchte er, vor allem einen Österreicher für seine Aufgabe zu gewinnen: Matthias Sindelar. Doch der »Papierene« ließ ihn abblitzen. Er fühle sich für eine WM schon zu alt, teilte er Herberger mit. Der Reichstrainer möge doch bitteschön auf ihn verzichten. Herberger blieb immer davon überzeugt, dass Sindelars »Korb« politische Gründe hatte.

Während sich vor dem verantwortlichen Mann die Probleme auftürmten, gingen die Konkurrenten noch durch die Mühle der Qualifikation. Vize-Weltmeister ČSSR erschreckte seine Anhänger mit einem 1:1 in Sofia, gewann dann aber zu Hause mit 6:0 gegen Bulgarien. Ungarn vernichtete Griechenland mit 11:1, während Rumänien kampflos nach Frankreich kam. Man hatte sich mit Ägypten nicht auf Termine einigen können.

Von hohem Interesse für Deutschland war die Qualifikationsgruppe 4 mit der Schweiz und Portugal. Denn einer von beiden würde in Frankreich Deutschlands Vorrunden-Gegner sein. Schon am 5. März waren im Uhrensaal des französischen Außenministeriums am Quai d'Orsay die entsprechenden Lose gezogen worden. Ein Enkel von Jules Rimet hatte mutig in die großen Kristallvasen gegriffen und als erster der »Gesetzten« Allemagne zutage gefördert. Als Gegner wurde Schweiz/Portugal gezogen.

Die beiden einigten sich auf nur ein Spiel, das auf neutralem Boden stattfinden sollte: in Mailand. Allgemein erwartete man Portugal als Sieger, denn die Portugiesen hatten kurz zuvor immerhin Ungarn mit 4:0 geschlagen, und in Frankfurt, gegen eine fast komplette »Breslau-Elf«, bis zur 75. Minute 1:0 geführt, ehe Otto Siffling der Ausgleich gelungen war.

Doch wieder einmal trügen alle Vorzeichen. Das Spiel gewinnt die Schweiz, zwar mit Glück, aber immerhin. In Deutschland zuckt man die Achseln. Gott ja, die Schweiz. Seit 12 Jahren hat sie nicht mehr gegen Deutschland gewonnen.

Eine Meldung aus Zürich tat ein übriges, die Gemüter in Sicherheit zu wiegen: Schweiz gegen Belgien 0:3. Was sollte der deutschen Elf da schon passieren?

Zum Vorbereitungslehrgang nach Duisburg lud Herberger 15 Österreicher ein. »Deutschland gehört zum Kreis der Favoriten«, versicherte der »Kicker« seiner Leser-Gemeinde. In Düsseldorf probte man den Ernstfall, pausenlos baute Herberger das Team um. Die Wiener Hahnemann, Pesser, Binder, Schmaus und Raftl gefielen sehr. Doch am Ende hatte man immer noch keine homogene Elf. Im Gegenteil, die Mittelstürmer-Frage Siffling oder Binder war akut geworden.

In Berlin stehen sich die deutsche Mannschaft und England im letzten Länderspiel vor der WM gegenüber. Die Briten gewinnen 6:3. Bester Deutscher ist ein Österreicher: Pesser am linken Flügel. Dann meldet der Reichstrainer seine 22 Auserwählten. Neun Wiener sind dabei: Raftl, Schmaus, Mock, Skoumal, Hahnemann, Stroh, Neumer, Pesser. Der Rest ist Breslau-Elf, von der nur der verletzte Schalker Urban fehlt. Für ihn ist Gauchel im Team.

Eine schockierende Meldung kommt aus der Schweiz: die Eidgenossen haben soeben dieselbe englische Mannschaft, der Deutschland in Berlin mit 3:6 unterlag, 2:1 besiegt. Jetzt glaubt auch der »Kicker«: »Wir stehen am 4. Juni in Paris vor einer schweren Aufgabe.«

Doch noch ist es nicht soweit, noch ist Gelegenheit zur Erprobung gegeben. Die englischen Profis von Aston Villa sind der Test-Gegner. Vor 60 000 Zuschauern in Düsseldorf gewinnt Deutschland mit 2:1, doch in Stuttgart und Berlin siegen die Tommies. Danach ist Herberger nicht viel schlauer als vorher.

Generalproben allenthalben, die ganze Fußballwelt probte den Ernstfall. Polen schlägt Irland 6:0, Weltmeister Italien siegt über Belgien 6:1, Frankreich unterliegt den in der Schweiz besiegten Engländern 2:4.

Italien hatte seine WM-Elf von 1934 vorsichtig verjüngt. Pozzo legte Wert auf möglichst organischen Auf- und Umbau. Das Innentrio Meazza – Piola – Ferrari wurde als bestes in Europa gerühmt. In den drei Wochen Vorbereitung in Stresa nahm Pozzo ihnen zunächst einmal den Ball weg und machte sie »hungrig«. Das brachte die Azzurri in glänzende Form. Sie kamen ohne Sorgen nach Frankreich.

Anders die Deutschen. Herberger hatte schlaflose Nächte, stellte Mannschaften um und auf, kam immer wieder zu anderen Ergebnissen als jenen, die ihm politische Erwägungen in das berühmte Notizbuch diktierten.

Deutschland und die Schweiz hatten die Ehre, die dritte WM eröffnen zu dürfen. Zunächst war Straßburg als Schauplatz ausersehen gewesen, aber das dortige Racing-

WELTMEISTERSCHAFT 1938 IN FRANKREICH

So fallen zwei der sechs Tore im Wiederholungsspiel Schweiz gegen Deutschland. Oben: 1:0 durch Gauchel (ganz links im Bild). Unten: 3:2 durch Abegglen. Fußball-Deutschland ist blamiert.

Stadion erwies sich mit nur 30 000 Zuschauer-Plätzen als zu klein für den erwarteten Andrang.

Beide Mannschaften reisten erst zwei, beziehungsweise einen Tag vor dem Spiel an, das für den 4. Juni 1938 um 18 Uhr, angesetzt war. Es war der Pfingstsamstag.

40 000 füllten das Pariser Prinzenparkstadion und ventilierten – soweit Deutsch – die Frage, ob das Experiment mit den Wiener Spielern wohl gutgehen werde. Immerhin waren es fünf.

Es kam wie befürchtet. die Schweiz zeigte überhaupt keinen Respekt vor dem angeblichen Favoriten und war von Anfang an glänzend im Bilde. Der Wiener Verteidiger Schmaus »schwamm« gegen Amado wie ein Anfänger, Bickel setzte der deutschen Abwehr zu, wo allein Kupfer gute Leistungen bot. Im Mittelfeld fehlte es an Verständnis untereinander und an Bindung nach vorn. Mittelstürmer war Gauchel, der seine Berufung in der 29. Minute überraschend rechtfertigte. Auf Vorlage Pessers erzielte er das 1:0.

Deutschland schien jetzt besser ins Spiel zu kommen, doch kurz vor der Pause verlor Schmaus wieder mal den Ball an Amado, der sofort vors deutsche Tor flankte. Trello Abegglen köpfte mühelos ein: 1:1.

Im Gefühl dieser kalten Dusche gingen die Deutschen in die Kabine, wo Herberger sich mühte, die Depression zu überwinden. In der 2. Halbzeit lief das Spiel dann etwas besser, ohne jedoch den Qualitätsgrad zu erreichen, den die klangvollen Namen zu versprechen schienen. »Elf gute Spieler, die sich gegenseitig unterschiedlich verstehen. Mal klappt's, dann treten wieder Missverständnisse auf«, schilderte der »Kicker«. Ein Lattenschuss von Mock hätte dennoch beinahe die Führung gebracht. Aber schon im Gegenzug brachte Bickel Gefahr vor Raftls Tor. Das Spiel wurde zunehmend härter, vor allem, als Deutschland sich um einen Elfmeter betrogen fühlte. Minelli hatte Hahnemann hart gestoppt.

Noch einmal kam die kombinierte Elf auf, schien der Sieg in greifbarer Nähe. Doch Hahnemann, der immer besser wurde, dribbelte sich ein ums andere Mal fest. Immer wieder waren die Torschüsse der Deutschen zu hoch angesetzt.

Der Endspurt gehörte der Schweiz. Sie wollte um jeden Preis die drohende Verlängerung vermeiden. Es gelang ihr nicht. Beide Mannschaften mußten »nachsitzen« – Folge des totalen K.-o.-Systems schon in der Vorrunde der WM.

In der Verlängerung waren die Deutschen überlegen, schossen aber kein Tor. Die Schweiz zeigte deutliche Konditionsschwächen, kam aber wieder besser auf, als Kitzinger verletzt ausfiel und später nur Statist am rechten Flügel spielen konnte. Kupfer mußte für den geschlagenen Raftl auf der Linie retten.

Dann kam die hässlichste Szene des Spiels. Erneut hatte Minelli sich sehr hart eingesetzt, diesmal gegen Pesser. Der Wiener trat nach, Minelli wälzte sich am Boden. Schiedsrichter Langenus zögerte keinen Moment: Platzverweis. Für Pesser war die WM zu Ende, die Reichssportführung sperrte ihn außerdem für zwei Monate.

Zehn Deutsche durften auf keinen Sieg mehr hoffen, zumal das Publikum jetzt ganz auf Seiten des Gegners stand. Unter gellenden Pfiffen ging ein Spiel zu Ende, dessen finanzieller Ertrag wohl größer war als sein sportlicher Wert: 501 000 Francs waren eingenommen worden, was rund ein Viertel der gesamten Einnahmen aus der Vorrunde ausmachte.

Sie hatte sich nicht nur in Paris durch bemerkenswerte Vorgänge und Ergebnisse ausgezeichnet. Neben Deutschland und der Schweiz konnten auch Rumänien und Kuba keinen Sieger ermitteln. In Toulouse trennte man sich nach 120 Minuten 3:3. Insgesamt hatten fünf der sieben Spiele verlängert werden müssen! Darunter auch Italien – Norwegen (!), ČSSR – Holland und Brasilien – Polen.

Weltmeister Italien war in Marseille gegen den in Deutschland bestens bekannten Favoritenkiller Norwegen am Rand einer Niederlage gewesen. Erst in der Verlängerung konnte Piola mit dem Tor zum 2:1 die makabre Sensation abwenden.

Das tollste Spiel aber fand in Straßburg statt, zwischen Polen und Brasilien. Die Südamerikaner waren mit großer Zuversicht an den Start gegangen. Trainer Adhemar Pimente versicherte jedem, der es hören wollte, daß seine Elf mindestens so gut sei wie Ex-Weltmeister Uruguay vor acht Jahren. Viele tausend Menschen hatten das Schiff mit der Mannschaft verabschiedet, ein Bankett für 2500 Gäste alle guten Wünsche des Landes vereint. Auf dem Schiff wurde ständig leicht trainiert.

Dann führte Kapitän Dr. Nariz sein Team zum ersten Spiel aufs Feld. Dr. Nariz, ein Arzt, hieß mit richtigem Namen Alvaro Cancado. Nariz war sein Spitzname, er bedeutete »große Nase«.

So witzig wie der Name des Kapitäns war auch das Spiel der Brasileiros. Schnell führten sie 1:0 und 3:1, doch Willimowski stellte den Gleichstand her: 3:3. Dann bombte wieder Leonidas, der schwarze Mittelstürmer: 4:3. Ausgleich 4:4. Die Zuschauer rasten, als Leonidas in der Verlängerung die Schuhe auszog und noch zwei Tore schoß, von denen Willimowski nur noch eines aufholte.

Programmgemäße Siege landeten in dieser ersten Runde nur Frankreich mit 3:1 über Belgien und Ungarn mit 6:0 gegen Holländisch-Indien. Zwei Wiederholungsspiele standen an: Rumänien – Kuba und Deutschland – Schweiz. In Toulouse schaffte Kuba die Sensation und bootete mit 2:1 die Rumänen aus.

Dann standen sich im Prinzenpark erneut Eid- und Parteigenossen gegenüber. Noch 20 000 Zuschauer waren gekommen. Erst der Platzsprecher lüftete das Geheimnis um Deutschlands Aufstellung. Lange war Herberger mit sich zu Rate gegangen, dann hatte er sechs neue Spieler benannt. Kollege Rappan ließ sein Team unverändert.

Ohne den vom Platz gestellten Pesser, den verletzten Kitzinger, ohne Schmaus, Mock, Gellesch und Gauchel (!) ging die deutsche Elf erneut in Führung. Szepan, einer der Neuen, hatte den Angriff eingeleitet, den Hahnemann abschloß: 1:0 in der 8. Minute. Das Tor gab Selbstvertrauen und Ruhe. Das deutsche Spiel lief, die Mannschaft war außerdem vom Glück begünstigt. Nach einem Freistoß von Szepan schoß Neumer an die Latte. Der Ball sprang Lörtscher auf den Fuß und von dort ins Tor. 2:0 – am deutschen Sieg wagte kaum noch jemand zu zweifeln.

Doch erneut geschah das Unheil kurz vor der Pause. Die deutsche Abwehr, in dieser Zusammenstellung zuvor nie erprobt, wurde von Abegglen und Walacek überspielt: 2:1.

Es war, wie sich zeigen sollte, der Anfang vom Ende. Nach dem Wechsel spielte nur noch die Schweiz. Skoumal wußte nie, wen er zu decken hatte. Streitle irrte über den Platz, Szepan plagte sich mit einer Zerrung. Nach genau einer Stunde hielt Raftl eine Flanke Aebis nicht fest. Bickel schob ein zum 2:2.

Die dünne Decke des Selbstvertrauens in der deutschen Mannschaft brach wie November-Eis. Innerhalb Minuten stand ihr das Wasser bis zum Hals und höher. Abegglen war nicht mehr zu halten, schoß in der 75. Minute 3:2 heraus und besiegelte Deutschlands Niederlage drei Minuten später mit dem 4:2.

Der WM-Dritte von 1934 war bereits in der Vorrunde ausgeschieden, den Zweiten erwischte es im Viertelfinale. Die ČSSR hatte es mit Brasilien zu tun und kam in Bordeaux nicht über ein 1:1 hinaus. Schlimmer noch aber war, daß Planicka, der große Torwart, einen Armbruch erlitten hatte. Was half es, daß zwei Brasilianer wegen Foulspiels vom Platz mußten? In der Wiederholung standen wieder elf von ihnen auf dem Feld, nicht aber der große Planicka.

Die ČSSR führte dennoch mit 1:0, doch um das Maß ihres Pechs vollzumachen, erlitt Torschütze Kopecky einen Nasenbeinbruch. Zehn Tschechen aber hatten kaum eine Chance gegen die brasilianische Elf, die neun (!) neue Spieler aufgeboten hatte und deren schwarzer Mittelstürmer Leonidas sich erneut als eine Art »Schlangen-

Rechte Seite: Diesen Schuss der Ungarn erreicht Abrahamsson im schwedischen Tor, doch Ungarn gewinnt 5:1 und qualifiziert sich für das Endspiel.

mensch« erwies. Unvergleichlich wand er sich durch die Abwehr und erzielte das 1:1. Romeo versetzte dem Vizeweltmeister den K.o. »Auch Planicka hätte das Unglück nicht verhindert«, glaubte der »Kicker«.

Weltmeister Italien war in Paris auf Gastgeber Frankreich getroffen. 58 455 Zuschauer hatten mit 875 000 Francs für den Einnahme-Rekord dieser WM gesorgt. Die Summe übertraf noch jene des Finals.

Die Hoffnungen der Kulisse erfüllten sich nur zum Teil. Zwar boten auch Frankreichs Spieler gute Leistungen, doch im Ausnutzen der Chancen war der Weltmeister cleverer. Schon nach 9 Minuten ging er durch Colaussi in Führung, aber postwendend glich Frankreich aus.

Nach Seitenwechsel erhöhte Italien das Tempo und kam bereits nach fünf Minuten zum Erfolg. Piola verwandelte eine Flanke von rechts unhaltbar zum 2:1. Und Piola war es auch, der 22 Minuten später die Niederlage der Gastgeber besiegelte.

Die Schweiz, müde von den beiden Spielen gegen Deutschland, bot noch einmal alle Kräfte gegen Ungarn auf. Doch diesmal waren Bickel (bei Lazar) und Amado (bei Turay) besser aufgehoben. Dennoch ließ die 0:2-Niederlage die Eidgenossen schlechter aussehen, als sie waren.

Endspiel Italien–Ungarn am 19. Juni in Paris. Faustabwehr von Olivieri. Rechte Seite: Sarosi erzielt den Anschlusstreffer zum 3:2, die Ungarn schöpfen noch einmal Hoffnung und Italien kommt in Bedrängnis.

WELTMEISTERSCHAFT 1938 IN FRANKREICH

Von den letzten Acht hatten es die Schweden am leichtesten gehabt. Auf regennassem Boden fühlten die Nordländer sich in Antibes wie zu Hause und fertigten Kuba mit 8:0 ab. Schwedens Gegner im Halbfinale war Ungarn. In Paris begann man, als wolle man das Kunststück von Antibes wiederholen. Nach einer halben Minute führten die Skandinavier durch Nyburg mit 1:0. Doch Ungarn war nicht Kuba. Das Innentrio Zsengeller, Dr. Sarosi, Toldi begann zu zaubern. Nach 20 Minuten fiel der Ausgleich, und von da an spielte nur noch eine Elf: Ungarn. Das 5:1 gibt die Überlegenheit der Magyaren nur unvollkommen wieder. Sie schonten sich ganz offensichtlich fürs Finale.

Das konnte Italien im anderen Halbfinal-Spiel gegen Brasilien nicht. In Marseille hatten Pozzo und seine Elf 30 000 französische Zuschauer gegen sich. Doch der Weltmeister erwies sich seines Titels würdig. Er beeindruckte mit großer Entschlossenheit und Einsatz, verhielt sich taktisch sehr geschickt und gewann am Ende mit 2:1.

Vor allem Italiens Außenläufer hatten maßgeblichen Anteil daran, denn Brasiliens Sturm war nie wie erwartet ins Spiel gekommen. Als dann die Europäer nach der Pause ihrerseits aufdrehten, geriet Brasilien immer mehr in Bedrängnis. Allerdings bedurfte es eines Elfmeters (und wohl auch des Fehlens des verletzten Leonidas), den Sieg zu sichern.

Wieder mit ihrem schwarzen Mittelstürmer, der mit sieben Toren Schützenkönig dieser WM wurde, gerieten die Brasilianer im Spiel um den dritten Platz zwar mit 0:2 in Rückstand, schlugen Schweden dann aber doch sicher mit 4:2. Experten meinten jedoch sicher sein zu dürfen, daß Uruguays große Mannschaft von einst in Südamerika vorerst konkurrenzlos bleiben werde ...

Das europäische WM-Finale zwischen Titelverteidiger Italien und Ungarn lockte 55 000 Zuschauer ins Stade de Colombes. Sofort war erkennbar: Ungarn, seit 1925 gegen Italien nicht mehr siegreich, spielte eleganter, attraktiver, faszinierender. Doch die Italiener waren zielstrebiger, kampfstärker. Solch unterschiedliche Tugenden garantierten hochkarätigen Fußball.

Nach sechs Minuten ging Italien in Führung. Biavati hatte Piola freigespielt, der den Ball zu Colaussi gepaßt. Gegen seinen Schuss aus 10 m hatte Szabo keine Chance. Aber schon eine Minute später war der Vorsprung dahin. Der Wiederanstoß führte zu einer bestechenden Kombination des ungarischen Innentrios. Rechtsaußen Sas schaltete sich ein, spielte Titkos frei – 1:1. Italiens Abwehr war fassungslos.

Doch die Mannschaft fing sich. Aus der Defensive heraus führte sie ihre schnellen Aktionen durch. Nach 16 Minuten war sie erneut erfolgreich. Über Ferrari, Meazza lief der Ball zu Piola. Dessen Bombe saß unhaltbar im Netz.

Immer deutlicher wurde, daß die kunstvollen Kombinationen der Ungarn weniger wirkungsvoll waren als die schnellen, kraftvollen Angriffe der Italiener. In der 36. Minute bahnte sich die Entscheidung an: Piola sah Colaussi in den freien Raum laufen, Pass und Schuss – 3:1!

Trainer Schaffer befahl in der Pause den bedingungslosen Angriff. Doch die Überrumpelung nach dem Wechsel mißlang. Italiens großartige Mannschaft hatte aufgepasst. Dennoch musste sie in der 71. Minute noch ein Tor hinnehmen. Dr. Sarosi erzielte es nach Vorarbeit von Zsengeller. Jetzt schien der Ausgleich greifbar nahe zu sein. Die Zuschauer feuerten Ungarn an, der Weltmeister wankte.

Doch erneut bewies er sein Stehvermögen. Meazza und Ferrari gingen jetzt weit zurück, brachten Ruhe ins Spiel. Und als Piola acht Minuten vor Schluss auf und davon ging, hatte Italien den Titel verteidigt: 4:2.

Kein Experte zweifelte, daß die beste Mannschaft aus 35 Teilnehmern das Turnier gewonnen hatte. In ihren vier Spielen war Pozzos Mannschaft mit nur 14 Spielern ausgekommen.

Doch nicht nur für den alten und neuen Weltmeister, auch für die FIFA war Frankreich ein Erfolg gewesen – vor allem wirtschaftlich. Fast sieben Millionen Francs Gesamteinnahmen waren ein nicht zu unterschätzender Betrag und bewiesen nachdrücklich die zunehmende soziale und wirtschaftliche Bedeutung des Fußballs.

Die italienische Mannschaft nach der Siegerehrung. Hintere Reihe: die Spieler Biavati, Trainer Pozzo, Piola, Ferrari, Colaussi; vordere Reihe: Locatelli, Meazza, Foni, Serantoni (liegend), Olivieri, Rava, Andreolo.

Weltmeisterschaft 1950 in Brasilien

Der totale Mißerfolg beim WM-Turnier 1938 konnte Großdeutschland nicht davon abhalten, sich erneut um die Ausrichtung einer Weltmeisterschaft zu bewerben. Im eigenen Land wollte man nicht nur zeigen, daß die Blamage von Paris ein einmaliger Ausrutscher, sondern auch, zu was deutsche Organisationskunst fähig war.

Doch Deutschland hatte einen starken Konkurrenten: Brasilien. Die Männer aus Rio durften mit Recht darauf verweisen, daß nach zwei Turnieren in Europa nunmehr Südamerika wieder an der Reihe sei. Und Südamerika – das bedeutete in diesem Fall Brasilien, das bei den letzten Turnieren – im Gegensatz zu Uruguay oder Argentinien – nicht durch Abwesenheit geglänzt hatte.

Indessen vermochte der FIFA-Kongress 1938 in Frankreich sich nicht auf einen Kandidaten zu einigen. Man verschob die Entscheidung bis zum geplanten Kongress 1940, der in Luxemburg stattfinden sollte.

FIFA-Präsident Jules Rimet beschloss, die Verhältnisse in den konkurrierenden Ländern selbst zu studieren, und reiste im Herbst 1939 nach Rio. Als er eines Morgens über die Avenue Rio Branco spazierte, schrien ihm die Schlagzeilen der Zeitungen entgegen: »Krieg in Europa! Die ersten Schüsse sind gefallen!«

Für die nächsten Jahre war an Fußball kaum zu denken, geschweige an eine Weltmeisterschaft. Erst 1946, am 1. Juli, konnte die FIFA wieder zusammentreten und – in Luxemburg – nach acht Jahren Pause eine Art Bestandsaufnahme machen. Der grausame Krieg hatte Deutschland als Kandidaten für eine WM ausradiert, so dass den 80 Delegierten aus 34 Ländern die Wahl nicht schwerfiel: Brasilien sollte das WM-Turnier 1950 ausrichten.

Deutschland war bei diesem Kongress noch nicht wieder vertreten. Erst 1950 durfte es in die FIFA zurückkehren, die das Reglement der WM inzwischen modifiziert hatte: der Goldpokal für den Weltmeister sollte künftig »Coupe Jules Rimet« heißen, das Turnier nach einem etwas veränderten Modus stattfinden.

Letzteres führte zu heißen Debatten innerhalb des Weltverbandes. Die Meinungen, ob es beim rigorosen K.o.-System bleiben solle oder nicht, waren geteilt. Vor allem Ausrichter Brasilien strebte einen neuen Modus an: vier Gruppen, die im Punktsystem jeder gegen jeden spielen und deren Sieger erneut in einer normalen Punktrunde aufeinander treffen. »Dadurch«, so argumentierte Brasiliens Delegierter Sotero Cosme, »werden Zufälligkeiten und Ungerechtigkeiten weitgehend verhindert.«

Eins zu null für die Schweiz, vergeblich wirft sich der mexikanische Torhüter (links). Die Schweizer gewinnen 2:1.

Henri Delaunay aus Frankreich sprach gegen den neuen Plan. Er verwies auf den Beschluss von Luxemburg, die WM 1950 »den bisherigen Regeln entsprechend« zu veranstalten, und plädierte für den Status quo.

Präsident Rimet intervenierte. Er sprach sich zwar grundsätzlich ebenfalls für Beibehaltung des bisherigen Systems aus, gestand Brasilien aber besondere Umstände zu, die eine Änderung nicht ausschlössen. Er wusste, mit welchen Schwierigkeiten das südamerikanische Land zu kämpfen haben würde, wenn man den Europäern keinen attraktiveren Modus anbieten konnte.

Schließlich kam es zu folgender Regelung: »Die 16 am Endturnier in Brasilien teilnehmenden Mannschaften werden in vier Gruppen aufgeteilt. In jeder Gruppe wird eine Mannschaft durch das Organisationskomitee ›gesetzt‹ und die drei anderen durch Los bestimmt. Die vier Sieger jeder Gruppe bilden die Endrunde. In beiden Runden spielt jede Mannschaft gegen jede andere der Gruppe. Die Mannschaft, die die größte Anzahl von Punkten besitzt, gewinnt den Coupe.«

Am 15. Januar 1949 traf man sich in Genf erneut und registrierte 29 Meldungen für die WM. Das war ein enttäuschendes Ergebnis, denn die Zahl lag weit unter der von 1934 und '38. Die FIFA teilte die 16 Final-Plätze wie folgt auf: acht für Europa und den Nahen Osten, fünf für Südamerika, zwei für Nord- und Zentral-Amerika, eine für Asien. Die Qualifikationsspiele mußten bis zum 28. April 1950 abgeschlossen sein. Soweit schien alles klar, doch die Komplikationen kamen erst noch.

Weltmeisterschaft 1950 – Der Verlauf des Turniers

Erste Runde	Endrunde der Gruppensieger		Endstand
Gruppe 1			
1. Brasilien	Uruguay	2	
2. Jugoslawien	Brasilien	1	
3. Schweiz			
4. Mexiko	Uruguay	3	
Gruppe 2	Schweden	2	
1. Spanien			1. Uruguay
2. England	Uruguay	2	2. Brasilien
3. Chile	Spanien	2	3. Schweden
4. USA			4. Spanien
	Brasilien	7	
Gruppe 3	Schweden	1	
1. Schweden			
2. Italien	Brasilien	6	
3. Paraguay	Spanien	1	
Gruppe 4			
	Schweden	3	
1. Uruguay	Spanien	1	
2. Bolivien			

WELTMEISTERSCHAFT 1950 IN BRASILIEN

Das ging schon los in der sogenannten »Gruppe 1«, wo Österreich nicht gegen die Türkei antrat und auch die Türkei – nach einem 7:0-Sieg über Syrien – verzichtete. Die FIFA gab daraufhin Portugal, das eigentlich von Spanien eliminiert worden war, die Chance. Doch auch die Portugiesen hatten keine Lust, nach Brasilien zu reisen.

Krach und Querelen auch in Südamerika: Ein halbes Jahr vor Beginn der Endrunde teilt Argentinien der FIFA mit, dass es seine Meldung wegen bestehender Differenzen mit dem brasilianischen Verband zurückziehe. Auch Peru und Equador wollen nicht mehr mitmachen. Dadurch sind Chile und Bolivien bzw. Uruguay und Paraguay kampflos qualifiziert.

Hin und wieder wird auch mit dem Ball gespielt, vor allem in Europa. Dort sind die vier britischen Teams in einer Gruppe vereint. In dieser Tatsache steckt die wohl größte Sensation des Vorspiels dieser WM: England, das Mutterland, ist erstmals dabei!

Zwei Qualifikanten sind der britischen Gruppe zugestanden worden. England wird seinem Ruf gerecht und gewinnt alle drei Spiele, ist also qualifiziert. Doch das zweitplazierte Schottland verzichtet, woraufhin die FIFA Frankreich einlädt, das in Italien ein Entscheidungsspiel gegen Jugoslawien knapp verloren hatte. Doch auch die Franzosen mögen nicht.

So kommt trotz Englands WM-Premiere nur ein kümmerlich besetztes Turnier zustande. Es fehlen so große Fußball-Nationen wie Österreich, Ungarn und die ČSSR, Argentinien und Deutschland, Schottland und Frankreich.

Dennoch sind die »Hinchas« glücklich, vor allem im Hinblick auf die Favoritenrolle ihrer eigenen Elf. Wer sollte den Brasilianern im eigenen Land schon gefährlich werden? Hatten die Zauberer vom Zuckerhut nicht die Generalprobe, die seit 1916 alle zwei Jahre stattfindende »Campeonato Sudamericano«, überlegen gewonnen? Nur nebenbei: Uruguay war dabei mit 1:5 auf der Strecke geblieben ...

Gewiss: England und Weltmeister Italien würden harte Gegner sein. Doch der Titelverteidiger hatte im Jahr zuvor einen schweren Schicksalsschlag erlitten. Die Mannschaft des FC Turin und damit die halbe Nationalelf war bei einem Flugzeugunglück ums Leben gekommen.

Bevor der Ball rollt, steht noch eine für Deutschland wichtige Entscheidung an: der Antrag auf Wiederaufnahme in die FIFA.

Doch die Wunden der Vergangenheit waren wohl noch zu frisch, als 35 Nationen beim Kongress im Hotel »Quitandinha« zusammenkamen. Nur die Federationen von Nicaragua, des Irak und der Saar wurden aufgenommen, für Deutschland und Japan blieb die Tür bis zum Kongress in Brüssel, einige Monate später, verschlossen. Immerhin hatten sich die Schweiz, Uruguay, Schweden, Finnland, Österreich und sogar England sehr engagiert für Deutschland ausgesprochen.

Während all dieser offenbar unvermeidlichen Schatten, die eine WM vorauswirft, haben die Brasilianer ein Wunderwerk des Fußballs geschaffen: das Maracana-Stadion. »Man kann es wohl nur mit dem Kolosseum vergleichen«, staunt Jules Rimet.

Die Riesen-Arena für 200 000 Zuschauer ist schon damals mit Flutlicht ausgestattet (obwohl die FIFA WM-Spiele bei künstlichem Licht verboten hat). 464 000 Tonnen Zement sind in ihr verbaut, 10 Millionen Kilo Eisen und 4000 Kubikmeter Steine. 50 000 Kubikmeter Erde mussten bewegt werden, um den Koloss von Rio aus dem Boden zu stampfen. Hier also soll Brasilien gekrönt werden.

Doch noch ist es nicht soweit. Nur 13 Endrunden-Teilnehmer sind im Lande eingetroffen, die Absagen bringen das Programm durcheinander, doch der Veranstalter bleibt bei seiner ursprünglichen Gruppierung. Das schafft ungleiche Verhältnisse, denn während in der einen Gruppe vier Teams spielen, hat Uruguay es zum Beispiel nur mit einem Gegner zu tun. Er heißt Bolivien und wird mit 8:0 besiegt.

Das Eröffnungsspiel bestreiten Gastgeber Brasilien und Mexiko. Zum ersten Mal ist das Maracana-Stadion voll besetzt. Auf der Tribüne sitzen Staatspräsident Dutra und viele Minister und harren der Tore, die da kommen sollen. Sie kommen auch, vier Stück, und Brasilien ist zufrieden.

Doch schon im nächsten Spiel, gegen die Schweiz in Sao Paulo, sieht's anders aus. Nach dem leichten Sieg über Mexiko glaubt Trainer Flavio Costa auch hier nicht an Gefahr. Um den »Paulistas« einen Gefallen zu tun, bringt er die komplette Läuferreihe des FC Sao Paulo aufs Feld.

Er scheint recht zu behalten, als Brasilien schon nach vier Minuten in Führung geht. Doch die Schweiz hat wieder einmal gar keinen Respekt vor einem großen Favoriten. Fatton besorgt zur allgemeinen Überraschung den Ausgleich. Erneut schießen die schwarzen Ballzauberer sich in Führung, doch erneut sorgt auch der schnelle Linksaußen aus Genf für den Gleichstand.

Bei diesem 2:2 bleibt es, und Brasilien darf sich noch glücklich schätzen. Denn in den letzten Sekunden stand der Schweizer Friedländer ganz allein vor Torwart Barbosa. Der Sieg der Schweiz schien sicher, doch Friedländer verlor die Nerven und schoss um Zentimeter vorbei.

Wieder in Rio, will der Favorit zeigen, daß der Punktverlust von Sao Paulo nicht ernstzunehmen ist. Doch der Gegner heißt Jugoslawien und hat die Schweiz zuvor klar mit 3:0 geschlagen. Die Jugos wehren sich zäh, doch das Glück ist gegen sie. Mit nur zehn Spielern müssen sie das Match beginnen, denn Mitie hat sich im dunklen Tunnel zwischen Kabine und Stadion den Kopf aufgeschlagen. Mit einem Verband kann er das Feld erst betreten, als Zizinho bereits ein Tor geschossen hat und Brasilien 1:0 führt. Ademir besorgt das 2:0, doch restlos überzeugt hat Brasilien in dieser ersten Runde nicht.

Die große Sensation aber passiert in einer anderen Gruppe, und zwar ein paar hundert Kilometer entfernt in Belo Horizonte. Dort stehen sich England und die USA gegenüber, Riese und Zwerg, David und Goliath. Beide haben schon gespielt: England gegen Chile 2:0, USA gegen Spanien 1:3. Das Interesse ist demgemäß gering: nur 310 000 Cruzeiros werden eingenommen (bei Brasilien gegen Jugoslawien waren es 4,6 Millionen gewesen, im Finale werden es 6,3 Millionen sein).

WELTMEISTERSCHAFT 1950 IN BRASILIEN

Schwedens Torhüter rettet das 2:2 gegen Paraguay und damit den Gruppensieg nach einem 3:2-Erfolg über Italien.

Doch die Meldung, die nach zwei Stunden in alle Welt gesendet wird, ist bis heute eine der größten Sensationen des Fußballs geblieben: der Riese England hat gegen den Zwerg USA 0:1 verloren. Kaum glaublich, aber wahr: England hat anfängerhaft gespielt, hat den Gegner weit unterschätzt und der Tatsache, dass er auch gegen Spanien noch 14 Minuten vor Schluss mit 1:0 führte, keine Bedeutung beigemessen.

Verzweifelt saß Stanley Matthews auf der Tribüne. Man hatte den Zauberer am rechten Flügel erst gar nicht eingesetzt, er sollte geschont werden. Dennoch schien Englands Elf auf dem Papier stark genug, mit jedem Gegner fertigzuwerden: Williams, Ramsey, Aston, Wright, Hughes, Dickinson, Finney, Mortensen, Bentley, Mannion, Mullen.

Doch der US-Mittelstürmer Gaethjens, von dem man nicht einmal den Vornamen kannte, hatte in der 38. Minute ein Tor geschossen, das die Engländer nicht aufzuholen vermochten. Sie verkrampften und ließen klare Chancen aus. Der »Daily Mirror« schrieb über ein »Fußball-Dünkirchen«.

Auch ein anderer hoher Favorit aus Europa war gescheitert: Italien. Der Weltmeister verlor gleich sein erstes Spiel in Sao Paulo gegen Schweden mit 2:3 und damit alle Chancen. Zu kurz war die Zeit nach der Flugzeug-Katastrophe von Turin gewesen, um eine neue, schlagkräftige »Squadra Azzurra« aufzubauen.

Mit Sicherheit würde in Rio also ein neuer Weltmeister gekrönt werden – doch wer? Die »Hinchas« glaubten mehr denn je an Brasilien, vor allem nach dem ersten Endrundenspiel gegen Schweden. Mit 7:1 geschlagen, verließen die Europäer das Maracana-Stadion, wo vom Präsidenten bis zum jüngsten Schuhputzer jedermann davon überzeugt war, den neuen Weltmeister gesehen zu haben.

Zur gleichen Zeit standen sich in Sao Paulo Uruguay und Spanien gegenüber. Die Südamerikaner taten sich sehr schwer, schienen ihren Kritikern recht zu geben, dass eine Teilnahme an dieser WM ohne Erfolg sein werde. Noch zwei Monate vor Beginn

Brasiliens Renommierstadion Maracana, das größte Fußball-Stadion der Welt (unten), Schauplatz der wichtigsten Spiele um die Weltmeisterschaft 1950.

Rangliste der Torschützen
22 Spiele – 88 Tore

9 Tore	Ademir (Brasilien)
5 Tore	Schiaffino (Uruguay)
4 Tore	Basora (Spanien)
	Chico (Brasilien)
	Ghiggia (Uruguay)
	Miguez (Uruguay)
	Palmer (Schweden)
	Zarra (Spanien)
3 Tore	Sundqvist (Schweden)
2 Tore	Andersson (Schweden)
	Baltasar (Brasilien)
	Caikovski II (Jugoslawien)
	Carapellese (Italien)
	Gremaschi (Chile)
	Fatton (Schweiz)
	Gaetjens (USA)
	Igoa (Spanien)
	Jair (Brasilien)
	Jeppsson (Schweden)
	Tomasevic (Jugoslawien)
	Zizinho (Brasilien)
1 Tor	23 weitere Spieler

des Turniers hatte Juan Lopez keine Mannschaft beisammen, und jetzt war der Trainer froh, daß ein Weitschuss von Varela in der 77. Minute wenigstens einen Punkt rettete. Doch das 2:2 sprach eher für Spanien als für Uruguay.

Vier Tage später kam es dann im Maracana-Stadion zu jenem Spiel, das nach Meinung vieler Experten das eigentliche Finale war: Brasilien gegen Spanien. Kein Zweifel, die »Brasileiros« fürchteten die Europäer, die mit Rammallets einen würdigen Nachfolger Zamoras und mit Zara, Gainza und Basora gefährliche Stürmer gefunden hatten.

Doch was sich an diesem 13. Juli im Maracana ereignete, war so unglaublich, daß man am besten einen der wenigen deutschen Augenzeugen zu Wort kommen läßt. Dr. Friedebert Becker, lange Jahre der Chefredakteur des »Kicker«, schrieb darüber:

»Vor unseren Augen zog ein ans Märchenhafte grenzendes Fußballschauspiel vorüber. Brasilien, von Treffen zu Treffen stärker werdend, wirbelte den Repräsentanten Europas 6:1 nieder. Die Luft war erfüllt von blauen Schwaden der unaufhörlich explodierenden Sprengkörper, die die 175 000 Menschen in wachsender Ekstase der Begeis-

WELTMEISTERSCHAFT 1950 IN BRASILIEN

terung abschossen. Beinahe wie im Lehrfilm lief das unwiderstehliche Kombinationsspiel der Brasilianer, sprühend von Witz, artistischen Einlagen und kunstvollen Zügen. Eine Spielregie, wie sie dieser Zizinho vorzauberte, eine dynamische Wucht und Akrobatik, wie sie ein Ademir entfesselte, eine schlaue Verknüpfung von Angriff und Abwehr, wie sie ein Jair zu flechten verstand – ein Ballzauber, wie ihn dieses Innentrio Zizinho, Ademir, Jair entfaltete – das sah die Welt noch nie.«

Uruguay dagegen überzeugte auch gegen Schweden nicht. Zur Pause lagen die Gauchos noch 1:2 im Rückstand, und erst kurz vor Schluß sorgte der kleine Mittelstürmer Miguez für den knappen 3:2-Erfolg, der seiner Mannschaft noch eine kleine WM-Chance ließ. Freilich: Brasilien genügte im letzten Spiel ein Unentschieden, um Weltmeister zu sein.

Dann kam der 16. Juli 1950. Fast 200 000 Zuschauer zahlten 6,3 Millionen Cruzeiros in die Kassen des Maracana. Zur gleichen Zeit spielten in Sao Paulo Schweden und Spanien um den dritten Platz – vor ganzen 8000 Zuschauern. Schweden gewann verdient mit 3:1, konnte aber den schwachen Eindruck, den die Europäer bei dieser WM gemacht hatten, nicht verwischen. Die Abkehr vom K.o.-System hatte sich zum Nachteil der Kämpfertypen ausgewirkt, Klimaumstellung und fremdes Publikum kamen als weitere Ursachen hinzu. Schon der Anblick des gefüllten Riesen-Stadions von Rio schien die Europäer zu verwirren.

In Rio standen die Wetten 1000:1. Niemand gab Uruguay eine Chance, zumal den Brasilianern ein Unentschieden reichte. Alles war vorbereitet für ihren Triumph, drei Tage sollte die Arbeit im Lande ruhen, sollte nur gefeiert werden. Ein riesiges Freudenfeuerwerk war vorbereitet.

Kein Mensch rechnete ernsthaft mit einer Niederlage, kein Mensch traute den

Tor durch Schiaffino; es steht 1:1 im »Endspiel« Brasilien gegen Uruguay.

»Urus« zu, in der Hölle von Maracana bestehen zu können.

Als sie das Stadion betraten, schien der Himmel einzustürzen. Unbeschreiblich der Lärm, das Getöse, die Begeisterung. »Wir nahmen uns bei den Händen und sprachen uns gegenseitig Mut zu«, erzählte Uruguays Torwart Maspoli später. »Wir wußten, daß diese Kulisse Himmel und Hölle zugleich sein konnte. Sie wünschte Brasilien den Sieg, aber sie würde dieser Mannschaft auch kaum einen Fehler verzeihen. Zu hochgespannt waren die Erwartungen in bezug auf die eigene Elf.«

In diesem Bewußtsein organisierte Uruguay den Widerstand. Zäh warfen sich Varela, Gambetta und Moron in die Angriffe Brasiliens. Andrade organisierte das Spiel, brachte Linie und System hinein. Er war ein Neffe des großen Andrade aus der Weltmeisterelf von 1930 und ein fast ebenso großer Fußballspieler.

Die Männer in den himmelblauen Trikots aus Montevideo stehen den hohen Favoriten unerbittlich auf den Füßen. Das behagt Brasilien gar nicht. Diese Art von Polizistenfußball ist Gift für ihr Spiel.

Brasilien spielt vorsichtig, geht kein Risiko ein. Wozu auch – notfalls genügt ja auch ein Unentschieden, um Weltmeister zu werden. Zur Pause steht die Partie noch 0:0.

Dann, zwei Minuten danach, scheint Brasilien sich die ersehnte Krone endgültig aufs Haupt zu setzen. Zizinho hat Friaca freigespielt, der seinen Bewacher Andrade abschüttelt und flach abzieht. Der Ball fliegt unerreichbar für Roque Maspoli ins lange Eck – 1:0 für Brasilien. Das Maracana-Stadion erzittert vor Begeisterung in seinen Grundfesten. Und jetzt spielen sie auch, die Zizinho, Jair, Bauer und Ademir. An einem Fallschirm schwebt eine Rakete mitten aufs Spielfeld herunter. Die Spieler beachten sie nicht, ihr Interesse gilt ausschließlich dem Ball, der jetzt viel öfter im Besitz Brasiliens ist.

Doch die Mannschaft vergisst in ihrem Spielrausch das Denken. Sie vergißt, dass Fußball nicht nur eine Sache des Gefühls und der Emotion ist. Vor allem nicht gegen eine Mannschaft wie Uruguay, die so schnell nicht aufgibt. »Ein Tor ist gar nichts! Los, weiter!« hatte Juan Schiaffino seinen Kameraden zugerufen, als Brasilien in Führung gegangen war.

Er selbst ist es, der den Funken der Hoffnung zum Feuer entfacht. Uruguay setzt alles auf eine Karte. Nur der Sieg ist von Nutzen. Brasilien spürt die Gefahr nicht. Ghiggia, der schnelle Rechtsaußen, zieht auf und davon, ist von Bigode nicht zu halten, flankt zur Mitte. Da steht Schiaffino und nimmt den Ball direkt aus der Luft: 1:1.

WELTMEISTERSCHAFT 1950 IN BRASILIEN

Glück für Uruguays Torhüter Maspoli. Dieser Schuß geht am Tor vorbei.

Im Maracana wird es ruhig, sehr ruhig. Spürt die Masse jetzt, wie nahe Triumph und Niederlage beieinander wohnen? Man hört das Aufschlagen des Balles auf dem Boden, hört jeden Schuß, jeden Schrei.

»Wir wußten jetzt, daß wir sie packen konnten«, verriet Maspoli. »Die plötzliche Kühle auf den Rängen verunsicherte unseren Gegner. Im Gesicht jedes Brasilianers spiegelte sich unglaublicher Schrecken.«

Doch noch stand es 1:1, noch reichte das Resultat Brasilien zum Titelgewinn.

Noch elf Minuten waren zu spielen, und Jules Rimet machte sich auf den Weg zur Siegerehrung. Er wollte die letzten Minuten unten am Spielfeld erleben und verließ seinen Platz in der Ehrenloge. »Ich war noch im Tunnel«, erinnerte er sich, »als das Dröhnen des Stadions mit einem Schlag verstummte. Schnell ging ich zum Ausgang und fragte, was geschehen sei. Ich bekam keine Antwort. Niemand im Stadion sprach ein Wort. Es war tödlich still. Da blickte ich zum Spielfeld und sah Brasiliens Torwart Barbosa am Boden liegen. Der Ball aber lag im Netz.«

In der Tat – der Ball lag im Netz. Das Unglaubliche war passiert: Uruguays Spielmacher Perez hatte erneut Ghiggia auf die Reise geschickt. Barbosa erwartete wohl wieder eine Flanke und postierte sich entsprechend. Doch Ghiggia lief und lief und schoss dann aus spitzem Winkel ins kurze Eck.

Lähmendes Entsetzen im weiten Rund, totaler Zusammenbruch des vermeintlichen Weltmeisters waren die Folge. Brasilien brachte keinen vernünftigen Spielzug mehr zustande. Die letzte Chance, einen Eckball, schoss Friaca fast bis in die Spielfeldmitte. Dann pfiff Schiedsrichter Reader aus England ab. Uruguay war Weltmeister.

Brasilien nahm die unfassbare Niederlage in fairer Haltung hin. Doch Zehntausende von Menschen schluchzten und weinten haltlos, ein ganzes Land fiel in Trauer. Als das riesige Maracana sich leerte, lagen vier Körper leblos auf den Rängen. Selbstmord und Herzschläge hatten ihrem Leben ein Ende gesetzt. Sie konnten es nicht verwinden, die vermeintlich beste Mannschaft der Welt verlieren zu sehen.

Uruguay aber bereitete seinen »Helden« einen überwältigenden Empfang. Der Triumphzug durch Montevideo übertraf alles, was Südamerika bis dahin an Fußballbegeisterung erlebt hatte. Im Mittelpunkt aller Ehren stand Trainer Juan Lopez, den die Fußballwelt fortan als den »Zauberer von Maracana« kannte.

Weltmeisterschaft 1954 in der Schweiz

Das fünfte WM-Turnier fand in der Schweiz statt, einem der fünf Gründungsländer der FIFA, deren Mitgliederzahl in den 50 Jahren ihres Bestehens auf 85 angewachsen war.

44 davon gaben ihre Meldung für die Jubiläums-WM ab, doch nur 37 konnten berücksichtigt werden. Indien, Peru, Vietnam, Bolivien, Costa Rica, Cuba und Island meldeten zu spät. Auch der Luftpostbrief Paraguays traf erst nach Meldeschluss in Zürich ein, doch konnten die Südamerikaner glaubhaft machen, daß dies nicht ihr Versäumnis, sondern ein Fehler der Post gewesen war.

Zum ersten Mal waren wirklich alle großen Fußball-Nationen am Ball, mit Ausnahme vielleicht von Argentinien. Uruguay als Weltmeister und die Schweiz als Veranstalter waren befreit von Qualifikationen. Um die anderen 14 Plätze wurde in 13 Gruppen gespielt, wobei der britischen mit England, Wales, Schottland und Nordirland zwei Qualifikanten zugestanden wurden.

Dem Organisationskomitee oblagen Gruppen-Einteilung und später die Auswahl der »Gesetzten«, denn erneut war der Modus geändert worden. Man hatte sich auf eine Mischung des früheren K.-o.-Systems und der zuletzt in Brasilien praktizierten Punktwertung geeinigt, die in der ersten Runde zur Ermittlung der letzten Acht angewendet werden sollte.

Weltmeisterschaft 1954 – Der Verlauf des Turniers

Erste Runde	Viertelfinale		Semifinale		Finale	
Gruppe 1						
1. Brasilien						
2. Jugoslawien	Deutschland	2				
3. Frankreich	Jugoslawien	0				
4. Mexiko			Deutschland	6		
Gruppe 2			Österreich	1		
1. Ungarn						
2. Deutschland**	Österreich	7			Deutschland	3
3. Türkei	Schweiz	5			Ungarn	2
4. Südkorea						
Gruppe 3						
1. Uruguay						
2. Österreich	Uruguay	4			**Um den**	
3. ČSSR	England	2			**dritten Platz**	
4. Schottland			Ungarn	4*	Österreich	3
Gruppe 4			Uruguay	2	Uruguay	1
1. England						
2. Schweiz**	Ungarn	4				
3. Italien	Brasilien	2	* nach Verlängerung, ** nach Entscheidungsspiel für das Viertelfinale qualifiziert.			
4. Belgien						

WELTMEISTERSCHAFT 1954 IN DER SCHWEIZ

Indessen glaubte der Rat der Weisen, den Teams so viel Spiele, wie sich daraus ergeben hätten, nicht zumuten zu können. Also sollte jede Mannschaft in der Vorrunde nicht drei, sondern nur zwei Spiele austragen. Um das zu bewerkstelligen, wurden zwei aus jeder Gruppe »gesetzt«; sie brauchten nicht gegeneinander zu spielen.

Die Schweiz schlägt Italien 2:1 und qualifiziert sich für das Viertelfinale.

Es ist nahezu unglaublich, daß dieser absurde Plan den Köpfen so renommierter Fußball-Persönlichkeiten wie Ernst Thommen, O. Barassi, Karel Lotsy, Henri Delaunay, Stanley Rous oder Gustav Wiederkehr entsprang. Er war nicht nur sportlich unmöglich, er setzte sich über alle Prinzipien der Chancengleichheit hinweg und drohte den Wettbewerb zu verzerren.

Doch zunächst ging es in die Qualifikation. Deutschland, zum ersten Mal nach dem Krieg und damit nach 16jähriger Pause wieder dabei, hatte mit Norwegen und dem damals sportlich selbständigen Saarland zwei unangenehme Gegner erhalten. Norwegen galt seit 1936 in entscheidenden Spielen als »Angstgegner«, die Saar, das wusste man, würde den Stamm des 1. FC Saarbrücken aufbieten und schon aus nachbarschaftlicher Rivalität gewiss »zur Sache gehen«.

Erst dreieinhalb Jahre zuvor hatte der DFB den acht Jahre unterbrochenen Länderspielverkehr wiederaufnehmen können. Doch Herberger gelang es sehr schnell, das Reservoir der »Alten« mit jungen Kräften aufzufüllen. Dabei kam ihm die Kaiserslauterer Talentschule zur Hilfe, wo unter Fritz Walters Regie hervorragende Spieler heranwuchsen: Bruder Ottmar, der junge Eckel, Werner Liebrich und Werner Kohlmeyer. Das war, wie sich schnell zeigte, bereits die halbe Nationalelf.

Dennoch fuhr Deutschland mit gemischten Gefühlen zum ersten Qualifikationsspiel nach Norwegen. Die Befürchtungen hinsichtlich des Gegners erfüllten sich dann auch, die deutsche Elf, in der bereits neun Spieler der späteren WM-Mannschaft standen, blieb nervös und blass. Norwegen stand mehrfach dicht vor dem Sieg, mußte sich aber mit einem 1:1 zufriedengeben, nachdem Hennum in der 40. und Fritz Walter in der 44. Minute erfolgreich gewesen waren.

Das magere Unentschieden löste auf deutscher Seite nicht gerade Begeisterung aus, zumal die Saar das Kunststück fertiggebracht und in Oslo 3:2 gewonnen hatte. So setzte Herberger zum Spiel Deutschland – Saar in Stuttgart fünf neue Spieler ein, die jedoch auch die Fußballwelt nicht aus den Angeln hoben. Eine Mannschaft des 1. FC Saarbrücken, verstärkt nur durch Clemens vom FV Saar 05, bot erbitterten Widerstand, unterlag zwar 0:3, hatte aber fast eine halbe Stunde mit nur zehn Spielern auskommen müssen und die insgesamt besseren Chancen gehabt. Nur Turek und Retter, der

Stacho, der unglückliche tschechoslowakische Torhüter, der im Spiel gegen Uruguay zwei- und gegen Österreich gleich fünfmal bezwungen wird.

vor eigenem Publikum ein großes Spiel machte, bewahrten die deutsche Elf vor einer Blamage durch den »kleinen Bruder«, der übrigens von einem Mann namens Helmut Schön trainiert wurde.

Erst das überraschende 0:0 der Saar gegen Norwegen und eine große Leistung der deutschen Elf im Rückspiel gegen die Skandinavier öffnete das Tor zur Schweiz. Mit 5:1 (nach 0:1-Rückstand!) setzten sich Fritz und Ottmar Walter, Rahn, Morlock und Schäfer über den Angstgegner hinweg und brauchten jetzt nur noch einen Punkt aus dem Rückspiel in Saarbrücken.

Sie holten ihn sicher mit 3:1, doch erneut war der Gegner so kampfstark und gefährlich gewesen, daß Ungarns Fußballchef Gustav Sebes, der dem Spiel als »Spion« beiwohnte, glaubte sagen zu müssen: »So hat Deutschland in der Schweiz keine Chance!«

Aber auch andere taten sich schwer in der Qualifikation. Schweden zum Beispiel, Dritter von 1950, schaffte sie gar nicht. Zweimal verlor man gegen Belgien und brachte auch aus Finnland nur einen Punkt mit.

In der amerikanischen Gruppe scheiterte die Sensationself von 1950, England-Bezwinger USA, an Mexiko, in Asien unterlag Japan zur allgemeinen Überraschung gegen Südkorea.

Doch die größte Sensation geschah in Gruppe 6, wo Spanien und die Türkei um die Fahrkarten nach Bern und Basel spielen mußten.

Das erste Spiel gewannen die Spanier klar mit 4:1. Ohne Sorgen fuhren sie nach Istanbul und erlebten eine bittere Enttäuschung. Die Türken, die drei Jahre zuvor in Berlin mit 2:1 gegen Deutschland schon einmal Aufsehen erregt hatten, gewannen 1:0. Das bedeutete, da das Torverhältnis ohne Bedeutung war, ein Entscheidungsspiel.

Es fand in Rom statt und endete trotz Verlängerung 2:2. So musste das Los entscheiden. Es entschied gegen den WM-Vierten von 1950. Jubelnd lagen sich die Türken in den Armen. Sie hatten es geschafft, sich als Deutschlands Endgruppen-Gegner zu qualifizieren.

Dass ihnen das Glück dabei kräftig half, vermochte die FIFA-Gewaltigen nicht zu beeindrucken. Sie blieben auch nach der Qualifikation der Türkei bei der seltsamen Entscheidung, die bereits vorher (!) getroffen worden war: Ungarn und der Sieger aus

Spanien/Türkei wurden »gesetzt«, Deutschland und natürlich Südkorea nicht. Das bedeutete, daß Ungarn und Türken nicht gegeneinander, wohl aber gegen Deutschland und den Punktelieferanten aus Asien spielen mußten, der der deutschen Elf wiederum nicht »zur Verfügung stand«.

Doch nicht nur in der »deutschen« Gruppe der Vorrunde, auch anderswo erregte die Wahl der FIFA-Weisen mehr Kopfschütteln als Beifall. So war zum Beispiel Frankreich, nicht aber Jugoslawien gesetzt, Italien, nicht aber die in Turnieren stets sehr starke Schweiz.

Das Geschehen auf dem grünen Rasen korrigierte die Einteilung vom grünen Tisch deutlich. Mit Jugoslawien, Deutschland und der Schweiz kamen drei »Nicht-Gesetzte« in die Viertelfinals, und wenn es einen ersten Verlierer dieser WM gab, dann die Herren des Komitees.

Jugoslawien benutzt schon das allererste Spiel des Turniers, um seine ungerechte Beurteilung zu demonstrieren. Die »Jugos« hatten das Kunststück fertiggebracht, ihre vier Qualifikationsspiele gegen Griechenland und Israel mit 1:0 zu gewinnen.

In der Schweiz fiel ihnen die Ehre zu, gemeinsam mit Frankreich das Eröffnungsspiel zu bestreiten. 28 000 Zuschauer kamen ins Stadion von Lausanne, wo Jules Rimet zum letzten Mal als FIFA-Präsident ein Staatsoberhaupt bat, die WM zu eröffnen. Bundespräsident Dr. Rubattel, ein Bürger der Stadt Lausanne, tat es mit dem Wunsch, die Spiele mögen »zum Verständnis der Menschen untereinander beitragen«.

Unmittelbar nach der feierlichen Eröffnung begann das Spiel, das weitgehend im Zeichen der Mannschaft vom Balkan stand. Nach einer Viertelstunde erzielten sie durch Zebec das erste Tor dieser WM, und dabei sollte es bleiben. Diese erste Partie ließ noch nicht erkennen, daß das Turnier mit einem Durchschnitt von 5,384 Treffern pro Spiel zu Ende gehen sollte.

Doch dann ging's los: Brasilien, der Vize-Weltmeister, knöpfte sich in Genf die Außenseiter aus Mexiko vor. Es dauerte etwa 20 Minuten, ehe das Spiel der Südamerikaner zu laufen begann. Sie hatten eine gegenüber 1950 fast völlig veränderte Elf nach Europa geschickt, in der die Zizinho, Ademir und Jair fehlten.

Doch die neue Mannschaft brillierte bei ihrer WM-Premiere kaum weniger als die alte. Nach dem Führungstreffer durch Baltazar stand eigentlich nur noch die Höhe des brasilianischen Sieges zur Diskussion. Mit 5:0 (3:0) fiel er mehr als deutlich aus.

Weltmeister Uruguay hatte sein Team weit vorsichtiger verjüngt. Maspoli, Andrade, Varela, Miguez und Schiaffino waren noch dabei. Und am linken Flügel stürmte ein Bursche, der schon bald zum Schrecken aller rechten Verteidiger wurde: Carlos Borges.

Im ersten Spiel hielt er sich noch zurück, wie fast alle Stürmer des Weltmeisters. Die Mannschaft begann sehr vorsichtig und mit der Absicht, erst einmal zu erfahren, was denn Gegner ČSSR zu bieten hatte. Es war eine ganze Menge, vor allem im Mittelfeld und in der Abwehr, so daß die Partie zur Überraschung der 30 000 Zuschauer in Bern nach 45 Minuten noch 0:0 stand.

Die deutsche Nationalmannschaft muß gegen die Türkei gleich zweimal antreten. Hans Schäfer erzwingt den Ausgleich und ebnet damit den Weg zum 4:1-Erfolg.

Wimpeltausch zwischen Fritz Walter und Turgay vor dem ersten Spiel in Bern.

Erst nach dem Wechsel verschärfte der Titelverteidiger das Tempo, profitierte jedoch beim 1:0 von einem Fehler des Tschechen-Torwarts Rajman. Erst sechs Minuten vor Schluss sicherte Schiaffino mit einem Freistoßtor den Sieg.

Gastgeber Schweiz begann gegen Doppelweltmeister Italien. Das Spiel fand einen Tag nach der Eröffnung in Lausanne statt und endete mit einem verdienten Sieg der Gastgeber, die sich – wie meist bei einer WM – wieder einmal selbst übertrafen. Zwar gelang Boniperti der Ausgleich zum 1:1, nachdem Ballaman die Eidgenossen in Führung gebracht hatte, doch auf Hügis Siegtor zehn Minuten vor Schluß blieb Italien die Antwort schuldig.

Deutschland musste gegen die Türken spielen, während Ungarn es mit dem Kanonenfutter aus Ostasien zu tun hatte und die armen Koreaner erwartungsgemäß mit 9:0 überfuhr.

Herbergers Mannschaft hatte in Spiez am Thuner See ein ideales Quartier gefunden, ausgesucht von Ex-Nationalspieler Albert Sing, der als Trainer in der Schweiz wirkte. Von hier aus fuhr die deutsche Mannschaft innerhalb kürzester Zeit an die Spielorte und wieder zurück. Nie mussten die Spieler sich an neue Hotels und andere Betten gewöhnen.

Das Match mit den Türken fand in Bern statt und musste, wollte Deutschland weiterkommen, auf alle Fälle gewonnen werden. Herberger bot seine vermeintlich stärkste Elf auf: Turek, Laband, Kohlmeyer, Eckel, Posipal, Mai, Klodt, Morlock, Ottmar Walter, Fritz Walter, Schäfer.

Gut 30 000 Zuschauer, darunter Tausende aus Deutschland, füllten das Wankdorf-Stadion. Doch ihnen stockte der Atem, als sich Kohlmeyer und Posipal schon nach drei

WELTMEISTERSCHAFT 1954 IN DER SCHWEIZ

Max Morlock, der dreifache Torschütze im zweiten Spiel gegen die Türkei. Deutschland siegt 7:2.

Minuten fatal behinderten und der Türke Suat flach einschießen konnte.

Minutenlang wirkte der Schock nach, doch dann brachte Fritz Walters überlegte Regie Ruhe ins deutsche Spiel. Die Kombinationen begannen zu laufen, wie sie unter Herberger in dreiwöchiger Vorbereitung immer wieder geübt worden waren. Und was noch wichtiger war: die Spieler verrieten Höchstform, brannten vor Einsatzfreude und feuerten sich gegenseitig an.

Nach zehn Minuten fiel der Ausgleich: Morlock paßte zu Schäfer, der lockte Turgay aus dem Tor und schoss ein. Deutschland kam jetzt, trotz Posipals Schwächen im Abwehrzentrum, zu einer eindeutigen Überlegenheit, die gegen härtesten türkischen Widerstand aber erst in der 50. Minute zum Führungstor führte. Klodt erzielte es nach einer Steilvorlage von Ottmar Walter, der das 3:1 zehn Minuten später per Kopfball selbst besorgte. Damit war das Spiel gelaufen, Morlocks 4:1 kurz vor Schluss wurde von den deutschen Schlachtenbummlern bereits als willkommene »Dreingabe« gefeiert.

Doch noch hatte Deutschland die Hürde dieser ersten Runde nicht überwunden. Wie ein Berg türmte sich der hohe Favorit Ungarn vor Sepp Herberger und seinen Männern auf. Seit Jahren waren die Magyaren unbesiegt, ihre Mannschaft wurde mit der Uruguays der zwanziger und mit dem österreichischen »Wunderteam« der frühen dreißiger Jahre verglichen.

Doch selbst die Sindelar und Co. hatten nicht vermocht, was Puskas, Hidegkuti und Bozsik zustande brachten: England auf eigenem Inselboden zu besiegen. 1 Jahr zuvor schrieben die Ungarn dieses Kapitel der Fußballgeschichte, gewann zum ersten Mal eine kontinentale Nationalelf gegen England in England.

Das Ergebnis lautete 6:3 und drückt die Überlegenheit der Ungarn nur unvollkommen aus. Dem Spielverlauf gerechter wurde schon das 7:1 des Rückspiels. Ungarn war der große Favorit für die WM '54. Wer wollte diese perfekt funktionierende Kombinationsmaschine stoppen?

Deutschland sicher nicht. Sepp Herberger hatte in London auf der Tribüne gesessen und die Gala-Show des kommenden WM-Gegners gesehen. Er war beeindruckt, aber er sagte nicht viel. Hinter seiner faltenreichen Stirn arbeitete es.

Der Plan, den er ausbreitete, stieß zunächst einmal auf deutliche Ablehnung. 60 000 Zuschauer waren zum Spiel Deutschland gegen Ungarn ins Basler St.-Jakob-Stadion gekommen, gewiss die Hälfte von ihnen aus dem nahen Deutschland. Diese

Hälfte pfiff laut und gellend, als der Lautsprecher die Mannschaftsaufstellungen bekanntgab: aus der siegreichen Elf von Bern fehlten Turek, Laband, Mai, Klodt, Morlock, Ottmar Walter und Schäfer.

Herbergers Entscheidung ist später auf unterschiedlichste Weise interpretiert worden. Hatte der alte Fuchs geblufft, oder glaubte er wirklich, mit dieser Aufstellung den Ungarn beikommen zu können?

Er selbst hat nie einen Zweifel daran gelassen, daß zwar taktische Gesichtspunkte mitspielten, er aber durchaus der Meinung war, mehr als nur einen Sparringspartner aufzubieten. Immerhin: die Überlegung hatte Vorrang, dass eine Niederlage gegen Ungarn unvermeidlich war und man, um eine Runde weiterzukommen, noch einmal gegen die Türken spielen müsse.

Davon ahnten jedoch die wenigsten der 60 000 etwas, und auch viele Offizielle im Troß des DFB wollten nichts davon wissen. Vor allem nicht mehr, als die deutsche Mannschaft gegen den hohen Favoriten mit 3:8 eingegangen war.

»Ungarische Rhapsodie« überschrieb ein Berichterstatter seine Reportage. Er übertrieb nicht. Was Bozsik, Puskas, Czibor und Kocsis an diesem Tag zeigten, degradierte den Gegner zum Statisten. Der arme Heini Kwiatkowski im deutschen Tor wusste kaum noch, was er tun sollte, wenn die ungarischen Stürmer sich traumwandlerisch sicher durch die Deckung spielten und frei vor ihm auftauchten. Dass Deutschland seinerseits zu drei Treffern kam, war eine Art Gnadenakt des Gegners, der vor allem dann keinen besonderen Wert mehr auf Deckung legte, als er zehn Minuten vor Schluss 7:1 führte.

Kein Zweifel – hier hatte der Weltmeister gespielt, hier war Fußball demonstriert worden, wie man ihn besser kaum zeigen konnte. Das schien der einzige Trost für die deutsche Mannschaft zu sein, deren Mittelläufer Liebrich sich den Vorwurf gefallen lassen mußte, Major Ferenc Puskas durch zu harten Einsatz erheblich verletzt zu haben.

Doch die Männer aus Budapest gewannen ihr Viertelfinalspiel auch ohne ihn. Gegner war Brasilien, Schauplatz Bern. Wieder regnete es, wieder drängten sich Tausende unter Schirmen, wieder brannte Ungarn ein Feuerwerk an Spielkunst ab.

Der Vize-Weltmeister hatte nicht das Format der deutschen Elf, die Niederlage sportlich fair hinzunehmen. Im Bewußtsein seiner Unterlegenheit begann er, statt mit den Füßen mit den Fäusten zu kämpfen. Humberto und Nilton Santos wurden von Schiedsrichter Ellis des Feldes verwiesen, auch der Ungar Bozsik musste dran glauben. Und dann gab es, nach Spielschluss im Kabinengang, noch eine böse Prügelei zwischen nahezu allen Beteiligten, die am folgenden Tag sogar das Ergebnis von den Titelseiten der Schweizer Zeitungen verdrängte. Ungarn hatte 4:2 (2:1) gewonnen.

Auch Uruguay stand im Viertelfinale. Der Weltmeister hatte nach seinem relativ knappen Sieg über die ČSSR eine Supershow geboten und Schottland mit 7:0 ausgebootet. Es schien kein Mittel gegen Schiaffino und Borges zu geben, zumindest die Schotten mit ihrer veralteten Auffassung hatten es nicht. Mit Uruguay, so glaubte man, war ein würdiger Finalgegner für Ungarn gefunden.

WELTMEISTERSCHAFT 1954 IN DER SCHWEIZ

Im Viertelfinale trafen die »Urus« auf England, das in der Vorrunde nicht gerade durch Heldentaten aufgefallen war. Nach einem überraschenden 4:4 gegen Belgien langte es gegen die Schweiz zum 2:0-Sieg, denn auch die Eidgenossen erwiesen sich als kluge Taktiker und setzten auf die Karte eines 2. Spiels gegen Italien.

Gegen die Balljongleure aus Montevideo wirkten Britanniens Elitekicker geradezu bieder. Trotz so großer Namen wie Wright, Matthews, Lofthouse und Finney durften sich 30 000 Zuschauer in Basel an der Überlegenheit der Südamerikaner erfreuen, die durch Borges, Varela, Schiaffino und Ambrois zu vier Treffern kamen, denen die Engländer nur zwei entgegensetzen konnten.

»Englands Ausscheiden ist ein neuerlicher Beweis dafür, daß das Mutterland es nicht verstanden hat, seine einstige Führerrolle im Fußball zu behaupten«, urteilten neutrale Beobachter.

Die Schweizer Zuschauer hatten mit einem Ohr der Übertragung aus ihren Kofferradios gelauscht, denn in Lausanne standen sich zur gleichen Stunde die Schweiz und Österreich gegenüber.

Die Eidgenossen hatten das Viertelfinale drei Tage zuvor mit einem zweiten Spiel gegen Italien erreicht, das in Basel stattfand. 34 000 sahen hier eines der typischen Schweizer WM-Bravourstücke. Wieder mit dem Basler Hügi in der Sturmmitte, der beim 0:2 gegen England gefehlt hatte, erlangte der Schweizer Angriff seine Gefährlichkeit zurück, die er schon beim ersten 2:1-Sieg über die Italiener gezeigt hatte.

Diesmal fiel der Sieg noch deutlicher aus. Vorbildlich harmonierten Schweizer »Riegel« und Schweizer Angriff. Mit dem überragenden Stopper Eggimann und den beweglichen Außenstürmern Antenen und Fatton wurde die Schweiz mit zunehmender Spielzeit immer klarer überlegen. Dem Tor von Hügi in der 12. Minute ließen die Schweizer nach der Pause noch drei weitere Treffer folgen, dem nur ein italienischer Erfolg entgegen- stand. Mit 4:1 siegreich, wurden die Schweizer Spieler von begeisterten Anhängern in die Kabine getragen.

Ähnlich war es der deutschen Elf im zweiten Gang gegen die Türken ergangen. 25 000 Zuschauer sahen auf dem Züricher Grasshoppers-Platz, daß es Sepp Herberger offenbar gelungen war, den Schock des 3:8 gegen Ungarn zu überwinden. Dazu bei trug sicher, daß bis auf Kohlmeyer wieder die Mannschaft des ersten Spiels gegen die Türkei auf dem Rasen stand.

Viertelfinale in Basel. England verliert 2:4, Nat Lofthouse ist für den Trost nicht recht empfänglich.

Die Schweiz verspielte gegen Österreich einen 3:0-Vorsprung und verlor am Ende 5:7.

Deutschland hat es im Viertelfinale mit Jugoslawien zu tun. Horvat wirft sich Hans Schäfer entgegen, Torhüter Beara ist zu weit herausgelaufen, und Horvat »erzielt« ein Eigentor. Es steht 1:0 für Deutschland.

Sie spielte, als habe es den schwarzen Tag von Basel nie gegeben. Fritz Walter glänzte wieder mit bestechender Regie, am rechten Flügel wirbelte Berni Klodt, Morlock, Ottmar Walter und Schäfer verrieten erstaunlichen Torhunger. Lediglich die deutsche Abwehr ließ Schwächen erkennen, was aber den deutlichen 7:2-Erfolg nie gefährdete. Damit stand auch Deutschland unter den letzten Acht. Die Rechnung Herbergers war vorerst aufgegangen.

Viertelfinalgegner war Jugoslawien, das zuvor in einem begeisternden Spiel gegen Brasilien ein 1:1 erreicht hatte. Die deutsche Elf war demzufolge als Außenseiter anzusehen.

Der Spielverlauf gab dieser Einschätzung recht – nicht jedoch das Ergebnis. Denn nach einer Abwehrschlacht, wie sie in der Geschichte des deutschen Fußballs bis dahin einmalig war, behielt der Außenseiter mit 2:0 die Oberhand.

Ein Eigentor Horvats nach zehn Minuten ließ Jugoslawien in Rückstand geraten. Dann stürmte die Mannschaft, dass Deutschland in den Wellen der Angriffe mehr als einmal zu ertrinken drohte. Doch an diesem Tag war Turek im Tor nicht zu überwinden. Und wenn er doch einmal geschlagen schien, stand mit Sicherheit Werner Kohlmeyer auf der Linie und rettete.

Nur wenige deutsche Zuschauer befanden sich unter den 20 000 im Genfer Stadion Chamille, doch Millionen saßen zu Hause an den Radios und bangten um den Sieg. Bis kurz vor Schluss lag das Ausgleichstor der Jugoslawen in der Luft, dann schnappte sich Rechtsaußen Helmut Rahn den Ball, zog los und jagte ihn von der

WELTMEISTERSCHAFT 1954 IN DER SCHWEIZ

Mit ernster Miene führen Ocwirk und Fritz Walter ihre Mannschaften zum Semifinalspiel in Basel.
Rechts oben: Flanke von Fritz Walter; Tor von Schäfer – es steht 1:0 für die Deutschen.

Strafraumgrenze aus unhaltbar für Beara ins Tor. 2:0 – Deutschland unter den letzten Vier! Die Welt des Fußballs begann Herbergers Männer ernstzunehmen.

Dennoch sprach man immer noch mehr von den Ungarn, von Weltmeister Uruguay und vom sensationellen Sieg der Österreicher über die Schweiz. Denn vor 40 000 Zuschauern waren bei glühender Hitze in Lausanne 12 Tore gefallen – fünf für die Schweizer und sieben für Österreich!

Schon nach 20 Minuten führten die Eidgenossen mit 3:0. Das mußte eigentlich schon der Sieg sein. Doch dieses Spiel stellte alle Erfahrungstatsachen auf den Kopf. Plötzlich waren die Österreicher da, spielten nicht mehr »schön«, sondern zweckmäßig, schnell, direkt. Ihre Schüsse deckten Parlier ein, und innerhalb von 12 Minuten hatten Wagner, Körner und Oewirk aus dem 0:3-Rückstand eine 5:3-Führung gemacht.

Noch einmal kam die Schweiz heran, Ballaman verkürzte auf 5:4. Wie sich später zeigte, hatte Österreichs Torwart Schmied einen Hitzschlag erlitten und die Partie im Unterbewußtsein zu Ende gespielt, ohne das Schlussergebnis zu kennen.

Es lautete 7:5 und öffnete Österreich den Weg ins Halbfinale, wo das Los die deutsche Elf zum Gegner bestimmte.

Die Partie fand in Basel statt. Zehntausende waren über die Grenze gekommen, es regnete. Das war, wie man inzwischen wußte, »Fritz-Walter-Wetter«, kühle, feuchte Luft, glatter, nasser Rasen. Doch würden die äußeren Umstände genügen, gegen Österreichs Starteam bestehen zu können?

Das Spiel begann mit Fehlpässen auf beiden Seiten. Dann, nach einer halben Stunde, kam ein Pass Fritz Walters bei Schäfer an: 1:0 für Deutschland.

Österreich bäumte sich auf, doch das Gift des Zweifels saß bereits in der Mannschaft. Schon einmal, drei Jahre zuvor, hatte man als hoher Favorit gegen die Deutschen verloren. Edi Frühwirth mühte sich in der Pause, seinen Spielern das Gefühl der Überlegenheit zurückzugeben.

Eines von zwei Elfmeter-Toren durch Fritz Walter. Zeman erahnt zwar die Ecke, erreicht aber den Ball nicht. Es steht jetzt 5:1. Österreich ist geschlagen.

Mit aller Energie startete sie in die zweite Halbzeit. Werner Liebrich wuchs als Mittelläufer auf deutscher Seite zum Turm in der Schlacht, Turek hielt, was zu halten war. Dann inszenierte Fritz Walter einen Gegenangriff, den Ocwirk zur Ecke abwehrte. Wochenlang hatten die Deutschen Eckstöße geübt, technische und taktische Tricks einstudiert. Jetzt war die Stunde gekommen.

Ottmar Walter schrie »Friedrich!« und raste los in Richtung seines Bruders, zur Eckfahne. Zwei österreichische Abwehrspieler hasteten hinterher. Sie konnten nicht wissen, dass alles ein verabredetes Manöver war, dass die Deutschen ihre Ecken kurz oder lang, je nach Lage, schossen.

Als Ottmar Walter die beiden Gegenspieler auf sich gezogen hatte, kam der Ball lang und länger in den Strafraum. Max Morlock, von allzu starker Bewachung befreit, schraubte sich hoch. Haargenau mit der Stirn erwischte er das Leder und wuchtete es an Zeman vorbei ins Netz.

Von da an regierte die deutsche Mannschaft, ungeachtet eines Gegentors von Probst nach fünf Minuten. Denn nach weiteren vier stand Schäfer allein vor Zeman, als Hanappi ihm die Beine wegzog. Schiedsrichter Orlandini erkannte auf Elfmeter. Fritz Walter verwandelte sicher.

Die Österreicher brachen zusammen. Mit spielerischer Leichtigkeit, von Minute zu Minute stärker werdend, erzielte Deutschland durch Ottmar Walter (2) und einen weiteren Strafstoß seines Bruders Fritz noch drei Tore. Mit 6:1 siegreich liefen sie vom nassen Rasen jubelnd in die Kabine. Deutschland im Endspiel – das war eine Sensation.

Doch der Mann, der sie zustande brachte, dachte auch in dieser Stunde sofort an das nächste Spiel, das nach seiner Theorie »immer das schwerste« war. In diesem Fall stimmte es wirklich: Endspiel-Gegner der deutschen Elf sollte Ungarn sein.

Gewiß wäre Uruguay dem deutschen Trainer und wohl auch der Mannschaft lieber gewesen. Phasenweise sah es im Halbfinalspiel von Lausanne auch so aus, als könnte der Weltmeister es schaffen. Zwar gingen die Magyaren, immer noch ohne den verletzten Puskas, mit 2:0 in Führung, ließen sich dann aber das Heft aus der Hand nehmen. In einem hochdramatischen Spiel kamen die Uruguayer durch Hohberg zum Ausgleich.

Erst in der zweiten Hälfte der Verlängerung setzte sich das größere Stehvermögen der Ungarn durch. Zwei Kopfballtore des unglaublichen Sandor Kocsis brachten sie ins Finale, das – bei allem Respekt vor der überraschenden deutschen Elf – für sie doch nur Formsache zu sein schien.

Vorher aber stand das Spiel um den dritten Platz an. Österreichs Presse hatte die gegen Deutschland mit 1:6 unterlegene Mannschaft in der Luft zerrissen. Wollte sie daheim nicht mit faulen Tomaten empfangen werden, mußte zumindest der dritte Platz gewonnen werden.

In beiden Mannschaften gab es Umstellungen, doch vermochten die neuen Spieler den Kräfteverschleiß der Halbfinalspiele nicht wettzumachen. Dem Spiel fehlte Feuer und Schwung, was vor allem auf Uruguay zutraf. Die 120 Minuten Kampf gegen Ungarn forderten ihren Tribut.

Ein Foulelfmeter von Stojaspal brachte Österreich in Führung. Hohberg glich noch vor der Pause aus. Dann trat die Überlegenheit der Ocwirk und Co. immer stärker zutage. Dennoch kamen sie nur durch ein Eigentor von Cruz zur erneuten Führung, die Ocwirk mit dem 3:1 zehn Minuten vor Schluß zum endgültigen Sieg ausbaute.

Ein Prachttor von Hidegkuti, es steht 1:0 für Ungarn im Semifinalspiel gegen Uruguay. Die Ungarn gewinnen in der Verlängerung 4:2 und ziehen als Gegner der deutschen Mannschaft ins Finale ein.

Einen Tag später rief Bern zum fünften Finale einer Fußball-Weltmeisterschaft. Am Morgen hatte es zu regnen begonnen, zur Freude der Deutschen. Tausende ihrer Anhänger waren erneut in die Schweiz gekommen. Das Wankdorf-Stadion wogte unter Regenschirmen. »Apotheose unter Parapluies« schrieb Jules Rimet in seinen Erinnerungen.

Bei Ungarn ist Puskas wieder dabei, Deutschland spielt mit der gleichen Elf wie gegen Österreich, also mit Turek, Posipal, Kohlmeyer, Eckel, Liebrich, Mai, Rahn, Morlock, Ottmar Walter, Fritz Walter, Schäfer.

Jules Rimet und Bundespräsident Rubattel begrüßen die Mannschaften, die Nationalhymnen werden gespielt. Dann pfeift der Engländer Ling die Partie an.

Deutschland ist sofort gut im Bilde. Schäfer verfehlt mit einem Mordsschuss das Tor nur knapp.

Immerhin – nach fünf Minuten atmen die deutschen Schlachtenbummler leise auf. In Basel hatte Ungarn zu dieser Zeit bereits 1:0 geführt.

Die deutsche Elf hat einen guten Start – und wird dann doch überrumpelt. Ferenc Puskas erwischt in der sechsten Minute den von Eckel abgeprallten Ball und schießt zum 1:0 ein. Und schon zwei Minuten später fällt der zweite Treffer ...

So fällt der erste deutsche Gegentreffer (unten): ein Schuss von Rahn wird von den Ungarn in Richtung auf das eigene Tor abgewehrt; Morlock erreicht den Ball und schiebt ihn mit der Zehenspitze an Grosics vorbei ins Netz. Es steht nur noch 2:1.

Doch das Unheil schreitet schnell, auch hier in Bern. Kaum keimen die ersten Hoffnungen, ist es schon passiert. Ein Schuss Hidegkutis prallt von Liebrich ab, Puskas vor die Füße. 1:0 für Ungarn. Deutschland wird nervös. Drei Minuten später gibt Kohlmeyer den Ball an Turek zurück, der hält ihn nicht fest genug, läßt ihn aus den Händen rollen, Czibor ist da – 2:0! Entsetzen erfaßt die meisten Zuschauer. Das Gespenst des 8:3 hängt über dem Wankdorf-Stadion.

Eine deutsche Trotzreaktion läßt Helmut Rahn auf den linken Flügel wechseln, den Ball in die Mitte schlagen. Er prallt ab von Lorant zu Morlock, der macht ein langes

WELTMEISTERSCHAFT 1954 IN DER SCHWEIZ

Bein, immer länger und länger. Mit der Fußspitze tippt er den Ball an Grosics vorbei ins Netz. Nur noch 2:1.

Durch die deutsche Mannschaft geht ein Ruck, die Ungarn schauen sich verwundert an. Das musste nicht sein, natürlich nicht. Aber auch die drei Gegentore in Basel mußten nicht sein, und doch gewann man haushoch. Also, was soll es?

Doch diese deutsche Mannschaft des 4. Juli 1954 ist nicht mehr das experimentierende, an sich selbst zweifelnde, Form und Formation noch suchende Aufgebot von vor 14 Tagen. Diese Deutschen laufen und kämpfen, spielen und schießen wie die Teufel.

18. Minute: Fritz Walter schießt einen Eckball, Buzansky lenkt am »kurzen« Toreck, erneut zur Ecke. Wieder hebt »der Fritz« den Ball herein, diesmal ganz lang, über Freund und Feind hinweg, dorthin, wo nur noch Helmut Rahn lauert. Der Mann aus Essen, den

Schock für die Ungarn in der 18. Minute. Schäfer, aber auch Grosics verfehlen einen Eckball von Fritz Walter, Rahn jedoch lauert im Hintergrund, und er donnert den Ball unerreichbar ins Netz.

Noch sechs Minuten sind zu spielen. Rahn hat die ungarische Abwehr getäuscht und zum 3:2 eingeschossen. Vergeblich warf sich Grosics nach Rahns Schuß.

sie »Boss« nennen, nimmt das nasse, schwere Leder im Direktschuss – 2:2!

Ein Jubelsturm quittiert den Ausgleich. Der Außenseiter, der fast schon besiegte David, hat zurückgeschlagen, hat Goliath eine Backpfeife verpaßt.

Doch das bringt den nicht um. Ungarn verschärft das Tempo. Die Kombinationen der Czibor, Puskas, Bozsik spinnen die deutsche Mannschaft ein. Hidegkuti schießt, das muss ein Tor sein. Doch Turek, der unglaubliche Zerberus, bringt seine Faust an den Ball, lenkt ihn um den Pfosten.

So geht es lange. Die Ungarn stürmen, die Deutschen verteidigen und beschränken sich auf Konter des genialen Fritz Walter. Karl Mai lässt Kocsis nicht aus den Au-

Werner Liebrich war einer der großen Kämpfer dieses Endspiels. Hier im Kopfball-Duell mit Kocsis, dem Torschützenkönig des Turniers, der im Endspiel freilich ohne Treffer blieb ...

gen. Der Torschützenkönig des Turniers kommt im Finale nicht zum Zug.

Auch Deutschland hat gute Chancen, doch die Mehrzahl ergibt sich auf der anderen Seite. Zweimal tritt Kohlmeyer den Ball von der Linie, immer wieder ist Turek zur Stelle, stoppt Liebrich die Wellen der ungarischen Angriffe.

Der Favorit wird langsam nervös. Seine – zumindest optische – Überlegenheit bleibt erfolglos. Und die Deutschen haben offensichtlich die bessere Kondition, unter Herberger in gewissenhafter Vorbereitung erarbeitet.

Noch 20 Minuten: Deutschland hat ausgeglichene Spielanteile erzwungen. Der vorbildlich kämpfende Fritz Walter, der unermüdlich rennende Horst Eckel, die Außenstürmer Rahn und Schäfer setzen sich immer besser in Szene. Das tolle Tempo von Anfang an scheint ihnen nichts auszumachen. Nach einer Ecke von Fritz Walter hat Rahn eine große Chance, doch Grosics rettet.

Dann eine Schrecksekunde: Czibor ist durch, Turek kann nur durch Fußabwehr das dritte Ungarntor verhindern. Toth nimmt den abprallenden Ball und jagt ihn – ans Außennetz.

Und wieder Turek: Nach einem Zusammenprall mit Hidegkuti bleibt der deutsche Torwart benommen liegen, muss vom Arzt behandelt werden. Doch nach einer Minute geht es wieder, steht das Phantom wieder zwischen den Pfosten.

Noch sechs Minuten. Es sieht nach Verlängerung aus. Schon mutmaßen die Experten, daß Deutschland als konditionell bessere Elf dann wohl im Vorteil wäre.

Da läuft ein Angriff über den linken deutschen Flügel. Schäfer gibt den Ball herein, ein Ungar wehrt mit dem Kopf ab, das Leder fliegt ein paar Meter zu Helmut Rahn. Der Rechtsaußen in halbrechter Position wird von zwei Ungarn angegriffen, die

WELTMEISTERSCHAFT 1954 IN DER SCHWEIZ

Unbeschreiblich sind der Jubel und die Begeisterung, die über die deutsche Mannschaft jetzt hereinbrechen. Sepp Herberger, der »Vater des Sieges«, und Fritz Walter, der Vollstrecker seiner Ideen, werden auf den Schultern triumphierender Schlachtenbummler aus dem Stadion getragen.

Rangliste der Torschützen

26 Spiele – 140 Tore

11 Tore	Kocsis (Ungarn)
6 Tore	Hügi (Schweiz)
	Morlock (Deutschland)
	Probst (Österreich)
4 Tore	Ballamann (Schweiz)
	Borges (Uruguay)
	Puskas (Ungarn)
	Schäfer (Deutschland)
	Fritz Walter (Deutschland)
	Rahn (Deutschland)
3 Tore	Anoul (Belgien)
	Burhan (Türkei)
	Czibor (Ungarn)
	Hohberg (Uruguay)
	Miguez (Uruguay)
	Stojaspal (Österreich)
	Wagner (Österreich)
	Ottmar Walter (Deutschl.)
	Lofthouse (England)
	Suat (Türkei)
2 Tore	Abbadie (Ungarn)
	Broadis (England)
	Didi (Brasilien)
	Galli (Italien)
	Julinho (Brasilien)
	Körner II (Österreich)
	Lefter (Türkei)
	Lantos (Ungarn)
	Palotas (Ungarn)
	Pinheiro (Brasilien)
	Ocwirk (Österreich)
	Schiaffino (Uruguay)
1 Tor	25 weitere Spieler
4 Eigentore	

jedoch mit einem Schuss rechnen und darum ins Leere laufen, als Rahn mit dem Ball noch einen Schlenker macht. Dann hat er freie Schussbahn. Aus etwa 14 Metern Entfernung jagt er das Leder mit dem linken Fuß flach und scharf aufs Tor. Ins Tor.

Grosics hat sich geworfen, die rechte Faust dem Ball entgegengereckt. Doch sie kommt um Zentimeter zu spät. Das Leder saust ins Netz und sofort wieder heraus, so wuchtig war es geschossen.

Rahn, im Fallen bereits jubelnd, sitzt auf dem Boden und sieht den Himmel offen. Seine Kameraden laufen auf ihn zu, heben ihn hoch, eskortieren ihn im Triumph zur Mitte. Noch sechs Minuten – das muss der Titel sein!

Er war es. Er war es trotz der 86. Minute, als den Deutschen das Herz noch einmal stehenblieb. Puskas hatte, frei vor Turek, ein Tor erzielt, doch Schiedsrichter Ling erkannte auf Abseits. Noch einmal lag auch Czibor der Ausgleich auf den Füßen, doch Turek übertraf sich einmal mehr und wehrte auch diesen »unhaltbaren« Schuß ab.

Dann pfiff Ling zum letzten Mal, und Deutschland war Weltmeister. Jules Rimet überreichte Fritz Walter die Trophäe, Puskas gratulierte hängenden Kopfes. Jubel und Niedergeschlagenheit quittierten die sportliche Weltsensation.

Weltmeisterschaft 1958 in Schweden

Schon 1950 in Rio war Schweden – unter Vorbehalt – der Zuschlag für die WM 1958 erteilt worden. Diese Regelung bewährte sich und wurde von der FIFA fortan praktiziert, denn sie gab den auserwählten Ländern Zeit genug, sich den immer umfangreicher werdenden organisatorischen Problemen zu widmen.

Das WM-Turnier 1954 in der Schweiz war nicht zuletzt durch das Fernsehen ein großer Erfolg gewesen. Die Folge war, dass das Interesse für 1958 sprunghaft anstieg, dass nicht nur mehr Zuschauer, sondern auch mehr Journalisten, Kommentatoren und Techniker untergebracht werden mussten. Insgesamt handelte die Eurovision mit dem Veranstalter die Übertragung von elf Spielen aus, die samt und sonders auch in Deutschland auf den Bildschirm kamen, obwohl die deutsche Elf nur dreimal berücksichtigt wurde. Die Deutsche Bundespost baute das Fernseh-Leitungsnetz aus, errichtete eine Vielzahl von Relaisstationen und trug dazu bei, Fußball weiterhin populär zu machen.

52 Nationen hatten sich diesmal bei der FIFA als Teilnehmer eingeschrieben, 15 mehr als vier Jahre zuvor. Nur Deutschland als Weltmeister und Schweden als Veranstalter waren automatisch qualifiziert, die anderen mussten durch die Mühle der Qualifikation.

Weltmeisterschaft 1958 – Der Verlauf des Turniers

Erste Runde	Viertelfinale		Semifinale		Finale	
Gruppe 1						
1. Deutschland						
2. Nordirland*	Brasilien	1				
3. ČSSR	Wales	0				
4. Argentinien			Brasilien	5		
Gruppe 2			Frankreich	2		
1. Frankreich						
2. Jugoslawien	Frankreich	4			Brasilien	5
3. Paraguay	Nordirland	0			Schweden	2
4. Schottland						
Gruppe 3						
1. Schweden						
2. Wales*	Deutschland	1				
3. Ungarn	Jugoslawien	0			**Um den**	
4. Mexiko			Schweden	3	**dritten Platz**	
Gruppe 4			Deutschland	1	Frankreich	6
1. Brasilien					Deutschland	3
2. UdSSR*	Schweden	2				
3. England	UdSSR	0	* nach Entscheidungsspiel für			
4. Österreich			das Viertelfinale qualifiziert.			

WELTMEISTERSCHAFT 1958 IN SCHWEDEN

Brasilien entpuppt sich schon in den Gruppenspielen als der große Favorit der Weltmeisterschaft in Schweden. Kevan kommt, obwohl von Nilton Santos bedrängt, zum Schuß – aber Gylmar hält. Brasilien und England trennen sich in Göteborg 0:0.

Das heißt: sie hätten gemusst, doch einige verloren auf halbem Wege die Lust, traten gar nicht erst an oder wurden von der hohen Politik ins Abseits gestellt. So erteilten die britischen Behörden der Mannschaft von Zypern keine Reise-Erlaubnis zum Untergruppen-Gegner Ägypten, traten die Türkei, Ägypten und der Sudan nicht gegen Israel an und weigerte sich Nationalchina, in einer Gruppe mit Rot-China zu spielen.

Schließlich blieb aus dem ganzen Hick-Hack nur Israel übrig, das als Sieger der Gruppe Asien/Afrika kampflos qualifiziert gewesen wäre. Das jedoch erschien der FIFA zu wenig sportlich. Sie verfügte darum, dass Israel gegen einen auszulosenden Gruppenzweiten Qualifikationsspiele zu absolvieren habe. Im Dezember 1957 zog Ernst Thommen im Züricher FIFA-Haus das Los. Es lautete auf Wales.

Die Waliser hatten in der Europa-Gruppe vier hinter den Tschechen den zweiten Platz belegt, denn erstmals spielten die britischen Verbände ihre Teilnehmer nicht untereinander aus. Dennoch setzten sich England (gegen Eire und Dänemark), Nordirland (gegen Italien und Portugal) und Schottland (gegen Spanien und die Schweiz) durch. Wales war also Nr. vier des britischen Empires, was vor allem in Südamerika herbe Kritik auslöste, wo nur drei Fahrkarten nach Schweden zur Verfügung standen.

Doch zumindest England, Nordirland und Schottland hatten sich völlig regelgerecht qualifiziert. Die Nordiren, fast ausschließlich Profis aus englischen Vereinen, brachten das Kunststück fertig, den ehemaligen Doppel-Weltmeister Italien auszubooten. Sie verloren zwar in Italien mit 0:1, holten aber aus Portugal einen Punkt und gewannen beide Heimspiele.

Ein neuer Stern am Fußballhimmel geht auf. Der 17jährige Pelé begeistert die Fachwelt. Brasilien siegt gegen die Sowjetunion 2:0.

Die Schotten warfen keinen Geringeren als Spanien aus dem Rennen, das sich große Hoffnungen gemacht hatte. Doch in Glasgow gab es nichts zu erben: 4:2. Und da man zu Hause gegen die Schweiz ebenfalls einen Punkt abgegeben hatte, nutzte der 4:1-Sieg im Rückspiel gegen Schottland wenig.

Europas weitere Teilnehmer waren Frankreich (gegen Belgien und Island), Ungarn (gegen Bulgarien und Norwegen), die Tschechen (gegen Wales und die DDR), Österreich (gegen Holland und Luxemburg), die Sowjetunion (gegen Polen und Finnland) sowie Jugoslawien (gegen Rumänien und Griechenland).

Erstmals waren also zwei bemerkenswerte Vertreter des Ostblocks im Rennen: die UdSSR und die DDR. Letztere gewann zwar mit 2:1 gegen Wales, verlor aber alle anderen Spiele. Die Russen mußten sich der Mühe eines Entscheidungsspiels gegen Polen unterziehen, das sie mit 2:0 gewannen.

Auch in Südamerika musste, parallel zum Beispiel Italiens in Europa, ein zweifacher Weltmeister Federn lassen. Uruguay schaffte die Qualifikation nicht! Paraguay hieß die große Überraschung, 5:0 das Ergebnis des ersten Spiels. Da die »Urus« auch in Kolumbien einen Punkt abgaben, mussten sie daheim bleiben.

Normalen Verlauf meldeten indessen die anderen Gruppen. Brasilien setzte sich knapp gegen Peru durch, Argentinien schaltete Bolivien und den Veranstalter der übernächsten WM, Chile, aus. Schließlich setzte sich in der mittel- und nordamerikanischen Zone der Favorit Mexiko durch. Das Feld für Schweden war komplett.

Am Abend des 8. Februar 1958 wurde in Stockholm die Auslosung für die Gruppenspiele vorgenommen. Das Fernsehen übertrug die Zeremonie, die in allen beteiligten Ländern mit großer Spannung erwartet worden war.

Erneut hatte die FIFA sich zu einem anderen WM-Modus entschließen müssen. Das System des »Setzens« aus dem Jahre 1954 hatte sich als wenig brauchbar erwiesen. Schließlich war ein »Nicht-Gesetzter«, nämlich Deutschland, Weltmeister geworden.

WELTMEISTERSCHAFT 1958 IN SCHWEDEN

So entschloss man sich, in jeder der vier Gruppen jeden gegen jeden spielen zu lassen und dann mit den beiden Ersten jeder Gruppe – wie schon 1954 – im K.o.-System fortzufahren.

Indessen mochten die Verantwortlichen bei der Zusammensetzung der vier Gruppen nicht ausschließlich das blinde Los walten lassen. Wer hätte schließlich garantiert, daß nicht die drei Südamerikaner oder die vier Briten in einer Gruppe landen? So beschloss man, aus vier sogenannten »Blöcken« je einen Vertreter in jede Gruppe zu losen: aus Amerika, aus Großbritannien, aus dem Ostblock und aus dem europäischen Rest mit Weltmeister Deutschland, Schweden, Frankreich und Österreich.

Deutschland war in Gruppe eins eingeteilt, Schweden in Gruppe drei. Der erste Gegner für den Titelverteidiger kam aus dem südamerikanischen Topf. Er hieß Argentinien. Schweden traf es besser an und zog Mexiko. Der zweite Opponent wurde aus dem Ostblock zugelost. Er hieß für Deutschland ČSSR und für Schweden Ungarn. Beim dritten Mal waren die Briten dran: Nordirland zu Deutschland, Wales zu Schweden.

Kelsey rettet vor Kälgren. Wales erzwingt gegen Schweden ein bemerkenswertes 0:0.

Damit, so orakelten die Experten, habe der Veranstalter eine »leichte« Auslosung erwischt, während man für Deutschland doch gewisse Bedenken hegte. Alles aber wurde übertroffen von der Gruppe vier, wo es die armen Österreicher mit drei vermeintlichen Giganten zu tun bekamen: Brasilien, Sowjetunion und England.

Blieb noch Gruppe zwei. Hier trafen Frankreich, Paraguay, Jugoslawien und Schottland aufeinander.

Zwölf Städte hatten den ehrenvollen Auftrag bekommen, Spiele der Fußball-Weltmeisterschaft 1958 auszurichten. Deutschland spielte zunächst im südlichen Teil des Landes, in Hälsingborg und Malmö.

Der Weltmeister hatte nach dem überraschenden Titelgewinn 1954 nicht gerade im Glück gebadet. Eine rätselhafte Gelbsucht-Infektion befiel die Mannschaft. Nie mehr spielte sie in der Besetzung des 4. Juli 1954, nie mehr auch so erfolgreich. Von den zehn Länderspielen, die dem glorreichen 3:2 über Ungarn folgten, gingen sieben

Uwe Seelers erstes Länderspieltor beim 3:1 über Argentinien in Malmö.

Rahn gegen drei Nord-iren. Er schießt einen der beiden Treffer beim 2:2 gegen die ČSSR.

verloren. Eine böse Behauptung war die Folge: Deutschland war 1954 gedopt. Kein Geringerer als Ferenc Puskas verbreitete sie. Er wollte nach dem Finale Spritzen und Medikamente in der deutschen Kabine gesehen haben.

Abgesehen davon, daß bei solchen Spielen wohl in keiner Kabine ein Arzt und Medikamente fehlen, hatten die deutschen Spieler in der Tat Traubenzucker-Injektionen erhalten, die jedoch auf keiner Doping-Liste der Welt verzeichnet sind. Im Gegenteil: Traubenzucker gilt als völlig normales physiologisches Reaktivierungsmittel. Allerdings müssen die Spritzen in Bern nicht ganz keimfrei gewesen sein, was vermutlich zu den verhängnisvollen Gelbsucht-Erkrankungen führte. Der Deutsche Fußball-Bund und Mannschaftsarzt Dr. Loogen beendeten daraufhin ihre Zusammenarbeit.

Immerhin hatte sich die Elf des DFB bis zur WM '58 wieder gefangen, in Brüssel und auch gegen Schweden, Ungarn (!) und Spanien gewonnen. Sepp Herberger scharte um Fritz Walter, Eckel, Schäfer und Rahn neue Kräfte. Mit 17 Spielern fuhr er am 2. Juni gen Norden, der auserwählte 18., Hans Cieslarczyk, war noch verletzt und sollte nachkommen. Mit Bahn, Bus und Fähre ging es nach Bjärred, dem Quartier.

Herberger hat die Mannschaft von 1958 später oft im gleichen Atemzug mit der Elf von Bern genannt, er hielt sie für kaum schwächer. In der Tat hatte sie mit Herkenrath im Tor, Szymaniak im Mittelfeld, Uwe Seeler im Sturm und Fritz Walter als Regisseur ein Gerüst, das zu Optimismus Anlass gab. Hinzu kam der verlässliche Mit-

WELTMEISTERSCHAFT 1958 IN SCHWEDEN

Viertelfinale Deutschland – Jugoslawien in Malmö. Rahn hat Krstic überspielt – und gleich wird er einschießen. Sein Treffer ist der Sieg und bedeutet Einzug in die Vorschlussrunde.

telläufer Erhardt, Nachfolger eines Werner Liebrich, hinzu kamen die Außenstürmer Rahn und Schäfer. Deutschland zählte, trotz allem, zum Kreis der Favoriten.

Freilich rechneten die Experten den Gruppen-Gegner Argentinien ebenfalls dazu. Die Südamerikaner hielten ihre Generalprobe in Italien ab, gewannen in Rom und nötigten Spion Herberger größten Respekt ab. »Eine andere Art Fußball«, urteilte der Bundestrainer.

In Malmö saßen 33 000 Zuschauer auf den Rängen, als es soweit war. Sie sahen, wie schon nach zwei Minuten beim Weltmeister der Blitz einschlug. Corbatta, der argentinische Rechtsaußen, glitt »wie ein glühendes Messer« durch die deutsche Deckung und besorgte das 1:0.

Was nun? Die »Gauchos« kamen immer besser ins Spiel. Ihr Trainer Stabile, Mitglied der Vize-Weltmeister-Elf von 1930, durfte sich beruhigt zurücklehnen. Sie waren ja gar nicht so schlimm, die Deutschen. Damit erlag er dem gleichen Irrtum wie vier Jahre zuvor der Ungar Sebes. Denn Herbergers Männer ließen sich durch den frühen Rückstand nicht nervös machen. Sie spielten kaltblütig weiter, methodisch wie auf dem Reißbrett, vielleicht etwas konzentrierter und aufmerksamer als zuvor.

Nach 20 Minuten hatten sie den Ausgleich herausgeschuftet. Fritz Walter tippte den Ball zu Rahn, der schoss sofort, hart und gewaltig. Der Ball fuhr wie eine Rakete ins argentinische Tor.

Es war wie ein Signal. Die Tricks der Caballeros vermochten die Deutschen nicht mehr zu beeindrucken. Im Gegenteil: Immer stärker drückte der Weltmeister aufs Tempo. Torwart Carrizo flog in die Ecken.

Vier Minuten vor der Pause flog er vergebens. Der deutsche Angriff lief über vier Stationen. In Gedankenschnelle passierte der Ball die argentinische Deckung, wurde abgelenkt, schien ins Aus zu rollen, da spurtete Uwe Seeler heran und warf sich in die Bahn. 2:1.

Das war die Vorentscheidung, obwohl Argentinien nach der Pause noch einmal gewaltig anzog, obwohl Menendez und Rojas gute Chancen herausholten. Doch die deutsche Abwehr stand, nicht zuletzt der großartige Fritz Herkenrath. Trotzdem – ein 2:1 war nicht gerade eine Lebensversicherung.

Doch dann kam Rahn, wieder einmal Rahn, genau elf Minuten vor Spielende. Er erhielt den Ball 20 m vor dem Tor, schien unschlüssig, stand da und überlegte. Niemand griff ihn an. Da schoss er und erzielte eines seiner sagenhaften Tore: aus spitzem Winkel in die kurze Ecke.

Mit 3:1 siegreich kam der Weltmeister vom Feld, glücklich, aber nicht ganz ohne Sorgen. Fritz Walter und Eckel waren angeschlagen, die Argentinier hatten angesichts der drohenden Niederlage das Florett zur Seite gelegt und das Brecheisen zur Hand genommen. Kaum eines der Spiele dieses ersten WM-Tages war planmäßig verlaufen. Zwar schlug Schweden, nachdem König Gustav IV. Adolf die WM in schwedischer und englischer Sprache eröffnet hatte, im Stockholmer Rasunda-Stadion Mexiko mit 3:0, doch Vize-Weltmeister Ungarn kam gegen Wales nicht über ein 1:1 hinaus.

»Das war nicht die Elf von 1954«, urteilten die Berichterstatter. In der Tat standen auch nur noch drei aus der Berner Elf im Team: Grosics, Bozsik und Hidegkuti. Der Volksaufstand von 1956 hatte die große Mannschaft in alle Winde zerstreut, Puskas spielte bei Real Madrid, Kocsis in Barcelona.

Gegen Wales gingen die Ungarn zwar schon nach zwölf Minuten durch Bozsik in Führung, doch dann war Sendepause. Zehn Minuten vor Schlss glichen die Waliser durch John Charles aus, der von

Der 38jährige Gunnar Gren liefert im Viertelfinalspiel gegen die Sowjetunion eine Glanzpartie. Wojnow hat keine Chance.

seinem Verein Juventus Turin erst nach langem Zögern die Freigabe für Schweden erhalten hatte.

Besser dran war da die schwedische Mannschaft. Auch sie hatte ihre »Fremdenlegionäre« dabei: Skoglund, Gren und Hamrin waren rechtzeitig aus Italien gekommen, wo sie seit Jahren Tore für Lire-Millionen schossen und zu Wohlstand gekommen waren. Gegen Mexiko fügten sie sich nahtlos in das Team ein, obwohl sie seit Jahren nicht mehr für Schweden gespielt hatten.

Ein Geheimtipp der Experten war Jugoslawien gewesen, das Monate vorher England mit 5:0 besiegt hatte. Doch schon das erste Spiel kratzte den Nimbus der Beara und Zebec an. Gegen Schottland reichte es nur zum 1:1. Ebenfalls unentschieden trennten sich England und die UdSSR, während Frankreich und Paraguay das torreichste Spiel des ganzen Turniers praktizierten. Die Franzosen siegten 7:3.

In Undevalla aber standen sich Brasilien und Österreich gegenüber, und am Abend dieses Tages erklärte Schwedens Fußball-Heros Gunnar Nordahl, er habe den neuen Weltmeister gesehen. Brasiliens Ballzauberer gewannen 3:0 gegen den keineswegs schwachen WM-Dritten von 1954.

Die zweite Runde paarte Deutschland mit der ČSSR, die zuvor den Nordiren 0:1 unterlegen war. Sie musste also gewinnen, um nicht alle Chancen zu verlieren.

So begann sie auch. Die deutsche Elf war unter Druck, 10 000 Schlachtenbummler in Hälsingborg wurden immer leiser. Herkenrath konnte sich nur noch durch ein Foul retten: Elfmeter und 1:0 für die ČSSR. Masopust wurde immer stärker, Szymaniak immer schwächer. Das 2:0 war nur eine Frage der Zeit. Zikan erzielte es drei Minuten vor der Pause.

Kopfschüttelnd kam Herberger in die Kabine. »Männer, was ist? Diese Abwehrfehler, das darf nicht passieren. Aber noch könnt ihr es schaffen. Die Tschechen werden jetzt mit aller Macht das dritte Tor erzielen wollen. Das ist unsere Chance. Passt auf und kontert!«

Genauso kam es. Die deutsche Mannschaft mußte nach dem Wechsel noch einmal gewaltige Angriffe des Gegners überstehen, dann kam ihre Chance. Rahn holte einen Eckball heraus, gab ihn vors Tor, Torwart Dolejsi stieg hoch, doch Schäfer drückte ihn samt Ball noch in der Luft über die Linie.

Ein englischer Schiedsrichter wird so ein Tor wohl immer geben, und Arthur Ellis gab es. Wütend protestierten die Tschechen, doch der Unparteiische blieb bei seiner

Rangliste der Torschützen
35 Spiele – 126 Tore

13 Tore Fontaine (Frankreich)
6 Tore Pelé (Brasilien)
        Rahn (Deutschland)
5 Tore McParland (Nordirland)
        Vava (Brasilien)
4 Tore Hamrin (Schweden)
        Simomsson (Schweden)
        Tichy (Ungarn)
        Zikan (Tschechoslowakei)
3 Tore Corbatta (Argentinien)
        Kopa (Frankreich)
        Piantoni (Frankreich)
        Schäfer (Deutschland)
        Veselinovic (Jugoslawien)
2 Tore Aguerg (Paraguay)
        Allchurch (Wales)
        Hovorka (Tschechosl.)
        Iljin (Sowjetunion)
        Kevan (England)
        Liedholm (Schweden)
        Mazzola (Brasilien)
        Parodi (Paraguay)
        Romero (Paraguay)
        Seeler (Deutschland)
        Wisnieski (Frankreich)
1 Tor   35 weitere Spieler
1 Eigentor

Brasilien schlägt Frankreich in Stockholm 5:2, oben 1:0 durch Vava.

Pelé verfolgt den Flug des Balles an Kaelbel und Abbes vorbei – zum dritten Tor für Brasilien.

Entscheidung. Bis heute ist dieser Treffer umstritten, denn es gibt kein einziges Foto, das seine Rechtmäßigkeit beweist – wie bei jenem legendären »dritten Tor« acht, Jahre später in London ...

Immerhin war das »Tor« Signal zum deutschen Generalangriff. Die Mannschaft bäumte sich auf, kämpfte gegen die Niederlage und wendete sie schließlich auch ab. In der 70. Minute traf Rahn ins Netz.

Die ganze Wut der Tschechoslowaken bekam drei Tage später Argentinien zu spüren. Das Ergebnis von 6:1 wurde daheim in Buenos Aires nicht geglaubt. Doch es stimmte. Die Südamerikaner mußten ruhmlos die Heimreise antreten, die ČSSR aber hatte ein Entscheidungsspiel gegen Nordirland erzwungen, das sie mit 2:1 verlor.

Zuvor aber musste Deutschland gegen die Nordiren antreten, an einem Sonntag in Malmö, vor 13 000 Zuschauern, darunter der König. Wieder geriet die deutsche Elf in Rückstand, als McParland von Aston Villa die deutsche Abwehr düpierte. Doch Helmut Rahn glich aus.

Dann die 60. Minute. Deutschland schien sich immer größere Spielanteile zu erobern, doch nun gab es eine Ecke für den Gegner. Bingham gab sie herein, wieder war die deutsche Abwehr uneinig, wieder stand das Phantom McParland da: 1:2.

Nun begann ein Sturmlauf aufs nordirische Tor und ein Wettlauf mit der Zeit. Dem Weltmeister drohte ein Entscheidungsspiel. Es drohte vor allem in der Person des irischen Torwarts Harry Gregg, der tausend Hände zu haben schien und alles hielt, was Rahn, Seeler und Schäfer auf ihn abfeuerten.

WELTMEISTERSCHAFT 1958 IN SCHWEDEN

Noch zwölf Minuten. Berni Klodt am rechten Flügel passte hinüber zu Schäfer, der gab zu Uwe Seeler. Der junge Hamburger, bereits dreimal in bester Position an Gregg gescheitert, legte alle Wut, alle Verzweiflung und alle noch vorhandene Kraft in den Schuß. Und diesmal hatte er Erfolg. Gregg sah den Ball erst, als er aus dem Netz zurückfederte.

Deutschland also Gruppensieger, qualifiziert fürs Viertelfinale, das dann auch die Nordiren erreichen sollten. Doch wo war der Final-Gegner von 1954? Ungarn hatte es nicht geschafft, dem Remis gegen Wales folgte eine Niederlage gegen Schweden und schließlich ein Entscheidungsspiel gegen die Waliser. Die Mannschaft, die erst durch das Los nach Schweden gekommen war, schlug den Vize-Weltmeister mit 2:1.

Relativ sicher hatten sich Frankreich und Jugoslawien qualifiziert, souverän auch Brasilien. Doch zwischen der UdSSR und England wurde ebenfalls ein Qualifikationsspiel notwendig, das die Russen in Göteborg mit 1:0 gewannen. Erneut hatte England, obschon mit drei Unentschieden in den normalen Gruppenspielen unbesiegt, die Vorrunde nicht überstanden. Zweifellos auch eine Folge der Flugzeug-Katastrophe von München, der fast die gesamte Meistermannschaft von Manchester United zum Opfer gefallen war.

Damit war alles klar fürs Viertelfinale: Deutschland würde in Malmö auf Jugoslawien treffen, Schweden in Stockholm auf die Sowjetunion, Frankreich in Norrköping auf Nordirland und Brasilien in Göteborg auf Wales.

Der Weltmeister also gegen seinen alten Rivalen von 1954. Es wurde ein ähnliches Zitterspiel wie damals in Genf. Erneut ging Deutschland früh in Führung, Rahn schoss nach zwölf Minuten eines seiner unglaublichen Tore, doch dann waren die Künstler vom Balkan am Ball. Indessen rannten sie sich meist schon im Mittelfeld fest, wo Szymaniak und Eckel dominierten. Was durchkam, reichte dennoch, die deutschen Zuhörer daheim an den Rundfunkgeräten das Fürchten zu lehren.

Als der Schweizer Schiedsrichter Wyssling abpfiff, durften die Deutschen mit Recht jubeln. Das Glück war ihnen gegen Jugoslawien treu geblieben.

Merkwürdigerweise endeten auch die anderen Viertelfinalspiele »zu null«. Brasilien, das schon seine drei Gruppenspiele, alle ohne Gegentreffer, überstanden hatte, besiegte Wales nur mit 1:0, doch das Tor schoss ein junger Mann, der offiziell mit Edson Arantes do Nascimento verzeichnet war, den seine Kameraden aber kurz »Pelé« riefen. Er war mit 17 Jahren jüngster Teilnehmer des Turniers und nur als Ersatzmann für Mazzola ins Team gekommen. Es sollte der Start zu einer legendären Karriere sein.

Im Halbfinale traf Brasilien auf Frankreich, das die übermüdeten Nordiren mit 4:0 ausgebootet hatte, während Schweden nach einem sicheren 2:0 über die ebenfalls hart strapazierten Russen gegen die deutsche Elf antreten musste.

Das Spiel fand in Göteborg statt und ist als einer der größten Skandale in die deutsche Länderspiel-Geschichte eingegangen. Schon vorher hatte die schwedische Presse begonnen, den Stil der deutschen Mannschaft als »überhart« oder gar als »Kriegsfußball« anzuprangern. Als Hans Schäfer sein Team ins ausverkaufte Göteborger

Semifinalspiel Schweden–Deutschland in Göteborg. Seeler schießt den einzigen Treffer für die Deutschen, die völlig demoralisiert sind, nachdem Juskowiak wegen eines Revanchefouls vom Platz gestellt wird.
Die Schweden siegen 3:1.

Zwei Tore von Pelé tragen entscheidend zum Triumph der Brasilianer bei. Unten: der dritte brasilianische Treffer – durch Pelé.

WELTMEISTERSCHAFT 1958 IN SCHWEDEN

Stadion führte, schlug ihm eine Welle von Antipathie entgegen, die nicht allein auf den Segenswünschen für die eigene Mannschaft beruhte. Das Ullevi-Stadion prangte in Blau und Gelb. Antreiber mit Megaphonen vor dem Mund dirigierten den peitschenden Schlachtruf rhythmisch skandierter Begeisterung: »Heja – heja – heja!« Kein Zweifel: die Atmosphäre war geladen.

Doch Deutschland hatte selten eine nervenschwache Elf, auch an diesem 24. Juni 1958 nicht. Mitten in die schwedischen Hoffnungen platzte Schäfers Führungstor. Zehn Minuten später stand es 1:1. Skoglund hatte Herkenrath keine Chance gelassen.

Auch nach der Pause sah Deutschland nicht wie der Verlierer aus. Fritz Walter, der 38jährige, spielte wie ein Junger, präsentierte sich in Berner Form, servierte seine Pässe zentimetergenau. Die Schweden wehrten sich, wie Heimmannschaften sich eben wehren: immer ein bisschen härter, immer ein bisschen näher am Rande der Legalität als die anderen. Schiedsrichter Zsolt aus Ungarn tolerierte es, ließ zu, daß Bergmark Rahn im Strafraum umsäbelte, dass Parling nicht nur nach dem Ball trat. Vor allem die Italien-Profis zeigten, was sie diesbezüglich gelernt hatten. So kam, was kommen mußte: Juskowiak ließ sich von Hamrin provozieren, trat nach – und wurde des Feldes verwiesen. Zehn Deutsche aber waren zu schwach, das Spiel noch aus dem Feuer zu reißen, zumal Fritz Walter von Parling so verletzt wurde, dass er zeitweise nicht mehr mitspielen konnte. Gren und Hamrin schossen den Sieg für Schweden heraus.

Endspiel-Gegner würde Brasilien sein, daran bestand für die Experten schon vorher kein Zweifel. Sie behielten recht, obwohl die Südamerikaner in Stockholm gegen Frankreich ihre ersten Gegentore bei dieser WM hinnehmen mussten. Sie vermochten am sicheren Sieg jedoch nichts zu ändern. Dreimal traf der junge Pelé ins Schwarze, ein Mann von der Brillanz eines Rastelli und der Schusskraft eines Helmut Rahn. 5:2 lautete das Endergebnis im vielleicht schönsten Spiel des Turniers. Staunend wie Kinder standen die Europäer vor dem Sturmwirbel der Garrincha, Vava und Pelé, es war für sie eine Art Wunder wie das Auftreten Uruguays 1924.

Das sind die Sieger von Schweden, stehend von links: Trainer Feola, Djalma Santos, Zito, Kapitän Bellini, Nilton Santos, Orlando, Gilmar.
Sitzend: Garrincha, Didi, Pelé, Vava, Zagallo, Trainer-Assistent Anaral.

Schweden also gegen Brasilien im Finale, doch zuvor kämpfen Deutschland und Frankreich um den dritten Platz. Herberger hatte fünf neue Spieler einsetzen müssen. Vor allem Fritz Walter, arg verletzt, fehlte sehr. Der Bundestrainer gab den Männern eine Chance, die bisher auf der Ersatzbank gesessen hatten: Kwiatkowski, Wewers, Sturm, Kelbassa. Sie vermochten Frankreichs gut aufgelegte Elf nicht zu schlagen. Jeder gab sein Bestes, doch unter diesen Umständen musste die große Linie fehlen. Fontaines Führungstor vermochte Cieslarczyk noch aufzuholen, doch dann zogen die Franzosen auf 4:1 davon und gewannen schließlich mit 6:3, wobei Just Fontaine drei Treffer erzielte und sich mit insgesamt 13 den Titel eines WM-Torschützenkönigs sicherte.

Das Finale in Stockholm fand an einem regnerischen Sonntagnachmittag statt, der Rasen war nass und glatt, 50 000 Zuschauer, darunter das Königspaar, waren gekommen. Brasilien begann vorsichtig, suchend, abwartend, Schweden mit einem Paukenschlag. Schon nach vier Minuten umspielte Liedholm zwei Abwehrspieler und schoss zum 1:0 ein. Doch es war die letzte Freude, die Schweden an diesem Tag widerfahren sollte. Denn das Spiel der Südamerikaner begann zu laufen, vor allem über den rechten Flügel, wo ein unglaublicher Dribbler namens Garrincha seinen Gegner zum Narren stempelte. Immer wieder kam der Ball nach verwirrenden Passagen aus dem Mittelfeld nach rechts hinaus, narrte dieser Garrincha ein, zwei, drei Abwehrspieler, servierte er das Leder seinen Halbstürmern wie auf dem Tablett. Vava hämmerte den Ausgleich ins Netz, erhöhte auf 2:1, dann war Pelé an der Reihe: vor den Nasen Parlings und Gustavsons jonglierte er das Leder vom Kopf auf die Füße und jagte es unhaltbar ins Tor.

Längst war die Frage nach dem Weltmeister beantwortet, nur noch die Höhe seines Sieges stand zur Diskussion. Brasilien spielte wie im Rausch, demonstrierte Traumfußball, gewann 5:2 und sah sich im sechsten Anlauf endlich, endlich am Ziel.

Aus der Hand des Königs nahm Kapitän Bellini die goldene Trophäe entgegen, mit Schwedens Fahne in den Händen lief der neue Weltmeister die Ehrenrunde. Der Junge namens Edson Arantes do Nascimento, den die Welt fortan als Pelé kennen sollte, aber weinte, vom Glück überwältigt.

Weltmeisterschaft 1962 in Chile

Wohin mit der siebenten Weltmeisterschaft? Der FIFA-Kongress in Lissabon stand erneut vor einer schwierigen Frage. Mit Deutschland, Argentinien und Spanien hatten Länder voll großer Fußball-Tradition ihr Interesse bekundet. Aber da war auch ein chancenreicher Außenseiter, chancenreich vor allem deshalb, weil er in Südamerika zu Hause war.

Zweimal hintereinander hatte Europa jetzt das Welt-Turnier veranstaltet, in Schweden war Brasiliens Fußball zu einem überragenden Triumph gekommen. Da konnte die FIFA schlecht »nein« sagen, als Chile seine Bewerbung vorlegte. England war ohnehin für 1966 vorgesehen, Deutschland und Spanien wurden auf später vertröstet, Argentinien unterlag mit 10:32 bei 14 Enthaltungen.

Chile also, das längste und schmalste Land der Welt, an der Westseite des südamerikanischen Kontinents. Die FIFA ging das Risiko eines Abenteuers ein. Schließlich – was wußte man schon von Chile? Daß die Hauptstadt Santiago hieß und Salpeter einst Export-Artikel Nr. 1 war.

Vielleicht hätte genauere Kenntnis die Herren der FIFA doch etwas länger zögern lassen. Denn in Chile vereinigen sich die größten geographischen Gegensätze dieser Welt. Öde Wüsten und ewiger Schnee gehören ebenso dazu wie Wälder, die fast an den Schwarzwald erinnern, wie Strände voller Palmen. Im hohen Norden liegt Arica, die

Weltmeisterschaft 1962 – Der Verlauf des Turniers			
Erste Runde	**Viertelfinale**	**Semifinale**	**Finale**
Gruppe 1 1. UdSSR 2. Jugoslawien 3. Uruguay 4. Kolumbien	Brasilien 3 England 1	Brasilien 4 Chile 2	
Gruppe 2 1. Deutschland 2. Chile 3. Italien 4. Schweiz	Chile 2 UdSSR 1		Brasilien 3 ČSSR 1
Gruppe 3 1. Brasilien 2. ČSSR 3. Mexiko 4. Spanien	Jugoslawien 1 Deutschland 0	ČSSR 3 Jugoslawien 1	**Um den dritten Platz** Chile 1 Jugoslawien 0
Gruppe 4 1. Ungarn 2. England 3. Argentinien 4. Bulgarien	ČSSR 1 Ungarn 0		

Deutschland hat gegen Italien 0:0 gespielt und qualifiziert sich durch Siege über die Schweiz und Chile für das Viertelfinale. Oben: Szene vor dem deutschen Tor im Spiel gegen die Schweiz. Links: Uwe Seeler läßt einen chilenischen Verteidiger aussteigen, und später schießt er auch den entscheidenden Treffer.

regenärmste Stadt der Welt. Im Süden, auf der »Insel der Evangelisten«, regnet es fast ununterbrochen. Meerestiefen von 8000 m vor seiner Küste sind keine Seltenheit, doch an der Grenze zu Argentinien ragen die Kordilleren über 6000 m hoch. Ein geographischer Irrtum – so hat man das Land einmal genannt.

WELTMEISTERSCHAFT 1962 IN CHILE

Hier also sollte der siebente Fußball-Weltmeister ermittelt werden, praktisch auf einem Vulkan, denn von den etwa 3000 feuerspeienden Bergen auf dem gesamten Kontinent sind allein in Chile noch etwa 30 in Tätigkeit. Die Erde ist unruhig, Santiago, Valparaiso und andere Städte wurden im Laufe ihrer Geschichte immer wieder zerstört.

Es wirkte wie Hohn auf die Entscheidung des Fußball-Weltverbandes, dass die allmächtige Naturgewalt sich zwei Jahre vor dem Turnier erneut regte. Am 21. Mai 1960, dem Nationalfeiertag, registrierte Chile das schwerste Erdbeben, das das Land je heimsuchte. Vulkane begannen zu speien, Springfluten rissen ganze Dörfer weg, Berge stürzten zusammen, die Erde schwang wie eine Glocke.

Als das Inferno vorüber war, schien vor allem Südchile für alle Zeiten zerstört. Tausende von Wohnungen waren vernichtet, Zehntausende von Menschen obdachlos. Die genaue Zahl der Toten wurde nie bekannt.

Doch die furchtbare Naturkatastrophe vermochte das Leben nicht zu lähmen. Wie ein Mann stand man zusammen, um die Folgen zu überwinden. Hilfe aus Europa wurde dankbar angenommen, doch als Stimmen laut wurden, die Fußball-WM nun doch anderswo auszutragen, reagierte das Land empfindsam. Staatspräsident Dr. Alessandri erklärte das WM-Turnier zur »nationalen Angelegenheit« und sicherte dem Organisationskomitee jede Hilfe zu.

Damit stand fest, daß die WM '62 in Chile stattfinden würde, auch wenn das Land im Augenblick größere Sorgen zu haben schien, auch wenn wesentliche Geldbeträge aus dem WM-Fonds jetzt für den notleidenden Süden des Landes abgezweigt werden mussten.

Amüsantes Zwischenspiel beim Gruppenspiel England – Bulgarien in Rancagua. Ein kleiner Hund läßt den großen Bobby Charlton zögern, den Eckball auszuführen.

Freilich war an der Wahl der ursprünglich vorgesehenen WM-Städte nicht länger festzuhalten. Die Städte Talca und Concepcion südlich von Santiago glichen Trümmerhaufen. So entschied man sich für Vina del Mar und Arica als neue Austragungsorte neben Santiago und Rancagua. Die Hauptstadt hatte ihr Stadion von 45 000 auf ein Fassungsvermögen von 77 000 erweitert, Arica, hoch im Norden und über 2000 km von Santiago entfernt, baute völlig neue Anlagen für 25 000.

56 Verbände hatten gemeldet, trotz aller Vorbehalte gegen den Schauplatz dieser Weltmeisterschaft, trotz der weiten Anreise. Nur wenige renommierte Nationen fehlten auf der Meldeliste, darunter Österreich. Vize-Weltmeister Schweden steckte mit der Schweiz und Belgien in einer Qualifikationsgruppe, Frankreich, der Dritte, hatte

Der Ex-Ungar Ferenc Puskas stürmt für Spanien gegen Mexiko. Die Spanier schlagen zwar Mexiko, verlieren aber gegen Brasilien und die ČSSR.

es mit Bulgarien und Finnland zu tun. Deutschland ging mit sehr gemischten Gefühlen ins Rennen. Immerhin war neben Griechenland Nordirland der Gruppengegner. Und noch nie hatte eine deutsche Nationalelf in Großbritannien gewonnen.

Doch es ging besser als erwartet. Eine sehr gut aufgelegte deutsche Mannschaft gewann im düsteren Belfast mit 4:3. Charly Dörfel, nicht gerade einer der Stärksten, schoss zwei Tore, Brülls und Uwe Seeler die anderen. »Mit einem Bein in Chile!« jubelte »Bild« nach dem unerwarteten Sieg.

In der Tat war damit das Fundament für die Qualifikation gelegt. Die deutsche Nationalelf hatte so viel Selbstvertrauen gewonnen, daß sie in Athen einer anhaltenden Offensive der Griechen widerstand und – nicht zuletzt dank eines überragenden Hans Tilkowski im Tor – mit 3:0 gewann. Die beiden Heimspiele endeten jeweils mit 2:1-Siegen – der Weg nach Chile war frei.

Nicht so glatt wie für den Vierten von 1958 ging es für den Zweiten und Dritten. Genauer: Es ging überhaupt nicht. Die große französische Mannschaft war zerfallen, Kopa, Fontaine und Piantoni durch viele Verletzungen gehandikapt. Ein Freundschaftsspiel gegen die Schweiz verlor der WM-Dritte sensationell mit 2:6. Paris war gewarnt.

Die schlimmsten Befürchtungen trafen dann auch prompt ein. Schon gegen Finnland reichte es – ohne die drei Stürmer-Stars – nur zu einem mageren 2:1. Mit Fontaine und Piantoni gelang zwar gegen Bulgarien im Stade Colombes ein 3:0-Sieg, doch das Rückspiel ging – eine Minute vor Spielende – ziemlich unglücklich mit 0:1 verloren. Damit waren Frankreich und Bulgarien punktgleich und zu einem dritten Spiel verurteilt.

Die Entscheidung sollte in Mailand fallen. 20 000 Franzosen begleiteten ihre Elf, sangen aus vollem Hals die Marseillaise. Doch Bulgariens Abwehr stand bombenfest,

WELTMEISTERSCHAFT 1962 IN CHILE

und als Jakimoff kurz nach der Pause mit einem 20-m Schuß erfolgreich war, sah sich Frankreich draußen vor der WM-Tür.

Nicht besser erging es Schweden. Der Vize-Weltmeister schlug zwar die Belgier zweimal, aber das tat überraschend auch die Schweiz. Und da man gegeneinander je einmal gewann und einmal verlor, mußte auch hier zum dritten Mal gespielt werden.

Man einigte sich auf Berlin, wo 50 000 Zuschauer klar auf seiten der Schweizer Elf und ihrer 3000 Schlachtenbummler standen. Noch war Göteborg 1958 nicht vergessen ...

Der »Rückenwind« durch das Publikum stimulierte die Schweiz wieder einmal zu einem WM-Bravourstückchen. Zwar gingen die Schweden in der 20. Minute durch Brodd in Führung, zwar traf der gleiche Spieler noch einmal die Latte, daß sie erzitterte, doch nach der Pause stürmten nur noch die Eidgenossen. Scheiter köpfte zum Ausgleich ein, und drei Minuten später besorgte Antenen – ebenfalls per Kopf – das Siegestor.

In den anderen Gruppen lief die Qualifikation mehr oder minder »normal«. Ungarn setzte sich gegen Holland und die DDR durch, die UdSSR schaltete die Türkei und Norwegen aus, England behielt über Portugal, die ČSSR freilich erst in einem 3. Spiel über Schottland und Luxemburg die Oberhand, Italien über Israel als einzigen Gegner, da Rumänien verzichtet hatte.

Komplizierter war der Weg Spaniens und Jugoslawiens. Die Spanier hatten es nach Wales noch mit dem Sieger der Afrika-Gruppe zu tun, mit Marokko. Mit 1:0 und 3:2 fielen beide Siege sehr knapp aus. Jugoslawien mußte, als »Lohn« für Erfolge gegen Polen, am weitesten reisen. Süd-

Viertelfinale: Die ČSSR-Abwehr stemmt sich einem ungarischen Angriff entgegen und gewinnt schließlich 1:0.

korea hieß der Gegner. Die Ergebnisse: 5:1 und 3:1. Noch waren für Afrika und Asien keine eigenen Endrunden-Plätze reserviert.

Neben Weltmeister Brasilien und Veranstalter Chile durften noch drei Mannschaften Südamerikas mitmachen. Es qualifizierten sich Argentinien, Uruguay und Kolumbien. Hinzu kam Mexiko als Vertreter Nord- und Mittelamerikas. Die Mexikaner hatten acht Spiele zu absolvieren und sich von Kalifornien bis hinunter nach Paraguay ein volles Jahr lang buchstäblich durchkämpfen müssen.

Am 18. Januar 1962 wurden im Hilton-Hotel von Santiago die vier Endrunden-Gruppen ausgelost. Demnach spielten in der Gruppe I (Arica) Uruguay, Kolumbien, die UdSSR und Jugoslawien. Gruppe II (Santiago) sah Chile, die Schweiz, Deutsch-

Vava köpft zum 2:1 ein, Brasilien schlägt England im Viertelfinale 3:1.

land und Italien am Ball. In Gruppe III (Vina del Mar) kamen Brasilien, Mexiko, Spanien und die ČSSR zusammen. Gruppe IV (Rancagua) schließlich vereinte Argentinien, Bulgarien, Ungarn und England.

Am 30. Mai begann das große Spektakel. Im Estadio Nacional von Santiago erklärte Staatspräsident Alessandri die WM für eröffnet. Die Kapelle spielte preußische Märsche, Kadetten marschierten, ein Trompeter blies den Zapfenstreich für Carlos Dittborn, den wenige Wochen zuvor verstorbenen Chef-Organisator.

In vier Stadien zugleich rollte der Ball, doch als am Abend eine erste Bilanz gezogen wurde, war man so klug wie zuvor. Zwar hatte Uruguay gegen Kolumbien gewonnen, doch das 2:1 ließ kaum Rückschlüsse auf die wahre Stärke des zweimaligen Weltmeisters zu. Der andere Debütant, Bulgarien, war Argentinien mit 0:1 unterlegen, wobei das Tor bereits nach drei Minuten fiel. Dann tat sich nichts mehr, abgesehen von hässlichen Fouls und Szenen überharten Spiels.

Die gab's nicht in Vina del Mar, wo Weltmeister Brasilien es mit Mexiko zu tun bekam. Aber es gab auch nicht das erhoffte Schützenfest. 2:0 hieß es am Ende, und sehr nachdenklich ging der Weltmeister vom Feld. Das war nicht der Glanz von 1958, das war nicht das unwiderstehliche Spiel von Schweden. Zagalo und Pelé schossen die Tore zu einem eher skeptisch stimmenden Sieg.

Blieb Chile–Schweiz. 65 000 waren ins Nationalstadion gekommen. Das Herz blieb ihnen stehen, als Wüthrich nach sieben Minuten ins Schwarze traf. 1:0 für die Schweiz, die so nüchtern, so gradlinig, so kraftvoll wie stets spielte.

Chile hatte Mühe, fand den Rhythmus nur schwer, kam aber mit Glück eine Minute vor der Pause zum Ausgleich. Doch dann war der böse Traum vorbei, lief das Spiel der Gastgeber wie erhofft, glückte ihnen alles. Ramirez und Leonel Sanchez schossen den frenetisch bejubelten Sieg heraus.

Einen Tag später waren die anderen an der Reihe, darunter Deutschland und Italien. Zwei Weltmeister prallten aufeinander, oder vielmehr: zwei Weltmeister spielten Schach. Denn beide Seiten überboten sich in Defensive, mauerten das eigene Tor ein, schienen nur darauf bedacht, mit einem Remis über die Runden zu kommen.

Im deutschen Tor stand Wolfgang Fahrian. Herberger hatte sich kurzfristig entschlossen, seine Nr. 1, Tilkowski, zur Nr. 2 zu machen. Das sollte noch Folgen haben,

WELTMEISTERSCHAFT 1962 IN CHILE

nicht direkt und auch nicht in Chile, wo Fahrians Leistung makellos und Tilkowskis Haltung beispielhaft war, aber später zu Hause.

Erhardt, der seine dritte WM machte, und Schnellinger waren die großen Figuren des deutschen Spiels. Zwei Abwehrspieler also, und das sagt genug. Da auch die Italiener Offensive klein schrieben, Spiel: 0:0!

Unhaltbar ist für Wolfgang Fahrian Radakovics Schuss. Es steht 1:0 für Jugoslawien (oben).
Betroffen schaut Fahrian dem Ball nach. Das Tor entscheidet die Begegnung und bedeutet Deutschlands Ausscheiden bei der Weltmeisterschaft in Chile.

Hart war es auch in Arica zugegangen, wo die UdSSR gegen Jugoslawien mit 2:0 gewann und der deutsche Schiedsrichter Dusch Mitschuld daran hatte, dass die Partie zeitweise ausartete. Dubinsky (UdSSR) musste mit einem Beinbruch ins Krankenhaus, Ponedelnik hinkend vom Platz, Metrevili erlitt eine klaffende Kopfwunde, Netto einen Faustschlag ins Gesicht.

Das Spiel und seine Schiedsrichterleistung sollten typisch werden für dieses Turnier. Alles, was man diesbezüglich schon erlebt hatte, wurde übertroffen von der Partie Chile – Italien, die als »das Skandalspiel« in die Annalen der WM einging. Schon die Voraussetzungen waren kritisch. Ein italienischer Journalist hatte einen unbarm-

Semifinale um die Weltmeisterschaft. Vava versucht sich gegen die eifrige Abwehr der Chilenen durchzusetzen und verleiht seinen Bemühungen auch lautstarken Ausdruck.

herzigen Artikel über gewisse Zustände in Chile geschrieben. Das Echo knallte tausendfach zurück. Die 66 000 im Nationalstadion waren geladen.

Vielleicht hätte ein besserer Schiedsrichter das Schlimmste vermittelmäßigt. Der Brite war elend schlecht. Es war furchtbar anzusehen, wie er immer wieder chilenische Namen in sein Notizbuch kritzelte, immer wieder drohte, aber nicht wagte, einen der chilenischen Rüpel vom Platz zu jagen. Selbst in der 40. Minute stellte er sich blind und taub, als Leonel Sanchez den Italiener David zusammenschlug.

»Wenn Aston es nicht gesehen hat, so hätte er es zumindest hören müssen, wie mir das Nasenbein abgeschlagen wurde«, sagte David später.

WELTMEISTERSCHAFT 1962 IN CHILE

Doch der Engländer kultivierte die Kunst des Ignorierens bis zur skandalösen Meisterschaft. Nur Italiener mußten dran glauben: Ferrini zuerst, dann David. Beide flogen vom Platz. In den ersten 20 Minuten des immer wieder unterbrochenen »Spiels« gab es höchstens fünf Minuten wirklichen Fußball zu sehen.

Neun Italiener hatten zum Schluss keine Chance mehr, den praktisch mit 12 Mann spielenden Chilenen zu widerstehen. Mit 2:0 geschlagen gingen sie in die Kabine, und man mußte ihnen hoch anrechnen, daß sie damit bis zum Schlusspfiff gewartet hatten.

Die Niederlage war das »Aus« für Italien, obwohl die Schweiz mit 3:0 besiegt wurde. Chile und Deutschland kamen weiter, wobei es im letzten Spiel zwischen beiden nur noch darum ging, wer als Gruppenerster in Santiago bleiben konnte. Der Zweite musste die weite Reise nach Arica antreten, zum Spiel gegen Gruppensieger Sowjetunion, die auch Uruguay 2:1 geschlagen hatte.

Es waren die Chilenen. Die deutsche Elf, mühsamer 2:1-Sieger über eine respektlose Schweizer Mannschaft, bot endlich ein Spiel, das diesen Namen verdient hatte. Zwar schossen die Gastgeber doppelt so viel wie die Deutschen, zwar hatten sie mindestens die gleiche Zahl an Torchancen, doch am Ende hieß es 2:0 für die Deutschen. Szymaniak (Foulelfmeter) und Uwe Seeler hatten die Tore erzielt.

Der Gegner im Viertelfinale hieß Jugoslawien. Zum dritten Mal hintereinander kreuzten sich die Wege der beiden bei einer WM. Zweimal war Deutschland Endstation für die Männer aus Belgrad gewesen.

Herberger verordnete seiner Elf erneut die Defensive. Meist stand Uwe Seeler vorne ganz allein, Ein einziges Mal, in der zweiten Minute, hatte diese Taktik Aussicht auf Erfolg. Da preschte Uwe durch die Deckung und jagte den Ball, den Soskie nie mehr erreicht hätte, an den Pfosten.

Dann aber übernahmen die Jugoslawen das Kommando. Sekularac dirigerte fast ungestört. Die deutsche Abwehr kam ins Schwitzen. Fahrian, Erhardt und Schnellinger zeichneten sich aus. Doch kaum einer der anderen verriet Bestform. Das deutsche Spiel war schwach.

Herberger hatte lange mit sich gerungen, ob er nicht noch einmal Helmut Rahn mit zu einer WM nehmen sollte. Er versuchte sogar, den 40jährigen Fritz Walter zu einem Comeback zu überreden. Als Fritz ablehnte, verließ Herberger sich auf Hans Schäfer, 34. Ein einziges Mal schoss der auf Jugoslawiens Tor.

Der Gegner war überlegen, kein Zweifel. Deutschland beschränkte sich auf Konter-Angriffe, das war Herbergers Taktik gewesen. Dass diese Angriffe so selten wurden, war freilich nicht vorgesehen.

Fünf Minuten vor Schluss passierte es. Galic, Jugoslawiens Halblinker, spielte auf der rechten Seite Willi Schulz aus, zog den Ball nach innen, und da brauste Radakovic heran und rammte das Leder mit solcher Vehemenz ins deutsche Tor, als wolle er auch noch die Rechnung von 1954 und 1958 begleichen. Das Spiel war für Deutschland verloren, weinend wankte »Ertl« Erhardt vom Feld. Zu Hause, an den Radioge-

Semifinale um die Weltmeisterschaft. Tor für Chile durch Toro, der einen Freistoß direkt verwandelt, aber der Titelverteidiger gewinnt das Spiel gegen den Gastgeber sicher 4:2.

räten, wurden die Gesichter lang und länger. Als die DFB-Truppe wenige Tage später heimkehrte, leuchteten ihnen die Schlagzeilen entgegen: »Herberger hat uns eingemauert!«

Der Beschuldigte hielt den zahlreichen Vorwürfen die Auffassung entgegen, dass Deutschland immerhin unter den letzten acht war und »mit etwas Glück« sogar noch weiter hätte kommen können. Doch die Enttäuschung in der Öffentlichkeit blieb. Nach dem Titelgewinn 1954 und dem vierten Platz 1958 war sie verständlich.

In Chile ging das Turnier weiter. Der Gastgeber hatte sein Versprechen wahr gemacht und war via Arica wieder in die Hauptstadt zurückgekehrt. Beim 2:1 gegen die UdSSR fielen alle drei Tore bereits in der ersten halben Stunde. Niemand konnte sagen, die Chilenen hätten den Sieg nicht verdient gehabt, doch die Russen, so ein Augenzeuge, »wateten geradezu im Pech«.

In Vina del Mar hatten sich Brasilien und die ČSSR für das Viertelfinale qualifiziert. Der Weltmeister war nach seinem mäßigen Start gegen Mexiko den Beweis seiner unverminderten Klasse auch in den folgenden Spielen schuldig geblieben. Gegen die ČSSR gab es nur ein 0:0, Spanien führte lange mit 1:0, ehe Amarildo Ausgleich und Siegtor für Basilien gelangen.

Der Torschütze war Ersatzmann für Pelé, den ein Muskelriß gegen die ČSSR außer Gefecht gesetzt hatte. Vor dem Spiel bat er seinen Stellvertreter zu sich. »Gott hat gewollt, daß ich heute nicht spiele. Auf die gleiche Weise wie du bin ich 1958 in die Mannschaft gekommen. Es ist deine Stunde. Nutze sie.«

Der große Pelé hatte gesprochen, der kleine Amarildo sich die Worte gut gemerkt. Bis zum Finale vertrat er den schwarzen Halbgott recht gut. Dann ging er für viel Geld nach Italien.

WELTMEISTERSCHAFT 1962 IN CHILE

Ungarn und England meldeten die erfolgreiche Qualifikation aus Rancagua. Vor allem die Magyaren hatten dabei Erstaunliches geboten. Mit 2:1 überwanden sie England, mit 6:1 Bulgarien. Ferenc Puskas, längst Spielmacher in einem glücklosen spanischen Team, schlug sich vor Freude auf die Schenkel, als er die Kunde vom glänzenden Spiel der jungen ungarischen Elf erhielt.

Sie war auch gegen die Tschechoslowaken Favorit. Immer noch stand Grosics im Tor, doch vorne stürmte Florian Albert, der gegen Bulgarien allein drei Tore geschossen hatte. Ein neuer Puskas?

Ach nein, die Hoffnungen trogen, die Vergleiche hinkten. Das tschechische Team entzauberte die Ungarn gründlich, wenn auch unter Mithilfe des russischen Schiedsrichters Latyschew. Nie hatte ein WM-Turnier so schwache Schiedsrichter wie dieses. Latyschew sah nicht, daß Scherr abseits stand, als ihn der Pass von Masopust erreichte. Mitten in eine anscheinend unaufhaltsame Offensive der Ungarn hinein platzte das 1:0 für die Tschechen.

Es veränderte die Lage völlig und entschied das Match. Das Spiel der Ungarn zerflatterte. Und als der Schiedsrichter ihnen zu allem Überfluß auch noch einen Treffer verwehrte (freilich zu Recht, denn der Ball hatte nur die Unterkante der Latte getroffen), war es um sie geschehen. Der Favorit verlor, der Fußball trauerte. Nie zuvor waren bei einer WM so wenig Tore gefallen. Sture Defensivtaktik triumphierte.

Rangliste der Torschützen
32 Spiele – 89 Tore

4 Tore	Albert (Ungarn)
	Garrincha (Brasilien)
	Iwanow (UdSSR)
	Jerkovic (Jugoslawien)
	Leonel Sanchez (Chile)
	Vava (Brasilien)
3 Tore	Amarildo (Brasilien)
	Galic (Jugoslawien)
	Scherer (Tschechosl.)
	Tichy (Ungarn)
2 Tore	Bulgarelli (Italien)
	Flowers (England)
	Ponedjelnik (UdSSR)
	Ramirez (Chile)
	Rojas (Chile)
	Sasia (Uruguay)
	Seeler (Deutschland)
	Toro (Chile)
	Tschislenko (UdSSR)
1 Tor	35 weitere Spieler

Wenigstens Brasilien machte es besser. Gegen England bot der Titelverteidiger endlich eine überzeugende Leistung. England hatte Hitchens aufgeboten, den Mittelstürmer von Inter Mailand. Er erzielte auch den Ausgleich zum 1:1, doch dann war Brasilien unwiderstehlich. Garrincha allein garantierte den Sieg, der mit 3:1 noch gnädig ausfiel. Aber immer noch fehlte Pelé.

Er fehlte auch gegen Chile, im Halbfinale von Santiago. Die Brasilianer bekreuzigten sich, als sie aufs Feld kamen. Das tun sie immer, aber diesmal mit besonderer Inbrunst. Sie fürchteten diesen Gegner, hinter dem die Hoffnungen eines ganzen Landes standen, dessen Anhänger sich vor dem Spiel zur Ekstase zu steigern schienen.

Indessen – neun brasilianische Spieler waren schon vor vier Jahren dabeigewesen, in Schweden. Ihre Routine, ihre Erfahrung wogen schwer. Sie garantierten letztlich auch den Bestand des Weltmeisters in diesem Hexenkessel. Gylmar, Didi, Vava und Zagalo waren die Basis für ein phasenweise begeisterndes Spiel, das erst kurz vor Schluss seine Schatten bekam. Der Chilene Landa und Brasiliens Hexenmeister Garrincha wurden des Feldes verwiesen.

Endspiel in Santiago. Oben: 1:0 in der 11. Minute durch Masopust. Unten: Ausgleich durch Amarildo in der 14. Minute. Rechte Seite: 3:1 durch Vava – Sieg für Brasilien.

Doch da war schon alles entschieden, hatte Brasilien 4:2 gewonnen und der Welt gezeigt, daß man am Zuckerhut das Fußballspielen nicht verlernt hat.

Der andere Finalist hieß ČSSR. Eine Überraschung, gewiss. Kühl und sachlich hatten sich die Tschechen durchgesetzt, im Halbfinale auch über Jugoslawien. Wie schon die Ungarn, so sahen auch die »Jugos« streckenweise wie eine Mannschaft aus, die gar nicht verlieren kann. Vor allem nicht gegen die Tschechen.

WELTMEISTERSCHAFT 1962 IN CHILE

Doch die bauten wieder einmal auf ihre Taktik: Hinten dicht, vorne mit schnellen Gegenangriffen kontern. Jugoslawien indessen spielte offensiv, mehr »südamerikanisch«.

Das ging schief, denn die Abwehr der Tschechoslowaken, allen voran Novak, Pluskal und Popluhar, gestattete kein Durchkommen. Und wenn doch, dann stand da ein Mann mit 1000 Händen: Torwart Vilem Schroif. Er wurde zum Alptraum der jugoslawischen Stürmer. Nur einmal, in der 69. Minute, wurde er geschlagen. Es war das Tor zum 1:1.

So hieß das Ergebnis bis zehn Minuten vor Schluss. Dann machten sich bei Jugoslawien die schweren Spiele gegen die Sowjetunion und Deutschland bemerkbar. Der Endspurt gehörte den Tschechen. Sie gewannen 3:1.

Also Brasilien – ČSSR im Finale, wieder einmal Südamerika gegen Europa. Unter diesen Vorzeichen stand zuvor auch das Spiel um den dritten Platz zwischen Chile und Jugoslawien. Dem »Zwerg« gelang, was kaum jemand für möglich gehalten hätte, was aber zweifellos auch durch die heimische Umgebung begünstigt war: er wurde Dritter. Ein Tor von Rojas in der 90. Minute verbannte Jugoslawiens Ballkünstler auf Platz vier.

Zum Endspiel kamen 60 000, man schlug sich nicht um die Karten. Ja, wenn Chile im Finale gewesen wäre. Aber so? Wer wollte schon Brasilien ernsthaft Widerstand leisten? Doch nicht etwa diese blonden Männer aus Prag!

Unter Raketen-Feuerwerk laufen die brasilianischen Spieler nach dem Sieg und Wiedergewinn der Weltmeisterschaft ihre Ehrenrunde.

Torhüter Gylmar wird nach dem Endspiel als »Miss Welt Cup« gefeiert.

Doch der Weltmeister mußte erneut das Fehlen Pelés verkünden. Er war immer noch nicht genesen. Nervös saß er auf der Tribüne, noch einmal hatte er Amarildo umarmt, seinen Ersatzmann.

Aber wer vermag Pelé schon auf die Dauer zu ersetzen? In einem einzelnen Spiel, ja, vielleicht. Aber dies war jetzt schon das vierte ohne ihn.

Der Weltmeister fand nur schwer den Rhythmus. Die ČSSR stürmte zur allgemeinen Überraschung. Nach 15 Minuten geschah das Sensationelle: Masopust schloss einen Angriff von rechts mit dem 1:0 ab.

Nur drei Minuten konnten sich die Tschechen daran erfreuen, dann hatte Amarildo ausgeglichen. Doch das Spiel blieb offen. Es war kein großes Finale, es wirkte eher brav und bieder.

Didi machte das Spiel des Weltmeisters, aus dem Mittelfeld heraus, fast aus dem Stand, aber dennoch blitzschnell und perfekt. Langsam bekam Brasilien Oberwasser, doch es bedurfte gravierender Fehler von Schroif, Zito das 2:1 und Vava das 3:1 zu ermöglichen. Erst danach sah man Brasilien weltmeisterlich.

In Rio tanzten sie Samba, in Santiago flossen Freudentränen. Doch der Fußball, darüber täuschte nichts hinweg, hatte bei dieser siebenten Weltmeisterschaft eine Schlacht verloren.

Weltmeisterschaft 1966 in England

World Cup in England, Weltmeisterschaft auf der Insel – historisch gesehen war dieser Tatbestand die eigentliche Sensation der 8. Weltmeisterschaft. Das Mutterland, das so lange in splendid isolation verharrt hatte, erst 1950 überhaupt zum ersten Mal an einem Welt-Turnier teilnahm, hatte aus Anlass des 100jährigen Bestehens seines Verbandes um die Erlaubnis gebeten, die Weltmeisterschaft 1966 ausrichten zu dürfen. Natürlich stimmte die FIFA zu, und Joe Mears, Chairman des World Cup Committees der englischen FA, erging sich in geradezu unbritischer Euphorie: »Welch ein Zauber! Wir werden die größten Spieler der Welt bei uns sehen!«

Gewiss hatten Englands Misserfolge in den bisherigen Turnieren dazu beigetragen, die Begründer des modernen Fußballs vom hohen Ross herunterzuholen. Man wusste, dass Old England nicht mehr der Nabel der Fußball-Welt war, dass zumindest in Brasilien, womöglich aber auch in einigen Ländern des europäischen Kontinents besser, be-

Auftakt zur Fußball-Weltmeisterschaft 1966. Queen Elizabeth begrüßt die Mannschaften zum Eröffnungsspiel England – Uruguay.

Weltmeisterschaft 1966 – Der Verlauf des Turniers

Erste Runde	Viertelfinale		Semifinale		Finale	
Gruppe 1						
1. England						
2. Uruguay	England	1				
3. Mexiko	Argentinien	0				
4. Frankreich			England	2		
Gruppe 2			Portugal	1		
1. Deutschland						
2. Argentinien	Portugal	5			England	4*
3. Spanien	Nordkorea	3			Deutschland	2
4. Schweiz						
Gruppe 3						
1. Portugal					**Um den**	
2. Ungarn	UdSSR	2			**dritten Platz**	
3. Brasilien	Ungarn	1				
4. Bulgarien			Deutschland	2		
Gruppe 4			UdSSR	1	Portugal	2
1. UdSSR					UdSSR	1
2. Nordkorea	Deutschland	4				
3. Italien	Uruguay	0				
4. Chile			* nach Verlängerung			

Glänzender Auftakt für die deutsche Nationalelf. Oben: 2:1 durch Uwe Seeler gegen Spanien. Rechts: Held schießt das 1:0 beim 5:0 über die Schweiz.

ziehungsweise moderner gespielt wurde. So verband sich der Ehrgeiz, das Turnier perfekt zu organisieren, mit dem heißen Wunsch, im eigenen Land endlich auch einmal sportlich erfolgreich zu sein.

Über 70 Meldungen für die Qualifikationsspiele bedeuteten neuen Rekord. Doch erneut sollte die sportliche Auseinandersetzung nicht frei sein von politischen Querelen und von Prestige-Belastung. Alle 15 schwarzafrikanischen Verbände zogen ihre Meldung zurück, weil die FIFA dem schwarzen Kontinent keinen Endrunden-Platz einräumte, sondern Afrika mit Asien in einen Topf warf. Auch Südkorea wollte nicht mehr mitmachen, Südafrika wiederum sah sich wegen der Rassenpolitik seiner Regierung durch die FIFA suspendiert.

Blieben Nordkorea und Australien als Vertreter der östlichen Hemisphäre. Auf neutralem Boden, im Stadion von Pnom Penh (Kambodscha), kämpfen sie um die Fahrkarten nach England. Nordkoreas Fußball-Soldaten gewannen beide Spiele, 6:1 und 3:1. Die erste Überraschung war perfekt.

WELTMEISTERSCHAFT 1966 IN ENGLAND

Es sollte nicht die einzige bleiben. In Europa tat sich Erstaunliches. Der Vize-Weltmeister von 1962, die ČSSR, blieb gegen Portugal auf der Strecke, Bulgarien, 1962 zum ersten Mal überhaupt qualifiziert, schaffte das Kunststück erneut und schlug in Florenz die Belgier in einem Entscheidungsspiel. Jugoslawien schließlich, in Chile immerhin Vierter, kam nicht über den alten Widersacher Frankreich hinweg. Und Österreich, immer noch auf der Suche nach einem neuen »Wunderteam«, jedoch mit untauglichen Mitteln, konnte Ungarn nicht den Weg verbauen. Die Wiener landeten noch hinter der DDR sogar nur auf Platz 3 ihrer Gruppe.

Relativ mühelos erreichte die UdSSR die Qualifikation. Sie verlor zwar in Wales mit 1:2, gewann aber alle anderen Spiele, während die Waliser in Dänemark und Griechenland geschlagen wurden.

Wieder einmal dabei war auch die Schweiz. Mit knappen Siegen gegen Albanien, Holland und Nordirland wahrte sie ihre Chance und profitierte davon, dass Nordirland in Tirana nur 1:1 spielte. Ohne große Schwierigkeiten setzte sich Italien gegen Schottland, Polen und Finnland durch, während Spanien gegen die Republik Irland ein Entscheidungsspiel benötigte und (in Paris) mit 1:0 gewann.

Bittere Stunden für den Titelverteidiger. Farkas hat das zweite Tor für Ungarn erzielt. Brasilien wird 3:1 geschlagen.

Die deutsche Mannschaft hatte bei der Auslosung Glück und Pech zugleich gehabt. Mit Zypern erhielt sie einen Fußball-Zwerg zum Gegner, mit Schweden hingegen einen unangenehmen Rivalen, der sofort tiefe Sorgenfalten auf die Stirn von Helmut Schön zauberte. Denn die Bilanz gegen die Nordländer war negativ, in Stockholm hatte man seit 1911 nicht mehr gewonnen, und immer noch spukte auch das böse Spiel von Göteborg durch die Köpfe.

Schön hatte die deutsche Nationalelf zwei Jahre zuvor von seinem Vorgänger Sepp Herberger übernommen und behutsam zu verjüngen begonnen. Die Altershypothek von Chile wurde abgetragen, Schäfer, Erhardt und andere erhielten ihren verdienten Abschied, und als zu Beginn des WM-Jahres 1966 eine deutsche Nationalelf auf den »heiligen« Rasen von Wembley lief und nur mit 0:1 verlor, wies sie den jüngsten Altersdurchschnitt in der Geschichte des deutschen Fußballs auf: knapp 22 Jahre.

Doch vorerst türmte sich Schweden wie ein Felsbrocken vor den Deutschen auf. Das erste Spiel fand in Berlin statt. Schön hatte die Freigabe von Haller und Schnellinger von ihren italienischen Vereinen erwirkt. Die Schweden handelten ebenso: Hamrin und Jonsson waren aus Italien gekommen.

Das Spiel begann verheißungsvoll: Schon nach wenigen Minuten köpfte der Münchner Brunnenmeier einen Freistoß ins schwedische Tor. Doch dann ging dort der Vorhang herunter. Hasse Mild organisierte eine Abwehr, die zu allen Mitteln griff, worunter vor allem Haller und Uwe Seeler litten.

Immerhin schien das 1:0 sicher zu sein, bis Kurre Hamrin den Deutschen kurz vor Schluss wieder einmal einen bösen Streich spielte. Völlig ungedeckt konnte er einen Flankenball aufnehmen und für Tilkowski unhaltbar zum Ausgleich verwandeln.

Das 1:1 dämpfte die deutschen WM-Erwartungen schwer. »Jetzt müssen wir eben in Schweden gewinnen«, sagte Helmut Schön, doch es klang nicht gerade optimistisch.

Da beide Teams ihre Spiele gegen Zypern klar gewannen, kam der Partie in Stockholm in der Tat entscheidende Bedeutung zu. Sie fand am 26. September statt, einem regnerischen, kühlen Herbstsonntag. Das Rasunda-Stadion war ausverkauft, Tausende von Deutschen waren über die Ostsee gekommen, um ihrer Mannschaft den Rücken zu stärken.

Die konnte moralische Unterstützung gut brauchen, denn ein paar Monate vorher war etwas passiert, was Helmut Schöns Konzept jäh zu zerstören drohte. Uwe Seelers Achillessehne war gerissen, die Kanone des deutschen Sturms schien auszufallen.

Doch mit der ihm eigenen Zähigkeit kam »uns Uwe« wieder auf die Beine. Ein Spezialschuh förderte den Heilprozess. Dennoch entfachte die Frage, ob er in Stockholm spielen solle oder nicht, lebhafte Debatten in der deutschen Öffentlichkeit. Schön entschied sich für

Brasiliens Star Pelé wird im Spiel gegen Portugal übel mitgespielt. Verletzt und demoralisiert verläßt er das Spielfeld.

Uwe. Er entschied richtig. Uwe war der »Matchwinner«, der Mann, der das fast schon verlorene Spiel aus dem Feuer riss.

Ein Fehler des ansonsten sehr zuverlässigen Tilkowski hatte den Schweden die Führung ermöglicht. Doch in ihren Jubel hinein kam Uwes Kopfball zu Brunnenmeier, kam dessen Pass zu Krämer, kam das 1:1. Dann war Pause.

„Jetzt sind sie angeschlagen, jetzt packt ihr sie!" munterte der Bundestrainer seine Spieler auf. Die kamen mit neuem Mut und frischen Kräften aufs Feld. Ihr Spiel, vor der Pause nur Stückwerk, wuchs mehr und mehr zusammen. Und als Peter Grosser eine flache Flanke nach innen zog, Torwart Arvidsson den Ball nur wegboxen konn-

WELTMEISTERSCHAFT 1966 IN ENGLAND

Mit fanatischem Ehrgeiz kämpfen Nordkoreas Fußball-Soldaten (ganz oben) gegen Italien – und haben Erfolg. Ihr 1:0 über Italien ist die Sensation der WM '66.

te, stand Uwe da. Mit mächtigem Schritt bugsierte er das Leder ins Netz. 2:1 – das war der Sieg, war die Fahrkarte nach England.

Es ist viel darüber geschrieben worden, ob dieser Erfolg die »Geburtsstunde« jener deutschen Mannschaft war, die dann bei der WM so, erfolgreich sein sollte. Doch sie war es nicht. Zwei Spieler, die zum Sieg wesentlich beigetragen hatten, nahm Schön nicht einmal mit auf die Insel: Grosser und Brunnenmeier. Ein anderer, der in Stockholm sein erstes Spiel gemacht hatte, sollte in England erstmals ganz groß in Erscheinung treten: Franz Beckenbauer. Insgesamt aber hatte wohl Englands Trainer Alf Ram-

So fällt das einzige Tor (durch Tschislenko) für die UdSSR; Italien ist 1:0 geschlagen.

sey recht, wenn er nach der Stockholmer Partie urteilte: »Diese Mannschaft hatte nur den Zweck, dieses eine Spiel zu gewinnen. Das hat sie getan.«

Deutschland also dabei, und auch Ex-Weltmeister Uruguay qualifizierte sich. Peru und Venezuela konnten es nicht verhindern, ebensowenig wie Paraguay und Bolivien die Qualifikation Argentiniens. Nur Chile, der Dritte von 1962, tat sich schwer. Erst ein Entscheidungsspiel gegen Ekuador sicherte die Teilnahme in England, wohin schließlich auch noch Mexiko als Vertreter Nord- und Mittelamerikas fahren durfte.

Als sich die 16 Nationen zum Kampf der Waden und Gesänge rüsteten, spuckte ihnen manch professioneller Hellseher bittere Vorschussgalle auf den Weg. Dieses achte Weltturnier, so hieß es, werde an Negativem so ziemlich alles überbieten, was die Welt bis dahin erlebt habe. Und das war nicht wenig.

Vornehmlich galt die weltweite Skepsis zwei Faktoren: Vier Jahre zuvor hatte sich in Chile Böses ereignet. Chilenen und Italiener prügelten sich wie die Berserker, was indessen nur eine Fortsetzung unschöner Ereignisse von 1958 (Schweden–Deutschland) und 1954 (Ungarn–Brasilien) gewesen war. Der Fußball und seine steigende nationale Prestigebedeutung ließen auch für 1966 Schlimmes befürchten.

Hinzu kam der Systemunsinn, die fortschreitende Verbarrikadierung von Strafräumen und Gehirnen, der leidige Defensiv-Fußball. In Chile war der Anfang gemacht worden. Zwischen Ozean und Anden waren nur noch 2,78 Tore pro Spiel gefallen. England, so war zu befürchten, würde diesen traurigen Rekord noch übertreffen.

In der Tat: Als die Statistiker zum Schluss zusammenrechneten, brach ihnen fast die Bleistiftspitze ab: Der Durchschnitt war auf 2,75 pro Spiel gesunken.

Und doch – welch ein Irrtum! Denn der nüchterne Zahlenvergleich bewies nicht mehr und nicht weniger als seine eigene Fragwürdigkeit. Denn England war keineswegs schlimmer als Chile, das Turnier 1966 kein weiterer Schritt in die fußballsportliche Unkultur.

Schon die ersten Spiele machten das deutlich. Was 1962 noch in den Kinderschuhen steckte, war jetzt ausgereift, was damals primitiv und infantil wirkte, wurde jetzt gekonnt demonstriert. Aus banaler Defensive war elastische Abwehr geworden, aus sinnloser Zusammenballung von Spielern ein System, in dem jeder alles zu spielen vermochte. Und brutale Härte hatte sich in athletische Physis verwandelt, die körperlichen Einsatz keineswegs als Alternative zu hohem technischem Niveau verstand.

WELTMEISTERSCHAFT 1966 IN ENGLAND

Der Stern eines großen Fußballspielers geht auf: Franz Beckenbauer begeistert auch im Viertelfinale gegen Uruguay mit seinen Vorstößen und Torerfolgen.
Oben: So umspielt er Torhüter Mazurkiewicz und schießt das 2:0.
Rechts: Uwe Seeler belohnt sich selbst für seinen rackernden Einsatz mit diesem Torschuß zum 3:0. Die Deutschen gewinnen 4:0.

England gebar den Stromlinienfußball. Opas Spiel war tot, zu Grabe getragen von Überlebenden, die gar nicht so traurig aussahen. Denn nicht der Fußball starb hier, sondern Erscheinungsformen, die auch auf anderen Gebieten des Sports überholt waren.

Die deutsche Mannschaft war das beste Beispiel. Sie steckte in der Gruppe B, die ihre Spiele in Birmingham und Sheffield auszutragen hatte. Die Schweiz, Argentinien und Spanien waren ihre Gegner. Helmut Schön hatte eine fast ideale Mischung aus Alt und Jung gefunden. Abgesehen vom Problem der Flügelstürmer war sie eine komplikationslose Einheit, ein perfekt funktionierender Maschinismus. Vorbereitungsspiele gegen Irland (4:0), Nordirland (2:0), Rumänien (1:0) und Jugoslawien (2:0) förderten nicht nur die Homogenität der Mannschaft, sondern auch die Erwartungen ihrer Anhänger.

Das erste Spiel übertraf sie dann noch. In Sheffield war die Schweiz der Gegner, die ihrerseits kurzfristig interne Schwierigkeiten beheben mußte. Spielmacher Kuhn und Leimgruber waren im disziplinarischen »Abseits« ertappt worden, ein kleiner Bummel in weiblicher Begleitung sollte böse Folgen haben. Die strengen Eidgenossen kannten keine Gnade: Sperre.

2:0 für Nordkorea gegen Portugal. Eine neue Sensation scheint sich anzubahnen. Geführt von dem überragenden Eusebio, verwandeln die Portugiesen jedoch einen 0:3-Rückstand in ein 5:3 und erreichen des Semifinale.

So fehlte den Schweizern gegen Deutschland der ordnende Fuß. Als Haller und Beckenbauer die Regie übernahmen, das deutsche Spiel zu laufen begann, war der Gegner bald am Ende. Sigi Held hatte die Ehre, den Torreigen dieser WM eröffnen zu dürfen. In der 15. Minute war die Schweizer Abwehr erstmals ausgespielt. Dann ging es Schlag auf Schlag. Beckenbauer und Haller entzückten die 45 000 Zuschauer, Uwe Seeler arbeitete im Akkord. Am Ende hieß es 5:0.

Helmut Schön zeigte dennoch kein zufriedenes Gesicht. »Einiges war nicht so, wie es sein sollte«, kritisierte er. Doch noch war ja Zeit. Im idyllisch gelegenen Hotel »The Peveril of the Peak« in Ashbourne war an alles gedacht. Wieder einmal erwiesen sich die Deutschen als Künstler der Organisation. Ein Trainer und zwei Assistenten sorgten sich um die Form der Spieler, ein Koch bewahrte ihre Mägen vor ungewohnter Kost, ein Masseur ihre Muskeln vor Ungemach. Ein Arzt, ein leibhaftiger Professor gar, stand bereit, größere Wehwehchen zu beheben.

Im eigenen Bus mit eigenem Fahrer und eigener Schlagermusik rollte die deutsche Mannschaft über Englands Straßen zum zweiten Spiel nach Birmingham. Im altehrwürdigen Villa-Park war Argentinien der Gegner.

Das Spiel wurde zur Schlacht. Im ersten Auftritt hatten die Männer aus Buenos Aires gegen Spanien mit 2:1 gewonnen. Helmut Schön war Zeuge gewesen und – beeindruckt. Das merkte man seiner Taktik an. »Zu null« spielen war oberstes Gebot.

So verharrte Beckenbauer meist in Nähe des eigenen Tors, festgenagelt durch die Angst vor Artime, Onega und Mas. Darunter litt Haller, der keinen Partner im Mittelfeld fand, denn auch Overath orientierte sich mehr nach hinten. Einzig Uwe Seeler ging immer wieder durch das argentinische Abwehrfeuer, dutzendfach gefoult, gestoßen und getreten.

Der deutschen Elf kam zugute, daß die Gaucho-Fußballer mindestens ebenso großen Respekt vor den harten Alemanos hatten wie diese vor ihnen. Sie betonierten noch massiver und gaben sich auch keine Blöße, als Albert in der 66. Minute nach einem bösen Foul an Weber des Feldes verwiesen wurde. Mit 0:0 und unter Pfiffen ging die Partie zu Ende.

Die Reaktion auf das Ergebnis war auf deutscher Seite überraschend scharf. Helmut Schön sprach von einem »verlorenen Punkt« und einer »halben Niederlage«. Er grübelte, was zu ändern sei. Die größte Zeitung des Landes half ihm. Sie forderte in Balken-Überschriften: Jetzt muß Emma ran!"

WELTMEISTERSCHAFT 1966 IN ENGLAND

Lothar Emmerich, schußgewaltiger Linksaußen des Europa-Cup-Siegers Borussia Dortmund, hatte bis dahin auf der Reservebank gesessen. Jetzt durfte er »ran«. Gegen Spanien, wieder in Birmingham, bot Schön seinen vermeintlichen »Bomber« auf und ließ zur allgemeinen Überraschung Helmut Haller draußen.

Das wäre beinahe schiefgegangen. Das Spiel mußte darüber entscheiden, ob Deutschland unter die letzten acht kommen oder vorzeitig heimfahren würde. Ein Unentschieden genügte, gewiss. Aber dann wäre wohl Argentinien Gruppensieger und England – in Wembley! – nächster Gegner der Deutschen geworden. Ein bedrückender Gedanke.

Er lastete auf dem Spiel der deutschen Elf, wenigstens zu Anfang. Sie fand schwer zu ihrem Rhythmus. Haller wurde vermisst. Er saß auf der Tribüne, hatte gesagt: »Ich verstehe das nicht – aber ich respektiere es.«

In der 24. Minute ging Spanien in Führung. Fusté stand frei vor Tilkowski. Es war die Schuld Emmerichs gewesen, der völlig unbedrängt im Mittelfeld den Ball genau einem Gegner in die Füße gespielt hatte. Daraus resultierte Deutschlands erstes Gegentor in den letzten acht Spielen.

Doch alle Befürchtungen, die sich daran knüpften, erwiesen sich letztendlich als unbegründet. Die Mannschaft bäumte sich – ähnlich wie vor einem halben Jahr in Stockholm – auf, kämpfte, schloss sich zusammen, verriet plötzlich Stehvermögen und Moral. Es wurde ein erregendes, hochdramatisches Spiel.

Emmerich selbst bügelte seinen Fehler aus. Sein Treffer zum 1:1 wird allen unvergessen bleiben, die ihn sahen. Ein Blitz schlug in Spaniens Tor, ein Blitz aus wahrhaft heiterem Himmel. In der äußersten linken Ecke hatte der Dortmunder den Ball erwischt, allen physikalischen Gesetzen zum Trotz Richtung Ziel und Tordach gejagt. Iribar hing wie ein stürzender Trapezkünstler in der Luft.

Doch bis fünf Minuten vor Schluss stand die Partie 1:1, drohte Deutschland der Gang nach Wembley. Dann kam eine Flanke von Sigi Held in den Strafraum, ein vertrackter Ball, den Fernandez und Emmerich gemeinsam verpassten. Doch hinter ihnen stand der Mann mit dem sprichwörtlichen Torinstinkt, stand Uwe Seeler: 2:1.

Deutschland also Gruppensieger, im Viertelfinale auch Argentinien, das die Schweiz 2:0 geschlagen hatte und nun nach Wembley reisen mußte – auf Grund des schlechteren Torverhältnisses. Deutschlands 5:0 gegen die Schweiz zahlte sich aus.

In den anderen Gruppen hatte die Sensation das Bild geprägt. Die größte: Weltmeister Brasilien war auf der Strecke geblieben! Unglaublich, aber wahr: Das große Team von 1958 und 1962 war zerstört, war nur noch ein Schatten. Pelé allein gab ihm Größe und Substanz, doch schon im ersten Spiel, gegen Bulgarien, wurde er verletzt. Brasilien gewann dennoch 2:0, doch beide Tore fielen aus Freistößen.

Gegen Ungarn fehlte die schwarze Perle. Dennoch sah Liverpool unter schmutzigem Regenhimmel eines der besten Spiele des Turniers. Jedoch: die Ungarn machten die Musik. Schon nach zwei Minuten gingen sie in Führung, mussten den Ausgleich hinnehmen, waren aber nach dem Wechsel nicht mehr zu halten. Eine Renaissance des ungarischen Fußballs? Fast schien es so. Das 3:1 war deutlich, es stürzte den noch regierenden Weltmeister in Ratlosigkeit.

Gegen Portugal, das Ungarn 3:1 besiegt hatte, ging es für ihn um die letzte Chance. Pelé war wieder dabei, und so vollzog sich vor 64 000 Augenpaaren die große Tragödie: Die Portugiesen, eingedenk der Verwundbarkeit ihres Gegners, hetzten Morais auf den König, einen üblen »Killer«, einen Schlagetot am Strafraum, einen Mann mit der Keule. Wieder und wieder trat er nach Pelé, wieder und wieder triumphierte die Brutalität, lag der Genius des Spiels schmerzverkrümmt am Boden. Schiedsrichter McCabe aus England tat nichts, ließ dem widerwärtigen Geschehen seinen Lauf.

In der zweiten Halbzeit war Pelé am Ende, doch die Wahrheit gebietet zu sagen, dass Portugal zu diesem Zeitpunkt schon 2:0 führte, Eusebio regierte auf dem Feld, hatte Mitspieler, die seinen Intentionen folgten. Er sollte der große Star dieser 8. WM werden, die eigentlich wenig Stars hatte. Gebot Nr. 1 war das Mannschaftsspiel.

Hinkend räumte der größte Spieler der Welt das Stadion seinem vermeintlichen Nachfolger. Der Weltmeister hatte 1:3 verloren, in Rio herrschte Volkstrauer.

Doch Brasilien war nicht der einzige Doppel-Weltmeister, der die Vorrunde nicht überstand. In der Gruppe vier, die in Middlesbrough und Sunderland spielte, war einer der größten Favoriten auf der Strecke geblieben: Italien. War schon diese Tatsache kaum zu glauben, so erregte der Gegner, der dieses zustande gebracht hatte, erst recht ungläubiges Staunen. Er hieß nämlich Nordkorea.

Die kleinen, flinken Männer aus Pjöngjang mit Namen Im Sung Hwi und Pak Do Ik waren gewiss die bestvorbereitete Elf in England. Monatelang, ja praktisch jahrelang waren die asiatischen Marzipan-Fußballer für die WM gedrillt worden. Gewohnt, blind zu gehorchen, ohnehin alle Soldat, machte ihnen Kasernierung weniger aus als den Stars einer liberalen Gesellschaftsordnung. So spielte Nordkorea in England eigentlich über seine Verhältnisse, bot vor allem kein Spiegelbild des Entwicklungsstandes im asiatischen Fußball. Der ist wohl kaum so hoch, war es zumindest 1966 nicht, daß gegen Chile ein 1:1, gegen Italien ein 1:0-Sieg und im Viertelfinale gegen Portugal eine 3:0-Führung an der Tagesordnung gewesen wäre. Doch davon später.

Die Italiener hatten gegen eine hervorragend disponierte russische Elf 0:1 verloren, Chile jedoch mit 2:0 besiegt. »Wir müssen unsere Fehler abstellen«, hatte Coach Edmondo Fabbri gefordert und neue Spieler aufgeboten, Perani für Meroni, Rivera für Bulgarelli, Barison für Pascutti.

Es nutzte nichts. Die kleinen, gelben Männer zeigten keinen Respekt vor den Fußball-Millionären aus Mailand und Turin. Was Wunder, sie kannten sie ja auch nicht. Schon dachte man an die Pause, das Spiel stand immer noch 0:0, da versenkte Pak Do Ik den Ball im Netz des italienischen Tores.

Es war eine fast lächerliche Szene gewesen: Fußball-Soldat Pak Do Ik trat in den Rasen, Fußball-Millionär Guarneri ließ sich täuschen und rutschte aus. Dann hatte der Koreaner freie Schussbahn. Und diesmal traf er.

Eine ganze Halbzeit lang hatte Italien noch Zeit, die böse Sensation abzuwenden.

WELTMEISTERSCHAFT 1966 IN ENGLAND

Jubel im Wembley-Stadion. Hurst hat das einzige Tor für England im Viertelfinale-Match mit Argentinien erzielt.

Doch mit zehn Spielern (Bulgarelli war verletzt ausgeschieden) war es ein hoffnungsloses Unterfangen. Italien verlor den Wettlauf mit der Zeit, verlor das Spiel, wurde zum Gespött der Fußballwelt, vor allem daheim. Ein Hagel aus Tomaten und Eiern empfing die geschlagene Elf, Trainer Fabbri wurde gefeuert, ein aufgebrachter Christdemokrat brachte gar eine Anfrage im Parlament ein.

Doch das Leben ging weiter, das WM-Turnier auch. England und Uruguay hatten sich in der Gruppe 1, deren Heimat London war, für das Viertelfinale qualifiziert, die beiden Teams also, die nach festlicher Eröffnung durch die Queen das erste Spiel bestritten hatten. Es endete 0:0 und hatte den 100 000 in Wembley nur zwei torreife Situationen beschert – trotz 16:1 Ecken für England.

Gegen diese Abwehr mußte nun die deutsche Mannschaft spielen, im Hillsborough-Stadion von Sheffield. Die Sonne lachte, der Boden war hart und trocken, alles sprach für die »Urus«.

Haller war wieder dabei, Krämer hatte weichen müssen. Man spielte also ohne echten Rechtsaußen. 10 000 deutsche Schlachtenbummler hofften dennoch auf einen Erfolg.

Sie mussten lange zittern. Schon nach 10 Minuten hätte Uruguay mit 2:0 führen können. Cortez' gewaltiger Schuss traf das Lattenkreuz, Schnellinger sprang für Tilkowski auf der Linie ein. Er nahm dabei die Hand zur Hilfe, wütend reklamierten die Südamerikaner Elfmeter, doch Schiedsrichter Finney pfiff nicht.

Die Deutschen fanden sich nicht, irrten planlos durch das Kombinationsgewebe des Gegners – und gingen trotzdem 1:0 in Führung. Ein harmloses Schüsschen Helds, von Haller noch abgefälscht, übertölpelte den großen Mazurkiewicz und trudelte ins Tor. Es war, in der zwölften Minute, überhaupt der erste deutsche Torschuss gewesen.

Uruguays Spieler wurden nervös, legten einen Zahn zu, an Tempo, aber auch an Härte. Reihenweise wurden sie jetzt verwarnt, reihenweise sanken deutsche Spieler zu Boden, sicher nicht immer tödlich getroffen, aber doch zunehmend mehr Opfer gegnerischer Überhärte.

Vier Minuten nach der Pause war es so weit: Weitab vom Kampf um den Ball wurde Emmerich von Troche zu Boden gestreckt. Stocksteif fiel der Dortmunder um, seine beste Leistung in diesem Spiel. Linienrichter Kandil hatte es gesehen und informierte den Schiedsrichter. Der schickte Troche vom Feld. Er ging nicht, ohne sich bei Uwe Seeler mit einer Ohrfeige zu verabschieden.

Elf Deutsche gegen zehn Uruguayer, die Siegestrommeln konnten gerührt werden. Doch die Deutschen spielten so, als hätten sie ihre zahlenmäßige Überlegenheit gar nicht bemerkt. Bis Silva, Uruguays Rechtsaußen, ihnen noch einmal half. Sein Foul an Haller quittierte Schiedsrichter Finney ebenfalls mit Feldverweis.

Noch 15 Minuten hielt jetzt die Festung, dann endlich gelang Beckenbauer das 2:0. Uwe Seeler erhöhte auf 3:0, Haller steuerte Tor Nr. vier bei. Doch alle waren sich einig, dass dieser Sieg auf dem Mist irrealer Voraussetzungen gewachsen war.

Die Spieler Uruguays wähnten sich »verschoben«, sprachen von einer deutsch-englischen Allianz. In der Tat vermeldete die elektrische Anzeigetafel ungewöhnliche Vorgänge im fernen Wembley, wo der deutsche Schiedsrichter Kreitlein das Spiel England – Argentinien leitete, als Finney in Sheffield aktiv wurde: Rattin vom Platz!

Argentiniens langer Abwehrstratege hatte das Schneidermeisterlein aus Schwaben wohl zu sehr gereizt. Indessen wusste niemand, weshalb ausgerechnet er in der 35. Minute den heiligen Rasen Wembleys verlassen musste. Kreitlein erklärte es: Argentiniens Kapitän habe gegen eine Verwarnung für Artime und einen Freistoß für England protestiert, und zwar in einer Art und Weise, in der er eine Beleidigung sehen zu müssen glaubte. Da der wackere Schwabe jedoch kein Spanisch sprach, mussten Mimik und Gestik des Südamerikaners herhalten, seinen Ausschluss zu motivieren. So ging Rattin als der erste Spieler in die Fußballgeschichte ein, der ob seines Gesichtsausdruckes nicht mehr mitspielen durfte.

Es war ein schwacher Trost, denn England, keineswegs überzeugend, ohne den verletzten Jimmy Greaves nur die Hälfte wert, bekam nun Auftrieb. In der 78. Minute, gelang Alf Ramseys Mannschaft endlich das 1:0. Es »roch« nach Abseits, doch Kreitlein gab das Tor und goss Wasser auf die Mühlen argentinischer Polemik. In Südamerika sprach man offen von »Schiebung«, doch die FIFA sanktionierte Kreitleins Entscheidungen. Rattin wurde für vier Spiele gesperrt.

Dieses Viertelfinale hatte es in sich, auch oben in Liverpool, wo der Zwerg Nordkorea gegen den Riesen Portugal antreten musste und – wie bereits erwähnt – nach 25 Minuten mit 3:0 führte. Trotz dessen Sieg gegen Italien hatten Eusebio und Co. diesen Gegner offenbar unterschätzt. Der Goodison-Park barst vor Begeisterung, als die asiatischen »underdogs«, die Außenseiter, den Portugiesen einen Ball nach dem anderen ins Netz setzten, munter stürmten und vor allem durch ihre Schnelligkeit bestachen.

Erst beim 3:0 wachte der »Riese« auf, schüttelte sich und schlug zurück. Es war Eusebio, der die Weichen auf Sieg stellte, in der 27. Minute einen raketengleichen Schuß ins koreanische Tor setzte und ab sofort nicht mehr zu halten war. 5:3 gewann

WELTMEISTERSCHAFT 1966 IN ENGLAND

Semifinale in London: Bobby Charltons Schuß ist ein Volltreffer. Es steht 1:0 für England. Portugals Star Eusebio, im Zweikampf mit Nobby Stiles (rechts), kann den Sieg der Briten nicht verhindern. Weinend verlässt er nach dem Spiel den Platz.

Portugal, vier Tore schoss der schwarze Super-Mann aus Mozambique.

Blieb das vierte Treffen, die Partie UdSSR–Ungarn. Sie fand in Sunderland statt und hatte zwei völlig verschiedene Halbzeiten. Die erste gehörte der UdSSR, die zweite den Magyaren, die jedoch – wie schon im Gruppenspiel gegen Portugal – erneut unter einem sehr schwachen Torwart litten. Geleij hatte einen Eckball aus der Hand springen lassen, Tschislenko zum 1:0 eingeschossen.

Von diesem Vorsprung zehrten die Russen so lange, bis Parkujan kurz nach dem Wechsel einen neuerlichen Abwehrfehler zum 2:0 nutzte. Da war das Spiel entschieden, obschon Meszöly in der 58. Minute endlich ein Tor für Ungarn gelang. Der russische Wall hielt, im achten Länderspiel mit den Sowjets erlitt Ungarn die vierte Niederlage, und nur einmal hatte man überhaupt gewonnen: 1954, mit dem sagenhaften »Wunderteam« von Puskas und Co. Eine erstaunliche Bilanz.

Die letzten vier standen fest, die Semifinale-Spiele auch: Deutschland – UdSSR in Liverpool, England – Portugal in Wembley, was in der Stadt der Beatles lauten Un-

Danilow kommt zu spät; Haller schießt das 1:0 im Semifinalspiel gegen die UdSSR (oben).
Unten: Keine Chance für Jaschin gegen diesen Schuß von Beckenbauer: Deutschland führt 2:0, gewinnt 2:1 und steht im Endspiel.

WELTMEISTERSCHAFT 1966 IN ENGLAND

Deutschland, von links nach rechts: Höttges, Overath, Held, Haller, Weber, Emmerich, Schulz, Beckenbauer, Schnellinger, Tilkowski, Seeler.

England, von links: Moore, Cohen, Ball, Banks, Hunt, Wilson, Stiles, Bobby Charlton, Hurst, Peters, Jackie Charlton

mut auslöste. Man wollte auch das eigene Team am Ball sehen. Deutschland bekam den Ärger zu spüren: Pfiffe gegen die DFB-Elf, lauter Beifall für die Russen. Die Sympathien der Arbeiter-Stadt waren klar auf seiten des sozialistischen Kollektivs.

Zweimal war eine deutsche Nationalelf den Sowjets bislang unterlegen: mit 1:2 in Hannover und mit 2:3 in Moskau. Doch in England erwies sich einmal mehr, dass sie beim Kampf um WM-Ehren nicht an ihrer Bilanz gemessen werden darf.

Eigentlich hatte man nie das Gefühl, die deutsche Mannschaft könnte dieses Spiel verlieren. Die Russen enttäuschten bis auf Jasebin und den gefährlichen Stürmer Khussainow auf der ganzen Linie.

Disziplin und Geschlossenheit des deutschen Spiels verurteilten den Gegner über weite Strecken zur Chancenlosigkeit. Er versuchte sein Glück mit Härte, schadete sich aber nur selbst. Als Tschislenko allzu hart gegen Held einstieg, wies ihm Schiedsrichter Lobello den Weg in die Kabine. Zum dritten Mal durfte Deutschland gegen einen dezimierten Gegner spielen.

Zu diesem Zeitpunkt führte man aber schon 1:0. Haller hatte einen Pass Schnellingers aufgenommen und Jaschin mit einem fulminanten Schuss überwunden. Und als Beckenbauer in der 67. Minute ein noch schöneres Tor gelang, war die Partie ent-

Auftakt zum Finale: Uwe Seeler und Bobby Moore tauschen die Wimpel aus.

schieden. Pokujans Anschlusstreffer drei Minuten vor dem Ende kam zu spät.

Jubelnd umarmten sich die deutschen Spieler. Sie waren im Finale, zum ersten Mal seit 1954 wieder, zum zweiten Mal in der deutschen Fußball-Geschichte.

Die Briten hatten ebenfalls 2:1 gewonnen, doch vor Portugal weitaus mehr Respekt gezeigt als die deutsche Elf vor den Sowjets. Erneut fehlte Greaves, Ramsey wandte eine modifizierte 4-3-3-Taktik an, verzichtete auf »echte« Flügelstürmer. Englands Stärke lag in der Achse Moore-Charlton. Sie regierte auch gegen Portugal, gestützt auf eine eiserne Abwehr, die 442 Minuten WM-Fußball ohne Gegentor überstand.

Als sie dennoch eines hinnehmen musste, war es ein Elfmeter, geschossen und verwandelt von Eusebio in der 82. Minute des Halbfinale-Spiels. Aber da stand es bereits 2:0 für die Engländer, war für den Gegner nichts mehr zu gewinnen. Zu offensichtlich hatte Eusebio vor Moore und dem kleinen Stiles kapituliert. Bobby Charlton schoss beide Tore für England.

Weinend ging Eusebio vom Platz, der Traum vom Finale war ausgeträumt. Doch zwei Tage später sah die Welt wieder besser aus. Im Spiel um den dritten Platz behielt Portugal die Oberhand, die UdSSR wurde 2:1 besiegt.

60 000 waren nach Wembley gekommen, um Eusebio noch einmal zu sehen, um sich bestätigen zu lassen, welch großen Gegner England besiegt hatte. Doch die UdSSR war ein gleichwertiger Gegner, sie erzwang über weite Strecken ein ausgeglichenes Spiel. Große Höhepunkte jedoch fehlten darin. Man musste sich mit den Toren zufriedengeben. Sie fielen immer dann, wenn niemand damit rechnete.

In der zwölften Minute nahm Kurtsilawa die Hand zu Hilfe und verschuldete einen Elfmeter. Auch diesmal verwandelte Eusebio sicher, um anschließend dem geschlagenen Jaschin tröstend über den Kopf zu streichen. Eine Minute vor der Pause hätte er Trost selber nötig gehabt. Seine Mannschaft hatte den Ausgleich hinnehmen müssen.

Nach der Pause verflachte das Spiel. Die Kulisse übte sich in England-England-Sprechchören, die Journalisten fürchteten eine Verlängerung. Drei Minuten vor dem Ende erlöste sie der lange Torres. Im Duett mit Augusto köpfelte er sich durch die russische Abwehr, mit dem letzten Zug stand Torres frei vor Jaschin. 2:1 – das war der dritte Platz.

48 Stunden später ging es um die goldene Göttin. Der Weg ins Finale war für England einfacher gewesen. Stets hatte man in Wembley spielen dürfen, in gewohnter Umgebung. Reisen und Umzug blieben erspart.

WELTMEISTERSCHAFT 1966 IN ENGLAND

Entgeistert verfolgt Jackie Charlton den Weg des Balles an Banks vorbei in das englische Tor. Haller hat Deutschland 1:0 in Führung gebracht.

Da hatten es die Deutschen schwerer gehabt. Spiele in Birmingham und Sheffield, weite Busreisen, Semi-Finale in Liverpool, Umzug nach London, neue Umgebung, neue Betten, es war nicht einfach.

Doch die erstaunlichen Germans, auf der Insel ohnehin als Meister im Überwinden technischer Schwierigkeiten bewundert und gefürchtet, wurden auch damit fertig. Ihr Weg ins Finale war weitaus imponierender und mit 13:2 Toren auch zahlenmäßig erfolgreicher gewesen als jener der Engländer.

Doch sie waren Favorit, daran bestand kein Zweifel. »Ist mir auch lieber so«, sagte Helmut Schön. Und: »Wir haben nichts mehr zu verlieren. Wir sind viel weiter gekommen, als zu hoffen war.«

Englands Presse überbot sich dennoch in Aufrufen an Spieler und Publikum. »Go on, England, you can lead the world again!« schrien die vier Millionen des »Daily Mirror«.

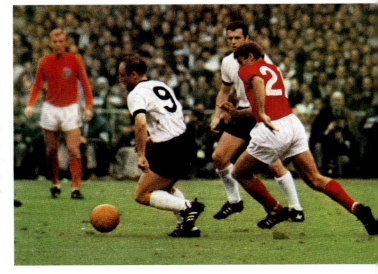

Szenen in einem dramatischen Spiel. Uwe Seeler läuft seinem Bewacher Roger Hunt davon.

Gefahr im deutschen Strafraum: Kopfball von Peters.

Willi Schulz in Aktion: Verlierer im Kopfball-Duell mit Hurst.

Der Appell ans Nationalgefühl, die Spekulation mit dem Bedürfnis, das verlorene Empire auf grünem Rasen zurückzugewinnen, hatte Erfolg. Als die roten Trikots der Engländer und die weißen der Deutschen im Kabinentunnel von Wembley auftauchten, schien für England ein Tag nationaler Erhebung gekommen. Die Arena barst vor Begeisterung und Kampfeslust.

Ein kräftiger Regenguss hatte das Spielfeld noch weicher gemacht als sonst. Der Wembley-Rasen präsentierte sich nicht elastisch wie ein Teppich, sondern klebrig und weich.

Auf ihm stieß Deutschland an, hatte Deutschland sogar die erste Chance. Held stand einen Moment frei, drehte sich, schoss – am Tor vorbei.

Vorsicht waltete auf beiden Seiten. Beckenbauer und Bobby Charlton, zwei große Spieler, neutralisierten einander. Ram-

WELTMEISTERSCHAFT 1966 IN ENGLAND

Das war Webers Tor zum 2:2. Das Tor in der 90. Minute bedeutet Verlängerung um zweimal 15 Minuten.

sey hatte erneut auf Greaves verzichtet, obwohl Tottenhams Star wieder fit war. Der Grundsatz »Never change a winning team« diktierte ihm eine unpopuläre Entscheidung: Geoff Hurst spielte für Greaves. Noch wußte Ramsey nicht, welchen Glücksgriff er damit getan hatte.

Noch waren die Deutschen am Drücker. Overath fand zuerst zu seinem Spiel, Haller zog mit, Sigi Held attackierte auf der linken Seite, Schnellinger rückte auf. Englands gerühmte Abwehr war unter Druck.

Nach zwölf Minuten stand sie wie erstarrt. Wilson hatte einen weiten, hohen Ball genau vor Hallers Füße geköpft. Der Italo-Augsburger tat noch einen Schritt und schoss entschlossen, ehe der Brite neuerlich heran war. Banks warf sich zu spät, der Ball flitzte ins lange Eck.

Deutsche Fahnen flogen hoch, ein Torschrei aus Zehntausenden von Kehlen. Deutschland führte. Wie würde England mit dem Rückstand fertigwerden?

Die deutsche Abwehr selbst gab die Antwort. Sie schenkte dem Gegner den Ausgleich. Bobby Moore hob einen Freistoß blitzschnell, noch ehe die Gegenseite reagierte, in den deutschen Strafraum. Schulz

Der deutsche Bundestrainer Helmut Schön betreibt moralische Aufrüstung in der Pause vor der Verlängerung. Schnellinger sitzt am Boden, Höttges hat eine Verschnaufpause offensichtlich nötig.

Tor oder nicht? Das ist eine Frage, die noch Generationen von Fußball-Fans beschäftigen wird. Die Antwort wurde nie verbindlich gegeben. Fotos und Filmaufnahme bestätigten alles – und nichts.
Englands Torhüter Banks begleitet das 3:2 mit einer vielsagenden Geste der Erlösung.

und Tilkowski schauten einander an, Hurst sah nur den Ball. Per Kopf sandte er ihn ins Netz, eine Quittung für Begriffsstutzigkeit.

Das Spiel wurde hart. Tilkowski hatte schon in der achten Minute etwas abbekommen, als Hurst ihn in der Luft rempelte. Doch der deutsche Torwart fing sich. Sein Fehler beim 1:1 sollte der einzige bleiben.

Stiles auf englischer, Uwe Seeler auf deutscher Seite wuchsen über sich hinaus. Ihr kämpferischer Einsatz prägte das Spiel, das von hohem Niveau weit entfernt war, das von seiner Dramatik, von Tempo und Härte lebte. Zur Pause hieß es 1:1, gewiss ein Erfolg für die Deutschen.

Doch sie spielten praktisch mit zehn Mann. Linksaußen Emmerich war ein glatter Ausfall, war meist Endstation aller Pässe, die ihm zugespielt wurden. Selbst Einwürfe brachte er nur selten brauchbar zurück.

Die Engländer wurden überlegen. Alan Ball, der 14 Tage später für über eine Million DM von Arsenal nach Everton gehen sollte, schleppte Ball auf Ball nach vorn. Noch hielt der deutsche Abwehrblock – bis zur 77. Minute. Da mißlang Höttges eine Abwehr, rutschte der Ball seitlich zu Peters. Der Engländer stand völlig frei fünf Meter vor dem deutschen Tor. Er konnte gar nicht vorbeischießen.

2:1, und noch 13 Minuten. Wembley raste, die Deutschen rafften sich noch einmal auf. Zwei so dumme Tore – diese Niederlage akzeptierten sie nicht.

Weber, Schnellinger, auch Beckenbauer setzten jetzt alles auf eine Karte. Noch fünf Minuten, vier, drei, zwei, eine.

Ein Foul an Overath. Die allerletzte Chance. Alle Engländer standen im eigenen Strafraum. Emmerich hob den Ball vors Tor, Schnellinger sprang hinzu, paßte quer durch den Torraum. Wilson warf sich in die Bahn, Uwe Seeler, auch Banks, hechtete nach dem Leder. Doch da war Wolfgang Weber aus Köln schon heran, machte einen riesigen Schritt und fetzte den Ball ins Netz.

2:2, Ausgleich, Verlängerung. Die Engländer warfen sich fassungslos zu Boden, nur einer blieb scheinbar gelassen: Alf Ramsey. Ganz ruhig ging er zu seinen Männern und sagte: »Ihr hattet sie schon besiegt. Jetzt schlagt ihr sie eben noch einmal.«

Kein Zweifel: Jetzt mußte die Kondition entscheiden. Zwei müde Recken rangen miteinander, ein gigantischer, mitleiderregender Zweikampf.

Ein Außenstehender entschied ihn, der Mann an der Linie: Tofik Bachramow aus der UdSSR. Der schnauzbärtige, grauhaarige Russe hielt einen Moment die Würfel dieses Spiels in der Hand. Dann gab er England den Sieg.

Nach genau 101 Minuten war erneut Hurst frei zum Schuss gekommen. Der Ball knallte gegen die Unterseite der ovalen Querlatte und prallte zurück auf den Boden. Doch ob vor, auf oder hinter die Linie, das vermochte kein Mensch zu sagen, auch Schiedsrichter Dienst nicht. Die Engländer hoben die Arme, das Stadion jubelte, suggerierte ein Tor, wo massierte Zweifel angebracht waren. Dienst schien ratlos, dann schob er den Schwarzen Peter seinem Assistenten zu, der sehr viel weiter vom Tatort entfernt gewesen war.

Hinter Bachramow brodelten die Ränge, wogte der Union Jack in tausend Fäusten. Vielleicht hätte der Russe in einer anderen Umgebung anders entschieden, vielleicht war er auch nur müde, wie die anderen, und froh, dem grausamen Spiel eine Neuauflage ersparen zu können. Er deutete zur Mitte. Tor.

Uwe Seeler hielt seine Kameraden von der heftigsten Form des Protestes zurück. Die deutsche Mannschaft nahm die unverständliche Entscheidung in großer Haltung hin. Kein Film, keine Fernseh-Aufzeichnung und kein Foto haben jemals bewiesen, daß der Ball jenseits der Linie, also im Tor war. Freilich fehlte auch der Beweis, daß er nicht darin war. Doch das zu verlangen hieße wohl, die Beweislast umkehren.

Rangliste der Torschützen
32 Spiele – 89 Tore

9 Tore	Eusebio (Portugal)
6 Tore	Haller (Deutschland)
4 Tore	Bene (Ungarn)
	Beckenbauer (Deutschl.)
	Hurst (England)
	Porkujan (UdSSR)
3 Tore	Artime (Argentinien)
	Augusto (Portugal)
	B. Charlton (England)
	Hunt (England)
	Malofejew (UdSSR)
	Torres (Portugal)
2 Tore	Marcos (Chile)
	Meszöly (Ungarn)
	Pak Seun Zin (Nordkorea)
	Seeler (Deutschland)
	Tschislenko (UdSSR)
1 Tor	28 weitere Spieler
2 Eigentore	

**Jubel nach dem Sieg: England mit dem Coupe Jules Rimet.
Unten: Hans Tilkowski erhält die Silbermedaille aus der Hand der englischen Königin.**

Dass die Engländer noch ein viertes Tor schossen, wieder durch Hurst, fiel nicht mehr ins Gewicht. Fotos bewiesen später, daß zu diesem Zeitpunkt, Sekunden vor Schluss, bereits Zuschauer über das Feld liefen. Dienst hätte unterbrechen müssen. »Wir haben 2:2 verloren«, resümierte »Bild« eingedenk zweier offenbar regelwidriger Treffer.

Die Queen überreichte Bobby Moore den begehrten World Cup, beglückwünschte alle Spieler, auch die deutschen. Dann war das große Finale eines bemerkenswerten, richtungweisenden WM-Turniers endgültig zu Ende.

Weltmeisterschaft 1970 in Mexiko

Nie zuvor, auch nicht 1962, als der »geographische Irrtum« Chile an der Reihe war, war ein Land als Austragungsort einer Fußball-Weltmeisterschaft so umstritten wie Mexiko 1970. Die Entscheidung der FIFA zugunsten der mittelamerikanischen Republik (und wieder einmal gegen Argentinien) war als Dank und Anerkennung für wahrhaft unverdrossene WM-Beteiligung zu werten. Schon 1930 hatte Mexiko teilgenommen und überhaupt nur ein einziges Mal, nämlich 1938, nicht mitgemacht.

Doch die weltweiten Bedenken kamen nicht von ungefähr. Sie galten vor allem der Höhenlage des Landes und dem damit verbundenen geringeren Sauerstoff-Aufkommen, sie galten aber auch gewissen hygienischen Gegebenheiten. Noch waren die Bilder zusammenbrechender Läufer bei den Olympischen Spielen, zwei Jahre zuvor, in aller Erinnerung, noch auch die Schilderungen vor »Montezumas Rache«, der tückischen Darm-Erkrankung mit all ihren unangenehmen Folgen.

Dass die Befürchtungen zum überwiegenden Teil gegenstandslos sein würden, war noch nicht zu ahnen, als fast 70 Mannschaften in die Qualifikationsrunde starteten. Zum ersten Mal waren fast alle wichtigen schwarzafrikanischen Staaten dabei. Die FIFA hatte Afrika einen eigenen Endrunden-Platz für Mexiko zugesichert, den sich indessen ein Land an der nördlichen Peripherie sicherte: Marokko.

Die Kicker König Hassans mussten durch eine mühselige Mühle: gegen Senegal ein Entscheidungsspiel, dann zweimal 0:0 gegen Tunesien, im Entscheidungsspiel von Marseille ein 2:2 n. V. und schließlich der glückliche »Sieg« durch Los-Entscheid.

Das Eröffnungsspiel im Aztekenstadion Mexico–UdSSR endete torlos.

Aber immer noch nicht war Marokko am Ziel. In der afrikanischen Endrunde mussten erst noch der Sudan und Nigeria überwunden werden. Diesmal ging es immerhin ohne »Nachsitzen« ab.

Anderswo hatte ein Entscheidungsspiel schreckliche Folgen gehabt. Honduras und EI Salvador, die beiden mittelamerikanischen Bananen-Staaten, nahmen EI Salvadors 3:2-Sieg zum Anlass echter kriegerischer Auseinandersetzungen. Zwar reichten die Wurzeln des Konfliktes tiefer, doch den Funken ins Pulverfass warf jenes Tor, das »Pipo« Rodriguez in der 101. Minute des entscheidenden Treffens für EI Salvador erzielt hatte. Fazit: Eine Woche Krieg mit 200 Toten und 1000 Verwundeten. EI Salvadors Fußballer aber waren immer noch nicht ganz am Ziel, denn da wartete noch ein Gegner namens Haiti. Auf beiden Seiten verlor man das Heimspiel. Also erneut ein Entscheidungsspiel. Diesmal ging es ohne Blutvergießen ab. EI Salvador gewann 1:0.

Ganz so dramatisch verliefen die Spiele in Europa Gott sei Dank nicht. Nur die ČSSR benötigte ein Entscheidungsspiel, um sich – gegen Ungarn! – die Flugkarten nach Mexiko zu sichern. Das 4:1 kam einer Sensation nahe und stürzte Ungarns Fußball in eine tiefe Krise.

Relativ mühelos hatten sich die »Großen« qualifiziert: Italien (gegen die DDR und Wales), die UdSSR (gegen Nordirland und die Türkei), auch Deutschland (gegen Schottland, Österreich und Zypern), obwohl der Vorsprung von drei Punkten am Ende etwas täuschte.

Weltmeisterschaft 1970 – Der Verlauf des Turniers

Erste Runde	Viertelfinale		Semifinale		Finale	
Gruppe 1						
1. UdSSR						
2. Mexiko	Brasilien	4				
3. Belgien	Peru	2				
4. El Salvador			Brasilien	3		
Gruppe 2			Uruguay	1		
1. Italien						
2. Uruguay	Uruguay	1*				
3. Schweden	UdSSR	0			Brasilien	4
4. Israel					Italien	1
Gruppe 3						
1. Brasilien						
2. England	Deutschland	3*			**Um den**	
3. Rumänien	England	2			**dritten Platz**	
4. ČSSR			Italien	4*	Deutschland	1
Gruppe 4			Deutschland	3	Uruguay	0
1. Deutschland						
2. Peru	Italien	4				
3. Bulgarien	Mexiko	1				
4. Marokko			* nach Verlängerung.			

WELTMEISTERSCHAFT 1970 IN MEXICO

England gegen Brasilien – der Titelverteidiger gegen den Weltmeister 1962, das war eine der Attraktionen der Vorrunde. Die Brasilianer gewannen 1:0.
Oben: Francis Lee scheitert an Torhüter Felix und wird von Schiedsrichter Klein aus Israel verwarnt (rechts), weil er nachgeschlagen hat. Links: Flanke für Jairzinho oder Pelé, aber Banks fängt den Ball.

Erwartungsgemäß waren die Schotten der überaus harte Gegner. Noch nie hatte eine deutsche Nationalelf sie geschlagen, noch nie aber hatte eine deutsche Nationalelf auch ein Qualifikationsspiel zur Fußball-WM verloren. Welche Serie würde abreißen?

Im Glasgower Hampden-Park hielten sich Helmut Schöns Männer weit besser als erwartet. Ein relativ frühes Tor von Müller schockte die Schotten sichtlich. Sie hatten Mühe, gegen das geschickte deutsche Mittelfeldspiel und den elastischen Abwehrblock

Harter Zweikampf zwischen Churzilawa und seinem belgischen Gegenspieler.

ihren Spielrhythmus zu finden. Erst kurz vor Schluss gelang Bobby Murdoch mit einem unhaltbaren Schuss der Ausgleich,

Um ein Haar hätte der »Zwerg« Zypern das Zünglein an dieser Waage zu spielen vermocht. Auf dem Hartplatz von Nikosia gelang Gerd Müller erst in der 92. (!) Minute das Siegtor zum 1:0. Auch gegen Österreich in Nürnberg dauerte es lange, ehe beide Punkte auf dem Konto waren. Wieder hieß der Torschütze Gerd Müller, diesmal immerhin schon in der 88. Minute ...

Dann kam der Tag der Entscheidung, der 22. Oktober 1969. In Hamburg ging es für Deutschland und Schottland um alles, und als die 90 hochdramatischen Minuten vorbei waren, wurden auf der Reeperbahn bereits die ersten druckfeuchten Ausgaben der neuen »BILD-Zeitung« verkauft. Schlagzeile: Mexiko – wir kooommen!

Doch selbstverständlich war das keineswegs gewesen. Die Mannschaft Bobby Browns bot eine hervorragende Leistung, überraschte in geschickten taktischen Varianten und ging zweimal verdient in Führung. Unter einem regenverhangenen Hamburger Nachthimmel schienen Deutschlands Chancen davonzuschwimmen, als der flinke Johnstone zum 0:1 und Alan Gilzean zum 1:2 ins Netz trafen.

Doch die deutsche Elf bot trotz gewisser Schwächen nicht nur eine starke kämpferische Leistung, sie profitierte auch von einem Schiedsrichter, der im richtigen Moment wegsah. Als nämlich Gerd Müller seinem Bewacher McNeil per Faust zurückgab, was dieser ihm per Fuß angetan hatte, hätte Herr Droz aus der Schweiz – so oder so – unbedingt einschreiten müssen. Er tat es nicht und gestattete Müller den Ausgleich zum 2:2. Libudas Siegtreffer kurz vor Schluss erlöste Fußball-Deutschland aus einem monatelangen Spannungszustand.

Der Vize-Weltmeister war also dabei, nicht jedoch der Dritte, Portugal, der in seiner Gruppe nur letzter geworden war – hinter Sieger Rumänien, Griechenland und der Schweiz, die das Kunststück fertigbrachte, in Lissabon 2:0 zu gewinnen, aber keinen Punkt gegen Rumänien holen konnte.

WELTMEISTERSCHAFT 1970 IN MEXICO

Deutschlands Gruppenspiele in Leon. Schock in der 22. Minute: 1:0 für Marokko (oben). Darunter: 4:1 durch Uwe Seeler gegen Bulgarien.
Linke Seite, unten: 2:0 durch Müller gegen Peru.

Überraschend nicht dabei auch Jugoslawien, das an Belgien scheiterte, auch nicht Frankreich, das Schweden den Vortritt lassen musste. Erneut dabei aber Bulgarien, das sich damit zum dritten Mal hintereinander qualifizierte.

Eine der größten Überraschungen meldete Südamerika: Argentinien war von Peru ausgeschaltet worden! Im Triumphzug trugen die Peruaner ihren brasilianischen Trainer Didi vom Feld.

Brasilien selbst, vier Jahre zuvor in England zutiefst gedemütigt, deutete ein Comeback an: alle sechs Spiele wurden gewonnen, und zwar mit einem Torverhältnis von 23:2. Eindeutig setzte sich auch Ex-Weltmeister Uruguay gegen Chile und Ekuador

Viertelfinale Brasilien – Peru in Guadalajara. Oben: Tostao, zweifacher Torschütze, freut sich über das 1:0 von Rivelino. Links: Rubinos rettet vor Jairzinho.

Rechte Seite: Viertelfinale Deutschland – England. Oben: Peters kann Beckenbauer nicht aufhalten.

durch. Blieb der asiatische Raum. Hier setzte sich Israel gegen Australien und Neuseeland durch.

Am 10. Januar 1970 war die 10jährige Maria Canedo, Tochter des Generalsekretärs des mexikanischen Organisationskomitees, für eine halbe Stunde die interessanteste Person der Fußball-Welt. Im feudalen Hotel Marie Isabel in Mexico City zog sie die Lose für die vier Vorrunden-Gruppen.

Die 16 Teilnehmer waren in vier silbernen Pokalen vorsortiert worden, nach ihrer vermeintlichen Stärke, aber auch nach geographischen Gesichtspunkten. Dennoch blieb genügend Spannung, die vor allem in der Gruppe 3 kulminierte, wo England und Brasilien »gezogen« wurden.

Gastgeber Mexiko war recht zufrieden mit dem Ergebnis. Die eigene Mannschaft hatte zwar die UdSSR zum Gegner, aber mit Belgien und El Salvador zwei Teams, die nicht unschlagbar schienen. Auch der deutsche Bundestrainer Helmut Schön be-

WELTMEISTERSCHAFT 1970 IN MEXICO

schwerte sich nicht über das Los, das ihm Bulgarien, Peru und Marokko beschert hatte. Italien musste mit Uruguay, Israel und Schweden fertigwerden, Weltmeister England schließlich außer mit Vorgänger Brasilien auch noch mit dem Geheimtipp ČSSR und Rumänien.

Nie zuvor bereiteten sich Teilnehmer auf ein WM-Turnier besser vor. Bulgarien und die UdSSR steckten ihre Kicker monatelang und schon zur Winterzeit in Höhentrainingslager, Brasilien absolvierte Tausende von gemeinsamen Trainingsstunden, wechselte aber kurz vor dem WM-Start noch den Trainer aus: der Journalist Saldanha ging, Zagalo aus der Weltmeister-Elf von 1958 und 1962 kam. Weltmeister England ging schon einen Monat vor dem ersten Kick-off nach Südamerika, um sich zu akklimatisieren.

Wenig von solch langer Vorbereitung hielten die Italiener, die nur ein paar Tage in den Dolomiten weilten, und auch die Deutschen, die keinerlei »Höhenangst« verrieten. Helmut Schön widerstand sogar dem Drängen namhafter Sportärzte, die ihm empfahlen, »entweder sechs Wochen« vorher an Ort und Stelle zu sein oder »ganz kurzfristig« anzureisen, etwa drei Tage vor dem ersten Spiel. Professor Keul aus Frei-

Viertelfinale Deutschland – England. Müller hat zugeschlagen. Es steht 3:2 – die deutsche Elf ist in der Vorschlussrunde.

burg riet allen Ernstes, die deutsche Mannschaft solle Quartiere in Mexico City nehmen und zu jedem Spiel ins 400 km entfernte Leon per Flugzeug reisen.

Schön lehnte das Ansinnen höflich ab, da er im Gegensatz zu dem Ratgeber die Beschwerlichkeit einer solchen Reise in mexikanischen Propeller-Maschinen bereits am eigenen Leib erlebt hatte. Er blieb bei seinem Plan, etwa 14 Tage vorher an Ort und Stelle zu sein. Von Malente aus, wo die deutsche Mannschaft mehrere Tage lang versammelt gewesen war, brach man auf. Hinter der Mannschaft lagen Siege in Testspielen gegen Irland (2:1) und Jugoslawien (1:0), lagen Tage voller Ungewissheit. Haller, noch verletzt, hatte auf sich warten lassen, Netzer musste – ebenfalls verletzt – passen.

Doch eine andere Entscheidung war endgültig gefallen: Uwe Seeler und Gerd Müller würden Seite an Seite stürmen, der Bundestrainer hatte es durchgesetzt, gegen vie-

Italien gegen Mexiko in Toluca: Rivera schiebt den Ball zu Riva, der das 2:1 besorgt und später auch das 4:1, das Italien für die Vorschlussrunde qualifiziert.

le Kritiker und oft auch gegen den objektiven Augenschein. Doch im letzten Spiel gegen Jugoslawien hatten die beiden recht gut harmoniert. Schön atmete auf. Deutschland spielte in Leon, nahm Quartier im Hotel Balneario in Comanjilla, etwas außerhalb der Stadt. Der deutschstämmige Hausherr Harold Gabriel hatte viel getan, um der Mannschaft beste Voraussetzungen zu bieten. Wieder einmal bestätigte sich das organisatorische Talent der Deutschen beim DFB als die spezielle Fähigkeit, stets die bestmögliche Unterkunft zu finden.

Am 31. Mai setzte der Pfiff des deutschen Schiedsrichters Kurt Tschenscher im fernen Mexico City die 9. Fußball-Weltmeisterschaft in Gang. Natürlich saß die deutsche Elf vor den Fernseh-Geräten. Doch sie hatte ihre Freude nur am eigenen Landsmann. Tschenscher war bester Akteur dieses Spiels zwischen Mexiko und der UdSSR, das vor 100 000 Zuschauern im Aztekenstadion 0:0 endete.

Mexikos Präsident Gustavo Diaz Ordaz hatte das Turnier eröffnet, Riesentrauben bunter Luftballons stiegen hoch, Mariachis fiedelten, hübsche Mexikanerinnen trugen die Namensschilder der 16 Mannschaften ins Stadion, wo ein ohrenbetäubender Lärm losbrach, als die Teams der UdSSR und Mexikos in die grelle Sonnenglut hinaustraten.

Doch es war, wie ein deutscher Journalist schrieb, »viel Lärm um nichts«. Das Spiel selbst bot herzlich wenig, ließ vor allem Angriffsgeist und Offensive vermissen. Es war eine Enttäuschung, auch von seiten der UdSSR, die sich damit begnügte, das eigene Tor abzuschirmen. Dennoch feierten Zehntausende am Abend auf dem Paseo de la Reforma das 0:0, als habe Mexiko die WM bereits gewonnen.

Die Befürchtungen, die an den enttäuschenden Auftakt geknüpft wurden, erfüllten sich erfreulicherweise nicht. Mexiko 1970 brachte die Rückkehr zum Angriffsfußball, trotz der Höhenlage, trotz der Hitze des Landes. Was sich in England angedeutet hatte, wurde fortgesetzt. Der Allround-Spieler triumphierte, es gab kaum noch reine Angriffs- und reine Abwehr-Spezialisten.

Der Fußball gewann seine Persönlichkeiten zurück. Pelé war wieder so groß wie einst, der Russe Schesternjew wurde ein Begriff, Riva aus Italien, der Peruaner Cubillas, Bobby Charlton, Beckenbauer und Gerd Müller schrieben die Geschichte dieser WM.

Viertelfinale Uruguay – UdSSR in Mexico-City. UdSSR-Keeper Kawazaschwilij in Not – erst in der 118. Minute wird er bezwungen.

Der 12. Mann, der Auswechselspieler, kam zu hohen Ehren und großer Bedeutung. Drei Spiele mussten verlängert werden, davon war zweimal die deutsche Elf betroffen. Doch in Jürgen Grabowski, dem Frankfurter Flügelstürmer, besaß sie einen geradezu idealen Ersatzmann.

Das Tempo wurde zum wesentlichsten Kriterium. Keine Mannschaft vermochte unter diesen geographischen und klimatischen Bedingungen 90 oder gar 120 Minuten »voll« durchzuspielen. Alle Teams mussten Pausen einlegen. Aber auch das wollte gekonnt sein.

Und schließlich fielen auch wieder Tore. Waren es 1962 in Chile nur noch 2,78 und 1966 in England nur noch 2,75 pro Spiel gewesen, so kamen die Statistiker diesmal auf 3,15. Insgesamt waren in den 32 Spielen 101 Treffer erzielt worden.

Mexiko 1970 geriet zum großen Fußball-Fest. Hohes spielerisches Niveau verband sich dank stimulierender Kulisse zu Eindrücken, die vor allem im Azteken-Stadion, einer wahren Fußball-Kathedrale, unvergessliche Höhepunkte erreichten. Dass vier lateinamerikanische Teilnehmer unter die letzten acht kamen, beeinflusste das Turnier günstig. Es wurde, bei allem Einsatz, wieder mehr »gespielt«.

Freilich dauerte es da und dort eine Weile, ehe das Spiel so lief wie erwartet. Der ČSSR gelang es sogar, bei ihrer Premiere gegen Brasilien in Führung zu gehen. Erst dann wirbelten die Angriffe des Ex-Weltmeisters, erst dann spielte Pelé auf wie der Dirigent eines meisterlichen Orchesters. Am Ende waren die Tschechen stehend k. o., Brasilien hatte 4:1 gewonnen.

In Rückstand geraten war auch die deutsche Mannschaft in ihrem ersten Spiel, und zwar gegen den krassen Außenseiter Marokko. Doch sie vermochte diesen Schönheitsfehler nicht auf so überzeugende Weise zu bereinigen wie Brasilien. Der magere 2:1-Sieg war eine moralische Niederlage, er gab den Kritikern Auftrieb, die Schön vor allem ankreideten, dass er Libuda nicht eingesetzt hatte.

Alles lief schief. Ein Fehler von Höttges gab Houmane die Chance zum 0:1. Der Außenseiter steigerte sich zu nie erreichter Leistung, der Favorit stolperte mühsam dem verlorenen Tor nach. Erst in der zweiten Halbzeit gelangen Uwe Seeler und Gerd

Semifinale: Tor für Uruguay durch Cubilla. Danach geben die Brasilianer den Ton an, gewinnen 3:1, worüber sich Pelé zusammen mit Clodoaldo freut (rechts), und stehen im Endspiel.

Müller Ausgleich und Siegtor. »Ein Gutes hatte dieses Spiel«, sagte Uwe Seeler voller Sarkasmus, »schlechter geht es wirklich nicht mehr. Ab jetzt kann's nur noch aufwärts gehen.«

Es ging aufwärts. Gegen Bulgarien war Libuda dabei, dafür fehlte Haller, der gegen Marokko so enttäuscht hatte. Zwar ging der Gegner auch diesmal wieder in Führung, doch es stand ihm eine andere deutsche Mannschaft gegenüber. Sie sah nicht einen Moment so aus, als könne sie dieses Spiel verlieren, auch nicht beim 0:1. Aus der Tiefe holte Uwe Seeler die Bälle für Gerd Müller, kamen Overaths Pässe, Beckenbauers Konter.

Und Libuda begann zu tanzen, enervierte die bulgarische Abwehr von Minute zu Minute mehr. Sein Ausgleichstreffer düpierte Torwart Simeonow, beim 2:1 gab er Müller die Vorlage, beim 3:1 durch Elfmeter war er es, den Gaganelow gefoult hatte, beim 5:1 durch Uwe Seeler kam der Freistoß von ihm. Nur das 4:1 erzielten Müller/Seeler im Duett ohne fremde Hilfe. Das Endergebnis lautete 5:2.

4:0 Punkte und 7:3 Tore für Deutschland – nach zwei Spielen. 4:0 Punkte und 6:2

Vorschlußrunde Italien – Deutschland. Müllers Hexenritt im italienischen Torraum auf dem Knie von Torhüter Albertosi. Der Endspurt führt in die Verlängerung

WELTMEISTERSCHAFT 1970 IN MEXICO

Schnellinger hat mit einem Tor in der 90. Minute den Ausgleich und damit die Verlängerung erzwungen.

Tore aber auch für Peru. Dieselbe Tor-Differenz also. Bei einem Unentschieden zwischen den beiden müsste nunmehr das Los entscheiden, wer als Gruppensieger im Viertelfinale »zu Hause« bleiben und wer als Zweiter nach Guadalajara fahren muss.

Das Los brauchte nicht bemüht zu werden. Deutschland schlug Peru 3:1, endlich einmal schoss die Mannschaft das erste Tor, natürlich durch Müller, fügte den konsternierten Peruanern auch noch ein zweites und drittes zu. Damit war das Spiel gelaufen, konnte sich die deutsche Mannschaft in der Kunst üben, einen Vorsprung über die Zeit zu bringen. Mit etwas Glück gelang es auch.

Viertelfinale also in Leon, kein Umzug, keine neue Umgebung, keine neuen Betten, aber – England war der Gegner.

Die Briten hatten mit 2:1 Toren 4:2 Punkte gewonnen, die ČSSR und Rumänien je 1:0 besiegt und nur gegen Brasilien mit 0:1 verloren. Das Duell des Weltmeisters gegen seinen Vorgänger war der Höhepunkt dieser Vorrunde gewesen, 71 000 Zuschauer waren ins Jalisco-Stadion von Guadalajara gekommen, um Brasiliens Rache zu erleben.

England zeigte eine starke Leistung, besaß vor der Pause sogar leichte Vorteile, doch die größte Chance hatte Pelé mit einem schier unhaltbaren Kopfball. Dass Banks ihn dennoch hielt, muß eines der vielzitierten »Wunder« dieser WM gewesen sein.

Erst nach einer Stunde war Brasilien durch Jair zum Siegtor gekommen, und Alf Ramsey hatte seinem Kollegen Zagalo beim Abschied auf die Schulter geklopft: »im Finale sehen wir uns wieder.«

Der Weg führte indessen über Leon. England kam im eigenen Bus, nahm Quartier im Hotel Estanzia, wo Bulgarien soeben ausgezogen war. Bobby Moore begrüßte Brigitte Beckenbauer am Swimmingpool, der Jet-Set des großen Fußballs traf sich bei einem großen Ereignis.

Tor durch Müller – es steht 3:2. Aber Rivera entscheidet das Spiel mit einem Treffer in der 110. Minute.

Helmut Schön hatte den Revanche-Aspekt weit von sich gewiesen. »Wir denken nicht an 1966«, hatte er gesagt. Aber er konnte nicht verhindern, daß die Öffentlichkeit in diesem Spiel mehr sah als nur das Tauziehen um den Einzug ins Halbfinale. Wembley und das »dritte Tor« spukten noch in allen Köpfen, vor allem dort, wo man es am wenigsten vermutete. Während »BILD« seine Leser in der Lall-Sprache über den Ausgang informierte (»Alemania – bum, bum, bum«), schlussfolgerte Leons größte Zeitung am anderen Tag instinktsicher: »La quenta e saldida« – die Rechnung ist beglichen.

Sie war es in der Tat. Eines der unglaublichsten Spiele der WM-Geschichte sah eine deutsche Mannschaft als Sieger, die länger als eine Stunde ohne Chance zu sein schien, kein Mittel gegen Englands Taktik fand, völlig zu Recht mit 0:2 im Rückstand lag.

Wann je hat eine englische Nationalelf einen 2:0-Vorsprung aus der Hand gegeben? In Leon tat sie es, musste sie es. Alf Ramsey nahm Bobby Charlton heraus, wohl um ihn fürs Halbfinale zu schonen. Die Hitze war furchtbar, das Fernsehen hatte die unmenschlichen Anstoßzeiten diktiert: 12 Uhr mittags. Und Bobby war nicht mehr der Jüngste.

Kaum war er draußen, da schlug Franz Beckenbauers Schuss zum 2:1 hinter Bonetti ein. Vielleicht hätte Banks diesen Ball gehalten, doch der große Gordon lag krank im Bett. Montezumas Rache hatte ihn erwischt. Das Schicksal nahm seinen Lauf. Uwe Seelers unglaublicher Kopfball überwand Bonetti zum zweiten Mal: 2:2. Dann ging es in die Verlängerung, Deutschland voll neuer Zuversicht, die Engländer ratlos zweifelnd, fast schon mutlos. Nach 109 Minuten versetzte Gerd Müller ihnen den Todesstoß.

Auch Uruguay hatte eine Verlängerung gebraucht, um unter die letzten vier zu kommen, wo nur Mannschaften versammelt waren, die den Titel schon einmal gewonnen hatten. In Mexico City hatte sich die UdSSR lange und zäh gewehrt. Erst in der 117. Minute fiel das Tor zum 1:0 für die Südamerikaner, und es war umstritten genug. Angeblich hatte sich der Ball im Aus befunden, ehe Cortes ihn erlief.

Das Spiel in Mexico City war schwach gewesen, das in Guadalajara geriet zum Fußball-Fest. Brasilien und Peru boten alles, was Südamerikas Fußball zu bieten hat. »Es geht leider nicht anders, ich muß meinen alten Freund Didi Ärger machen«, hatte Pelé gesagt und bedauert, dass man »nicht erst im Finale« aufeinander treffe. Als die Partie vorbei war, von Brasilien mit 4:2 gewonnen, waren sich die Experten einig, den neuen Weltmeister gesehen zu haben.

Währenddessen traf einer der anderen Favoriten, Italien, auf Gastgeber Mexico. Die Italiener hatten in der Vorrunde ein einziges Tor geschossen, aber vier Punkte

Rangliste der Torschützen

32 Spiele – 95 Tore

10 Tore	Müller (Deutschland)
7 Tore	Jairzinho (Brasilien)
5 Tore	Cubillas (Peru)
4 Tore	Pelé (Brasilien)
3 Tore	Bischowez (UdSSR)
	Riva (Italien)
	Rivelino (Brasilien)
	Seeler (Deutschland)
2 Tore	Boninsegna (Italien)
	Domenghini (Italien)
	Dumitrache (Rumänien)
	Gallardo (Peru)
	Lambert (Belgien)
	Petras (Tschechoslowakei)
	Rivera (Italien)
	Tostao (Brasilien)
	Valdivia (Mexico)
	Van Moer (Belgien)
1 Tor	37 weitere Spieler

Spiel um den dritten Platz gegen Uruguay: So fällt der einzige Treffer der Begegnung. Overath ist der Torschütze – Mazurkiewicz der geschlagene Torhüter.

Die deutsche Mannschaft, die zwei der erregendsten Spiele dieser Weltmeisterschaft geliefert hat, verabschiedet sich nach dem Sieg über Uruguay von ihrem mexikanischen Publikum.

gewonnen: 1:0 gegen Schweden, dann jeweils 0:0 gegen Israel (!) und Uruguay. Die Mexikaner waren in ihrer Gruppe Zweiter durch Losentscheid geworden denn von der UdSSR trennte sie weder Punkt-, noch Tor-Differenz.

Doch der zweite Platz bedeutete, daß die Mannschaft nach Toluca reisen musste, gegen Italien. Man fuhr optimistisch, blieb es auch, denn Gonzales entfachte mit dem 1:0 ein Feuer wilder Begeisterung im ganzen Land. Doch es erlosch ebenso schnell, wie es aufgeflackert war. Guzman fälschte einen harmlosen Schuss Domenghinis ins eigene Tor ab. Von da an war Mexikos Mannschaft nicht mehr vorhanden. Italien gewann 4:1.

Das Halbfinale trennte Europa von Südamerika. In Mexico City spielte Deutschland gegen Italien, in Guadalajara Brasilien gegen Uruguay.

Es dauerte lange, ehe der WM-Favorit seinen alten südamerikanischen Rivalen, den Endspiel-Gegner von 1950, in den Griff bekam. Cubilla hatte die »Urus« in Führung gebracht, erst Sekunden vor der Pause kam Clodoaldo zum glücklichen Ausgleich. Uruguays Abwehr stand wie ein Block, sie zählte zu den besten des Turniers und sie kapitulierte vor der brasilianischen Mittelfeld-Überlegenheit auch erst eine Viertelstunde vor Schluss. Jair und Rivelino schossen den Favoriten ins Finale.

In Mexico City ließ die Entscheidung noch länger auf sich warten. Das Spiel zwischen Italien und Deutschland geriet zu einem beispiellosen Drama. Boninsegna hat-

WELTMEISTERSCHAFT 1970 IN MEXICO

Endspiel Brasilien – Italien. So fällt das entscheidende Tor. Jairzinho läßt nach dem Pass von Pelé seinen Gegenspieler Facchetti aussteigen und läuft mit dem Ball ins Tor.

te ein frühes Tor erzielt, dem die deutsche Elf, die immer besser wurde, buchstäblich bis über die Spielzeit hinaus nachlief. Schiedsrichter Yamasaki, der Uwe Seeler zumindest einen Foulelfmeter versagte, kompensierte die Fehlentscheidung durch Zugabe von zwei Minuten auf Grund des italienischen Zeitschindens. Ausgerechnet Schnellinger, der »Italo-Deutsche«, nutzt die Chance. In der 92. Minute segelte er wie ein weißer Reiher in einen Querpass Grabowskis: 1:1 – Verlängerung!

Das Stadion tobte, zumal Müller die Deutschen jetzt sogar in Führung brachte. Ganz langsam rollte sein Ball über die Linie, aber er rollte. War das die Wende?

Das Drama strebte seinem Höhepunkt zu. Ein Fehler von Held gestattete Burgnich den Ausgleich: 2:2. Beide Mannschaften stürmten mit allem, was sie hatten. Nur die Torhüter blieben, wo sie waren. Völlig ungedeckt kam Riva zum Schuss: 3:2 für Italien!

Doch noch einmal war Müller da. Sein Kopfball zum 3:3 flog zwischen Albertosi und Rivera hindurch, und verzweifelt biss Italiens Torwart ins Netz. Dann, eine Minute später, war alles entschieden. Rivera kam aus kurzer Distanz freistehend zum Schuss. 4:3.

Man war sich einig, einem der größten, packendsten und dramatischsten Spiele der WM-Geschichte beigewohnt zu haben. Offensivgeist hatte auf beiden Seiten taktische Erwägungen hinweggefegt. Der Vorwurf an die deutsche Elf und ihren Trainer, nach der 2:1-Führung nicht klüger verteidigt zu haben, hätte – für die normale Spielzeit – ebenso die Italiener treffen können. Mexikos Presse scherte sich nicht darum. Sie schrieb vom »Duell der Titanen«.

Immerhin, nicht Deutschland, sondern Italien stand mit Brasilien im Finale. Die Deutschen, vor vier Jahren Zweiter, hatten nur noch die Chance auf den dritten Platz. Sie wahrten sie und schlugen Uruguay mit 1:0, diesmal vom Glück profitierend, das gegen Italien gefehlt hatte. Zwei schwere Spiele mit Verlängerung waren nicht spurlos an der deutschen Elf vorübergegangen. Franz Beckenbauer war nicht mehr einsatz-

WM-Finale 1970, Brasilien–Italien: das 4:1 durch Carlos Alberto.

fähig, auch Schulz war am Ende. Zudem gab Schön seinem zweiten Torwart, Horst Wolter, die Chance, auch einmal zu spielen. Sicher wäre es klüger gewesen, den hart strapazierten Uwe Seeler ebenso zu ersetzen, doch Schön ist nicht der kalte Stratege, der seinen verdienten Kapitän am Ende einer langen Karriere sang- und klanglos in den Ruhestand versetzt.

Immerhin – es reichte gegen eine sehr harte, meist überlegen spielende uruguayische Elf zum glücklichen 1:0. Overath schoss das Tor nach 27 Minuten. Es war sein einziger Treffer in Mexiko.

Vor dem deutschen Tor gab es Szenen unglaublicher Turbulenz. Wolter irrte oftmals durch den Torraum, als müsse er einen Sack Flöhe hüten, ohne ihn zubinden zu können. Schulz und Beckenbauer wurden arg vermisst, doch die Herren Cubilla und Morales vermochten mit den besten Gelegenheiten nichts anzufangen.

Mit der Fahne Mexikos in den Händen liefen Deutschlands Spieler eine Ehrenrunde, verabschiedet vom brausenden Beifall der riesigen Arena. Für sie war die WM zu Ende.

Für Brasilien und Italien noch nicht, und natürlich saßen die deutschen Spieler einen Tag später wieder im Stadion. Sie wollten vor allem sehen, wie groß ihre eigene Chance gewesen wäre, den Titel zu gewinnen.

Das Finale begann unter grauem Himmel, doch das Estadio Azteka prangte bunt und knallvoll wie zu Beginn. Wieder stiegen Luftballons in den Himmel, knallten Böllerschüsse, regneten Konfetti herab. 110 000 Menschen drängten sich, die Millionäre in ihren luxuriösen, für ein ganzes Jahrhundert gemieteten Logen ebenso wie die namenlosen Ninos, die kleinen Jungen, die den Ordnern durch die Beine schlüpften.

Acht Pfund Gold waren der Lohn für den Weltmeister, acht Pfund, die die FIFA diesmal endgültig abschreiben musste. Denn in ihren Satzungen heißt es, daß der dreimalige Gewinn der Coupe Jules Rimet dazu berechtigt, sie für immer zu behalten. Italien und Brasilien hatten die Trophäe aber bereits je zweimal gewonnen.

WELTMEISTERSCHAFT 1970 IN MEXICO

Natürlich stand das Stadion, stand das ganze Land hinter Brasilien, prägte das »Brasil, Brasil!« die Stimmung im Aztekenstadion. Die wenigen italienischen Schlachtenbummler waren wie Tränen im Ozean.

Zu Hause, in Rom, hatte eine gespannte Menge am Morgen auf dem Petersplatz gewartet, wo der Papst seinen Sonntagssegen erteilte. Man hoffte, er würde Gottes Hilfe auch auf die elf Männer im fernen Mexiko herniederflehen. Doch Paul VI. vermied die Stellungnahme im großen Fußball-Wettstreit zweier katholischer Völker.

Vielleicht glaubte er auch, der liebe Gott verstehe genug vom Fußball, um die richtige Seite Weltmeister werden zu lassen. Wenn das so ist, hatte Italien doppelten Grund zur Trauer.

Das Finale 1970 ist oft als »nicht groß« bezeichnet worden. Gewiss entbehrte es der Dramatik des Halbfinals zwischen Deutschland und Italien, gewiss war es auch nicht so durchgehend temporeich und hochklassig wie die Spiele Brasiliens gegen England oder Peru. Doch zumindest der neue Weltmeister brauchte sich nicht den Vorwurf zu machen, nur eine letzte Prüfung absolviert zu haben.

Brasilien spielte so gut, so überlegen, so souverän wie 1958. Gewiss waren einige Akzente verschnörkelter Schönheit zweckmäßigem Steilpass gewichen, gewiss verrieten alle Spieler mehr athletische Physis als damals. Doch im Gegensatz zu 1966 zum Beispiel, als er unter dem hypnotischen Zwang seiner Rolle einen sinnlosen Opfergang ging, war Pelé diesmal nicht mehr alleiniger Schlüssel für Erfolg oder Misserfolg. Gerson und Tostao standen neben ihm, gleichwertig, gleichberechtigt.

Erfrischende Dusche für den Fußball-König, für Edson Arantes do Nascimento, genannt Pelé, dessen Elf zum dritten Mal Weltmeister wird.

Pelés schwarzer Krauskopf besorgte das 1:0, ein dummer Abwehrfehler gestattete Italien den Ausgleich. Doch es war nur eine Frage der Zeit, wann Brasilien nach dem Wechsel die Rechnung glattstellen würde. Pelé war überall und nirgends, Jair rochierte wider alle Berechnungen, Carlos Alberto stieß in die freien Räume. Die Tore fielen wie vorausberechnet.

Das 4:1 stürzte Brasilien, stürzte auch Mexiko in einen Freudentaumel. Auf deutscher Seite regte es die Frage an, ob die deutsche Mannschaft im Finale nicht besser ausgesehen hätte als Italien. Sie war nicht zu beantworten. Fußball ist ein Spiel von Realitäten.

Weltmeisterschaft 1974 in Deutschland

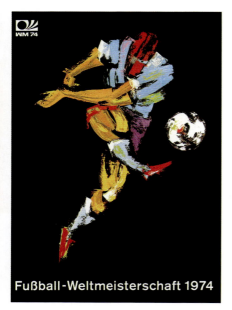

Fußball-Weltmeisterschaft 1974

In einem kleinen Dorf der Eifel, 45 Kilometer südwestlich von Bonn, sagte der Tankwart am Vormittag des 7. Juli 1974 zu einem Kunden: »Wenn die Käseköppe heute gewinnen, bekommt morgen kein Holländer von mir Benzin.«

In einer Kölner Kneipe gerieten, ungefähr zur gleichen Zeit, ein Holländer und ein Deutscher in Streit. Die Auseinandersetzung über das bevorstehende Finale endete abrupt, weil der Deutsche dem Holländer ein Glas Bier ins Gesicht schüttete.

Am Tag vor dem Endspiel teilte ein Münchner Taxifahrer seine Hoffnungen für das große Spiel folgendermaßen mit: »Wir müssen gewinnen, denn die Holländer konnte ich noch nie leiden.«

Am Vorabend des Finales tröstete Außenminister Genscher alle Deutschen. An dritter Stelle der Nachrichten meldete der Bayrische Rundfunk: »Bei seiner Ankunft in München äußerte sich Bundesaußenminister Hans-Dietrich Genscher zuversichtlich über den Ausgang des Endspiels. »Ich denke, dass wir gewinnen«, sagte Genscher.

Am Abend desselben Tages missriet Bundeskanzler Schmidt die Reduzierung des Ereignisses auf das Normalmaß. Der Kanzler gab seiner Hoffnung Ausdruck, daß fair gespielt werden möge. »Denn es ist ja kein Krieg«, sagte Schmidt.

Derart auf höchste politische Ebene gehievt und in die Nachbarschaft bewaffneter Auseinandersetzung gerückt, hockte der Fußball wieder mal auf dem Platz, der ihm gebührt: Ventil für nationale und nationalistische Emotionen, Gegenstand landsmannschaftlicher Antipathien, Vehikel für patriotische

Weltmeisterschaft 1974 – Der Verlauf des Turniers

1. Finalrunde	2. Finalrunde	Endspiel
Gruppe 1 1. DDR 2. Deutschland 3. Chile 4. Australien		
Gruppe 2 1. Jugoslawien 2. Brasilien 3. Schottland 4. Zaire	**Gruppe A** 1. Niederlande 2. Brasilien 3. DDR 4. Argentinien	Deutschland 2 Niederlande 1
Gruppe 3 1. Niederlande 2. Schweden 3. Bulgarien 4. Uruguay		
Gruppe 4 1. Polen 2. Argentinien 3. Italien 4. Haiti	**Gruppe B** 1. Deutschland 2. Polen 3. Schweden 4. Jugoslawien	**Um den dritten Platz** Polen 1 Brasilien 0

WELTMEISTERSCHAFT 1974 IN DEUTSCHLAND

Die Show beginnt – Bunte Farben, viel Musik und sogar ein wenig Sex-Appeal waren Elemente der Eröffnungsfeier im Frankfurter Waldstadion. Freilich, wer vor dem Fernseh-Apparat saß, hatte mehr Genuss daran als die Massen im Stadion. Extra-Beifall für die italienischen Fahnenschwinger und natürlich für den Star von Brasil Tropical.

Selbstbestätigung und auslösender Funke weniger guter oder schlechter Erinnerungen.

Fußball stand mindestens 48 Stunden lang für alles, was es gibt zwischen Deutschland und Holland, für die zu teure Butter, für den verregneten Urlaub in Katwijk, für die Unfreundlichkeit der Käsefrau in Volendaam, die den Touristen aus Wanne-Eickel fortschickt: Deutsche werden bei mir nicht bedient. Er stand für allen Ärger, den Nachbarn miteinander haben können, wenn sie gemeinsam, miteinander und gegeneinander, manches durchgemacht haben in den Zeitläuften der Geschichte.

WELTMEISTERSCHAFT 1974 IN DEUTSCHLAND

Weltmeisterschaft – total vermarktet:
Es gab fast nichts, das sich nicht mit der WM in Zusammenhang bringen und verkaufen ließ. Selbst auf Damenunterwäsche waren Tip und Tap, die Symbolfiguren des WM-Spektakels, zu finden.

Am Tag nach dem Finale, nach dem 2:1-Sieg der deutschen Mannschaft, druckte »Bild« den kürzesten Kommentar der Zeitungsgeschichte. Unter der zweizeiligen Überschrift »Deutschland ist Weltmeister« standen genau 24 Buchstaben: »Wir sind sprachlos vor Glück.«

Kommentar ist freilich nicht die richtige Bezeichnung für dieses Produkt journalistischer Arbeit. Es war vielmehr Konzentrat all jener Emotionen, von denen die Deutschen nun erfasst wurden, Kurzformel für all die vielschichtigen Gefühle, die das Volk nun in jenen Himmel trugen, den man den siebten nennt.

Auf der Münchener Leopoldstraße tanzten die Menschen, es war Fasching. Bikini-Mädchen schwirrten durch die Nacht und küssten, was zu küssen war. Die Kneipen der Nation, Kommunikations-Zentren des Volkes und den Einheimischen von gleicher Bedeutung wie den Gastarbeitern die Bahnhofshallen, waren voll von Rauch und Bierdunst und Menschen, die bis zum letzten Tropfen einen Triumph feierten.

Einen Triumph, den sie für ihren eigenen, ganz persönlichen hielten. Alle hatten sie mitgekämpft und mitgefochten, mitgespielt und mitgezittert. Alle waren sie Weltmeister, wie Beckenbauer und Müller, wie Overath und Bonhof, wie Grabowski und Hölzenbein. Und allen taten noch die Hände weh von den Schüssen, die Sepp Maier zu halten hatte.

Die Identifikation von sechzig Millionen Menschen mit elf jungen Männern war wieder völlig und lückenlos vollzogen. Beinahe so wie 1954, als eine andere deutsche Mannschaft zum ersten Mal den Titel eines Weltmeisters gewonnen hatte.

Es war freilich eine ganz andere Weltmeisterschaft gewesen, anders als in Mexiko, anders als in England 1966 und gewiss ganz anders als 1954 in der Schweiz.

Es war eine Weltmeisterschaft, die vom Millionen-Publikum am Anfang nur aus großer Distanz genossen wurde. Keineswegs »wie ein Mann« standen die Bundesdeutschen hinter ihrem Team und den Jubel für ihre eigene und die anderen Mannschaften hielten sie in Grenzen. Die Weltmeisterschaft begann äußerst kühl, verhalten, auf den Rängen der Stadien schäumte nicht das Temperament wie in Mexiko, der Fanatismus gewann nur sehr unterschwellig Raum. Man war eher blasiert als begeistert, man runzelte die Stirn, statt ins Horn zu stoßen. Das mochte vielerlei Gründe haben.

WELTMEISTERSCHAFT 1974 IN DEUTSCHLAND

Franz Beckenbauer, Supermann der deutschen Nationalelf

Die zehnte Weltmeisterschaft war mit einem unvorstellbaren Aufwand sämtlicher Massen-Medien vorbereitet und angekurbelt worden. Das Fernsehen malträtierte seine Zuschauer, Zeitungen, Zeitschriften, Magazine übergossen den schwarzweißen Ball mit Hektolitern von Druckerschwärze, noch ehe er seine erste Umdrehung machte. Die Werbung, die kostenlos für die Weltmeisterschaft – ein Geschäftsunternehmen ohne Beispiel – betrieben wurde, besaß den Wert von vielen Millionen. Als das erste Spiel begann, waren die potentiellen Zuschauer schon satt, die Weltmeisterschaft lag ihnen im Magen wie ein Stein, ihre Vorfreude war überreizt, und außerdem hatte man ihnen zu lange und zu oft eingeredet, keine andere als ihre eigene Mannschaft könne und werde den Titel gewinnen.

Spielertraube bei der Begegnung Brasilien – Zaire in Gelsenkirchen. Im Bild: Torhüter Muamba Kazadi und Verteidiger Tshimen Buhanga.

WELTMEISTERSCHAFT 1974 IN DEUTSCHLAND

Es war etwas entstanden, was man den »Na-und-Effekt« nennen könnte. Na und, was soll das Ganze, wir gewinnen und damit basta.

Es bedurfte also der Enttäuschungen, um neue Reize zu wecken, um die Sache wieder schmackhaft und pikant zu machen. Und diese Enttäuschungen wurden schließlich geliefert von den bundesdeutschen Stars.

Kühl ging es in den Stadien noch aus anderem Grunde zu. Monatelang nämlich war den Menschen eingeredet worden, daß sie sich brav und sittsam zu benehmen hätten. Sie dürften wohl schreien und sich freuen, aber schon das Schwenken großer Fahnen war verboten. Freude sollte gleichsam nur gebremst schäumen, Taschen sollten an den Eingängen der Arenen untersucht werden. Offiziell herausgegebene Richtlinien für das Filzen des Millionenvolkes: schon ausgebeulte Hosentaschen erwecken unser Misstrauen.

Das Alibi lieferte die angebliche Bedrohung des Spektakels durch Terroristen sämtlicher Couleur. Eine Wiederholung des Attentats von München und des Blutbades von Fürstenfeldbruck fürchtend, hatten die Macher der Weltmeisterschaft ihr Schauspiel durchsetzt mit Polizisten, Soldaten, Bewaffneten und Geheimdienstlern. Starfighter und Scharfschützen stünden bereit, wurde vorher, drohend und warnend zugleich, mitgeteilt. Die lobenswerte Sicherung der Stadien und Stars hatte freilich auch ihre negativen Folgen.

Denn der Fußball-Fan müsste schon sehr gefühllos, dickhäutig und hartherzig sein, fände er in einem Stadion, das von Waffen und Uniformen starrt, in dem es mehr Pistolen als heiße Würstchen gibt, die wahre Freude. Die Menschen mußten sich erst gewöhnen an den Zustand, daß Fußballspiele ebenso des Militärs bedürfen wie der Schiedsrichter, dass man unablässig in die schwarzen Mündungslöcher von Feuerwaffen schauen muss, wenn man das Live-Erlebnis dem Bildschirm vorziehen will. Dieses Live-Erlebnis war ohnehin nicht mehr vonnöten. Denn die Mattscheibe vermittelte den WM-Fußball so umfangreich, lückenlos und hautnah, daß es jedermann überflüssig erscheinen mußte, sich in die Stadien zu begeben. Zum ersten Mal nämlich war eine Fußball-Weltmeisterschaft hauptsächlich ausgerichtet für das Fernsehen und nicht für den Mann im Stadion. Sechs Kameras in den besten Positionen rund um jedes Spielfeld vermittelten das totale Erlebnis und perspektivische Verzerrungen, die eine exakte Bewertung des Spiels grundsätzlich nicht erlauben, wurden kaschiert durch die mehrfache Wiederholung all jener Szenen, die für den Zuschauer interessant erscheinen und am Bildschirm ohnehin besser auszumachen sind als von der Tribüne aus.

Wer zu Hause geblieben war, hatte die Tore und die Fouls, die Elfmeter und die Szenen am Rande, hatte die Trainerbank und den Schiedsrichter besser gesehen und erlebt als jener, der beschwerlich gereist war und erklecklich bezahlt hatte.

Trotz des Honorars, das die Fernseh-Anstalten der Welt dem internationalen Fußball-Verband, der FIFA, bezahlten, taten sie den Lieferanten der abend- und morgenfüllenden Schau einen schlechten Dienst. Sie betrieben handfeste Eigenwerbung für ihren Fußball-Service, und die deutschen Moderatoren wurden dem Fußball-Bund zum nicht geringen Ärgernis: Wenn Sie nicht unbedingt hingehen wollen, bleiben Sie bei uns, denn mit uns sind Sie dabei. Derart verbindlich lächelten sie vom Bildschirm herunter, und die Zuschauerzahlen sanken.

Die Männer der bitteren Enttäuschung für die Nationalelf der Bundesrepublik im Spiel gegen die DDR: Jürgen Sparwasser ist durchgebrochen, Höttges ist schon ausgespielt, Vogts kommt zu spät und besieht sich in der Rolle des begossenen Pudels den Ball im Tor.

Die DDR-Spieler haben verständlicherweise viel Spaß an diesem 1:0 – bei dem es bis zum bitteren Ende bleibt.

Jedenfalls brachte die Fußball-Weltmeisterschaft 1974 den Sport jener Fiktion näher, die erzählt von leeren, totenstillen, friedhofsgleichen Stadien, in denen sich nichts bewegt als die zwei Mannschaften, und TV-Kameras wie Zyklopen-Augen das Gelände bestreichen. Es ist nicht mehr weit und nicht mehr lange bis zu diesem Trauma. Denn dann wäre auch das garantiert, was jetzt trotz aller Waffen und Soldaten, trotz aller Polizisten und Spezialisten nicht erreicht wurde: die absolute Sicherung der Athleten, ihre Abschirmung vor jedem Zugriff und ihren Entzug von jeglicher Berührung mit der Außenwelt.

Die vollsterilisierte WM war offenbar nicht mehr fern, das hat die zehnte WM angedeutet. Denn ihre Mannschaften lebten hinter Zäunen und Stacheldraht, hinter Bretterwänden und Sperrgittern, hinter Polizei-Kordons und verrammelten Hoteltüren.

Geschäftlich und finanziell wurde alles ausgeschlachtet bei dieser Weltmeisterschaft, was sich eignete zum Geldmachen. Hermann Neuberger, Chef des Organisations-Komitees, hatte früh genug allen, die sich auf diesem Gelände tummeln wollten, einen sogenannten Persilschein ausgestellt. Mit dem Hinweis auf die Finanzierung der Olympischen Spiele aus

WELTMEISTERSCHAFT 1974 IN DEUTSCHLAND

Steuermitteln erklärte Neuberger dem Volke den besonderen Status der Fußball-Weltmeisterschaft. Die WM, so pflegte er zu betonen, müsse sich selber tragen, und dies stelle sie gleichsam unter eine außergewöhnliche Gesetzmäßigkeit. Mit demselben Eifer jedoch, wie Neuberger seine Geisteskinder Tip und Tap unters Volk brachte, wie er Geld aus den Werbeflächen in den Stadien schlug, wie er mit den TV-Gesellschaften feilschte und wie er alles zu Geld machte, was sich dazu eignete, mit demselben Eifer stiegen auch die Stars in das lukrative Geschäft.

In den Camps der Mannschaften war vor dem Start und während der ersten Runde hauptsächlich vom Geld die Rede. Siegprämien und Zuwendungen von den Schuhfabriken, Honorar für Fotos und Interviews, Geld für das Tragen bestimmter Trainingsanzüge und bestimmter Trikots. Es wurde gekauft und verkauft, es wurde gehandelt und gezahlt, dass solchen Funktionären, die nach Franz Beckenbauers Ansicht »nicht Schritt gehalten haben mit unserer Zeit«, der Mund offenblieb.

Es war deshalb geradezu Ironie eines Funktionärs-Schicksals, dass auch Neuberger in diesem fatalen Strudel schwimmen musste. Die Stars der deutschen Elf verlangten, einig und geschlossen bis zum 22. Mann, 100 000 Mark pro Kopf für den Fall, dass sie den Titel gewännen. In einer langen Nacht betrieben sie Fingerhakeln mit dem DFB, der sich in den Fängen einer Maffia wähnte, weil er versäumt hatte zu bemerken, dass die Spieler nicht tatenlos zuschauen wollten, derweil sich der Verband bei der WM die Taschen füllte.

Die Einigung auf 60 000 Mark pro Mann für den Titel-Gewinn erschien nur oberflächlichen Beobachtern als Kompromiss. In Wirklichkeit hatte der Fußball-Bund eine ebenso schmerzliche wie schmerzhafte und außerdem sehr folgenschwere Niederlage erlitten. Und auch das gehört zu den bemerkenswerten Erkenntnissen dieser Weltmeisterschaft.

In der Bundesrepublik, wo der Fußball-Bund seinem Volke immer noch vorspiegelte, die Stars zögen in amateurhafter Freude und glückhafter Erfüllung ihrer Jungen-Träume das Trikot der ruhmreichen und traditionsschwangeren Nationalelf an, war plötzlich auch dort eiskalter Professionalismus festzustellen, wo bisher das Feld der Ehre und des vaterländischen Ruhms gewesen war.

Eine Ära ging zu Ende. Jetzt herrschte Ehrlichkeit. Und die Wehmut darüber wurde gemildert durch die offene und zum Teil schamlose Demonstration cleverer Geschäftemacherei, die offiziell betrieben wurde. Die Eröffnungsfeier der Weltmeisterschaft in Frankfurt, bei der Bundespräsident Gustav Heinemann sprach, wurde von Pepsi Cola bezahlt, und die amerikanische Firma verlangte dafür entsprechende Werbung.

Weil der Stadionsprecher angewiesen war, den Namen der Firma geschickt unter seine Ansage zu mischen, drohte das Fernsehen mit dem Boykott der Feier. Der Kompromiss: der Sprecher erwähnte die Firma nicht, dafür erschien der Name auf der elektronischen Anzeigetafel, und die Kameras schwenkten verschämt zur Seite.

Bei der Schlussfeier in München wurde auf beinahe makabre Weise »Einmarsch der Nationen« nach olympischem Muster imitiert.

Stellvertretend für die zum Teil schon abgereisten Mannschaften ließ das Organisations-Komitee die Armada jener buntscheckigen Omnibusse über die Tartanbahn rollen, die während der drei WM-Wochen die Mannschaften transportiert hatten. Die zur Carrera-Bahn umfunktionierte Piste wurde auf diese Weise zum Reklame-Laufsteg für Mercedes.

Wie bei den meisten vorausgegangenen Weltmeisterschaften machte freilich das Finale etliches vergessen von dem, was unterschwellig oder oberflächig Blasen geworfen hatte.

Die Deutschen und die Holländer lieferten sich ein packendes Gefecht, das die Zuschauer begeisterte und als natürlicher und folgerichtiger Höhepunkt des Turniers erschien. Die beiden besten Mannschaften hatten sich durchgerungen bis zu diesem Endspiel, die Holländer hauptsächlich spielend, die Deutschen in erster Linie kämpfend.

Neuheiten freilich, Erkenntnisse für den Fachmann, lieferte die zehnte Weltmeisterschaft wenige. Die Behauptung, Holland spiele den »totalen Fußball«, wurde im Finale revidiert, wenngleich die Niederländer womöglich am perfektesten jenen Stil demonstrierten, den die Mehrzahl der Experten als hauptsächliche Entdeckung bezeichnete: jeder Mann des Teams muss auf jedem Posten spielen können, der perfekte Fußballspieler ist jener, der den taktischen Überlegungen seines Trainers nicht durch technische oder konditionelle Unzulänglichkeit Schranken auferlegt.

Hätten die Holländer neben Cruyff, Neeskens und Rep mehr absolut erstklassige Spieler besessen, wären sie mit hoher Wahrscheinlichkeit siegreich in die Heimat zurückgekehrt. Da die Mannschaft jedoch ungleichmäßig besetzt war und in der Abwehr ein deutliches Leistungsgefälle aufwies, war sie nicht in der Lage, ihren ganz persönlichen Stil, Zeitlupen-Fußball nach südamerikanischem Muster mit explosionsartigen Ausfällen vor dem Tor des Gegners, auch im Finale durchzuspielen.

Südamerika jedoch verlor bei dieser Weltmeisterschaft endgültig den Anspruch auf Erstklassigkeit. Der Weltmeister Brasilien präsentierte sich nicht mehr als spielende, sondern allein noch fightende Einheit und musste sich glücklich schätzen mit dem vierten Platz. Überraschung und Belebung wurden die Polen, die fröhlich und herzerfrischend stürmten und vom Außenseiter zum Favoriten aufstiegen. Ihr Sieg beim olympischen Fußball-Turnier 1972 und ihr dritter Platz bei der Weltmeisterschaft 1974 sind die bedeutendsten Erfolge einer europäischen Nationalelf neben der Europa- und Weltmeisterschaft der bundesdeutschen Elf.

Einen kleinen Zipfel vom einstigen Ruhm Südamerikas retteten die Argentinier, die neben den Polen am schönsten spielten und gemeinsam mit diesen den Favoriten Italien aus dem Turnier beförderten. So rüde, wie ihre Club-Mannschaften in den vergangenen Jahren aufgetreten waren, so brav und vorbildlich benahm sich nun die Nationalmannschaft aus Buenos Aires.

Doch auch diese Freundlichkeit war nicht Selbstzweck, sie war Werbung für die nächste Weltmeisterschaft, 1978 in Argentinien, und bildhafte Demonstration jenes Spruches, den man in Buenos Aires schon geprägt hat: Kommen Sie 1978 nach Argentinien, dort sehen Sie Fußball, wie Sie ihn noch nie erlebt haben.

Die neue Schau war mit dem Ende der WM 1974 schon eingeläutet, die Weltmeisterschaft, Karawanserei des Profi-Fußballs, Mustermesse und Zirkus in vielen Manegen, macht sich auf zur nächsten Etappe.

WELTMEISTERSCHAFT 1974 IN DEUTSCHLAND

Weltmeister werden selten in einer Nacht geboren und selten sterben sie in einer Nacht. Die deutsche Mannschaft erlebte und erlitt beides. Sie begann den Weg ihres Erfolges in einer Nacht und sie beendete ihn in einer Nacht. Zwischen diesen beiden Nächten lag, was man ein Wunder nennen könnte, ein Wunder des Sports.

Wunder und alle Arten von Mirakel erledigen sich freilich nie von selbst, und deshalb war einiges nötig, um Helmut Schön und seine Mannschaft ins Finale zu bringen. Einiges an Vernunft und Unerbittlichkeit, einiges an Mut und Waghalsigkeit, und festgefügte Gesetze mußten gebrochen werden. Gesetze, die unumstößlich schienen und die in einer Nacht beiseite geräumt wurden.

Den Weg ins Endspiel ebnet der deutschen Elf schließlich der 1:0-Erfolg über Polen in der Wasserschlacht von Frankfurt.
Unten: So fällt der entscheidende Treffer durch Müller – und verständlich ist der Jubel der deutschen Spieler.

Zum Schmerz, aber auch zu Nutz und Frommen von Bundestrainer Schön. Und die bange Frage während der Weltmeisterschaft, ob der deutsche Coach mitten im gestreckten Galopp zum Titel vom Pferd gestoßen oder vom Pferd gefallen sei, war so unberechtigt gar nicht.

Denn ehe die deutsche Elf ins Finale vorrückte, wackelte Helmut Schöns Stuhl bedenklich. Das Nachrichten-Magazin »Der Spiegel« wußte aus dem engsten Kreis um DFB-Vize-Chef Hermann Neuberger zu berichten, die Oberen trügen sich mit dem Gedanken, den Assistenten Jupp Derwall gleichberechtigt neben Schön zu stellen.

Doch da war die Nacht, in der sich die deutsche Mannschaft formte, schon vorüber. Die Nacht nach dem 0:1 gegen die Mannschaft der DDR. Lautstark hatte sich Franz Beckenbau-

Herren in Schwarz – Nie zuvor war die illustre Gesellschaft der Herren in Schwarz so exotisch wie bei dieser Weltmeisterschaft in Deutschland. Wie immer sahen manche Rot, wenn die Schiedsrichter ihre Entscheidungen pfiffen, und das war gelegentlich sogar wörtlich zu nehmen. Denn erstmals zeigten sich Schiedsrichter im roten Gewand, wie der Holländer Arie van Gemert (oben rechts im Spiel Schottland – Brasilien).
Oben links: Omar Delgado schickt Ndaie aus Zaire vom Platz.
Links: Youssoupha N'Diaye aus dem Senegal.

er an seine Kollegen gewandt, deutlich und des Gewichts seiner Person bewusst, hatte Beckenbauer dem Bundestrainer seine Ansichten dargelegt. Es begann ein Vorgang, der mit jenem zu vergleichen war, der die deutsche Nationalelf schon vier Jahre zuvor, nach dem mageren 2:1 gegen Marokko bei der Weltmeisterschaft in Mexiko, zu einem Team formte.

WELTMEISTERSCHAFT 1974 IN DEUTSCHLAND

Während sich jedoch in Mexiko die Stars untereinander arrangierten, während in vielen Gesprächen die verschiedenen Gruppen zueinander fanden, setzte sich bei dieser Weltmeisterschaft ein Mann allein an die Spitze eines Teams, das durch die plötzliche Niederlage ins Taumeln geraten war und seine Basis völlig verloren hatte. Franz Beckenbauer rückte auf zu Bundestrainer Schön, als Ratgeber und rechte Hand. Franz Beckenbauer gab dem Posten des Mannschafts-Kapitäns einen neuen Inhalt, und dies änderte beinahe alles, was bisher gegolten hatte in einer deutschen Nationalelf.

Öffentlich verteilte Beckenbauer Lob und Tadel für die Kollegen. Er schob, wenn auch nur vorübergehend und gleichsam als Warnung, Uli Hoeneß und Jürgen Grabowski aus der Mannschaft. Er plädierte für Rainer Bonhof und Bernd Hölzenbein, für Dieter Herzog, er opferte die beiden Kölner Flohe und Cullmann einem neuen Stil der Mannschaft.

Schreck im Endspiel nach wenig mehr als einer Minute. Hoeneß hat Hollands Johan Cruyff gelegt; der Schiedsricher ermahnt zuerst Hoeneß und deutet dann auf denElfmeterpunkt. Cruyff ist offensichtlich zufrieden mit sich und dem Schiedsrichter. Den Strafstoß verwandelt Neeskens.

In diesem Augenblick, nach dem 0:1 gegen die DDR, hatte für die bundesdeutsche Mannschaft die Weltmeisterschaft erst begonnen. Sie hatte alle Brücken hinter sich verbrannt, jetzt konnte sie nur noch gewinnen oder untergehen. Es war ein teuflisches Risiko, das Beckenbauer eingegangen war,

Deshalb war der Weg ins Finale schwer für Helmut Schön. »Glückskind« und »der Mann mit der goldenen Hand« wurde er genannt. Doch der Weg zum Titel, der ihn endgültig über den langen Schatten des kleinen Sepp Herberger springen ließ, wurde kein goldener Weg für Helmut Schön.

Glück? Er hatte es im Finale. Pech blieb ihm erspart. Aber die Enttäuschungen begegneten ihm, ehe er auf dem Rasen des Münchener Olympiastadions den Welt-Cup küssen durfte. Schön erreichte das Ziel als müder Mann.

Er hatte Hoffnungen aufgeben müssen und Pläne revidieren. Er hatte umdisponieren müssen und experimentieren. Und die Welt des Fußballs, in der er bisher zu leben geglaubt hatte, stellte sich plötzlich ganz anders dar. Und ins Finale von München kam eine andere Mannschaft, als sich Helmut Schön vorgestellt hatte.

Ein spielendes Team hatte Schön bauen wollen. Eine Mannschaft, die Kunst und Schönheit des Fußballs bei der Weltmeisterschaft im eigenen Lande demonstrieren sollte. Die Europameisterschaft von 1972 und die Mannschaft, die sie gewann, schwebten ihm als Muster vor Augen.

Diese Szene führt schließlich zum Ausgleich. Bernd Hölzenbein wird von dem Holländer Jansen zu Fall gebracht, während Gerd Müller mit einem anderen Holländer kämpft. Der Schiedsrichter nimmt den Sturzflug von Hölzenbein zum Anlass, einen weiteren Strafstoß zu verhängen. Breitner (unten) verwandelt den Elfmeter zum Ausgleich.

Aber dann waren sie plötzlich Muster ohne Wert. Vor dem Finale gegen Holland hatte Schön eine Mannschaft, die sich ihre Siege nicht erspielen konnte, sondern erkämpfen musste. Die Deutschen wuchteten sich ins Finale, verbissen statt elegant, mit Schweiß statt mit Schönheit.

Die zwei Jahre der Vorbereitung zerrannen während der Weltmeisterschaft im Sande. Sie waren verloren und vergessen. Als die WM begann, fing auch Helmut Schön von vorne an, ohne es zu wissen. Erst nach dem 0:1 gegen die DDR bemerkte er, wie leer seine Hände waren. Taktisch besaß die deutsche Mannschaft kein brauchbares Konzept. Im Spiel gegen Chi-

WELTMEISTERSCHAFT 1974 IN DEUTSCHLAND

le wurde dies sofort deutlich. Die Deutschen betrieben vehementen Angriffsfußball, liefen dem Gegner in die Arme, und das wurde auch der Grund ihrer Niederlage gegen die DDR.

Beckenbauer empfahl die taktische Kehrtwendung. Nicht mehr mit vier, sondern nur noch mit zwei, höchstens mit drei Spitzen sollte der deutsche Sturm angreifen. Das war auch der Stil der Bayern. Beckenbauer stellte sein Ultimatum: Entweder wir spielen nach meinem Konzept oder alle Hoffnungen sind verloren.

Bis dahin war statt kluger Taktik, die das zweifellos vorhandene spielerische Potential in der deutschen Elf zur Geltung gebracht hätte, in erster Linie Schnelligkeit angewandt worden. Siege, so schien es, waren das Ergebnis nicht von Kopf-, sondern von Beinarbeit. Gegen Jugoslawien spielte die deutsche Mannschaft zum ersten Male vor dem Finale klug, überlegt und taktisch richtig. Zum ersten und einzigen Male bestimmte sie neunzig Minuten lang, was zu geschehen hatte auf dem Rasen.

Nachdem Beckenbauer mitzureden hatte, konsolidierte sich die Mannschaft aus eigener Kraft. Ohne Einfluss von außen entwickelten sich Siegeswillen, Energie, Einsatzbereitschaft und das, was man Moral nennt, jene Eigenschaften also, die schließlich den Erfolg ausmachten. Die deutsche Mannschaft war eine Einheit geworden. Und das hatte verschiedene Gründe.

Seinen ersten Sieg erfocht das Team beim Kampf um die Prämie. Die Einigkeit der Stars legte die Basis und beseitigte Ursachen möglichen künftigen Ärgers. Weil im Erfolgsfall auf alle dieselbe Prämie wartete, gab es keinen Anlass zu Neid und Missgunst. Es war ein Sieg der Solidarität von jungen Männern, denen normalerweise Konkurrenz untereinander und Kampf um die besten Positionen innerhalb einer Gruppe als unvermeidbare Begleiterscheinungen ihres Berufs gegolten hatten.

Helmut Schön mochte über diese Affäre nicht mehr reden. Aber im Grunde war sie ständig gegenwärtig. Die Macht der Spieler war augenscheinlich geworden, und auch ihr Anspruch, nicht nur gehört zu werden, sondern mitzureden.

Vor diesem Hintergrund waren auch die personellen Vorgänge innerhalb der Mannschaft und vor allem die Erledigung des Falles Netzer zu sehen. Obwohl Netzer nach seinem 20minutigen Einsatz im Spiel gegen die DDR – im Austausch mit Overath – von Helmut Schön im Gespräch gehalten wurde, blieb der Kölner im Team, und Netzers Uhr lief endgültig ab. Das war zweifellos Beckenbauers Entscheidung, die von der Mannschaft akzeptiert wurde. Der Münchener hatte auf Overath gesetzt, hatte Netzer die Treue gekündigt, und das mochte ihn geschmerzt haben. Aber er setzte auf den richtigen Mann, denn Overath erlebte in dieser Weltmeisterschaft eine späte und letzte Wiedergeburt. Er wurde noch einmal für die deut-

Rangliste der Torschützen

38 Spiele – 95 Tore

7 Tore	Lato
5 Tore	Neeskens
	Szarmach
4 Tore	Edström
	Müller
	Rep
3 Tore	Bajevic
	Breitner
	Cruyff
	Deyna
	Houseman
	Rivelino
2 Tore	Jaizinho
	Jordan
	Karasi
	Sandberg
	Sannon
	Streich
	Surjak
	Yazalde
1 Tor	29 weitere Spieler
3 Eigentore	

Vierundzwanzigste Minute: Gerd Müller hat zum 2:1 eingeschossen. Das ist die Entscheidung. Denn die deutsche Mannschaft verteidigt den knappen Vorsprung bis zum Schlusspfiff. Müller jubelt, Vogts läuft hinter ihm her – und Johan Cruyff hat offensichtlich die Situation noch nicht recht begriffen ...

sche Elf, was er in Mexiko gewesen war: Angelpunkt im Mittelfeld, meistens Arbeitstier, manchmal Genius, giftig und ideenreich, unermüdlich und unverdrossen. Er fuhr allen übers Maul, die ihn noch ein Jahr zuvor »Stehgeiger« und »abgewrackt« genannt hatten. Das war womöglich eines der Wunder.

Das andere geschah mit den Frankfurtern Hölzenbein und Grabowski. Wer sie ein Jahr vor der Weltmeisterschaft im deutschen Team als Rechtsaußen und Linksaußen des WM-Finales nominiert hätte, wäre ein Narr geheißen worden. Auf dem Weg ins Finale und schließlich beim 2:1 über Holland geriet auch diese Narretei zum Erfolg. Hölzenbein, der Mittelfeldspieler, wurde zum prächtigen Linksaußen, und Grabowski spielte die beste Partie seiner Karriere.

Hölzenbein, Grabowski und Overath wurden zum spielerischen Element einer Mannschaft, die auch im Finale einen erspielten Sieg durch Kampf und Arbeit mit der Brechstange retten musste. Dieser Sieg war deshalb folgerichtig und kein Wunder.

Wundersam freilich war die Wandlung des Sepp Maier und die Entdeckung Rainer Bonhofs. Der Münchener Torwart pflegte in allen seinen Spielen mindestens einmal dort hinzulangen, wo der Ball gerade nicht war. Die Nummer eins zu sein, das durfte er nie ohne innere Zweifel von sich behaupten. In den Spielen gegen Schweden, Polen und Holland indes

WELTMEISTERSCHAFT 1974 IN DEUTSCHLAND

Weltmeister 1974 – Gerd Müller, der Vollstrecker. Was Beckenbauer inszenierte, vollendete schließlich doch der »Bomber der Nation«, der am Tag des Endspiels in München wieder in gewohnter Jubelpose zu sehen war.

Und natürlich war die Prominenz zahlreich zur Stelle: Prinz Bernhard der Niederlande (links) und der deutsche Bundespräsident Walter Scheel beim Endspiel.

wurde er nicht nur die Nummer eins unter den deutschen Torhütern, er hangelte sich auf die oberste Sprosse der internationalen Torwartleiter.

Und Bonhof, wer hätte geglaubt, daß dieses Küken schon goldene Eier legt. Im Spiel gegen Jugoslawien kam der Mönchengladbacher in die deutsche Mannschaft, frisch, stark, athletisch, Muskelmann und Dauerläufer. Er zerbrach den Dirigenten die Taktstöcke, dem Jugoslawen Oblak, dem Polen Deyna, dem Holländer Neeskens. Drei Stars dieser Weltmeisterschaft erledigte Bonhof, und alle drei hatten als die besten Spielmacher, als die Gefährlichsten ihrer Mannschaft gegolten, bis sie gegen Bonhof gespielt hatten.

Am Ende, als es um den Titel ging, passte alles zusammen in der deutschen Mannschaft. Müller schoss das Siegtor, Breitner brachte den Elfmeter ins Netz, Hölzenbein fiel im Strafraum, als er zu fallen hatte, die Mannschaft war eine perfekt funktionierende Maschine, deren Rhythmus jeden einzelnen beflügelte. Hoeneß zum Beispiel, der sich mit den Resten seiner Kraft, glanzlos, aber eifrig, ans Ufer rettete. Oder Berti Vogts, der am Abend seiner Karriere Hollands Größten, Johan Cruyff, an den Rand eines Nervenzusammenbruchs trieb.

Franz Beckenbauer hatte diese Mannschaft dirigiert, und sein Dank an Helmut Schön – »er hat uns gut gemanagt« – war die Anerkennung eines Mannes, der sich seiner eigenen Verdienste bewusst ist. Ohne Beckenbauer hätte die deutsche Elf ihr Ziel nicht erreicht, mit Beckenbauer schaffte sie es, nicht mit Glanz, aber mit jener inneren Glut, die entzündet wurde, als schon alles verloren schien. Und dann kam die Nacht, wo alles zu Ende ging, die Nacht des Rauschs, der Freude und der Erlösung.

Die Elf des Weltmeisters zerbrach in jenem Augenblick, da sie geboren war. Gerd Müller verkündete seinen Rückzug aus der Mannschaft, Wolfgang Overath folgte ihm ebenso wie Jürgen Grabowski. Paul Breitner wollte zwei Jahre aussetzen, um zu studieren – landete aber schließlich bei Real Madrid. Und Helmut Schön sagte, 1978 in Argentinien sei er gewiss nicht mehr dabei.

Schön war müde geworden auf seinem langen Weg, er war gebeutelt und ausgewrungen, mürbe geworden unter dem Druck, jetzt Weltmeister zu werden oder nie mehr. Er hatte sein Ziel erreicht, aber die Strapazen hatten ihn gezeichnet, und die Falten in seinem Gesicht waren fast so tief wie jene Sepp Herbergers.

Rechts: Beckenbauer hat aus der Hand von Bundespräsident Walter Scheel (links) die Trophäe in Empfang genommen; rechts DFB-Präsident Dr. Herman Gösmann.

WELTMEISTERSCHAFT 1974 IN DEUTSCHLAND

Weltmeisterschaft 1978 in Argentinien

Als die argentinische Armee im Frühjahr 1976 das korrupte Regime der Isabel Peron verjagte und eine Militärdiktatur errichtete, atmeten die Verantwortlichen des Welt-Fußballverbandes (FIFA) auf. Nicht, dass die durchweg konservativen Funktionäre aus Prinzip etwas gegen demokratische Regierungsformen gehabt hätten, nur erhofften sie sich von einer Junta in Uniform das Ende der Inflation und des Terrors und damit Sicherheit für den gefährdeten »Mundial«.

Sepp Maier fängt den Ball sicher vor Lato – Polen und Deutschland trennen sich im Eröffnungsspiel 1:1.
Peinlicher ist anschließend das 0:0 gegen Tunesien (rechte Seite).

Doch auch unter Generalleutnant Jorge Rafael Videla kam das Land nicht aus seiner wirtschaftlichen Dauerkrise heraus. Hartes Gegensteuern verstärkte den Druck aus dem Untergrund, in den die politische Opposition hatte flüchten müssen. Die Monteneros, wie sich die Bewegung der Stadtguerillas nennt, fühlten sich von einer Maßnahme herausgefordert, die die Kaufkraft der Arbeiter und des Mittelstandes mehr und mehr aufzehrte: Freier Lauf der Preise bei eingefrorenen Löhnen.

Gewalttaten flammten wieder auf und amnesty international beunruhigte die Öffentlichkeit mit Berichten über Folterungen durch Sicherheitsdienste der Junta.

Auch der »Mundial« geriet in den Sog der politischen Auseinandersetzungen. Im August 1976, also nur wenige Monate nach der Machtübernahme der Militärs, wurde General Omar Carlos Aetis, Chef des nationalen Organisationskomitees, Opfer eines Attentats, das den Monteneros in die Schuhe geschoben wurde.

Dieser Mord schlug in Fußballkreisen Alarm und provozierte die Frage, ob es sinnvoll sei, Argentinien die Weltmeisterschaft zu belassen, zumal auch der Aus- und Umbau der WM-Stadien nur schleppend voranging. Doch spätestens nach der Testreise der bundesdeutschen Nationalmannschaft im Frühsommer 1977 gab Hermann Neuberger, Vizepräsident der FIFA und Chef des WM-Organisationsausschusses, Entwarnung.

Angetan von den scharfen Sicherheitsvorkehrungen, die manchen Nationalspieler erschreckten, gewann er den Eindruck, dass die Endrunde bei den Generälen gut aufgehoben sei. Der deutsche Bundestrainer Helmut Schön kam nach diesem Trip über den lateinamerikanischen Kontinent noch zu einem anderen Fazit: »Wir sind in der Vorbereitung weiter als vor der letzten WM zum gleichen Zeitpunkt«, gab sich der feinnervige Sachse überraschend zuversichtlich. Die Vier-Länder-Reise mit vier Spielen in zehn Tagen hatten die Bundesligaprofis ohne Niederlage bewältigt und mit Er-

WELTMEISTERSCHAFT 1978 IN ARGENTINIEN

folgen in Buenos Aires (3:1 gegen Argentinien) und in Rio (1:1 gegen Brasilien) gekrönt.

Die Auslosung im Januar 1978 verlief ohne Zwischenfälle. Die Monteneros schwiegen, und das Zeremoniell im Teatro San Martin geriet zu einer Art Idylle: Immer wenn der dreijährige Ricardo Texeira Havelange, Enkel des brasilianischen FIFA-Präsidenten, mit seinen Patschhändchen ein Los aus der Trommel zog, erschien ein trachtengewandetes Mädchen des entsprechenden Teilnehmerlandes hinter dem Vorhang und verneigte sich brav lächelnd vor dem Publikum.

Weltmeisterschaft 1978 – Der Verlauf des Turniers

Erste Finalrunde	Zweite Finalrunde	Finale
Gruppe 1 1. Italien 2. Argentinien 3. Frankreich 4. Ungarn	**Gruppe A** 1. Niederlande 2. Italien 3. Deutschland 4. Österreich	
Gruppe 2 1. Polen 2. Deutschland 3. Tunesien 4. Mexiko		Argentinien 3 Niederlande 1
Gruppe 3 1. Österreich 2. Brasilien 3. Spanien 4. Schweden	**Gruppe B** 1. Argentinien 2. Brasilien 3. Polen 4. Peru	
Gruppe 4 1. Peru 2. Niederlande 3. Schottland 4. Iran		**Um den dritten Platz** Brasilien 2 Italien 1

Was hinter den Kulissen geschah, war weniger rührend. Im Gerangel um Privilegien gelang es den Italienern auf Betreiben ihres UEFA-Präsidenten Artemio Franchi in die Buenos-Aires-Gruppe zu kommen, obwohl sie als Achter der letzten WM keinen Anspruch darauf hatten, gesetzt zu werden. Opfer der Machenschaften wurde Polen, WM-Dritter 1974.

Besonders böse waren die Franzosen, die in einen Topf mit Tunesien, dem Iran und mit Österreich geworfen wurden. Auf diese Weise landeten sie in der stärksten Gruppe mit Argentinien, Italien und Ungarn.

Als Drahtzieher vermuteten sie einen Deutschen: »Neuberger war der starke Mann, der die Gruppeneinteilung maßgeblich beeinflusst hat. Er hat alles zum Wohle des Weltmeisters getan«, empörte sich Trainer Michel Hidalgo, den die Spieler nach der Qualifikation über Bulgarien auf den Schultern durchs Pariser Prinzenpark-Stadion getragen hatten.

Stationen auf dem Weg ins Finale. Ardiles wird von Scirea (Nr. 8) zu Fall gebracht, Cabrini sichert den Ball gegen Bertoni (Nr. 4) ab – Italien gewinnt in der ersten Finalrunde gegen Argentinien 1:0.
Rechte Seite: Kopfball von Kempes, dem drei Peruaner entgegenspringen. Als Peru gegen Argentinien sang- und klanglos 0:6 verliert, wird von Schiebung gesprochen.

Tatsächlich bastelte der kleine Ricardo eine Gruppe zusammen, die ganz nach dem Geschmack des DFB-Präsidenten und seines Angestellten Helmut Schön war. Neben Polen waren Tunesien und Mexiko die Gegner der ersten Hauptrunde.

An der Fußball-Börse wurde die Aktie der Deutschen ähnlich hochgehandelt wie die des Veranstalterlandes und der Brasilianer. Doch je näher der Zeitpunkt des Eröffnungsspiels rückte, desto mehr zerbröselte das Ansehen des amtierenden Weltmeisters, der in den abschließenden Testspielen schwache Leistungen bot. Die Niederlagen gegen Brasilien (0:1 in Hamburg) und gegen Schweden (1:3 in Stockholm) erzürnten die Öffentlichkeit so sehr, dass Berti Vogts, der Kapitän nach Beckenbauer, die Abreise kaum erwarten konnte. Vogts vermisste bei den Medien das, was man vielleicht nationale Solidarität hätte nennen können.

WELTMEISTERSCHAFT 1978 IN ARGENTINIEN

Im nachhinein erwies sich die gelungene Südamerikareise als Bumerang. Hermann Neuberger versuchte, sich und den Kritikern einzureden, dass es auch ohne Beckenbauer geht, der Neubergers Selbstbewusstsein empfindlich verletzt hatte, als er einen millionenschweren Cosmos-Vertrag dem Angebot des obersten Fußballfunktionärs vorzog, in absehbarer Zukunft unter Derwall Trainer beim Fußballbund zu spielen.

Halbherzige Freigabeersuchen und hochgeschraubte Bedingungen ließen erkennen, dass man ernstlich die Teilnahme des Münchners am WM-Turnier nicht ins Kalkül zog. Uli Stielike, von Gladbach zu Real Madrid gewechselt, fiel unter das Verdikt, dass Spieler im Ausland nicht für die WM berücksichtigt werden.

Andere dachten da anders. Argentiniens Trainer Cesar Luis Menotti bestand darauf, daß Mario Kempes, der beim FC Valencia im Solde stand, für die WM über den Atlantik kam. Und Österreichs Bundestrainer Helmut Senekowitsch wäre wohl zu-

Tor durch Ernie Brandts – Holland schlägt in der zweiten Finalrunde Österreich 5:1.

rückgetreten, wenn man ihm den Verzicht auf die »Fremdenlegionäre« vorgeschrieben hätte. Aber auch die Holländer, die Johan Cruyff gewissermaßen auf den Knien anflehten, noch einmal für Holland zu streiten, die Schweden oder die Schotten wollten und konnten ihre im Ausland tätigen Profis nicht übersehen.

Prügel vor der Abreise hatten auf die Erwartungen der Bundesbürger keinen dämpfenden Einfluss. Noch ein paar Wochen vor der WM glaubten 60 Prozent an eine erfolgreiche Titelverteidigung. Wie immer verließ man sich auf die Fähigkeit der Deutschen, sich von Spiel zu Spiel steigern zu können.

Nach dem Eröffnungsspiel gegen Polen im River-Plate-Stadion stellte sich schnell Ernüchterung und die Erkenntnis ein, dass einiges in dieser deutschen Mannschaft durcheinanderging. »Das war Fußball zum Abgewöhnen«, bemerkte Polens Trainer Jacek Gmoch, verärgert über das Unvermögen seiner Stürmer Lubanski, Lato und Szarmach, Kapital aus den Schwächen des Gegners im 0:0-Spiel zu schlagen.

Hermann Neuberger gar fühlte sich in die Vergangenheit zurückversetzt: »Das war Fußball wie vor 20 Jahren«, verteilte er Schelte nach beiden Seiten.

Die Premiere war zur Farce geraten und stand in deutlichem Kontrast zum Aufwand, den gerade Polen und die Bundesrepublik Deutschland betrieben hatten.

Mathematiker, Statistiker, Ernährungsexperten und eine Psychologin begleiteten die Polen nach Argentinien. Doch Wissen um Gegner und eigene Psyche konnte nicht

WELTMEISTERSCHAFT 1978 IN ARGENTINIEN

verhindern, daß den Helden von 1974 das Spielfeuer ausging. Weder Lato, in Deutschland Torschützenkönig, noch Deyna, der schlaksige Regisseur aus Warschau, und schon gar nicht Mittelstürmer Szarmach aus Zabrze vermochten die Vergangenheit zu beschwören.

Auch die Deutschen machten in Perfektion. Sie hatten ihr eigenes Fleisch, ihr eigenes Brot, ihren eigenen Koch, ihren eigenen Musikanten und sogar eigenes Sicherheitspersonal mitgebracht, was dem Veranstalterland arg missfiel. GSG-9-Leute bewachten das Quartier der Spieler Tag und Nacht und ließen die Kicker aus Alemania sogar dann nicht aus den Augen, wenn sie einmal zum Zuschauen ins Stadion von Cordoba fuhren.

Günstig traf es sich für die Deutschen, dass im zweiten Spiel der Gegner Mexiko hieß. Die sensationelle Niederlage gegen Afrikas Repräsentanten Tunesien hatte die Mannschaft total verunsichert, und die Reaktion in der Heimat ihr den Rest gegeben: Freunde und engste Verwandte wurden beschimpft, bespuckt und verhöhnt.

So erreichte das Befinden der Mexikaner Stunden vor dem Spiel gegen den Weltmeister einen Tiefpunkt. Null zu sechs unterlagen die Mittelamerikaner.

Packender Zweikampf mit Handgreiflichkeit: Brasiliens Mittelstürmer Reinaldo kommt gegen Spaniens Antonio Ramirez trotzdem nicht an den Ball

Im dritten Spiel freilich fiel wieder der Vorhang, wurde erneut sichtbar, dass es Helmut Schön nicht geglückt war, aus den vielen Vorbereitungsspielen eine echte Mannschaft herauszufiltern. Die Feierabendkicker aus Tunis, denen der Weisweiler-Schüler Mejid Chetali europäische Härte eingebleut hatte, spielten die Deutschen mit afrikanischer Geschmeidigkeit meschugge und an den Rand des Abgrunds. Wären sie nur ein bisschen mutiger und mit einem 0:0 nicht schon zufrieden gewesen, der »Mundial« hätte sein ganz großes Ereignis gehabt. Statt der Afrikaner hätten dann die hochdotierten Bundesliga-Stars die Koffer vorzeitig packen müssen.

In Wien empfand man Schadenfreude. Böse Zungen behaupten, Deutschlands früher so brillante Nationalelf sei jetzt erstmals in einem Zustand, in dem sie einen richtigen Trainer brauche, lästerte die »Kronenzeitung«. Hermann Neuberger mochte ähnlich denken. Jedenfalls bezweifelte er in einem Gespräch mit dem Sportinformationsdienst Düsseldorf, dass die Deutschen in Ascochinga richtig trainieren. Da Schön mit seinen Schutzbefohlenen vorwiegend im Versteck arbeitete, war es den Kritikern kaum möglich, den Wahrheitsgehalt des Neubergerschen Vorwurfs zu prüfen.

Österreich hatte gut lachen. Die Mannschaft der Alpenrepublik, vom ungeliebten Sportdirektor Max Merkel als Punktelieferant für die »großen Drei« der Gruppe drei im voraus schon abqualifiziert, besiegte Schweden und Spanien und war plötzlich in der zweiten Hauptrunde.

Viel hätte nicht gefehlt, und Brasilien wäre in der ersten Runde steckengeblieben. Die Elf ohne Dirigenten Rivelino mußte Alter und Aufmüpfigkeit gegen Trainer Claudio Cou-

WELTMEISTERSCHAFT 1978 IN ARGENTINIEN

Jubelpose und Katzenjammer. Hans Krankl (rechts) schießt in der ersten Finalrunde den entscheidenden Treffer zum 2:1 der Österreicher über Spanien und ist auch der Vollstrecker des Sieges über Deutschland.
Linke Seite und unten: Berti Vogts, ein Bild des Jammers nach Krankls Treffer – von seinem Oberschenkel ist der Ball ins Tor geprallt.

tinho mit einem Dauergastspiel auf der Ersatzbank bezahlen – benötigte nach zwei kargen Unentschieden gegen Spanien und Schweden ein Tor gegen die Österreicher. Ein 0:0 der Brasilianer hätte die Spanier mit der besseren Torquote bei gleichem Punktestand weitergebracht.

Das goldene Tor fiel auch. Erzielt wurde es von einem Spieler, den Verbandspräsident Admiral Helenio Nunes ins Team drückte: Roberto, das Patenkind des Admirals.

Mit Brasilien und Trainer Coutinho waren die Leute in Rio und Sao Paulo nach Abschluss der ersten Hauptrunde nicht zufrieden. Aber auch Österreichs Trainer Helmut Senekowitsch hätte ein anderer Österreicher am liebsten zum Teufel gewünscht. Doch Sportdirektor Merkel hatte sich selbst eins ausgewischt, als er vor Beginn des Turniers wieder abgereist war, nicht ohne noch ein paar deftige Sprüche in Buenos Aires zurückzulassen. »Ich war bei der Hochzeit nicht dabei und will auch bei der Beerdigung nicht anwesend sein«, hatte er seinen Rückzug begründet und damit vielleicht die Tiroler und die Wiener, die sich mit Senekowitsch prima vertrugen, erst richtig motiviert.

Die Argentinier brauchten solchen Anreiz nicht. »Wir kämpfen für unser ganzes Land«, versprach Kapitän Passarella und besorgte mit seinem Schwur ungewollt die Geschäfte der herrschenden Militärs, die die WM als PR-Aktion für ihre Politik und den Erfolg als Alibi für horrende Ausgaben wünschten. Den Gegenwert von mehr als einer Milliarde Mark hatten die Neu- und Umbauten der Fußballarenen, die Erweiterung der Flughafengebäude, die Einrichtung eines Fernmeldenetzes, die Installation des Farbfernsehens und die WM-Bürokratie verschlungen. Finanzminister Juan Aleman kritisierte diese Ausgaben scharf, doch seine Worte gingen im Jubel des argentinischen Volkes unter, das die Gefühle sprechen ließ und mit Leidenschaft hinter seiner Mannschaft stand.

Klaus Fischer wird von mehreren Tunesiern gestoppt.

Zu Leidenschaft und Disziplin, die Menotti seinen Spielern einimpfte, ohne Improvisationstalent und Spielfreude zu bremsen, musste freilich noch etwas mehr kommen, um den fünf Kilo schweren, aus 18karätigem Gold bestehenden Weltpokal zu gewinnen: Ein bisschen Glück und Begünstigung, die in merkwürdigen Schiedsrichterentscheidungen und in späten Spielansetzungen bestand.

So wussten die Argentinier genau, wie hoch sie gegen Peru im letzten Spiel der zweiten Hauptrunde siegen mussten, um das Endspiel nicht zu verpassen. Brasilien aber, am Nachmittag 3:1-Sieger über Polen, musste ohnmächtig mitansehen, wie sich die Peruaner am Abend den Laden vollhauen ließen. Argentinien hätte ein 4:0 genügt, gewann aber 6:0. Peru indes musste mit dem Vorwurf leben, das Spiel verkauft zu haben. »Das war Verrat am Fußball«, tobte Brasiliens Trainer Coutinho.

Als letzter Vertreter der alten südamerikanischen Fußball-Schule hatten die Peruaner die Gruppe vier dominiert, vor Holland und Schottland den Sieg erspielt und mit Teofilo Cubillas auch noch den Stürmer, der am ehesten dem großen Pelé nahekam. In der zweiten Hauptrunde verblasste der Glanz der dunkelhäutigen Rastellis, wurden sie im harten Ringen um Prestige und Preise niedergekämpft.

Auch den Italienern ging im zweiten Durchgang die Luft aus. In der ersten Hauptrunde hatten sie sich große Sympathien erworben, zumal sie forsch auf Angriff spielten und totale Abkehr vom berüchtigten Catenaccio demonstrierten. Die Harmonie war zwangsläufig, denn Trainer Enzo Bearzot griff oft auf acht bis neun Juventus-Spieler zurück.

Beim 0:0 gegen Deutschland wurden erhebliche Schwächen beim Abschluss deutlich. Stürmerstars wie Bettega und Rossi träfen auf einmal nicht mehr, und im Mittelfeld hielt Antognoni so wenig durch wie auf deutscher Seite Heinz Flohe, den ein Muskelfaserriss gegen die Azzurri zur vorzeitigen Heimreise zwang.

WELTMEISTERSCHAFT 1978 IN ARGENTINIEN

Den Holländern gebührt das Verdienst, nach einer höchst unzulänglichen ersten Runde in der zweiten viel zur Ehrenrettung einer nicht gerade berauschenden Weltmeisterschaft beigetragen zu haben. Mut zum Angriffsspiel, Frechheit der Jugend (Poortvliet, Brandts, Wildschut) und ein alternder Haudegen Arie Haan, der viel Ehrgeiz in seine letzte WM investierte, trugen die »Oranjes« ins Finale.

Und auch Österreich, beim 1:5 gegen die Holländer vorübergehend »weggetreten«, raffte sich noch einmal zu kolossalen Kraftakten auf. Gegen Italien kassierte man eine unglückliche 0:1-Niederlage, doch gegen Deutschland gelang der Triumph, auf den man länger als 40 Jahre gewartet hatte. Verkrampft und verzagt unterlagen die Schön-Männer 2:3.

»Mit Beckenbauer wäre es nicht schlechter gelaufen«, erlaubte sich Hansi Müller ein verbales Späßle. Dabei verhinderten nur zwei »Blackouts« gegen Holland (2:2 sechs Minuten vor Schluss) und gegen Österreich (2:3 zwei Minuten vor Schluss), dass die Deutschen in das Endspiel einzogen.

Dass sie dort nichts zu suchen hatten, unterstrichen das Spiel um Platz drei, das Brasilien mit zwei Weitschüssen gegen Italien 2:1 gewann, und das Endspiel zwischen Holland und Argentinien, das Argentiniens junger Trainer Cesar Luis Menotti (39) zum Anlass nahm, mit seinen Kollegen abzurechnen. »Meine talentierten klugen Spieler haben die Diktatur der Taktik und den Terror der Systeme besiegt«, sagte er.

Um ein Haar hätte er diese Worte nicht gesprochen, denn in der letzten Minute der regulären Spielzeit schoss Rob Rensenbrink den Ball gegen den Pfosten. Wäre der Ball ins Tor gegangen, hätte Holland anstelle der Argentinier den WM-Sieg gefeiert.

Die Ironie des Schicksals wollte es, dass Holland eine der beiden Niederlagen von einer Mannschaft kassierte, die es nicht einmal geschafft hatte, den Iran zu schlagen und deren Trainer Ally MacLeod, vor dem Abflug zur WM getönt hatte: »Wir fahren nach Argentinien, um Weltmeister zu werden.«

Der 3:2-Sieg über Holland bewahrte die Schotten vor schlimmsten Schmähungen, an Sticheleien fehlte es nicht. Und MacLeod durfte sich nach einem neuen Job umsehen.

Bedauert werden mussten die Franzosen, die nur durch suspekte Schiedsrichter-Entscheidungen um die Chance gebracht wurden, der ihnen zugedachten Rolle als Geheimfavorit gerecht zu werden.

Frankreich spielte den Fußball, der hätte Signale für die Zukunft setzen können. Argentiniens aggressiver Stil, getragen von den Gefühlen eines geschundenen Volkes, das Vergessen und Anerkennung zugleich im »Mundial« suchte, war eine Schöpfung für den Augenblick. Menottis Liebling, Mario Kempes, zum Besten dieser Weltmeisterschaft gekürt, nahm die spanische Staatsbürgerschaft an, damit sein Brötchengeber, der FC Valencia, noch einen Ausländer mehr beschäftigen kann. – So eng sind im Fußball Geld und Gefühl verknüpft.

Endspiel Argentinien — Niederlande
Stierkampf-Atmosphäre im Fußballstadion

Zwei Tage vor dem Finale kletterten die Schwarzmarktpreise ins schier Unermessliche. Das Sheraton Hotel war Ziel der Händler. Bis zu 1000 Dollar, so wurde kolportiert, sollte eine Karte bringen. Doch nachdem die Polizei einige der Wucherer festgesetzt und die Nachricht von den Festgenommenen die Runde gemacht hatte, pendelte sich alles wieder ein, Für 100 Dollar konnte man in Buenos Aires am Tag des Endspiels eine Karte bekommen.

Viele Stunden vor dem Spiel bereits stauten sich die Autos in der Avenida de Libertador, veranstalteten die Hinchas mit Hupen und Rasseln einen ohrenbetäubenden Lärm. Eine Stunde vor dem Anpfiff, 14 Uhr Ortszeit, war schon keine Lücke mehr im Stadion River Plate zu entdecken. Die Ränge waren in Hellblau und Weiß, die Nationalfarben Argentiniens, getaucht. Die holländischen Fußball-Fans, ein paar Hundert vielleicht, wirkten in diesem Zweifarbenmeer wie orangefarbene Kleckse.

Jansen, Haan, Brandts und Krol gegen Luque.

WELTMEISTERSCHAFT 1978 IN ARGENTINIEN

Der Torschützenkönig Argentiniens: Mario Kempes

Vor dem Endspiel hatte es Diskussionen um den Schiedsrichter gegeben. UEFA-Präsident Artemio Franchi vor allem, auch in der FIFA einflussreich, soll dafür gesorgt haben, dass ein Mann seiner Wahl das Finale pfeifen würde: Sergio Gonella, Italiener wie Franchi, galt als Favorit der Top-Funktionäre. Und er bekam das Spiel dann auch.

Pünktlich um 15 Uhr bat Gonella die beiden Teams zur Spielfeldmitte. Doch von den Argentiniern war zunächst nichts zu sehen. Als sie verspätet aufliefen, machten sie gleich Rabatz. Spielführer Daniel Passarella beschwerte sich bei Gonella über die Handmanschette, die Rene van de Kerkhof seit seinem Unfall im Spiel gegen den Iran trug. Der Stürmer des PSV Eindhoven hatte einen Knochen angebrochen. Bis zu dieser Stunde hatte an der Manschette niemand Anstoß genommen.

Bestürzt über den Protest rannte Rene van de Kerkhof zu Trainer Ernst Happel, der veranlasste, daß die Holländer das Spielfeld wieder verließen. Die Manschette wurde mit Mull umwickelt. Das Publikum, das nicht wissen konnte, was gespielt wurde, machte sich durch schrille Pfiffe Luft. Sieben Minuten blieben die Holländer verborgen, dann tauchten sie wieder auf. Rene van de Kerkhof musste seine Hand erneut vorzeigen, und nachdem die Argentinier den neuen Verband akzeptiert hatten, konnte das Endspiel endlich beginnen.

Tore im Endspiel.
2:1 für Argentinien durch Kempes.
Links: der alles entscheidende Treffer zum 3:1 in der 115. Minute durch Bertoni.

Jan Poortvliet, ein junger Mann aus Eindhoven, erst bei der WM in den Blickpunkt der holländischen Fans gerückt, ließ sich gleich mit Osvaldo Ardiles, dem grazilen Mittelfeldspieler der Argentinier, auf eine wüste Rempelei ein. Und Johan Neeskens und Americo Gallego tauschten nach einem Zusammenstoß böse Blicke aus. Sie signalisierten erbitterte Rivalität. Bei jedem Zweikampf schrien die Besucher vor Begeisterung »Ole« – Stierkampf-Atmosphäre im Fußballfinale.

Die Holländer ließen sich von der Härte überhaupt nicht beeindrucken. Im Gegenteil, man hatte manchmal das Gefühl, dass sie die persönliche Auseinandersetzung geradezu suchten. – In der 14. Minute zog Gonella zum ersten Male die Gelbe Karte. Der Italiener hielt sie Mannschaftskapitän Ruud Krol unter die Nase, der gegen Bertoni ziemlich heftig eingestiegen war.

Die erste große Chance des Spiels hatten die Holländer. Rensenbrink sprang nach einem Freistoß von Arie Haan höher als Galvan und Passarella, lenkte den Ball jedoch mit der Stirn am Tor vorbei.

Während die Holländer ihre Angriffe steil anlegten, kamen die Argentinier auf breiter Front. Man bekam das Gefühl, dass jeder sein Tor schießen wollte, für die schnellen holländischen Mittelfeldspieler Willie van de Kerkhof und Neeskens war das ein gefundenes Fressen. Ardiles stürmte am eifrigsten. Doch recht schnell wurde sichtbar, daß der kleine Mann mit der Gewandtheit eines Kunstturners an diesem Tage nicht die Kraft hatte, das Spiel der Argentinier nach vorn zu peitschen.

Im Duell mit Arie Haan, dem knorrigen Ajax-Spieler, den Rensenbrink zu Anderlecht geholt hat, zog Ardiles immer häufiger den Kürzeren. Haan wurde zur dominierenden Figur im Mittelfeld, lebhaft unterstützt von den technisch starken Brüdern van de Kerkhof. Nur gelegentlich kamen die Argentinier in der ersten Halbzeit vor das Tor der Holländer. Willie van de Kerkhof, wohl der schnellste Spieler auf dem Platz, passte auf Mario Kempes, Ernie Brandts, ebenfalls ein Mann aus Eindhoven, auf Leopoldo Luque wie ein Schießhund auf.

Nur am rechten Flügel erzielten die Argentinier hin und wieder ein paar »Einbrüche«. Jan Poortvliet war von der Physis her dem bulligen Bertoni nicht gewachsen. Eine Flanke von Bertoni schoss Kapitän Passarella, der manchmal wie ein wildgewordener Handfeger nach vorn fegte, mit großer Vehemenz übers Tor.

Kurz vor dem Halbzeitpfiff wurden die Zuschauer, die sehr ruhig geworden waren, dann von der Angst, dass die Holländer am Ende wohl die bessere Mannschaft sein würden, durch ein Prachttor des Mannes erlöst, den eine FIFA-Jury zum Spieler der WM '78 wählte: Mario Kempes. Er schoss in der 38. Minute bei einem der wenigen Gegenstöße seiner Elf das 1:0, als er auf kleinem Raume seinen Bewacher Willie van de Kerkhof abschüttelte und anschließend Jongbloed mit einem Flachschuss überlisten konnte.

Fremde Argentinier umarmten sich, schrien minutenlang ihr »Argentina« durchs Stadion und verdrängten so ihre Zweifel.

Bertoni hatte in der 43. Minute sogar die Gelegenheit, das 2:0 zu erzielen, als er von Kempes schön freigespielt wurde, Jongbloed den Ball aber in die Arme schoss. Zu diesem Zeitpunkt wären zwei Tore Vorsprung freilich ein schlechter Scherz gewesen. Die Holländer waren vor dem Tor sehr gefährlich und kamen in der 44. Minute auch zur besten Kombination des Spiels. Bei einer Kopfballvorlage von Neeskens in den freien Raum schlängelte Rensenbrink sich wie eine Schlange zwischen zwei Argentiniern hindurch, scheiterte mit seinem scharfen Schuss allerdings an Fillol, der im Herausstürzen klärte, nachdem er vorher schon einmal mit einer Reflexreaktion Rep am Einschuss gehindert hatte.

Weltmeister 1978:
Argentiniens Kapitän Passarella

Auf dem Weg in die Kabinen durften sich die Holländer zu Recht über das Schiedsrichtergespann beklagen. Mit seiner Fahne hatte der Österreicher Linemayr Schiedsrichter Gonella wenigstens zweimal veranlasst, ungerechtfertigt Abseits zu pfeifen und so die Holländer um eine Chance gebracht.

Nach dem Wiederanpfiff erschreckte Neeskens den Gegner gleich mit einem Weitschuss, den Fillol zur Ecke lenken konnte. Die Holländer, das wurde immer deutlicher, steuerten auf den Ausgleich zu. In der 49. Minute wurde ihr Sturmlauf aufs argentinische Tor kurzzeitig unterbrochen. Arie Haan hatte den Publikumsliebling Mario Kempes am Kopf getroffen und ein minutenlanges Pfeifkonzert provoziert. Kempes fiel wie mit der Axt gefällt zu Boden, war aber schnell wieder auf den Beinen.

Die Argentinier, die zusehends in Not gerieten, beriefen sich jetzt häufiger auf die Abseitsfalle, in die die Holländer recht oft hineintappten. Libero Krol bekam kaum noch Arbeit, weil sich seine Kollegen meist schon im Mittelfeld die verlorenen Bälle zurückholten. In der 66. Minute schickte Cesar Luis Menotti für Ardiles den blonden Hitzkopf Omar Larrosa ins Spiel. Der brachte zwar mehr Leben, aber keineswegs mehr Linie ins Spiel.

Obwohl es bei den Holländern recht gut lief, nahm auch Ernst Happel einen Austausch vor. Happel missfielen die kraft- und zeitraubenden Soli des für Bastia stürmenden Johnny Rep. Dirk Nanninga, der kopfballstarke Kämpfer aus Kerkrade, war ihm

WELTMEISTERSCHAFT 1978 IN ARGENTINIEN

gerade recht als Unruhestifter. Mit Hingabe warf sich Nanninga (gegen Deutschland wegen Wortwechsels mit dem Schiedsrichter vom Platz gestellt) in alle Flanken. Nach Rep konnte sich auch Wim Jansen umziehen. Als er in der 72. Minute ging, kam Wim Suurbier, mit 33 Jahren nach Jongbloed (37) der Älteste im Oranje-Team. Suurbier übernahm Gallego, der von der Figur her an Gerd Müller erinnerte, und Brandts verstärkte die Sturmreihe.

Drei Minuten später erschöpfte auch Menotti sein Auswechselkontingent, versuchte mit dem kleinen Flitzer Houseman, der sich 1974 in die Herzen der Deutschen gespielt hatte, das Sturmspiel neu anzukurbeln. Mit bangen Gesichtern starrten die argentinischen Zuschauer auf den Minutenzähler an der elektronischen Anzeigetafel. Wird es reichen, fragten sie sich. Neun Minuten vor dem regulären Spielende reichte es noch, doch dann wurde Nanninga für seinen Einsatz bei hohen Flanken mit einem Kopfballtor belohnt.

Eins zu eins – und die Furcht der Argentinier wurde immer größer, erreichte schließlich ihren Höhepunkt, als Rensenbrink den Ball in der letzten Spielminute an den Pfosten knallte. Ein paar Zentimeter weiter nach rechts und Holland wäre Weltmeister gewesen!

So aber ging es in die Verlängerung, in der das Spiel noch eine dramatische Zuspitzung erfahren sollte. Zunächst einmal wälzte sich Larrosa am Boden, nachdem ihm Suurbier in die Beine getreten hatte. Zwei Minuten später lag Poortvliet am Boden, Larrosa hatte sich gerächt. Als Poortvliet seine Wut daraufhin an Kempes ausließ, bekam er die Gelbe Karte.

Die Härte überschritt gelegentlich auf beiden Seiten die Grenzen des Erlaubten. Doch als es fast danach aussah, als wollten sich die beiden Teams ins Wiederholungsspiel balgen, schlugen die Argentinier zu; spielte sich Kempes an Willie van de Kerkhof vorbei. Zum zweiten Mal feierten die Mannschaftskollegen den jungen Cordobeser, der beim FC Valencia sein Geld verdient, als Torschützen.

Dieses Tor in der 105. Minute stimulierte die Argentinier. Auf einmal war wieder Stimmung im Stadion. Die Hauskatzen hatten sich wieder in Pumas verwandelt. Während die Holländer total von der Rolle gerieten, entfachten die Argentinier noch einmal südamerikanische Spielfreude, stürmten sie, daß das Stadion bebte. In der 115. Minute des Zweistundenspiels fiel dann die Entscheidung. Bertoni, von Suurbier nicht zu bremsen, tankte sich durch den Strafraum und schloss mit einem Flachschuss zum 3:1 ab.

Der Schlusspfiff ging im Jubel unter.

Nach den Spielern erobern die Fans das Fußballfeld. Der Fußball-Karneval nach dem Fußball-Sieg dauert 24 Stunden.

Weltmeisterschaft 1982 in Spanien

Zum ersten Mal in der Geschichte der Weltmeisterschaften durften 24 Nationen zur Endrunde fahren. Für den Deutschen Hermann Neuberger, den zweiten Mann im Weltfußballverband (FIFA), war das eine Niederlage, für Dr. Joao Havelange, den Präsidenten, ein Sieg.

Mit viel Engagement und der ihm eigenen Eloquenz hatte der steinreiche Brasilianer die Erweiterung des Teilnehmerfeldes durchgesetzt und sich damit weltweit beliebt gemacht: Bei den Entwicklungsländern, beim Gastgeberland und bei den multinationalen Konzernen, die sich die Werberechte erkauft hatten. Und natürlich hatte Havelange auch das Wohl der FIFA im Auge, die mit entsprechenden Prozenten an allen Geschäften beteiligt war.

Weltmeisterschaft 1982 – Der Verlauf des Turniers

Erste Finalrunde	Zweite Finalrunde	Semifinale	Finale
Gruppe 1 1. Polen 2. Italien 3. Kamerun 4. Peru	**Gruppe A** 1. Polen 2. UdSSR 3. Belgien		
Gruppe 2 1. Deutschland 2. Österreich 3. Algerien 4. Chile		Italien 2 Polen 0	
Gruppe 3 1. Belgien 2. Argentinien 3. Ungarn 4. El Salvador	**Gruppe B** 1. Deutschland 2. England 3. Spanien		Italien 3 Deutschland 1
Gruppe 4 1. England 2. Frankreich 3. ČSSR 4. Kuwait	**Gruppe C** 1. Italien 2. Brasilien 3. Argentinien	Deutschland 3* Frankreich 3	
Gruppe 5 1. Nordirland 2. Spanien 3. Jugoslawien 4. Honduras	**Gruppe D** 1. Frankreich 2. Österreich 3. Nordirland		**Um den dritten Platz** Polen 3 Frankreich 2
Gruppe 6 1. Brasilien 2. UdSSR 3. Schottland 4. Neuseeland		* Deutschland Sieger durch Elfmeterschießen 5:4	

WELTMEISTERSCHAFT 1982 IN SPANIEN

24 Mannschaften, 52 Spiele in einem Monat – das, so fürchteten Experten von Moskau bis Rio, werde letztlich Langeweile produzieren, dem Fußball weltweit Schaden zufügen. Viele Trainer von Rang schenkten sich die erste Hauptrunde, waren der Meinung, daß der »Mundial« in der zweiten Hauptrunde erst wirklich begänne.

Der große Irrtum war nicht vorauszusehen, so wenig wie das heillose Durcheinander beim Auslosungszeremoniell am 16. Januar 1982 im

El Salvador – Algerien – Kamerun, exotische Mannschaften waren ein belebendes Element der Weltmeisterschaft 1982. Sie machten manchem Favoriten zu schaffen. Belgien hatte im Eröffnungsspiel Titelverteidiger Argentinien geschlagen und dann mit El Salvador alle Mühe, wie in dieser Szene dokumentiert ist. Die Mittelamerikaner gewannen zwar nicht einen einzigen Punkt – aber viele Sympathien.

Und ein Superstar feierte Wiederauferstehung: Italiens Paolo Rossi, hier im Zweikampf mit dem Polen Kusto.

Als Superstars vorgewettete Spieler kamen wegen Verletzung nicht zum Zuge – so wie Karl-Heinz Rummenigge (beim ärgerlichen 1:2 gegen Algerien) – oder wurden gar entzaubert, so wie Argentiniens Diego Maradona (Rechts: im Zangengriff eines Spielers aus El Salvador).

Madrider Kongresspalast. Eine halbe Milliarde Menschen an den Bildschirmen bekamen Komödienstadel auf spanisch zu sehen. Erst wurden Schottland und Belgien auf den Anzeigetafeln falsch gesteckt, dann streikten die Lostrommeln, und zum Schluss fielen die Plastikkugeln auseinander. Die spanische Zeitung »Diario 16« nannte die Veranstaltung »Kurpfuscherei«, die Kommentatoren amüsierten sich.

Bei den deutschen Fußballfreunden und ganz besonders bei den Funktionären des Deutschen Fußball-Bundes und Bundestrainer Jupp Derwall löste der Losentscheid helles Entzücken aus. DFB-Präsident Hermann Neuberger, Vorsitzender des WM-Organisationskomitees der FIFA, konnte ein Grinsen nicht unterdrücken, als Österreich aus der Glastrommel gefischt wurde. Längst waren die DFB-Kicker von der Neurose genesen, die ihnen die Männer der Alpenrepublik mit dem WM-Knockout 1978 in Cordoba vermacht hatten.

In zwei Qualifikationsspielen für die WM '82 war die Fußball-Hierarchie wieder zurechtgerückt worden, Österreich hatte seinen Schrecken verloren. Und da zwei der vier Mannschaften jeder Gruppe weiterkommen sollten, Algerien und Chile im Geiste schon abgehakt waren, konnten sich die Deutschen und Österreicher beruhigt auf Quartiersuche für die zweite Hauptrunde in oder um Madrid herum begeben.

WELTMEISTERSCHAFT 1982 IN SPANIEN

Die Hauptstadt im Herzen Kastiliens war für Spanien und die Westeuropäer reserviert, ein Zusammentreffen mit Brasilien oder Argentinien, den Giganten aus Südamerika, vor dem Finale ausgeschlossen. Ein raffiniert ausgeklügelter Plan, der Spanien und Deutschland erheblich begünstigte, wollte das so.

Schließlich – und hier dachten die FIFA und das Ausrichterland synchron – wollte man garantieren, dass diese beiden Länder so lange wie möglich im Rennen bleiben würden. Motto: Die Weltmeisterschaft sollte ja auch ein Geschäft werden. Sie wurde ein Geschäft, was die Vermarktung des reichlich infantilen Maskottchens »Naranjito« und anderer WM-Symbole und auch die Stadionwerbung betraf, sie wurde es nicht, was die Besucherzahlen anging.

Deutschland – Österreich in Gijon; Befriedigte Gesichter nach dem Schlußpfiff – Breitner mit Krankl, Magath mit Degeorgi ...

Der Reinfall wurde schon sichtbar, als Titelverteidiger Argentinien und Belgien zum Eröffnungsspiel den Rasen des Nou-Camp-Stadions von Barcelona betraten. Den Besuchern bot sich ein unbekanntes Premierenbild: Das Stadion war nicht ausverkauft.

Einige Wochen vor Beginn der WM hatte der Falklandkrieg politischen Zündstoff ins Spiel gebracht. Argentinier und Briten entdeckten Nationalgefühle. Osvaldo Ardiles, der feingliedrige Mittelfeldspieler des amtierenden Weltmeisters, verließ England, wo er bei den Tottenham Hotspurs unter Vertrag stand. Und Fußball-Funktionäre in England, Schottland und auch in Nordirland zogen einen Boykott in Erwägung.

Als dann König Juan Carlos und Königin Sophia zur Eröffnungsfeier ins Nou Camp nach Barcelona baten, hatten sich die Konfliktwolken am Fußballhimmel verzogen, aufgelöst waren sie noch nicht. Zwischen Luftballons, Folklore- und Fahnenschau, war auch ein Transparent aufgespannt, das die Aufschrift trug: »Las Malvinas son Argentinas« (Die Malvinen gehören Argentinien).

Mit Edson Arantes do Nasceimento, Pelé also, Franz Beckenbauer und Bobby Charlton waren Fußball-Größen der Vergangenheit unter den 85 000 in der 120 000 Zuschauer fassenden Arena des CF Barcelona. Sie provozierten die Frage, wessen Handschrift wohl diese WM tragen werde. Für bundesdeutsche Gazetten reduzierte sich das Thema auf die Frage: Rummenigge oder Maradona. Jupp Derwall rührte kräftig die Trommel für seinen Star. Mit der Floskel »Rummenigge ist mir lieber«, heizte der Bundestrainer, für die Zeit des Mundials wie Rummenigge von »Bild« als Kommentator eingekauft, die Stimmung für den »Kollegen« an.

Schon lange bevor der erste WM-Ball rollte, hatte die Industrie den blonden Westfalen als Werbe-Hit entdeckt und das Wirtschaftsmagazin »Capital« herausgefunden, daß der »Kalle« aus Lippstadt in Westfalen rund 2,3 Millionen Mark neben seinem Fußball-Einkommen beim FC Bayern München im WM-Jahr versteuern müsse.

WELTMEISTERSCHAFT 1982 IN SPANIEN

Zweite Finalrunde: Toni Schumacher und Karl-Heinz Förster gegen Carlos Santillana; Deutschland gewinnt gegen Spanien.
Unten: Hans-Peter Briegel gegen Paul Mariner; Deutschland und England spielen 0:0.

Diego Armando Maradona machten solche Summen nicht neidisch. Das 21jährige Fußball-Wunderkind aus Buenos Aires, das mit den erfüllten Forderungen seines persönlichen Managers Jorge Horacio Cyterszpiler gleich zwei Clubs an den Rand des Ruins trieb und deshalb vor seinem Wechsel zum CF Barcelona vom Verband bezahlt wurde, waren schon mit 18 Jahren ein Handgeld von 600 000 Dollar, ein Monatssalär von 60 000 Dollar und pro Freundschaftsspiel der »Boca Juniors« 10 000 Dollar extra zugebilligt worden. Für Auftritte im Ausland kassierte er außerdem 20 Prozent des vereinbarten Fixums.

Zum Zeitpunkt der Weltmeisterschaft war Diego also längst vielfacher Millionär und »Europäer« dazu – der Baulöwe Nunez, millionenschwerer Präsident des CF Barcelona, hatte das Tauziehen um den torgefährlichen Dribbler gewonnen, den Gegenwert von fast 20 Millionen DM nach Argentinien überwiesen und dort zwei Clubs sanieren geholfen, die sich Maradona gar nicht leisten konnten.

Trainer Luis Cesar Menotti passten die vielen Privilegien des Stürmers nicht recht in den Kram. Der Kettenraucher, der sich sogar mit der Militärjunta und der Oligarchie seines Landes angelegt und Maradona nach einem Krach im WM-Vorbereitungslager nach Hause geschickt hatte, wäre am

liebsten ohne das Hätschelkind der Nation nach Spanien gefahren. Doch die Verhältnisse, die waren nicht so. Mario Kempes, vier Jahre zuvor auf den Pracht-Avenidas der argentinischen Hauptstadt als Heros des Weltmeisters enthusiastisch gefeiert, hatte sich als spanischer Legionär um Form und Ansehen gebracht. Andere Weltmeisterspieler waren in die Jahre gekommen.

So mußte Menotti zähneknirschend die Sonderwünsche akzeptieren, die Maradona für die Zeit des Mundials beanspruchte: Mit seinem Familienclan, den er angeblich für sein seelisches Wohlbefinden brauchte, wohnte er fern von der Mannschaft im Hotel »Castelldefels«. 39 Zimmer waren für ihn reserviert.

Neben Brasilien, dem Gastgeber Spanien und Europameister Deutschland wurde Argentinien als Favorit gehandelt und bei den englischen Buchmachern entsprechend gewettet. Der Erfolgsstil von 1978 – so viel Individualismus wie möglich, so viel Mannschaftsgeist wie nötig – spukte noch immer in den Köpfen der argentinischen Fans.

Die Erwartungen der 123 Millionen Brasilianer hob der große Pelé, als er nach Besuchen im Vorbereitungslager sagte: »Das ist die beste Mannschaft seit 1970. Falls sie in der zweiten Finalrunde oder im Halbfinale auf Argentinien treffen sollte, wird der Titelverteidiger keine Chance haben.«

Pelé lag ziemlich richtig mit seiner Einschätzung. Bestätigt wurde sie schon im Auftaktspiel. Belgien, für Pelé der Geheimfavorit der WM, entzauberte Argentinien

WELTMEISTERSCHAFT 1982 IN SPANIEN

und den zum Superstar hochgeputschten Maradona. Die Mannschaft des Whisky- und Zigarrenliebhabers Guy Thys schlug den Weltmeister mit 1:0. Und die Mailänder Sportzeitung »Gazzetta dello Sport« echauffierte sich: »War das ein Sturz. Das Maradona-Fest wurde ruiniert.«

Mehr noch als der Außenseiter Belgien erschütterte Afrika-Repräsentant Algerien die Fußballwelt. Der vermeintliche Fußballzwerg entlarvte die hoch eingeschätzten Deutschen als schlecht vorbereitete Mannschaft und Bundestrainer Jupp Derwall als Großsprecher. »Die Spieler lachen mich doch aus, wenn ich ihnen einen Film über die Algerier vorführe. Die müssen wir wegputzen«, hatte er in Gijon in Pressekonferenzen immer wieder betont.

Schon nach Rückkehr von einem Südamerikatrip mit Testspielen gegen Argentinien (1:1) und Brasilien (0:1), die für den Sport-Informationsdienst so »überflüssig wie ein Blinddarm« waren, klangen die Töne der Selbstbeweihräucherung ein paar Oktaven zu schrill und marktschreierisch. »Wir wissen jetzt, daß wir keinen Gegner der Welt bei der WM zu fürchten haben«, hatte Derwall getönt und sich auch dann noch in die Brust geworfen, als sein Renommiermittelfeld mit Schuster, Magath, Hansi Müller und Breitner geplatzt war.

In der ersten Finalrunde spielt Italien dreimal unentschieden. Kameruns Emmanuel Kunde schlägt den Ball Fulvio Collovati vor der Nase weg – Giancarlo Antognani schaut zu; die Begegnung endet 1:1. Linke Seite: Bruno Conti gegen Polens Jan Jalocha beim 0:0 in Vigo;

Breitner-Intimfeind Bernd Schuster fiel durch eine komplizierte Knieoperation aus der WM-Planung, Hansi Müller und Felix Magath, gleichfalls am Knie operiert, humpelten ihrem Leistungslimit hinterher. Zudem gab Franz Beckenbauer zu bedenken: »Für die drei Mannschaften, aus denen unser WM-Kader hauptsächlich gebildet wurde, hatte die Saison traurig geendet. Der 1. FC Köln hatte überhaupt nichts erreicht, der FC Bayern nur das deutsche Pokalendspiel, verlor aber das Europacupfinale gegen Aston Villa. Und der Hamburger SV tröstete sich mit dem deutschen Meistertitel über den Verlust des UEFA-Cups hinweg, nachdem ihn der Außenseiter IFK Göteborg mit zwei Siegen und 4:0 Toren geledert hatte wie lange kein anderer Gegner mehr.«

Paul Breitner, von Derwall gegen Bedenken einiger DFB-Funktionäre und Spieler (Bernhard Dietz, Kapitän der Europameisterelf von 1980 verspielte mit seiner Kritik an Breitner die von Derwall schon zugesagte WM-Teilnahme) zurückgeholt, erwies sich gleich im ersten WM-Spiel gegen Algerien im Mittelfeld als Fehldisposition.

Italien schlägt in der zweiten Runde den Titelverteidiger Argentinien 2:1, dann Brasilien (3:2) und schließlich im Halbfinale Polen. Paolo Rossi ist der Held dieser Spiele, hier gegen Falcao.

Deutschland verlor gegen die Nordafrikaner, eine Mixtur von Legionären der französischen Profiliga und Staatsamateuren mit sozialistischer Gesinnung, 1:2 und brachte so die ganze Kalkulation durcheinander. Im Kader griff Panik um sich und die internationale Presse empfand Schadenfreude über den Sturz des Riesen.

Zum Ärgernis ersten Ranges wurde dann das letzte Spiel der wohl leichtesten Vorrundengruppe des Turniers, zwischen Österreich und der Bundesrepublik Deutschland. Ein ganz auf Profit ausgerichteter Spielplan hatte es so gewollt, dass das Spiel einen Tag nach der Partie Algerien gegen Chile in Gijon stattfand und zum Manipulieren geradezu einlud: Nach dem 3:2-Sieg der Algerier gegen die Südamerikaner stand für Deutschland fest, daß ein Sieg gegen Österreich her musste. Für Österreich hieß die Parole: Nicht höher als 0:2 verlieren, wollte man die 25 000 Mark Einzelprämie fürs Erreichen der zweiten Hauptrunde kassieren.

Was dann geschah, ging als Skandal in die WM-Geschichte ein. »Jetzt gibt es nur noch: Siegen oder Sterben«, hatte Derwall pathetisch angekündigt. Doch die Realität sah anders aus. Nach dem frühen 1:0 durch den Bundesliga-Torschützenkönig Horst Hrubesch, der den Bundestrainer später einen Feigling schimpfte und nach der WM als Nationalspieler zurücktreten sollte, veranstalteten die beiden Mannschaften ein schäbiges »Paarlaufen«, wie es Österreichs Mittelfeldspieler Roland Hattenberger mit Schmäh umschrieb. Der Ball wurde in den eigenen Reihen hin- und hergeschoben, Pfiffe des empörten Publikums (»Küsst Euch«) ignoriert. Algerische Zuschauer wedelten mit Banknoten und wollten auf diese Weise darstellen, daß das Spiel gekauft gewesen sei.

Nun, verabredet war dieses Ergebnis sicherlich nicht. Der »Nichtangriffspakt« wurde erst auf dem Rasen vereinbart. Aber Betrug am Publikum war es allemal. Jupp Derwall und DFB-Pressesprecher Dr. Wilfried Gerhardt drohten jedem Journalisten juristische Schritte an, der sich der Vokabel »Betrug« oder »Absprache« bediente, erzielten indes keinerlei Eindruck.

Eine kleine Auswahl von Pressestimmen: »Das Spiel war nichts anderes als eine Farce, nicht einmal eine lustige, sondern eine düstere, unerträglich skandalöse Farce,« schrieb die französische Sporttageszeitung »L'Equipe«. Die »Kronen-Zeitung« in Wien bezeichnete das schaurige Schauspiel als »eine Schande für die Weltmeisterschaft«, und selbst die »Neue Zürcher Zeitung« gab ihre Zurückhaltung auf: »Das passive, augenfällig auf Sicherstellung des 1:0-Resultates ausgerichtete Verhalten der meisten Spieler musste als gegen die Sportlichkeit, ja als ein Verrat an Sportsgeist empfunden werden.« Hollands »Volkskrant« formulierte pausbäckig: Ein Stück Fußball-Porno, das in die Geschichte eingehen wird.« Die algerische Zeitung »Moudjahid« vermutete ein Komplott: »Diese beiden starken europäischen Mannschaften haben zusammen mit den Offiziellen der FIFA das Ergebnis des Spiels arrangiert.«

Veteranen erwiesen sich als unentbehrlich – wie Polens Grzegorz Lato

Rossi im Semifinalspiel mit Polen gegen Kusto.

Verzweiflung, Aberglaube – überschäumende Begeisterung, Szenen aus dem dramatischen Elfmeter-Duell zwischen Frankreich und Deutschland im Semifinale. Schumacher und Littbarski versuchen den Pechvogel Stielike zu trösten, der seinen Elfer verschoss.

WELTMEISTERSCHAFT 1982 IN SPANIEN

**Frankreichs Star Platini küsst beschwörend den Ball, ehe er antritt.
Sein Landsmann Bossis ist ein Bild des Jammers, als er seinen Elfmeter verschossen hat (unten).**

Einen Protest der Algerier, den Fußballverbandspräsident Benali Sekkal in den Katakomben des Stadions El Molinon in Gijon verlas, wischte FIFA-Vizepräsident Hermann Neuberger gelassen vom Tisch. Für den Deutschen war die Hinhaltetaktik »das gute Recht einer Mannschaft, langsam und auf Sicherheit zu spielen, wenn es dem Erfolge dienlich ist«. Er habe vergeblich dafür plädiert, die Schlussspiele der ersten Hauptrunde am gleichen Tag und zur gleichen Stunde auszutragen.

Die Algerier jedenfalls durften heimfahren und mit den Afrikanern weitere Nationen der dritten Welt, die sich als Bereicherung dieser WM erwiesen und gelegentlich nur mit Hilfe merkwürdiger Schiedsrichterentscheidungen eliminiert wurden.

Die Spanier kamen gegen Honduras zu einem Unentschieden nur deshalb, weil ihnen Artur Ithurralde aus Argentinien einen Elfmeter schenkte.

Gegen Jugoslawien gewann der Gastgeber vor allem durch die penetrante Fürsorge des Dänen Henning Lund-Sörensen, der einen Strafstoß gab, der keiner war und dann noch die Chuzpe besaß, den Elfmeter zu wiederholen, weil sich Torhüter Pantelic angeblich zu früh von der Linie bewegt habe. Dazu Pantelic: »Wir sind bestohlen worden.«

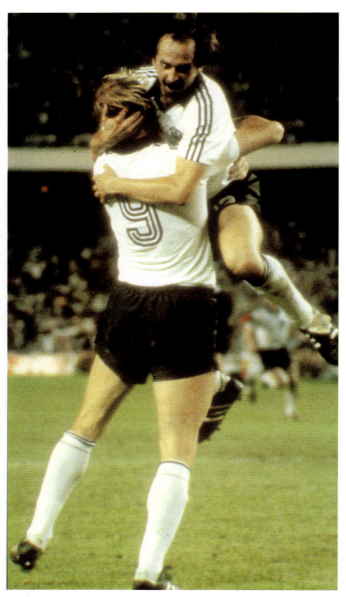
Bei Stielike entlädt sich befreiender Jubel, als er Hrubesch strahlend in die Arme springt.

Gegen Honduras freilich gewannen die Jugoslawen zur Abwechslung einmal dank dem »Unparteiischen«. Der Chilene Castro Makuc verhängte kurz vor dem Abpfiff einen umstrittenen Elfmeter. Mit einem 0:0 wären die Kicker aus der Karibik, die die Europa-Reise nur mit einem 100 000-Dollar-Vorschuss der FIFA hatten antreten können, in die zweite Hauptrunde gekommen.

»Weinen um die Kleinen«, kommentierten mitfühlende Reporter das Aus für die Exoten, von denen auch Kamerun in der Italien-Gruppe einen bleibenden Eindruck hinterlassen hatte. Die von dem Franzosen Jean Vincent trainierten Afrikaner vermochten weder die Peruaner noch die Polen und auch die Italiener nicht zu schlagen, Sie scheiterten allesamt an der individuellen Technik, der Einfallsfreude – und Torhüter Thomas Nkono, der die Lederkugel magisch anzuziehen schien. »Kamerun war viel stärker als ich mir habe vorstellen können«, zollte der Pole Boniek, der nach der WM für viel Geld zu Juventus Turin wechseln durfte, den Spielern vom Schwarzen Kontinent höchsten Respekt.

Ein belebendes Element waren auch die Kuwaitis, die sich mit England, Frankreich und der ČSSR herumzukabbeln hatten und mit dem 1:1 gegen die ČSSR sowohl durch Leistung als auch durch die Höhe der Zuwendungen in die Schlagzeilen gerieten: Scheich Fahld Al-Ahmad Al-Sabah, der Fußballpräsident des Ölstaates, spendierte 175 000 Dollar aus der eigenen Schatulle.

WELTMEISTERSCHAFT 1982 IN SPANIEN

Im Spiel gegen die Franzosen, das 1:4 verlorenging, protestierten der Sohn des früheren Emirs von Kuwait und eine seiner 37 Ehefrauen mit Erfolg gegen die Anerkennung eines Tores, das dem sowjetischen Schiedsrichter Miroslaw Stupar nicht zur Ehre gereichte. Unbedrängt konnte der kleine Alain Giresse, der mit Platini und Tigana die famose Mittelfeldreihe der »Equipe Tricolore« bildete, einschießen. Die Kuwaitis hatten einen Ton gehört, der aber nicht aus der Pfeife des Russen, sondern von der Tribüne kam, was Stupar freilich nicht hinderte, den Treffer anzuerkennen.

Scheich Fahid Al-Ahmad war das zu viel. Er verließ die Tribüne und stritt so solange mit Stupar, bis dieser den Treffer wieder annullierte.

»Diese Weltmeisterschaft ist vor allem eine Weltmeisterschaft der schlechten Schiedsrichter«, mäkelte die spanische Zeitung »Levante«. Europas Fußballpräsident Dr. Arternio Franchi, der in Spanien auch Chef der FIFA-Schiedsrichterkommission war, zog vier Mann nach der Vorrunde aus dem Verkehr, darunter auch Stupar und Augusto Castillo aus Spanien, der den Russen im ersten Gruppenspiel gegen Brasilien zwei Elfmeter und ein reguläres Tor verweigert hatte. So war der Favorit aus Lateinamerika mit viel Glück und des Schiedsrichters Gunst zum 2:1-Sieg gekommen.

Im weiteren Verlauf des Turniers spielten sich die »Cariocas« dann in die Herzen der Fußballfreunde. Homogenität, Improvisationskunst, Ballartistik und Angriffselan machten es schwer vorstellbar, daß eine andere Mannschaft als die Truppe von Tele Santana Weltmeister werden könnte.

Nach dem Arbeitssieg gegen die Russen, die wie die Brasilianer die Vorbereitung monatelang betrieben hatten, tanzte die Mannschaft gegen Schottland (4:1) und Neuseeland (4:0) Fußball-Samba. »Brasilien übte für die zweite Runde« lautete eine Schlagzeile.

Aber auch die Sowjets boten Augenschmaus. Dem 61jährigen Konstantin Beskov war es gelungen, die Spieler vom Klischeedenken zu befreien. Oldtimer Oleg Blochin (29) von Dynamo Kiew und der vier Jahre jüngere Ramas Schengelija von Dynamo Tiflis zwangen die Abwehrreihen der Gegner zu höchster Aufmerksamkeit.

Tor durch Janusz Kupcewicz – mit ihm freuen sich Boniek (links) und Wojcicki (hinten). Polen gewinnt gegen Frankreich 3:2.

Vier am Boden – einer schaut entsetzt zu. In der 57. Minute fällt das 1:0 im Endspiel Deutschland – Italien. Torschütze ist Rossi; Torhüter Schumacher sucht den Ball scheinbar woanders, und der Ungläubige im Hintergrund ist Manfred Kaltz.

WELTMEISTERSCHAFT 1982 IN SPANIEN

Trauer trug das schottische Team, das in dieser wohl stärksten Vorrundengruppe punktgleich mit den Russen auf der Strecke blieb. Die Weltgesundheitsorganisation (WHO) ehrte die disziplinierten Schotten, die früher so oft über die Stränge geschlagen hatten, als »Nichtraucher-Team«.

Dass Polen und Italien aus Gruppe 1, Deutschland und Österreich aus Gruppe 2, Argentinien und Belgien aus Gruppe 3, England und Frankreich aus Gruppe 4 und Brasilien und die UdSSR aus Gruppe 6 in die zweite Runde kamen, galt als normal. Vom Sieg der Nordiren in Gruppe 5 ließ sich das beim besten Willen nicht behaupten. Trainer Billy Bingham hatte es geschafft, Protestanten und Katholiken, die sich in der Heimat seit Jahren einen erbarmungslosen Bürgerkrieg lieferten, auf Zeit zu versöhnen. Gemeinsam erkämpften sie die Unentschieden gegen Honduras und Jugoslawien und verteidigten mit neun Spielern – Ortiz Ramirez (Paraguay) bestrafte ein Bagatellvergehen des Verteidigers Donaghy mit Platzverweis – das 1:0 gegen Spanien. Beim Abendmahl saßen sie dann wieder getrennt.

Spätestens in diesem Spiel wurde dem spanischen Fußballvolk bewusst, daß sein Team nicht das Format hatte, dem Mundial Impulse zu geben oder gar den WM-Titel zu holen. So nahm es nicht wunder, daß der K.o. in der zweiten Runde kam. Gratulationen gab es nur noch von den Deutschen, die sich für das 0:0 gegen England bedankten, nachdem sie selbst einen recht mühsamen 2:1-Sieg gegen die »Stehgeiger« aus Kastilien und Katalonien erzielt hatten. Bei einem durchaus möglichen 2:0 der Engländer wäre die Truppe Derwalls nach Hause gefahren.

Fußball über dem Durchschnitt, also WM-würdig, zeigten in der zweiten Runde auf Madrider Boden eigentlich nur die Franzosen. Der große Fußball wurde ansonsten in Barcelona geboten, wo sich Italien wie Phönix aus der Asche erhob und über Argentinien (2:1), Brasilien (3:2) und Polen (2:0) ins Finale stürmte.

WELTMEISTERSCHAFT 1982 IN SPANIEN

Endspiel-Szenen: Das 3:0 durch Alessandro Altobelli (linke Seite).
Karl-Heinz Förster und Bruno Conti.

Argentinien, der Titelverteidiger, verlor Gesicht und Contenance in der zweiten Hauptrunde, versuchte mit Härte zu kompensieren, was spielerisch fehlte. Alle Sympathien büßte dabei Diego Maradona ein, der im Spiel gegen die Brasilianer dem Gegner João Battista vorsätzlich den Schuh in den Leib rammte. Schiedsrichter Vazquez (Mexiko) hatte keine andere Wahl, als Maradona vom Feld zu schicken.

Ein genauso schlimmes Foul blieb ungestraft. Begangen wurde es von Harald Schumacher im Halbfinalspiel gegen Frankreich in Sevilla gegen den Franzosen Patrick Battiston. Der Torhüter aus Köln sprang den Verteidiger aus St. Etienne an. Dabei erlitt Battiston einen Wirbelbruch und verlor zwei Zähne. »Hätte ich auf dem Spielfeld gesehen, was ich später am Fernsehen feststellte, wäre Schumacher vom Platz gegangen«, sagte Schiedsrichter Charles Corver aus Holland später.

Schumacher steigerte den Unmut gegen seine Person mit unbedachten Äußerungen: »Unter Profis gibt es kein Mitgefühl« – »Ich bezahle dem Battiston die Jackettkronen.«

In Brasilien aber brach zu dieser Zeit eine ganze Nation in Tränen aus und wünschte Tele Santana zum Teufel. Dabei hatten die Brasilianer gegen Italien nur versäumt, ein 2:2 zu halten. Munter stürmten sie danach in ihr Verderben, was vor allem den Toren des Paolo Rossi zuzuschreiben war.

Jubelnd nach dem Schlusspfiff – die Weltmeister Collovati und Zoff.

Noch vor der Abreise nach Spanien wurden über ihn und Trainer Enzo Bearzot Kübel der Häme und der Verachtung ausgeschüttet. Rossi war wegen seiner Beteiligung an einem Totoskandal für zwei Jahre gesperrt und auf Betreiben Bearzots rechtzeitig vor der WM begnadigt worden.

Wurde das Spiel Italien gegen Brasilien als das vorweggenommene Endspiel apostrophiert (Kölns Dribbelkünstler Littbarski: »Da hätte ich noch drei Stunden zuschauen können"), so ging das Halbfinalspiel Deutschland gegen Frankreich in Sevilla als das dramatischste Ereignis dieser WM in die Geschichte ein. Nachdem der kleine Alain Giresse mit dem 3:1 in der Verlängerung die technische Überlegenheit seiner Elf nachhaltig unterstrichen hatte und das Gros der Reporter ans Telefon geeilt war, um den Triumph der Franzosen zu vermelden, brachte es die deutsche Mannschaft fertig, das Steuer noch einmal herumzureißen. Der verzagte Derwall (»Wir sind hier alle überfordert«) tat einen Glücksgriff, als er den permanent mit Spritzen behandelten Rummenigge einwechselte. Der Bayern-Star erzielte den Anschlusstreffer und der Kölner Fischer mit einem Fallrückzieher das 3:3. Im abschließenden Elfmeterschießen vergab Uli Stielike wie weiland Uli Hoeneß 1976 im EM-Finale gegen die ČSSR, doch weil Schumacher anschließend die Strafstöße von Six und Bossis parierte und Hrubesch seinen Elfmeter verwandelte, zog die DFB-Elf ins Endspiel ein.

Hier freilich fanden die Deutschen in Italien ihren Meister. Die Azzurri steckten den Verlust ihres Dirigenten Giancarlo Antognoni, der im Halbfinale gegen Polen eine Knochenprellung erlitten hatte, genauso weg wie einen beim Stand von 0:0 durch Collovato vergebenen Foulelfmeter.

In der zweiten Halbzeit drehte Italien in einer Weise auf, daß den Deutschen die Beine schwer wurden und Italiens greiser Staatspräsident Sandro Pertini, der auf der

WELTMEISTERSCHAFT 1982 IN SPANIEN

Tribüne des Bernabeu-Stadions zwischen König Juan Carlos und Bundeskanzler Helmut Schmidt saß, immer wieder von seinem Sitz auf sprang und Beifall klatschte.

Zum dritten Male nach 1934 und 1938 holen die Italiener den WM-Titel – ein Erfolg, der einem Wunder gleichkam. Wenige Wochen vor dem Mundial hatte sogar die DDR die Mannschaft Bearzots besiegt und angedeutet, daß die Italiener bei der WM wohl nur den Prügelknaben spielen würden.

Die zweite Runde und das Finale belehrten die Skeptiker eines Besseren. »Wir haben die Deutschen gestellt, überwältigt und übermannt«, teilte »Corriere dello Sport« seinen Lesern voller Stolz mit. »La Republica« schrieb: »Im Endspiel einer mittelmäßigen Weltmeisterschaft hat Italien verdient gewonnen.«

Franz Beckenbauer beteiligte sich an der Suche nach dem besten Spieler dieser WM. »Kaiser« Franz setzte die Krone dem nur 1,70 m großen Römer Bruno Conti auf, mit nur 19 Länderspielen im Alter von 27 ein Spätstarter. Die Journalisten aber entschieden sich für den ehemaligen Skandalbuben Rossi.

Die deutsche Mannschaft musste sich von Beckenbauer vorhalten lassen, in keinem Spiel die Leistung gebracht zu haben, zu der sie fähig gewesen sei. Und Jupp Derwall galt der Vorwurf, das Training zu lasch betrieben und mit Paul Breitner aufs falsche Pferd gesetzt zu haben (Hennes Weisweiler).

Besonders scharf formulierte Derwalls Trainerkollege Dietrich Weise: »Vor einigen Jahren bot die deutsche Mannschaft neben den Brasilianern noch als einzige attraktiven Fußball. Doch in Spanien frönte auch sie erst einmal dem risikoarmen Küchenhandtuch-Fußball ... Wenn wir so weitermachen wie in Spanien, dann werden sich Spieler, Trainer, Funktionäre und Journalisten bald allein auf den Fußballplätzen treffen ... Lassen wir uns von den Erfolgen im Endstadium nicht täuschen: Sie waren auch das Abfallprodukt aus der Dummheit der anderen.«

Freude war dennoch angezeigt, über die Italiener, die Brasilianer, die Franzosen und hin und wieder auch über Polen und Argentinier ...

Siegerehrung: König Juan Carlos überreicht die WM-Trophäe an Dino Zoff.

Weltmeisterschaft 1986 in Mexiko

Kolumbien, von der FIFA auserwählt, die Weltmeisterschaft 1986 auszurichten, hatte den Auftrag schon bald nach dem Weltturnier 1982 in Spanien zurückgeben müssen. Der südamerikanische Staat war aus wirtschaftlichen und innenpolitischen Gründen nicht in der Lage, die Auflagen der FIFA zu erfüllen, auch wenn sich Alfonso Senor als Präsident des kolumbianischen Fußballverbandes lange Zeit gegen diese Einsicht sträubte.

Weltmeisterschaft 1986 – Der Verlauf des Turniers

1. Finalrunde	Achtelfinale	Viertelfinale	Halbfinale	Finale
Gruppe A Argentinien, Italien, Bulgarien, Südkorea	Brasilien 4 / Polen 0	Brasilien 3 / Frankreich 4**		
	Italien 0 / Frankreich 2		Frankreich 0 / Deutschland 2	
Gruppe B Mexiko, Paraguay, Belgien, Irak	Mexiko 2 / Bulgarien 0	Deutschland 4 / Mexiko 1**		
Gruppe C Sowjetunion, Frankreich, Ungarn, Kanada	Marokko 0 / Deutschland 1			Argentinien 3 / Deutschland 2
	Argentinien 1 / Uruguay 0	Argentinien 2 / England 1		
Gruppe D Brasilien, Spanien, Nordirland, Algerien	England 3 / Paraguay 0		Argentinien 2 / Belgien 0	
Gruppe E Dänemark, Deutschland, Uruguay, Schottland	Sowjetunion 3 / Belgien 4*	Spanien 4 / Belgien 5**		**Um den dritten Platz** Frankreich 4 / Belgien 2*
Gruppe F Marokko, England, Polen, Portugal	Dänemark 1 / Spanien 5		* nach Verlängerung ** nach Elfmeterschießen	

WELTMEISTERSCHAFT 1986 IN MEXICO

So mußte der Weltverband, was Skeptiker gleich nach der umstrittenen Entscheidung für Kolumbien prophezeit hatten, nach einem neuen Veranstalterland suchen. Kandidaten waren die USA mit dem früheren Außenminister Henry Kissinger sowie den Ex-Weltstars Pelé und Beckenbauer als prominentesten Fürsprechern, dazu Mexiko und Brasilien.

Die Wahl fiel auf Mexiko. In dem mittelamerikanischen Staat war man stolz auf die Ehre, als erstes Land überhaupt die Weltmeisterschaften zum zweitenmal veranstalten

Überschäumende Begeisterung in allen Stadien, vor allem bei den Spielen der Gastgeber. Die Mexikaner wollten ihre Mannschaft auf den Weltmeisterthron jubeln, doch das »Aus« kam im Viertelfinale nach einem Elfmeter-Drama in der Begegnun« mit Deutschland.

zu dürfen, noch dazu von einer Pause von nur 16 Jahren. Das Votum für Mexiko fiel den FIFA-Funktionären nicht allzu schwer, zumal sich die Befürchtungen vor der WM 1970 wegen der Höhenlage und dem damit verbundenen geringeren Sauerstoffgehalt der Luft sowie wegen der Hitze weitgehend als gegenstandslos erwiesen hatten. Das Turnier in Mexiko brachte damals sogar eine Schritt nach vorn, es wurde zu einem echten Fußballfest mit vielen hochklassigen Spielen.

Allerdings erhoben sich auch diesmal warnende Stimmen, vor allem wegen der wirtschaftlichen Probleme des hochverschuldeten Landes. Sie begleiteten die Vorbereitungen bis zuletzt, blieben aber doch wirkungslos gegen die überschäumende Fußballbegeisterung in diesem Land. Selbst ein verheerendes Erdbeben im September 1985, das in der Hauptstadt über 10 000 Todesopfer forderte, konnte die Mexikaner nicht dazu bewegen, auf das große Ereignis zu verzichten.

Zum zweitenmal nach der WM 1982 in Spanien durften 24 Mannschaften teilnehmen, aber erneut hatte man sich einen anderen Modus einfallen lassen – eine Regelung, die Spannung und Niveau zumindest nach der Vorrunde förderte, wie sich später zeigte. Gestartet wurde mit sechs Gruppen zu je vier Teams, 36 Spiele in den ersten zwei Wochen dienten lediglich dazu, von den angetretenen 24 Mannschaften acht zu eliminieren. Ein ziemlich aufwendiges Verfahren also, und nicht ganz befriedigend am neuen Reglement war ferner, daß neben den sechs Gruppenletzten auch die nach Punktverhältnis und Tordifferenz schlechtesten zwei Gruppendritten die Heimreise antreten mussten.

Der zweite Teil des Mammut-Turniers wurde schon vom Achtelfinale an im K.o.-System ausgetragen, gewissermaßen ein Rückgriff auf die WM-Turniere von 1934 und 1938. Die Verlierer schieden also sofort aus. Da gab es kein Taktieren mehr, da nützte kein Jonglieren – mit Unentschieden und Tordifferenz, um in das Halbfinale vorzustoßen. Die FIFA hatte aus den skandalösen Vorfällen bei der WM in Spanien Konsequenzen gezogen.

Die schon vorher berühmt gewordene »Ola«, die Welle der Begeisterung, umrundete immer wieder das ausverkaufte Azteken-Stadion in Mexico City, als das Turnier am 31. Mai mit einer farbenfrohen Fiesta Mexicana eröffnet wurde. 112 500 Zuschauer bejubelten ausgelassen folkloristische Darbietungen, nahmen dagegen die Eröffnungsrede des mexikanischen Präsidenten Don Miguel de la Madrid eher reserviert auf.

Ein Brasilianer oben, der Gegner unten – ein Bild mit Symbolkraft: Die Südamerikaner gewannen ihre ersten vier Spiele in Mexiko jeweils ohne Gegentor. Junior, einer der Veteranen, »überfliegt« beim 1:0-Sieg über Spanien seinen Gegenspieler Michel.

Der Enthusiasmus des Publikums hielt sich auch beim Auftaktspiel in Grenzen. Die Ehre, diese erste Partie zu bestreiten, wurde – wie immer seit 1974 – dem Titelverteidiger zuteil. Und die Italiener waren sichtlich bemüht, endlich einmal den Start in eine WM nicht zu einem langweiligen Ballgeschiebe verkommen zu lassen. Gegen Bulgarien zeigten sie eine bei ihnen ungewohnte Offensivfreude, betrieben damit Sympathiewerbung. Doch nach 90 Minuten war ihnen zum Heulen zumute – nur ein 1:1 gab es gegen die Bulgaren, die das Unentschieden wie einen Sieg feierten. Von vielen Torchancen verwertete der amtierende Champion nur eine einzige: Alessandro Altobelli, der vier Jahre vorher in Spanien mit dem 3:1 gegen Deutschland den Schlusspunkt gesetzt hatte, eröffnete diesmal den Torreigen in der 43. Minute. Die Italiener waren offenbar zu sehr von ihrem Spiel angetan. Sie wurden leichtsinnig – und die Strafe folgte mit dem Ausgleich fünf Minuten vor dem Abpfiff.

WELTMEISTERSCHAFT 1986 IN MEXICO

Schon beim vermeintlichen »Schlager« dieser Vorrundengruppe A, beim Treffen des Titelverteidigers mit Argentinien, dominierte wieder der Sicherheitsfußball. 1:1 lautete schließlich das logische Resultat einer Partie, in der man sich gegenseitig nicht weh tat. Danach geriet Argentiniens Superstar Diego Maradona, den die Italiener bei der WM in Spanien noch als Freiwild betrachtet hatten, ins Schwärmen: »Bisher war noch keiner meiner Gegenspieler so fair.«

Das konnte nicht verwundern: »Kettenhund« für den kleinen Ballzauberer war kein anderer als ein Mannschaftskollege vom SSC Neapel, Salvatore Bagni. Der ließ seinem Freund kaum einen Stich, aber seine einzige Chance nützte der Argentinier doch zum Ausgleich. Maradonas Lob trieb übrigens dem sonst so harten Bagni, der sich bei Trainer Enzo Bearzot freiwillig für den Sondereinsatz gegen Diego gemeldet hatte, Tränen in die Augen.

Nicht alle Vorrundenspiele verliefen so fair. In den 36 Begegnungen wurden nicht weniger als sechs Übeltäter vom Platz gestellt, 75 Akteure mussten verwarnt werden. Die Schiedsrichter zückten öfter als je zuvor Rote und Gelbe Karten, dagegen fielen weniger Tore als in den Vorrunden der vorangegangenen WM-Turniere – nur 84, was einem Schnitt von 2,33 entsprach.

Schottlands Torhüter Leighton streckt sich vergeblich, Klaus Allofs erzielt nach Vorarbeit von Rudi Völler den 2:1-Siegtreffer für Deutschland. Zuvor hatte Völler nach einer Allofs-Flanke für den Ausgleich gesorgt.

An Chancen fehlte es den Deutschen nicht im Spiel gegen Dänemark, aber alle wurden vergeben. So auch die, als Klaus Allofs (rechts) und Lothar Matthäus die gegnerische Abwehr überlaufen hatten.

Zahlreiche Spiele konnten die Zuschauer in den Stadien und das Millionen-Publikum vor den Fernsehschirmen nicht mitreißen. Allzu viele Mannschaften gingen recht vorsichtig zu Werke, und nicht jedes müde Gekicke war mit der Höhenlage oder der Hitze Mexikos zu entschuldigen. Die wenigen Glanzlichter setzten die Sowjets mit einer überzeugenden Leistung beim 6:0 über Ungarn und die Dänen mit berauschendem Angriffsfußball beim 6:1 über das Team aus Uruguay, das mit brutaler Härte alle Sympathien verspielte. Auch die Franzosen knüpften wenigstens teilweise an ihre großartige Form an, mit der sie 1984 den Europameistertitel gewonnen hatten.

Zum Überraschungsteam entwickelte sich jedoch Marokko. Mit artistischem und auch taktisch klugem Fußball wurden die von dem Brasilianer José Faria trainierten Afrikaner Sieger der Gruppe F, immerhin vor England, Polen und Portugal. Keine andere Gruppe bot so viel Spannung. Die Engländer, nach einer 0:1-Niederlage gegen Portugal und einem 0:0 gegen Marokko bis auf die Knochen blamiert und von der Londoner Boulevardpresse schon als »Fußballtrottel der Welt« bezeichnet, zogen sich im letzten Gruppenspiel mit einer Energieleistung gerade noch selbst aus dem Sumpf. Beim 3:0-Erfolg über Polen benötigte der überragende Stürmer Gary Lineker in der ersten Halbzeit nur 28 Minuten, um mit drei Treffern, also einem lupenreinen Hattrick, zu einem WM-Star zu werden.

WELTMEISTERSCHAFT 1986 IN MEXICO

Bei der Gruppen-Auslosung im Dezember 1985 hatte den Deutschen Fußball-Bund zum erstenmal nach langer Zeit das schon sprichwörtliche Losglück verlassen: Die Bundesrepublik, Dänemark, Uruguay und Schottland stellten ein Quartett dar, das zumindest auf dem Papier stärker erschien als die fünf anderen. Das Schlagwort von der »Todesgruppe« machte die Runde.

Die Qualifikation hatte für den DFB nach glänzendem Start doch einige Tiefpunkte gebracht, so vor allem eine 0:1-Heimniederlage gegen Portugal, den ersten doppelten Punktverlust in einem WM-Ausscheidungsspiel überhaupt. Franz Beckenbauer, seit 1984 Teamchef als Nachfolger von Bundestrainer Jupp Derwall, war selbst in den letzten Testspielen noch zum Experimentieren gezwungen. Das war keine eingespielte Mannschaft, mit der er nach Mexiko geflogen war, da machte sich der »Kaiser« nichts vor.

Die Deutschen waren, weil sie bei der letzten WM das Endspiel erreicht hatten, neben Weltmeister Italien, dem WM-Dritten Polen, Europameister Frankreich, Brasilien und Ausrichter Mexiko als sogenannter »Gruppenkopf« gesetzt worden. Diese privilegierten Verbände kannten schon lange Zeit vor der Auslosung die Austragungsorte ihrer Vorrundenspiele, konnten deshalb früher als die anderen mit Vorbereitungen in der Quartierfrage beginnen.

Beckenbauer hatte sich bereits 1985 für das »La Mansion« in San Juan Galindo entschieden – 40 km südlich von Queretaro, der Stadt der drei deutschen Gruppenspiele, gelegen. Die prachtvolle Hotelanlage im Stil einer alten Hazienda schien besser als jedes andere Quartier dafür geeignet zu sein, einen Lagerkoller zu vermeiden. Doch selbst in diesem »Paradies« zerrten drei Wochen der Kasernierung an den Nerven – bei Trainern, Spielern und Funktionären.

Torjubel bei den Dänen nach dem 2:0 gegen Deutschland. Von links: Torschütze Eriksen, Arnesen, der die Vorlage geliefert hatte, Morten Olsen, Mölby und Lerby.

Es gab Verletzungen beim Training, Streitigkeiten in den eigenen Reihen und mit den Kritikern. Hektische Stimmung kam auf, weil sich die Spieler von den mehr als hundert im Mannschaftshotel wohnenden deutschen Journalisten auf Schritt und Tritt beobachtet fühlten, weil bei jeder sich bietenden Gelegenheit eine Fernsehkamera auf sie gerichtet war. Der Teamchef lag im Clinch mit

Trotz der 0:2-Niederlage erreichte die deutsche Mannschaft das Achtelfinale, in dem sie auf Marokko traf. Gegen das Überraschungsteam der Vorrunde gelang Matthäus erst zwei Minuten vor Schluss das Siegtor. In der harten Abwehr der Marokkaner betätigte sich die Nummer 14 einige Male als Catcher. Zu seinen »Opfern« gehörten Karl-Heinz Rummenigge (rechts) und Lothar Matthäus.

den Medien, holte zu verbalen Rundschlägen aus und machte aus der Ferne sogar auch noch die Bundesliga nieder. Das »Kaiser«-Image war angekratzt.

Im »La Mansion« gab es nur in einem Punkt völlige Übereinstimmung: Es wird höchste Zeit, daß endlich Fußball gespielt wird. Doch auch der erste Auftritt gegen Uruguay brachte erst ganz am Schluss eine gewisse Befreiung von dem Druck, der auf dem deutschen Team lastete. Bezeichnend für die Irrungen und Wirrungen im Spiel der Deutschen, daß ein unbegreiflicher Fehlpass von Lothar Matthäus schon nach fünf Minuten dem Gegner das Führungstor ermöglichte.

Der Schock bewirkte immerhin etwas: Elf Mann wuchsen zusammen, ein »Wir-Gefühl« entwickelte sich, die Mannschaft kämpfte vorbildlich. Die Südamerikaner versuchten mit allen möglichen Tricks und Mätzchen, ihren Vorsprung ins Ziel zu retten, erst fünf Minuten vor Schluss gelang Klaus Allofs der längst verdiente Ausgleich. Beckenbauer ließ sich danach zu einem überschwenglichen Lob hinreißen: »Der Hut kann gar nicht groß genug sein, den ich nach dieser Leistung vor meiner Mannschaft ziehen muss.«

Ein 2:1-Sieg über Schottland durch Tore von Rudi Völler und Klaus Allofs bedeutete bereits den Einzug ins Achtelfinale, das letzte Gruppenspiel gegen die »Wikinger« aus Dänemark musste nur noch die Entscheidung über Platz eins und zwei bringen. Die Gerüchteküche brodelte, weil andere Gruppen ihre Treffen bereits abgeschlossen hatten und die Gegner für die Runde der letzten 16 schon feststanden: Spanien für den Gruppensieger, Marokko für den Zweiten.

WELTMEISTERSCHAFT 1986 IN MEXICO

Mit einer Galavorstellung startete die Mannschaft der UdSSR, nach einem glänzend herausgespielten 6:0-Erfolg über Ungarn rechnete man die Sowjets zu den Favoriten auf den WM-Titel. Im Bild rechts setzt sich Aleijnikow (links) gegen den Ungarn Garaba durch.

Beide Lager beschuldigten sich gegenseitig geplanter Passivität: »Die wollen gar nicht gewinnen, um in der nächsten Runde Marokko zum Gegner zu bekommen.« Und beide Seiten dementierten energisch. »So ein Schmarrn« grantelte Beckenbauer. Sepp Piontek, der deutsche Trainer der Dänen, konnte die Auseinandersetzung kaum erwarten: »Die Deutschen sind uns so lang aus dem Weg gegangen. Jetzt wollen wir wissen, wer der Bessere ist.« Die Besseren waren an diesem Tag die Skandinavier. Ihr 2:0-Erfolg durch Tore von Jesper Olsen (Foulelfmeter) und Eriksen war verdient.

Publikumsliebling Hugo Sanchez konnte beim 1:1 gegen Paraguay schon nach 140 Sekunden das Führungstor seines Mannschaftskollegen Luis Flores bejubeln, doch wenige Sekunden vor dem Schlusspfiff scheiterte er mit einem Elfmeter an Torhüter Roberto Fernandez.

WELTMEISTERSCHAFT 1986 IN MEXICO

Teamchef Beckenbauer verblüffte wiederum mit einer eigenwilligen Interpretation des Spielgeschehens. Nach der soliden Leistung beim Erfolg gegen die Schotten hatte er seine Männer ziemlich hart kritisiert, diesmal hatte er »eine sehr starke deutsche Mannschaft und das vielleicht beste WM-Spiel überhaupt« gesehen. Nur die Tore hätten gefehlt, genügend Chancen habe man herausgespielt.

Wie auch immer – das erste Ziel, das Achtelfinale, war erreicht. Trotzdem ging der hausgemachte Ärger nicht zu Ende, sprach man im deutschen Lager noch immer nicht nur vom Fußball, sondern auch weiterhin über Querelen. Spieler der zweiten Garnitur wollten ihre undankbare Rolle nicht ohne Widerspruch hinnehmen, Karl-Heinz Rummenigge brachte mit Vorwürfen gegen den »Kölschen Klüngel« – gemeint waren Harald Schumacher, Pierre Littbarski und Klaus Allofs – viel Unruhe in das Team. Der Kapitän der Nationalmannschaft, sei 1984 bei Inter Mailand unter Vertrag, war wegen vorangegangener Verletzungen nicht hundertprozentig fit und wurde in allen drei Vorrundenspielen nur in der Schlussphase als Austauschspieler eingesetzt. Er konnte sich nicht damit abfinden, dass er lediglich als »Joker« zum Zug kam.

Kopfballtor beim 2:1 gegen Belgien durch den Mexikaner Fernando Quirarte.

Standen die Deutschen wirklich vor der niedrigeren Hürde auf dem Weg ins Viertelfinale, war Marokko leichter zu bezwingen als Spanien? Franz Beckenbauer warnte aus eigener Erfahrung. Er war dabei gewesen, als die deutsche Mannschaft 16 Jahre vorher, bei der ersten Weltmeisterschaft in Mexiko, im ersten Spiel gegen Marokko nur mit Müh und Not 2:1 gewann. Außerdem gab es unangenehme Erinnerungen an weitere WM-Spiele gegen vermeintliche »Fußball-Zwerge« aus Afrika, an das 0:0 gegen Tunesien 1978 in Argentinien, an die 1:2-Pleite gegen Algerien 1982 in Spanien. Und nicht ohne Grund sprach man von der »Hölle von Monterrey« wegen der drückenden, schwülen Hitze in der Stadt, in der man zum Achtelfinalspiel antreten musste.

Wieder tat sich das DFB-Team schwer gegen die Marokkaner, die als erste afrikanische Mannschaft in der WM-Geschichte die erste Runde überstanden hatten. Die Au-

Fußball-»Ballett« mit Rummenigge und Briegel beim Viertelfinalspiel Mexiko – Deutschland.

Duell zwischen Karlheinz Förster und Hugo Sanchez.

ßenseiter zeigten allerdings viel Respekt vor dem Gegner. Sie waren nicht sehr bemüht, selbst Treffer zu erzielen, sondern offensichtlich nur darauf aus, Tore zu verhindern. Das gelang ihnen gegen die einfallslos anstürmenden Deutschen bis zwei Minuten vor Schluss, doch dann wurde den Zuschauern eine Verlängerung des Trauerspiels erspart.

Bei einem Freistoß – fast 30 Meter vom Tor entfernt – schnappte sich Lothar Matthäus den Ball vom ebenso schusswilligen Karl-Heinz Rummenigge, der zum erstenmal bei dieser WM von Anfang an mitwirken durfte. Mit einer Art Verzweiflungsschuss traf er ins Netz. Gedankenschnell hatte er erkannt, dass die marokkanische Mauer falsch stand und obendrein dem bis dahin überragenden Torhüter Zaki Baddou die Sicht verdeckte. »Immerhin sind wir bei dieser WM die ersten, die Marokko geschlagen haben«, meinte Klaus Allofs. Viel mehr Positives war zu dieser Partie nicht zu sagen.

Auch Argentinien, mit 3:1 über Südkorea, dem 1:1 gegen Italien und einem 2:0 gegen Bulgarien mühelos ins Achtelfinale gekommen, mußte sich gegen Uruguay mit einem 1:0 be-

Harald Schumacher wird zum Helden des Elfmeter-Dramas: Er hält den Strafstoß von Quirarte und danach auch noch den Elfmeter von Servin.

Die Nervenanspannung ist vorbei; Jubel nach dem 4:1 im Elfmeterschießen.

gnügen. Aber dieser Sieg war ein bißchen souveräner herausgespielt als der deutsche Erfolg über Marokko.

Dirigiert und angetrieben von Diego Maradona, erarbeiteten die Argentinier viele Chancen gegen die Bösewichte aus dem Nachbarland, die sich zum erstenmal in diesem Turnier nicht danebenbenahmen. Die FIFA hatte die Unfairness der »Urus« in der Vorrunde mit einer hohen Geldstrafe geahndet und außerdem Trainer Omar Borras auf die Tribüne verbannt, von wo aus er seine Direktiven per Sprechfunk gab.

Überzeugend traten am gleichen Tag die Brasilianer auf. Nach drei Zu-Null-Siegen in der Vorrunde über Spanien, Algerien und Nordirland fertigten sie Polen mit 4:0 ab. Vor allem in der zweiten Halbzeit zauberten sie zum Entzücken ihrer zu Tausenden angereisten Fans, die das Stadion in Guadalajara in ein gelb-grünes Fahnenmeer verwandelten. »Samba-Fußball«, schwärmten die Experten.

Torwart Harald Schumacher war beim 2:0 in hervorragender Form. Frankreichs Superstar Michel Platini (links unten am Boden) machte dabei keinen Stich.

Zwei Mannschaften dagegen, die in der Vorrunde mit modernem, technisch ausgereiftem Spiel die Fußballfreunde zu Applaus auf offener Szene veranlaßt hatten, mußten vorzeitig nach Hause fahren. Die UdSSR unterlag den »Roten Teufeln« aus Belgien, die ihrem Namen plötzlich alle Ehre machten, in der Verlängerung, der ersten übrigens bei dieser WM, mit 3:4. Dieses Resultat überraschte deshalb so sehr, weil sich die Belgier gerade noch als Gruppendritter qualifiziert hatten und sich – ebenso wie die Deutschen mit internen Problemen herumplagen mussten. Es war ein mitreißendes Spiel, in dem vor allem die Kampfkraft des siegreichen Teams faszinierte.

Die Dänen wurden von den Spaniern auf grausame Weise aus dem siebten Fußball-Himmel in den nüchternen Alltag zurückgeholt. Ein katastrophaler Fehlpass von Jesper Olsen, der die zunächst überlegenen Dänen mit einem Elfmeter in Führung gebracht hatte, führte kurz vor dem Halbzeitpfiff zum 1:1 und leitete den Umschwung ein. Den größten Tag seiner Karriere hatte Emilio Butragueno, den sie in Spanien den »Geier« nennen. Er machte reiche Beute, blitzschnell stieß er immer wieder durch die dänische Abwehr, erzielte vier der fünf spanischen Treffer.

Die Geheimfavoriten UdSSR und Dänemark waren aus dem Rampenlicht verschwunden, England dagegen erstrahlte nach enttäuschenden Startvorstellungen mit einem neuen Team zu alter Herrlichkeit. Ein 3:0 über Paraguay wurde eindrucksvoll herausgespielt. Gastgeber Mexiko setzte sich erwartungsgemäß mit 2:0 gegen Bulgarien durch, wobei Manuel Negrete mit einem zirkusreifen Scherenschlag das schönste Tor des Turniers schoss – ein Tor, von dem jeder Fußballspieler nur träumen kann.

Für den Titelverteidiger war das Achtelfinale schon Endstation. Weltmeister Italien gegen Europameister Frankreich hieß die Paarung, die 70 000 ins Aztekenstadion lockte. Dabei wurde Frankreichs Star Michel Platini, der inzwischen seine Millionen bei Juventus Turin verdiente, nach schwächerem Turnierbeginn dem Superlativ »Platinissimo« gerecht, den ihm die Tifosi in Italien verliehen hatten. Beim nie gefährdeten 2:0-Erfolg der Franzosen führte er Regie, schoss das 1:0 selbst und bereitete das

WELTMEISTERSCHAFT 1986 IN MEXICO

**Ihre beste Leistung boten die Deutschen beim sensationellen 2:0-Sieg über den Favoriten Frankreich im Halbfinale. Sie zeigten nicht nur kraftvollen Einsatz wie Wolfgang Rolff und Karlheinz Förster gegen Michel Platini (oben), sie überraschten auch mit modernem Offensivfußball.
Unten: Yannick Stopyra wird nicht gerade regelrecht von Ditmar Jakobs gestoppt. Rechts Andreas Brehme.**

2:0 durch Yannick Stopyra vor. Das Fazit dieser reizvollen Begegnung: Spielkunst besiegte Cleverness.

Auch dieses Aufeinandertreffen europäischer Spitzenmannschaften war eine Bestätigung dafür, daß die WM 1986 in der zweiten Runde eine Verbesserung der Qualität erlebte. Wunderdinge konnte das K.o.-System zwar nicht bewirken, aber die Risikobereitschaft musste zwangsläufig größer werden, die Spiele wurden dadurch spannender.

Das Viertelfinale brachte sogar noch eine Steigerung der Dramatik. Drei der vier Spiele mussten durch Elfmeterschießen entschieden werden – ein Novum in der Ge-

Die Mannschaften, die sich in dem mit 117 000 Zuschauern ausverkauften Azteken-Stadion ein dramatisches Endspiel geliefert hatten: Argentinien, die verdientermaßen den Weltmeistertitel gewannen (rechte Seite). Oben die Deutschen, die mit dem Vorstoß ins Finale mehr erreichten, als man ihnen zugetraut hatte. Mit ihrer Kampfkraft brachten sie selbst die spielerisch überlegenen Südamerikaner noch an den Rand einer Niederlage.

schichte der Weltmeisterschaften. Gleich die erste Partie in Guadalajara zwischen Frankreich und Brasilien wurde zum absoluten Höhepunkt des Turniers, zu einem Fußballfest der Superlative – und zu einer Tragödie für die Südamerikaner.

1:1 hieß es nach Ablauf der regulären Spielzeit. In der 82. Minute war der lange Zeit verletzt gewesene, erst kurz vorher eingewechselte Zico mit einem Foulelfmeter an Frankreichs Torhüter Joel Bats gescheitert, der an diesem Tag über sich hinauswuchs. Die Verlängerung brachte zwar noch viele spielerische Delikatessen, aber keine weiteren Treffer mehr.

Beim Elfmeterschießen meisterte Bats erneut einen Strafstoß, gleich den ersten, von Socrates getretenen. Von den französischen Schützen schaufelte Platini den Ball über das Tor. Schließlich stand den Europäern das Glück zur Seite: Als Bellone den Pfosten traf, prallte die zurückspringende Lederkugel vom Rücken des brasilianischen Torhüters Carlos über die Linie. Und beim Versuch des Brasilianers Julio Cesar klatschte der Ball vom Pfosten ins Feld zurück. Das geschah beim Stand von 3:3, anschließend verwandelte Fernandez den letzten der zehn Elfmeter zum entscheidenden 4:3.

Es war ein »Jahrhundert-Spiel«, das eigentlich keinen Verlierer verdient hatte. »Wir scheiden aus, ohne verloren zu haben«, jammerte der brasilianische Mittelfeldstar Alemao. Bei den über 12 000 meist ganz in Gelb gekleideten brasilianischen Schlachtenbummlern herrschte grenzenlose Trauer. Und keiner von ihnen schämte sich der Trä-

WELTMEISTERSCHAFT 1986 IN MEXICO

nen, von denen an diesem denkwürdigen Tag viele flossen. Trainer Tele Santana erklärte noch am gleichen Abend seinen Rücktritt.

»So wunderschön und grausam kann Fußball sein«, lautete die treffende Überschrift zu einem Bericht über das Drama von Guadalajara. Nicht so hochklassig, aber kaum weniger dramatisch verlief das Spiel in der Wüstenstadt Monterrey, in der sich Mexiko und Deutschland um den Einzug ins Halbfinale duellierten. In einer aufgeheizten Atmosphäre wurde verbissen gekämpft, kam das spielerische Moment zu kurz. Vor allem die Spieler des Gastgeberlandes übertrieben gelegentlich die Härte, sie verkrampften dabei, wirkten kopflos.

Die Deutschen konnten sich auf ihren großartigen Torwart Harald Schumacher verlassen. Sie hatten die Partie unter Kontrolle – auch dann noch, als Sie von der 65. Minute an in Unterzahl spielen mussten. Verteidiger Thomas Berthold wurde, als er sich nach einem Foul von Amador zu einer Tätlichkeit hinreißen ließ, vom Platz gestellt. Zehn Mann hielten das 0:0 bis zum Ende der regulären Spielzeit, und sie hatten in der Verlängerung sogar die größeren Reserven. Für die letzten zehn Minuten wurde das zahlenmäßige Gleichgewicht wiederhergestellt. Schiedsrichter Jesus Diaz aus Kolumbien zeigte auch dem Mexikaner Aguirre nach einem brutalen Foul an Lothar Matthäus die Rote Karte. Doch es blieb beim torlosen Unentschieden.

Das Elfmeterschießen wurde zur großen Show von Supermann Schumacher. Er blieb Sieger gegen Quirarte und Servin, mußte sich nur bei Negretes Schuss geschlagen geben, für Deutschland verwandelten die nervenstarken Schützen Allofs, Brehme, Matthäus und Littbarski ihre Strafstöße sicher. 4:1 lautete das deutliche Resultat.

Typisch deutsche Fußball-Tugenden – Kampfgeist, Disziplin, mannschaftliche Geschlossenheit – hatten sich wieder einmal durchgesetzt. Franz Beckenbauer fiel fast hörbar ein Stein vom Herzen. »Der liebe Gott hat uns heute ins Gesicht geschaut« sagte er aufatmend. Die besiegten Mexikaner weinten. Und als sie sich einigermaßen wieder gefangen hatten, lobten sie ihre Gegner über alle Maßen. »Selbst wenn die Deutschen Sorgen und Probleme haben, gewinnen sie immer noch«, wunderte sich Bora Milutinovic, der jugoslawische Trainer der Mexikaner.

Der dritte Elfmeter-Krimi ging in Puebla über die Bühne. 1:1 stand es nach 90 Minuten und auch noch nach Verlängerung. Als danach wieder Strafstöße geschossen werden mußten, behielten die Belgier mit 5:4 die Oberhand. Wie Schumacher bei den Deutschen, so wurde auch hier von den Siegern Jean-Marie Pfaff, Torhüter in Diensten des FC Bayern München, als Held des Tages gefeiert. Er badete im Jubel und Trubel, kostete seine Rolle voll aus. Mit einer Serie von Glanzparaden hatte Pfaff die spanischen Stürmer schier zur Verzweiflung gebracht, und er hielt auch gleich den zweiten Strafstoß von Eloy. Weil alle anderen Elfmeter auf beiden Seiten verwandelt wurden, war das die Entscheidung.

WELTMEISTERSCHAFT 1986 IN MEXICO

0:2 lag Deutschland im Endspiel gegen Argentinien im Rückstand, doch die Mannschaft gab nicht auf. Acht Minuten vor Schluss gelang Rudi Völler mit einem Kopfball der Ausgleich (links).
Aber der Jubel kam zu früh, drei Minuten später beendete Burruchaga mit dem 3:2 für Argentinien alle Träume vom WM-Titel.

Unter 90 000 Besuchern im Aztekenstadion von Mexiko City befanden sich Tausende von Polizisten und Sicherheitskräften in Zivil, denn die Begegnung Argentinien gegen England stand unter besonderen Vorzeichen. Der 74-Tage-Krieg um die Falkland-Inseln im Jahr 1982, der über 1000 Todesopfer gefordert hatte, war noch nicht vergessen. Die Argentinier hatten bis zu diesem Zeitpunkt den Kriegszustand nicht für beendet erklärt, unterhielten keine diplomatischen Beziehungen zu Großbritannien.

Doch auf dem Rasen fand kein »Krieg« statt. Beide Teams kämpften mit hohem Einsatz, aber fair. In einem großen Spiel verloren die Engländer 1:2 – besiegt durch eine Fehlentscheidung des tunesischen Schiedsrichters Ali Bennacour, vor allem aber durch den alle überragenden Ausnahmekönner Diego Maradona. Weder der Unparteiische noch sein Assistent an der Seitenlinie hatten bemerkt, dass Maradona das Führungstor nicht mit dem Kopf, sondern mit der Hand erzielte. Blitzschnell hatte er den Arm in die Höhe gereckt und den Ball über Torwart Peter Shilton hinweg ins Netz gelenkt. Auf drängende Fragen sprach der Argentinier nach dem Spiel den am öftesten zitierten Satz dieser WM: »Es war die Hand Gottes und der Kopf Maradonas.«

Drei Minuten nach dem irregulären Treffer setzte sich der 25jährige allerdings selbst die Krone des Königs auf – mit einem Tor, wie nur er es auf seine unnachahmliche Art zustande bringen konnte. Er startete von der Mittellinie aus zu einem Solo, ließ vier Engländer wie Statisten stehen, umkurvte auch noch den Torhüter und schoss zum 2:0 ein. Den Briten nützte der Anschlusstreffer durch Linecker nichts mehr. Sie verloren – im Gegensatz zu einem Teil ihrer gefürchteten Fans mit Anstand.

Dem Schlusspfiff folgte bei den Deutschen der Augenblick der maßlosen Enttäuschung.

Gegner des DFB-Teams im Halbfinale war Frankreich. Nach den glanzvollen Vorstellungen des Europameisters in den vorangegangenen Spielen glaubten laut Umfrage eines Meinungsforschungsinstituts nur 35 Prozent der Deutschen an einen Sieg der Beckenbauer-Mannschaft. Doch Karl-Heinz Rummenigge ließ, stellvertretend für al-

WELTMEISTERSCHAFT 1986 IN MEXICO

le Spieler, wiedergewonnenes Selbstvertrauen erkennen: »Die Franzosen haben doch vor uns die Hosen gestrichen voll.«

Das Treffen in Guadalajara schien seine Meinung zu bestätigen, das Europameister-Team wirkte verunsichert und ausgebrannt. Die Deutschen gewannen durch Tore von Andreas Brehme und Rudi Völler fast sensationell 2:0. Sie hatten wieder einmal ihren Ruf als Turnier-Mannschaft bestätigt, ihre Fähigkeit bewiesen, sich von Spiel zu

Spiel steigern zu können. Über viel Kampf und auch Krampf hatten sie zu ihrem wirklichen Leistungsvermögen gefunden, gegen Frankreich boten sie über längere Phasen Fußball allererster Klasse. Zum fünftenmal hatte Deutschland ein WM-Endspiel erreicht – ein Rekord. »Das ist mehr, als ich mir jemals erträumt habe«, gestand Teamchef Beckenbauer.

»Macht es den Deutschen nach«, forderte Belgiens Trainer Guy Thys seine Männer auf, die bis dahin ebenfalls schon ihre eigenen Erwartungen übertroffen hatten. Doch im Halbfinale war Endstation für die »Roten Teufel«. Gegen Argentinien verloren sie vor 110 000 im Aztekenstadion. Die Südamerikaner trumpften zwar nicht so auf wie gegen England, aber sie hatten ja einen Maradona. Der erzielte wiederum beide Treffer – und Belgiens Torhüter Jean-Marie Pfaff behauptete danach kühn: »Mit Maradona wären wir jetzt im Finale.« Eine Auffassung, der man kaum widersprechen konnte.

Die deutsche Mannschaft schwamm vor dem Endspiel auf einer Welle der Begeisterung über sich selbst. »Jetzt wollen wir auch den Cup«, verkündete Matthäus voller Überzeugungskraft. Der Münchner wurde mit der wichtigsten Aufgabe seiner Karriere betraut. Er sollte Maradona stoppen, den Zauberer gewissermaßen entzaubern. Argentiniens Kapitän ging im Finale tatsächlich leer aus, was Tore betraf, an Energiebündel Matthäus lag es nicht, dass Deutschland das Endspiel mit 2:3 (0:1) verlor.

Ausgerechnet der Abwehr, dem Glanzstück der Elf, unterliefen verhängnisvolle Fehler. Und ausgerechnet Weltklasse-Torwart Schuhmacher verhalf den Südamerikanern zum Führungstreffer. Bei einem Burruchaga-Freistoß flatterte er »wie ein gelber Zitronenfalter« (so die »Süddeutsche Zeitung«) im Strafraum herum, Argentiniens Libero Brown hatte keine Mühe, den Ball mit dem Kopf zum 1:0 ins leere Tor zu befördern (22. Minute).

Aber es kam noch schlimmer: Nach Seitenwechsel, in der 56. Minute, funktionierte der Aufbau einer Abseitsfalle nicht, nach einem wunderschönen Steilpass schob der allein durchgelaufene Valdano dem herausstürzenden Schumacher das Leder durch die Beine ins lange Eck. Jede andere Mannschaft hätte wohl nach einem 0:2-Rückstand gegen diese Argentinier resigniert, die deutsche tat es nicht. Dass sie nie aufgab, wurde 16 Minuten vor Schluss mit einem Abstaubertor Rummeniggs belohnt. Es war der letzte Treffer in der Länderspiel-Karriere des Kapitäns. Und acht Minuten vor dem Ende geschah das Unglaubliche: Völler köpfte zum Ausgleich ein. Der Jubel im Aztekenstadion war unbeschreiblich, selbst die neutralen unter den 117 000 Zuschauern feierten das deutsche Team plötzlich überschwenglich. Zwei Tore gegen Argentinien – das hatte es bei dieser WM noch nicht gegeben.

Die deutschen Spieler ließen sich von der Euphorie mitreißen, blieben nicht kühl genug. Statt das 2:2 über die Zeit zu bringen und in einer möglichen Verlängerung die überlegene Physis auszuspielen, stürmten sie munter weiter. Das Vabanquespiel rächte sich. Ein brillanter Pass von Maradona – es war seine größte Tat in diesem

WELTMEISTERSCHAFT 1986 IN MEXICO

Finale – erreichte Burruchaga, der ließ Schumacher keine Chance. 3:2 für Argentinien fünf Minuten vor dem Schlusspfiff: Da wussten alle, dass dies die Entscheidung bedeutete.

Die Deutschen waren wieder Vizeweltmeister – wie 1982. Aber Enttäuschung und Zufriedenheit waren diesmal größer als vier Jahre vorher in Spanien. Die Enttäuschung, weil der Titel in Mexiko bis kurz vor dem Schluss greifbar nahe schien. Und die Zufriedenheit, weil die Mannschaft viel mehr erreicht hatte, als ihr der überaus kritische Teamchef zugetraut hatte. »Ich stelle den Erfolg von Mexiko noch über meinen eigenen Titelgewinn 1974 in Deutschland als Spieler«, sagte Franz Beckenbauer. Und er begründete diese Einschätzung so: »1974 waren wir der programmierte Weltmeister. Wir mussten einfach siegen. Diesmal haben wir alle mit unseren Leistungen überrascht.«

Die Argentinier feierten ihren Triumph so ausgelassen, wie es nur Südländer können. Fans rollten ein Spruchband auf dem Rasen aus: »Perdon Bilardo, Gracias« – »Entschuldigung, Bilardo, danke«, stand da in riesigen Lettern zu lesen. Denn der 50jährige Carlos Salvador Bilardo, Kinderarzt von Beruf, war vor der WM umstritten wie kein anderer Trainer. Hohn und Spott waren ihm und der Mannschaft in der Heimat entgegengeschlagen. Kritik hatte er sich auch von Cesar Luis Menotti, einem seiner Vorgänger, anhören müssen. »Bilardos Taktik tötet das Herz unseres Fußballs«, hatte der Weltmeister-Macher von 1978 als Zeitungskolumnist getadelt.

Doch Bilardo, der nur vier Wochen Zeit hatte, um alle Auslands-»Legionäre« in seine Mannschaft zu integrieren, schaffte ein kleines Wunder. Sein Verdienst: Er formte aus Individualisten ein Team, das »Fußball total« spielte mit Herz und Hirn. Sein Glück: Zu diesem Team gehörte ein Maradona, der vier der sieben argentinischen Spiele mehr oder weniger im Alleingang entschied.

Die Argentinier dagegen feierten überschwenglich ihren Triumph. Im Mittelpunkt der Ovationen: Kapitän Diego Maradona, der überragende Spieler des Turniers.

Weltmeisterschaft 1990 in Italien

Am Ende dieser Weltmeisterschaft stand ein Bild einsamer Größe: Franz Beckenbauer allein und gedankenverloren auf dem Rasen des Olympiastadions in Rom, der Triumphator fern des lärmenden Jubels seiner Mannschaft, die soeben ihre verdiente Ehrenrunde drehte.

Noch selten war der Anteil eines Trainers am WM-Erfolg seiner Mannschaft so groß wie der des »Kaisers« am Titelgewinn Deutschlands 1990 in Italien. Mit unangreifbarer Kompetenz bestimmte er nicht nur Aufstellung und Taktik. Es gelang ihm

Weltmeisterschaft 1990 – Der Verlauf des Turniers

1. Finalrunde	Achtelfinale		Viertelfinale		Semifinale		Finale	
Gruppe A								
Italien	Deutschland	2						
ČSFR	Holland	1						
Österreich			Deutschland	1				
USA			ČSFR	0				
	ČSFR	4						
Gruppe B	Costa Rica	1						
Kamerun								
Rumänien					Deutschland	1 (5)*		
Argentinien	Kamerun	2**			England	1 (4)		
UdSSR	Kolumbien	1						
Gruppe C			England	3**				
Brasilien	England	1**	Kamerun	2				
Costa Rica	Belgien	0					Deutschland	1
Schottland							Argentinien	0
Schweden								
	Italien	2						
Gruppe D	Uruguay	1						
Deutschland								
Jugoslawien								
Kolumbien	Irland	0 (5)*	Italien	1				
V.A. Emirate	Rumänien	0 (4)	Irland	0				
Gruppe E								
Spanien	Jugoslawien	2**			Argentinien	1 (5)*		
Belgien	Spanien	1			Italien	1 (4)		
Uruguay								
Südkorea								
	Argentinien	1					**Um den**	
Gruppe F	Brasilien	0	Argentinien	0 (3)*			**dritten Platz**	
England			Jugoslawien	0 (2)			Italien	2
Irland							England	1
Holland								
Ägypten								

* nach Elfmeterschießen, ** nach Verlängerung

WELTMEISTERSCHAFT 1990 IN ITALIEN

auch – anders als noch in Mexiko 1986 –, in der Mannschaft ein Klima harmonischer Professionalität zu erzeugen, welches ohne aufgesetzte Kumpanei der Schlüssel zum Titelgewinn wurde. Das Fehlen einer herausragenden Spielerpersönlichkeit, eines »Chefs« auf dem Rasen, wie Herberger ihn 1954 in Fritz Walter und Schön 1974 in eben jenem Beckenbauer hatten, wurde plötzlich nicht mehr als Mangel empfunden – es gab ja den »Teamchef«. Und tatsächlich schien sich die Aura des Erfolges, die Franz Beckenbauer seit langem umgibt, reibungslos auf seine Spieler zu übertragen.

Dabei war der Anfang schwer gewesen. Noch nie schien eine deutsche Mannschaft in der WM-Qualifikation so vom Scheitern bedroht wie diesmal. Aufgrund des nicht eben leicht durchschaubaren Modus in Europa mußte das letzte Spiel in Köln gegen Wales unbedingt gewonnen werden, um hinter Holland wenigstens noch Gruppenzweiter zu werden. Groß war der Schreck, als die Waliser in Führung gingen. In einer wirklichen Zitterpartie gelang es, das Spiel noch umzudrehen und durch Tore von Völler und Häßler die Reise nach Italien sicherzustellen. »Mit Mühe und Not über den Brenner gekrochen«, urteilte die »Süddeutsche Zeitung«.

Leidtragende des deutschen Sieges waren die Dänen, überall wegen ihrer attraktiven Spielweise und ihrer phantasievollen Fans beliebt. Sie mussten in ihrer Gruppe den Rumänen den Vortritt lassen und scheiterten im Vergleich der Gruppenzweiten knapp an Deutschland. Überraschend auf der Strecke blieb auch der WM-Dritte Frankreich. Ansonsten aber waren alle dabei, die im Fußball Rang und Namen hatten. Brasilien, der dreifache Weltmeister, erreichte seine Qualifikation nach nur 69 Minuten im Rückspiel gegen Chile. Nach einem 1:1 im ersten Spiel lag Brasilien in Rio mit 1:0 in Führung, als Chiles Torwart angeblich von einer Rauchbombe am Kopf getroffen wurde und seine Mannschaft den Platz verließ. Die FIFA wertete das Verhalten als Schmierentheater und das Spiel mit 2:0 für Brasilien.

Schon lange gilt Italien als eines der fußballverrücktesten Länder der Welt, der italienische »Tifoso« als überaus begeisterungsfähiger, aber auch sachverständiger Fan. Die italienische Liga genießt den Ruf, die stärkste der Welt zu sein. Zahlreiche ausländische Weltstars verdienen ihr Geld in Italien – mehr Geld als irgendwo anders auf der Welt, weil der Fußball in Italien einen unvergleichbar hohen gesellschaftlichen Stellenwert genießt. Der ideale Rahmen also für ein rauschendes Fußballfest, das der Gastgeber freilich auch dazu nutzte, technischen Fortschritt und seinen angestrebten Status als Wirtschaftsweltmacht zu dokumentieren. Aber schon lange gilt Italien auch als das Land des – mal mehr, mal weniger charmanten – Chaos und der Mafia. Die

So fällt das erste Tor der Weltmeisterschaft. Oman Biyik schießt es für Kamerun im Eröffnungsspiel gegen Titelverteidiger Argentinien. Argentinien unterliegt dem Außenseiter aus Afrika mit 0:1.

Links: Freudentanz mit Roger Milla.

Frage war: Würde es den Italienern gelingen, alle notwendigen Bauten mit der zugehörigen Infrastruktur für ein einmonatiges Medienereignis ersten Ranges rechtzeitig fertigzustellen?

Natürlich war es bei der Vergabe der Bauaufträge für die Stadien zu den üblichen Durchstechereien und zu eminenten Kostensteigerungen (insgesamt kostete die

WELTMEISTERSCHAFT 1990 IN ITALIEN

WM über 7 Milliarden DM), zu Pfusch und Verzögerungen gekommen. Mit großer Eile mußten die Arbeiten dann vorangetrieben werden, mangelhafte Sicherheit am Bau kostete 24 Arbeitern das Leben – ein nicht zu verantwortender Preis. Die italienische Öffentlichkeit nahm ihn relativ gelassen hin. Sie schien der heranrückende Termin viel mehr zu interessieren. Luca de Montezemolo, den Chef des italienischen Organisationskomitees, konnte man noch zwei Monate vor dem Eröffnungsspiel stöhnen hören: »Nichts ist fertig.«

Das freilich war weit übertrieben. Letztlich lief die WM fast reibungslos ab, auch wenn nicht alle Straßen und Parkplätze termingerecht fertig wurden. Mit der Eröffnungsfeier präsentierten sich die Gastgeber von ihrer besten Seite: perfekt organisiert und doch von jener mediterranen Leichtigkeit und Eleganz, der Italien so viele Freunde verdankt.

Die Mannschaft der USA – ein bunter Tupfer im Teilnehmerfeld. Sie verliert gegen die ČSFR 1:5, gegen Italien nur 0:1 und schließlich auch gegen Österreich. Oben: Armstrong stoppt den Ball vor dem österreichischen Außenstürmer Rodax.

Die deutschen Legionäre der italienischen Liga spielen bei der Mondial groß auf.
Lothar Matthäus im Auftaktspiel gegen Jugoslawien. Deutschland gewinnt die beiden ersten Gruppenspiele mit 4:1 gegen Jugoslawien und mit 5:1 gegen die Vereinigten Arabischen Emirate.

Rechts: Gegen die VAR reiht sich auch Uwe Bein unter die Torschützen ein.

Im Eröffnungsspiel am 8. Juni in Mailand traf Titelverteidiger Argentinien auf Kamerun. Natürlich waren die Argentinier mit dem unwiderstehlichen Fußballgenie Maradona gegen das vermeintliche Fußball-Entwicklungsland klar favorisiert. Bei Londons Buchmachern galten sie neben Italien, Deutschland und Brasilien sogar als heißer Anwärter auf einen erneuten Titelgewinn. Doch ihnen gegenüber standen keineswegs Kokosnusskicker. Fast alle Spieler Kameruns hatten Profiverträge in Frankreich. Einige, wie der famose Torwart N'Kono, waren schon 1982 in Spanien, als Kamerun nach der Vorrunde ungeschlagen (sogar dem späteren Weltmeister Italien hatte man ein Unentschieden abgetrotzt) ausscheiden musste, dabei gewesen.

Offensichtlich unterschätzten die Argentinier ihre Gegner, jedenfalls wirkten sie einfallslos und überheblich. Kamerun dagegen spielte nicht nur Fußball

WELTMEISTERSCHAFT 1990 IN ITALIEN

mit dem logischen Motivationsvorsprung einer Mannschaft, die nichts zu verlieren hat, sondern auch taktisch klug, technisch reif und gewitzter im Zweikampf. Die Sympathien der Zuschauer flogen dem Außenseiter zu. Der Ausruf des deutschen Fernsehkommentators Marcel Reif: »Nur Mut, ihr schwarzen Freunde!« traf die Stimmungslage exakt.

Nach einer Stunde verlor Kamerun Kana Biyik durch Platzverweis doch das änderte nichts – im Gegenteil: Ein paar Minuten später ließ der argentinische Torwart Pumpido einen eher harmlosen Kopfball von Omam Biyik unter seinem Körper hindurchrutschen, Kamerun führte 1:0. Die Bemühungen der Argentinier, wenigstens noch

Rudi Völler in der Begegnung mit Kolumbien.

den Ausgleich zu schaffen, blieben trotz eines weiteren Platzverweises gegen Kamerun fruchtlos. Die Sensation war perfekt. Der Titelverteidiger und haushohe Favorit war geschlagen, und Schwarzafrika mit einem Schlag auf die Landkarte des Fußballs katapultiert.

Die beiden Roten Karten gegen den Sieger waren der Auftakt zu einer wahren Flut von Verwarnungen und Ausschlüssen in den folgenden 51 Spielen. Hintergrund war eine Weisung der FIFA an die WM-Schiedsrichter, ein Foul, das eine offensichtliche Torchance zunichte macht, sofort mit Rot zu bestrafen. Auch Zeitspiel und Aufstellen der Mauer in unkorrektem Abstand sollten rigoroser geahndet werden. Viele Schiedsrichter waren dem Druck des Weltverbandes offenbar nicht gewachsen. Sie wirkten verunsichert und verhängten, wie der DFB-Ausbilder und ehemalige WM-Schiedsrichter Volker Roth in einer späteren Analyse feststellte, »mehr Verwarnungen und Feldverweise als normalerweise üblich und vertretbar«. Am Ende hatten sie 163mal Gelb und 16mal Rot gezeigt – letzteres eine Steigerung von satten 100 Prozent gegenüber Mexiko '86.

WELTMEISTERSCHAFT 1990 IN ITALIEN

Augenthaler, Buchwald und Berthold sichern den deutschen Torraum. Klinsmann in der Pose der Verzweiflung. Und Freddy Rincon Valencia, der gerade den Ausgleich für Kolumbien erzielt hat. Die Deutschen müssen mit einem Remis zufrieden sein.

Wer das Ergebnis des Eröffnungsspiels für Zufall gehalten hatte, begünstigt vielleicht durch eine gewisse Überheblichkeit der Argentinier, sah sich bald eines Besseren belehrt: Sechs Tage später besiegte Kamerun auch Rumänien, das seine Ambitionen bereits mit einem Sieg gegen Vize-Europameister UdSSR unterstrichen hatte. In diesem Spiel schob sich erstmals ein Mann ins Rampenlicht, der die Fußballschuhe eigentlich schon an den Nagel gehängt und sie erst auf persönliche Bitte des kamerunischen Staatspräsidenten Paul Biya wieder angezogen hatte: Roger Miller – oder Milla, wie alle sagten und er sich schreibt. Mit 38 Jahren schon zu alt für volle 90 Minuten und im Eröffnungsspiel nur neun Minuten im Einsatz, wurde er diesmal nach einer

Achtelfinale: So schießt Platt in der 119. Minute den entscheidenden Treffer für England und lässt seiner Freude freien Lauf.

knappen Stunde eingewechselt. Die restlichen 30 Minuten genügten ihm, seine Mannschaft beim Stande von 0:0 mit 2:0 in Führung zu bringen, wobei er nach jedem Tor zur Eckfahne eilte und einen unnachahmlichen Freudentanz à la Lambada aufführte. Milla wurde zum Publikumsliebling und einer der großen Stars dieser an spektakulären Spielern armen WM. Die Teilnahme am Achtelfinale war den »Lions indomptables« nun sicher. Auch Argentinien schaffte (nach einem 2:0-Sieg gegen die überraschend schwachen Russen) die nächste Runde, wobei Schiedsrichter Fredriksson ein klares Handspiel Maradonas auf der eigenen Torlinie übersah.

Thema Nr. 1 jedoch waren die sogenannten »Fußballzwerge«, neben Kamerun, Costa Rica und Kolumbien. Beide erreichten – Costa Rica durch Siege über Schottland und Schweden – das Achtelfinale.

Eigentliche Überraschung dieser Gruppe aber war die Spielweise der Brasilianer. Die Krise der brasilianischen Gesellschaft hatte den Fußball nicht unberührt gelassen. Etliche Spieler waren vor phantastischen Inflationsraten ins Ausland geflohen. Die Zuschauerzahlen sanken dramatisch, ein WM-Erfolg wäre wichtiger als je zuvor gewesen. Trainer Lazaroni beschloss, aus den Misserfolgen früherer WM-Endrunden Konsequenzen zu ziehen und verpasste der Mannschaft ein modernes – sprich defensives

WELTMEISTERSCHAFT 1990 IN ITALIEN

– Konzept, das mit geradezu preußischer Disziplin umgesetzt wurde. »Eine Vergewaltigung des brasilianischen Naturells« schimpfte Carlos Alberto, Kapitän der Weltmeister-Mannschaft von 1970. Doch Lazaroni schien entschlossen, solche Anwürfe und seine tägliche Demontage in der brasilianischen Presse zu ignorieren: »Was zählt, ist einzig der Erfolg!« So ging Brasilien in seinen Gruppenspielen dreimal als Sieger vom Platz und hatte die Zuschauer doch dreimal mit dürrer fußballerischer Schonkost enttäuscht.

Noch ein Außenseiter sorgte für Aufsehen: Ägypten. Die Männer vom Nil überraschten mit einem 1:1 gegen Europameister Holland und einem 0:0 gegen Irland. Durchweg jedoch boten die Spiele dieser Gruppe langweilige bis ärgerliche Vorstellungen. Vor allem die Holländer, die fast die komplette Europameister-Mannschaft aufbieten konnten und mit Gullit, Rijkaard und van Basten über drei Weltstars verfügten, waren von einer unerklärlichen Schwäche befallen. Die »Chemie« der Mannschaft stimmte wohl nicht mehr, nachdem Leo Beenhakker als Trainer den Vorzug vor Johan Cruyff, dem Wunschkandidaten der Mannschaft, erhalten hatte. Auch Rinus Michels, als Technischer Direktor engagiert, fand den Draht zu den Spielern nicht mehr. »Eigentlich läuft hier alles schlecht«, befand Ruud Gullit.

Wegen der englischen Fans, den berüchtigten »Hooligans«, hatte man die Spiele dieser Gruppe möglichst

Serena erzielt das alles entscheidende 2:0 gegen Uruguay, das Gastgeber Italien den Einzug ins Viertelfinale ermöglicht.

Diego Maradona gegen Brasilien. Die Argentinier gewinnen 1:0.

Die deutsche Nationalelf stürmt ins Viertelfinale. Holland wird im Achtelfinale 2:1 geschlagen. Buchwald bejubelt den Torschützen Brehme.

Rechte Seite: Klinsmann legt mit dem 1:0 den Grundstein.

Die peinlichste Affäre der WM: Völler sieht die Rote Karte und weiß nicht warum.

weit weg vom italienischen Kernland nach Sardinien und Sizilien gelegt. Den Hooligans war's einerlei: sie prügelten sich halt in Cagliari mit den Carabinieri. Ihre nicht minder hirnlosen Kollegen aus Deutschland wollten da nicht zurückstehen und zettelten noch vor dem ersten Spiel der Deutschen am Gardasee und in Mailand Straßenschlachten an. In den Stadien selbst blieb es ruhig, aber ein wirksames Konzept zur Verhinderung von Randale im Umfeld, auch das hat diese WM gezeigt, gab und gibt es nicht.

Kann es wohl auch nicht geben, solange Hooligans, wie sie in einem Interview mit »Sports« bekannten, sogenannte Fanprojekte für »kindisch« und »blöd« halten, Prügeln aber als eine Art Droge empfinden, »um Aggressionen loszuwerden«.

Ganz im Gegensatz zu dem gewalttätigen Teil ihrer Anhängerschaft, präsentierte sich die englische Mannschaft als ein Muster an Fairness. Am Ende gewann sie mit nur sechs Gelben Karten sogar die FIFA-Fairplay-Wertung,

WELTMEISTERSCHAFT 1990 IN ITALIEN

was der Attraktivität ihres Spiels aber zunächst auch nicht dienlich war. Immerhin schaffte sie mit einem 1:0 gegen Ägypten den einzigen Sieg in dieser Gruppe und bewahrte die WM vor einer peinlichen Neuheit: Im Falle eines weiteren Unentschiedens hätten die Teilnehmer am Achtelfilnale durch das Los bestimmt werden müssen, denn alle anderen Spiele endeten 0:0 oder 1:1.

Interessanter waren da schon die Spiele der Belgier und Spanier. Belgien, wie schon '82 in Spanien und '86 in Mexiko von dem nun fast 70jährigen Zigarrenfan Guy Thys trainiert, hatte in Enzo Scifo einen genialen Regisseur. Gegen Uruguay, jene südamerikanische Mannschaft, die ihre ausgefeilte Technik schon immer mit einer gesunden – und bisweilen für den Gegner auch ganz und gar ungesunden – Härte zu verbinden wusste, erwischten die Belgier einen wirklich guten Tag und ließen die Südamerikaner noch schlechter aussehen, als es das Ergebnis von 3:1 widerspiegelt. Im direkten Aufeinandertreffen der bei den dominierenden Teams blieb Spanien schließlich 2:1-Sieger über den WM-Vierten von '86, doch beide Mannschaften konnten für sich in Anspruch nehmen, für einen der Höhepunkte der Vorrunde gesorgt zu haben.

Von einer ganzen Nation im Fußballfieber sehnsüchtig erwartet wurde das erste Spiel der Italiener. Klar, daß bei der WM im eigenen Land der »Squadra azzura« viel zugetraut wurde. Sie war gespickt mit klangvollen Namen, die jeder Schuljunge zwischen Mailand und Palermo andächtig aufzusagen wusste: Baresi, dessen elegante Spielweise so sehr an Beckenbauer erinnerte; Giannini, der begnadete Techniker und Regisseur aus Rom; Baggio, seit seinem Transfer zu Juventus Turin der teuerste Spieler der Welt; Vialli, der gefährliche Torjäger mit dem Clownsgesicht, und Kapitän Ber-

Im Spiel gegen die ČSFR verwandelt Matthäus einen Elfmeter zum alles entscheidenden Treffer, und Torwart Ilgner schreit Regieanweisungen.

gomi, einziger Überdauernder des italienischen Weltmeisterteams von 1982, als er im Finale, erst 18jährig, den Deutschen Rummenigge entzaubert hatte. Der Erwartungsdruck einer enthusiastischen Fußballnation lastete tonnenschwer auf dieser italienischen Mannschaft – würde sie ihm standhalten können?

Erster Gegner war Österreich, dessen Taktik nur sein konnte, gegen den hohen Favoriten möglichst lange möglichst wenig »anbrennen« zu lassen. Das gelang auch ganz gut. Schön anzuschauen war's zwar nicht, aber das schwungvolle und überlegte Spiel der Italiener lief sich am österreichischen Strafraum fest. Die Bemühungen der drückend überlegenen Hausherren wurden immer krampfhafter und hektischer. Eine Viertelstunde vor Spielende schickte Trainer Vicini für den entnervten Carnevale einen fri-

WELTMEISTERSCHAFT 1990 IN ITALIEN

Olaf Thon beendet den Nervenkrieg mit dem verwandelten Elfmeter gegen England. Deutschland steht im Finale.

schen Stürmer aufs Feld: Salvatore Schillaci. Der Sizilianer, bei Juventus Turin keineswegs unumstritten, wußte seine Chance augenblicklich zu nutzen. In der 78. Minute wuchtete er einen Flankenball Viallis mit dem Kopf ins Netz. »Toto«, wie er von jetzt an hieß, war der Held des Tages, und es sollten noch mehr solche Tage kommen. A Star was born.

Österreich erholte sich von dieser Auftakt-Niederlage nicht mehr. 0-1 auch gegen die ČSFR, nach schwacher Leistung. Da half auch ein mühevoller Sieg gegen die USA nicht mehr weiter.

Die Tschechoslowaken dagegen präsentierten die beste WM-Elf seit 1962, als sie Vize-Weltmeister waren. Die politischen Veränderungen in Osteuropa wirkten auch

Eins zu null durch Milla. Kamerun schlägt Kolumbien in der Verlängerung 2:1 und jubelt.

**Und scheitert gegen England im Viertelfinale in der Verlängerung.
Rechte Seite: Gary Lineker erzielht das entscheidende Tor durch Elfmeter.
Keeper Peter Chilton jubelt.**

im Fußball befreiend und lösten bei dieser Mannschaft, wie übrigens auch bei den Rumänen, einen kräftigen Motivationsschub aus. Tschechoslowakische Spieler hatten während der Zeit des Umsturzes im November '89 einen Spieltag ausfallen lassen, um am Prager Wenzelsplatz an einer Demonstration teilnehmen zu können. Mit der neugewonnenen Freiheit eröffnete sich auch die Chance auf lukrative Verträge im westlichen Ausland. Trainer Josef Venglos, ein Doktor der Philosophie, brachte das

WELTMEISTERSCHAFT 1990 IN ITALIEN

neue Lebensgefühl auf den Punkt: Wichtiger als Siege sei die Selbstverwirklichung jedes einzelnen.

Was das anging, hatten die US-Boys wohl einen uneinholbaren Erfahrungsvorsprung, fußballerisch jedoch hinkten sie noch weit hinterher. Gegen Italien zog sich die jüngste Mannschaft des Turniers mit einer knappen 0:1-Niederlage zwar noch achtbar aus der Affäre, ihre Harmlosigkeit aber konnte sie nie verbergen. Am Ende fuhr man mit drei Niederlagen nach Hause – sicher kein Beitrag, den Fußball in den USA populärer zu machen, was im Gastgeberland der WM 1994 doch dringend nötig gewesen wäre.

Einen Auftakt nach Maß erwischten die Deutschen. Beckenbauer und seine Helfer hatten die Vorbereitung generalstabsmäßig geplant und organisiert. Drei verschiedene Quartiere bezog das DFB-Aufgebot in der Vorbereitung, um die Auswirkungen des »Lagerkollers« so gering wie möglich zu halten. Immer wieder wurde die Kasernierung durch ausgedehnte Freizeit aufgelockert, in der sich die Spieler aus dem Weg gehen und auch ihre Frauen treffen konnten. Im deutschen Fußball, nicht immer ganz frei von einem gewissen provinziellen Mief, ein Entschluss, der einhellig begrüßt wurde. »Vergelt's Gott, Franz!« dankte die »Bild-Zeitung« in vollem Verständnis für den Hormonhaushalt der Spieler.

In Erba nahe Mailand, wo sich die drei »Mailänder« Matthäus, Brehme und Klinsmann wie zu Hause fühlen konnten, bezog der Vize-Weltmeister von '82 und '86 seine letzte idyllische Residenz. Dort, erklärte Beckenbauer, habe er die feste Absicht, bis zum Halbfinale zu bleiben, der Spielplan machte es möglich. Dazu musste man allerdings konsequent den Gruppensieg ansteuern, also schon im ersten Spiel gegen die als Geheimfavoriten gehandelten Jugoslawen zwei Punkte machen. »Das erste Spiel«, wusste Beckenbauer, »ist nun mal das wichtigste. Man kann sich Probleme schaffen oder sie aus der Welt räumen.«

Butragueno vor Ivkovic – aber Jugoslawien bezwingt Spanien und zieht ins Viertelfinale ein.

Seine Spieler nutzten dann auch die Chance, sich gleich mit einem kräftigen Schuss Selbstvertrauen zu versorgen. Zwar machten die Jugoslawen es ihnen insofern leicht, als sie ebenfalls ambitioniert und offensiv mitspielen wollten, aber nie kam ein Zweifel auf, wer die bessere Mannschaft war. In wirklich glanzvoller Form gewann das Team Beckenbauers mit 4:1, wobei Kapitän Lothar Matthäus zwei wunderschöne Tore erzielte. Im folgenden Pflichtsieg (5:1) gegen die Emirate versäumte es Völler in der ersten halben Stunde, die Frage nach dem Torschützenkönig dieser WM vorzeitig und für sich zu entscheiden.

Ein weit unbequemerer Gegner waren die Kolumbianer. Von ihnen war vor Beginn dieser WM hauptsächlich im Zusammenhang mit Kokain die Rede gewesen, dem Hauptausfuhrprodukt dieses Landes. Die Drogen-Mafia, vorneweg das berüchtigte Medellin-Kartell, hatte ihre Finger auch im Profi-Fußball. Mehrere Klubs der Ersten Liga wurden ganz offen von den Drogenbossen und ihren Strohmännern kontrolliert, die auch schon mal einen unbotmäßigen Schiedsrichter erschießen ließen.

Fußballerisch war Kolumbien eine in Europa fast unbekannte Größe. Am auffälligsten agierten in den ersten beiden Spielen Kapitän Valderrama, der Kopf der Mannschaft, und der eigenwillige Torwart Higuita, der immer wieder weit aus dem Strafraum herauseilte, um dort eine Art zusätzlichen Ausputzer zu spielen. Gegen Kameruns Milla ging das – im Achtelfinale prompt schief, doch Gruppengegner Deutschland konnte in der Vorrunde nicht davon profitieren und kam über ein 1:1 nicht hinaus.

WELTMEISTERSCHAFT 1990 IN ITALIEN

Ein Torhüter triumphiert: Goicochea stoppt einen Elfmeter.

Ein Torhüter weint. Jugoslawien hat das Elfmeterschießen gegen Argentinien verloren; der Titelverteidiger steht im Halbfinale. Und setzt sich dort auch gegen Italien durch.

Zufrieden konnten die Veranstalter nach der Vorrunde Zwischenbilanz ziehen. Offensichtlich hatten die überhöhten Eintrittspreise die Fans nicht abgeschreckt. Die meisten Spiele waren sehr gut besucht, selbst eine Partie wie Deutschland – Arabische Emirate hatte noch über 70 000 angelockt. Insgesamt verzeichnete diese WM einen Durchschnitt von 48 411 Zuschauern pro Spiel – neuer Rekord!

Eine andere Bilanz fiel weniger positiv aus. Wer geglaubt hatte, die Phase des Sicherheitsfußballs, der die Vorrunde eindeutig dominiert hatte, sei nun überstanden, irrte gewaltig. Das »safety first« setzte sich im Knockout-System fröhlich fort: Sieben der acht Begegnungen im Achtelfinale standen bei Halbzeit 0:0, vier gingen in die Verlängerung. »Der Kopf unseres Sports unterdrückt das Herz« bedauerte FIFA-Generalsekretär Sepp Blätter.

Unbestrittene Meister der Defensive blieben die Italiener: fünf Spiele ohne Gegentor! Vorne lauerte der vom Joker zum Stammspieler avancierte Schillaci und wurde ein ums andere Mal zum Matchwinner.

Maradona verwandelt im Halbfinale gegen Italien den entscheidenden »Elfer«, Argentinien jubelt.

Auch im Achtel- und Viertelfinale gegen Uruguay und Irland machte er die entscheidenden Tore. Lange nicht mehr verdiente sich ein Süditaliener so sehr die ungeteilte Anerkennung und Bewunderung des reichen Nordens.

Mit Brasilien–Argentinien und Deutschland–Holland gab es bereits im Achtelfinale zwei Paarungen von Endspielformat. Die Brasilianer boten gegen das Maradona-Team vielleicht die beste spielerische Leistung des ganzen Turniers – und schieden trotzdem aus, weil sie statt des Tores immer nur Pfosten oder Latte trafen. Kurz vor Schluss zog Maradona mit einem unbeschreiblichen Solo fünf Gegner auf sich und konnte noch den alles entscheidenden Pass in die Mitte spielen, wo Caniggia völlig frei stand. Brasilien war von einem Mythos geschlagen worden.

Das Duell der Erzrivalen Deutschland und Holland mußte natürlich Erinnerungen wecken: an das WM-Finale '74 und an das EM-Halbfinale '88, als die siegreichen Holländer aus ihrer Geringschätzung für die Deutschen keinen Hehl gemacht hatten. Schon in der Qualifikation waren die beiden Teams wieder aufeinandergetroffen und hatten sich zweimal remis getrennt. Jetzt lag der Geruch von Revanche in der Luft, auch wenn niemand es zugeben mochte.

Beckenbauer überraschte mit einer äußerst defensiven Aufstellung. Gleich sechs Abwehrspezialisten bildeten einen Sperrriegel vor dem deutschen Strafraum, an dem die Holländer sich erst einmal müde laufen sollten. Doch nach 20 Minuten erhielt das Spiel durch zwei Platzverweise neue taktische Vorzeichen. Der eine traf Frank Rijkaard, der Rudi Völler am Ohr gezogen und bespuckt hatte. Der andere traf Rudi Völler, der, wie alle Fernsehaufzeichnungen bewiesen, sich überhaupt nichts hatte zuschulden kommen lassen. So ärgerlich diese Fehlentscheidung von Schiri Loustau aus Argentinien auch war – die Deutschen konnten den Ausfall Völlers besser verkraften

WELTMEISTERSCHAFT 1990 IN ITALIEN

Endspiel in Rom.
Buchwald gegen Maradona.

als die Holländer den Verlust Rijkaards. Ihnen fehlte nun der zentrale Mann in der Defensive, und das schuf Platz für deutsche Konter.

Vor allem Jürgen Klinsmann wuchs an diesem Abend über sich hinaus. Immer wieder jagte er im Intercity-Tempo in die freien Räume der holländischen Hälfte. Kurz nach Beginn der zweiten Halbzeit sprintete er in eine Buchwald-Flanke und lenkte sie direkt ins Tor. Nach etlichen weiteren Steilpässen und einem fulminanten Pfostenschuß aus vollem Lauf durfte er völlig ausgepumpt auf der Ersatzbank Platz nehmen. Mittlerweile hatte Brehme mit einem eleganten Kunstschuss das 2:0 erzielt, bevor den Holländern nach einer zweifelhaften Elfmeterentscheidung noch ein Tor gelang. Die Revanche war geglückt, Deutschland im Viertelfinale.

Gegner dort war die ČSFR, die wenige Wochen zuvor in einem lockeren Vorbereitungsspiel 1:0 geschlagen worden war. Auch diesmal war Deutschland die eindeutig spielbestimmende Mannschaft, die schon bald durch einen Elfmeter von Matthäus in Führung ging. Das 2:0 schien nur eine Frage der Zeit zu sein, als nach einem Platzverweis gegen den Tschechoslowaken Moraveik im deutschen Team unverständliche Konfusion ausbrach. Mehrmals hatten zehn Gegner jetzt hochkarätige Torchancen,

Rudi Völler wird von den argentinischen Verteidigern hart attackiert.

was Beckenbauer sichtlich die Selbstbeherrschung verlieren ließ. Abwechselnd stauchte er am Spielfeldrand mit Worten und Gesten seine Akteure zusammen und verschwand nach dem Abpfiff mit verächtlicher Handbewegung in der Kabine. »Unser Verhalten in den letzten 20 Minuten«, schimpfte er später, »war das genaue Gegenteil von intelligent.«

Zum erstenmal hatte sich mit Kamerun eine afrikanische Mannschaft für die letzten Acht qualifiziert, zwei Milla-Tore in der Verlängerung gegen Kolumbien machten es möglich. Auch im Viertelfinale gegen die Engländer, die sich erst mit einem Tor in der 119. Minute gegen Belgien durchgesetzt hatten, waren sie dem Sieg nahe. Bis zur 83. Minute führten sie 2:1, ehe zwei von Lineker verwandelte Elfmeter den Höhenflug der Afrikaner stoppten. Dennoch konnten sie stolz sein. Sie hatten sich den jahrzehntelang dominierenden Mannschaften aus Südamerika und Europa als ebenbürtig erwiesen und den Fußball eines ganzen Kontinents aufgewertet. Die FIFA ließ sich nicht lumpen: 1994 dürfen drei statt wie bisher zwei afrikanische Teams an der Endrunde teilnehmen.

Auch Weltmeister Argentinien war der Sprung ins Halbfinale geglückt, obwohl er gegen Jugoslawien – mal wieder – die schlechtere Mannschaft gewesen war. Nach 120

Minuten ohne Tor konnte er sich bei Torwart Goycochea, der für den bereits im zweiten Spiel schwer verletzten Stammkeeper Pumpido eingesprungen war, für zwei gehaltene Elfmeter bedanken.

Das Glück verließ den Weltmeister auch im Halbfinale nicht. Gegner Italien wurde das Opfer der eigenen Defensiv-Strategie. Nach Schillacis wer sonst? – frühem Führungstor hatten sich die Italiener wie gewohnt zurückfallen lassen, um den Vorsprung zu halten. Allerdings schienen die Minimalisten in Blau nach der Pause zu druckvollerem Spiel auch gar nicht mehr in der Lage. In der 67. Minute mußte Torwart Walter Zenga den Ausgleich durch Canniggia und damit seinen ersten Gegentreffer im ganzen Turnier hinnehmen. Damit begann das Verhängnis. Nach ergebnisloser Verlängerung bat Schiedsrichter Vautrot aus Frankreich zum Elfmeterschießen. Lähmendes Entsetzen und Totenstille im San-Paolo-Stadion von Neapel, dem »Arbeitsplatz« von Diego Maradona, als Goycochea die Elfmeter von Serena und Donadoni hielt. Italien nicht im Finale – im WM-Land brach Volkstrauer aus. Noch stundenlang saßen weinende Tifosi im Stadion, am nächsten Morgen faßte die »Gazetta dello Sport« ihre Gefühle in einer riesigen Schlagzeile zusammen: »Italia nooo ...«

Brehme verwandelt den fälligen Elfmeter zum alles entscheidenden Treffer.

Ganz anders natürlich die Stimmung in den Ländern der noch verbliebenen Teams. In Deutschland schnellten die TV-Einschaltquoten auf neue Rekordhöhen, als sich Beckenbauers Elf einen Tag nach Italiens Tragödie den Engländern stellte. Das Spiel in Turin wurde in jeder Weise zur Werbung für den Fußball. Auch außerhalb des Stadions blieb es ruhiger als befürchtet, wenn deutsche und englische Hitzköpfe aufeinanderstoßen. Vereinzelt konnte man sogar Verbrüderungsszenen beobachten.

Brehmes entscheidender Treffer führt zu diesem Knäuel überschäumender Freude.

Die Engländer hatten mit ihrer Tradition einer Vierer-Abwehrkette gebrochen und spielten mit einem Libero. Zudem bewiesen sie, daß sie außer »kick and rush« auch schnelles Direktpass-Spiel beherrschten. Die Deutschen taten sich schwer, konnten nur selten in den englischen Strafraum eindringen. Gefahr kam vor allem von Schüssen aus der zweiten Reihe. Nach einer Stunde senkte sich ein abgefälschter Freistoß von Brehme hinter dem unglücklich postierten Torwart-Methusalem Peter Shilton (40) ins Netz. 1:0 für Deutschland Doch 10 Minuten vor Schluss nutzte Lineker ein Missverständnis zwischen Kohler und Augenthaler zum verdienten Ausgleich. In der Verlängerung waren beide Mannschaften noch einmal dem Sieg nahe, als Buchwald und Waddle den Pfosten trafen, bevor der Schlusspfiff auch diese beiden Mannschaften dem Elfmeter-Roulette überließ. Beckenbauer und Trainer Bobby Robson gaben sich die Hand und hielten noch einen freundschaftlichen Plausch. Sie wussten: Was jetzt kam, lag nicht mehr in ihrer Macht, war reine Nervensache.

WELTMEISTERSCHAFT 1990 IN ITALIEN

Deutschlands Torwart Bodo Illgner verdankt seinen guten Ruf nicht gerade der Abwehr von Elfmetern. »Er muss schon angeschossen werden, damit er einen hält«, meinte Beckenbauer. »Darauf hoffen wir.« Diese Hoffnung sollte sich erfüllen. Die ersten drei Elfer auf beiden Seiten wurden jeweils sicher verwandelt. Dann war die Reihe an Stewart Pearce. Er plazierte den Ball so schlecht, daß er von Illgners Knien abprallte! Begeisterung bei den Deutschen. Als nächster war Olaf Thon an der Reihe. Er behielt die Nerven und schoss sicher zum 5:4 ein. Dann kam Chris Waddle – und jagte den Ball über das rechte Lattenkreuz.

In Sekundenschnelle bildete die deutsche Mannschaft ein riesiges Freudenknäuel. Das Endspiel war erreicht, und zwar, bei allem Elfmeter-Glück »ganz anders

Brehme, Littbarski und Matthäus mit der Trophäe. Deutschland ist zum dritten Mal nach 1954 und 1974 Fußball-Weltmeister.

als 1986, weil wir uns diesmal nicht ins Finale gemogelt haben«, wie ein strahlender Teamchef zu Protokoll gab.

Das Finale selbst war leider kein Glanzlicht des Turniers, das in seiner Gesamtbeurteilung nur mittelmäßige Noten erhielt. Bedenklich stimmte vor allem der erneut gesunkene Torquotient. Mit nur 2,21 Treffern pro Spiel fielen so wenig Tore wie nie zuvor bei einer WM.

Auch das Endspiel war arm an Ausbeute, freilich nicht durch die Schuld des neuen Weltmeisters. Es war der Titelverteidiger, der krass enttäuschte. Die durch Verletzungen und Gelbe Karten gehandicapten Argentinier waren offenbar nicht in der Lage, dem Gegner etwas anderes als reine Mauertaktik entgegenzusetzen. Auch Deutschland hatte nur wenige Torchancen, doch die Argentinier hatten gar keine.

Aufgereiht zum Erinnerungsfoto. Die Sieger von Rom, Deutschland, Fußball-Weltmeister 1990. Und ihr Feldherr: Franz Beckenbauer.

Nach 85 Minuten vergeblichen Mühens erhielt die bessere Elf nach einem Sturz Völlers im Strafraum einen schmeichelhaften Elfmeter zugesprochen. Möglicherweise eine Konzession des mexikanischen Schiedsrichters Coderal Mendez wegen einer zuvor nicht geahndeten, jedoch eher elfmeterreifen Attacke von Torwart Goycochea gegen Augenthaler. Scharfschütze Brehme ließ sich die Chance seines Lebens nicht entgehen, Spiel und WM waren entschieden. Kein Zweifel, hier war die richtige Mannschaft Weltmeister geworden. Nur sie hatte über sieben Spiele hinweg auf so hohem Niveau gespielt. In der Heimat füllten sich die Straßen der Städte zu einem großen Freudenfest.

Weltmeisterschaft 1994 in den USA

Als die FIFA 1988 ihre 15. Weltmeisterschaft in das fußballsportliche Drittweltland USA vergab, handelte sie sich mehr Kritik als Zustimmung ein. Zwar lobten Stars wie Beckenbauer und Pelé, einst als hochbezahlte Entwicklungshelfer einer gescheiterten Profiliga in New York am Ball, die Entscheidung des Weltverbandes, doch überwogen eindeutig die kritischen Stimmen: War eine WM letztendlich nicht zu schade, um das Spiel in einer von Football, Baseball und Basketball beherrschten Diaspora überhaupt erst einmal zu etablieren? Stand »Soccer« laut letzten Umfragen im öffentlichen Interesse nicht auf einem schockierenden 95. Platz? Und hätte man die Tragfähigkeit

Weltmeisterschaft 1994 – Der Verlauf des Turniers

1. Finalrunde	Achtelfinale		Viertelfinale		Halbfinale		Finale	
Gruppe A								
Rumänien								
Schweiz	Deutschland	3						
USA	Belgien	2						
Kolumbien			Bulgarien	2				
			Deutschl.	1				
Gruppe B	Spanien	3						
Brasilien	Schweiz	0						
Schweden					Bulgarien	1		
Rußland					Italien	2		
Kamerun	Rumänien	3						
	Argentinien	1						
Gruppe C			Italien	2				
Deutschland			Spanien	1				
Spanien	Saudi-Arab.	1						
Südkorea	Schweden	3					Brasilien	3**
Bolivien							Italien	2
Gruppe D	Brasilien	1						
Nigeria	USA	0						
Bulgarien			Holland	2				
Argentinien			Brasilien	3				
Griechenland	Holland	2					**Um den**	
	Irland	0					**dritten Platz**	
Gruppe E					Schweden	0	Bulgarien	0
Mexiko					Brasilien	1	Schweden	4
Irland	Nigeria	1						
Italien	Italien	2*						
Norwegen			Rumänien	6				
			Schweden	7**				
Gruppe F	Mexiko	2						
Holland	Bulgarien	4**						
Saudi-Arabien			* nach Verlängerung					
Belgien			** nach Elfmeterschießen					
Marokko								

einer Basis aus angeblich 15 Millionen kickenden Kindern und Jugendlichen – darunter Präsident Bill Clintons Tochter Chelsea – nicht zunächst einmal mit einer Junioren-WM testen sollen?

Doch auch die hohen Herren in Zürich, dem Sitz des Weltverbandes, setzen längst auf die Farbe Grün. Womit nur mittelbar das Grün des Rasens gemeint ist, primär aber das Grün des Dollar. Auf eine runde Milliarde war der Gesamtumsatz des Soccer-Spektakels hochgerechnet worden, rund 270 Millionen sollte allein der Verkauf von 3,6 Millionen überteuerter Eintrittskarten in den neun Stadien (Durchschnittspreis pro Ticket: 75 Dollar) in die Kassen bringen. Weitere 200 Millionen hatten insgesamt 19 Sponsoren avisiert, denen pro Spiel je siebeneinhalb Minuten Bildschirm-Präsenz ihres Firmen-Logos per Bandenwerbung garantiert worden war. Der Rest kam, logisch, vom Fernsehen. Damit die Rechnung auch den richtigen Wirt fand, musste die FIFA mit dem Vorwurf leben, auf die Wahl ihres Favoriten Alan Rothenberg zum Präsidenten des US-Fußballverbandes massiv Einfluss genommen zu haben. Doch dergleichen ist längst nicht mehr ungewöhnlich, seitdem der brasilianische Unternehmer Joao Ha-

WELTMEISTERSCHAFT 1994 IN DEN USA

velange an der Spitze des Weltverbandes steht, ein inzwischen 78jähriger, an dem alle Vorwürfe zwielichtiger Beziehungen und jeglicher Verdacht korruptiver Politik abzuprallen scheinen wie ein Elfmeter am Torpfosten.

Mit dem Versprechen, die Zahl der Endrundenteilnehmer von 16 auf 24 zu erhöhen, hatte der Mann, »der stets die Nähe obskurer Machtfiguren fand« (»Süddeutsche Zeitung«), 1974 die nötigen Stimmen vor allem afrikanischer und asiatischer Delegierter erhalten, um FIFA-Präsident Sir Stanley Rous (England) aus dem Amt zu drängen. 20 Jahre später sicherte der betagte Südamerikaner seine Macht noch einmal für vier Jahre mittels eines ähnlichen Tricks: 1998 in Frankreich wird die Endrunde von 32 Mannschaften bestritten, eine inflationäre Entwicklung, die das Turnier zu verwässern droht.

Mit dem kalifornischen Rechtsanwalt Alan Rothenberg setzte die FIFA bei »der diesjährigen Marketingveranstaltung, genannt Weltmeisterschaft«

**Temperamentvolle brasilianische Fans bringen Folklore und Stimmung in die Fußballstadien der USA (linke Seite). Ihre Nationalelf gewinnt in der Vorrunde gegen Russland und Kamerun und kann sich im dritten Spiel ein Unentschieden leisten, das Schweden ins Viertelfinale führt.
Rechts: Torhüter Taffarel und Dunga bei einer Abwehraktion.**

(FAZ) unverhohlen aufs große Geld. Zwar machte Zürich zur Bedingung, daß 20 Millionen vom Reibach für die Gründung einer landesweiten US-Profiliga abgezweigt würden, doch standen nach Abschluss der WM entgegen allen Zusicherungen weder der Termin noch alle zwölf vorgesehenen Teilnehmer fest. Und trotz ausverkaufter Stadien, guter Stimmung und überraschend hoher TV-Einschaltquoten war nicht zu übersehen, dass vor allem die Zeitungen Zurückhaltung übten. Zur Halbzeit des Turniers bestand der Sportteil der »New York Times« immer noch zu 70 Prozent aus Baseball, zu 20 Prozent aus anderen Sportarten und nur zu 10 Prozent aus WM-Berichterstattung. Kein Wunder, hatte doch das Konkurrenzblatt »USA Today« schon zu Beginn geargwöhnt: »Der Rest der Welt will uns allen Ernstes einreden, daß Soccer das Größte ist. Haben uns die Russen nicht das gleiche immer über den Kommunismus erzählt?«

Sollte Fußball auch künftig keine Rolle zwischen New York und Los Angeles spielen, sollte die angestrebte Profiliga scheitern oder gar nicht erst gebildet werden, sollten vor allem die großen TV-Networks dem Druck der Baseball-, Basketball- und Football-Konzerne folgen und die Bildschirme der »unamerikanischen« Konkurrenz verschließen, kann es an der WM 1994 nicht gelegen haben. Die nämlich geriet zu einem in jeder Weise spektakulären Ereignis voller Spannung, Dramatik, Komik und leider auch Tragik.

»Fast jedes Spiel verläuft hochinteressant«, freute sich FIFA-Generalsekretär Sepp Blatter am Vorabend des Endspiels, nicht ahnend, dass ausgerechnet das Finale diesem Anspruch nicht gerecht werden

Der bunteste aller Paradiesvögel im Torwart-Dress war Mexikos Jorge Campos; links: nachdenklich beim 1:1 gegen Italien.

WELTMEISTERSCHAFT 1994 IN DEN USA

Kamerun am Boden – Kana-Biyiks Lage ist symbolhaft: die Überraschungself der WM 1990 in Italien beginnt zwar mit einem 2:2 gegen Schweden, verliert dann aber gegen Brasilien 0:3 und gegen Russland gar 1:6.

würde. Als eines von nur drei Spielen verlief es torlos und musste – erstmals in der WM-Geschichte – durch Elfmeterschießen entschieden werden. In den anderen 49 Begegnungen fielen deutlich mehr Tore als in den beiden vorangegangenen Turnieren. Der Torquotient stieg von 2,21 pro Spiel (1990) auf 2,71.

Zweifellos durfte die FIFA darin einen Erfolg ihrer Reformbestrebungen zugunsten des offensiven Spiels sehen. Zum ersten Mal wurden in den Gruppenspielen der Vorrunde für einen Sieg drei Punkte vergeben statt, wie bisher, zwei. Auch wenn die Experten-Meinungen über die Effizienz dieser Neuerungen noch geteilt waren, so war der positive Effekt anderer Reformen in Richtung Fußball 2000 unstrittig: Erstmals kam bei einer WM die Rückpass-Regel zur Anwendung, wonach der Torwart den Ball nach dem Rückpass eines Mitspielers nicht in die Hand nehmen darf. Erstmals wurde auch die modifizierte Abseitsregel angewandt: »Gleiche Höhe« galt nicht mehr als Abseits. Vor allem aber wurde die sogenannte »Blutgrätsche« geächtet, das brutale sliding tackling von hinten in die Beine des Gegners. Die Schiedsrichter waren gehalten, dafür direkt und ohne gelbe Vorwarnung die Rote Karte zu zücken.

Hinzu war ein dringender (und notwendiger) Appell von Blatter wenige Monate vor der WM gekommen, Regel 12 (Verbotenes Spiel) betreffend: »Es steht nirgendwo geschrieben, dass die Schiedsrichter bei Fouls im Strafraum weniger streng pfeifen sollen als im Mittelkreis. Die Spielregeln sind auf dem ganzen Feld die gleichen. Was

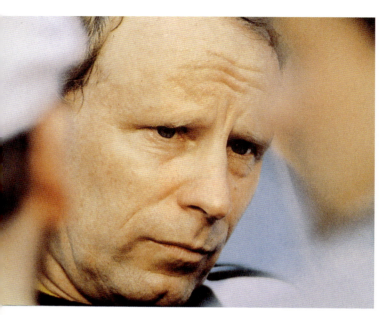

**Titelverteidiger Deutschland spielt in der Vorrunde oft wie von allen guten Geistern verlassen. Der überforderte Bundestrainer Berti Vogts mit Leichenbittermiene.
Rechte Seite: Torhüter Bodo Illgner – ratlos.**

an der Seitenlinie mit einem direkten Freistoß geahndet wird, muß im Strafraum einen Elfmeter nach sich ziehen.«

Die Zahl der Strafstöße hielt sich dennoch in Grenzen: insgesamt 15, sogar drei weniger als 1990. Alle 15 wurden übrigens verwandelt.

Nicht absehbar war für die FIFA eine andere »Premiere« gewesen: Im Viertelfinalspiel gegen Spanien hatte Italiens Abwehrspieler Mauro Tassotti mit seinem Ellenbogen das Nasenbein von Luis Enrique zertrümmert. Im Strafraum! Schiedsrichter Sandor Puhl aus Ungarn, der später auch das Endspiel leitete, war schlecht postiert, erkannte das Foul nicht und gab nicht einmal »Gelb«. Auf Grund des vorliegenden Film- und Fernsehmaterials sah die FIFA sich jedoch zu einer drakonischen Reaktion veranlasst: Sie sperrte Tassotti für acht Länderspiele, praktizierte damit erstmals in der WM-Geschichte ein »Fernseh-Urteil« und schuf einen Präzedenzfall, dessen Folgen unabsehbar sind.

Italien beendete das Spiel mit elf Spielern und gewann 2:1, nicht zuletzt wohl, weil den Spaniern der Foulelfmeter versagt worden war, der ihnen – so das Verdikt der FIFA – zugestanden hätte. Eine äußerst unbefriedigende Sachlage. Auch die deutsche Mannschaft kam in den Genuss mildtätigen Waltens der Rasenrichter. Im Achtelfinale gegen Belgien übersah der Schweizer Unparteiische Kurt Röthlisberger beim Stande von 3:1 ein klares Foul von Helmer an Weber. Auch hier hätte der fällige Strafstoß – rein rechnerisch – zum Ausgleich und zu einer Verlängerung führen können, denn Deutschland gewann die Partie mit 3:2. Röthlisberger, der seinen Fehler angesichts der Bildschirm-Beweise zugeben musste, durfte nach Hause fliegen.

Eine weitere milde Gabe wurde dem Titelverteidiger im Viertelfinale gegen Bulgarien zuteil. Nach enttäuschender und torloser erster Halbzeit zeigte der kolumbianische Referee Torres Cadéna vier Minuten nach der Pause auf den weißen Punkt – Klinsmann war in einem harmlosen Zweikampf zu Boden gegangen, »wie eben nur er es kann«, so ein neutraler Beobachter mit der gebotenen Süffisanz.

WELTMEISTERSCHAFT 1994 IN DEN USA

Das 1:0 erwies sich jedoch als Gift für Matthäus und Co. Gegen eine scheinbar deprimierte bulgarische Elf, in der Stürmer-Star Stoitchkow mehr diskutierte als spielte, fühlten sie sich zu früh in Sicherheit. Torwart Illgner verschätzte sich bei einem Freistoß Stoitchkows – 1:1. Wenig später kam Letchkow gegen den nur 1,66 Meter großen Häßler zu einem Kopfball – 1:2! Der Weltmeister war draußen.

Selten hat eine Niederlage mehr Staub in der deutschen Fußball-Landschaft aufgewirbelt. Das Ausscheiden der DFB-Elf, die dreimal hintereinander im Finale gestanden und 1990 den Weltcup gewonnen hatte, wurde mit Recht als noch weit schmerzlicher empfunden als die Pleite im Endspiel um die Europameisterschaft gegen

Das Comeback von Rudi Völler (rechts im Spiel gegen Belgien) lässt neue Hoffnung keimen. Aber eine Runde später scheitern die Deutschen an Bulgarien.

Dänemark zwei Jahre zuvor. Denn allen Beteuerungen zum Trotz war zu erkennen, dass aus diesem Misserfolg so gut wie keine Lehren gezogen worden waren.

Vor allem keine personellen. Bundestrainer Berti Vogts verzichtete auf eine Verjüngung der Mannschaft, die mit einem Durchschnittsalter von 28,5 Jahren zu den ältesten der WM zählte, entschied sich für den falschen Torwart, lud sich den »Fall Effenberg« auf und legte sich sogar mit den Spielerfrauen an.

Stefan Effenberg war im Vorrundenspiel gegen Südkorea nach schwacher Leistung ausgewechselt und von deutschen Schlachtenbummlern mit hämischen Zurufen bedacht worden. Das »Effenberg raus!« beantwortete er schließlich mit ausgestrecktem Mittelfinger, eine obszöne Geste, deren Bedeutung nicht nur im Fußball allgemein bekannt ist.

Berti Vogts bestellte seinen Mittelfeld- und Mittelfinger-Mann zum Rapport, kündigte ihm drakonische Maßnahmen an, hätte aber – auch nach Rücksprache mit dem

WELTMEISTERSCHAFT 1994 IN DEN USA

Amerikanische Soccer-Fans halten, nachdem ihre Mannschaft Kolumbien geschlagen und gegen die Schweiz 1:1 gespielt hat, die Fahne hoch. Aber gegen die Brasilianer ist im Achtelfinale Endstation; Star-Kicker Thomas Dooley ist die Enttäuschung ins Gesicht geschrieben (rechts).

sogenannten »Spieler-Rat« – vom Ausschluß Effenbergs wohl abgesehen. Doch dann trat DFB-Präsident Egidius Braun, 69, auf den Plan und sprach das entscheidende Machtwort: »Ein solcher Mensch hat in einer deutschen Nationalmannschaft nichts zu suchen.« Und weiter: »Was soll ich denn künftig unseren Jugendleitern sagen, wenn wir dieses Benehmen von einem Nationalspieler, der doch Vorbild sein soll, hinnehmen?«

Nun ist das mit der Vorbildrolle so eine Sache. Nicht nur die »taz« erinnerte Braun an diverse verbale Entgleisungen seines Kapitäns Lothar Matthäus, die allesamt ohne Folgen geblieben waren. Pauschal schlussfolgerte das Blatt: »Man hat es in Sachen Vogts, Braun und Effenberg mit einer solchen Bündelung von Dumpfnasen, bigotten Scharfrichtern und eitlen Millionärsbübchen zu tun, daß sich eigentlich jede Parteinahme verbietet.«

Starker Tobak, doch kurioserweise hieb niemand anderes als der eher konservativ gestrickte Bundestrainer wenig später in die gleiche Kerbe. Als Deutschland ausgeschieden war, benutzte Vogts in einer Serie teilweise widersprüchlicher Interviews den Begriff »Wohlstandsjünglinge« zur Kennzeichnung seiner Spieler und ihres Versagens.

Ob nun zu Recht oder zu Unrecht: Die »Stunde Null«, die Vogts für den geschlagenen Titelverteidiger gekommen sah, gebietet nicht nur den personellen Neuaufbau seiner Nationalelf, sondern ein grundsätzliches Umdenken. Das Fachblatt »kicker« enthüllte geradezu deprimierende Zustände innerhalb der Mannschaft und im Umgang miteinander. Sogar Mitglieder des Ärzteteams werden von Spielern als Handlanger benutzt und in einem Jargon angesprochen, der es eigentlich gebieten würde, den Jungmillionären etwas hinter die Ohren zu geben. Doch Nimbus und Status der geistigen Flachpassspieler werden von Banalblättern und Trivial-TV unisono für eigene Interessen erzeugt und gepflegt. Insofern hat Vogts die glei-

Italien verlor zum Auftakt gegen Irland und gewann gegen Norwegen 1:0 (oben: Jubel um den Matchwinner Dino Baggio).
Im Achtelfinale verhilft Roberto Baggio mit einem Elfmetertor (rechte Seite) Italien zum 2:1-Sieg, und er erzielt auch beide Tore im Semifinale gegen Bulgarien. Danach verlässt er, weil verletzt, deprimiert den Platz (links).

WELTMEISTERSCHAFT 1994 IN DEN USA

chen Probleme wie Kollege Niki Pilic von der Tennis-Fakultät: Zunehmend weniger junge Spieler vermögen abnorm hohes Einkommen mit geistig-moralischem Anspruch an sich selbst in Einklang zu bringen. Vogts mokiert sich über die »Erziehung« seiner Spieler, »die auf nichts mehr verzichten wollen«, Pilic (im übrigen auch Tiriac) beklagt die Defizite an »Kultur«.

Doch »das Grundübel unserer Ego-Gesellschaft« (Vogts) hat den allerorts als »Bundes-Berti« apostrophierten 96maligen Nationalspieler nicht dazu bringen können, auf sein Amt zu verzichten. »Ich mache weiter«, ließ er Präsident und Öffentlichkeit nur wenige Tage nach Schluss der WM wissen, eine Entscheidung, die allgemein mehr kritisiert als begrüßt wurde. Vorgänger Franz Beckenbauer nannte sie »mutig und richtig«, der ehemalige Mitspieler Jupp Heynckes hielt sie für falsch, »weil der Druck auf ihn nun unerträglich groß wird«.

Andere Experten knüpften an die Trainer-Frage weitergehende Überlegungen, Morten Olsen, dänischer Trainer des 1. FC Köln, warf dem deutschen Fußball vor, nicht »über den Tellerrand hinaus« zu sehen. »Die Fehler wurden und werden in der Ausbildung gemacht, taktische und technische Fehler in der Jugendarbeit können später nicht ... behoben werden.« Fazit: »Andere Nationen haben sich weiterentwickelt und Deutschland überholt.«

Zur beklagenswerten geistigen Grundeinstellung, zu den Mängeln in Schulung und Ausbildung gesellt sich noch ein anderer Aspekt. »Taktisch muss der deutsche Fußball flexibler werden«, fordert Jupp Heynckes, der 39mal für Deutschland spielte und Erfolgstrainer nicht nur bei Bayern München, sondern auch in Spanien war. Für ihn ist die sogenannte »Viererkette« unverzichtbarer Bestandteil einer modernen Mannschaft. »Das Abwehrsystem mit Libero und zwei Manndeckern, bei dieser WM von den meisten Teams praktiziert, ist überholt.«

Die Viererkette bedingt jedoch die Fähigkeit, den Raum zu decken, was wiederum größere geistige und körperliche Beweglichkeit voraussetzt. Eigenschaften, die der Weltmeister zum Erstaunen der internationalen Fachwelt in den USA vermissen ließ.

Dafür trumpften andere auf. Rumänien zum Beispiel. In der Qualifikation unter anderem von Belgien und der Tschechoslowakei geschlagen, begann das Techniker-Team vom Balkan zur großen Überraschung mit einem 3:1-Sieg über Kolumbien, den Favoriten Pelés. Der Gruppensieg, vor allem aber das 3:2 im Achtelfinale gegen Vize-Weltmeister Argentinien, waren Ausdruck spielerischer Klasse und taktischer Raffinesse, wie sie vor allem ein Akteur besaß: Gheorge Hagi. Der 29jährige, der sein Geld bis dahin in Brescia (Italien) verdiente und nach der WM zum FC Barcelona wechselte, entzückte Fans und Fachwelt gleichermaßen. Seine Spielauffassung, insbesondere im Zusammenspiel mit Raducioui, seine Technik und seine Tore hätten ihn wohl zur offiziellen »Entdeckung« dieser WM werden lassen, wäre sein Team nicht im Viertelfinale mit sehr viel Pech im Elfmeterschießen gegen Schweden ausgeschieden.

Argentiniens Scheitern war der eigentliche Skandal des Turniers vorausgegangen. Diego Armando Maradona, gegen Griechenland (4:0) und Nigeria (2:1) scheinbar wie in alten Zeiten am Ball, fiel durch die Doping-Probe! Ausgerechnet der Mann, dessen Skandale und Affären in einer 15monatigen Sperre wegen Drogenkonsums (Kokain) ihren vorläufigen Höhepunkt gefunden hatten, der sich einer Entziehungskur unterzogen und mit 33 mühsam wie der Anschluss an internationales Niveau gefunden hatte, wurde der Einnahme des Aufputschmittels Ephedrin und vier anderer verbotener Substanzen überführt.

Vergeblich beteuerte der »Göttliche«, nur ein Spray für seine verstopfte Nase benutzt zu haben. Eher hätte man der Versicherung eines Löwen geglaubt, sich vegetarisch zu ernähren. Die FIFA sperrte Maradona sofort, der argentinische Verband schloss ihn aus dem WM-Kader aus. Ohne ihn verlor der Vize-Weltmeister sein letztes Gruppenspiel gegen Bulgarien 0:2 und flog im Achtelfinale prompt aus dem Turnier.

»Eine menschliche Tragödie« nannte Sepp Blatter den neuerlichen Fall Maradona. Von einer »Schande, die schwerste Strafe erfordert«, sprach Organisationschef Rothenberg. Als sei der Kater, den ein Doping-Cocktail hinterlässt, das wahre Problem dieser WM gewesen, der Sturz eines Mannes, der seine Süchte und Sehnsüchte nicht unter Kontrolle brachte, die wirkliche Tragödie. Die hatte sich in Wahrheit einige tausend Kilometer weiter südlich ereignet, in der kolumbianischen Stadt Medellin. Dort

WELTMEISTERSCHAFT 1994 IN DEN USA

Hand in Hand marschieren die Brasilianer zum Semifinal-Spiel auf. Schweden wird 1:0 besiegt.

war der 27jährige Andrés Escobar nachts um 3.30 Uhr auf offener Straße erschossen worden, was – leider – kaum Erwähnung gefunden hätte, wäre Escobar nicht Mitglied der kolumbianischen WM-Elf gewesen, die just zuvor aus dem Turnier geflogen und ruhmlos heimgekehrt war.

Im Gruppenspiel gegen die USA, das Kolumbien 1:2 verlor, war Escobar ein Eigentor unterlaufen. Als die Mannschaft auf dem Flughafen der Hauptstadt Bogotá landete, konnte nur ein großes Polizeiaufgebot Handgreiflichkeiten gegen Spieler und Trainer verhindern. Das Tragen von Waffen in der Öffentlichkeit war verboten worden.

Dennoch mußte Escobar sterben. Auf dem Parkplatz vor einer Bar trafen ihn nicht weniger als zwölf Schüsse. Einer der Täter begleitete sie mit dem Ausruf: »Danke für das Eigentor!«

Ob hier die kolumbianische Drogen-Mafia ihre Hände bzw. Feuerwaffen im Spiel hatte, ob enttäuschte Wetter ihre Rechnung beglichen – angeblich waren auf den WM-Sieg Kolumbiens hohe Summen gesetzt worden – oder ob es sich »nur« um eine ausartende Kneipen-Keilerei handelte, ist bei der Bewertung des Vorgangs unerheblich. Mord für ein Eigentor – die übersteigerte Bedeutung des Fußballs, nicht zuletzt durch das Medium Fernsehen verursacht, mündet in pure Perversion.

Das sportliche Fazit dieser 15. Weltmeisterschaft darf glücklicherweise positiver gesehen werden. Es gab durchweg spannende Spiele auf gutem Niveau und – von Grie-

Roberto Baggio geht als der »arme Sünder« vom Platz.

Rechte Seite: Brasilien ist zum dritten Mal Weltmeister geworden; alle jubeln.

chenland abgesehen – keinen eigentlichen Versager. Selbst Kolumbien rehabilitierte sich im letzten Gruppenspiel, wenn auch zu spät, mit einem 2:0 über die Schweiz.

Überraschungen waren an der Tagesordnung. Wer hätte den vermeintlichen »Wüsten-Kickern« aus Saudi-Arabien Siege über Belgien und Marokko zugetraut? Wer Südkorea ein Unentschieden gegen Spanien? Wer den Iren einen Sieg über Italien? Und wer den Schweden einen dritten Platz?

Die Welt des Fußballs ist nicht nur geographisch eng zusammengerückt, auch Leistungsunterschiede nivellieren sich mehr und mehr. Dass unter den letzten acht sieben europäischen Mannschaften waren, täuscht ein wenig. In der Runde zuvor war Argentinien nicht zuletzt durch das Maradona-Theater ausgefallen, Mexiko im Elfmeterschießen gegen Bulgarien und Nigeria erst in der Verlängerung gegen den späteren Zweiten Italien.

Der hatte sich, so die vorherrschende Meinung, mit List und Tücke ins Finale »geschlichen« und mal wieder interessante Lektionen in Sachen Strategie und Taktik erteilt. Als gleich das erste Vorrundenspiel, gegen Irland, mit 0:1 verlorenging, sanken Italiens Fahnen wie gewohnt auf Halbmast, standen Trainer Arrigo Sacchi und ein halbes Dutzend Spieler zur Disposition und erinnerte sich die Welt des Fußballs prompt an die Pleite von 1966, als der große Favorit an Außenseiter Nordkorea gescheitert war.

Doch 28 Jahre später konnte die Niederlage ausgebügelt werden, obwohl die Voraussetzungen mehr als schlecht waren. Im zweiten Spiel, gegen Norwegen, verloren die Italiener schon nach 21 Minuten ihren Stammtorwart Pagliuca, der vor seinem Strafraum den Ball mit der Hand gespielt und damit eine große Chance des Gegners vereitelt hatte. Dem deutschen Schiedsrichter Krug blieb nichts anderes übrig, als auf diese Notbremse mit der Roten Karte zu reagieren.

Zwar stellte Sacchi umgehend seinen 2. Torwart zwischen die Pfosten, doch dafür musste natürlich ein Feldspieler raus. Zur grenzenlosen Überraschung vor allem des

WELTMEISTERSCHAFT 1994 IN DEN USA

Eher Demut als Triumph spiegelt das Gesicht von Romário wider, der nach der Siegerehrung die World-Cup-Trophäe hochreckt.

Betroffen war dies Roberto Baggio, die Sturmspitze. Fassungslos nahm er auf der Ersatzbank Platz.

Doch Sacchis Rechnung ging auf. Norwegens Offensivspiel war zu schwach, um gegen die Defensivkünstler aus Mailand und Turin erfolgreich sein zu können. Und als Dino Baggio – nicht verwandt mit dem inaktiven Roberto – dann auch noch einen Kopfball »im Netz der Heringsfischer« (»Tuttosport«) versenken konnte, war Italien gerettet. Wenn auch nur, wie das letzte Spiel bewies, um Haaresbreite. Nach dem 1:1 gegen Mexiko hatten alle vier Teams dieser Gruppe je vier Punkte, doch nur drei kamen weiter. Norwegen (1:1 Tore) schied aus.

Das Glück verließ die Italiener vorerst nicht. Ein Elfmeter im Spiel gegen Nigeria, das gleiche Resultat (2:1) im Viertelfinale gegen Spanien und im Halbfinale gegen den enttäuschenden Deutschland-Bezwinger Bulgarien – ganz Italien lag sich vor Glück in den Armen und verfiel in »Baggiomanie«. Fast immer hatte Roberto die Entscheidung herbeigeführt.

Die einzige Ähnlichkeit mit dem Endspiel-Gegner Brasilien bestand darin, dass auch die Südamerikaner auf einen Top-Stürmer setzen konnten, der die nötigen Treffer garantierte: Romário. Ansonsten unterschieden sich Italien und Brasilien, bis dahin je dreimal in Besitz des Welt-Cup, fundamental. Zwar hatte Pelé seine Landsleute hart kritisiert (»Wir haben glänzende Individualisten, aber keine Organisation im Team«), doch nach den ersten beiden Spielen (2:0 gegen Rußland, 3:0 gegen Kamerun) durfte Trainer Carlos Alberto Parreira mit Recht feststellen: »Wir sind die einzige Mannschaft bei dieser WM, die den Ball das ganze Spiel über in den eigenen Reihen halten könnte.« Glücklicherweise taten sie das nicht, mussten sogar im letzten Vorrundenspiel gegen Schweden das erste Gegentor hinnehmen (1:1), doch schon im

WELTMEISTERSCHAFT 1994 IN DEN USA

Viertelfinale gegen Holland ließen die Ballkünstler ihr Können wieder aufblitzen. 2:0 führten sie, als die Abwehr wohl der Meinung war, noch einmal für Spannung sorgen zu müssen. Urplötzlich stand es 2:2, doch erneut ließ Romário sein Team, seine Fans und sein Land nicht verkommen. Sein unhaltbarer Freistoß markierte den 3:2-Sieg, sein Solo im Halbfinale gegen Schweden den Einzug ins Finale (1:0).

Hier traf die spielkulturell und technisch klar bessere Mannschaft auf einen Gegner, der von Anfang an nur ein Ziel hatte: das Elfmeterschießen. Italien, erstmals wieder mit dem gegen Norwegen verletzten Abwehrstrategen Baresi, igelte sich ein, entwickelte keinerlei Initiative und setzte allein auf die Qualitäten Roberto Baggios, den jedoch eine Verletzung hemmte.

Brasilien fand nicht mehr die Mittel, die spielerische Überlegenheit umzusetzen. Romário sah sich von Maldini scharf bewacht, Baresi glänzte mit tollem Stellungsspiel. Zwei-, dreimal kamen Romário und Bébéto dennoch zu Chancen, die Pagliuca aber zunichte machte.

Torlos ging das 15. Finale – erstmals in der Fußball-Geschichte – zu Ende, torlos auch die Verlängerung. Elfmeterschießen! Die Welt hielt, buchstäblich, den Atem an, schätzungsweise zwei Milliarden Menschen saßen gebannt vor den Bildschirmen.

Am Nachmittag hatten die drei weltbesten Tenöre, Domingo, Carreras und Pavarotti, im Dodgers Stadion von Los Angeles, wie schon 1990 in den Caracalla-Thermen von Rom, ein Konzert gegeben, das alle begeisterte, die es – live oder per TV – miterleben konnten. Dem Vernehmen nach soll dies auch die komplette italienische Mannschaft gewesen sein. Einer von ihnen muß wohl nicht richtig hingehört haben, als Pavarotti sein »Nessun dorma« sang, die berühmte Arie aus »Turandot«.

»Nessun dorma« – dass keiner schlafe, ausgerechnet Roberto Baggio jagte seinen Elfmeter über die Querlatte, nachdem auch schon Baresi und Massaro versagt hatten. 3:2 – Brasilien war Weltmeister! Und damit zweifellos die beste Mannschaft des Turniers, auch wenn sie nicht in jeder Partie zu spielerischen Höhenflügen in der Lage gewesen war, vor allem nicht im Finale. Im übrigen: Nur fünf der hier eingesetzten 13 brasilianischen Spieler verdienen ihr Geld noch in der Heimat, die anderen sind in Italien, Spanien, Frankreich und Deutschland unter Vertrag, so dass mit Dunga (VfB Stuttgart) und Jorginho (Bayern München) doch noch weltmeisterlicher Glanz auf den deutschen Fußball fiel. Seine Vertretung gehörte gewiss zu den größten Enttäuschungen dieser WM, der so große Erwartungen gegolten hatten. Kein Geringerer als Franz Beckenbauer hatte sich zu der Ansicht verstiegen: »Im Grunde ist es völlig wurscht, mit welcher Taktik Vogts spielen lässt, ob nun mit einer oder zwei Spitzen. Das deutsche Team ist einfach stark genug.« Denkste, Kaiser, die Realität sah anders aus. So ist das im Fußball. Glücklicherweise.

Weltmeisterschaft 1998 in Frankreich

Fernsehbilder: Wenn weltweit über zwei Milliarden Menschen, also etwa ein Drittel der Erdbevölkerung, vor den Flimmerkisten sitzen, ist die kulturelle, sozialpolitische und last not least wirtschaftliche Dimension bewegter Optik ausschlaggebender Faktor selbst eines sportlichen Events.

Fernsehbilder: Keineswegs liefern, etwa bei einer Fußball-WM, nur Tore, Tritte und Typen den Maßstab für Betrachtung und Bewertung eines solchen Turniers und des Landes, in dem es stattfindet. Auch die unvermeidliche Werbung tut es.

Beispiel Frankreich:

Da fliegt ein Fußball vom Bolzplatz über die Friedhofsmauer mitten in eine Trauergemeinde, kippt einen Grabengel vom Podest und provoziert den WM-reifen Hechtsprung eines schwarzgewandeten Leidtragenden, der samt Ball in der offenen Grube landet. Segnend hebt der Pfarrer die Hände: Amen. Man stelle sich diesen Werbespot, den »Snickers« in fast jeder Halbzeitpause laufen ließ, im, beispielsweise, deutschen TV vor. Das Geschreibsel und Geschrei von Parteibonzen und Rundfunkräten wäre vermutlich groß: gefühllos, pietätlos, gottlos.

Die mächtigen Männer des Welt-Fußballs auf Michel Platinis »Fête du Football«: Der UEFA-Präsident Lennart Johannsson, der neue FIFA-Präsident Sepp Blatter und sein Vorgänger João Havelange (von links nach rechts) bestaunen die avantgardistischen Choreographien bei den Eröffnungsfeierlichkeiten im neuen Stade de France.

In Frankreich krähte kein Hahn danach, schon gar kein gallischer. In Frankreich ist alles lockerer, heiterer, unverkrampfter. Länger als vier Wochen lang fand hier ein Fest des Fußballs statt, das schönste, das beste, das mitreißendste der letzten Jahrzehnte.

Zum ersten Mal seit 1930 trafen sich nicht weniger als 32 Nationen zur Endrunde, eine immense logistische und organisatorische Herausforderung. Der Gastgeber bestand sie glänzend und keineswegs, wie befürchtet, nur mit Mühe, auch wenn französisches Laisser-faire und französischer Charme in bestimmten Bereichen oft überstrapaziert schienen.

Etwa in dem des Kartenverkaufs. Tausende waren aus Deutschland, England, USA und Japan im guten Glauben angereist, gutes Geld für gute Plätze ausgegeben zu haben. Vor Ort mußten sie feststellen, daß ihre längst bezahlten Tickets in dunkle Kanäle gewandert waren. Vor den Stadien und auf den Pariser Champs Elysées blühte ein

WELTMEISTERSCHAFT 1998 IN FRANKREICH

geradezu obszöner Schwarzhandel, dem Frankreichs Fußball-Heros und WM-Organisator Michel Platini quasi die Absolution erteilte: »Das gehört zur freien Marktwirtschaft.«

Ohne Zweifel waren zigtausende von Tickets verschoben, mindestens 100 000, so eine Schätzung der »Neuen Zürcher Zeitung«, gefälscht worden. Für die »NZZ« »eine Konsequenz des Fußballgeschäfts«, in dem mit Mitteln gearbeitet werde, »welche die wohlformulierten Grundsätze der FIFA konterkarieren.« Der Skandal wurde justitiabel und aktenkundig, als führende Mitarbeiter der Agentur »ISL France« in Polizeigewahrsam landeten. Einer von ihnen hatte Vorauszahlungen auf dem Privatkonto seiner Schwester geparkt. »ISL France« ist ein Ableger des FIFA-Marketingpartners »ISL« in der Schweiz, der die 12 Top-Sponsoren des Fußball-Weltverbandes betreut und mit Tickets versorgen sollte. Doch die Seuche war virulent: Im fernen Kamerun wanderte der Präsident des nationalen Fußballverbandes unter dem Verdacht, Karten nach England verschoben zu haben, hinter Gitter. In New York waren, zu horrenden Black-Market-Preisen, schon im Frühjahr Tickets aus Beständen des Kontinentalverbandes CONCACAF aufgetaucht.

Die Vorfälle überschatteten die »Fête du Football« (Platini) zweifellos, wären aber wohl als unvermeidliche Begleiterscheinung abgetan worden, hätte es nicht im Vor-

Weltmeisterschaft 1998 – Der Verlauf des Turniers

1. Finalrunde	Achtelfinale	Viertelfinale	Halbfinale	Finale
Gruppe A Brasilien Norwegen Marokko Schottland	Brasilien 4 Chile 1			
		Italien 3 Frankreich 4**		
Gruppe B Italien Chile Österreich Kamerun	Italien 1 Norwegen 0			
			Brasilien 4** Holland 2	
Gruppe C Frankreich Dänemark Südafrika Saudi-Arabien	Frankreich 1* Paraguay 0			
		Brasilien 3 Dänemark 2		
Gruppe D Nigeria Paraguay Spanien Bulgarien	Nigeria 1 Dänemark 4			Brasilien 0 Frankreich 3
Gruppe E Holland Mexiko Belgien Südkorea	Deutschland 2 Mexiko 1			
		Holland 2 Argentinien 1		**Um den 3. Platz** Holland 1 Kroatien 2
Gruppe F Deutschland Jugoslawien Iran USA	Holland 2 Jugoslawien 1			
			Frankreich 2 Kroatien 1	
Gruppe G Rumänien England Kolumbien Tunesien	Rumänien 0 Kroatien 1			
		Deutschland 0 Kroatien 3		
Gruppe H Argentinien Kroatien Jamaika Japan	Argentinien 4** England 3	* nach Verlängerung ** nach Elfmeterschießen		

WELTMEISTERSCHAFT 1998 IN FRANKREICH

rundenspiel zwischen Jugoslawien und Deutschland in Lens jenen tragischen Zwischenfall gegeben, dem der französische Polizeibeamte Daniel Nivel zum Opfer fiel. Nivel, 44, Vater von zwei Kindern, wurde von deutschen Hooligans halbtot geschlagen und lag mit schweren Gehirnverletzungen wochenlang im Koma.

Schon zuvor hatten sich die gefürchteten englischen Hools mit tunesischen Fans und französischer Polizei in Marseille blutige Schlachten geliefert. Die »Süddeutsche Zeitung« zitierte die Mutter eines Ordnungshüters, die bei einer Telefonaktion das Unverständnis der ganzen Welt mit tränenerstickter Stimme zusammenfasste: »Es kann doch nicht sein, dass eine zivilisierte Gesellschaft dieser Vandalen nicht Herr wird! Sie kommen um zu töten, zu töten, zu töten!« Zum gewohnten Auslöser Alkohol kam in Frankreich der Kartenfrust. In Lens traf die »SZ« einen deutschen Schlachtenbummler, angereist aus dem Ruhrpott, der die 500 Mark für eine Schwarzmarkt-Karte nicht aufbringen konnte und vergebens auf eine Preissenkung kurz vor Spielbeginn gehofft hatte. Er saß in einer Kneipe und schrie seine Wut heraus: »Die zerreißen die Karten lieber, als sie billiger zu machen! Manchmal bin ich froh, daß es Engländer gibt ...«

Wie immer auch: Wieder einmal waren glatzköpfige deutsche Gehirnpygmäen in Springerstiefeln und mit Hitlergruß durch Straßen im Ausland gezogen, stand vor allem Deutschland am Pranger. Der Präfekt der Region, Daniel Cadoux, erkannte im extremistischen Pack des östlichen Nachbarn keineswegs, wie bei den Engländern, bierselige Raufbolde, sondern mit modernen Kommunikationsmitteln ausgestattete, gut organisierte Verbrecher, die nicht wegen des Fußballs gekommen seien, sondern »um zu zerstören und Sicherheitskräfte anzugreifen«.

Avantgardistische Choreographien bei den Eröffnungsfeierlichkeiten in der Pariser Innenstadt.

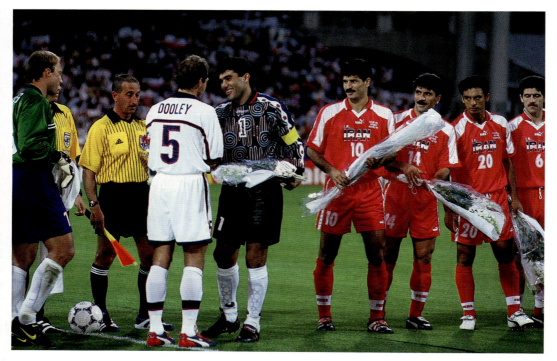

Die Vorfälle lösten in Deutschland wieder einmal erregte Debatten über gesetzliche Möglichkeiten zur Prävention aus. Innenminister Kanther (CDU) plädierte für Schwarze Listen, für Reiseverbote und unverhohlen auch für den »Polizeiknüppel«. Was weder die Opposition noch die Gewerkschaft der Polizei, noch die Fan-Streetworker für besonders originell und aussichtsreich hielten.

Aussichtsreich hingegen war, trotz der Begleitumstände, die deutsche Mannschaft in dieses Turnier gestartet, das ihre schwache Vorstellung vier Jahre zuvor vergessen machen sollte. Das 2:0 gegen die USA im Pariser Prinzenpark erfüllte zwar nicht alle Erwartungen, galt aber als standesgemäßer Einstand des dreimaligen Weltmeisters. Dass er damit womöglich einen ersten Nagel in den Sarg des US-Fußballs gehämmert hatte, interessierte da allenfalls am Rande. Ein WM-Erfolg, möglichst der Titelgewinn, wäre für die Kicker in der von Football, Basketball und Baseball beherrschten Diaspora so nötig gewesen wie Wasser in der Wüste. Doch am Ende der Vorrunde stand Tom Dooleys Team ohne einen einzigen Punkt da, hatte gar das Prestige-Match gegen den politischen Todfeind Iran verloren.

Nur noch ein anderer der 32 Endrunden-Teilnehmer musste ohne Punktgewinn nach Hause fahren, auch er Vertreter einer Wirtschafts-Großmacht, was die Vermutung des »Spiegel« stützte. Fußball habe »vielleicht doch eine Seele«: Japan, Gastgeber der WM 2002 (zusammen mit Südkorea), unterlag sogar den kunterbunten Folklore-Fußballern aus Jamaika.

WELTMEISTERSCHAFT 1998 IN FRANKREICH

Das US-Team um seinen Kapitän Tom Dooley muss sich in den Gruppenspielen auch im – hochstilisierten, aber überaus fairen – Prestige-Duell gegen den Iran geschlagen geben. Ohne einen einzigen Punkt treten die mit großem Selbstbewusstsein ins Turnier gestarteten Amerikaner schließlich von der WM-Bühne ab (linke Seite).

Eine Runde weiter bringen es die Chilenen, die sich dank ihres aus Ivan Zamorano und Marcelo Salas bestehenden »ZaSa-Sturms« und dreier Unentschieden für das Achtelfinale qualifizieren, dort jedoch mit 1:4 am Titelverteidiger Brasilien scheitern.

Die sogenannten »Exoten« bereicherten das Turnier durchaus, auch wenn viele Experten in ihnen nur sportlichen Ballast sahen und eine Rückkehr zu reduzierter Teilnehmerzahl forderten. Afrika galt bei Berti Vogts zum Beispiel als »großer Verlierer«, weil mit Nigeria nur eine einzige von fünf afrikanischen Mannschaften die Vorrunde überstanden hatte. Dabei übersah der deutsche Bundestrainer tunlichst, was er nach deren Knockout im Viertelfinale für die eigene Elf reklamierte: Nur mit ziemlich viel Pech, vor allem aber durch die Schiedsrichter waren Marokko und Kamerun vorzeitig auf der Strecke geblieben. Die Marokkaner, weil Konkurrent Norwegen einen Elfmeter geschenkt bekam und dadurch sein Vorrundenspiel gegen Weltmeister Brasilien sensationell 2:1 gewinnen konnte (wodurch zur gleichen Zeit Marokkos 3:0 über Schottland wertlos wurde), Kamerun, weil beim 1:1 gegen Chile zwei Treffer nicht anerkannt und zwei Spieler vom Platz gestellt wurden. In der Hauptstadt Yaunde kam es daraufhin zu Ausschreitungen gegen Weiße.

Kameruns französischer Trainer Claude Le Roy übte nicht nur scharfe Kritik am ungarischen Schiedsrichter, sondern auch am neuen FIFA-Präsidenten Blatter, der »von Fußball keine Ahnung« habe. Blatter hatte lange vor dem Turnier die Schiedsrichter angewiesen, bei der sogenannten »Grätsche von hinten« grundsätzlich auf Platzverweis und im übrigen öfter auf Elfmeter zu entscheiden.

Traumhochzeit: Erst »entführt« der Norweger Oivind Ekeland im Stade Vélodrome von Marseille seine brasilianische Braut Roas Angela de Souza. Im anschließenden Vorrunden-Spiel gelingt der norwegischen Elf beim 2:1-Sieg über die Südamerikaner selbiges mit den Punkten und damit der Einzug ins Achtelfinale.

Mit völlig weißer Weste, also ohne jeden Punktverlust, waren nur Gastgeber Frankreich und Argentinien durch die Vorrunde gekommen. Die größte Enttäuschung lieferte wohl Spanien, zuvor als einer der Favoriten gehandelt. Im Auftaktspiel verschuldete Torwart-Legende Andoni Zubizarreta die 2:3-Niederlage gegen Nigeria, gegen Paraguay reichte es nur zu einem 0:0 – aus der Traum.

Auch der von Österreich, nach achtjähriger WM-Abstinenz erstmals wieder dabei und von großer Begeisterung getragen, endete relativ schnell. Zwei Unentschieden (jeweils 1:1 gegen Kamerun und Chile) sind zu wenig, wenn der Gegner im letzten und entscheidenden Spiel Italien heißt. Der gewann dann auch erwartungsgemäß mit 2:1.

Im ersten Match hatte Teamchef Prohaska nicht weniger als fünf Spieler aus der deutschen Bundesliga aufgeboten, doch vermochten Feiersinger, Herzog, Cerny, Pfeifenberger und Polster das Spiel nicht entscheidend zu bestimmen. Immerhin gelang Toni Polster in letzter Minute der Ausgleich, nachdem man eine Viertelstunde zuvor in Rückstand geraten war. Gegen Chile benötigte das Team noch zwei Minuten länger zum Punktgewinn. Erst in der Nachspielzeit traf Vastic zum 1:1. Dass es auf diese Weise gegen Italien nicht reichen würde, war für Polster da schon klar. »Man kann zu so einem Turnier nicht fahren, wenn nur vier, fünf Spieler richtig fit sind ...« Zu denen, die es nicht waren, gehörten auch er und die anderen Bundesliga-Legionäre.

Nur ein einziges Team blieb neben Frankreich ohne Niederlage im Turnier: Belgien. Doch drei Unentschieden waren zu wenig zum Weiterkommen. Im letzten Vorrundenspiel kam man gegen Südkorea nicht über ein 1:1 hinaus und musste den tapferen Mexikanern den Vortritt lassen.

Die also waren im Achtelfinale, der Gegner hieß Deutschland. Das Team von Berti Vogts hatte in seiner zweiten Vorrunden-Vorstellung gegen Jugoslawien wieder ein-

WELTMEISTERSCHAFT 1998 IN FRANKREICH

mal die vermeintlichen »deutschen Tugenden« demonstriert und sich am eigenen Schopf aus dem Sumpf eines schier hoffnungslosen 0:2-Rückstands gezogen. Das 2:2 empfanden nicht nur die Jugoslawen als Niederlage, auch ein Großteil der internationalen Presse beurteilte die DFB-Elf negativ, am negativsten Italiens »Gazetto dello Sport«: »Alles Muskeln, kein Hirn.«

Doch keineswegs der offensichtliche Mangel an Spielwitz und Technik ließ Berti Vogts vor Zorn erbeben, sondern ein lauter Gedanke von DFB-Vize Mayer-Vorfelder zwei Tage später. Der hatte erwogen, die Mannschaft von der WM zurückzuziehen – Reaktion auf die glücklicherweise falsche Meldung, der von deutschen Hooligans schwer verletzte französische Gendarm sei gestorben. Der nicht bei der Mannschaft weilende DFB-Präsident Egidius Braun nannte den Gedanken »irrsinnig« und konnte Bundestrainer und Mannschaft (»Was können wir denn dafür?«) nur mit Mühe beschwichtigen.

Zum Glück hieß der nächste Gegner Iran, nicht gerade der Crème de la Crème des Weltfußballs zugehörig. Aber gehörte denn Deutschland überhaupt noch dazu? Auch dieses Spiel beantwortete die Frage nicht schlüssig. Der 2:0-Erfolg war ein mühsamer

Das »Last-Minute-Tor« von Ivica Vastic (oben) beim 1:1 gegen Chile rettet Österreich zwar noch einen Punkt, reicht aber letztendlich nicht, um die nächste Runde zu erreichen.

Für Englands Wunderknaben Michael Owen (bei seinem phantastischen Solo-Lauf zum Tor gegen Argentinien) und Paraguays stimmgewaltigen Torhüter José-Luis Chilavert (rechte Seite, gegen Frankreich) ist im Achtelfinale Endstation.

»Arbeitssieg« in der zweiten Halbzeit nach torloser erster Hälfte.

Womöglich war in diesem Spiel, trotz des Erfolgs, der Grundstein zum späteren Misserfolg gelegt worden. Vogts hatte in der Pause Olaf Thon aus dem Spiel genommen und die Libero-Position Lothar Matthäus übertragen. Der war nach längerer Verbannung in die Nationalelf zurückgeholt worden, als sich die Hoffnung auf ein Comeback des verletzten Matthias Sammer zerschlug. Gegen Jugoslawien bestritt Matthäus sein 126. Länderspiel und wurde der erste Feldspieler der Fußballgeschichte, der in fünf WM-Endrunden zum Einsatz kam. Die imponierende Statistik verband sich mit ebensolcher Form des Veteranen. Der 37jährige war einer der wenigen Lichtblicke im enttäuschenden DFB-Team. Olaf Thon jedoch verschwand wieder in der Versenkung.

Parallel dazu ging weiteres kreatives Potential verloren: das des Andi Möller. Von seiner Begabung und Spielauffassung her ein absolutes As, gelang es ihm erneut nicht, in einem großen Turnier zu stechen und das Spiel seiner Mannschaft so zu prägen, wie er es eigentlich können müsste. Die psychische Blockade verstärkte sich, als von der Trainerbank Worte wie »Heulsuse« und »Blinder« zu hören waren.

WELTMEISTERSCHAFT 1998 IN FRANKREICH

Natürlich wähnte sich Berti Vogts »auf dem richtigen Weg«, als auch das Achtelfinale gegen Mexiko gewonnen wurde, womit eine deutsche Nationalelf zum 13. Mal unter die letzten Acht einer WM kam. Indessen: Der mühsame 2:1-Sieg entfachte erneut eine Diskussion über die wahren Qualitäten der ältesten Mannschaft des Turniers. Wie schon gegen den Iran hatten Bierhoff und Klinsmann quasi mit der Brechstange (und nach 0:1-Rückstand) für die nötigen Tore gesorgt. Was Vogts nicht ganz unerwartet »sehr zufrieden« stellte, Londons »Daily Telegraph« hingegen über ein »lahmes Deutschland ohne Inspiration und Methode« berichten ließ. Lakonisch urteilte das Madrider Sportblatt »As«: »Deutschland hat sieben Leben.«

Doch auch die zäheste Katze stirbt einmal. Das vermeintliche Glück, im Viertelfinale auf keinen der ganz Großen wie Brasilien, Italien, Holland oder auch Gastgeber Frankreich zu treffen, sondern auf WM-Neuling Kroatien, stellte sich als fataler Irrglaube heraus. Zwei Jahre zuvor, bei der EM in England, war Kroatien im Viertelfinale ausgeschieden – gegen Deutschland. Diesmal kam es anders, obwohl die Ansicht des Bundestrainers, seine Mannschaft habe in der ersten Halbzeit ihr bis dahin bestes Spiel gezeigt, durchaus geteilt werden konnte.

In der 40. Minute jedoch unterlief Matthäus ein so unglückliches Abspiel, dass Christian Wörns den kroatischen Stürmerstar Davor Suker nur durch ein Foul stoppen konnte. Für Schiedsrichter Pedersen (Norwegen) keine Frage: Rote Karte!

Sie löste im dezimierten deutschen Team nicht nur das totale Chaos aus, sondern lieferte ihm und seinem Trainer auch so üble Ausreden für die 0:3-Niederlage und das Ausscheiden, daß die Deutschen als miserabelste Verlierer in die Geschichte dieser WM eingingen. Vogts verstieg sich gar zu Spekulationen über »von oben« gelenkte Aktionen gegen die angeblich »zu erfolgreichen« Germanen. Es dauerte Tage und bedurfte intensiver Medienkritik sowie der Einwirkung von Präsident Braun, ehe Deutschlands oberster Fußball-Lehrer zum Telefonhörer griff und sich bei FIFA-Präsident Blatter entschuldigte. Es

Der jüngste Spieler im deutschen Aufgebot, Jens Jeremies, liefert den eindrucksvollen Nachweis, daß große Turniere eine hervorragende Chance bieten, auch relativ unerfahrene Spieler auf verantwortungsvollen Positionen an die Weltspitze heranzuführen.

dauerte noch länger, ehe er die Dinge auch in der Öffentlichkeit zurechtrückte.

Zu spät, um die Diskussion über seine eigene Person zu verhindern. Zwar sprach die Verbandsspitze dem Bundestrainer »volles Vertrauen« aus, doch in der veröffentlichten Meinung ging der druckgeschwärzte Daumen nach unten: Rund drei Viertel aller Teilnehmer an diversen telefonischen Abstimmungen wollten einen neuen Bundestrainer.

Der alte ließ – bis auf die Entschuldigung in Richtung FIFA – nicht erkennen, daß sich künftig und vor allem im Hinblick auf die Europameisterschaft 2000 viel ändern wird. Im Gegenteil: Der deutsche Bundestrainer, den manche für ein Auslaufmodell halten, nahm Zuflucht bei einem prominenten Leidensgefährten: »Man muß weltmännisch wie Helmut Kohl über den Dingen stehen...« Was den Anblick von Arbeitsmarkt wie Mittelfeld offenbar gleichermaßen erträglicher macht. Umgang mit Kritik in dieser Art nährte den Verdacht, der scheinbar so souveräne Coach des Europameisters von 1996 habe sich in den kleinen Berti zurückverwandelt, der voller Biedersinn, und glücklich ist, wenn die Großen der Welt ihn kennen und grüßen.

WELTMEISTERSCHAFT 1998 IN FRANKREICH

Für die – wie schon vier Jahre zuvor – im Viertelfinale gescheiterten Deutschen wurde die zutreffendste Kritik in portugiesischer Sprache formuliert. Der große Pelé (Brasilien) fällte ein vernichtendes Urteil: »Die Deutschen hatten niemand im Mittelfeld mit Gehirn. Sie konnten nur kämpfen. Das ist heute das Problem des deutschen Fußballs, und ich denke, das wird es auch in Zukunft sein.«

Die Sportzeitung »Bola« (Portugal) meinte: »Deutschland wäre eine unschlagbare Maschine, würde Fußball nicht von Menschen gespielt ... Diese wichtige Erkenntnis hat Berti Vogts aber offenbar vergessen. Deshalb hatte Deutschland auch so große Probleme gegen Mannschaften, die kreativen Fußball spielen wie Kroatien ... Als nach der Roten Karte für Wörns nur noch zehn Spieler auf dem Feld waren, wurde überdeutlich, dass die Vogts-Elf auf unvorhersehbare Ereignisse nicht eingestellt war ...«

Der Anfang vom Ende: Der norwegische Schiedsrichter Rune Pedersen zeigt Christian Wörns beim Spielstand von 0:0 für dessen Attacke gegen Davor Suker die Rote Karte. Die deutsche Nationalmannschaft muß die folgenden 50 Minuten im Viertelfinalspiel gegen Kroatien mit einem Mann weniger auskommen und wird schließlich nach Toren von Jarni, Vlaovic und Suker mit 3:0 überrollt – der höchsten Niederlage in einem WM-Endrundenspiel seit 1958.

Nachdem Mexikos Goalgetter Luis Hermandez im Achtelfinalspiel Michael Tarnat, Christian Wörns und Markus Babbel wie Slalomstangen stehen lässt und zum 1:0 einschießt (rechts), müssen die deutschen Fans lange zittern, ehe Jürgen Klinsmann und Oliver Bierhoff mit ihren Toren doch noch den 2:1-Endstand ermöglichen.

Vogts selbst war es auch nicht. Er wagte es nicht, seinen immer schwächer werdenden Kapitän Jürgen Klinsmann vom Rasen zu nehmen, auf dem sich zum Schluss vier Sturmspitzen tummelten, offenbar in der irrigen Meinung, daß es von der Zahl der Stürmer abhängt, ob eine Mannschaft besser oder schlechter trifft.

Es war nur ein schwacher Trost, daß auch andere renommierte Fußball-Nationen im Konzert der letzten Vier fehlten. Die Engländer zum Beispiel, die nicht einmal unter die letzten Acht kamen und denen im Achtelfinale gegen Argentinien (2:2) wieder einmal das Elfmeter-Roulette zum Schicksal geworden war. Oder die Italiener, die – ebenfalls per Elfmeter-Drama – Gastgeber Frankreich unterlagen, der im Achtelfinale gegen Außenseiter Paraguay erst in der Verlängerung durch ein Golden Goal weitergekommen war – das einzige dieser WM.

Nur mit Mühe und nach Rückstand war es Titelverteidiger Brasilien gelungen, die famosen Dänen zu schlagen (3:2). Im Halbfinale traf er auf die in glänzender Spiellaune kickenden Holländer – das vorweggenommene Finale, wie sich zeigen sollte.

Das Bild dieser letzten Spiele prägten eindeutig die in Europas besten Ligen spielenden Stars: Suker (Kroatien) und Roberto Carlos (Brasilien) bei Real Madrid, Ronaldo (Brasilien) und Djorkaeff (Frankreich) bei Inter Mailand, Zidane (Frankreich) und Deschamps (Frankreich) bei Juventus Turin, Petit (Frankreich) und Bergkamp (Hol-

WELTMEISTERSCHAFT 1998 IN FRANKREICH

Mit jeweils drei Treffern rechtfertigen Oliver Bierhoff und Jürgen Klinsmann zwar ihren Einsatz in der Offensivabteilung, bleiben aber im entscheidenden Spiel gegen Kroatien ohne Torerfolg.

Das vorweggenommene Endspiel der Weltmeisterschaft 1998: In Marseille stehen sich mit Holland und Brasilien die bis dahin spielstärksten Mannschaften des Turniers gegenüber.

WELTMEISTERSCHAFT 1998 IN FRANKREICH

Brasiliens Superstürmer Ronaldo überwindet hier beim 1:0 Philippe Cocu ebenso wie den Oranje-Keeper Edwin van der Sar. Zwar kann Patrick Kluivert mit seinem späten Ausgleichstreffer die Verlängerung erzwingen, im anschließenden Elfmeterschießen verfügt dann aber der Titelverteidiger über die nervenstärksten Schützen und mit Claudio Tarrarel über den glücklicheren Torhüter.

land) bei Arsenal London, Kluivert (Holland) und Boban (Kroatien) beim AC Mailand.

Von den insgesamt 88 Spielern im Kader der letzten Vier spielten 19 in Italien und je elf in England und Spanien. Deutschland? Ach ja, die hochgerühmte Bundesliga bot auf der »Beletage« des Fußballs gerade mal vier Arbeitsplätze: für den Brasilianer Emerson in Leverkusen, den Franzosen Lizarazu in München, den Kroaten Soldo in Stuttgart und seinen Landsmann Mamic in Bochum. Die Nacht von Marseille, das Halbfinale Brasilien–Holland, ging als eines der großen Dramen in die Geschichte des Fußballs ein. Hier der hohe Favorit, der unbedingt zum fünften Mal den Titel gewinnen wollte und sollte, dort die Holländer, die zweimal ein Finale erreicht und jeweils gegen den Gastgeber verloren hatten (1974 in Deutschland, 1978 in Argentinien). Sie glaubten, zu Recht, fest an eine dritte Chance.

Der offensichtlich gesundheitlich angeschlagene Ronaldo (linke Seite) konnte sich gegen die Abwehrspieler der »Equipe tricolore« kaum in Szene setzen. Sein Vorhaben, den WM-Torrekord von Just Fontaine zu brechen und Weltmeister zu werden, ist gescheitert.

Zur Pause stand es noch 0:0. Man spürte den ungeheuren Druck, der auf Brasiliens Elf lastete. Sie fand nie zu ihrem Spiel und der erwarteten Überlegenheit. Holland dominierte, doch Kluivert vergab drei mehr oder weniger klare Chancen. Die Binsenweisheit, daß sich so etwas rächt, schien sich Sekunden nach Wiederanstoß zu bestätigen. Roberto Carlos spielte einen langen Pass auf Ronaldo, das Wunderkind tupfte den Ball durch die Beine von Hollands Torwart Van der Sar ins Netz.

Die Entscheidung? Holland gab nicht auf, und drei Minuten vor dem Schlußpfiff traf Kluivert endlich ins Tor: Flanke, Kopfball, 1:1. Die torlose Verlängerung endete im Elfmeterschießen, dem insgesamt dritten dieser WM. Und wenn jemals ein brasilianischer Torhüter seinen minderen Status gegenüber den genialen Technikern von der Feldspieler-Fakultät aufwerten konnte, dann gelang es Taffarel in dieser südlichen Sommernacht. Er hielt die Strafstöße von Cocu und Ronald de Boer; Brasilien war, zum sechsten Mal, in einem WM-Endspiel.

Nicht weniger Spannung bot einen Tag später das andere Halbfinale zwischen Frankreich und Deutschland-Bezwinger Kroatien. Als »rêve du siècle«, als Traum des Jahrhunderts, hatte »L'Equipe« den erwarteten Sieg und den Einzug ins Finale verkauft, der im übrigen die Auflage von Frankreichs täglicher Sportzeitung auf über

WELTMEISTERSCHAFT 1998 IN FRANKREICH

Mit einem wuchtigen Kopfball zum 1:0 leitet Frankreichs torgefährlicher Mittelfeldregisseur Zinedine Zidane den triumphalen 3:0-Finalsieg über Brasilien ein.

eine Million steigerte und damit verdoppelte. Und dies, obwohl das Blatt zu den größten Kritikern von Trainer Aimé Jacquet gehörte, den es monatelang wegen angeblich falscher Taktik und zu defensiver Spielweise befehdet hatte.

Ganz Frankreich stockte der Atem, als Davor Suker, der mit 6 Treffern Torschützenkönig dieser WM werden sollte, nur eine Minute nach der Pause die Führung für Kroatien erzielte. Doch der Schock hielt nicht lange an. Verteidiger Lilian Thuram glich fast im Gegenzug aus und erzielte nach 70 Minuten auch das umjubelte Siegtor zum 2:1. »Wir waren fast schon im Finale«, ärgerte sich Suker, »Wir hätten nach unserem Tor nur fünf Minuten lang gegenhalten müssen ...«

Dennoch fuhren die Kroaten erhobenen Hauptes nach Hause, zumal sie im Spiel um den dritten Platz, nach wie vor hochmotiviert, Holland schlagen und ihren Ruf als die größte Überraschung des Turniers untermauern konnten. Ihr Konterspiel, technisch und taktisch perfekt demonstriert, ließ nicht vermuten, daß sie die WM-Qualifikation nur mühsam und als Gruppenzweiter hinter Dänemark geschafft hatten. Allerdings: Schon 1987 waren ihre Leistungsträger Suker, Boban und Jarni Junioren-Weltmeister gewesen – damals noch als Jugoslawen.

Das Finale: Frankreich im Fußballfieber, überall die Trikolore, überall geschmink-

te Gesichter in den Landesfarben. Auf der Tribüne des Stade de France jede Menge Prominenz, Staatspräsident Chirac und Ministerpräsident Jospin mit blau-weiß-roten Schals, zwischen ihnen Michel Platini, der unter seiner Jacke ein Mannschaftstrikot angezogen hat.

La France, Terrain der Tour de France, des Rugby, des Boule, Heimat großer Boxer und Tennisspieler, ist kein typisches Land des Fußballs, sondern bewohnt von einer Gesellschaft, um deren Begeisterungsfähigkeit man sich ernsthaft gesorgt hatte, eine Kulturlandschaft, in der, wie ein Firmensprecher bedauerte, »so wenig Nationaltrikots wie nirgendwo sonst in Europa verkauft werden«.

Doch in diesen Tagen, an diesem Abend, ist alles anders. Brasilien war in den Spielen zuvor viel von dem schuldig geblieben, was den Titelverteidiger zum hohen Favoriten gemacht hatte, dessen WM-Chancen Englands Buchmacher mit der geringen Wettquote von 3,5:1 notierten. Wie gut sind die Cariocas noch? Gut genug, um mit dem großartigen Zidane, mit Desailly, Deschamps und Dugarry fertig zu werden? Oder nur so gut wie im Spiel gegen Holland, das man eigentlich schon hätte verlieren müssen?

Die Frage ist überraschend schnell beantwortet: Brasilien kommt nicht ins Spiel, wird von den überraschend offensiven, überaus engagierten und im Zweikampf stärkeren Franzosen beherrscht. Vor allem Superstar Ronaldo kommt nicht zum Zuge, womit die wichtigste Trumpfkarte der Südamerikaner unter den Tisch fällt.

Was sich im Halbfinale schon andeutete, wird nun überdeutlich: Der Weltmeister ist dem ungeheuren Erwartungsdruck nicht gewachsen. Ronaldo, das »Millionen-Baby«, kollabiert bereits in der Kabine, verfällt in konvulsivische Zuckungen, spricht später von einem »krampfartigen Anfall« – die Nerven. In einer ersten Mannschaftsaufstellung fehlt sein Name, später gibt es eine zweite mit der Nummer neun, die mit vollem Namen Ronaldo Luiz Nazario de Lima heißt, 21 Jahre jung ist und die Hoffnung von 160 Millionen Brasilianern, vor allem aber die mediokrer Verbandsbonzen und der amerikanischen Firma »Nike« trägt.

Nach nicht einmal einer halben Stunde erzielt Frankreich das 1:0. Der geniale Zinedine Zidane ist wie ein Gespenst im brasilianischen Strafraum aufgetaucht und hat

WELTMEISTERSCHAFT 1998 IN FRANKREICH

einen Eckball per Kopf ins Netz gewuchtet. Das gleiche Kunststück gelingt ihm kurz vor der Pause noch einmal, womit das Spiel entschieden ist. Es war, so Lilian Thuram am Ende und nach Petits 3:0 in der 90. Minute, »fast ein bisschen bizarr und zu einfach«.

Frankreich liegt sich in den Armen. Anderthalb Millionen Menschen machen die Champs Elysées tage- und vor allem nächtelang zur Bühne ihrer Freude, ihres Stolzes, ihrer Begeisterung. Der Sieg hat eine enorme politische Dimension: Finalheld Zidane ist der Sohn algerischer Einwanderer, Djorkaeff ist armenischer Abstammung, Desailly stammt aus Ghana, Karembeu aus Neu-Kaledonien und Thuram von der Karibik-Insel Guadeloupe.

Sie sind Frankreichs beste Antwort auf politische Brandstifter wie Jean-Marie Le Pen von der rechtsextremen »Front National«. Er hatte ein WM-Team mit mehr »reinrassigen« Franzosen und weniger Farbigen gefordert. Kein Wunder, daß Jacques Chirac nun zusammen mit Didier Deschamps auf die Balustrade der Ehrentribüne klettert und dem Kapitän des neuen Weltmeisters die glänzende Trophäe überreicht. Sie ist wahrhaft Gold wert.

Aufhören, wenn es am schönsten ist. Der französische Nationaltrainer Aimé Jacquet hatte seinen Rücktritt nach der Weltmeisterschaft bereits lange vor dem Turnier angekündigt. Kaum jemand rechnete damit, daß der umstrittene Coach am Ende Frankreich zum ersten WM-Titel führen und den WM-Pokal in den Händen halten würde.

WM 2002 in Südkorea und Japan

Als hätte Hollywood Regie geführt und den Showdown inszeniert: Oliver Kahn gegen Ronaldo Luiz Nazario de Lima. Teufelskerl gegen Zauberfüßler. Im Mannschaftssport Fußball entschied das direkte Duell Mann gegen Mann dieses wunderbare Endspiel von Yokohama. Der deutsche Torhüter und der brasilianische Torjäger waren in dem 31-tägigen Turnier als die beiden bewunderten Superstars übrig geblieben. Die magischen Hände Kahns und die trickreichen Füße Ronaldos hatten die Welt beeindruckt und wesentlich dazu beigetragen, dass die beiden Giganten der Fußball-Geschichte, Deutschland und Brasilien, sich erstmals bei einer Weltmeisterschaft begegneten – und gleich im Finale. Nun standen sich also im 64. Spiel des »FIFA World Cup 2002« in Japan und Korea der beste Torhüter und der beste Stürmer der Welt gegenüber. Auge in Auge.

Einen »fußballsportlichen Treppenwitz« nannte die »Süddeutsche Zeitung« die Szene in der 67. Spielminute, die das Duell und das famose Endspiel vor 69 104 Zu-

Die Vorentscheidung des WM-Finals 2002: Eiskalt schiebt Brasiliens Superstar Ronaldo Oliver Kahns Abpraller am deutschen Torhüter vorbei ins Netz.

WELTMEISTERSCHAFT 2002 IN SÜDKOREA UND JAPAN

Weltmeisterschaft 2002 – Der Verlauf des Turniers

1. Finalrunde	Achtelfinale	Viertelfinale	Halbfinale	Finale
Gruppe A Dänemark Senegal Uruguay Frankreich	Deutschland 1 Paraguay 0			
Gruppe B Spanien Paraguay Südafrika Slowenien	Dänemark 0 England 3	England 1 Brasilien 2	Deutschland 1 Südkorea 0	
Gruppe C Brasilien Türkei Costa Rica China	Schweden 1 Senegal 2*	Deutschland 1 USA 0		Deutschland 0 Brasilien 2
Gruppe D Südkorea USA Portugal Polen	Spanien 3** Irland 2			
Gruppe E Deutschland Irland Kamerun Saudi-Arabien	Mexiko 0 USA 2	Spanien 3** Südkorea 5		**Um den 3. Platz** Südkorea 2 Türkei 3
Gruppe F Schweden England Argentinien Nigeria	Brasilien 2 Belgien 0		Brasilien 1 Türkei 0	
Gruppe G Mexiko Italien Kroatien Ecuador	Japan 0 Türkei 1	Senegal 0 Türkei 1*		
Gruppe H Japan Belgien Russland Tunesien	Südkorea 2* Italien 1			

* nach Verlängerung   ** nach Elfmeterschießen

WELTMEISTERSCHAFT 2002 IN SÜDKOREA UND JAPAN

Untröstlicher Titan Kahn: Teamchef Rudi Völler versucht den deutschen Nationalkeeper wieder aufzurichten (rechts). Kurz zuvor hatte Ronaldo mit seinem achten Turniertor nach einem feinen Trick Rivaldos auf 2:0 für Brasilien erhöht, was zugleich den Endstand des WM-Finals von 2002 bedeutete (linke Seite).

Der dreifache Weltmeister Deutschland war zum vierten Mal in einem WM-Endspiel gescheitert.

schauern vorzeitig entschied und die »seleçao« zum fünften Mal zum Weltmeister kürte. Der Fehlerlose machte einen Fehler, den einzigen in 630 WM-Minuten, einen, der jedem Schlussmann schon mal unterläuft. Eben auch Kahn – aber ausgerechnet im bedeutendsten Spiel seiner Laufbahn.

Und das kam so: Der sonst so dominierende »Abräumer« Dietmar Hamann ließ sich von Ronaldo den Ball abluchsen. Kurzer Pass zu Rivaldo, dessen trockener, harter Schuss zum Trauma in der Karriere Oliver Kahns wurde. Normalerweise fängt der beste Torwart der Welt so einen Ball trotz aller geschossenen Schärfe mit der Kappe, wie es so schön im Fußball-Jargon heißt. Doch der Ball prallte Kahn von der Brust, schlüpfte aus seinen Armen und kullerte vor die Füße des heransprintenden Ronaldo.

Wie viele Fehler seiner Vorderleute wie den von Hamann hatte Kahn im Verlauf dieses Turniers ausgebügelt? Nun schaffte es der Held der vorangegangenen Spiele nicht, mit einem verzweifelten, aber vergeblichen Nachfassen und einem gestreckten Hechtsprung seinen eigenen Lapsus zu korrigieren. Das Tor leitete die Niederlage ein, war praktisch schon die Entscheidung. Das 2:0 zwölf Minuten später, abermals durch Ronaldo nach einem Pass Klebersons und einer Finte Rivaldos gegen Thomas Linke, war nur die logische Folge. Die grandios spielenden Deutschen mussten bedingungslos stürmen. Die Brasilianer hatten den Platz und das Selbstbewusstsein, ihre ganze individuelle Klasse, ihre Perfektion am Ball und ihre Antrittsschnelligkeit nun zu demonstrieren.

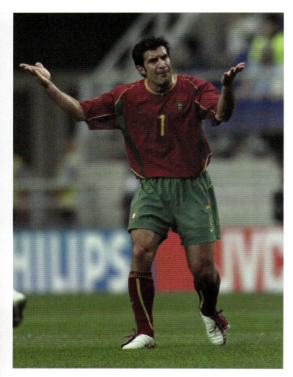

Gescheiterte Stars I:
Luis Figo fand mit seinen hoch gelobten Portugiesen nie richtig in das Turnier und musste in einer vermeintlich schwächeren Gruppe den Gastgebern aus Südkorea und sogar den USA beim Einzug ins Achtelfinale den Vortritt lassen.

Noch schlimmer kam es für den amtierenden Welt- und Europameister Frankreich: Sieg- und sogar torlos traten »les bleus« mit Ihren vielen Superstars (rechts: im Bild Zinedine Zidane und Torwart Fabien Barthez) die Heimreise an.

Brasilien erlöste sich vom Alptraum 1998, dem blamablen 0:3 im Endspiel gegen Frankreich, und wurde weltweit auch als würdiger Weltmeister gefeiert. Sieben Spiele, sieben Siege: Türkei 2:1, China 4:0, Costa Rica 5:2, Belgien 2:0, England 2:1, nochmals Türkei 1:0, Deutschland 2:0. »Brasilien lässt seine Legende wieder aufleben«, applaudierte die Zeitung »Liberation« aus dem Land des früh entthronten und schwer gedemütigten Titelverteidigers.

Beim Schlusspfiff verharrte Oliver Kahn wie zur Salzsäule erstarrt in seinem Tor. Gedankenverloren nahm er einen Schluck aus der Trinkflasche, die er anschließend wie die Handschuhe ins Netz schleuderte. Der Verlierer des Finales gab sich seinen Selbstvorwürfen hin. Minutenlang lehnte der deutsche Titan dieses Turniers wie entrückt am linken Pfosten, stemmte die Hände in die Hüften, starrte ins Leere und durch die auf dem Platz herumtanzenden Brasilianer hindurch, schaute kurz verzweifelt in den Himmel und senkte schließlich den Kopf.

Auch wenn ihr Kapitän den Kopf hängen ließ, konnten Rudi Völler und seine Mannschaft, als vermeintlicher Außenseiter angereist, erhobenen Hauptes nach Hause fliegen, zum vierten Mal als »Vize-Weltmeister«. Die Nachfahren der dreimaligen Weltmeister von 1954, 1974 und 1990 hatten nicht nur bravourös gekämpft, sondern auch brillant gespielt, »mit Brasilien auf Augenhöhe« (Süddeutsche). Völlers Männer trugen als ebenbürtige Partner des brasilianischen Kollektivs von Zauberern ihren Teil zum schönsten Finale seit 1986 (Argentinien-Deutschland 3:2) bei. Oliver Kahn aber blieb untröstlich: »Mein einziger Fehler in sieben Spielen wurde brutal bestraft. Ausgerechnet im Finale. Das ist zehnfach bitter. Es gibt keinen Trost in so einer Situation.«

Thomas Linke war der erste, der versuchte, den am Pfosten lehnenden Unglücklichen aufzurichten. Einer nach dem anderen folgte, betonte doch jeder: »Ohne Olli wären wir nicht ins Finale gekommen.« Das wussten auch die deutschen Zuschauer. »Olli, Olli« dröhnte es vom schwarz-rot-goldenen Fan-Block. Als Letzter kam Pierlui-

WELTMEISTERSCHAFT 2002 IN SÜDKOREA UND JAPAN

gi Collina zum Torpfosten, um zu kondolieren. Der glatzköpfige italienische Schiedsrichter muss dem untröstlichen Torhüter in diesem Moment wie der böse Geist seiner Karriere vorgekommen sein. »Der Mann bringt uns kein Glück«, sagte Kahn später vorwurfsvoll und zählte auf: Beim 1:2 der Bayern im Finale der Champions League gegen Manchester United, beim 0:1 in der EM 2000 und beim Münchner 1:5 gegen England in der WM-Qualifikation – immer war Collina der Schiedsrichter. Wie Zynismus müssen sich die Trostworte des italienischen Starpfeifers angehört haben: »Vielleicht klappt es beim vierten Mal.«

Kahn ließ sich am Pfosten hinabgleiten und kauerte auf dem Rasen, bis – wieder Linke – ihn hochzog, zur Mannschaft, zur Welle vor den Fans und zur Medaillenehrung führte. Rudi Völler umarmte den Mann, dem er und Deutschland die neue Begeisterung für die Nationalmannschaft nach dem EM-Desaster und der quälenden WM-Qualifikation zu verdanken haben. »Natürlich ist Olli geknickt. Da kann man ihn auch nicht trösten. Da muss er durch. Ohne ihn wären wir nicht ins Finale gekommen«, sagte auch der Teamchef.

Nach dem 8:0 gegen Saudi Arabien hatte Kahn die danach nicht gerade berauschend spielende Mannschaft in jedem Spiel vor der drohenden Niederlage und dem

vorzeitigen Ausscheiden bewahrt. Vom »reinsten Kahnsinn« (Hamburger Morgenpost) war zu lesen nach dem 1:1 gegen Irland, dem 2:0 mit zehn Mann gegen Kamerun in der Vorrunde, dem dürftigen 1:0 gegen Paraguay, vor allem aber nach dem höchst glücklichen 1:0 gegen die USA. »Eigentlich ist nicht Deutschland im Halbfinale, sondern Kahn«, stellte der Züricher »Tages-Anzeiger« fest. Lediglich beim verdienten 1:0 gegen Korea hatte nicht allein der beste Torwart, sondern die insgesamt bessere Mannschaft gesiegt. »Deutschland hat im richtigen Moment seine Werte wiedergefunden«, applaudierte die französische Sportzeitung »L'Equipe«.

Kurz vor dem 0:1 gegen Brasilien war dem deutschen Torwart bei einer Rettungstat Gilberto Silva auf die rechte Hand getreten. Als Kahn kaugummikauend und mit ausdrucksloser Miene vor die Medien trat, war der rechte Ringfinger in einem Verband versteckt. »Bänderriss«, teilte der 33-Jährige kurz mit, aber mit dem ihm wichtigen Zusatz: »Die Handverletzung hat damit nichts zu tun.« Andernfalls hätte Kahn sich vielleicht fragen lassen müssen, warum er sich denn nicht habe auswechseln lassen, wenn eine seiner beiden magischen Hände nicht mehr richtig zupacken konnte?

Kahn fühlte sich vielmehr auf zynische Weise von seiner eigenen These bestätigt: »Der Grat zwischen Held und Versager ist nirgendwo schmaler als beim Torwart.« Als

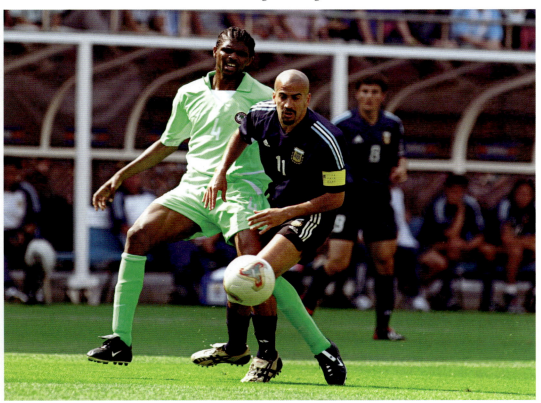

hätte er's nach all den Lobeshymnen geahnt. »Ein Fehler ist einer zu viel«, fand auch die »Süddeutsche«. Dennoch wurde Oliver Kahn zum besten Spieler der WM gekürt, was für ihn nur ein schwacher Trost und für Ronaldo – und mit ihm für das breite Publikum – gewiss eine Überraschung war, um nicht zu sagen: ein Unrecht. Wahrscheinlich war die Mehrzahl der Stimmzettel schon vor dem Endspiel abgegeben worden ... »Kein Zweifel: Ronaldo ist der große Star der WM«, befand auch das deutsche Fachmagazin »Kicker«.

Ronaldo (25) hatte nicht nur zweimal Kahn bezwungen, sondern vor allem »persönlich Revanche am Schicksal genommen«, wie der große Pele den Triumph des Torschützenkönigs (acht Treffer) nach zwei Leidensjahren umschrieb. Ronaldo hatte sich die Alpträume seines Lebens von der Seele geschossen: den rätselhaft matten Auftritt im Endspiel 1998 im Stade de France und die beiden schweren Knieoperationen. »Die Wiedergeburt eines stürmi-

Gescheiterte Stars II:
In der so genannten Todesgruppe musste es zwangsläufig prominente Opfer geben: Erwischt hat es schließlich die Nigerianer um den Ex-Frankfurter Jay-Jay Okocha (oben, im Spiel gegen Schweden) sowie die als Turnierfavorit angetretenen Argentinier um Juan Veron (linke Seite). England und Schweden zogen gemeinsam ins Achtelfinale ein.

schen Genies« (Frankfurter Allgemeine), mit breitem Lachen, mit den frechen Augen, den blitzenden Häschenzähnen und diesem lustigen Haarbüschel auf dem kahl geschorenen Schädel, war daher die schönste Geschichte, die diese 17. Weltmeisterschaft schrieb.

Wie die überragende Figur des Finales nach dem zweiten Tor mit ausgebreiteten Armen über den Platz sauste in die Arme von Trainer Luiz Felipe Scolari, wie Ronaldo sich nach dem Triumph eine wehende brasilianische Fahne umhängte und inbrünstig den Goldpokal küsste – das waren Bilder, die die Welt rührten. »Die größte Freude ist, dass ich wieder Fußball spielen kann. Denn ich spiele nicht nur Fußball, ich lebe Fußball«, strahlte der Auferstandene. Die Narbe, die sich als ein heller Strich vom

WELTMEISTERSCHAFT 2002 IN SÜDKOREA UND JAPAN

Underdogs im Höhenrausch: Von einem fanatischen Publikum getragen drangen die Türken (linke Seite oben) bis ins Halbfinale vor, wo sie sich dem späteren Weltmeister Brasilien knapp geschlagen geben mussten.
Der Senegal (linke Seite unten) düpierte mit seinen in Frankreich spielenden Legionären den Weltmeister beim 1:0-Auftaktsieg und drang bis in die Runde der letzten acht vor. Die Gastgeber aus Japan verbuchten Ihren ersten WM-Sieg überhaupt und überstanden ebenfalls die Vorrunde.

Oberschenkel über des rechte Knie bis zum Schienbein hinunter zieht, erinnert an die »unglaublich lange und schwere Zeit, die ich nicht nochmals durchmachen möchte«. Zwei gravierende Knieverletzungen hatten den Mailänder Inter-Star zwei Jahre lang zur Pause gezwungen. Ärzte hatten ihm nach der zweiten schweren Verletzung das Ende der Karriere prophezeit. Kahns Karrierepatzer ist dagegen ein Klacks.

»Ronaldos breites Grinsen und Oliver Kahns tiefe Traurigkeit« werden nicht nur dem FIFA-Präsidenten Joseph Blatter, wie er in seinen »präsidialen Betrachtungen« notierte, für immer und ewig als Erinnerung an diese Weltmeisterschaft bleiben. Was noch?

Das frühe »Adieu, les Bleus« an der Spitze des großen Favoritensterbens schon in der Vorrunde (Frankreich, Argentinien, Portugal, Kamerun).

Im Gegensatz dazu der rote Wahnsinn Koreas, das »Dönerwetter« (Bild) der Türken, das Erwachen des »schlafenden Riesen« (USA TODAY) Amerika, die Unbekümmertheit von »Frankreich II«, wie die FAZ den frankophilen WM-Debütanten Senegal apostrophierte.

Die hanebüchenen Fehlentscheidungen unfähiger Schiedsrichter und ihrer Assistenten, die allein Italien fünf reguläre Tore in vier Spielen aberkannten.

Das freundliche Lächeln und die herzlichen Gesten der Gastgeber der ersten Zwei-Staaten-WM, des ersten »World Cup« in Asien.

WELTMEISTERSCHAFT 2002 IN SÜDKOREA UND JAPAN

Ein Traum in Rot:
Mit herzerfrischendem Offensiv-Fußball und einer gehörigen Portion Leidenschaft kämpften sich die Gastgeber aus Südkorea unter ihrem holländischen Coach Guus Hiddink bis ins Halbfinale vor. Torjäger Jung Hwan Ahn (linke Seite oben und oben beim 1:1 gegen die USA) und Abwehr-Chef Myung Bo Hong (rechts) waren die Garanten für den unerwartet starken Auftritt der Asiaten.

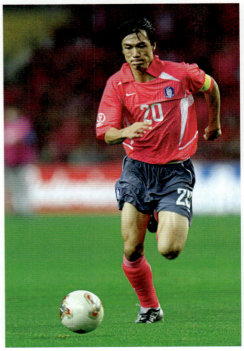

Die zwanzig protzigen Neuzeit-Tempel, die für den Fußballgott errichtet wurden und nun weitgehend nur noch als Pilgerstätten dienen.

Die perfekt organisierten, hooligan- und krawallfreien Spiele.

Als das Turnier mit der K.o.-Runde erst richtig losging, ließen die vermeintlichen Superstars der WM bereits die betrübte Seele zu Hause bei ihren Familien oder in den Ferien baumeln: Zidane, Henry, Veron, Batistuta, Figo, Rui Costa, Okocha, um nur einige zu nennen. Viele Spitzenspieler waren angeschlagen und ausgelaugt von einer strapaziösen Saison angereist. Als die Großmächte des Fuß-

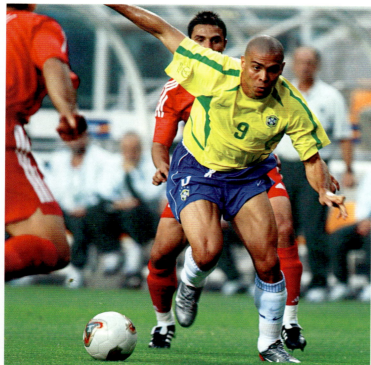

Showdown der WM-Helden: Fast filmreif spitzte sich das Duell der beiden Superstars bis zum Finale hin zu. Am Ende hatte Ronaldo beim ersten WM-Spiel zwischen Brasilien und Deutschland überhaupt die Nase vorne.

Die Wiederauferstehung des Megastars: Nach einer verkorksten WM 1998 und zwei Leidensjahren als Dauerverletzter kehrte Ronaldo wieder an die Spitze des Weltfußballs zurück: als Weltmeister mit Brasilien, Torschützenkönig und – hinter Oliver Kahn – als zweitbester Spieler des Turniers.

Rechte Seite: Trost vom Teamchef für ein tragisches Turnierende. Der angehende Weltstar Michael Ballack hatte Deutschland mit seinen Toren gegen die USA und Südkorea fast allein ins Finale geschossen – und durfte dieses wegen einer »Gelb-Sperre« nur als Zuschauer verfolgen.

WELTMEISTERSCHAFT 2002 IN SÜDKOREA UND JAPAN

balls frühzeitig ausgeschieden waren, der Titelverteidiger, Europameister und Fünf-Sterne-Favorit Frankreich sieg- und sogar torlos, war die Debatte eröffnet: Es kann nicht sein, dass die besten Spieler der Welt matt und müde, urlausbreif statt spielfreudig zum größten Fest des Fußballs antreten, nur weil ihnen zwischen Saisonende und Turnierbeginn keine notwendige Ruhepause und optimale Vorbereitungszeit bleiben.

Wir sind keine Maschinen oder Roboter, sondern auch nur Menschen«, machte sich Ronaldo als Weltmeister zum glaubwürdigen Sprecher der Stars. Die schlappen Franzosen als bedauernswerte Symbolopfer eines völlig überladenen Spielplans?

Gerade mal 15 Tage lagen zwischen dem Finale der Champions League Real Madrid gegen Bayer Leverkusen (2:1) und dem Eröffnungsspiel Frankreich gegen Senegal (0:1). Zinedine Zidane, der teuerste Fußballprofi der Welt, fehlte verletzungsbedingt in den ersten beiden Spielen des Weltmeisters, also auch beim 0:0 gegen Uruguay, und konnte, notgedrungen nur als »Standspieler«, im entscheidenden letzten Gruppenspiel gegen Dänemark (0:2) das Debakel nicht mehr abwenden. »Sie haben den Weltpokal, ihren Pokal, im Fundbüro abgegeben«, höhnte die französische Zeitung »Le Monde«. Zu Hause machte die »Grande Nation« andere Ursachen für die Schande der Nation aus als allein die Wehwehchen und die Mattigkeit der Ikone in spanischen Diensten Real Madrids. »Zu viel Ruhm, zu viel Geld, zu viele Spiele, zu viele Schlagzeilen, zu viele Verträge, zu viele Speichellecker, zu viel Werbung, zu viele Sponsoren, zu viele Manager«, listete die Zeitung »L'Humanite« all die Gründe für das Versagen auf. Wie üblich nach derlei Tristesse geht der Trainer, in diesem Fall Roger Lemerre.

WELTMEISTERSCHAFT 2002 IN SÜDKOREA UND JAPAN

Brasilien, das nach durchwachsener Qualifikation nicht unbedingt als Favorit gehandelt wurde, holte sich seinen fünften WM-Titel mit einer eindrucksvollen Serie aus 7 Siegen in 7 Spielen.

Wie Zidane hatte sich auch Michael Ballack, für Deutschland von ähnlicher strategischer Wichtigkeit, nach dem Endspiel in Glasgow leer und »reif für acht Wochen Urlaub« gefühlt. Aber der Schlaks biss auf die Zähne, humpelte, am rechten Fuß verletzt, ins Turnier, schlug dennoch zu vier von fünf Toren des »shooting stars« Miroslav Klose die Flanken, brachte selbst Deutschland mit den Treffern gegen die USA und Korea ins Finale und beendete die WM wie er sie begonnen hatte: Verletzt, diesmal in der Seele. Für das Endspiel war der 25-Jährige gesperrt. Ballack aber hatte seinen Ruf als torgefährlichster Mittelfeldspieler der Welt bestätigt, wenn auch diverse Verletzungen und fehlende Fitness den »Fußball-Hiob, geschlagen mit allen Plagen« (Süddeutsche), daran hinderten, zum absoluten Weltstar aufzusteigen, wie es Teamchef Rudi Völler für möglich gehalten hatte.

Dem »Adieu« Frankreichs folgte das »Cry for me Argentina« (FAZ). Anders als die geliebte, sterbende Präsidenten-Gattin Eva Peron in dem Musical »Evita«, die jenes tapfere »don't cry for me Argentina« an ihr Volk richtet, forderte der gestürzte WM-Favorit Nummer zwei (1:0 gegen Nigeria, 0:1 gegen England) nach dem 1:1 gegen Schweden die ohnehin depressive Nation zum Mitweinen auf: Bitterlich wie Claudio Lopez, schluchzend wie Juan Sorin, still in sich hinein wie Gabriel Batistuta. Anders als Frank-

Pentacampeão: Zum fünften Mal setzen sich die Brasilianer die Krone des Weltfußballs auf.

reich reagierte Argentinien nicht mit Hohn und Spott auf das Aus der Volkshelden schon in der Vorrunde, sondern nur mit endloser Trauer. Im Fernsehen begleitete Beerdigungsmusik die Bilder aus Japan. »Selbst die Benzinpreiserhöhungen der letzten Tage hatten wir vergessen, weil wir uns auf den Sieg gegen Schweden gefreut hatten«, seufzte die Moderatorin am grauen, eiskalten Wintermorgen des 12. Juni. Die letzte Freude im trostlosen Krisenalltag mit schlimmster Wirtschaftskrise und massenhafter Arbeitslosigkeit war den Menschen genommen.

Wie sehr Fußballspiele auf die Volksseele einwirken, erlebte der Süden Koreas. Ein Freudentaumel, ein Jubelsturm, eine Massenhysterie, eine Orgie in Rot erfasste die 47-Millionen-Republik, als die nationale Fußballmannschaft, die zuvor noch nie ein WM-Spiel gewonnen hatte, nun einen europäischen Favoriten nach dem anderen zu

WELTMEISTERSCHAFT 2002 IN SÜDKOREA UND JAPAN

Fall brachte: Polen (2:0), Portugal (1:0), Italien (2:1/Golden Goal) und Spanien (5:3/Elfmeterschießen), ehe die Deutschen (1:0 im Halbfinale) und die Türken (3:2 im kleinen Finale) den roten Spuk beendeten.

Eine ganzes Volk schlüpfte in kollektiver Begeisterung für fünf Wochen in die roten T-Shirts des nationalen Fan-Klubs »Red Devils«. Als sein Land ins Halbfinale einzog, proklamierte Staatspräsident Kim Dae-jung im Überschwang der Gefühle den 22. Juni 2002 »zum glücklichsten Tag in der Geschichte unserer Nation seit 5000 Jahren«. Mochten die Europäer auch schäumen, wie sehr die Schiedsrichter vor allem in Gestalt der Herren Moreno (Ekuador) und Ghandour (Ägypten) an diesem roten Wunder mitgewirkt, die Gegner dezimiert (Portugal auf neun, Italien auf zehn Spieler) und reguläre Tore (eins der Italiener, zwei der Spanier) annulliert hatten.

Der langhaarige Stürmer Ahn Jung-Hwan mit dem sanften, edlen Gesicht, Schütze des »Golden Goals« gegen Italien, stieg zum Popidol von beckhamschem Glamour auf. Guus Hiddink (55), der in nur 18 Monaten dieses fernöstliche Märchen geschrieben hatte, wurde zur Kultfigur. »Hiddink for president« forderten Plakate angesichts der bevorstehenden Wahlen. Straßen in Korea werden nach dem Holländer benannt. Eine riesige Fahne der Niederlande über den Köpfen von zehntausend Koreanern im Stadion von Seoul pries den Wundermann: »Danke dem Königreich der Niederlande – Hiddink.« Der weltmännische Trainer genießt in Korea fast gottähnliche Verehrung. »Hiddink hat es beinahe an einen Tisch mit Buddha und Konfuzius geschafft«, amüsierte sich die »Süddeutsche« über den Kultstatus.

Ganz so weit hat es Senol Günes nicht gebracht, obwohl er es weiterbrachte als Guus Hiddink: Günes' Türken, erst zum zweiten Mal nach 1954 überhaupt bei einer WM dabei und nur besiegt von Brasilien (1:2 und 0:1), besiegten in einem höchst unterhaltsamen Spiel um den dritten Platz Hiddinks Koreaner mit 3:2, wobei Hakan Sükür mit dem schnellsten Führungstor der WM-Geschichte nach nur elf Sekunden einen neuen Rekord aufstellte. Am Himmel der Überraschungen und Underdogs leuchtete am Ende der rotumrandete Halbmond über den roten Teufeln.

Nicht so sehr die Favoriten – die Außenseiter haben diese WM 2002 weitgehend geprägt. »Wir werden die erste WM in Asien als das Turnier der Schocks und Revolutionen im Kopf behalten«, resümierte Pele. »Der Fußball hat sich in den letzten Jahren rund um die Welt derart verbessert, dass nun fast jedes ehrgeizige Land ein echter Konkurrent ist. Das ist der größte Erfolg dieser WM.« Auch wenn am Ende alles »wie in einem großen Filmduell« (Pele) auf einen Showdown der Superstars Ronaldo gegen Kahn hinauslief.

Weltmeisterschaft 2006 in Deutschland

Die 108. Minute im Endspiel um die XVIII. Fußball-Weltmeisterschaft zwischen Italien und Frankreich. Der Ball ist irgendwo, der Schiedsrichter auf Ballhöhe, Zinedine Zidane entfernt sich nach einem Zweikampf von seinem Gegenspieler Marco Materazzi.

Die zwei hatten sich unerbittlich beharkt; Materazzi den Foulelfmeter verschuldet, den Zidane zum 1:0 verwandelte (7.), dann den Ausgleich geköpft (19.). Jetzt hatte der

Miroslav Klose trifft im Eröffnungsspiel gegen überforderte Costaricaner gleich doppelt, bei seinem zweiten Tor lässt er den gegnerischen Kapitän Luis Marin stehen.

Italiener wieder geklammert und gezerrt, und Zidane zu ihm gesagt: »Wenn Du mein Trikot haben willst, frag mich nach dem Abpfiff.«

Materazzi schickte ihm zwei, drei Mal wüste Beleidigungen hinterher, bis Zidane sich umdrehte und dem Italiener im Stil eines bis auf's Blut gereizten Stiers seinen Kopf mit aller Wucht gegen den Brustkorb rammte. Die Rote Karte war normal. Zidane konnte sein T-Shirt, das er seit dem Achtelfinale unter dem Trikot trug und auf dem in Großbuchstaben »MERCI« stand, nicht zeigen. Der

Weltmeisterschaft 2006 – Der Verlauf des Turniers

1. Finalrunde	Achtelfinale	Viertelfinale	Halbfinale	Finale
Gruppe A Deutschland Ecuador Polen Costa Rica	Deutschland 2 Schweden 0			
Gruppe B England Schweden Paraguay Trinidad & Tobago	Argentinien 2* Mexico 1	Deutschland 4** Argentinien 2	Deutschland 0 Italien 2*	
Gruppe C Argentinien Niederlande Elfenbeinküste Serbien-M.	England 1 Ecuador 0	Italien 3 Ukraine 0		Italien 5** Frankreich 3
Gruppe D Portugal Mexico Angola Iran	Portugal 1 Niederlande 0			
Gruppe E Italien Ghana Tschechien USA	Italien 1 Australien 0	England 1** Portugal 3		**Um den 3. Platz**
Gruppe F Brasilien Australien Kroatien Japan	Schweiz 0 Ukraine 3**		Portugal 0 Frankreich 1	Deutschland 3 Portugal 1
Gruppe G Schweiz Frankreich Südkorea Togo	Brasilien 3 Ghana 0	Brasilien 0 Frankreich 1		
Gruppe H Spanien Ukraine Tunesien Saudi-Arabien	Spanien 1 Frankreich 3			

* nach Verlängerung ** nach Elfmeterschießen

Spieler, der die Fans über ein Jahrzehnt verzaubert hat, verließ die Bühne nicht als Star, sondern durch den Lieferanten-Ausgang.

Zidane entschuldigte sich drei Tage später bei allen Kindern dieser Welt für sein unsportliches Verhalten, bedauerte aber nichts. Was Materazzi ihm hinterhergeschleudert hatte, wollte er nicht sagen, nur: »Eine rechte Gerade in die Fresse wäre mir lieber gewesen.« Brasilianische Lippenleser wollen einen Satz wie »Du bist nur der Sohn einer muslimischen terroistischen Hure« gelesen haben. Zidane ausweichend: »So in etwa.«

Weshalb diese Szene als Einstieg in eine Analyse der ersten WM in Gesamt-Deutschland so ausführlich geschildert wird? Weil sie beispielhaft für den Ablauf dieser WM ist. Eine Bilanz dieser Weltmeisterschaft zerfällt in zwei Teile. Eine sportliche Wertung. Und eine Bewertung des Drumherum. Das führt zu auseinanderstrebenden Erkenntnissen.

Das Endspiel war spannend, ja dramatisch, nicht nur wegen des Platzverweises für Zidane, nicht nur, weil zum zweiten Mal in der WM-Geschichte der Titel per Elfmeterschießen vergeben wurde. 1994 in den USA hatten die Italiener gegen Brasilien den Kürzeren gezogen, jetzt triumphierten sie, weil David Trézéguet gegen seinen Vereinskameraden von Juventus, Gianlugi Buffon im Tor der Italiener, zu genau Maß nahm und den Strafstoß an die Latte knallte. Im Jahr 2000 noch, bei der Europameisterschaft in Holland und Belgien, hatte Trézéguet den Franzosen im Finale durch sein Golden Goal gegen die Italiener den Titel gesichert. Jetzt, in Berlin, vergab er ihn.

Der Elfmeter klatschte an die Unterkante der Latte, sprang nach unten, kam aber deutlich vor der Linie auf den Boden. Das war in der 7. Minute noch ganz anders gewesen. Da hatte Zidane einen Foulelfmeter mit unglaublicher Kaltschnäuzigkeit als Bogenlampe ausgeführt. Der Ball stieg und stieg und fiel erst sehr spät, endete auch an der Unterkante der Latte, aber sprang dann ins Tor.

Arjen Robben beschert den Holländern mit seinem Treffer gegen Serbien und Montenegro einen gelungenen Start ins Turnier.

Allein schon mit dieser Art, den Elfmeter zu schießen, hätte Zidane in seinem letzten Spiel Geschichte geschrieben. Der Zugabe hätte es nicht mehr bedurft.

So viel zur Dramatik. Sportlich gesehen war das Finale, wie die gesamte WM, eher mittelmäßig. Italien bot nur Luca Toni (AC Florenz) als einzige Spitze auf; Frankreich brachte Thierry Henry (Arsenal London), ließ Trézéguet zunächst auf der Bank.

Vor allem in der zweiten Halbzeit tat Italien nichts mehr für das Spiel stand mit

WELTMEISTERSCHAFT 2006 IN DEUTSCHLAND

Auf Wayne Rooney, hier im Duell mit dem Schweden Olof Mellberg, lagen die englischen Hoffnungen. Und auch wenn die »Three lions« nicht überzeugten, schafften sie doch gemeinsam mit den Skandinaviern den Sprung ins Achtelfinale.

acht Spielern im und vor dem Strafraum, errichtete sozusagen die Berliner Mauer neu, verstellte die Räume und wartete auf französische Fehler. Die Equipe Tricolore mühte sich zwar, aber aus Angst vor Kontern ohne den letzten Elan – und auch mit vielen Fehlpässen, weil der ballführende Spieler direkt von zwei, drei Italienern eingekreist wurde.

So war die gesamte WM. Auch, wenn es Ausnahmen gab: Diese WM wird als Turnier der »Doppel-Sechs« in Erinnerung bleiben. Soll heißen, die Trainer ließen vor der Abwehr (meist Viererkette) zwei defensive Mittelfeldspieler auflaufen und boten dafür nur noch eine Spitze auf.

Bei diesem kontrollierten Ballgeschiebe bleibt dann eine Szene, die sich beim Spiel Argentinien – Serbien-Montenegro (6:0) ereignete, in dauerhafter Erinnerung. In der 31. Minute schloss Esteban Cambiasso eine Kombination zum 2:0 ab, die 25 (!) Stationen zuvor bei Javier Saviola, der wegen seiner Haken »Kaninchen« genannt wird, ihren Anfang genommen hatte.

Kleiner Umweg über's Finale, dem Symbol des Ganzen: Als das Ballgeschiebe zeitweise schier unerträglich wurde, italienische und französische Fans betreten schwiegen, hallten »Deutschland, Deutschland«-Rufe durch das Berliner Olympiastadion. Und das mit Recht.

Diego Maradona (links) bejubelt von der Tribüne aus Argentiniens Hernan Crespo, der ein Tor beim knappen 2:1-Sieg über die Elfenbeinküste beisteuert.

Es ist kaum zu glauben, und jeder, der das prophezeit hätte, wäre milde belächelt worden. Aber während der WM spielten die Deutschen, die auch unter Jürgen Klinsmann lange Zeit noch Rumpelfußball abgeliefert hatten, plötzlich den unterhaltsamsten, den offensivsten, den frischesten Fußball! Deutschland hat sich nicht, wie 2002, ins Endspiel gemogelt, sondern den dritten Platz rechtschaffen verdient – was übrigens auch von der Weltpresse anerkannt wurde. Selbst der englische Boulevard faselte nicht mehr von germanischen Panzern.

Schon das Eröffnungsspiel war ein Genuss. 4:2 gegen Costa Rica! Sechs Tore in einem Eröffnungsspiel, das hatte es bei einer WM noch nie gegeben. Drei Tore in den ersten 17 Minuten! FIFA-Präsident Joseph S. Blatter strahlte über das ganze Gesicht. Jürgen Klinsmann freute sich auch. Aber würde der Sturm immer wieder mehr Tore schießen, als die Abwehr zulassen würde?

Die Abwehr stabilisierte sich; das war die vielleicht größte Überraschung aus deutscher Sicht. Im zweiten Gruppenspiel ging es nicht so schnell; nach ihrer Auftaktniederlage gegen Ecuador stemmten die Polen sich vehement gegen eine erneute Pleite. Als nacheinander Michael Ballack und Miroslav Klose gegen dezimierte Polen (Gelb-

WELTMEISTERSCHAFT 2006 IN DEUTSCHLAND

Rot gegen Radoslaw Sobolewski, 75.) in der 90. Minute nur die Latte getroffen hatten, hätte jede normale Mannschaft achselzuckend das Spiel eingestellt und das Unentschieden verwaltet: »Nicht unser Tag heute.«

Siegen oder fliegen hieß es für Ghana und die USA im letzten Gruppenspiel. Die Afrikaner gewannen letztlich verdient mit 2:1 und zogen gemeinsam mit den Italienern ins Achtelfinale ein.

Aber Deutschland kämpfte weiter – und auf Flanke des eingewechselten David Odonkor erzielte der eingewechselte Oliver Neuville in der Nachspielzeit das 1:0. Die Abwehr stand, jede Einwechslung richtig, bis zum Schluss an den Sieg geglaubt – Deutschland stand Kopf. Allmählich keimte die Frage: Bis wohin würde der Weg führen?

Ecuador war – sorry, soll nicht abwertend klingen – ein Spaziergang. Es ging nur noch darum, Gruppensieger zu werden. Und nach dem 1:0 durch Klose nach vier Minuten war im Grunde alles klar.

Der Deutschland-Express rollte weiter. Achtelfinale gegen Schweden. Nein, ausnahmsweise nicht Torjäger Klose, sondern sein Partner Lukas Podolski. 4. Minute, 12. Minute – Deutschland blieb seiner Taktik treu. Kein Abtasten, kein Studieren, kein Warten sondern die Jagd nach dem frühen Tor. Wieder ging die Rechnung auf. Die erste Halbzeit gegen Schweden war die beste, die Deutschland bot – und vielleicht die schönste der WM.

Bundesliga unter sich: Der Hamburger Raphael Wicky (links) und Willy Sagnol von den Münchner Bayern trennten sich torlos und zogen mit der Schweiz und Frankreich in die K.o.-Phase der WM ein.

Unten: Vor Zehntausenden Schweizer Anhängern in Dortmund: Alex Frei erzielte die Führung für die Eidgenossen beim Sieg über Togo.

Für die Rekordbücher: Ronaldo schließt mit seinen beiden Toren gegen Japan mit 14 WM-Endrunden-Treffern zu Gerd Müller auf (rechte Seite); im Achtelfinale gegen Ghana gelingt ihm später sogar Tor Nr. 15.

WELTMEISTERSCHAFT 2006 IN DEUTSCHLAND

Viertelfinale gegen Argentinien. 1986 und 1990 war das das Endspiel gewesen. Das sagt alles über die Bedeutung des Spiels, über seine Intensität, seine Dramatik, seine Emotionen. Erstmals geriet Deutschland in Rückstand (Roberto Ayala, 49.). Aber auch das steckte die Mannschaft weg, glich durch Klose aus (80.). Und im Elfmeterschießen hielt Jens Lehmann dann zwei Strafstöße. Auch in der Wahl seines Torhüters hatte Klinsmann Recht behalten.

Klinsmann-Assistent Joachim Löw flachste nach dem Sieg: »Jetzt können wir nur noch Europameister werden«, denn Brasilien scheiterte im Viertelfinale an Frankreich. Brasilien war die Enttäuschung der WM. Das war eine Ansammlung verwöhnter Stars, die ihr Pensum lustlos abspulten. Das war eine Mannschaft auf Freundschaftstournee, wo jeder ein wenig glänzen wollte, nur für sich. Das war eines Weltmeisters unwürdig. Ronaldo schoss – egal, ob übergewichtig oder nicht – bei seiner vierten WM-Teilnahme gegen Ghana im Achtelfinale sein 15. WM-Tor und entthronte damit Gerd Müller als besten WM-Torschützen. Ronaldo benötigte für seine 15 Treffer 19 Spiele, Müller für seine 14 Treffer 13. Der Vollständigkeit halber: Bester Torjäger bleibt der Franzose Just Fontaine, der 1958 bei einer einzigen Weltmeisterschaft 13 Treffer erzielte.

Deutschland wurde dann doch nicht »Europameister«. Im Halbfinale war Italien einen Hauch besser, abgebrühter. Deutschland wollte sich zwar wieder ins Elfmeterschießen retten, aber eine Minute vor dem Ende der Verlängerung hatte Verteidiger Fabio Grosso aus Palermo etwas dagegen.

So kam es »nur« zu dem »kleinen Finale« gegen Portugal. Die Ausrichter und Finalisten der Europameisterschaft 2004 knüpften unter dem brasilianischen Weltmeis-

Die Show des Lukas Podolski: Im Achtelfinale gegen Schweden gelingen dem Youngster gleich zwei Treffer für eine überzeugende deutsche Mannschaft.

ter-Trainer Luiz Felipe Scolari an ihre Bestleistung 1966 an. Aber dieses Mal reichte es nur zu einem vierten, nicht zu einem dritten Platz. Bastian Schweinsteiger hieß der Spieler, der Portugal im sehenswerten, unterhaltsamen Spiel um Platz drei zweieinhalb Tore schoss – den Freistoß zum zwischenzeitlichen 3:0 fälschte Petit als Eigentor ab.

Glück für Italien: Francesco Totti verwandelt den schmeichelhaften Elfmeter kurz vor Abpfiff gegen Mark Schwarzer eiskalt zum knappen Sieg über tapfere Australier.

Schweinsteiger, Podolski, Jansen, Huth, Mertesacker, Odonkor – sie hätten alle noch in der U21 spielen dürfen. Vor allem dieses gibt Deutschland für die Zukunft Hoffnung, auch wenn der Trainer nach nur zweijährigem Intermezzo nicht mehr Jürgen Klinsmann heißt. Verlieren wird Deutschland nur Oliver Kahn; der Titan erklärte nach seinem 86. Länderspiel seinen Rücktritt.

Zurück zu Portugal, wo Figo und Pauleta ihre letzten internationalen Auftritte absolvierten. Das Achtelfinale gegen die Niederlande war eines der schmutzigsten Spiele der WM-Geschichte. Schiedsrichter Walentin Iwanow zückte 16 Mal die Gelbe Karte (was zu vier Gelb-Roten führte, weshalb beide Mannschaften die Partie mit nur neun Spielern beendeten). Das hatte es in der Geschichte der WM zuvor nur 2002 beim Vorrundenspiel Deutschland – Kamerun gegeben. FIFA-Boss Blatter eiferte sich, eigentlich habe der Schiedsrichter Gelb verdient – eine Aussage, für die er sich Tage danach entschuldigte.

Eigentlich hatten die Spielleiter gut begonnen. Sie waren angewiesen, Ellbogenchecks in das Gesicht des Gegners streng zu bestrafen. Und auch bei »Ballwegschlagen« sollte es wegen Zeitverzögerung Gelb geben. Diese Vorschrift aber wurde manchmal so übertrieben lächerlich ausgelegt, dass die Spielleiter sich im Gestrüpp der Anweisungen verhedderten.

Der größte Faux-Pas unterlief dem Engländer Graham Paul, der dem Herthaner Josip Simonic beim Spiel Kroatien – Australien drei Mal die Gelbe Karte zeigte, ehe er ihn vom Platz stellte. Da kommt die Frage auf, weshalb die Schiedsrichter und ihre Assistenten heute per Funk in Verbindung stehen.

Die Funkverbindung war die Rettung für Horacio Elizon-

Zé Roberto erzielt im Achtelfinale gegen Ghana den dritten brasilianischen Treffer (links).
Der Schweizer Keeper Pascal Zuberbühler irrt durch den Strafraum; das Achtelfinalspiel muss dennoch im Elfmeterschießen entschieden werden – mit dem besseren Ende für die Ukraine.

WELTMEISTERSCHAFT 2006 IN DEUTSCHLAND

Fernando Torres (rechts) kann es nicht fassen – Patrick Vieira (oben) trifft für Frankreich und bringt den bis dahin enttäuschenden Weltmeister von 1998 zurück ins Rampenlicht.

do. Der argentinische Schiedsrichter des Endspiels hatte das Foul von Zidane nicht gesehen; er und seine Assistenten folgten mit den Augen dem Ball. Aber der vierte Mann, der Spanier Luis Medina Cantalejo hatte alles gesehen – mit seinen eigenen Augen, wie er behauptete. In der Wiederholung auf dem Bildschirm, wie die Franzosen vorgaben. Der Anfang des Video-Beweises?

Jedenfalls sollen 2010 in Südafrika keine Tore mehr annulliert werden, die gefallen sind (zwei Mal während der WM). Bis dahin soll der Chip-Ball perfektioniert sein, der sich selber meldet, falls er im Tor war.

Zidane, der die Berechtigung seines Platzverweises anerkannte, wies auf eine andere Problematik hin: »Bestraft wird der, der reagiert, nicht der, der provoziert.«

Eine knifflige Aufgabe. Schon sehen die Schiedsrichter nicht alles, wie sollen sie dann auch noch alles hören? Andererseits hat die FIFA sich den Kampf gegen Rassismus auf die Fahnen geschrieben. Dass neben Zidane auch Materazzi vor die Diszip-

Duell der Strategen: Michael Ballack gegen Juan Roman Riquelme, Deutschland gegen Argentinien, Favorit gegen Favorit – das Elfmeterschießen bringt die DFB-Auswahl schließlich ins Halbfinale.

linarkommission musste, unterstreicht die Ernsthaftigkeit der Untersuchungen. Dass ein Finale vor den Instanzen des Fußball-Weltverbandes endet, unterstreicht, dass einiges schief läuft im Profifußball auf höchster Ebene.

Übrigens hatte auch das Viertelfinale Deutschland – Argentinien ein Nachspiel vor den Instanzen, mit üblem Ausgang für Torsten Frings nach üblen Pöbeleien der Argentinier nach dem Abpfiff. Frings wurde nachträglich für das Halbfinale gesperrt. Die Argentinier Leandro Cufré (vier Spiele) und Maxi Rodriguez (zwei Spiele) konnten mit ihren Sperren besser leben – sie waren sowieso ausgeschieden. Ein Spiel dauert 90 Minuten? Die Herberger-Zeiten sind lange vorbei.

Schief lief das Übliche bei England. Mit Frank Lampard (Chelsea), Steven Gerrard (FC Liverpool) und dem jungen Stürmerstar Wayne Rooney (ManU) hatte sich das Mutterland des Fußballs 40 Jahre nach dem einzigen WM-Triumph einige Chancen ausgerechnet. Doch Rooney wurde im Viertelfinale ein Opfer seiner Unbeherrscht-

WELTMEISTERSCHAFT 2006 IN DEUTSCHLAND

Frühe Entscheidung im Viertelfinale: Luca Toni vollendet für Italien bereits in der 69. Minute zum 3:0 und schickt damit WM-Neuling Ukraine nach Hause.

heit, als er Ricardo Carvalho zwischen die Beine trat, und die anderen konnten nicht, was England noch nie konnte: Elfmeter schießen. Das war schon 1990 im Halbfinale gegen Deutschland und 1998 im Achtelfinale gegen Argentinien der Fall gewesen. Gegen Portugal traf nur Owen Hargreaves (der in Deutschland bei Bayern München unter Vertrag steht) – und das war zu wenig.

Aus Europa hatte sich die Ukraine im dritten Anlauf als Neuling für die WM qualifiziert, was angesichts von einem Weltstar wie Andrej Schewtschenkow kein Wunder war. Die Ukraine schaltete im Achtelfinale per Elfmeterschießen die Schweiz aus (3:0) und scheiterte erst im Viertelfinale am späteren Weltmeister Italien (0:3).

Aus der Karibik grüßte Trinidad & Tobago als Farbtupfer, schoss zwar kein Tor, holte aber ein 0:0 gegen Schweden.

Die Revolution kam aus Afrika. Außer Tunesien war keiner der »üblichen Verdächtigen« dabei. Togo, Angola, die Elfenbeinküste und Ghana starteten zum ersten Mal bei einer Weltmeisterschaft. Natürlich zahlten die Neulinge, deren Heimatländer teilweise unter den Folgen – oder sogar noch aktuell – von Bürgerkrieg und Stammesfehden litten oder leiden, Lehrgeld. Am meisten überzeugte noch die Elfenbeinküste, doch sie hatte das Pech, mit Argentinien und den Niederlanden sowie dem Ex-Jugo-

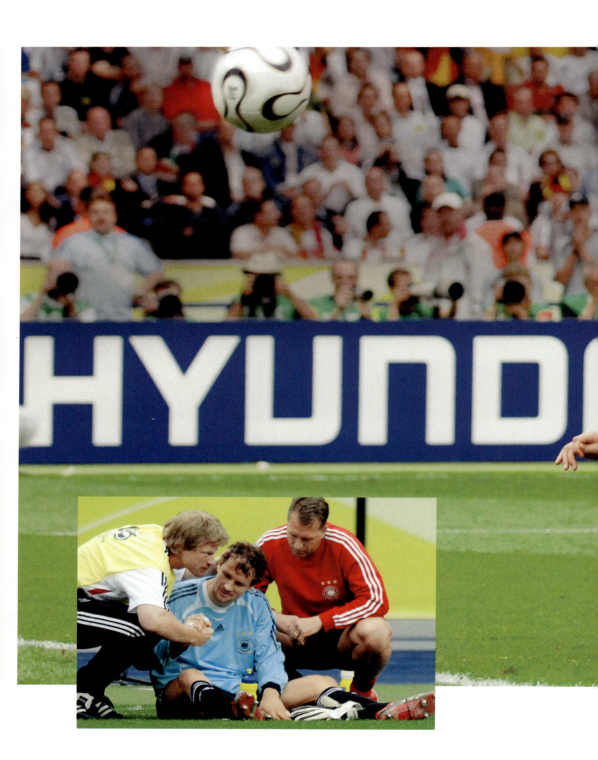

WELTMEISTERSCHAFT 2006 IN DEUTSCHLAND

Die Hoffnung stirbt zuletzt: Miroslav Klose setzt sich gegen Juan Pablo Sorin durch und erzielt per Kopf den 1:1-Ausgleich gegen Argentinien. Der degradierte Oliver Kahn (links) spricht Jens Lehmann vor dem anschließenden Elfmeterschießen Mut zu – und Lehmann bringt das Team mit zwei Paraden in die Runde der letzten Vier.

slawien Serbien-Montenegro auf die stärkste Gruppe der WM zu treffen und wurde trotz beachtlicher Leistungen nur Dritter (zwei Niederlagen mit je einem Tor Unterschied).

Ghana kam als einzige afrikanische Mannschaft ins Achtelfinale, scheiterte mit 0:3 an Brasilien, was keine Schande ist. Eine Schande allerdings war das Benehmen der Nationalmannschaft Togos. Zwischendurch reiste Trainer Otto Pfister

Duell der Ballkünstler: Zinedine Zidane stach Ronaldinho im Viertelfinal-Topspiel Frankreich-Brasilien in allen Belangen aus (links).

An Torhüter Jens Lehmann (unten) lag es nicht, dass Deutschland im Halbfinale an Italien scheiterte. Der Traum vom Titel war ausgeträumt.

WELTMEISTERSCHAFT 2006 IN DEUTSCHLAND

Nur wenige Entfaltungsmöglichkeiten gab es für Luis Figo im zweiten Halbfinale gegen taktisch hervorragend eingestellte Franzosen. Mit 0:1 schieden die Portugiesen knapp aus.

mal ab, weil der Verband Prämienzahlungen an die Spieler aus der Qualifikation schlichtweg nicht leistete. Die Spieler schwänzten Trainingseinheiten, die Funktionäre wuschen ihre Hände in Unschuld, und am Schluss musste die FIFA vorab Geld flüssig machen, damit die Mannschaft das Spiel gegen die Schweiz nicht platzen ließ.

Da Südafrika Ausrichter der nächsten WM ist und als solcher automatisch qualifiziert, wollen die Afrikaner sechs statt fünf Startplätze haben. In Deutschland haben sie ihrer Sache einen Bärendienst erwiesen.

Auch Asien war nicht mehr so stark wie vier Jahre zuvor auf heimischem Grund. Japan wurde Gruppenletzter, verlor gegen Australien (1:3), Südkorea konnte sich gegen die Schweiz und Frankreich nicht durchsetzen. Saudi-Arabien und der Iran spielten keine Rolle.

Als die XVIII. Weltmeisterschaft nach 31 Tagen abgepfiffen wurde, zog nicht nur Franz Beckenbauer ein überschwängliches Fazit. 46 der 64 Spiele hatte der »Kaiser« dank eines Privathubschraubers live gesehen, und sein Urteil teilten auch die Millionen, die das WM-Land nicht überfliegen konnten: Deutschland ist schön.

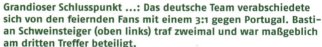
Grandioser Schlusspunkt ...: Das deutsche Team verabschiedete sich von den feiernden Fans mit einem 3:1 gegen Portugal. Bastian Schweinsteiger (oben links) traf zweimal und war maßgeblich am dritten Treffer beteiligt.

... und bitterer Abgang: Zinedine Zidane verliert im Finale gegen Italien die Nerven und beendet seine große internationale Karriere mit einem Platzverweis.

Der größte Erfolg waren die Fan-Meilen, das sogenannte Public-Viewing vor Großbildschirmen. Die Institute, die für die Sponsoren die Reichweite messen, haben ein Problem: Wie jene zählen und ermessen, die den Fernseher daheim aus ließen und stattdessen am Brandenburger Tor, am Main, im Münchner Olympiapark oder sonstwo mit anderen gemeinsam die WM schauten?

Immer wieder mussten über 100 Städte in Deutschland die Bereiche für die Fans ausweiten. Selbst in Kirchen wurde übertragen. Kanzlerin Merkel wurde zum Fußball-Anhänger. »Die schönste WM, die es je gab«, jauchzte Sepp Blatter am Ende. So etwas sagen Funktionäre immer, aber dieses Mal darf es zu einem überwiegenden Teil für bare Münze genommen werden.

Über 99 Prozent der Plätze belegt, keine Lücken wie noch 1974. Selbst Ecuador – Costa Rica in Hamburg ausverkauft. Keine Randale. Lachende Gesichter.

World-Cup 2006. Deutschland, ein Sommermärchen.

WELTMEISTERSCHAFT 2006 IN DEUTSCHLAND

Teamgeist – das Erfolgsgeheimnis des Sommers 2006 galt sowohl für den neuen Titelträger aus Italien (unten) als auch für den WM-Dritten Deutschland.

Weltmeisterschaft 2010 in Südafrika

Bemühen wir das Standardwerk aus dem Hause Brockhaus, den Duden, 24. Auflage. Alles soll da drin vertreten sein, was die deutsche Sprache so an Feinheiten und Unsinnigkeiten hergibt. »Abbimsen« gibt es dort logischerweise, »Null-Bock-Generation« natürlich oder auch »Sexagesimalsystem«, keine Frage. Von A bis Z sortiert, logisch, einfach zu finden. Also blättern, am U vorbei, vor dem W halt gemacht, zielstrebig das V angesteuert. Und was sehen wir, wenn wir nach dem Wort des Jahres 2009/10 suchen? Nichts. Niente. Nada. Augen gerieben. Noch mal geschaut. Immer noch nichts. Zwischen den beiden Einträgen »Vulva«, Sie wissen schon, und »v. u. z.« (vor unserer Zeitrechnung) hätte es eigentlich platziert sein müssen.

Es handelt sich um nichts anderes als die Vuvuzela. Jenem unterarmlangen Blasinstrument aus Plastik, das seit dem Confederations-Cup des Frühsommers in aller Munde und somit auch in aller Ohren ist. V-u-v-u-z-e-l-a! In einigen Regionen Südafrikas auch Lepatata genannt. Sie soll dem Klang eines Elefanten ähneln, ist aber bedeutend lauter und kam, zu Tausenden benutzt und über die heimischen TV-Lautsprecher empfangen, wie ein monströser Hornissenschwarm daher. Erstmals ins Blickfeld der

Ohrenbetäubend: Südafrikanische Fußballfans feuern ihr Team im Halbfinale des Confed-Cups 2009 gegen Brasilien (0:1) mit ihren Vuvuzelas an.

WELTMEISTERSCHAFT 2010 IN SÜDAFRIKA

Premiere für den schwarzen Kontinent: Nelson Mandela nimmt die Glückwünsche von FIFA-Präsident Sepp Blatter zur WM-Vergabe 2010 an Südafrika entgegen.

Öffentlichkeit gerieten die Dezibelmonster, als der damalige Staatspräsident Nelson Mandela Hunderte von ihnen mit nach Zürich brachte, wo entschieden wurde, wer denn überhaupt die Weltmeisterschaft 2010 austragen dürfe. Joseph S. Blatter, umtriebiger wie geschäftstüchtiger FIFA-Präsident, verkündete damals: Südafrika. Bereits nach dem ersten Durchgang hatte man sich gegen Marokko, den einzig verbliebenen Konkurrenten, mit 14:10 Stimmen durchgesetzt.

Eine gemeinsame Bewerbung von Libyen und Tunesien war zuvor seitens der FIFA abgelehnt worden, woraufhin Tunesien sich zurückzog. Libyen stellte klar, dass eine Beteiligung Israels in ihrem Land nicht zugelassen würde und schied ebenso als Bewerber aus. Offiziell wegen infrastruktureller Probleme. Erstmals wird somit die WM auf dem afrikanischen Kontinent ausgetragen, womit nur noch Australien als wei-

Treffsicher für das Nationalteam: Lukas Podolski erzielt das 1:0 im Hinspiel der WM-Qualifikation gegen Russland (Endstand 2:1 für Deutschland).

ßer Fleck auf der Ausrichterkarte verbleibt.

Vuvuzelas gibt's dort übrigens nicht – und den Südafrikanern gedachte man diese auch wegzunehmen. Da gab es doch tatsächlich Bestrebungen von Fernsehstationen und einigen Spielern, ein Stadionverbot für die Tröten zu fordern. Schließlich würden die Ohren arg überstrapaziert. Warum eigentlich? Damit man im kommenden Jahr die in Europas Arenen so gern artikulierten Schmäh- oder Hassgesänge auf den Gegner vernehmen kann? Nein. Dann doch lieber Vuvuzelas. Fand übrigens auch die FIFA, die mit Beschluss vom 18. Juni 2009 verkündete, dass alles so bleiben dürfe wie es ist. Und selbst das Fachmagazin »kicker« schließt sich dieser Meinung an, veröffentlichte bereits eine Bauanleitung, auf dass auch in deutschen Stadien fortan eine einheitliche Lautstärke herrsche. So wurden zu Saisonstart der Bundesliga bereits Vuvuzelas ausgemacht. Und eindeutig herausgehört.

An einem von diesen Schauplätzen, in Hamburg, wird es zumindest für die deutsche Mannschaft um die Wurst gehen. Gegen Finnland, im letzten Heimspiel der Qualifikationsgruppe 4, am wahrscheinlich alles entscheidenden Spieltag. Wenn gleichzeitig Aserbaidschan auf Russland trifft und Liechtenstein Wales empfängt. Nur der Gruppensieger qualifiziert sich direkt für das Fußballfest, derzeit hat die Auswahl des Deutschen Fußball-Bundes die Nase vorn. Knapp vor dem ärgsten Rivalen Russland, der einen sportlich Verantwortlichen in seinen Reihen weiß, der geradezu ein Abon-

WELTMEISTERSCHAFT 2010 IN SÜDAFRIKA

Schlüsselduell: Der Schalker Heiko Westermann stoppt den für Arsenal London spielenden russischen Supertechniker Andrei Arschawin.

nement gelöst hat für die Teilnahme am interkontinentalen Großwettbewerb. Sein Name: Guus Hiddink. Erfolgscoach aus den Niederlanden, Übungsleiter der Arshavin, Pogrebnyak und Co. Vor seinem Engagement in Russland betreute er bereits Gastgeber Südkorea 2002, davor und danach führte er erfolgreich die Niederlande und Australien zur Weltmeisterschaft. Und plant selbigen Schritt natürlich auch 2009 für 2010.

Showdown ist, so vorher alles normal gelaufen ist, am 10. Oktober. In Moskau. Beim Spiel gegen Jogis Jungs. Siege gegen Liechtenstein und in Wales vorausgesetzt, gehen die Russen dann mit einem Punkt Rückstand in diese Begegnung, brauchen also einen Dreier, um an der deutschen Mannschaft vorbeizuziehen. Diese ist bislang bis auf eine Ausnahme unfallfrei durch die Qualifikation gekommen. 98,5 Prozent der Bundesligaspieler glauben übrigens an einen Durchmarsch. Ein wahrlich stolzer Wert, wenn man bedenkt, wie knapp es bei diesem Zweikampf, der bislang auf Augenhöhe stattgefunden hat, zugeht. Zumal die entscheidende Partie auf für deutsche Verhältnisse doch eher ungewohntem Kunstrasen des Lushniki-Stadions stattfinden wird.

Noch nicht ganz in WM-Form: Das deutsche Nationalteam vor dem Spiel gegen Aserbaidschan im Sommer 2009 mit Robert Enke, Miroslav Klose, Serdar Tasci, Per Mertesacker, Mario Gomez, Thomas Hitzlsperger, Michael Ballack (hinten, von links) und Philipp Lahm, Piotr Trochowski, Marcel Schäfer sowie Bastian Schweinsteiger (vorne, von links).

So denkt der Bundestrainer im Gegensatz zu vielen anderen auch an den »worst case«, den Fall, dass es eine Niederlage und am Ende nur Rang zwei in der Gruppe geben könnte, auch wenn diese Überlegungen natürlich nur im Konjunktiv stattfinden: »Das ergäbe eine gewisse Stresssituation«, sagt Joachim Löw, wohl wissend, dass zuvor noch nie eine (west-)deutsche Mannschaft ein Endturnier einer Weltmeisterschaft verpasst hat.

Zur Erklärung kurz der europäische Modus: Die Sieger der neun Gruppen qualifizieren sich direkt für Südafrika, die acht besten Gruppenzweiten spielen in einer Play-off-Runde am 14. und 18. November vier weitere WM-Teilnehmer aus. Da die Gruppen unterschiedliche Stärken haben, fallen bei der Ermittlung der besten Zweiten die Ergebnisse gegen die Gruppen-Sechsten aus der Wertung. Zahlenspiele, die man beim Deutschen Fußball-Bund gern vermeiden würde. Zumal davon auch das Wohl und Wehe von Löw selbst abhängt. Erst wenn die Qualifikation zu Ende sei, so der Bundestrainer, würde er Verhandlungen über eine Verlängerung seines Vertrages angehen wollen.

Löw selbst weiß, dass im vergangenen Jahr, seinem dritten mit der Nationalmannschaft, nicht immer alles rund lief. Ärger zwischen ihm und Kapitän Michael Ballack, Ärger zwischen ihm und dem Bremer Routinier Torsten Frings, Kompetenzgerangel, die Suspendierung des unwilligen und frühzeitig abgereisten Kevin Kuranyi, die Handgreiflichkeit von Lukas Podolski gegen Ballack, Jermaine Jones, der fortan für die USA und nicht mehr für Deutschland antreten mag, Unverständnis wegen der Nichtberücksichtigung des Bremer Keepers Tim Wiese und des zu Saisonstart glänzend aufgelegten Stefan Kießling aus Leverkusen. Brennpunkte an allen Orten – und ein kleiner Einblick ins Innenleben der Landesauswahl. Löw: »Bis dato galt die Nationalmannschaft als verschworene Einheit. Das ist sie immer noch, aber es gibt eben jetzt auch einige Kratzer.«

So präsentiert sich die DFB-Truppe, auch angesichts von 35 eingesetzten Akteuren in nur einer Saison, als Großbaustelle und nach einem personellen Umbruch noch ohne klare Hierarchie. Umso erstaunlicher, dass in der Qualifikation zumindest von den Ergebnissen her fast alles glatt lief. Gestartet wurde mit einem eindeutigen 6:0 in Liechtenstein, auf das die einzigen Punktverluste folgten. 3:3 in Finnland, dazu äußerst glücklich zustande gekommen mit drei Toren von Miroslav Klose, der damit eine lange Durststrecke beendete.

Dass man für den ersten Vergleich mit den als größte Konkurrenten eingestuften Russen Dortmund als Spielort wählte, war dann kein Zufall. Eine fast makellose Bilanz (15 Spiele, 13 Siege, je ein Unentschieden und Niederlage) konnte der DFB in Sachen Länderspiele dort vorweisen – und kann es jetzt immer noch. 2:1 hieß es am Ende für Deutschland und bescherte die momentan günstige Ausgangsposition, da danach noch ein 4:0 in Liechtenstein, ein 2:0 in Wales und ein ebensolches in Aserbaidschan folgten. Dort, wo der ehemalige Bundestrainer Berti Vogts mittlerweile sein Tagwerk verrichtet und wo sich die DFB-Auswahl vor allem in der Defensivabteilung ziemlich verbesserungswürdig zeigte. Am 10. Oktober also dürfte in Moskau ein Unentschieden

WELTMEISTERSCHAFT 2010 IN SÜDAFRIKA

Befreiender Dreierpack: Miroslav Klose (hier im Duell mit dem für Leverkusen spielenden Sami Hyypiä) rettet der DFB-Elf mit drei Treffern das Remis gegen starke Finnen.

WELTMEISTERSCHAFT 2010 IN SÜDAFRIKA

Qualifiziert: Eindrucksvoll setzten sich die Niederländer (linke Seite oben; Robin van Persie trifft beim 3:0-Sieg gegen Schottland) vorzeitig in ihrer Gruppe durch.

Aus Asien werden sowohl Süd- als auch – erstmals seit 1966 – Nordkorea an der Endrunde teilnehmen (linke Seite unten, vor dem prestigeträchtigen Match in Seoul, das 1:0 für den Süden endete).

Australien, das sich aus Gründen des stärkeren Wettbewerbs dem Asienverband anschloss, hat sich ebenso durchgesetzt wie der Gruppengegner aus Japan (Shinji Okazaki gegen Mile Sterjovski).

reichen, um das Ticket für Südafrika zu lösen und den Nervenkitzel im November zu vermeiden. »Play-offs – nein danke« lautet das einfache, aber doch so schwer umzusetzende Motto für Löw und seine Spieler.

Bereits qualifiziert haben sich unterdessen fünf Nationen: Die Niederlande als einzige europäische Mannschaft, dazu vier Teams aus Asien. Japan, Süd- und Nordkorea sowie Australien. Australien? Ja! Erstmals nahmen die »Socceroos« von »down under« in der Asienzone teil, da sie sich dort sportlich höheren Wettkampf versprachen – und natürlich auch bekamen. Letztlich gewannen sie jedoch eine von zwei Endrundengruppen überraschend klar vor den ebenso qualifizierten Japanern. In der zweiten Gruppe trafen unterschiedliche Weltanschauungen aufeinander – es qualifizierten sich mit Süd- und Nordkorea gleich beide. Gerade auf die Mannschaft aus dem kommunistischen Norden darf man sehr gespannt sein, viele Informationen gibt es wahrlich nicht. Mit Bahrain oder Saudi-Arabien könnte noch ein weiteres Team dazukommen. Die arabischen Staaten spielen den Teilnehmer für die Play-off-Begegnungen gegen Neuseeland, den Sieger der Ozeanien-Gruppe aus. Die Spiele ums finale Ticket finden am 10. Oktober und 14. November statt. Erstmals überhaupt könnten also fünf Mannschaften der Asian Football Federation am Start sein.

Während in Asien also fast alle Würfel gefallen sind, geht es in Südamerika äußerst spannend zu. Traditionsgemäß spielen die zehn Nationen des Kontinents, die dem Ver-

Debakel für Argentinien: Unter den Augen von Teamchef Diego Maradona (oben) geriet Argentinien in der Höhe von La Paz gegen Bolivien gehörig unter die Räder. Im Bild das »Bundesliga-Duell« Martin Demichelis (Bayern München) gegen Marcelo Moreno (Bremen).

band CONMEBOL angehören, vier direkte Weltmeisterschaftsteilnehmer in einer einzigen Gruppe aus. Der Fünftplatzierte hat die Möglichkeit, sich gegen den Vierten aus Nord- und Mittelamerika zu qualifizieren (Spiele am 14. und 18. November). Wer allerdings gedacht hatte die großen Länder würden die Tickets unter sich aufteilen, locker durchmarschieren, der sah sich getäuscht. Vor den abschließenden drei Spieltagen waren Uruguay und Kolumbien aus den Rängen, die das große Fußball-Glück bedeuten, überraschte dafür Chile, das zuletzt 1998 in Frankreich teilgenommen hatte. »La Roja« überzeugte unter anderem mit einem 1:0 gegen Argentinien, das somit genauso zittern muss wie Paraguay.

Erst nach einem überzeugenden 1:3-Sieg beim Dauerrivalen Argentinien machte die Seleçao alles klar. An ein Scheitern mochte in Brasilien ohnehin niemand nur einen Gedanken verschwenden. Geradezu unendlich ist das Potenzial, das Nationaltrainer Carlos Dunga zur Verfügung steht. Wer es sich erlauben kann, Bundesligatorschützenkönig Grafite oder andere hochkarätige Namen nicht einmal in Erwägung zu ziehen, sollte – zumindest in Südamerika – unantastbar sein. Selbiges dachten auch die Argentinier lange Zeit von sich, finden sich aber hinter Chile und Paraguay auf dem vierten Rang wieder, nur zwei Punkte vor Ecuador, das die »Albiceleste« mit einem 2:0-Erfolg zuletzt mächtig ärgerte. Und das mit einem gebürtigen Argentinier im Tor. Marcelo Ramón Elizaga hielt seinen Kasten sauber und wurde in seiner neuen Heimat als Volksheld gefeiert. Bereits in Bolivien waren die Argentinier, die von Diego Maradona trainiert werden, mit 1:6 unter die Räder gekommen. »Jedes Gegentor war wie ein Dolchstoß ins Herz«, bekannte der ehemalige Superstar, der in den Jahren zuvor eigentlich nur durch Alkohol- und Drogeneskapaden auf sich aufmerksam gemacht hatte. »Es war eine historische Tracht Prügel.«

Überhaupt: Ecuador ist wieder einmal ein Thema für sich. Im Estadio Olímpico Atahualpa in Quito (offiziell auf 2850 Metern Höhe gelegen) werden die meisten Heimspiele ausgetragen, Auch der alternative Spielort Guayaquil bietet mit seinem tropisch-schwülen Klima einen klimatischen Heimvorteil. Dieser jedoch schien kurzzeitig von Funktionären bedroht: Mitte 2007 wurde durch einen Beschluss des 57. Kongresses der FIFA die Austragung von internationalen Partien in mehr als 2500 Metern Höhe untersagt. Ende Juni 2007 wurde jedoch mitgeteilt, die Höhengrenze werde auf 3000 m gesetzt, so dass Spiele in Quito weiterhin möglich sein sollten. Sonst hätten nicht nur die Nationalmannschaft, sondern auch Topvereine aus Quito oder Cuenca in internationalen Wettbewerben nicht in ihren Stadien spielen können.

Doch der Bürokratie war damit immer noch kein Ende gesetzt: Einer im Dezember 2007 erlassenen Bestimmung nach dürfen Spiele nur noch bis zu einer Höhe von 2.750 m ausgetragen werden. Also wurde nachgemessen und trotz 2783 Metern Quito eine Ausnahmeregelung erteilt. Was zur Folge hat, dass dort weiterhin fast jedem Gegner, mag er auf dem Papier noch so favorisiert sein, sprichwörtlich die Puste ausgeht. Ecuador nutzte also seinen Heimvorteil, musste sich in acht Heimspielen nur einmal geschlagen geben. In der ersten Partie gegen Venezuela, das sich seinerseits auch noch Hoffnungen auf zumindest Rang fünf machen darf. Genauso wie einige Bundesligaprofis, die mit ihren Nationen vorn mitmischen. So träumt der Dortmunder Nelson Valdez seinen Traum von Südafrika genauso weiter wie sein Mannschaftskamerad bei der Borussia, der Argentinier Lucas Barrios, seines Zeichens Welttorjäger. Auch Wolfsburgs Josué dürfte die Reise zur Weltmeisterschaft mitmachen, war schon beim Confederations-Cup im Sommer 2009 im brasilianischen Kader dabei.

In der Zeit zwischen dem 11. Juni und dem 11. Juli 2010 findet die WM statt. Wenn auf der Südhalbkugel Winter ist und die Temperaturen bei den Abendspielen schon mal bedrohlich an die Marke gelangen können, die das Thermometer mit 0° anzeigt. Celsius wohlgemerkt. Nicht nur die Brasilianer werden dann Handschuhe tragen, auch andere Länder werden sich warm anziehen müssen. 32 Nationen nehmen teil, 204 haben sich für die raren und letztlich auch hochdotierten Plätze des erlesenen Feldes beworben und sind somit in der Qualifikation angetreten. Die 32 übriggebliebenen Verbände werden in acht Gruppen antreten, ausgetragen werden die Partien in zehn Stadien in neun Städten: Das Soccer City in Johannesburg bietet dabei mit 96 000 Plätzen die größte Kapazität, des Weiteren sind dabei: In Durban das Moses-Mabhida-Stadion (70 000), in Kapstadt das African Renaissance Stadion/Green-Point--Stadion (68 000), der Ellis Park in Johannesburg (70 000), in Tshwane/Pretoria das Loftus-Versfeld-Stadion (52 000), in Nelson Mandela Bay/Port Elizabeth das Nelson-

Mandela-Bay-Stadion (46 000), in Nelspruit das Mbombela-Stadion (43 500), in Mangaung/Bloemfontein das Free-State-Stadion (48 000), in Rustenburg das Royal-Bafokeng-Stadion (42 000) und in Polokwane die mit 40 000 Zuschauern Fassungsvermögen kleinste Arena, das Peter-Mokaba-Stadion.

Soccer City, auch FNB-Stadion genannt, wird das Eröffnungsspiel genauso erleben wie die Finalbegegnung, die beiden Halbfinalpartien finden in Kapstadt und Durban statt, das Spiel um Platz drei in Port Elizabeth. Insgesamt werden im Soccer City, in Kapstadt und auch Port Elizabeth jeweils acht Partien stattfinden, der Ellis Park wird wie Durban Schauplatz für sieben Spiele sein. Rustenburg, Bloemfontain und Pretoria sehen sechs Spiele in ihren Stadien, sodass für die kleineren in Polokwane und Nelspruit jeweils vier Vorrundenpartien übrigbleiben.

Lange war spekuliert worden, ob denn die Arenen überhaupt rechtzeitig fertig werden würden. Doch afrikanische Gelassenheit siegte über europäische Skepsis – zum Confederations-Cup präsentierten sich die Austragungsstätten in hervorragender Qualität. Probleme gab es hingegen noch bei der Infrastruktur, den Verbindungen zwischen den Städten und der Sicherheit. Viermal so viele Mannschaften wie beim Confed-Cup gehen 2010 an den Start, die zahlreichen Anhänger gerade der großen Nationen dürften auf eine große Geduldsprobe gestellt werden – und dennoch zuhauf den Weg nach Südafrika finden und das Fußballfest zu einem bunten machen.

Ob Gelb aus Brasilien oder Australien, ob Rot aus Südkorea oder »Oranje« aus den Niederlanden. Begleitet werden sie in jedem Stadion von Zakumi, dem offiziellen Maskottchen. Der Name Zakumi ist zusammengesetzt aus den zwei Buchstaben »ZA«, die für Südafrika stehen, und »kumi«, was in vielen afrikanischen Sprachen »zehn« bedeutet. 2010 in Afrika – ein Fest aller Nationen. Und ein Meilenstein in der Geschichte des südafrikanischen Fußballs. Anders als Goleo, das Maskottchen der Weltmeisterschaft 2006 in Deutschland, hat Zakumi auch

Ein weiblicher Brasilien-Fan posiert während des Confed-Cups mit Zakumi, dem Maskottchen der WM 2010.

WELTMEISTERSCHAFT 2010 IN SÜDAFRIKA

eine Hose an ... »Er ist ein stolzer Südafrikaner und daher ein idealer Botschafter für die erste WM in Afrika. Er wurde 1994, als Südafrika zur Demokratie wurde, geboren. Er ist jung, kraftvoll, clever und ehrgeizig, ein echtes Vorbild für Jung und Alt, nicht nur in unserem Land«, sagte Danny Jordaan, Generaldirektor des Organisationskomitees über den Leoparden mit grünem Haar, grüner Hose und weißem Shirt. Goleo ist also out, Zakumi der neue Herrscher der Fußballwelt. Zumindest in der Welt der Maskottchen. Zumindest für einige Wochen.

Ob »Bafana Bafana«, die Nationalmannschaft des Gastgeberlandes, eine ebenso herausragende Stellung während des Turniers einnehmen kann, steht natürlich auf einem anderen Blatt. Trainer Joel Santana steht angesichts sportlich doch eher durchschnittlicher Verfassung schon heftig in der Kritik, versucht aber auch gar nicht erst gegenzusteuern, denn: Nach zwei hochdotierten Jahren in Südafrika spricht der Brasilianer noch immer fast kein Englisch, zeigt sich dazu meistens noch ziemlich angefressen und übellaunig. Ein Lächeln oder gar Lachen hat absoluten Seltenheitswert. Immerhin bekam Santana, anders als die WM-Gastgeber davor, die Möglichkeit, die Form seiner Mannschaft auf Wettbewerbsniveau zu testen. Südafrika ist zwar als Gastgeber automatisch qualifiziert, die WM-Qualifikation ist jedoch gleichzeitig die zum Afrika-Cup, dem kontinentalen Wettbewerb. Das Problem: Bereits in der zweiten Runde war nach Niederlagen gegen Sierra Leone und Nigeria Schluss. Frust im Gastgeberland – und dennoch ungebrochene Vorfreude auf das Turnier 2010.

Diese ist in weiten Teilen Europas natürlich ungeteilt, auch wenn es für die meisten Länder der insgesamt neun Qualifikationsgruppen noch ums Ganze geht. Beruhigt zurücklehnen können sich nur die Niederländer. Der deutsche Gassenhauer »Ohne Holland fahr'n wir zur WM« wird im Spätherbst 2009 und im Frühjahr 2010 sicherlich nicht die Charts von Flensburg bis Berchtesgaden stürmen. Gestürmt haben dafür die Holländer selbst. Von Anfang an, gegen jeden Gegner in der Gruppe 9 – und plötzlich waren sie mit sieben Siegen aus sieben Spielen und somit der Maximalpunktzahl von 21 Zählern vorzeitig qualifiziert. So souverän, dass Bondscoach Bert van Marwijk, vor nicht allzu langer Zeit beim Bundesligisten Borussia Dortmund nicht gerade höchsterfolgreich und so ganz nebenbei der Schwiegervater von Mark van Bommel, zu träumen begann: »Unser Anspruch muss es sein, das Höchste zu erreichen. Wir haben den Ehrgeiz, das zu schaffen.« Das würde wiederum den Weltmeistertitel bedeuten, dem das Nachbarland ja seit Ewigkeiten hinterherläuft.

Eine ebenso makellose Bilanz können die Engländer in Gruppe 6 vorweisen. Bei der EURO 2008 in Österreich und der Schweiz noch außen vor, weil sie es sich gegönnt hatten, einem einheimischen Trainer zu vertrauen, steht auch hier eine 21 in der Tabelle. Gecoacht mittlerweile vom Italiener Fabio Capello, haben die »Three Lions« sich keine Blöße gegeben und stehen mit mehr als einem Bein im Flieger nach Südafrika. British Airways also zumindest kann schon mal gebucht werden. Alitalia muss noch auf dem Rollfeld der Gruppe 8 auf Starterlaubnis warten. Nur knapp liegt die »Squadra Azzurra« vor den Iren, bei denen pikanterweise der italienische Startrai-

Volle Punktzahl: Nach sieben Spieltagen hatten die Engländer um Goalgetter Wayne Rooney (beim 4:1-Treffer gegen Kasachstan) bereits 21 Punkte auf dem Konto.

ner Giovanni Trapattoni (Sie wissen schon, der mit dem »Flasche leer« oder auch wahlweise »Ich habe fertig«) in der Verantwortung steht. Ob ihm dort schon ein »What afford Keane« oder »I have ready« rausgerutscht ist, wurde bisher nicht überliefert. Jedenfalls hat Trapattoni die große Chance, seinem Heimatland kräftig in die Suppe zu spucken. Endspiel in Dublin, Kampf um das Ticket ins Glück.

Die weiteren Teams auf der Pole Position: Dänemark vor Ungarn in der Gruppe 1, Griechenland und die Schweiz vor Lettland in der Gruppe 2. Gruppe 3 erwies sich über lange Zeit als die der großen Überraschungen: Die Slowakei an der Spitze, dahinter Nordirland. Und die etablierten Polen und Tschechen? Folgen mit Abstand, sind aber immerhin noch nicht chancenlos und dürfen sich Hoffnungen machen. Gut möglich aber dennoch, dass die Weltmeisterschaft 2010 mit der Slowakei einen Neuling aus Europa sehen wird. In der Gruppe 5 zieht Europameister Spanien einsam seine Kreise vor den mit Bundesligaprofis gespickten Bosniern, für die unter anderem Wolfsburgs Meisterhelden Edin Dzeko und Zvjezdan Misimovic auflaufen. Gruppe 7 schließlich sieht die Serben, bereits 2006 in Deutschland am Ball, vorn – und somit vor den schwächelnden Franzosen, die zuletzt mit dem 1:0-Erfolg auf den Färöer gerade noch mal an einer Mega-Blamage vorbeischrammten und mit ihrem Trainer Raymond Domenech trotz der Finalteilnahme 2006 niemals richtig warm geworden sind.

Spannung pur also noch auf dem alten Kontinent, auf dem neuen sind in der CONCACAF-Zone Nord- und Mittelamerikas vier Favoriten auszumachen. Nach gut der Hälfte der gespielten Partien stehen mit Costa Rica und Honduras zwei Außenseiter vor den etablierten USA und Mexiko. Trinidad & Tobago, das das Sommermärchen in Deutschland bereichert hatte, ist Letzter noch hinter El Salvador. Die ersten drei der Sechsergruppe qualifizieren sich direkt, der Vierte darf sich in Ausscheidungsspielen gegen den Fünften Südamerikas bewähren.

Hart umkämpft: Die USA mit dem Ex-Münchner Landon Donovan (rechts) taten sich schwer gegen das Überraschungsteam aus Honduras (links mit Hendry Thomas).

Die zweitmeisten Teilnehmer nach Europa (13) wird jedoch Afrika stellen, neben Gastgeber Südafrika noch weitere fünf Mannschaften. Um diese zu ermitteln, bedarf es eines Marathons. Gleich 51 Nationen starteten in den Wettbewerb, zwei von ihnen schieden aus, ohne sportlich versagt zu haben. So zog Eritrea noch vor Beginn der Gruppenspiele aus eigenem Antrieb zurück, wurde Äthiopien nach bereits drei ausgetragenen Partien von der FIFA ausgeschlossen. Der Verband der Nordafrikaner hatte sich schlicht geweigert, einen Beschluss termingerecht umzusetzen. Schließlich erreichten 20 Teams die finale dritte Phase, ausgespielt in fünf Gruppen, von denen sich jeweils der Sieger direkt fürs Championat in Südafrika qualifizieren sollte.

Und so aufstrebend sich der afrikanische Fußball in den letzten Jahren präsentierte, so gut, wie Didier Drogba (Elfenbeinküste, beim FC Chelsea in England) Samuel Eto'o (Kamerun, bei Inter Mailand in Italien) oder Chinedu Obasi (Nigeria, bei 1899 Hoffenheim in Deutschland) ihre Länder auch in europäischen Topligen und – Vereinen repräsentieren, so spannend gestaltete sich der Kampf um die wenigen Tickets. Nur Ghana (Gruppe D) und die Elfenbeinküste (Gruppe E) wiesen nach drei Spieltagen noch eine weiße Weste auf. Ein besonderes Duell deutete sich zwischen Tunesien und Nigeria in Gruppe B an, in der sich kein klarer Favorit zu erkennen gab.

Doch egal, wer sich letztlich aus Afrika für die Weltmeisterschaft qualifiziert – es wird eine Party des ganzen Kontinents. Allen Schwarzmalereien über Kriminalitätsrate und fehlender Infrastruktur zum Trotz. Es wird sich die große weite Fußballwelt in Südafrika treffen zu einem bedeutenden Happening. Die Vuvuzela wird dabei gewiss nicht fehlen und vielleicht schafft sie es sogar, solch Eindruck zu schinden, dass sie fortan auch im Standardwerk der deutschen Sprache Aufnahme finden wird. Oder zumindest bei der Online-Suche des Duden. Denn gibt man dort V-u-v-u-z-e-l-a ein, gibt's: 0 Treffer.

Statistik zur Fußball-Weltmeisterschaft

1. Fußball-Weltmeisterschaft 1930 in Uruguay

Gruppe 1

FRANKREICH – MEXIKO 4:1 (3:0)
Frankreich: Thépot, Mattler, Capelle, Villaplane, Pinel, Chantrel, Liberati, Delfour, Maschinot (2), Laurent (1), Langiller (1).
Mexiko: Bonfiglio, Gutierrez, M. Rosas, F. Rosas, Sanchez, Amezcua, Perez, Carreno (1), Mejia, Ruiz, Lopez.
Schiedsrichter: Lombardi (Uruguay).

ARGENTINIEN – FRANKREICH 1:0 (0:0)
Argentinien: Bossio, Della Torre, Muttis, Suarez, Monti (1), J. Evaristo, Perinetti, Varallo, Ferreyra, Cherro, M. Evaristo.
Frankreich: Thépot, Mattler, Capelle, Villaplane, Pinel, Chantrel, Liberati, Delfour, Maschinot, Laurent, Langiller.
Schiedsrichter: Rego (Brasilien).

CHILE – MEXIKO 3:0 (1:0)
Chile: Cortes, Morales, Poirier, A. Torres, Savedra, Helgueta, Ojeda, Subiabre (2), Villalobos, Vidal (1), Schenerberger.
Mexiko: Sota, Gutierrez, M. Rosas, F. Rosas, Sanchez, Amezcua, Perez, Carreno, Ruiz, Gayon, Lopez.
Schiedsrichter: Christophe (Belgien).

ARGENTINIEN – MEXIKO 6:3 (3:0)
Argentinien: Bossio, Della Torre, Paternoster, Chividini, Zumelzu (1), Orlandini, Peucelle, Varallo (2), Stábile (3), Demaria, Spadaro.
Mexiko: Bonfiglio, R. Gutierrez, F. Gutierrez, M. Rosas (1), Sanchez, Rodriguez, F. Rosas (1), Lopez (1), Gayon, Carreno, Olivares.
Schiedsrichter: Saucedo (Bolivien).

CHILE – FRANKREICH 1:0 (0:0)
Chile: Cortes, Chaparro, Morales, A. Torres, Savedra, C. Torres, Ojeda, Subiabre (1), Villalobos, Vidal, Schenerberger.
Frankreich: Thépot, Mattler, Capelle, Chantrel, Delmer, Villaplane, Liberati, Delfour, Pinel, Veinante, Langiller.
Schiedsrichter: Tejada (Uruguay).

ARGENTINIEN – CHILE 3:1 (2:1)
Argentinien: Bossio, Della Torre, Paternoster, J. Evaristo, Monti, Orlandini, Peucelle, Varallo, Stábile (2), Ferreyra, M. Evaristo (1).
Chile: Cortes, Chaparro, Morales, A. Torres, Savedra, C. Torres, Arellano, Subiabre (1), Villalobos, Vidal, Aguilera.
Schiedsrichter: Langenus (Belgien).

1. Argentinien	6:0	10:4	3 3 0 0
2. Chile	4:2	5:3	3 2 0 1
3. Frankreich	2:4	4:3	3 1 0 2
4. Mexiko	0:6	4:13	3 0 0 3

Gruppe 2

JUGOSLAWIEN – BRASILIEN 2:1 (2:0)
Jugoslawien: Jaksic, Ivkovic, Mihajlovic, Arsenijevic, Stefanovic, Dokic, Tirnanic (1), B. Marjanovic, Bek (1), Vujadinovic, Sekulic.
Brasilien: Monteiro, Costa, Gervasoni, Fonseca, Santos Giudicelli, Ribeiro, Braga, Patesco, Netto (1), Pereira.
Schiedsrichter: Tejada (Uruguay).

JUGOSLAWIEN – BOLIVIEN 4:0 (1:0)
Jugoslawien: Jaksic, Ivkovic, Mihajlovic, Arsenijevic, Stefanovic, Dokic, Tirnanic, Marjanovic (1), Bek (2), Vujadinovic (1), Najdanovic.
Bolivien: Bermudez, Durandal, Chavarria, Argote, Lara, Valderrama, Gomez, Bustamante, Mendez, Alborta, Fernandez.
Schiedsrichter: Mateucci (Mexiko).

BRASILIEN – BOLIVIEN 4:0 (1:0)
Brasilien: Velloso, Gervasoni, Oliveira, Fonseca, Santos Giudicelli, Meneses, Queiros, Leite, Netto (2), Wisintainer (2).
Bolivien: Bermudez, Durandal, Chavarria, Sainz, Lara, Valderrama, Ortiz, Bustamante, Mendez, Alborta, Fernandez.
Schiedsrichter: Balway (Frankreich).

1. Jugoslawien	4:0	6:1	2 2 0 0
2. Brasilien	2:2	5:2	2 1 0 1
3. Bolivien	0:4	0:8	2 0 0 2

Gruppe 3

RUMÄNIEN – PERU 3:1 (1:0)
Rumänien: Lapusneanu, Steiner, Burger, Rafinski, Vogl, Eissembeiser, Covaci, Desu, Wetzer, Staucin (2), Barbu (1).
Peru: Valdivieso, De las Casas, Soria, Galindo, Garcia, Valle, Flores, Villanueva, Denegri, Neira, Souza (1).
Schiedsrichter: Warken (Chile).

URUGUAY – PERU 1:0 (0:0)
Uruguay: Ballesteros, Nasazzi, Tejera, Andrade, Fernandez, Gestido, Urdinaran, Castro (1), Petrone, Cea, Iriarte.
Peru: Pardon, De las Casas, Maquillon, Denegri, Galindo, Astengo, Lavalle, Flores, Villanueva, Neira, Souza.
Schiedsrichter: Langenus (Belgien).

URUGUAY – RUMÄNIEN 4:0 (4:0)
Uruguay: Ballesteros, Nasazzi, Mascheroni, Andrade, Fernandez, Gestido, Dorado (1), Scarone (1), Anselmo (1), Cea (1), Iriarte.
Rumänien: Lapusneanu, Burger, Tacu, Robe, Vogl, Eissembeiser, Covaci, Desu, Wetzer, Rafinski, Barbu.
Schiedsrichter: Rego (Brasilien).

1. Uruguay	4:0	5:0	2 2 0 0
2. Rumänien	2:2	3:5	2 1 0 1
3. Peru	0:4	1:4	2 0 0 2

Gruppe 4

USA – BELGIEN 3:0 (2:0)
USA: Douglas, Wood, Moorhouse, Gallagher, Tracey, Brown, Gonsalvez, Florie, Patenaude (1), Auld, McGhee (2).
Belgien: Badjou, Nouwens, Hoydonckx, Braine, Hellemans, De Clerq, Diddens, Moeschal, Adams, Voorhoof, Versijp.
Schiedsrichter: Macias (Argentinien).

USA – PARAGUAY 3:0 (2:0)
USA: Douglas, Wood, Moorhouse, Gallagher, Tracey, Auld, Brown, Gonsalvez, Patenaude (2), Florie (1), McGhee.
Paraguay: Denis, Olmedo, Miracca, Etcheverry, Diaz, Aguirre, Nessi, Dominguez, Gonzalez, Caceres, Pena.
Schiedsrichter: Macias (Argentinien).

PARAGUAY – BELGIEN 1:0 (1:0)
Paraguay: P. Benitez, Olmedo, Flores, S. Benitez, Diaz, Garcete, Nessi, Romero, Gonzalez, Caceres, Pena (1).
Belgien: Badjou, De Deken, Hoydonckx, Braine, Hellemans, Moeschal, Versijp, Delbeke, Adams, Nouwens, Diddens.
Schiedsrichter: Vallarino (Uruguay).

1. USA	4:0	6:0	2 2 0 0
2. Paraguay	2:2	1:3	2 1 0 1
3. Belgien	0:4	0:4	2 0 0 2

Semifinale

Am 26. Juli:
ARGENTINIEN – USA 6:1 (1:0)
Argentinien: Botasso, Della Torre, Paternoster, J. Evaristo, Monti (2), Orlandini, Peucelle, Scopelli (2), Stábile (2), Ferreyra, M. Evaristo.
USA: Douglas, Wood, Moorhouse, Gallagher, Tracey, Auld, Brown, Gonsalvez, Patenaude, Florie (1), McGhee.
Schiedsrichter: Langenus (Belgien).

Am 27. Juli:
URUGUAY – JUGOSLAWIEN 6:1 (3:1)
Uruguay: Ballesteros, Nasazzi, Mascheroni, Andrade, Fer-

nandez, Gestido, Dorado, Scarone, Anselmo (2), Cea (3), Iriarte (1).
Jugoslawien: Jaksic, Ivkovic, Mihajlovic, Arsenijevic, Stefanovic, Dokic, Tirnanic, Marjanovic, Bek, Vujadinovic, Sekulic (1).
Schiedsrichter: Rego (Brasilien).

Finale
Am 30. Juli:
URUGUAY – ARGENTINIEN 4:2 (1:2)
Uruguay: Ballesteros, Nasazzi, Mascheroni, Andrade, Fernandez, Gestido, Dorado, Scarone, Castro, Cea, Iriarte.
Argentinien: Botasso, Della Torre, Paternoster, J. Evaristo, Monti, Suarez, Peucelle, Varallo, Stábile, Ferreyra, M. Evaristo.
Schiedsrichter: Langenus (Belgien).
Tore: 1:0 Dorado, 1:1 Peucelle, 1:2 Stábile, 2:2 Cea, 3:2 Iriarte, 4:2 Castro.

2. Fußball-Weltmeisterschaft
1934 in Italien

Qualifikation
Gruppe I
28.1.1934 in Port-au-Prince: Haiti – Kuba **1:3**
1.2.1934 in Port-au-Prince: Haiti – Kuba **0:6**
4.2.1934 in Port-au-Prince: Haiti – Kuba **1:1**
4.3.1934 in Mexico City: Mexiko – Kuba **3:2**
11.3.1934 in Mexico City: Mexiko – Kuba **5:0**
18.3.1934 in Mexico City: Mexiko – Kuba **4:1**
Mexiko qualifiziert

Gruppe II
Brasilien qualifiziert nach Verzicht von Peru

Gruppe III
Argentinien qualifiziert nach Verzicht von Chile

Gruppe IV
16.3.1934 in Kairo: Ägypten – Palästina **7:1**
6.4.1934 in Jerusalem: Palästina – Ägypten **1:4**
Ägypten qualifiziert

Gruppe V
11.6.1933 in Stockholm: Schweden – Estland **6:2**
29.6.1933 in Kaunas: Litauen – Schweden **0:2**
Schweden qualifiziert

Gruppe VI
11.3.1934 in Madrid: Spanien – Portugal **9:0**
18.3.1934 in Lissabon: Portugal – Spanien **1:2**
Spanien qualifiziert

Gruppe VII
25.3.1934 in Mailand: Italien – Griechenland **4:0**
Italien qualifiziert

Gruppe VIII
25.3.1934 in Sofia: Bulgarien – Ungarn **1:4**
25.4.1934 in Wien: Österreich – Bulgarien **6:1**
28.4.1934 in Budapest: Ungarn – Bulgarien **4:1**
Österreich und Ungarn qualifiziert

Gruppe IX
15.10.1933 in Warschau: Polen – Tschechoslowakei **1:2**
Tschechoslowakei qualifiziert nach Verzicht Polens

Gruppe X
24.9.1933 in Belgrad: Jugoslawien – Schweiz **2:2**
29.10.1933 in Bern: Schweiz – Rumänien **2:2**
29.4.1934 in Bukarest: Rumänien – Jugoslawien **2:1**
Schweiz und Rumänien qualifiziert
Die Schweiz zum Sieger erklärt, weil Rumänien mit einem nicht spielberechtigten Spieler antrat.

Gruppe XI
25.2.1934 in Dublin: Eire – Belgien **4:4**
8.4.1934 in Amsterdam: Niederlande – Eire **5:2**
29.4.1934 in Antwerpen: Belgien – Niederlande **2:4**
Belgien und Niederlande qualifiziert

Gruppe XII
11.3.1934 in Luxemburg: Luxemburg – Deutschland **1:9**
15.4.1934 in Luxemburg: Luxemburg – Frankreich **1:6**
Deutschland und Frankreich qualifiziert

24.5.1934 in Rom: USA – Mexiko **4:2**
USA qualifiziert

Achtelfinale
Am 27. Mai in Bologna:
SCHWEDEN – ARGENTINIEN 3:2 (1:1)
Schweden: Rydberg, Axelsson, S. Andersson, Carlsson, Rosen, E. Andersson, Dunker, Gustafsson, Jonasson (2), Keller, Kroon (1).
Argentinien: Freschi, Pedevilla, Belis (1), Sosa, Urbieta, Lopez, Rua, Wilde, De Vincenzi, Galateo (1), Iraneta.
Schiedsrichter: Braun (Österreich).

Am 27. Mai in Genua:
SPANIEN – BRASILIEN 3:1 (3:1)
Spanien: Zamora, Ciriaco, Quincoces, Cilaurren, Muguerza, Marculeta, Lafuente, Iraragorri (1), Langara (2), Lecue, Gorostiza.
Brasilien: Pedrosa, Mazzi, Luz, Tinoco, Martim, Armandinho, Canalli, Oliveira, De Britt, Leonidas (1), Patesko.
Schiedsrichter: Birlem (Deutschland).

Am 27. Mai in Triest:
TSCHECHOSLOWAKEI – RUMÄNIEN 2:1 (0:1)
Tschechoslowakei: Planicka, Zenisek, Ctyroky, Kostalek, Cambal, Krcil, Junek, Silny, Sobotka, Nejedly (1), Puc (1).
Rumänien: Zambori, Vogl, Albu, Deheleanu, Cotormani, Moravet, Bindea, Covaci, Sepi, Bodola, Dobai (1).
Schiedsrichter: Langenus (Belgien).

Am 27. Mai in Rom:
ITALIEN – USA 7:1 (3:0)
Italien: Combi, Rosetta, Allemandi, Pizziolo, Monti, Bertolini, Guarisi, Meazza (1), Schiavio (3), Ferrari (1), Orsi (2).
USA: Hjulina, Czerkiewicz, Moorhouse, Pietras, Gonsalvez, Florie, Ryan, Nilsen, Donelli (1), Dick, McLean.
Schiedsrichter: Mercet (Schweiz).

Am 27. Mai in Florenz:
DEUTSCHLAND – BELGIEN 5:2 (1:2)
Deutschland: Kreß, Haringer, Schwartz, Janes, Szepan, Zielinski, Lehner, Hohmann, Conen (3), Siffling (1), Kobierski (1).
Belgien: Vandeweyer, Smellinckx, Joachim, Peeraer, Welkenhuyzen, Claessens, Devries, Voorhoof (2), Capelle, Grimmonprez, Hellemans.
Schiedsrichter: Mattea (Italien).

Am 27. Mai in Mailand:
SCHWEIZ – NIEDERLANDE 3:2 (2:1)
Schweiz: Sechehaye, Minelli, Weiler, Guinchard, Jaccard, Hufschmid, von Känel, Passelo, Kielholz (2), Abegglen (1), Bossi.
Niederlande: van der Meulen, Weber, van Run, Pellikaan, Anderiesen, van Heel, Wels, Vente (1), Bakhuys, Smit (1), van Nellen.
Schiedsrichter: Eklind (Schweden).

Am 27. Mai in Neapel:
UNGARN – ÄGYPTEN 4:2 (2:1)
Ungarn: A. Szabó, Futó, Sternberg, Palotás, Szücs, Lázár, Markos, Vincze (1), Teleki (1), Toldi (2), F. Szabó.
Ägypten: Kemal, Ali Caf, Hamitu, El Far, Refaat, Rayab, Latif, Fawzi (2), Kuktar, M. Kemal, Hassan.
Schiedsrichter: Barlassina (Italien).

Am 27. Mai in Turin:
ÖSTERREICH – FRANKREICH 3:2 (1:1, 1:1) n.V.
Österreich: Platzer, Cisar, Sesta, Wagner, Smistik, Urbanek, Zischek, Bican (1), Sindelar (1), Schall (1), Viertl.
Frankreich: Thépot, Mairesse, Mattler, Delfour, Verriest (1), Llense, Keller, Alcazar, Nicolas (1), Rio, Aston.
Schiedsrichter: van Moorsel (Niederlande).

Viertelfinale
Am 31. Mai in Turin:
TSCHECHOSLOWAKEI – SCHWEIZ 3:2 (1:1)
Tschechoslowakei: Planicka, Zenisek, Ctyroky, Kostalek, Cambal, Krcil, Junek, Svoboda (1), Sobotka (1), Nejedly (1), Puc.
Schweiz: Sechehaye, Minelli, Weiler, Guinchard, Jaccard, Hufschmid, von Känel, Jaeggi (1), Kielholz (1), Abegglen, Jaeck.
Schiedsrichter: Beranek (Österreich).

Am 31. Mai in Mailand:
DEUTSCHLAND – SCHWEDEN 2:1 (0:0)
Deutschland: Kreß, Haringer, Busch, Gramlich, Szepan, Zielinski, Lehner, Hohmann (2), Conen, Siffling, Kobierski.
Schweden: Rydberg, Axelsson, S. Andersson, Carlsson, Rosen, E. Andersson, Dunker (1), Jonasson, Gustafsson, Keller, Kroon.
Schiedsrichter: Barlassina (Italien).

Am 31. Mai in Bologna:
ÖSTERREICH – UNGARN 2:1 (1:0)
Österreich: Platzer, Cisar, Sesta, Wagner, Smistik, Urbanek, Zischek (1), Bican, Sindelar, Horvath (1), Viertl.
Ungarn: A. Szabó, Vagó, Sternberg, Palotás, Szücs, Szalay, Markos, Avar, Dr. Sárosi (1), Toldi, Kemeny.
Schiedsrichter: Mattea (Italien).

Am 31. Mai in Florenz:
ITALIEN – SPANIEN 1:1 (0:1, 1:1) n.V.
Italien: Combi, Monzeglio, Allemandi, Pizziolo, Monti, Castellazzi, Guaita, Meazza, Schiavio, Ferrari (1), Orsi.
Spanien: Zamora, Ciriaco, Quincoces, Cilaurren, Muguerza, Fede, Lafuente, Iraragorri, Regueiro (1), Langara, Gorostiza.
Schiedsrichter: Baert (Belgien).

Am 1. Juni in Florenz:
ITALIEN – SPANIEN 1:0 (1:0) Wiederholung
Italien: Combi, Monzeglio, Allemandi, Ferraris IV, Monti, Bertolini, Guaita, Meazza (1), Borel II, Demaria, Orsi.
Spanien: Nogues, Zabalo, Quincoces, Cilaurren, Muguerza, Lecue, Vantolra, Regueiro, Campanal, Chacho, Bosch.
Schiedsrichter: Mercet (Schweiz).

Semifinale

Am 3. Juni in Mailand:
ITALIEN – ÖSTERREICH 1:0 (1:0)
Italien: Combi, Monzeglio, Allemandi, Ferraris IV, Monti, Bertolini, Guaita, Meazza, Schiavio, Ferrari, Orsi.
Österreich: Platzer, Cisar, Sesta, Wagner, Smistik, Urbanek, Zischek, Bican, Sindelar, Schall, Viertl.
Schiedsrichter: Eklind (Schweden); Zuschauer: 35 000; Tore: 1:0 Guaita (18.).

Am 3. Juni in Rom:
TSCHECHOSLOWAKEI – DEUTSCHLAND 3:1 (1:0)
Tschechoslowakei: Planicka, Burgr, Ctyroky, Kostalek, Cambal, Krcil, Junek, Svoboda, Sobotka, Nejedly, Puc.
Deutschland: Kreß, Haringer, Busch, Zielinski, Szepan, Bender, Lehner, Siffling, Conen, Noack, Kobierski.
Schiedsrichter: Barlassina (Italien); Zuschauer: 15 000; Tore: 1:0 Nejedly (21.), 1:1 Noack (50.), 2:1 Nejedly (60.), 3:1 Nejedly (81.).

Um den dritten Platz

Am 7. Juni in Neapel:
DEUTSCHLAND – ÖSTERREICH 3:2 (3:1)
Deutschland: Jakob, Janes, Busch, Zielinski, Münzenberg, Bender, Lehner, Siffling, Conen, Szepan, Heidemann.
Österreich: Platzer, Cisar, Sesta, Wagner, Smistik, Urbanek, Zischek, Braun, Bican, Horvath, Viertl.
Schiedsrichter: Carraro (Italien); Zuschauer: 15 000; Tore: 1:0 Lehner (1.), 2:0 Conen (29.), 2:1 Horvath (30.), 3:1 Lehner (42.), 3:2 Sesta (55.).

Finale

Am 10. Juni in Rom:
ITALIEN – TSCHECHOSLOWAKEI 2:1 (0:0, 1:1) n.V.
Italien: Combi, Monzeglio, Allemandi, Ferraris IV, Monti, Bertolini, Guaita, Meazza, Schiavio, Ferrari, Orsi.
Tschechoslowakei: Planicka, Zenisek, Ctyroky, Kostalek, Cambal, Krcil, Junek, Svoboda, Sobotka, Nejedly, Puc.
Schiedsrichter: Eklind (Schweden); Zuschauer: 50 000; Tore: 0:1 Puc (69.), 1:1 Orsi (80.), 2:1 Schiavio (97.).

3. Fußball-Weltmeisterschaft
1938 in Frankreich

Qualifikation

EUROPA

Gruppe I
16.6.1937 in Stockholm: Schweden – Finnland **4:0**
20.6.1937 in Stockholm: Schweden – Estland **7:2**
29.6.1937 in Helsinki: Finnland – Deutschland **0:2**
19.8.1937 in Aabo: Finnland – Estland **0:1**
29.8.1937 in Königsberg: Deutschland – Estland **4:1**
Deutschland und Schweden qualifiziert

Gruppe II
10.10.1937 in Oslo: Norwegen – Eire **3:2**
7.11.1937 in Dublin: Eire – Norwegen **3:3**
Norwegen qualifiziert
10.10.1937 in Warschau: Polen – Jugoslawien **4:0**
3.4.1938 in Belgrad: Jugoslawien – Polen **1:0**
Polen qualifiziert

Gruppe III
Rumänien qualifiziert nach Verzicht von Ägypten

Gruppe IV
1.5.1938 in Mailand: Schweiz – Portugal **2:1**
Schweiz qualifiziert

Gruppe V
22.1.1938 in Tel Aviv: Palästina – Griechenland **1:3**
20.2.1938 in Athen: Griechenland – Palästina **1:0**
25.3.1938 in Budapest: Ungarn – Griechenland **11:1**
Ungarn qualifiziert

Gruppe VI
7.11.1937 in Sofia: Bulgarien – Tschechoslowakei **1:1**
24.4.1938 in Prag: Tschechoslowakei – Bulgarien **6:0**
Tschechoslowakei qualifiziert

Gruppe VII
29.7.1937 in Riga: Lettland – Litauen **4:2**
3.9.1937 in Kaunas: Litauen – Lettland **1:5**
5.10.1937 in Wien: Österreich – Lettland **2:1**
Österreich qualifiziert

Gruppe VIII
28.11.1937 in Rotterdam: Niederlande – Luxemburg **4:0**
13.3.1938 in Luxemburg: Luxemburg – Niederlande **2:3**
3.4.1938 in Antwerpen: Belgien – Niederlande **1:1**
Niederlande und Belgien qualifiziert

AMERIKA

Gruppe I
USA verzichtete

Gruppe II
Kolumbien, Costa Rica, Kuba, Mexiko, El Salvador, Surinam
Kuba qualifiziert, nach Verzicht der anderen Nationen

Gruppe III
Brasilien qualifiziert, nach Verzicht von Argentinien

Gruppe IV
Niederländisch Indien qualifiziert, nach Verzicht von Japan

Achtelfinale

Am 4. Juni in Paris:
SCHWEIZ – DEUTSCHLAND 1:1 (1:1, 1:1) n.V.
Schweiz: Huber, Minelli, Lehmann, Springer, Vernati, Lörtscher, Amado, Wallaschek, Bickel, Abegglen (1), Aeby.
Deutschland: Raftl, Janes, Schmaus, Kupfer, Mock, Kitzinger, Lehner, Gellesch, Gauchel (1), Hahnemann, Pesser.
Schiedsrichter: Langenus (Belgien).

Am 9. Juni in Paris:
SCHWEIZ – DEUTSCHLAND 4:2 (0:2) Wiederholung
Schweiz: Huber, Minelli, Lehmann, Springer, Vernati, Lörtscher (1 Eigentor), Amado, Abegglen (2), Bickel (1), Wallaschek, Aeby.
Deutschland: Raftl, Janes, Streitle, Kupfer, Goldbrunner, Skoumal, Lehner, Stroh, Hahnemann (1), Szepan, Neumer.
Schiedsrichter: Eklind (Schweden).

STATISTIK ZUR WELTMEISTERSCHAFT 1938 / 1950

Am 5. Juni in Toulouse:
KUBA – RUMÄNIEN 3:3 (0:1, 2:2) n.V.
Kuba: Carvajales, Barquin, Chorens, Arias, Rodriguez, Berges, Maquina (1), Fernandez, Socorro, Tunas (1), Sosa (1).
Rumänien: Pavlovici, Burger, Chiroiu, Vintilla, Rasinaru, Rafinski, Bindea, Covaci (1), Baratki (1), Bodola, Dobai (1).
Schiedsrichter: Scarpi (Italien).

Am 9. Juni in Toulouse:
KUBA – RUMÄNIEN 2:1 (0:1) Wiederholung
Kuba: Ayra, Barquin, Chorens, Arias, Rodriguez, Berges, Maquina (1), Fernandez, Socorro (1), Tunas, Sosa.
Rumänien: Sadowski, Burger, Felecan, Barbulescu, Rasinaru, Rafinski, Bogden, Moldoveanu, Baratki, Pranzler, Dobai (1).
Schiedsrichter: Birlem (Deutschland).

Am 5. Juni in Le Hâvre:
TSCHECHOSLOWAKEI – NIEDERLANDE 3:0 (0:0, 0:0) n.V.
Tschechoslowakei: Planicka, Burgr, Daucik, Kostalek (1), Boucek, Kopecky, Riha, Simunek (1), Zeman, Nejedly (1), Puc.
Niederlande: van Male, Weber, Caldenhove, Paauwe, Anderiesen, van Heel, Wels, van der Veen, Smit, Vente, de Harder.
Schiedsrichter: Leclerc (Frankreich).

Am 5. Juni in Paris:
FRANKREICH – BELGIEN 3:1 (2:1)
Frankreich: Di Lorto, Cazenave, Mattler, Bastien, Jordan, Diagne, Aston, Heisserer, Nicolas (2), Delfour, Veinante (1).
Belgien: Badjou, Paverick, Sayes, van Alphen, Stynen, de Winter, van den Wouwer, Voorhoof, Isemborghs (1), Braine, Buyle.
Schiedsrichter: Wüthrich (Schweiz).

Am 5. Juni in Reims:
UNGARN – NIEDERLÄNDISCH INDIEN 6:0 (4:0)
Ungarn: Háda, Korányi, Biró, Lazar, Turai, Balogh, Sas, Zsengeller (2), Dr. Sárosi (2), Toldi (1), Kohut (1).
Niederländisch Indien: Mo Heng, Hu Kon, Samuels, Nawir, Meng, Auwar, Hang Djin, Soedarmadji, Sommers, Pattiwael, Taihuttu.
Schiedsrichter: Conrié (Frankreich).

Am 5. Juni in Strasbourg:
BRASILIEN – POLEN 6:5 (3:1, 4:4) n.V.
Brasilien: Batatais, Domingos da Guia, Machado, Zeze, Martim, Afonsinho, Lopes, Romeu (1), Leonidas (4), Peracio (1), Hercules.
Polen: Madejski, Sczepaniak, Galecki, Gora, Nyc, Dytko, Piec, Piontek, Szerfke (1), Willimowski (3), Wodarz (1).
Schiedsrichter: Eklind (Schweden).

Am 5. Juni in Marseille:
ITALIEN – NORWEGEN 2:1 (1:0, 1:1) n.V.
Italien: Olivieri, Monzeglio, Rava, Serantoni, Andreolo, Locatelli, Pasinati, Meazza, Piola (1), Ferrari (1), Ferraris II.
Norwegen: H. Johansen, R. Johannessen, Holmsen, Henriksen, Eriksen, Holmberg, Frantzen, Kvammen, Brynhildsen, Isaksen, Brustad (1).
Schiedsrichter: Beranek (Österreich).

Schweden erreichte kampflos das Viertelfinale, da Österreich nach dem »Anschluß« an das Deutsche Reich verzichten mußte.

Viertelfinale

Am 12. Juni in Paris:
ITALIEN – FRANKREICH 3:1 (1:1)
Italien: Olivieri, Foni, Rava, Serantoni, Andreolo, Locatelli, Biavati, Meazza, Piola (2), Ferrari, Colaussi (1).
Frankreich: Di Lorto, Cazenave, Mattler, Bastien, Jordan, Diagne, Aston, Heisserer (1), Nicolas, Delfour, Veinante.
Schiedsrichter: Baert (Belgien).

Am 12. Juni in Antibes:
SCHWEDEN – KUBA 8:0 (4:0)
Schweden: Abrahamsson, Eriksson, Källgren, Almgren, Jacobsson, Svanström, Wetterström (4), Keller (1), H. Andersson (1), Jonasson (1), Nyberg (1).
Kuba: Carvajales, Barquin, Chorens, Arias, Rodriguez, Berges, Ferrer, Fernandez, Socorro, Tunas, Alonzo.
Schiedsrichter: Krist (Tschechoslowakei).

Am 12. Juni in Lille:
UNGARN – SCHWEIZ 2:0 (1:0)
Ungarn: Szabó, Korányi, Biró, Szalay, Turai, Lazar, Sas, Vincze, Dr. Sárosi, Zsengeller (2), Kohut.
Schweiz: Huber, Stelzer, Lehmann, Springer, Vernati, Lörtscher, Amado, Wallaschek, Bickel, Abegglen, Grassi.
Schiedsrichter: Barlassina (Italien).

Am 12. Juni in Bordeaux:
BRASILIEN – TSCHECHOSLOWAKEI 1:1 (1:0, 1:1) n.V.
Brasilien: Walter, Domingos da Guia, Machado, Zeze, Martim, Afonsinho, Lopes, Romeu, Leonidas (1), Peracio, Hercules.
Tschechoslowakei: Planicka, Burgr, Daucik, Kostalek, Boucek, Kopecky, Riha, Simunek, Ludl, Nejedly (1), Puc.
Schiedsrichter: von Herztka (Ungarn).

Am 14. Juni in Bordeaux:
BRASILIEN – TSCHECHOSLOWAKEI 2:1 (0:1) Wiederholung
Brasilien: Walter, Jaú, Dr. Nariz, Britto, Brandao, Argemiro, Roberto (1), Luizinho, Leonidas (1), Tim, Patesko.
Tschechoslowakei: Burkert, Burgr, Daucik, Kostalek, Boucek, Ludl, Horak, Senecky, Kreuz, Kopecky (1), Rulc.
Schiedsrichter: Capdeville (Frankreich).

Semifinale

Am 16. Juni in Paris:
UNGARN – SCHWEDEN 5:1 (3:1)
Ungarn: Szabó, Korányi, Biró, Szalay, Turai, Lazar, Sas, Zsengeller (3), Dr. Sárosi (1), Toldi, Titkos (1).
Schweden: Abrahamsson, Eriksson, Källgren, Almgren, Jacobsson, Svanström, Wetterström, Keller, Jonasson, H. Andersson, Nyberg (1).
Schiedsrichter: Leclerc (Frankreich).

Am 16. Juni in Marseille:
ITALIEN – BRASILIEN 2:1 (2:0)
Italien: Olivieri, Foni, Rava, Serantoni, Andreolo, Locatelli, Biavati, Meazza (1), Piola (1), Ferrari, Colaussi.
Brasilien: Walter, Domingos da Guia, Machado, Zeze, Martim, Afonsinho, Lopes, Luizinho, Peracio, Romeu (1), Patesko.
Schiedsrichter: Wüthrich (Schweiz).

Um den dritten Platz

Am 19. Juni in Bordeaux:
BRASILIEN – SCHWEDEN 4:2 (1:2)
Brasilien: Batatais, Domingos da Guia, Machado, Zeze, Brandao, Afonsinho, Roberto, Romeu (1), Leonidas (2), Peracio (1), Patesko.
Schweden: Abrahamsson, Eriksson, Nilsson, Almgren, Linderholm, Svanström, Persson, H. Andersson, Jonasson (1), A. Andersson, Nyberg (1).
Schiedsrichter: Langenus (Belgien).

Finale

ITALIEN – UNGARN 4:2 (3:1)
Italien: Olivieri, Foni, Rava, Serantoni, Andreolo, Locatelli, Biavati, Meazza, Piola (2), Ferrari, Colaussi (2).
Ungarn: Szabó, Polgár, Biró, Szalay, Szücs, Lazar, Sas, Vincze, Dr. Sárosi (1), Zsengeller, Titkos (1).
Schiedsrichter: Capdeville (Frankreich).

4. Fußball-Weltmeisterschaft
1950 in Brasilien

Qualifikation

EUROPA
Gruppe I
20.11.1949 in Ankara: Türkei – Syrien **7:0**
Türkei verzichtete, nachdem auch Österreich verzichtet hatte

Gruppe II
21.8.1949 in Belgrad: Jugoslawien – Israel **6:0**
18.9.1949 in Tel Aviv: Israel – Jugoslawien **2:5**
9.10.1949 in Belgrad: Jugoslawien – Frankreich **1:1**
30.10.1949 in Paris: Frankreich – Jugoslawien **1:1**
11.12.1949 in Florenz: Jugoslawien – Frankreich **3:2**
Jugoslawien qualifiziert

Gruppe III
26.6.1949 in Zürich: Schweiz – Luxemburg **5:2**
18.8.1949 in Luxemburg: Luxemburg – Schweiz **2:3**
Schweiz, qualifiziert nach dem Verzicht von Belgien

Gruppe IV
2.4.1950 in Madrid: Spanien – Portugal **5:1**
9.4.1950 in Lissabon: Portugal – Spanien **2:2**
Spanien qualifiziert

Gruppe V
2.4.1949 in Stockholm: Schweden – Eire **3:1**
8.9.1949 in Dublin: Eire – Finnland **3:0**
9.10.1949 in Helsinki: Finnland – Eire **1:1**
13.11.1949 in Dublin: Eire – Schweden **1:3**
Schweden qualifiziert

Gruppe VI
1.10.1949 in Belfast: Nordirland – Schottland **2:8**
15.10.1949 in Cardiff: Wales – England **1:4**
9.11.1949 in Glasgow: Schottland – Wales **2:0**
16.11.1949 in Manchester: England – Nordirland **9:2**
8.3.1950 in Wrexham: Wales – Nordirland **0:0**
15.4.1950 in Glasgow: Schottland – England **0:1**
England und Schottland qualifiziert, Schottland verzichtet

MITTEL/NORD-AMERIKA
4.9.1949 in Mexico City: Mexiko – USA **6:0**
11.9.1949 in Mexico City: Mexiko – Kuba **2:0**
14.9.1949 in Mexico City: USA – Kuba **1:1**
18.9.1949 in Mexico City: USA – Mexiko **2:6**
21.9.1949 in Mexico City: USA – Kuba **5:2**
25.9.1949 in Mexico City: Kuba – Mexiko **0:3**
USA und Mexiko qualifiziert

SÜDAMERIKA
Gruppe I
Chile und Bolivien nach Verzicht Argentiniens qualifiziert
Gruppe II
Uruguay und Paraguay nach Verzicht von Peru und Ecuador qualifiziert

ASIEN
Indien nach Verzicht Burmas qualifiziert, verzichtete dann jedoch auf die Teilnahme an der Endrunde in Brasilien

Endrunde in Brasilien

Gruppe 1

Am 24. Juni in Rio de Janeiro:
BRASILIEN – MEXIKO 4:0 (1:0)
Brasilien: Barbosa, Augusto, Juvenal, Ely, Danilo, Bigode, Maneca, Ademir (2), Baltazar (1), Jair (1), Friaca.
Mexiko: Carbajal, Zetter, Montemajr, Ruiz, Ochoa, Roca, Septien, Ortiz, Casarin, Perez, Velasquez.
Schiedsrichter: Reader (England).

Am 25. Juni in Belo Horizonte:
JUGOSLAWIEN – SCHWEIZ 3:0 (3:0)
Jugoslawien: Mrkusic, Horvat, Stankovic, Z. Cajkovski, Jovanovic, Dzajic, Ognjanov (1), Mitic (1), Tomasevic (1), Bobek, Vukas.
Schweiz: Stuber, Lusenti, Quinche, Bocquet, Eggimann, Neury, Bickel, Antenen, Tamini, Bader, Fatton.
Schiedsrichter: Galeati (Italien).

Am 28. Juni in Porto Alegre:
JUGOSLAWIEN – MEXIKO 4:1 (2:0)
Jugoslawien: Mrkusic, Horvat, Stankovic, Z. Cajkovski, Jovanovic, Dzajic, Mihajlovic, Mitic, Tomasevic (1), Bobek (1), Cajkovski II (2).
Mexiko: Carbajal, Gutierrez, Ruiz, Gomez, Ochoa, Ortiz, Florez, Naranjo, Casarin (1), Perez, Velasquez.
Schiedsrichter: Leafe (England).

Am 28. Juni in Sao Paulo:
BRASILIEN – SCHWEIZ 2:2 (2:1)
Brasilien: Barbosa, Augusto, Juvenal, Bauer, Rui, Noronha, Alfredo II (1), Maneca, Baltazar (1), Admir, Friaca.
Schweiz: Stuber, Neury, Bocquet, Lusenti, Eggimann, Quinche, Tamini, Bickel, Antenen, Bader, Fatton (2).
Schiedsrichter: Azon (Spanien).

Am 2. Juli in Porto Alegre:
SCHWEIZ – MEXIKO 2:1 (2:0)
Schweiz: Hug, Neury, Bocquet, Lusenti, Eggimann, Quinche, Tamini, Antenen (1), Friedländer, Bader (1), Fatton.
Mexiko: Carbajal, Gutierrez, Gomez, Roca, Ortiz, Ochoa, Florez, Guevara, Casarin (1), Borbolla, Velasquez.
Schiedsrichter: Eklind (Schweden).

Am 1. Juli in Rio de Janeiro:
BRASILIEN – JUGOSLAWIEN 2:0 (1:0)
Brasilien: Barbosa, Augusto, Juvenal, Bauer, Danilo, Bigode, Maneca, Zizinho (1), Ademir (1), Jair, Chico.
Jugoslawien: Mrkusic, Horvat, Brokela, Z. Cajkovski, Jovanovic, Dzajic, Vukas, Mitic, Tomasevic, Bobek, Cajkovski II.
Schiedsrichter: Griffiths (Wales).

1. Brasilien	3 2 1 0	8:2	5:1
2. Jugoslawien	3 2 0 1	7:3	4:2
3. Schweiz	3 1 1 1	4:6	3:3
4. Mexiko	3 0 0 3	2:10	0:6

Gruppe 2

Am 25. Juni in Rio de Janeiro:
ENGLAND – CHILE 2:0 (1:0)
England: Williams, Ramsey, Aston, Wright, Hughes, Dickinson, Finney, Mortensen (1), Bentley, Mannion (1), Mullen.
Chile: Livingstone, Faerias, Roldon, Alvarez, Busquez, Carvalho, Malaney, Gremaschi (3), Robledo, Munoz, Diaz.
Schiedsrichter: van der Meer (Niederlande).

Am 25. Juni in Curitiba:
SPANIEN – USA 3:1 (0:1)
Spanien: Eizaguirre, Antunez, Alonso, Gonzalvo III, Gonzalvo II, Puchades, Basora (2), Hernandez, Zarra (1), Igoa, Gainza.
USA: Borghi, Keough, Macca, McIlvenny, Colombo, Bahr, Craddock, J. Souza, Gaetjens, Pariani, Valentini.
Schiedsrichter: Viana (Brasilien).

Am 29. Juni in Rio de Janeiro:
USA – ENGLAND 1:0 (1:0)
USA: Borghi, Keough, Macca, McIlvenny, Colombo, Bahr, Walace, Pariani, Gaetjens (1), J. Souza, E. Souza.
England: Williams, Ramsey, Aston, Wright, Hughes, Dickinson, Finney, Mortensen, Bentley, Mannion, Mullen.
Schiedsrichter: Dattilo (Italien).

Am 29. Juni in Belo Horizonte:
SPANIEN – CHILE 2:0 (2:0)
Spanien: Ramallets, Alonso, Parra, Gonzalvo III, Gonzalvo II, Puchades, Basora (1), Igoa, Zarra (1), Panizo, Gainza.
Chile: Livingstone, Faerias Roldon, Alvarez, Busquez, Carvalho, Prieto, Gremaschi, Robledo (1), Prieto, Diaz.
Schiedsrichter: De Gama Malcher (Brasilien).

Am 2. Juli in Recife:
SPANIEN – ENGLAND 1:0 (0:0)
Spanien: Ramallets, Parra, Alonso, Gonzalvo III, Gonzalvo II, Puchades, Basora, Igoa, Zarra (1), Panizo, Gainza.
England: Williams, Ramsey, Eckersley, Wright, Hughes, Dikkinson, Matthews, Mortensen, Milburn, Baily, Finney.
Schiedsrichter: Galeati (Italien).

Am 2. Juli in Rio de Janeiro:
CHILE – USA 5:2 (2:0)
Chile: Livingstone, Machuca, Roldon, Alvarez, Busquez, Faerias, Munoz, Gremaschi (3), Robledo (1), Prieto (1), Ibanez.
USA: Borghi, Keough, Macca, McIlvenny, Colombo, Bahr, Walace, Pariani (1), Gaetjens, T. Souza (1), E. Souza.
Schiedsrichter: Gardelli (Brasilien).

1. Spanien	3 3 0 0	6:1	6:0
2. England	3 1 0 2	2:2	2:4
3. Chile	3 1 0 2	5:6	2:4
4. USA	3 1 0 2	4:8	2:4

STATISTIK ZUR WELTMEISTERSCHAFT 1954

Gruppe 3

Am 25. Juni in Sao Paulo:
SCHWEDEN – ITALIEN 3:2 (2:1)
Schweden: Svensson, Samuelsson, E. Nilsson, Andersson (1), Nordahl, Gärd, Sundqvist, Palmer, Jeppsson (2), Skoglund, S. Nilsson.
Italien: Sentimenti, Giovannini, Furiassi, Annovazzi, Parola, Magli, Muccinelli (1), Boniperti, Cappello, Campatelli, Carapellese (1).
Schiedsrichter: Lutz (Schweiz).

Am 29. Juni in Curitiba:
SCHWEDEN – PARAGUAY 2:2 (2:1)
Schweden: Svensson, Samuelsson, E. Nilsson, Andersson, Nordahl, Gärd, Johnsson, Palmer (1), Jeppsson (1), Skoglund, Sundqvist).
Paraguay: Vargas, Gonzalito, Cespedes, Gavilan, Leguizamon, Cantero, Avalos, A. Lopez (1), Jara, F. Lopez (1), Unzaim.
Schiedsrichter: Mitchell (Nordirland).

Am 2. Juli in Sao Paulo:
ITALIEN – PARAGUAY 2:0 (1:0)
Italien: Moro, Blason, Furiassi, Fattori, Remondini, Mari, Muccinelli, Pandolfini (1), Amadei, Cappello, Carapellese (1).
Paraguay: Vargas, Gonzalito, Cespedes, Gavilan, Leguizamon, Cantero, Avalos, A. Lopez, Jara, F. Lopez, Unzaim.
Schiedsrichter: Ellis (England).

1. Schweden	2 1 1 0	5:4	3:1
2. Italien	2 1 0 1	4:3	2:2
3 Paraguay	2 0 1 1	2:4	1:3

Gruppe 4

Am 2. Juli in Belo Horizonte:
URUGUAY – BOLIVIEN 8:0 (4:0)
Uruguay: Maspoli, M. Gonzales, Tejera, V. Gonzales, Varela, Andrade, Ghiggia (1), Perez, Miguez (2), Schiaffino (4), Vidal (1).
Bolivien: Gutierrez I, Acha, Bustamente, Greco, Valencia, Ferrel, Algaranaz, Ugarte, Caparelli, Gutierrez II, Maldonado.
Schiedsrichter: Reader (England).

1. Uruguay	1 1 0 0	8:0	2:0
2. Bolivien	1 0 0 1	0:8	0:2

Finalrunde der Gruppensieger

Am 9. Juli in Rio de Janeiro:
BRASILIEN – SCHWEDEN 7:1 (3:0)
Brasilien: Barbosa, Augusto, Juvenal, Bauer, Danilo, Bigode, Maneca (1), Zizinho, Ademir (4), Jair, Chico (2).
Schweden: Svensson, Samuelsson, E. Nilsson, Andersson (1), Nordahl, Gärd, Sundqvist, Palmer, Jeppsson, Skoglund, S. Nilsson.
Schiedsrichter: Ellis (England).

Am 9. Juli in Sao Paulo:
URUGUAY – SPANIEN 2:2 (1:2)
Uruguay: Maspoli, M. Gonzales, Tejera, V. Gonzales, Varela (1), Andrade, Ghiggia (1), Perez, Miguez, Schiaffino, Vidal.
Spanien: Ramallets, Alonso, Gonzalvo II, Gonzalvo III, Parra, Puchades, Basora (2), Igoa, Zarra, Molowny, Gainza.
Schiedsrichter: Griffiths (Wales).

Am 13. Juli in Rio de Janeiro:
BRASILIEN – SPANIEN 6:1 (3:0)
Brasilien: Barbosa, Augusto, Juvenal, Bauer, Danilo, Bigode, Friaca, Zizinho (1), Ademir, Jair (2), Chico (2).
Spanien: Ramallets, Alonso, Gonzalvo II, Gonzalvo III, Parra (1 Eigentor), Puchades, Basora, Igoa (1), Zarra, Panizo, Gainza.
Schiedsrichter: Leafe (England).

Am 13. Juli in Sao Paulo:
URUGUAY – SCHWEDEN 3:2 (1:2)
Uruguay: Paz, M. Gonzales, Tejera, Gambetta, Varela, Andrade, Ghiggia (1), Perez, Miguez (2), Schiaffino, Vidal.
Schweden: Svensson, Samuelsson, E. Nilsson, Andersson, Johansson, Gärd, Johnsson, Palmer (1), Mellberg, Skoglund, Sundqvist (1).
Schiedsrichter: Galeati (Italien).

Am 16. Juli in Sao Paulo:
SCHWEDEN – SPANIEN 3:1 (2:0)
Schweden: Svensson, Samuelsson, E. Nilsson, Andersson, Johansson, Gärd, Sundqvist, Mellberg (1), Rydell, Palmer (1), Johnsson (1).
Spanien: Eizaguirre, Asensi, Alonso, Silva, Parra, Puchades, Basora, Hernandez, Zarra (1), Panizo, Juncosa.
Schiedsrichter: van der Meer (Niederlande).

Am 16. Juli in Rio de Janeiro:
URUGUAY – BRASILIEN 2:1 (0:0)
Uruguay: Maspoli, M. Gonzales, Tejera, Gambetta, Varela, Andrade, Ghiggia (1), Perez, Miguez, Schiaffino (1), Moran.
Brasilien: Barbosa, Augusto, Juvenal, Bauer, Danilo, Bigode, Friaca (1), Zizinho, Ademir, Jair, Chico.
Schiedsrichter: Reader (England).

ENDKLASSEMENT

1. Uruguay (Weltmeister)	3 2 1 0	7:5	5:1
2. Brasilien	3 2 0 1	14:4	4:2
3. Schweden	3 1 0 2	6:11	2:4
4. Spanien	3 0 1 2	4:11	1:5

5. Fußball-Weltmeisterschaft **1954** in der Schweiz

Qualifikation

Gruppe I
24.6.1953 in Oslo: Norwegen – Saarland **2:3**
19.8.1953 in Oslo: Norwegen – Deutschland **1:1**
11.10.1953 in Stuttgart: Deutschland – Saarland **3:0**
8.11.1953 in Saarbrücken: Saarland – Norwegen **0:0**
22.11.1953 in Hamburg: Deutschland – Norwegen **5:1**
28.3.1954 in Saarbrücken: Saarland – Deutschland **1:3**
Deutschland qualifiziert

Gruppe II
25.5.1953 in Helsinki: Finnland – Belgien **2:4**
28.5.1953 in Stockholm: Schweden – Belgien **2:3**
5.8.1953 in Helsinki: Finnland – Schweden **3:3**
16.8.1953 in Stockholm: Schweden – Finnland **4:0**
23.9.1953 in Brüssel: Belgien – Finnland **2:2**
8.10.1953 in Brüssel: Belgien – Schweden **2:0**
Belgien qualifiziert

Gruppe III
3.10.1953 in Belfast: Nordirland – Schottland **1:3**
10.10.1953 in Cardiff: Wales – England **1:4**
4.11.1953 in Glasgow: Schottland – Wales **3:3**
11.11.1953 in Liverpool: England – Nordirland **3:1**
31.3.1954 in Wrexham: Wales – Nordirland **1:2**
3.4.1954 in Glasgow: Schottland – England **2:3**
England und Schottland qualifiziert

Gruppe IV
20.9.1953 in Luxemburg: Luxemburg – Frankreich **1:6**
4.10.1953 in Dublin: Eire – Frankreich **3:5**
28.10.1953 in Dublin: Eire – Luxemburg **4:1**
25.11.1953 in Paris: Frankreich – Eire **1:0**
27.12.1953 in Paris: Frankreich – Luxemburg **8:0**
7.3.1954 in Luxemburg: Luxemburg – Eire **0:1**
Frankreich qualifiziert

Gruppe V
27.9.1953 in Wien: Österreich – Portugal **9:1**
29.11.1953 in Lissabon: Portugal – Österreich **0:0**
Österreich qualifiziert

Gruppe VI
6.1.1954 in Madrid: Spanien – Türkei **4:1**
14.3.1954 in Istanbul: Türkei – Spanien **1:0**
Entscheidungsspiel in Rom: Türkei – Spanien 2:2 n.V.
Türkei durch Losentscheid qualifiziert

Gruppe VII
Ungarn durch Verzicht von Polen qualifiziert

Gruppe VIII
14.6.1953 in Prag: Tschechoslowakei – Rumänien **2:0**
28.6.1953 in Bukarest: Rumänien – Bulgarien **3:1**
6.9.1953 in Sofia: Bulgarien – Tschechoslowakei **1:2**
11.10.1953 in Sofia: Bulgarien – Rumänien **1:2**

25.10.1953 in Bukarest: Rumänien – Tschechoslowakei **0:1**
8.11.1953 in Prag: Tschechoslowakei – Bulgarien **0:0**
Tschechoslowakei qualifiziert

Gruppe IX
13.11.1953 in Kairo: Ägypten – Italien **1:2**
24.1.1954 in Mailand: Italien – Ägypten **5:1**
Italien qualifiziert

Gruppe X
9.5.1953 in Belgrad: Jugoslawien – Griechenland **1:0**
1.11.1953 in Athen: Griechenland – Israel **1:0**
8.11.1953 in Skoplje: Jugoslawien – Israel **1:0**
8.3.1954 in Tel Aviv: Israel – Griechenland **0:2**
21.3.1954 in Tel Aviv: Israel – Jugoslawien **0:1**
28.3.1954 in Athen: Griechenland – Jugoslawien **0:1**
Jugoslawien qualifiziert

Gruppe XI
19.7.1953 in Mexico City: Mexiko – Haiti **8:0**
27.12.1953 in Port au Prince: Haiti – Mexiko **0:4**
10.1.1954 in Mexico City: USA – Mexiko **0:4**
14.1.1954 in Mexico City: Mexiko – USA **3:1**
1954 in Port au Prince: Haiti – USA **2:3**
1954 in Port au Prince: USA – Haiti **3:0**
Mexiko qualifiziert

Gruppe XII
14.2.1954 in Asunción: Paraguay – Chile **4:0**
21.2.1954 in Santiago de Chile: Chile – Paraguay **1:3**
28.2.1954 in Santiago de Chile: Chile – Brasilien **0:1**
7.3.1954 in Asunción: Paraguay – Brasilien **0:1**
14.3.1954 in Rio de Janeiro: Brasilien – Chile **2:0**
21.3.1954 in Rio de Janeiro: Brasilien – Paraguay **4:1**
Brasilien qualifiziert

Gruppe XIII
7.3.1954 in Tokio: Japan – Südkorea **1:5**
14.3.1954 in Tokio: Südkorea – Japan **2:2**
Südkorea qualifiziert

Endrunde in der Schweiz

Gruppe 1

Am 16. Juni in Genf:
BRASILIEN – MEXIKO 5:0 (4:0)
Brasilien: Castilho, Djalma Santos, Nilton Santos, Brandaozinho, Pinheiro, Bauer, Julinho (1), Didi (1), Baltazar (1), Pinga (2), Rodrigues.
Mexiko: Mota, Lopez, Gomez, Cardenas, Romo, Avalos, Torres, Naranjo, Lamadrid, Balcazar, Arellano.
Schiedsrichter: Wyssling (Schweiz).

Am 16. Juni in Lausanne:
JUGOSLAWIEN – FRANKREICH 1:0 (1:0)
Jugoslawien: Beara, Stankovic, Crnkovic, Z. Cajkovski, Horvat, Boskov, Milutinovic (1), Mitic, Vukas, Bobek, Zebec.
Frankreich: Remetter, Gianessi, Kaelbel, Penverne, Jonquet, Marcel, Kopa, Glovacki, Strappe, Dereuddre, Vincent.
Schiedsrichter: Griffiths (Wales).

Am 19. Juni in Genf:
FRANKREICH – MEXIKO 3:2 (1:0)
Frankreich: Remetter, Gianessi, Marche, Marcel, Kaelbel, Mahjoub, Kopa (1), Dereuddre, Strappe, Ben Tifour, Vincent (1).
Mexiko: Carbajal, Lopez, Romo, Cardenas (1 Eigentor), Avalos, Martinez, Torres, Naranjo (1), Lamadrid, Balcazar (1), Arellano.
Schiedsrichter: Asensi (Spanien).

Am 19. Juni in Lausanne:
BRASILIEN – JUGOSLAWIEN 1:1 (0:0, 1:1) n.V.
Brasilien: Castilho, Djalma Santos, Nilton Santos Brandaozinho, Pinheiro, Bauer, Julinho, Didi (1), Baltazar, Pinga, Rodrigues.
Jugoslawien: Beara, Stankovic, Crnkovic, Z. Cajkovski, Horvat, Boskov, Milutinovic, Mitic, Zebec (1), Vukas, Dvornic.
Schiedsrichter: Faultless (Schottland).

1. Brasilien	2	1 1 0	6:1	3:1
2. Jugoslawien	2	1 1 0	2:1	3:1
3. Frankreich	2	1 0 1	3:3	2:2
4. Mexiko	2	0 0 2	2:8	0:4

Gruppe 2

Am 17. Juni in Zürich:
UNGARN – SÜDKOREA 9:0 (4:0)
Ungarn: Grosics, Buzansky, Lantos (1), Bozsik, Lorant, Szojka, Budai II, Kocsis (3), Palotás (2), Puskás (2), Czibor (1).
Südkorea: Hong, Park Kju, Kang, Min, Park Sung, Chu, Chung, Park II Kap, Sung, Woo, Choi.
Schiedsrichter: Vincenti (Frankreich).

Am 17. Juni in Bern:
DEUTSCHLAND – TÜRKEI 4:1 (1:1)
Deutschland: Turek, Laband, Kohlmeyer, Eckel, Posipal, Mai, Klodt (1), Morlock (1), O. Walter (1), F. Walter, Schäfer (1).
Türkei: Turgay, Ridvan, Basri, Mustafa, Cetin, Rober, Erol, Suat (1), Feridun, Burhan, Lefter.
Schiedsrichter: Da Costa (Portugal).

Am 20. Juni in Genf:
TÜRKEI – SÜDKOREA 7:0 (4:0)
Türkei: Turgay, Ridvan, Basri, Mustafa, Cetin, Rober, Erol (1), Suat (2), Necmettin, Lefter (1), Burhan (3).
Südkorea: Hong, Park Kju, Kang, Han Lee, Chong Kop, Kim, Choi Yung, Lee Soo, Lee Gi, Woo, Won.
Schiedsrichter: Marino (Uruguay).

Am 20. Juni in Basel:
UNGARN – DEUTSCHLAND 8:3 (3:1)
Ungarn: Grosics, Buzansky, Lantos, Bozsik, Lorant, Zakarias, Toth II (1), Kocsis (2), Hidegkuti (2), Puskás (1), Czibor.
Deutschland: Kwiatkowski, Bauer, Kohlmeyer, Posipal, Liebrich, Mebus, Rahn (1), Eckel, F. Walter, Pfaff (1), Herrmann (1).
Schiedsrichter: Ling (England).

Am 23. Juni in Zürich:
(Entscheidungsspiel um den zweiten Platz)
DEUTSCHLAND – TÜRKEI 7:2 (3:1)
Deutschland: Turek, Laband, Bauer, Eckel, Posipal, Mai, Klodt, Morlock (3), O. Walter (1), F. Walter (1), Schäfer (2).
Türkei: Sükrü, Ridvan, Basri, Mehmet, Cetin, Rober, Erol, Mustafa (1), Necmettin, Soskun, Lefter (1).
Schiedsrichter: Vincenti (Frankreich).

1.	Ungarn	2 2 0 0	17:3	4:0
2.–3.	Türkei	2 1 0 1	8:4	2:2
2.–3.	Deutschland	2 1 0 1	7:9	2:2
4.	Südkorea	2 0 0 2	0:16	0:4

Gruppe 3

Am 16. Juni in Bern:
URUGUAY – TSCHECHOSLOWAKEI 2:0 (0:0)
Uruguay: Maspoli, Santamaria, Martinez, Andrade, Varela, Cruz, Abbadie, Ambrois, Miguez (1), Schiaffino (1), Borges.
Tschechoslowakei: Rajman, Safranek, Novak, Trnka, Hledik, Hertl, Hlavacek, Hemele, Kacani, Pazicky, Kraus.
Schiedsrichter: Ellis (England).

Am 16. Juni in Zürich:
ÖSTERREICH – SCHOTTLAND 1:0 (1:0)
Österreich: Schmied, Hanappi, Barschandt, Ocwirk, Happel, Koller, R. Körner, Schleger, Dienst, Probst (1), A. Körner.
Schottland: Martin, Cunningham, Aird, Docherty, Davidson, Cowie, McKenzie, Fernie, Mochan, Brown, Ormond.
Schiedsrichter: Franken (Belgien).

Am 19. Juni in Zürich:
ÖSTERREICH – TSCHECHOSLOWAKEI 5:0 (4:0)
Österreich: Schmied, Hanappi, Barschandt, Ocwirk, Happel, Koller, R. Körner, Wagner, Stojaspal (2), Probst (3), A. Körner.
Tschechoslowakei: Stacho, Safranek, Novak, Trnka, Pluskal, Hertl, Hlavacek, Hemele, Kacani, Pazicky, Kraus.
Schiedsrichter: Stefanovic (Jugoslawien).

Am 19. Juni in Basel:
URUGUAY – SCHOTTLAND 7:0 (2:0)
Uruguay: Maspoli, Santamaria, Martinez, Andrade, Varela, Cruz, Abbadie (2), Ambrois, Miguez (2), Schiaffino, Borges (3).
Schottland: Martin, Cunningham, Aird, Docherty, Davidson, Cowie, McKenzie, Fernie, Mochan, Brown, Ormond.
Schiedsrichter: Orlandini (Italien).

1. Uruguay	2 2 0 0	9:0	4:0
2. Österreich	2 2 0 0	6:0	4:0
3. Tschechoslowakei	2 0 0 2	0:7	0:4
4. Schottland	2 0 0 2	0:8	0:4

STATISTIK ZUR WELTMEISTERSCHAFT 1958

Gruppe 4

Am 17. Juni in Basel:
ENGLAND – BELGIEN 4:4 (2:1, 3:3) n.V.
England: Merrick, Staniforth, Byrne, Wright, Owen, Dickinson (1 Eigentor), Matthews, Broadis (2), Lofthouse (2), Taylor, Finney.
Belgien: Gernaey, Dries, van Brandt, Huysmans, Carré, Mees, Mermans, Houf, Coppens (1), Anoul (2), van den Bosch.
Schiedsrichter: Schmetzer (Deutschland).

Am 17. Juni in Lausanne:
SCHWEIZ – ITALIEN 2:1 (1:1)
Schweiz: Parlier, Neury, Kernen, Flückiger, Bocquet, Casali, Ballaman (1), Vonlanthen, Hügi (1), Meier, Fatton.
Italien: Ghezzi, Vincenzi, Giacomazzi, Neri, Tognon, Nesti, Muccinelli, Boniperti (1), Galli, Pandolfini, Lorenzi.
Schiedsrichter: Viana (Brasilien).

Am 20. Juni in Bern:
ENGLAND – SCHWEIZ 2:0 (1:0)
England: Merrick, Staniforth, Byrne, McGarry, Wright, Dickinson, Finney, Broadis, Wilshaw (1), Taylor, Mullen (1).
Schweiz: Parlier, Neury, Kernen, Eggimann, Bocquet, Bigler, Vonlanthen, Antenen, Meier, Ballaman, Fatton.
Schiedsrichter: Zsolt (Ungarn).

Am 20. Juni in Lugano:
ITALIEN – BELGIEN 4:1 (1:0)
Italien: Ghezzi, Magnini, Giacomazzi, Neri, Tognon, Nesti, Frignani (1), Cappello, Galli (1), Pandolfini (1), Lorenzi (1).
Belgien: Gernaey, Dries, van Brandt, Huysmans, Carre, Mees, Mermans, H. v. d. Bosch, Coppens, Anoul (1), P. v. d. Bosch.
Schiedsrichter: Steiner (Österreich).

Am 23. Juni in Basel:
(Entscheidungsspiel um den zweiten Platz)
SCHWEIZ – ITALIEN 4:1 (1:0)
Schweiz: Parlier, Neury, Kernen, Eggimann, Bocquet, Casali, Antenen, Vonlanthen, Hügi (2), Ballaman (1), Fatton (1).
Italien: Viola, Magnini, Giacomazzi, Mari, Tognon, Nest (1), Muccinelli, Pandolfini, Lorenzi, Segato, Frignani.
Schiedsrichter: Griffiths (Wales).

1.	England	2 1 1 0	6:4	3:1
2.–3.	Italien	2 1 0 1	5:3	2:2
2.–3.	Schweiz	2 1 0 1	2:3	2:2
4.	Belgien	2 0 1 1	5:8	1:3

Viertelfinale

Am 26. Juni in Lausanne:
ÖSTERREICH – SCHWEIZ 7:5 (5:4)
Österreich: Schmied, Hanappi, Barschandt, Ocwirk (1), Happel, Koller, R. Körner (2), Wagner (3), Stojaspal, Probst (1), A. Körner.
Schweiz: Parlier, Neury, Kernen, Bocquet, Eggimann, Casali, Antenen, Vonlanthen, Hügi (3), Ballaman (2), Fatton.
Schiedsrichter: Faultless (Schottland).

Am 27. Juni in Genf:
DEUTSCHLAND – JUGOSLAWIEN 2:0 (1:0)
Deutschland: Turek, Laband, Kohlmeyer, Eckel, Liebrich, Mai, Rahn (1), Morlock, O. Walter, F. Walter, Schäfer.
Jugoslawien: Beara, Stankovic, Crnkovic, Z. Cajkovski, Horvat (1 Eigentor), Boskov, Milutinovic, Mitic, Vukas, Bobek, Zebec.
Schiedsrichter: Zsolt (Ungarn).

Am 26. Juni in Basel:
URUGUAY – ENGLAND 4:2 (2:1)
Uruguay: Maspoli, Santamaria, Martinez, Andrade, Varela (1), Cruz, Abbadie, Ambrois (1), Miguez, Schiaffino (1), Borges (1).
England: Merrick, Staniforth, Byrne, McGarry, Wright, Dikkinson, Matthews, Broadis, Lofthouse (1), Wilshaw, Finney (1).
Schiedsrichter: Steiner (Österreich).

Am 27. Juni in Bern:
UNGARN – BRASILIEN 4:2 (2:1)
Ungarn: Grosics, Buzansky, Lantos (1), Bozsik, Lorant, Zakarias, M. Toth, Kocsis (2), Hidegkuti (1), Czibor, J. Toth.
Brasilien: Castilho, Djalma Santos (1), Nilton Santos, Brandaozinho, Pinheiro, Bauer, Julinho (1), Didi, Indio, Humberto, Maurinho.
Schiedsrichter: Ellis (England).

Semifinale

Am 30. Juni in Basel:
DEUTSCHLAND – ÖSTERREICH 6:1 (1:0)
Deutschland: Turek, Posipal, Kohlmeyer, Eckel, Liebrich, Mai, Rahn, Morlock (1), O. Walter (2), F. Walter (2), Schäfer (1).
Österreich: Zeman, Hanappi, Schleger, Ocwirk, Happel, Koller, R. Körner, Wagner, Probst (1), Stojaspal, A. Körner.
Schiedsrichter: Orlandini (Italien).

Am 30. Juni in Lausanne:
UNGARN – URUGUAY 4:2 (1:0, 2:2) n.V.
Ungarn: Grosics, Buzansky, Lantos, Bozsik, Lorant, Zakarias, Budai, Kocsis (2), Palotas, Hidegkuti (1), Czibor (1).
Uruguay: Maspoli, Santamaria, Martinez, Andrade, Carballo, Cruz, Souto, Ambrois, Schiaffino, Hohberg (2), Borges.
Schiedsrichter: Griffiths (Wales).

Um den dritten Platz

Am 3. Juli in Zürich:
ÖSTERREICH – URUGUAY 3:1 (12)
Österreich: Schmied, Hanappi, Barschandt, Ocwirk (1), Kollmann, Koller, R. Körner, Wagner, Dienst, Stojaspal (1), Probst.
Uruguay: Maspoli, Santamaria, Martinez, Andrade, Carballo, Cruz (1 Eigentor), Abbadie, Hohberg (1), Mendez, Schiaffino, Borges.
Schiedsrichter: Wyssling (Schweiz).

Finale

Am 4. Juli in Bern:
DEUTSCHLAND – UNGARN 3:2 (2:2)
Deutschland: Turek, Posipal, Kohlmeyer, Eckel, Liebrich, Mai, Rahn (2), Morlock (1), O. Walter, F. Walter, Schäfer.
Ungarn: Grosics, Buzansky, Lantos, Bozsik, Lorant, Zakarias, Czibor (1), Kocsis, Hidegkuti, Puskás (1), M. Toth.
Schiedsrichter: Ling (England).

6. Fußball-Weltmeisterschaft
1958 in Schweden

Qualifikation

EUROPA

Gruppe I
3.10.1956 in Dublin:	Eire – Dänemark **2:1**
5.12.1956 in Wolverhampton:	England – Dänemark **5:2**
8.5.1957 in London:	England – Eire **5:1**
15.5.1957 in Kopenhagen:	Dänemark – England **1:4**
19.5.1957 in Dublin:	Eire – England **1:1**
2.10.1957 in Kopenhagen:	Dänemark – Eire **0:2**

England qualifiziert

Gruppe II
11.11.1956 in Paris:	Frankreich – Belgien **6:3**
2.6.1957 in Nantes:	Frankreich _ Island **8:0**
5.6.1957 in Brüssel:	Belgien – Island **8:2**
1.9.1957 in Reykjavik:	Island – Frankreich **1:5**
4.9.1957 in Reykjavik:	Island – Belgien **2:5**
27.10.1957 in Brüssel:	Belgien – Frankreich **0:0**

Frankreich qualifiziert

Gruppe III
22.5.1957 in Oslo:	Norwegen – Bulgarien **1:2**
12.6.1957 in Oslo:	Norwegen – Ungarn **2:1**
23.6.1957 in Budapest:	Ungarn – Bulgarien **4:1**
15.9.1957 in Sofia:	Bulgarien – Ungarn **1:2**
3.11.1957 in Sofia:	Bulgarien – Norwegen **7:0**
10.11.1957 in Budapest:	Ungarn – Norwegen **5:0**

Ungarn qualifiziert

Gruppe IV
1.5.1957 in Cardiff:	Wales – Tschechoslowakei **1:0**

19.5.1957 in Leipzig:	DDR – Wales **2:1**
26.5.1957 in Prag:	Tschechoslowakei – Wales **2:0**
16.6.1957 in Brünn:	Tschechoslowakei – DDR **3:1**
25.9.1957 in Cardiff:	Wales – DDR **4:1**
27.10.1957 in Leipzig:	DDR – Tschechoslowakei **1:4**

Tschechoslowakei qualifiziert

Gruppe V

30.9.1956 in Wien:	Österreich – Luxemburg **7:0**
20.3.1957 in Rotterdam:	Niederlande – Luxemburg **4:1**
26.5.1957 in Wien:	Österreich – Niederlande **3:2**
11.9.1957 in Rotterdam:	Luxemburg – Niederlande **2:5**
25.9.1957 in Amsterdam:	Niederlande – Österreich **1:1**
29.9.1957 in Luxemburg:	Luxemburg – Österreich **0:3**

Österreich qualifiziert

Gruppe VI

23.6.1957 in Moskau:	UdSSR – Polen **3:0**
5.7.1957 in Helsinki:	Finnland – Polen **1:3**
27.7.1957 in Moskau:	UdSSR – Finnland **2:1**
15.8.1957 in Helsinki:	Finnland – UdSSR **0:10**
20.10.1957 in Kattowitz:	Polen – UdSSR **2:1**
3.11.1957 in Warschau:	Polen – Finnland **4:0**

Entscheidungsspiel:

24.11.1957 in Leipzig:	UdSSR – Polen **2:0**

UdSSR qualifiziert

Gruppe VII

5.5.1957 in Athen:	Griechenland – Jugoslawien **0:0**
16.6.1957 in Athen:	Griechenland – Rumänien **1:2**
29.9.1957 in Bukarest:	Rumänien – Jugoslawien **1:1**
3.11.1957 in Bukarest:	Rumänien – Griechenland **3:0**
10.11.1957 in Belgrad:	Jugoslawien – Griechenland **4:1**
17.11.1957 in Belgrad:	Jugoslawien – Rumänien **2:0**

Jugoslawien qualifiziert

Gruppe VIII

16.1.1957 in Lissabon:	Portugal – Nordirland **1:1**
24.4.1957 in Rom:	Italien – Nordirland **1:0**
1.5.1957 in Belfast:	Nordirland – Portugal **3:0**
26.5.1957 in Lissabon:	Portugal – Italien **3:0**
22.12.1957 in Mailand:	Italien – Portugal **3:0**
15.1.1958 in Belfast:	Nordirland – Italien **2:1**

Nordirland qualifiziert

Gruppe IX

10.3.1957 in Madrid:	Spanien – Schweiz **2:2**
8.5.1957 in Glasgow:	Schottland – Spanien **4:2**
19.5.1957 in Basel:	Schweiz – Schottland **1:2**
26.5.1957 in Madrid:	Spanien – Schottland **4:1**
6.11.1957 in Glasgow:	Schottland – Schweiz **3:2**
24.11.1957 in Lausanne:	Schweiz – Spanien **1:4**

Schottland qualifiziert

SÜDAMERIKA

Gruppe I

13.4.1957 in Lima:	Peru – Brasilien **1:1**
21.4.1957 in Rio de Janeiro:	Brasilien – Peru **1:0**

Brasilien qualifiziert

Gruppe II

22.9.1957 in Santiago:	Chile – Bolivien **2:1**
29.9.1957 in La Paz:	Bolivien – Chile **3:0**
6.10.1957 in La Paz:	Bolivien – Argentinien **2:0**
13.10.1957 in Santiago:	Chile – Argentinien **2:0**
20.10.1957 in Buenos Aires:	Argentinien – Chile **4:0**
27.10.1957 in Buenos Aires:	Argentinien – Bolivien **4:0**

Argentinien qualifiziert

Gruppe III

16.6.1957 in Bogotà:	Kolumbien – Uruguay **1:1**
20.6.1957 in Bogotà:	Kolumbien – Paraguay **2:3**
30.6.1957 in Montevideo:	Uruguay – Kolumbien **1:0**
7.7.1957 in Asunción:	Paraguay – Kolumbien **3:0**
14.7.1957 in Asunción:	Paraguay – Uruguay **5:0**
28.7.1957 in Montevideo:	Uruguay – Paraguay **2:0**

Paraguay qualifiziert

MITTEL/NORDAMERIKA

Gruppe I

10.2.1957 in Guatemala:	Guatemala – Costa Rica **2:6**
17.2.1957 in San José:	Costa Rica – Guatemala **3:1** abgebr.
3.3.1957 in San José:	Costa Rica – Curaçao **4:0**
10.3.1957 in Guatemala:	Guatemala – Curaçao **1:3**
4.8.1957 in Curaçao:	Curaçao – Costa Rica **1:2**

Wegen eines Attentats auf den Staatspräsidenten durfte Guatemala nicht in Curaçao spielen.
Costa Rica qualifiziert

Gruppe II

7.4.1957 in Mexico City:	Mexiko – USA **6:0**
28.4.1957 in Long Beach:	USA – Mexiko **2:7**
22.6.1957 in Toronto:	Kanada – USA **5:1**
30.6.1957 in Mexico City:	Mexiko – Kanada **3:0**
3.7.1957 in Mexico City:	Kanada – Mexiko **0:2**
6.7.1957 in St. Louis:	USA – Kanada **2:3**

Mexiko qualifiziert

Entscheidungsspiele der Gruppensieger

20.10.1957 in Mexico City:	Mexiko – Costa Rica **2:0**
27.10.1957 in San José:	Costa Rica – Mexiko **1:1**

Mexiko qualifiziert

ASIEN UND AFRIKA

Gruppe I

12.5.1957 in Djakarta:	Indonesien – Rotchina **2:0**
2.6.1957 in Peking:	Rotchina – Indonesien **4:3**

Entscheidungsspiel

23.6.1957 in Rangoon:	Indonesien – Rotchina **0:0** n.V.

Indonesien durch das bessere Torverhältnis qualifiziert

Gruppe II

Israel qualifiziert, weil die Türkei nicht antrat

Gruppe III

Ägypten qualifiziert, weil Zypern keine Reiseerlaubnis der britischen Behörden erhielt

Gruppe IV

10.3.1957 in Khartum:	Sudan – Syrien **1:0**
24.5.1957 in Damaskus:	Syrien – Sudan **1:1**

Sudan qualifiziert

Entscheidungsspiele

Nach dem Verzicht Indonesiens, Ägyptens und des Sudan, gegen Israel anzutreten, wurde unter den europäischen Gruppenzweiten Wales als Gegner Israels ausgelost.

15.1.1958 in Tel Aviv:	Israel – Wales **0:2**
5.2.1958 in Cardiff:	Wales – Israel **2:0**

Wales qualifiziert

Endrunde in Schweden

Gruppe 1

Am 8. Juni in Halmstadt:
NORDIRLAND – TSCHECHOSLOWAKEI 1:0 (1:0)
Nordirland: Gregg, Keith, Cunningham, McMichael, Blanchflower, Peacock, Bingham, Cush (1), Dougan, McIlroy, McParland.
Tschechoslowakei: Dolejsi, Mraz, Cadek, Novak, Pluskal, Masopust, Hovorka, Dvorak, Borovicka, Hertl, Kraus.
Schiedsrichter: Seipelt (Österreich).

Am 8. Juni in Malmö:
DEUTSCHLAND – ARGENTINIEN 3:1 (2:1)
Deutschland: Herkenrath, Stollenwerk, Erhardt, Juskowiak, Eckel, Szymaniak, Rahn (2), F. Walter, Seeler (1), Schmidt, Schäfer.
Argentinien: Carrizo, Dellacha, Vairo, Lombardo, Rossi, Varakka, Corbatta (1), Prado, Menendez, Rojas, Cruz.
Schiedsrichter: Leafe (England).

Am 11. Juni in Hälsingborg:
TSCHECHOSLOWAKEI – DEUTSCHLAND 2:2 (2:0)
Tschechoslowakei: Dolejsi, Mraz, Popluhar, Novak, Pluskal, Masopust, Hovorka, Dvorak (1), Molnar, Farajzl, Zikan (1).
Deutschland: Herkenrath, Stollenwerk, Erhardt, Juskowiak, Schnellinger, Szymaniak, Rahn (1), F. Walter, Seeler Schäfer (1), Klodt.
Schiedsrichter: Ellis (England).

Am 11. Juni in Halmstadt:
ARGENTINIEN – NORDIRLAND 3:1 (1:1)
Argentinien: Carrizo, Dellacha, Vairo, Lombardo, Rossi, Varakka, Corbatta (1), Avio (1), Menendez (1), Labruna, Boggio.
Nordirland: Gregg, Keith, Cunningham, McMichael, Blanchflower, Peacock, Bingham, Cush, Coyle, McIlroy, McParland (1).
Schiedsrichter: Seipelt (Österreich).

STATISTIK ZUR WELTMEISTERSCHAFT 1958

Am 15. Juni in Hälsingborg:
TSCHECHOSLOWAKEI – ARGENTINIEN 6:1 (3:0)
Tschechoslowakei: Dolejsi, Mraz, Popluhar, Novak, Dvorak (1), Masopust, Hovorka (2), Borovicka, Molnar, Farajzl (1), Zikan (2).
Argentinien: Carrizo, Dellacha, Vairo, Lombardo, Rossi, Varakka, Corbatta (1), Avio, Menendez, Labruna, Cruz.
Schiedsrichter: Ellis (England).

Am 15. Juni in Malmö:
DEUTSCHLAND – NORDIRLAND 2:2 (1:1)
Deutschland: Herkenrath, Stollenwerk, Erhardt, Juskowiak, Eckel, Szymaniak, Rahn (1), F. Walter, Seeler (1), Schäfer, Klodt.
Nordirland: Gregg, Keith, Cunningham, McMichael, Blanchflower, Peacock, Bingham, Cush, Casey, McIlroy, McParland (2).
Schiedsrichter: Campos (Portugal).

Am 17. Juni in Malmö:
(Entscheidungsspiel um den zweiten Platz)
NORDIRLAND – ČSSR 2:1 (1:1, 1:1) n.V.
Nordirland: Uprichard, Keith, Cunningham, McMichael, Blanchflower, Peacock, Bingham, Cush, Scott, McIlroy, McParland (2).
Tschechoslowakei: Dolejsi, Mraz, Popluhar, Novak, Bubernik, Masopust, Dvorak, Molnar, Farajzl, Borovicka, Zikan (1).
Schiedsrichter: Guigue (Frankreich).

1.	Deutschland	3 1 2 0	7:5	4:2
2.–3.	Tschechoslowakei	3 1 1 1	8:4	3:3
2.–3.	Nordirland	3 1 1 1	4:5	3:3
4.	Argentinien	3 1 0 2	5:10	2:4

Gruppe 2

Am 8. Juni in Norrköping:
FRANKREICH – PARAGUAY 7:3 (2:2)
Frankreich: Remetter, Kaelbel, Jonquet, Lerond, Penverne, Marcel, Wisnieski (1), Fontaine (3), Kopa (1), Piantoni (1), Vincent (1).
Paraguay: Mayeregger, Arevalo, Lezcano, Miranda, Achucaro, Villalba, Aguero, Parodi, Romero (1), Re, Amarilla (2).
Schiedsrichter: Gardeazabal (Spanien).

Am 8. Juni in Västeras:
JUGOSLAWIEN – SCHOTTLAND 1:1 (1:0)
Jugoslawien: Beara, Sijakovic, Zebec, Crnkovic, Krstic, Boskov, Petakovic (1), Veselinovic, Milutinovic, Sekularac, Rajkow.
Schottland: Younger, Caldow, Evans, Hewie, Turnbull, Cowie, Leggat, Murray (1), Mudie, Collins, Imlach.
Schiedsrichter: Wyssling (Schweiz).

Am 11. Juni in Västeras:
JUGOSLAWIEN – FRANKREICH 3:2 (1:1)
Jugoslawien: Beara, Tomic, Zebec, Crnkovic, Krstic, Boskov, Petakovic, Veselinovic (1), Milutinovic (1), Sekularac, Rajkow.
Frankreich: Remetter, Kaelbel, Jonquet, Marche, Penverne, Lerond, Wisnieski, Fontaine (2), Kopa, Piantoni, Vincent.
Schiedsrichter: Griffiths (Wales).

Am 11. Juni in Norrköping:
PARAGUAY – SCHOTTLAND 3:2 (2:1)
Paraguay: Aguilar, Arevalo, Lezcano, Echague, Villalba, Achucaro, Aguero (1), Parodi (1), Romero Re, Amarilla.
Schottland: Younger, Parker, Evans, Caldow, Turnbull, Cowie, Leggat, Collins (1), Mudie (1), Robertson, Fernie.
Schiedsrichter: Orlandini (Italien).

Am 15. Juni in Eskilstuna:
JUGOSLAWIEN – PARAGUAY 3:3 (2:1)
Jugoslawien: Beara, Tomic, Zebec, Crnkovic, Krstic, Boskov Petakovic, Veselinovic (1), Ognjanovic (1), Sekularac, Rajkov (1).
Paraguay: Aguilar, Arevalo, Lezcano, Echague, Villalba, Achucaro, Aguero (1), Parodi (2), Romero, Re, Amarilla.
Schiedsrichter: Macko (Tschechoslowakei).

Am 15. Juni in Örebro:
FRANKREICH – SCHOTTLAND 2:1 (2:0)
Frankreich: Abbes, Kaelbel, Jonquet, Lerond, Penverne, Marcel, Wisnieski, Fontaine (1), Kopa (1), Piantoni, Vincent.
Schottland: Brown, Caldow, Evans, Hewie, Turnbull, Mackay, Collins, Murray, Mudie, Baird (1), Imlach.

Schiedsrichter: Brozzi (Argentinien).

1.	Frankreich	3 2 0 1	11:7	4:2
2.	Jugoslawien	3 1 2 0	7:6	4:2
3.	Paraguay	3 1 1 1	9:12	3:3
4.	Schottland	3 0 1 2	4:6	1:5

Gruppe 3

Am 8. Juni in Stockholm:
SCHWEDEN – MEXIKO 3:0 (1:0)
Schweden: Svensson, Bergmark, Gustavsson, Axborn, Liedholm (1), Parling, Hamrin, Mellberg, Simonsson (2), Gren, Skoglund.
Mexiko: Carbajal, Del Muro, Romo, Villegas, Portugal, Flores, Hernandez, Reyes, Calderon, Gutierrez, Sesma.
Schiedsrichter: Latyschew (UdSSR).

Am 8. Juni in Sandviken:
WALES – UNGARN 1:1 (1:1)
Wales: Kelsey, Williams, Mel Charles, Hopkins, Sullivan, Bowen, Webster, Medwin, John Charles (1), Allchurch, Jones.
Ungarn: Grosics, Matrai, Sipos, Sarosi, Bozsik (1), Berendi, Sandor, Hidegkuti, Tichy, Bundzsak, Fenyvesi.
Schiedsrichter: Codesal (Uruguay).

Am 11. Juni in Stockholm:
WALES – MEXIKO 1:1 (1:0)
Wales: Kelsey, Williams, Mel Charles, Hopkins, Baker, Bowen, Webster, Medwin, John Charles, Allchurch (1), Jones.
Mexiko: Carbajal, Del Muro, Romo, Gutierrez, Cardenas, Flores, Belmonte (1), Reyes, Blanco, Gonzales, Sesma.
Schiedsrichter: Lemesic (Jugoslawien).

Am 12. Juni in Stockholm:
SCHWEDEN – UNGARN 2:1 (1:0)
Schweden: Svensson, Bergmark, Gustavsson, Axbom, Liedholm, Parling, Hamrin (2), Mellberg, Simonsson, Gren, Skoglund.
Ungarn: Grosics, Matrai, Sipos, Sarosi, Szojka, Berendi, Sandor, Tichy (1), Bozsik, Bundzsak, Fenyvesi.
Schiedsrichter: Mowatt (Schottland).

Am 15. Juni in Stockholm:
SCHWEDEN – WALES 0:0
Schweden: Svensson, Bergmark, Gustavsson, Axbom, Börjesson, Parling, Berndtsson, Selmosson, Källgren, Löfgren, Skoglund.
Wales: Kelsey, Williams, Mel Charles, Hopkins, Sullivan, Vernon, Hewitt, John Charles, Allchurch, Jones.
Schiedsrichter: van Nuffel (Belgien).

Am 15. Juni in Sandviken:
UNGARN – MEXIKO 4:0 (1:0)
Ungarn: Ilku, Matrai, Sipos, Sarosi, Szojka, Kotasz, Budai, Bencsics (1), Hidegkuti, Tichy (2), Sandor (1).
Mexiko: Carbajal, Del Muro, Sepulveda, Gutierrez, Cardenas, Flores, Belmonte, Reyes, Blanco, Gonzales, Sesma.
Schiedsrichter: Eriksson (Finnland).

Am 17. Juni in Stockholm:
(Entscheidungsspiel um den zweiten Platz)
WALES – UNGARN 2:1 (0:1)
Wales: Kelsey, Williams, Mel Charles, Hopkins, Sullivan, Bowen, Medwin (1), Hewitt, John Charles, Allchurch (1), Jones.
Ungarn: Grosics, Matrai, Sipos, Sarosi, Bozsik, Kotasz, Budai, Bencsics, Bundzsak, Tichy (1), Fenyvesi.
Schiedsrichter: Latyschew (UdSSR).

1.	Schweden	3 2 1 0	5:1	5:1
2.–3.	Ungarn	3 1 1 1	6:3	3:3
2.–3.	Wales	3 0 3 0	2:2	3:3
4.	Mexiko	3 0 1 2	1:8	1:5

Gruppe 4

Am 8. Juni in Göteborg:
UdSSR – ENGLAND 2:2 (1:0)
UdSSR: Jaschin, Kessarjew, Krischewskij, Kusnezow, Wojnow, Zarew, A. Iwanow, V. Iwanow (1), Simonjan (1), Salnikow, Iljin.
England: McDonald, Howe, Wright, Banks, Clamp, Slater, Douglas, Robson, Kevan (1), Haynes, Finney (1).
Schiedsrichter: Zsolt (Ungarn).

Am 8. Juni in Uddevalla:
BRASILIEN – ÖSTERREICH 3:0 (1:0)
Brasilien: Gilmar, De Sordi, Bellini, Nilton Santos (1), Dino, Orlando, Joel, Didi, Mazzola (2), Dida, Zagalo.
Österreich: Szanwald, Halla, Happel, Swoboda, Hanappi, Koller, Horak, Senekowitsch, Buzek, Körner, Schleger.
Schiedsrichter: Guigue (Frankreich).

Am 11. Juni in Boras:
UdSSR – ÖSTERREICH 2:0 (1:0)
UdSSR: Jaschin, Kessarjew, Krischewskij, Kusnezow, Wojnow, Zarew, A. Iwanow (1), V. Iwanow (1), Simonjan, Salnikow, Iljin.
Österreich: Schmied, E. Kozlicek, Stotz, Swoboda, Hanappi, Koller, Horak, O. Kozlicek, Buzek, Körner, Senekowitsch.
Schiedsrichter: Jörgensen (Dänemark).

Am 11. Juni in Göteborg:
BRASILIEN – ENGLAND 0:0
Brasilien: Gilmar, De Sordi, Bellini, Nilton Santos, Dino, Orlando, Joel, Didi, Mazzola, Vavá, Zagalo.
England: McDonald, Howe, Wright, Banks, Clamp, Slater, Douglas, Robson, Kevan, Haynes, Court.
Schiedsrichter: Dusch (Deutschland).

Am 15. Juni in Göteborg:
BRASILIEN – UdSSR 2:0 (1:0)
Brasilien: Gilmar, De Sordi, Bellini, Nilton Santos, Zito, Orlando, Garrincha, Didi, Vavá (2), Pelé, Zagalo.
UdSSR: Jaschin, Kessarjew, Krischewskij, Kusnezow, Wojnow, Zarew, A. Iwanow, V. Iwanow, Simonjan, Netto, Iljin.
Schiedsrichter: Guigue (Frankreich).

Am 15. Juni in Boras:
ENGLAND – ÖSTERREICH 2:2 (0:1)
England: McDonald, Howe, Wright, Banks, Clamp, Slater, Douglas, Robson, Kevan (1), Haynes (1), Court.
Österreich: Szanwald, Kollmann, Happel, Swoboda, Hanappi, Koller (1), E. Kozlicek, O. Kozlicek, Buzek, Körner (1), Senekowitsch.
Schiedsrichter: Bronkhorst (Niederlande).

Am 17. Juni in Göteborg:
(Entscheidungsspiel um den zweiten Platz)
UdSSR – ENGLAND 1:0 (0:0)
UdSSR: Jaschin, Kessarjew, Krischewskij, Kusnezow, Woinow, Zarew, Aputschtin, V. Iwanow, Simonjan, Falin, Iljin (1).
England: McDonald, Howe, Wright, Banks, Clayton, Slater, Brabrook, Broadbent, Kevan, Haynes, Court.
Schiedsrichter: Dusch (Deutschland).

1.	Brasilien	3 2 1 0	5:0	5:1
2.–3.	UdSSR	3 1 1 1	4:4	3:3
2.–3.	England	3 0 3 0	4:4	3:3
4.	Österreich	3 0 1 2	2:7	1:5

Viertelfinale

Am 19. Juni in Norrköping:
FRANKREICH – NORDIRLAND 4:0 (1:0)
Frankreich: Abbes, Kaelbel, Jonquet, Lerond, Penverne, Marcel, Wisnieski (1), Fontaine (2), Kopa, Piantoni (1), Vincent.
Nordirland: Gregg, Keith, Cunningham, McMichael, Blanchflower, Cush, Bingham, Casey, Scott, McIlroy, McParland.
Schiedsrichter: Gardeazabal (Spanien).

Am 19. Juni in Göteborg:
BRASILIEN – WALES 1:0 (0:0)
Brasilien: Gilmar, De Sordi, Bellini, Orlando, Nilton Santos, Zito, Didi, Garrincha, Mazzola, Pelé (1), Zagalo.
Wales: Kelsey, Williams, Mel Charles, Hopkins, Sullivan, Bowen, Medwin, Hewitt, Webster, Allchurch, Jones.
Schiedsrichter: Seipelt (Österreich).

Am 19. Juni in Malmö:
DEUTSCHLAND – JUGOSLAWIEN 1:0 (1:0)
Deutschland: Herkenrath, Stollenwerk, Erhardt, Juskowiak, Eckel, Szymaniak, Rahn (1), Walter, Seeler, Schmidt, Schäfer.
Jugoslawien: Krivokuca, Sijakovic, Zebec, Crnkovic, Krstic, Boskov, Petakovic, Ognjanovic, Milutinovic, Veselinovic, Rajkov.
Schiedsrichter: Wyssling (Schweiz).

Am 19. Juni in Stockholm:
SCHWEDEN – UdSSR 2:0 (0:0)
Schweden: Svensson, Bergmark, Gustavsson, Axbom, Börjesson, Parling, Hamrin (1), Gren, Simonsson (1), Liedholm, Skoglund.
UdSSR: Jaschin, Kessarjew, Krischewskij, Kusnezow, Wojnow, Zarew, A. Iwanow, V. Iwanow, Simonjan, Salnikow, Iljin.
Schiedsrichter: Leafe (England).

Semifinale

Am 24. Juni in Stockholm:
BRASILIEN – FRANKREICH 5:2 (2:1)
Brasilien: Gilmar, De Sordi, Bellini, Orlando, Nilton Santos, Zito, Didi (1), Garrincha, Vavá (1), Pelé (3), Zagalo.
Frankreich: Abbes, Kaelbel, Jonquet, Lerond, Penverne, Marcel, Wisnieski, Fontaine (1), Kopa, Piantoni (1), Vincent.
Schiedsrichter: Griffiths (Wales).

Am 24. Juni in Göteborg:
SCHWEDEN – DEUTSCHLAND 3:1 (1:1)
Schweden: Svensson, Bergmark, Gustavsson, Axbom, Börjesson, Parling, Hamrin (1), Gren (1), Simonsson (1), Liedholm, Skoglund.
Deutschland: Herkenrath, Stollenwerk, Erhardt, Juskowiak, Eckel, Szymaniak, Rahn, Walter, Seeler (1), Schäfer, Cieslarczyk.
Schiedsrichter: Zsolt (Ungarn).

Um den dritten Platz

Am 28. Juni in Göteborg:
FRANKREICH – DEUTSCHLAND 6:3 (3:1)
Frankreich: Abbes, Kaelbel, Lafont, Lerond, Penverne, Marcel, Wisnieski, Douis (1), Kopa (1), Fontaine (4), Vincent.
Deutschland: Kwiatkowski, Stollenwerk, Wewers, Erhardt, Schnellinger, Szymaniak, Rahn (1), Sturm, Kelbassa, Schäfer (1), Cieslarczyk (1).
Schiedsrichter: Brozzi (Argentinien).

Finale

Am 29. Juni in Stockholm:
BRASILIEN – SCHWEDEN 5:2 (2:1)
Brasilien: Gilmar, Djalma Santos, Bellini, Orlando, Nilton Santos, Zito, Didi, Garrincha, Vavá (2), Pelé (2), Zagalo (1).
Schweden: Svensson, Bergmark, Gustavsson, Axbom, Börjesson, Parling, Hamrin, Gren, Simonsson (1), Liedholm (1), Skoglund.
Schiedsrichter: Guigue (Frankreich).

7. Fußball-Weltmeisterschaft
1962 in Chile

Qualifikation

EUROPA

Gruppe I

19.10.1960 in Stockholm:	Schweden – Belgien **2:0**
20.11.1960 in Brüssel:	Belgien – Schweiz **2:4**
20.5.1961 in Lausanne:	Schweiz – Belgien **2:1**
28.5.1961 in Stockholm:	Schweden – Schweiz **4:0**
4.10.1961 in Brüssel:	Belgien – Schweden **0:2**
29.10.1961 in Bern:	Schweiz – Schweden **3:2**
Entscheidungsspiel	
12.11.1961 in Berlin:	Schweiz – Schweden **2:1**
Schweiz qualifiziert	

Gruppe II

25.9.1960 in Helsinki:	Finnland – Frankreich **1:2**
11.12.1960 in Paris:	Frankreich – Bulgarien **3:0**
16.6.1961 in Helsinki:	Finnland – Bulgarien **0:2**
28.9.1961 in Paris:	Frankreich – Finnland **5:1**
29.10.1961 in Sofia:	Bulgarien – Finnland **3:1**
12.11.1961 in Sofia:	Bulgarien – Frankreich **1:0**
Entscheidungsspiel	
16.12.1961 in Mailand:	Bulgarien – Frankreich **1:0**
Bulgarien qualifiziert	

STATISTIK ZUR WELTMEISTERSCHAFT 1962

Gruppe III
26.10.1960 in Belfast: Nordirland – Deutschland **3:4**
20.11.1960 in Athen: Griechenland – Deutschland **0:3**
3.5.1961 in Athen: Griechenland – Nordirland **2:1**
10.5.1961 in Berlin: Deutschland – Nordirland **2:1**
17.10.1961 in Belfast: Nordirland – Griechenland **2:0**
22.10.1961 in Augsburg: Deutschl. – Griechenland **2:1**
Deutschland qualifiziert

Gruppe IV
16.4.1961 in Budapest: Ungarn – DDR **2:0**
30.4.1961 in Rotterdam: Niederlande – Ungarn **0:2**
14.5.1961 in Leipzig: DDR – Niederlande **1:1**
10.9.1961 in Berlin: DDR – Ungarn **2:3**
22.10.1961 in Budapest: Ungarn – Niederlande **3:3**
Niederlande – DDR wegen Visumschwierigkeiten nicht ausgetragen.
Ungarn qualifiziert

Gruppe V
1.6.1961 in Oslo: Norwegen – Türkei **0:1**
18.6.1961 in Moskau: UdSSR – Türkei **1:0**
1.7.1961 in Moskau: UdSSR – Norwegen **5:2**
23.8.1961 in Oslo: Norwegen – UdSSR **0:3**
29.10.1961 in Istanbul: Türkei – Norwegen **2:1**
12.11.1961 in Istanbul: Türkei – UdSSR **1:2**
UdSSR qualifiziert

Gruppe VI
19.10.1960 in Luxemburg: Luxemburg – England **0:9**
19.3.1961 in Lissabon: Portugal – Luxemburg **6:0**
21.5.1961 in Lissabon: Portugal – England **1:1**
28.9.1961 in London: England – Luxemburg **4:1**
8.10.1961 in Luxemburg: Luxemburg – Portugal **4:2**
25.10.1961 in London: England – Portugal **2:0**
England qualifiziert

Gruppe VII
Da Rumänien verzichtete, mußte Italien gegen den Sieger Naher Osten/Afrika (Israel) antreten.
15.10.1961 in Tel Aviv: Israel – Italien **2:4**
4.11.1961 in Turin: Italien – Israel **6:0**
Italien qualifiziert

Gruppe VIII
3.5.1961 in Glasgow: Schottland – Eire **4:1**
7.5.1961 in Dublin: Eire – Schottland **0:3**
14.5.1961 in Bratislava: Tschechoslowakei – Schottl. **4:0**
26.9.1961 in Glasgow: Schottl. – Tschechoslowakei **3:2**
8.10.1961 in Dublin: Eire – Tschechoslowakei **1:3**
29.10.1961 in Prag: Tschechoslowakei – Eire **7:1**
Entscheidungsspiel
29.11.1961 in Brüssel: Tschechoslowakei – Schottl. **4:2**
Tschechoslowakei qualifiziert

Gruppe IX
19.4.1961 in Cardiff: Wales – Spanien **1:2**
18.5.1961 in Madrid: Spanien – Wales **1:1**
Spanien mußte noch gegen den Sieger von Afrika (Marokko) antreten.
12.11.1961 in Casablanca: Marokko – Spanien **0:1**
23.11.1961 in Madrid: Spanien – Marokko **3:2**
Spanien qualifiziert

Gruppe X
4.6.1961 in Belgrad: Jugoslawien – Polen **2:1**
25.6.1961 in Chorzow: Polen – Jugoslawien **1:1**
Jugoslawien mußte noch gegen den Sieger von Asien (Südkorea) antreten.
8.10.1961 in Belgrad: Jugoslawien – Südkorea **5:1**
26.11.1961 in Seoul: Südkorea – Jugoslawien **1:3**
Jugoslawien qualifiziert

NAHOST/AFRIKA
13.11.1960 in Nikosia: Zypern – Israel **1:1**
27.11.1960 in Tel Aviv: Israel – Zypern **6:1**
Sudan und Ägypten verzichteten;
Israel mußte noch gegen Äthiopien antreten
14.3.1961 in Tel Aviv: Israel – Äthiopien **1:0**
19.3.1961 in Tel Aviv: Äthiopien – Israel **2:3**
Israel qualifiziert

AFRIKA
28.8.1960 in Accra: Ghana – Nigeria **4:1**
10.9.1960 in Lagos: Nigeria – Ghana **2:2**
30.10.1960 in Casablanca: Marokko – Tunesien **2:1**
13.11.1960 in Tunis: Tunesien – Marokko **2:1**
2.4.1961 in Accra: Ghana – Marokko **0:0**
28.5.1961 in Casablanca: Marokko – Ghana **1:0**
Entscheidungsspiel
11.1.1962 in Palermo: Marokko – Tunesien **1:1**
Marokko durch Losentscheid qualifiziert

ASIEN
6.11.1960 in Seoul: Südkorea – Japan **2:1**
11.6.1961 in Tokio: Japan – Südkorea **0:2**
Südkorea qualifiziert

MITTEL/NORDAMERIKA
Gruppe I
6.11.1960 in Los Angeles: USA – Mexiko **3:3**
13.11.1960 in Mexico City: Mexiko – USA **3:0**
Mexiko qualifiziert

Gruppe II
21.8.1960 in San José: Costa Rica – Guatemala **3:2**
28.8.1960 in Guatemala: Guatemala – Costa Rica **4:4**
4.9.1960 in Tegucigalpa: Honduras – Costa Rica **2:1**
11.9.1960 in San José: Costa Rica – Honduras **5:0**
25.9.1960 in Tegucigalpa: Honduras – Guatemala **1:1**
2.10.1960 in Guatemala: Guatemala – Honduras abgebr.
Entscheidungsspiel
14.1.1961 in Guatemala: Honduras – Costa Rica **0:1**
Costa Rica qualifiziert

Gruppe III
2.10.1960 in Paramaribo: Surinam – Nied. Antillen **1:2**
27.11.1960 in Curaçao: Nied. Antillen – Surinam **0:0**
Niederl. Antillen qualifiziert
Endrunde:
22.3.1961 in San José: Costa Rica – Mexiko **1:0**
29.3.1961 in San José: Costa Rica – Nied. Antillen **6:0**
5.4.1961 in Mexico City: Mexiko – Nied. Antillen **7:0**
12.4.1961 in Mexico City: Mexiko – Costa Rica **4:1**
23.4.1961 in Willemstad: Nied. Antillen – Costa Rica **2:0**
21.5.1961 in Willemstad: Nied. Antillen – Mexiko **0:0**
Mexiko qualifiziert

SÜDAMERIKA
Gruppe I
4.12.1960 in Guayaquil: Ecuador – Argentinien **3:6**
17.11.1960 in Buenos Aires: Argentinien – Ecuador **5:0**
Argentinien qualifiziert

Gruppe II
15.7.1961 in La Paz: Bolivien – Uruguay **1:1**
30.7.1961 in Montevideo: Uruguay – Bolivien **2:1**
Uruguay qualifiziert

Gruppe III
30.4.1961 in Bogotà: Kolumbien – Peru **1:0**
7.5.1961 in Lima: Peru – Kolumbien **1:1**
Kolumbien qualifiziert

Gruppe IV
Paraguay mußte noch gegen den Sieger von Mittel/Nordamerika (Mexiko) antreten.
29.10.1961 in Mexico City: Mexiko – Paraguay **1:0**
5.11.1961 in Asunción: Paraguay – Mexiko **0:0**
Mexiko qualifiziert

Endrunde in Chile

Gruppe 1

Am 30. Mai in Arica:
URUGUAY – KOLUMBIEN 2:1 (0:1)
Uruguay: Sosa, Troche, Goncalvez, Emilio Alvarez, Mendez, Eliseo Alvarez, Perez, Rocha, Langon, Sasia (1), Cubilla (1).
Kolumbien: Sanchez, Zuluaga (1), Lopez, Gonzales, Echeverri, Silva, Aceros, Coll, Klinger, Gamboa, Arias.
Schiedsrichter: Dorogi (Ungarn).

Am 31. Mai in Arica:
UdSSR – JUGOSLAWIEN 2:0 (0:0)
UdSSR: Jaschin, Dubinskij, Maslenkin, Ostrowskij, Woronin, Netto, Metreweli, Iwanow (1), Ponedjelnik (1), Kanewskij, Meschtschi.
Jugoslawien: Soskic, Durkovic, Markovic, Jusufi, Matus, Popovic, Mujic, Sekularac, Jerkovic, Galic, Skoblar.
Schiedsrichter: Dusch (Deutschland).

Am 2. Juni in Arica:
JUGOSLAWIEN – URUGUAY 3:1 (2:1)
Jugoslawien: Soskic, Durkovic, Markovic, Jusufi, Radakovic, Popovic, Melic, Sekularac, Jerkovic (1), Galic (1), Skoblar (1).
Uruguay: Sosa, Troche, Goncalvez, Emilio Alvarez, Mendez, Eliseo Alvarez, Rocha, Bergara, Cabrera (1), Sasia, Perez.
Schiedsrichter: Dr. Galba (Tschechoslowakei).

Am 3. Juni in Arica:
UdSSR – KOLUMBIEN 4:4 (3:1)
UdSSR: Jaschin, Tschotscheli, Maslenkin, Ostrowskij, Woronin, Netto, Tschislenko (1), Iwanow (2), Ponedjelnik (1), Kanewskij, Meschtschi.
Kolumbien: Sanchez, J. Gonzales, Alzate, Echeverri, Serrano, Lopez, Aceros (1), Coll (1), Rada (1), Klinger (1), H. Gonzales.
Schiedsrichter: Arppi Filho (Brasilien).

Am 6. Juni in Arica:
UdSSR – URUGUAY 2:1 (1:0)
UdSSR: Jaschin, Tschotscheli, Maslenkin, Ostrowskij, Woronin, Netto, Tschislenko, Iwanow (1), Ponedjelnik, Mamykin (1), Chusainow.
Uruguay: Sosa, Troche, Emilio Alvarez, Mendez, Goncalvez, Eliseo Alvarez, Cubilla, Cortes, Cabrera, Sasia (1), Perez.
Schiedsrichter: Jonni (Italien).

Am 7. Juni in Arica:
JUGOSLAWIEN – KOLUMBIEN 5:0 (2:0)
Jugoslawien: Soskic, Durkovic, Markovic, Jusufi, Radakovic, Popovic, Ankovic, Sekularac, Jerkovic (2), Galic (2), Melic (1).
Kolumbien: Sanchez, J. Gonzales, Alzate, Echeverri, Serrano, Lopez, Aceros, Coll, Klinger, Rada, H. Gonzales.
Schiedsrichter: Robles (Chile).

1. UdSSR	3 2 1 0	8:5	5:1
2. Jugoslawien	3 2 0 1	8:3	4:2
3. Uruguay	3 1 0 2	4:6	2:4
4. Kolumbien	3 0 1 2	5:11	1:5

Gruppe 2

Am 30. Mai in Santiago:
CHILE – SCHWEIZ 3:1 (1:1)
Chile: Escuti, Eyzaguirre, Raul Sanchez, Navarro, Contreras, Rojas, Ramirez (1), Toro, Landa, Fouilloux, Leonel Sanchez (2).
Schweiz: Elsener, Morf, Tacchella, Schneiter, Grobéty, Weber, Antenen, Wüthrich (1), Eschmann, Pottier, Allemann.
Schiedsrichter: Aston (England).

Am 31. Mai in Santiago:
DEUTSCHLAND – ITALIEN 0:0
Deutschland: Fahrian, Nowak, Erhardt, Schnellinger, Schulz, Szymaniak, Sturm, Haller, Seeler, Brülls, Schäfer.
Italien: Buffon, Losi, Maldini, Robotti, Salvadore, Radice, Ferrini, Rivera, Altafini, Sivori, Menichelli.
Schiedsrichter: Davidson (Schottland).

Am 2. Juni in Santiago:
CHILE – ITALIEN 2:0 (0:0)
Chile: Escuti, Eyzaguirre, Raul Sanchez, Navarro, Contreras, Rojas, Ramirez (1), Toro (1), Landa, Fouilloux, Leonel Sanchez.
Italien: Mattrel, David, Janich, Robotti, Salvadore, Tumburus, Mora, Maschio, Altafini, Ferrini, Menichelli.
Schiedsrichter: Aston (England).

Am 3. Juni in Santiago:
DEUTSCHLAND – SCHWEIZ 2:1 (1:0)
Deutschland: Fahrian, Nowak, Erhardt, Schnellinger, Schulz, Szymaniak, Koslowski, Haller, Seeler (1), Brülls (1), Schäfer.
Schweiz: Elsener, Schneiter (1), Wüthrich, Tacchella, Grobéty, Weber, Antenen, Vonlanthen, Eschmann, Allemann, Dürr.
Schiedsrichter: Horn (Niederlande).

Am 6. Juni in Santiago:
DEUTSCHLAND – CHILE 2:0 (1:0)
Deutschland: Fahrian, Nowak, Erhardt, Schnellinger, Schulz, Giesemann, Kraus, Szymaniak (1), Seeler (1), Brülls, Schäfer.
Chile: Escuti, Eyzaguirre, Raul Sanchez, Navarro, Contreras, Rojas, Moreno, Tobar, Landa, Leonel Sanchez, Ramirez.
Schiedsrichter: Davidson (Schottland).

Am 7. Juni in Santiago:
ITALIEN – SCHWEIZ 3:0 (1:0)
Italien: Buffon, Losi, Maldini, Robotti, Salvadore, Radice, Mora (1), Bulgarelli (2), Sormani, Sivori, Pascutti.
Schweiz: Elsener, Schneiter, Meier, Tacchella, Grobéty, Weber, Antenen, Vonlanthen, Wüthrich, Allemann, Dürr.
Schiedsrichter: Latyschew (UdSSR).

1. Deutschland	3 2 1 0	4:1	5:1
2. Chile	3 2 0 1	5:3	4:2
3. Italien	3 1 1 1	3:2	3:3
4. Schweiz	3 0 0 3	2:8	0:6

Gruppe 3

Am 30. Mai in Vina del Mar:
BRASILIEN – MEXIKO 2:0 (0:0)
Brasilien: Gilmar, Djalma Santos, Mauro, Zozimo, Nilton Santos, Zito, Didi, Zagalo (1), Garrincha, Vavá, Pelé (1).
Mexiko: Carbajal, Del Muro, Sepulveda, Jauregui, Cardenas, Najera, Del Aguilla, Reyes, Hernandez, Jasso, Diaz.
Schiedsrichter: Dienst (Schweiz).

Am 31. Mai in Vina del Mar:
TSCHECHOSLOWAKEI – SPANIEN 1:0 (0:0)
Tschechoslowakei: Schrojf, Lala, Pluskal, Popluhar, Novak, Kvasnak, Masopust, Stibranyi (1), Scherer, Adamec, Jelinek.
Spanien: Carmelo Sedrun, Rivilla, Santamaria, Reija, Segarra, Garay, Del Sol, Puskas, Martinez, Suarez, Gento.
Schiedsrichter: Steiner (Österreich).

Am 2. Juni in Vina del Mar:
TSCHECHOSLOWAKEI – BRASILIEN 0:0
Tschechoslowakei: Schrojf, Lala, Pluskal, Popluhar, Novak, Kvasnak, Masopust, Stibranyi, Scherer, Adamec, Jelinek.
Brasilien: Gilmar, Djalma Santos, Mauro, Zozimo, Nilton Santos, Zito, Didi, Zagalo, Garrincha, Vavá, Pelé.
Schiedsrichter: Schwinte (Frankreich).

Am 3. Juni in Vina del Mar:
SPANIEN – MEXIKO 1:0 (0:0)
Spanien: Carmelo Sedrun, Rodriguez, Santamaria, Gracia, Verges, Pachin, Del Sol, Peiro (1), Puskas, Suarez, Gento.
Mexiko: Carbajal, Del Muro, Sepulveda, Jauregui, Cardenas, Najera, Del Aguilla, Reyes, Hernandez, Jasso, Diaz.
Schiedsrichter: Tesanic (Jugoslawien).

Am 6. Juni in Vina del Mar:
BRASILIEN – SPANIEN 2:1 (0:1)
Brasilien: Gilmar, Djalma Santos, Mauro, Zozimo, Nilton Santos, Zito, Didi, Zagalo, Garrincha, Vavá, Amarildo (2).
Spanien: Araquistain, F. Rodriguez, Echeberria, Gracia, Verges, Pachin, Collar, Adelardo Rodriguez (1), Puskas, Peiro, Gento.
Schiedsrichter: Bustamente (Chile).

Am 7. Juni in Vina del Mar:
MEXIKO – TSCHECHOSLOWAKEI 3:1 (2:1)
Mexiko: Carbajal, Del Muro, Sepulveda, Jauregui, Cardenas, Najera, Del Aguilla (1), Reyes, H. Hernandez (1), A. Hernandez, Diaz (1).
Tschechoslowakei: Schrojf, Lala, Pluskal, Popluhar, Novak, Kvasnak, Masopust, Stibranyi, Scherer, Adamec, Masek (1).
Schiedsrichter: Dienst (Schweiz).

1. Brasilien	3 2 1 0	4:1	5:1
2. Tschechoslowakei	3 1 1 1	2:3	3:3
3. Mexiko	3 1 0 2	3:4	2:4
4. Spanien	3 1 0 2	2:3	2:4

Gruppe 4

Am 30. Mai in Rancagua:
ARGENTINIEN – BULGARIEN 1:0 (1:0)
Argentinien: Roma, Navarro, Marzolini, Sainz, Sacchi, Paez, Facundo (1), Rosi, Pagani, Sanfilippo, Belen.
Bulgarien: Naidenow, Rakarow, Dimitrow, Kitow, Kostow, Kowatschew, Dijew, Welitschkow, Iljew, Kolew, Jakimow.
Schiedsrichter: Gardeazabal (Spanien).

Am 31. Mai in Rancagua:
UNGARN – ENGLAND 2:2 (1:0)
Ungarn: Grosics, Matrai, Meszöly, Sarosi, Solymosi, Sipos, Sandor, Rakosi, Albert (1), Tichy (1), Fenyvesi.

STATISTIK ZUR WELTMEISTERSCHAFT 1966

England: Springett, Armfield, Norman, Wilson, Moore, Flowers (1), Douglas, Greaves, Hitchens (1), Haynes, B. Charlton.
Schiedsrichter: Horn (Niederlande).

Am 2. Juni in Rancagua:
ENGLAND – ARGENTINIEN 3:1 (2:0)
England: Springett, Armfield, Norman, Wilson, Moore, Flowers (1), Douglas, Greaves (1), Peacock, Haynes, B. Charlton (1).
Argentinien: Roma, Capp, Navarro, Marzolini, Sacchi, Paez, Oleniak, Albrecht, Pagani, Sanfilippo (1), Belen.
Schiedsrichter: Latyschew (UdSSR).

Am 3. Juni in Rancagua:
UNGARN – BULGARIEN 6:1 (4:0)
Ungarn: Ilku, Matrai, Meszöly, Sarosi, Solymosi (1), Sipos, Sandor, Göröcs, Albert (3), Tichy (2), Fenyvesi.
Bulgarien: Naidenow, Rakarow, Dimitrow, Kitow, Kostow, Kowatschew, Sokolow (1), Welitschkow, Asparuchow, Kolew, Jakimow.
Schiedsrichter: Gardeazabal (Spanien).

Am 6. Juni in Rancagua:
UNGARN – ARGENTINIEN 0:0
Ungarn: Grosics, Matrai, Meszöly, Sarosi, Solymosi, Sipos, Göröcs, Monostori, Tichy, Rakosi.
Argentinien: Dominguez, Sainz, Delgado, Capp, Sacchi, Marzolini, Facundo, Pando, Pagani, Oleniak, Gonzales.
Schiedsrichter: Yamasaki (Peru).

Am 7. Juni in Rancagua:
ENGLAND – BULGARIEN 0:0
England: Springett, Armfield, Norman, Moore, Wilson, Flowers, Douglas, Greaves, Peacock, Haynes, B. Charlton.
Bulgarien: Naidenow, Rakarow, Dimitrow, Kitow, Kostow, Kowatschew, Sokolow, Welitschkow, Iljew, Kolew, Jakimow.
Schiedsrichter: Blavier (Belgien).

1. Ungarn	3 2 1 0	8:2	5:1
2. England	3 1 1 1	4:3	3:3
3. Argentinien	3 1 1 1	2:3	3:3
4. Bulgarien	3 0 1 2	1:7	1:5

Viertelfinale

Am 10. Juni in Arica:
CHILE – UdSSR 2:1 (2:1)
Chile: Escuti, Eyzaguirre, Raul Sanchez, Navarro, Contreras, Rojas, Leonel Sanchez (1), Tobar, Landa, Toro, Ramirez.
UdSSR: Jaschin, Ostrowskij, Maslenkin, Tschotscheli, Woronin, Netto, Tschislenko (1), Iwanow, Ponedjelnik, Mamykin, Meschtschi.
Schiedsrichter: Horn (Niederlande).

Am 10. Juni in Santiago:
JUGOSLAWIEN – DEUTSCHLAND 1:0 (0:0)
Jugoslawien: Soskic, Durkovic, Markovic, Jusufi, Radakovic (1), Popovic, Kovacevic, Sekularac, Jerkovic, Galic, Skoblar.
Deutschland: Fahrian, Nowak, Erhardt, Schnellinger, Schulz, Giesemann, Haller, Szymaniak, Seeler, Brülls, Schäfer.
Schiedsrichter: Yamasaki (Peru).

Am 10. Juni in Vina del Mar:
BRASILIEN – ENGLAND 3:1 (1:1)
Brasilien: Gilmar, Djalma Santos, Mauro, Zozimo, Nilton Santos, Zito, Didi, Zagalo, Garrincha (2), Vavá (1), Amarildo.
England: Springett, Armfield, Norman, Moore, Wilson, Flowers, Douglas, Greaves, Hitchens (1), Haynes, B. Charlton.
Schiedsrichter: Schwinte (Frankreich).

Am 10. Juni in Rancagua:
TSCHECHOSLOWAKEI – UNGARN 1:0 (1:0)
Tschechoslowakei: Schrojf, Lala, Pluskal, Popluhar, Novak, Kvasnak, Masopust, Pospichal, Scherer (1), Kadraba, Jelinek.
Ungarn: Grosics, Matrai, Meszöly, Sarosi, Solymosi, Sipos, Sandor, Rakosi, Albert, Tichy, Fenyvesi.
Schiedsrichter: Latyschew (UdSSR).

Semifinale

Am 13. Juni in Santiago:
BRASILIEN – CHILE 4:2 (2:1)
Brasilien: Gilmar, Djalma Santos, Mauro, Zozimo, Nilton Santos, Zito, Didi, Zagalo, Garrincha (2), Vavá (2), Amarildo.
Chile: Escuti, Eyzaguirre, Raul Sanchez, Rodriguez, Contreras, Rojas, Ramirez, Toro (1), Landa, Tobar, Leonel Sanchez (1).
Schiedsrichter: Yamasaki (Peru).

Am 13. Juni in Vina del Mar:
TSCHECHOSLOWAKEI – JUGOSLAWIEN 3:1 (0:0)
Tschechoslowakei: Schrojf, Lala, Pluskal, Popluhar, Novak, Kvasnak, Masopust, Pospichal, Scherer (2), Kadraba (1), Jelinek.
Jugoslawien: Soskic, Durkovic, Markovic, Jusufi, Radakovic, Popovic, Sijakovic, Sekularac, Jerkovic (1), Galic, Skoblar.
Schiedsrichter: Dienst (Schweiz).

Um den dritten Platz

Am 16. Juni in Santiago:
CHILE – JUGOSLAWIEN 1:0 (0:0)
Chile: Godoy, Eyzaguirre, Raul Sanchez, Rodriguez, Cruz, Rojas (1), Ramirez, Toro, Campos, Tobar, Leonel Sanchez.
Jugoslawien: Soskic, Durkovic, Markovic, Svinjarevic, Radakovic, Popovic, Kovacevic, Sekularac, Jerkovic, Galic, Skoblar.
Schiedsrichter: Gardeazabal (Spanien).

Finale

Am 17. Juni in Santiago:
BRASILIEN – TSCHECHOSLOWAKEI 3:1 (1:1)
Brasilien: Gilmar, Djalma Santos, Mauro, Zozimo, Nilton Santos, Zito (1), Didi, Zagalo, Garrincha, Vavá (1), Amarildo (1).
Tschechoslowakei: Schrojf, Tichy, Pluskal, Popluhar, Novak, Kvasnak, Masopust (1), Pospichal, Scherer, Kadraba, Jelinek.
Schiedsrichter: Latyschew (UdSSR).

8. Fußball-Weltmeisterschaft 1966 in England

Qualifikation

EUROPA

Gruppe I
9.5.1965 in Brüssel:	Belgien – Israel 1:0
13.6.1965 in Sofia:	Bulgarien – Israel 4:0
26.9.1965 in Sofia:	Bulgarien – Belgien 3:0
27.10.1965 in Brüssel	Belgien – Bulgarien 5:0
10.11.1965 in Tel Aviv:	Israel – Belgien 0:5
21.11.1965 in Tel Aviv:	Israel – Bulgarien 1:2
Entscheidungsspiel	
29.12.1965 in Florenz:	Bulgarien – Belgien 2:1

Bulgarien qualifiziert

Gruppe II
4.11.1964 in Berlin:	Deutschland – Schweden 1:1
24.4.1965 in Karlsruhe:	Deutschland – Zypern 5:0
5.5.1965 in Norrköping:	Schweden – Zypern 3:0
26.9.1965 in Stockholm:	Schweden – Deutschland 1:2
7.11.1965 in Famagusta:	Zypern – Schweden 0:5
14.11.1965 in Nikosia:	Zypern – Deutschland 0:6

Deutschland qualifiziert

Gruppe III
20.9.1964 in Belgrad:	Jugoslawien – Luxemburg 3:1
4.10.1964 in Luxemburg:	Luxemburg – Frankreich 0:2
8.11.1964 in Luxemburg:	Luxemburg – Norwegen 0:2
11.11.1964 in Paris:	Frankreich – Norwegen 1:0
18.4.1965 in Belgrad:	Jugoslawien – Frankreich 1:0
27.5.1965 in Trondheim:	Norwegen – Frankreich 4:2
16.6.1965 in Oslo:	Norwegen – Jugoslawien 3:0
15.9.1965 in Oslo:	Norwegen – Frankreich 0:1
19.9.1965 in Luxemburg:	Luxemburg – Jugoslawien 2:5
9.10.1965 in Paris:	Frankreich – Jugoslawien 1:0
6.11.1965 in Marseille:	Frankreich – Luxemburg 4:1
7.11.1965 in Belgrad:	Jugoslawien – Norwegen 1:1

Frankreich qualifiziert

Gruppe IV
24.1.1965 in Lissabon:	Portugal – Türkei 5:1
19.4.1965 in Ankara:	Türkei – Portugal 0:1
25.4.1965 in Bratislava:	Tschechoslowakei – Portugal 0:1

2.5.1965 in Bukarest: Rumänien – Türkei **3:0**
30.5.1965 in Bukarest: Rumänien – Tschechoslowakei **1:0**
13.6.1965 in Lissabon: Portugal – Rumänien **2:1**
19.9.1965 in Prag: Tschechoslowakei – Rumänien **3:1**
9.10.1965 in Istanbul: Türkei – Tschechoslowakei **0:6**
23.10.1965 in Ankara: Türkei – Rumänien **2:1**
31.10.1965 in Porto: Portugal – Tschechoslowakei **0:0**
21.11.1965 in Bukarest: Rumänien – Portugal **2:0**
21.11.1965 in Brünn: Tschechoslowakei – Türkei **3:1**
Portugal qualifiziert

Gruppe V
24.5.1964 in Rotterdam: Niederlande – Albanien **2:0**
14.10.1964 in Belfast: Nordirland – Schweiz **1:0**
25.10.1964 in Tirana: Albanien – Niederlande **0:2**
14.11.1964 in Lausanne: Schweiz – Nordirland **2:1**
17.3.1965 in Belfast: Nordirland – Niederlande **2:1**
7.4.1965 in Rotterdam: Niederlande – Nordirland **0:0**
11.4.1965 in Tirana: Albanien – Schweiz **0:2**
2.5.1965 in Genf: Schweiz – Albanien **1:0**
7.5.1965 in Belfast: Nordirland – Albanien **4:1**
17.10.1965 in Amsterdam: Niederlande – Schweiz **0:0**
14.11.1965 in Bern: Schweiz – Niederlande **2:1**
24.11.1965 in Tirana: Albanien – Nordirland **1:1**
Schweiz qualifiziert

Gruppe VI
25.4.1965 in Wien: Österreich – DDR **1:1**
23.5.1965 in Leipzig: DDR – Ungarn **6:1**
13.6.1965 in Wien: Österreich – Ungarn **0:1**
5.9.1965 in Budapest: Ungarn – Österreich **3:0**
9.10.1965 in Budapest: Ungarn – DDR **3:2**
31.10.1965 in Leipzig: DDR – Österreich **1:0**
Ungarn qualifiziert

Gruppe VII
21.10.1964 in Kopenhagen: Dänemark – Wales **1:0**
29.11.1964 in Athen: Griechenland – Dänemark **4:2**
9.12.1964 in Athen: Griechenland – Wales **2:0**
17.3.1965 in Cardiff: Wales – Griechenland **4:1**
23.5.1965 in Moskau: UdSSR – Griechenland **3:1**
30.5.1965 in Moskau: UdSSR – Wales **2:1**
7.6.1965 in Moskau: UdSSR – Dänemark **6:0**
3.10.1965 in Athen: Griechenland – UdSSR **1:4**
17.10.1965 in Kopenhagen: Dänemark – UdSSR **1:3**
27.10.1965 in Kopenhagen: Dänemark – Griechenland **1:1**
27.10.1965 in Cardiff: Wales – UdSSR **2:1**
1.12.1965 in Wrexham: Wales – Dänemark **4:2**
UdSSR qualifiziert

Gruppe VIII
1.10.1964 in Glasgow: Schottland – Finnland **3:1**
4.11.1964 in Genua: Italien – Finnland **6:1**
18.4.1965 in Warschau: Polen – Italien **0:0**
23.5.1965 in Kattowitz: Polen – Schottland **1:1**
27.5.1965 in Helsinki: Finnland – Schottland **1:2**
23.6.1965 in Helsinki: Finnland – Italien **0:2**
26.9.1965 in Helsinki: Finnland – Polen **2:0**
13.10.1965 in Glasgow: Schottland – Polen **1:2**
24.10.1965 in Stettin: Polen – Finnland **7:0**
1.11.1965 in Rom: Italien – Polen **6:1**
9.11.1965 in Glasgow: Schottland – Italien **1:0**
7.12.1963 in Neapel: Italien – Schottland **3:0**
Italien qualifiziert

Gruppe IX
5.5.1963 in Dublin: Eire – Spanien **1:0**
27.10.1965 in Sevilla: Spanien – Eire **4:1**
Entscheidungsspiel
10.11.1965 in Paris: Spanien – Eire **1:0**
Spanien qualifiziert

SÜDAMERIKA
Gruppe I
16.5.1965 in Lima: Peru – Venezuela **1:0**
23.5.1965 in Montevideo: Uruguay – Venezuela **5:0**
30.5.1965 in Caracas: Venezuela – Uruguay **1:3**
2.6.1965 in Caracas: Venezuela – Peru **3:6**
6.6.1965 in Lima: Peru – Uruguay **0:1**
13.6.1965 in Montevideo: Uruguay – Peru **2:1**
Uruguay qualifiziert

Gruppe II
20.7.1965 in Barranquilla: Kolumbien – Ecuador **0:1**
25.7.1965 in Guayaquil: Ecuador – Kolumbien **2:0**
1.8.1965 in Santiago: Chile – Kolumbien **7:2**
7.8.1965 in Barranquilla: Kolumbien – Chile **2:0**
15.8.1965 in Guayaquil: Ecuador – Chile **2:2**
22.8.1965 in Santiago: Chile – Ecuador **3:1**
Entscheidungsspiel
12.10.1965 in Lima: Chile – Ecuador **2:1**
Chile qualifiziert

Gruppe III
25.7.1965 in Asunción: Paraguay – Bolivien **2:0**
1.8.1965 in Buenos Aires: Argentinien – Paraguay **3:0**
8.8.1965 in Asunción: Paraguay – Argentinien **0:0**
17.8.1965 in Buenos Aires: Argentinien – Bolivien **4:1**
22.8.1965 in La Paz: Bolivien – Paraguay **2:1**
29.8.1965 in La Paz: Bolivien – Argentinien **1:2**
Argentinien qualifiziert

MITTEL/NORDAMERIKA
Gruppe I
16.1.1965 in Kingston: Jamaika – Kuba **2:0**
20.1.1965 in Kingston: Kuba – Niederl. Antillen **1:1**
23.1.1965 in Kingston: Jamaika – Niederl. Antillen **2:0**
30.1.1965 in Havanna: Niederl. Antillen – Kuba **0:5**
3.2.1965 in Havanna: Niederl. Antillen – Jamaika **0:0**
7.2.1965 in Havanna: Kuba – Jamaika **2:1**
Jamaika qualifiziert

Gruppe II
7.2.1965 in Port of Spain: Trinidad – Surinam **4:1**
12.2.1965 in San José: Costa Rica – Surinam **1:0**
21.2.1965 in San José: Costa Rica – Trinidad **4:0**
28.2.1965 in Paramaribo: Surinam – Costa Rica **1:3**
7.3.1965 in Port of Spain: Trinidad – Costa Rica **0:1**
14.3.1965 in Paramaribo: Surinam – Trinidad **6:1**
Costa Rica qualifiziert

Gruppe III
28.2.1965 in San Pedro Sula: Honduras – Mexiko **0:1**
4.3.1965 in Mexico City: Mexiko – Honduras **3:0**
7.3.1965 in Los Angeles: USA – Mexiko **2:2**
12.3.1965 in Mexico City: Mexiko – USA **2:0**
17.3.1965 in San Pedro Sula: Honduras – USA **0:1**
21.3.1965 in Tegucigalpa: USA – Honduras **1:1**
Mexiko qualifiziert

Endrunde der Gruppensieger
25.4.1965 in San José: Costa Rica – Mexiko **0:0**
3.5.1965 in Kingston: Jamaika – Mexiko **2:3**
7.5.1965 in Mexico City: Mexiko – Jamaika **8:0**
11.5.1965 in San José: Costa Rica – Jamaika **7:0**
16.5.1965 in Mexico City: Mexiko – Costa Rica **1:0**
15.6.1965 in Kingston: Jamaika – Costa Rica **1:1**
Mexiko qualifiziert

AUSTRALASIEN
21.11.1965 in Phnom Penh: Australien – Nordkorea **1:6**
24.11.1965 in Phnom Penh: Nordkorea – Australien **3:1**
Nordkorea qualifiziert

Endrunde in England

Gruppe 1

Am 11. Juli in London:
ENGLAND – URUGUAY 0:0
England: Banks, Cohen, J. Charlton, Moore, Wilson, Stiles, B. Charlton, Ball, Greaves, Hunt, Connelly.
Uruguay: Mazurkiewicz, Troche, Ubinas, Manicera, Goncalvez, Caetano, Viera, Cortez, Rocha, Silva, Perez.
Schiedsrichter: Zsolt (Ungarn).

Am 13. Juli in London:
FRANKREICH – MEXIKO 1:1 (0:0)
Frankreich: Aubour, Djorkaeff, Budzinski, Artelesa, De Michele, Bonnel, Bosquier, Combin, Gondet, Herbin, Hausser (1).
Mexiko: Calderon, Chaires, Pena, Nunez, Hernandez, Diaz, Mercado, Reyes, Fragoso, Padilla, Borja (1).
Schiedsrichter: Ashkenasi (Israel).

Am 15. Juli in London:
URUGUAY – FRANKREICH 2:1 (2:1)
Uruguay: Mazurkiewicz, Troche, Manicera, Ubinas, Goncalvez, Caetano, Cortez (1), Viera, Sasia, Rocha (1), Perez.
Frankreich: Aubour, Djorkaeff, Artelesa, Budzinski, Bosquier, Bonnel, Simon, Herbet, De Bourgoing (1), Gondet, Hausser.
Schiedsrichter: Dr. Galba (Tschechoslowakei).

STATISTIK ZUR WELTMEISTERSCHAFT 1966

Am 16. Juli in London:
ENGLAND – MEXIKO 2:0 (1:0)
England: Banks, Cohen, Wilson, Stiles, J. Charlton, Moore, Paine, Greaves, B. Charlton (1), Hunt (1), Peters.
Mexiko: Calderon, Chaires, Pena, Diaz, Reyes, Del Muro, Jauregui, Hernandez, Borja, Nunez, Padilla.
Schiedsrichter: Lo Bello (Italien).

Am 19. Juli in London:
URUGUAY – MEXIKO 0:0
Uruguay: Mazurkiewicz, Troche, Manicera, Ubinas, Goncalvez, Caetano, Cortez, Viera, Sasia, Rocha, Perez.
Mexiko: Carvajal, Chaires, Pena, Nunez, Hernandez, Diaz, Mercado, Reyes, Cisneros, Borja, Padilla.
Schiedsrichter: Lööw (Schweden).

Am 20. Juli in London:
ENGLAND – FRANKREICH 2:0 (1:0)
England: Banks, Cohen, J. Charlton, Moore, Wilson, Stiles, B. Charlton, Callaghan, Greaves, Hunt (2), Peters.
Frankreich: Aubour, Djorkaeff, Artelesa, Budzinski, Bosquier, Bonnel, Herbin, Simon, Herbet, Gondet, Hausser.
Schiedsrichter: Yamasaki (Peru).

1. England	3	2 1 0	4:0	5:1
2. Uruguay	3	1 2 0	2:1	4:2
3. Mexiko	3	0 2 1	1:3	2:4
4. Frankreich	3	0 1 2	2:5	1:5

Gruppe 2

Am 12. Juli in Sheffield:
DEUTSCHLAND – SCHWEIZ 5:0 (3:0)
Deutschland: Tilkowski, Höttges, Weber, Schulz, Schnellinger, Haller (2), Beckenbauer (2), Brülls, Seeler, Overath, Held (1).
Schweiz: Elsener, Grobety, Schneiter, Tacchella, Fuhrer, Bäni, Dürr, Odermatt, Künzli, Hosp, Schindelholz.
Schiedsrichter: Phillips (Schottland).

Am 13. Juli in Birmingham:
ARGENTINIEN – SPANIEN 2:1 (0:0)
Argentinien: Roma, Ferreiro, Perfumo, Albrecht, Marzolini, Solari, Rattin, A. Gonzalez, Onega, Artime (2), Mas.
Spanien: Iribar, Sanchis, Zoco, Gallego, Eladio, Pirri (1), Suarez, Del Sol, Ufarte, Peiro, Gento.
Schiedsrichter: Roumentschew (Bulgarien).

Am 15. Juli in Sheffield:
SPANIEN – SCHWEIZ 2:1 (0:1)
Spanien: Iribar, Sanchis (1), Reija, Pirri, Gallego, Zoco, Amancio (1), Del Sol, Peiro, Suarez, Gento.
Schweiz: Elsener, Fuhrer, Brodmann, Leimgruber, Stierli, Bäni, Armbruster, Gottardi, Hosp, Kuhn, Quentin (1).
Schiedsrichter: Bachramow (UdSSR).

Am 16. Juli in Birmingham:
DEUTSCHLAND – ARGENTINIEN 0:0
Deutschland: Tilkowski, Höttges, Schulz, Weber, Schnellinger, Haller, Beckenbauer, Brülls, Seeler, Overath, Held.
Argentinien: Roma, Ferreiro, Perfumo, Albrecht, Marzolini, Solari, Rattin, Gonzalez, Onega, Artime, Mas.
Schiedsrichter: Zecevic (Jugoslawien).

Am 19. Juli in Sheffield:
ARGENTINIEN – SCHWEIZ 2:0 (0:0)
Argentinien: Roma, Ferreiro, Perfumo, Calics, Marzolini, Solari, Rattin, Gonzalez, Onega (1), Artime (1), Mas.
Schweiz: Eichmann, Fuhrer, Brodmann, Bäni, Stierli, Armbruster, Kuhn, Gottardi, Hosp, Künzli, Quentin.
Schiedsrichter: Campos (Portugal).

Am 20. Juli in Birmingham:
DEUTSCHLAND – SPANIEN 2:1 (1:1)
Deutschland: Tilkowski, Höttges, Schulz, Weber, Schnellinger, Beckenbauer, Overath, Krämer, Seeler (1), Held, Emmerich (1).
Spanien: Iribar, Sanchis, Gallego, Zoco, Reija, Glaria, Fusté (1), Amancio, Adelardo, Marcelino, Lapetra.
Schiedsrichter: Marques (Brasilien).

1. Deutschland	3	2 1 0	7:1	5:1
2. Argentinien	3	2 1 0	4:1	5:1
3. Spanien	3	1 0 2	4:5	2:4
4. Schweiz	3	0 0 3	1:9	0:6

Gruppe 3

Am 12. Juli in Liverpool:
BRASILIEN – BULGARIEN 2:0 (1:0)
Brasilien: Gilmar, Djalma Santos, Bellini, Altair, Paulo Henrique, Denilson, Lima, Garrincha (1), Alcindo, Pelé (1), Jairzinho.
Bulgarien: Naidenow, Schalamanow, Penew, Wutzow, Gaganelow, Kitow, Jetschew, Dermendjiew, Asparuchow, Jakimow, Kolew.
Schiedsrichter: Tschenscher (Deutschland).

Am 13. Juli in Manchester:
PORTUGAL – UNGARN 3:1 (1:0)
Portugal: Carvalho, Morais, Baptista, Vicente, Hilario, Graca, Coluna, Augusto (2), Eusebio, Torres (1), Simoes.
Ungarn: Szentmihalyi, Matrai, Kaposzta, Meszöly, Sipos, Sovari, Nagy, Rakosi, Bene (1), Albert, Farkas.
Schiedsrichter: Callaghan (Wales).

Am 15. Juli in Liverpool:
UNGARN – BRASILIEN 3:1 (1:2)
Ungarn: Gelei, Matrei, Kaposzta, Meszöly (1), Sipos, Szepesi, Mathesz, Rakosi, Bene (1), Albert, Farkas (1).
Brasilien: Gilmar, Djalma Santos, Bellini, Altair, Paulo Henrique, Gerson, Lima, Garrincha, Alcindo, Tostao (1), Jairzinho.
Schiedsrichter: Dagnall (England).

Am 16. Juli in Manchester:
PORTUGAL – BULGARIEN 3:0 (2:0)
Portugal: Pereira, Festa, Germano, Vicente, Hilario, Graca, Coluna, Augusto, Eusebio (1), Torres (1), Simoes.
Bulgarien: Naidenow, Schalamanow, Penew, Wutzow (1 Eigentor), Gaganelow, Jetschew, Jakimow, Dermendjew, Jekow, Asparuchow, Kostow.
Schiedsrichter: Codesal (Uruguay).

Am 19. Juli in Liverpool:
PORTUGAL – BRASILIEN 3:1 (2:0)
Portugal: Pereira, Morais, Baptista, Lucas, Conceicao, Coluna, Graca, Augusto, Eusebio (2), Torres, Simoes (1).
Brasilien: Manga, Fidelis, Brito, Orlando, Rildo (1), Denilson, Lima, Jairzinho, Silva, Pelé, Parana.
Schiedsrichter: McCabe (England).

Am 20. Juli in Manchester:
UNGARN – BULGARIEN 3:1 (2:1)
Ungarn: Gelei, Kaposzta, Matrai, Szepesi, Meszöly (1), Sipos, Mathesz, Bene (1), Albert, Farkas, Rakosi.
Bulgarien: Simeonow, Largow, Penew, Wutzow, Gaganelow, Jetschew, Dawidow (1 Eigentor), Asparuchow (1), Kolew, Jakimow, Kotkow.
Schiedsrichter: Goicoechea (Argentinien).

1. Portugal	3	3 0 0	9:2	6:0
2. Ungarn	3	2 0 1	7:5	4:2
3. Brasilien	3	1 0 2	4:6	2:4
4. Bulgarien	3	0 0 3	1:8	0:6

Gruppe 4

Am 12. Juli in Middlesbrough:
UdSSR – NORDKOREA 3:0 (2:0)
UdSSR: Kawasaschwilij, Ponomarjew, Schesternjew, Churzilawa, Ostrowskij, Sabo, Sitschinawa, Tschislenko, Banischewskij (1), Malofejew (2), Chusainow.
Nordkorea: Li Chan Myung, Pak Li Sup, Shin Yung Kyoo, Kang Bong Chil, Lim Zoong Sun, Im Sung Hwi, Pak Seung Zin, Han Bong Zin, Pak Doo Ik, Kang Ryong Woon, Kim Seung Il.
Schiedsrichter: Gardeazabal (Spanien).

Am 13. Juli in Sunderland:
ITALIEN – CHILE 2:0 (1:0)
Italien: Albertosi, Burgnich, Rosato, Salvadore, Facchetti, Bulgarelli, Lodetti, Perani, Mazzola (1), Rivera, Barison (1).
Chile: Olivares, Eyzaguirre, Cruz, Figueroa, Villanueva, Prieto, Marcos, Araya, Tobar, Fouilloux, Sanchez.
Schiedsrichter: Dienst (Schweiz).

Am 15. Juli in Middlesbrough:
NORDKOREA – CHILE 1:1 (0:1)
Nordkorea: Li Chan Myung, Pak Li Sup, Shin Yung Kyoo, Lim Zoong Sun, Oh Yoon Kyung, Pak Seung Zin (1), Im Sung Hwi, Han Bong Zin, Pak Doo Ik, Li Dong Woon, Kim Seung Il.
Chile: Olivares, Valentini, Cruz, Figueroa, Villanueva, Prieto,

Marcos (1), Araya, Landa, Fouilloux, Sanchez.
Schiedsrichter: Kandil (VAR).

Am 16. Juli in Sunderland:
UdSSR – ITALIEN 1:0 (0:0)
UdSSR: Jaschin, Ponomarjew, Schesternjew, Churzilawa, Danilow, Sabo, Woronin, Tschislenko (1), Malofejew, Banischewskij, Chusainow.
Italien: Albertosi, Burgnich, Rosato, Salvadore, Facchetti, Lodetti, Leoncini, Meroni, Mazzola, Bulgarelli, Pascutti.
Schiedsrichter: Kreitlein (Deutschland).

Am 19. Juli in Middlesbrough:
NORDKOREA – ITALIEN 1:0 (1:0)
Nordkorea: Li Chan Myung, Lim Zoong Sun, Shin Yung Kyoo, Ha Jung Won, Oh Yoon Kyung, Im Sung Hwi, Han Bong Zin, Pak Doo Ik (1), Pak Seung Zin, Kim Bong Hwan, Yang Sung Kook.
Italien: Albertosi, Landini, Guarneri, Janich, Facchetti, Bulgarelli, Fogli, Perani, Rivera, Mazzola, Barison.
Schiedsrichter: Schwinte (Frankreich).

Am 20. Juli in Sunderland:
UdSSR – CHILE 2:1 (1:1)
UdSSR: Kawasaschwilij, Getmanow, Schesternjew, Kornejew, Ostrowskij, Woronin, Afonin, Metreweli, Serebrjannikow, Markarow, Porkujan (2).
Chile: Olivares, Valentini, Cruz, Figueroa, Villanueva, Marcos (1), Prieto, Araya, Landa, Yavar, Sanchez.
Schiedsrichter: Adair (Nordirland).

1.	UdSSR	3 3 0 0	6:1	6:0
2.	Nordkorea	3 1 1 1	2:4	3:3
3.	Italien	3 1 0 2	2:2	2:4
4.	Chile	3 0 1 2	2:5	1:5

Viertelfinale

Am 23. Juli in Sheffield:
DEUTSCHLAND – URUGUAY 4:0 (1:0)
Deutschland: Tilkowski, Höttges, Schulz, Weber, Schnellinger, Beckenbauer (1), Haller (2), Overath, Seeler (1), Held, Emmerich.
Uruguay: Mazurkiewicz, Troche, Ubinas, Goncalvez, Manicera, Caetano, Salva, Cortez, Silva, Rocha, Perez.
Schiedsrichter: Finney (England).

Am 23. Juli in Sunderland:
UdSSR – UNGARN 2:1 (1:0)
UdSSR: Jaschin, Ponomarjew, Schesternjew, Woronin, Danilow, Sabo, Chusainow, Tschislenko (1), Banischewskij, Malofejew, Porkujan (1).
Ungarn: Gelei, Kaposzta, Szepesi, Meszöly, Matrei, Sipos, Nagy, Bene (1), Albert, Farkas, Rakosi.
Schiedsrichter: Gardeazabal (Spanien).

Am 23. Juli in Liverpool:
PORTUGAL – NORDKOREA 5:3 (2:3)
Portugal: Pereira, Morais, Baptista, Vicente, Hilario, Graca, Coluna, Augusto (1), Eusebio (4), Torres, Simoes.
Nordkorea: Li Chan Myung, Lim Zoong Sun, Shin Yung Kyoo, Ha Jung Won, Oh Yoon Kyung, Pak Seung Zin (1), Im Sung Hwi, Han Bong Zin, Pak Doo Ik, Li Dong Woon (1), Yang Sung Kook (1).
Schiedsrichter: Ashkenasi (Israel).

Am 23. Juli in London:
ENGLAND – ARGENTINIEN 1:0 (0:0)
England: Banks, Cohen, J. Charlton, Moore, Wilson, Stiles, B. Charlton, Ball, Hurst (1), Hunt, Peters.
Argentinien: Roma, Ferreiro, Perfumo, Albrecht, Marzolini, Solari, Rattin, Gonzalez, Onega, Artime, Mas.
Schiedsrichter: Kreitlein (Deutschland).

Semifinale

Am 25. Juli in Liverpool:
DEUTSCHLAND – UdSSR 2:1 (1:0)
Deutschland: Tilkowski, Lutz, Schulz, Weber, Schnellinger, Haller (1), Beckenbauer (1), Overath, Seeler, Held, Emmerich.
UdSSR: Jaschin, Ponomarjew, Schesternjew, Woronin, Danilow, Sabo, Chusainow, Tschislenko, Banischewskij, Malofejew, Porkujan.
Schiedsrichter: Lo Bello (Italien).

Am 26. Juli in London:
ENGLAND – PORTUGAL 2:1 (1:0)
England: Banks, Cohen, J. Charlton, Moore, Wilson, Stiles, B. Charlton (2), Ball, Hunt, Hurst, Peters.
Portugal: Pereira, Festa, Baptista, Carlos, Hilario, Graca, Coluna, Augusto, Eusebio (1), Torres, Simoes.
Schiedsrichter: Schwinte (Frankreich).

Um den dritten Platz

Am 28. Juli in Liverpool:
PORTUGAL – UdSSR 2:1 (1:0)
Portugal: Pereira, Festa, Baptista, Carlos, Hilario, Coluna, Augusto, Eusebio (1), Torres (1), Simoes.
UdSSR: Jaschin, Ponomarjew, Kornejew, Churzilawa, Danilow, Woronin, Sitschinawa, Metreweli, Banischewskij (1), Malofejew, Serebrjannikow.
Schiedsrichter: Dagnall (England).

Finale

Am 30. Juli in London:
ENGLAND – DEUTSCHLAND 4:2 (1:1, 2:2) n.V.
England: Banks, Cohen, J. Charlton, Moore, Wilson, Stiles, B. Charlton, Peters (1), Ball, Hurst (3), Hunt.
Deutschland: Tilkowski, Höttges, Schulz, Weber (1), Schnellinger, Beckenbauer, Overath, Haller (1), Seeler, Held, Emmerich.
Schiedsrichter: Dienst (Schweiz).

9. Fußball-Weltmeisterschaft 1970 in Mexiko

Qualifikation

EUROPA
Gruppe I
12.10.1968 in Basel:	Schweiz – Griechenland **1:0**
27.10.1968 in Lissabon:	Portugal – Rumänien **3:0**
23.11.1968 in Bukarest:	Rumänien – Schweiz **2:0**
11.12.1968 in Athen:	Griechenland – Portugal **4:2**
16.4.1969 in Lissabon:	Portugal – Schweiz **0:2**
16.4.1969 in Athen:	Griechenland – Rumänien **2:2**
4.5.1969 in Porto:	Portugal – Griechenland **2:2**
14.5.1969 in Lausanne:	Schweiz – Rumänien **0:1**
12.10.1969 in Bukarest:	Rumänien – Portugal **1:0**
15.10.1969 in Saloniki:	Griechenland – Schweiz **4:1**
2.11.1969 in Bern:	Schweiz – Portugal **1:1**
16.11.1969 in Bukarest:	Rumänien – Griechenland **1:1**

Rumänien qualifiziert

Gruppe II
25.9.1968 in Kopenhagen:	Dänemark – ČSSR **0:3**
20.10.1968 in Bratislava:	ČSSR – Dänemark **1:0**
4.5.1969 in Dublin:	Eire – Tschechoslowakei **1:2**
25.5.1969 in Budapest:	Ungarn – Tschechoslowakei **2:0**
27.5.1969 in Kopenhagen:	Dänemark – Eire **0:2**
8.6.1969 in Dublin:	Eire – Ungarn **1:2**
15.6.1969 in Kopenhagen:	Dänemark – Ungarn **3:2**
14.9.1969 in Prag:	Tschechoslowakei – Ungarn **3:3**
7.10.1969 in Prag:	Tschechoslowakei – Eire **3:0**
15.10.1969 in Dublin:	Eire – Dänemark **1:1**
22.10.1969 in Budapest:	Ungarn – Dänemark **3:0**
5.11.1969 in Budapest:	Ungarn – Eire **4:0**

Entscheidungsspiel
3.12.1969 in Marseille:	Tschechoslowakei – Ungarn **4:1**

Tschechoslowakei qualifiziert

Gruppe III
23.10.1968 in Cardiff:	Wales – Italien **0:1**
29.3.1969 in Berlin:	DDR – Italien **2:2**
16.4.1969 in Dresden:	DDR – Wales **2:1**
22.10.1969 in Cardiff:	Wales – DDR **1:3**
4.11.1969 in Rom:	Italien – Wales **4:1**
22.11.1969 in Neapel:	Italien – DDR **3:0**

Italien qualifiziert

Gruppe IV
23.10.1968 in Belfast:	Nordirland – Türkei **4:1**
11.12.1968 in Istanbul:	Türkei – Nordirland **0:3**

STATISTIK ZUR WELTMEISTERSCHAFT 1970

10.9.1969 in Belfast:	Nordirland – UdSSR **0:0**
15.10.1969 in Kiew:	UdSSR – Türkei **3:0**
22.10.1969 in Moskau:	UdSSR – Nordirland **2:0**
16.11.1969 in Istanbul:	Türkei – UdSSR **1:2**

UdSSR qualifiziert

Gruppe V

9.10.1968 in Stockholm:	Schweden – Norwegen **5:0**
5.11.1968 in Straßburg:	Frankreich – Norwegen **0:1**
19.6.1969 in Oslo:	Norwegen – Schweden **2:5**
10.9.1969 in Oslo:	Norwegen – Frankreich **1:3**
15.10.1969 in Stockholm:	Schweden – Frankreich **2:0**
1.11.1969 in Paris:	Frankreich – Schweden **3:0**

Schweden qualifiziert

Gruppe VI

9.6.1968 in Helsinki:	Finnland – Belgien **1:2**
25.9.1968 in Belgrad:	Jugoslawien – Finnland **9:1**
9.10.1968 in Waregem:	Belgien – Finnland **6:1**
6.10.1968 in Brüssel:	Belgien – Jugoslawien **3:0**
27.10.1968 in Belgrad:	Jugoslawien – Spanien **0:0**
1.12.1968 in Madrid:	Spanien – Belgien **1:1**
3.2.1969 in Lüttich:	Belgien – Spanien **2:1**
30.4.1969 in Barcelona:	Spanien – Jugoslawien **2:1**
6.1969 in Helsinki:	Finnland – Jugoslawien **1:5**
15.6.1969 in Helsinki:	Finnland – Spanien **2:0**
5.10.1969 in La Linea:	Spanien – Finnland **6:0**
19.10.1969 in Skopje:	Jugoslawien – Belgien **4:0**

Belgien qualifiziert

Gruppe VII

9.5.1968 in Wien:	Österreich – Zypern **7:1**
13.10.1968 in Wien:	Österreich – Deutschland **0:2**
6.11.1968 in Glasgow:	Schottland – Österreich **2:1**
23.11.1968 in Nikosia:	Zypern – Deutschland **0:1**
11.12.1968 in Nikosia:	Zypern – Schottland **0:5**
16.4.1969 in Glasgow:	Schottland – Deutschland **1:1**
19.4.1969 in Nikosia:	Zypern – Deutschland **1:2**
10.5.1969 in Nürnberg:	Deutschland – Österreich **1:0**
17.5.1969 in Glasgow:	Schottland – Zypern **8:0**
21.5.1969 in Essen:	Deutschland – Zypern **12:0**
22.10.1969 in Hamburg:	Deutschland – Schottland **3:2**
5.11.1969 in Wien:	Österreich – Schottland **2:0**

Deutschland qualifiziert

Gruppe VIII

4.9.1968 in Rotterdam:	Luxemburg – Niederlande **0:2**
27.10.1968 in Sofia:	Bulgarien – Niederlande **2:0**
25.3.1969 in Rotterdam:	Niederlande – Luxemburg **4:0**
20.4.1969 in Krakau:	Polen – Luxemburg **8:1**
23.4.1969 in Sofia:	Bulgarien – Luxemburg **2:1**
7.5.1969 in Rotterdam:	Niederlande – Polen **1:0**
15.6.1969 in Sofia:	Bulgarien – Polen **4:1**
7.9.1969 in Chorzow:	Polen – Niederlande **2:1**
1.10.1969 in Luxemburg:	Luxemburg – Polen **1:5**
22.10.1969 in Rotterdam:	Niederlande – Bulgarien **1:1**
9.11.1969 in Warschau:	Polen – Bulgarien **3:0**
7.12.1969 in Luxemburg:	Luxemburg – Bulgarien **1:3**

Bulgarien qualifiziert

SÜDAMERIKA

Gruppe I

27.7.1969 in La Paz:	Bolivien – Argentinien **3:1**
3.8.1969 in Lima:	Peru – Argentinien **1:0**
10.8.1969 in La Paz:	Bolivien – Peru **2:1**
17.8.1969 in Lima:	Peru – Bolivien **3:0**
24.8.1969 in Buenos Aires:	Argentinien – Bolivien **1:0**
31.8.1969 in Buenos Aires:	Argentinien – Peru **2:2**

Peru qualifiziert

Gruppe II

27.7.1969 in Bogotá:	Kolumbien – Venezuela **3:0**
23.7.1969 in Caracas:	Venezuela – Kolumbien **1:1**
6.3.1969 in Caracas:	Venezuela – Paraguay **0:2**
6.3.1969 in Bogotá:	Kolumbien – Brasilien **0:2**
10.8.1969 in Caracas:	Venezuela – Brasilien **0:5**
10.8.1969 in Bogotá:	Kolumbien – Paraguay **0:1**
17.8.1969 in Asunción:	Paraguay – Brasilien **0:3**
21.8.1969 in Rio de Janeiro:	Brasilien – Kolumbien **6:2**
21.8.1969 in Asunción:	Paraguay – Venezuela **1:0**
24.8.1969 in Asunción:	Paraguay – Venezuela **2:1**
24.8.1969 in Rio de Janeiro:	Brasilien – Venezuela **6:0**
31.8.1969 in Rio de Janeiro:	Brasilien – Paraguay **1:0**

Brasilien qualifiziert

Gruppe III

6.7.1969 in Guayaquil:	Ecuador – Uruguay **0:2**
13.7.1969 in Santiago:	Chile – Uruguay **0:0**
20.7.1969 in Montevideo:	Uruguay – Ecuador **1:0**
27.7.1969 in Santiago:	Chile – Ecuador **4:1**
3.8.1969 in Guayaquil:	Ecuador – Chile **1:1**
10.8.1969 in Montevideo:	Uruguay – Chile **2:0**

Uruguay qualifiziert

MITTEL/NORDAMERIKA

Gruppe I

27.11.1968 in San José:	Costa Rica – Jamaica **3:0**
1.12.1968 in San José:	Jamaica – Costa Rica **1:3**
5.12.1968 in Tegucigalpa:	Honduras – Jamaica **3:1**
8.12.1968 in Tegucigalpa:	Jamaica – Honduras **0:2**
22.12.1968 in Tegucigalpa:	Honduras – Costa Rica **1:0**
29.12.1968 in San José:	Costa Rica – Honduras **1:1**

Costa Rica qualifiziert

Gruppe II

17.11.1968 in Guatemala:	Guatemala – Trinidad **4:0**
20.11.1968 in Guatemala:	Trinidad – Guatemala **0:0**
13.11.1968 in Port-au-Prince:	Haiti – Trinidad **2:0**
25.11.1968 in Port-au-Prince:	Trinidad – Haiti **4:2**
8.12.1968 in Port-au-Prince:	Haiti – Guatemala **2:0**
23.2.1969 in Guatemala:	Guatemala – Haiti **1:1**

Haiti qualifiziert

Gruppe III

24.11.1968 in Paramaribo:	Surinam – Niederl. Ant. **6:0**
1.12.1968 in San Salvador:	El Salvador – Surinam **6:0**
5.12.1968 in Aruba:	Niederl. Antillen – Surinam **2:1**
12.12.1968 in San Salvador:	El Salvad. – Niederl. Ant. **1:0**
15.12.1968 in San Salvador:	Niederl. Ant. – El Salvad. **1:2**
22.12.1968 in Paramaribo:	Surinam – El Salvador **4:1**

El Salvador qualifiziert

Gruppe IV

6.10.1968 in Toronto:	Kanada – Bermuda **4:0**
13.10.1968 in Toronto:	Kanada – USA **4:2**
20.10.1968 in Hamilton:	Bermuda – Kanada **0:0**
26.10.1968 in Atlanta:	USA – Kanada **1:0**
3.11.1968 in Kansas City:	USA – Bermuda **6:2**
11.11.1968 in Hamilton:	Bermuda – USA **0:2**

USA qualifiziert

ENDRUNDE MITTEL/NORDAMERIKA

Semifinale

23.4.1969 in Port-au-Prince:	Haiti – USA **2:0**
11.5.1969 in San Diego:	USA – Haiti **0:1**
8.6.1969 in Tegucigalpa:	Honduras – El Salvador **1:0**
15.6.1969 in San Salvador:	El Salvador – Honduras **3:0**

Entscheidungsspiel

27.6.1969 in Mexico City:	El Salvador – Honduras **3:2**

Haiti und El Salvador qualifiziert

Endspiele

21.9.1969 in Port-au-Prince:	Haiti – El Salvador **1:2**
28.9.1969 in San Salvador:	El Salvador – Haiti **0:3**

Entscheidungsspiel

8.10.1969 in Kingston:	El Salvador – Haiti **1:0**

El Salvador qualifiziert

ASIEN Untergruppe a

erste Runde

10.10.1969 in Seoul:	Japan – Australien **1:3**
12.10.1969 in Seoul:	Südkorea – Japan **2:2**
14.10.1969 in Seoul:	Australien – Südkorea **2:1**
16.10.1969 in Seoul:	Australien – Japan **1:1**
18.10.1969 in Seoul:	Japan – Südkorea **0:2**
20.10.1969 in Seoul:	Südkorea – Australien **1:1**

Australien qualifiziert

zweite Runde

23.11.1969 in Lourenco Marques:	Austr. – Rhodesien **1:1**
27.11.1969 in Lourenco Marques:	Rhodesien – Austr. **0:0**

Entscheidungsspiel

29.11.1969 in Lourenco Marques:	Austr. – Rhodesien **3:1**

Australien qualifiziert

Untergruppe b

28.9.1969 in Tel Aviv:	Israel – Neuseeland **4:0**
1.10.1969 in Tel Aviv:	Neuseeland – Israel **0:2**

Israel qualifiziert

Endspiele

4.12.1969 in Tel Aviv:	Israel – Australien **1:0**
14.12.1969 in Sydney:	Australien – Israel **1:1**

Israel qualifiziert

AFRIKA

Gruppe I
17.11.1968 in Algier: Algerien – Tunesien **1:2**
29.12.1968 in Tunis: Tunesien – Algerien **0:0**
Tunesien qualifiziert

Gruppe II
3.11.1968 in Casablanca: Marokko – Senegal **1:0**
5.1.1969 in Dakar: Senegal – Marokko **2:1**
Entscheidungsspiel
13.2.1969 in Las Palmas: Marokko – Senegal **2:0**
Marokko qualifiziert

Gruppe III
26.1.1969 in Tripolis: Libyen – Äthiopien **2:0**
9.2.1969 in Addis Abeba: Äthiopien – Libyen **5:1**
Äthiopien qualifiziert

Gruppe IV
27.10.1968 in Ndola: Sambia – Sudan **4:2**
8.11.1968 in Khartum: Sudan – Sambia **4:2**
Sudan qualifiziert

Gruppe V
7.12.1968 in Lagos: Nigeria – Kamerun **1:1**
22.12.1968 in Duala Kamerun – Nigeria **2:3**
Nigeria qualifiziert
Freilos: Ghana

ENDRUNDE AFRIKA

Semifinale
27.4.1969 in Tunis: Tunesien – Marokko **0:0**
4.5.1969 in Addis Abeba: Äthiopien – Sudan **1:1**
10.5.1969 in Ibadan: Nigeria – Ghana **2:1**
11.5.1969 in Khartum: Sudan – Äthiopien **3:1**
18.5.1969 in Accra: Ghana – Nigeria **1:1**
18.5.1969 in Casablanca: Marokko – Tunesien **0:0**
Entscheidungsspiel
13.6.1969 in Marseille: Marokko – Tunesien **2:2**
Marokko Sieger durch Losentscheid
Nigeria, Sudan und Marokko qualifiziert

Endspiele
13.9.1969 in Lagos: Nigeria – Sudan **2:2**
21.9.1969 in Casablanca: Marokko – Nigeria **2:1**
3.10.1969 in Khartum: Sudan – Nigeria **3:3**
10.10.1969 in Khartum: Sudan – Marokko **0:0**
26.10.1969 in Casablanca: Marokko – Sudan **3:0**
8.11.1969 in Ibadan: Nigeria – Marokko **2:0**
Marokko qualifiziert

Endrunde in Mexiko

Gruppe 1

Am 31. Mai in Mexico City:
MEXIKO – UdSSR 0:0
Mexiko: Calderon, Pena, Perez, Hernandez, Lopez, Vantolra, Guzman, Pulido, Velarde (ab 69. Munguia), Valdivia, Fragoso.
UdSSR: Kawasaschwilij, Kaplitschnij, Lowtschew, Logofet, Schesternjew, Asatianij, Muntjan, Serebrjannikow (46. Pusatsch), Bischowez, Jewrjuschichin, Nodja (67. Chmelnizkij).
Schiedsrichter: Tschenscher (Deutschland).

Am 3. Juni in Mexico City:
BELGIEN – EL SALVADOR 3:0 (1:0)
Belgien: Piot, Heylens, Thissen, Dewalque, Dockx, Semmeling (79. Polleunis), van Moer (2), Devrindt, van Himst, Puis, Lambert (1).
El Salvador: Magana, Rivas, Mariona, Osorio, Quintanilla, Rodriguez, Vasquez, Martinez, Flamenco Cabezas, Aparicio, Manzano (67. Cortes).
Schiedsrichter: Radulescu (Rumänien).

Am 6. Juni in Mexico City:
UdSSR – BELGIEN 4:1 (1:0)
UdSSR: Kawasaschwilij, Afonin, Dsodsuaschwilij (73. Kiselew), Kaplitschnij (35. Lowtschew), Churzilawa, Schesternjew, Asatianij (1), Muntjan, Bischowez (2), Jewrjuschichin, Chmelnizkij (1).
Belgien: Piot, Heylens, Thissen, Dewalque, Jeck, Dockx, Semmeling, van Moer, van Himst, Puis, Lambert (1).
Schiedsrichter: Scheurer (Schweiz).

Am 7. Juni in Mexico City:
MEXIKO – EL SALVADOR 4:0 (1:0)
Mexiko: Calderon, Vantolra (1), Pena, Guzman, Perez Gonzalez, Munguia, Valdivia (1), Fragoso (1), Borja (46. Lopez, 77. Basaguren – 1), Padilla.
El Salvador: Magana, Rivas, Mariona, Cortes (67. Monge), Osorio, Quintanilla, Flamenco Cabezas, Vasquez, Rodriguez, Martinez, Aparicio.
Schiedsrichter: Kandil (VAR).

Am 10. Juni in Mexico City:
UdSSR – EL SALVADOR 2:0 (0:0)
UdSSR: Kawasaschwilij, Afonin, Churzilawa, Schesternjew, Dsodsuaschwilij, Kiselew (80. Asatianij), Muntjan (1), Pusatsch (46. Jewrjuschichin), Serebrjannikow, Bischowez (1), Chmelnizkij.
El Salvador: Magana, Rivas, Mariona, Osorio, Rodriguez (85. Sermeno), Vasquez, Flamenco Cabezas (81. Aparicio), Monge, Portillo, Castro, Mendez.
Schiedsrichter: Hormazabal Diaz (Chile).

Am 11. Juni in Mexico City:
MEXIKO – BELGIEN 1:0 (1:0)
Mexiko: Calderon, Vantolra, Pena (1), Guzman, Perez, Pulido, Gonzalez, Munguia, Valdivia (46. Basaguren), Fragoso, Padilla.
Belgien: Piot, Heylens, Dewalque, Jeck, Thissen, van Moer, Dockx, Puis, Semmeling, Polleunis (64. Devrindt), van Himst.
Schiedsrichter: Coerezza (Argentinien).

1.–2.	UdSSR	3 2 1 0	6:1	5:1
1.–2.	Mexiko	3 2 1 0	5:0	5:1
3.	Belgien	3 1 0 2	4:5	2:4
4.	El Salvador	3 0 0 3	0:9	0:6

Gruppe 2

Am 2. Juni in Puebla:
URUGUAY – ISRAEL 2:0 (1:0)
Uruguay: Mazurkiewicz, Ubinas, Ancheta, Matosas, Mujica (1), Montero Castillo, Rocha (12. Cortez), Maneiro (1), Cubilla, Esparrago, Losada.
Israel: Wissoker, Schwager, Rozen, Rosenthal, Primo, Spiegel, Shoum, Rom (57. Vollach), Spiegler, Talbi (46. Bar), Faigenbaum.
Schiedsrichter: Davidson (Schottland).

Am 3. Juni in Toluca:
ITALIEN – SCHWEDEN 1:0 (1:0)
Italien: Albertosi, Burgnich, Facchetti, Bertini, Niccolai (47. Rosato), Cera, Domenghini (1), Mazzola, Boninsegna, De Sisti, Riva.
Schweden: Hellström, Axelsson, Nordqvist, Grip, Svensson, B. Larsson (80. Nicklasson), Eriksson (57. Ejderstedt), Kindvall, Grahn, Cronqvist, Olsson.
Schiedsrichter: Taylor (England).

Am 6. Juni in Puebla:
URUGUAY – ITALIEN 0:0
Uruguay: Mazurkiewicz, Ancheta, Matosas, Ubinas, Montero Castillo, Mujica, Cubilla, Esparrago, Maneiro (73. Zubia), Cortez.
Italien: Albertosi, Burgnich, Facchetti, Cera, Rosato, Bertini, Riva, Domenghini (46. Furino), Mazzola, De Sisti, Boninsegna.
Schiedsrichter: Glöckner (DDR).

Am 7. Juni in Toluca:
SCHWEDEN – ISRAEL 1:1 (0:0)
Schweden: S. G. Larsson, Selander, Axelsson, Olsson, Grip, B. Larsson, Nordahl, Svensson, Turesson (1), Kindvall, Persson (75. Palsson).
Israel: Wissoker, Schwager, Rozen, Vollach (48. Shuruk), Primo, Rosenthal, Spiegel, Spiegler (1), Shoum, Faigenbaum, Bar.
Schiedsrichter: Tarekegn (Äthiopien).

Am 10. Juni in Puebla:
SCHWEDEN – URUGUAY 1:0 (0:0)
Schweden: S. G. Larsson, Selander, Axelsson, Nordqvist, Grip, Svensson, B. Larsson, Eriksson, Kindvall (60. Turesson), Nicklasson (84. Grahn – 1), Persson.
Uruguay: Mazurkiewicz, Ancheta, Matosas, Ubinas, Montero Castillo, Mujica, Zubia, Esparrago (62. Fontes), Maneiro, Cortez, Losada.
Schiedsrichter: Landauer (USA).

STATISTIK ZUR WELTMEISTERSCHAFT 1970

Am 11. Juni in Toluca:
ITALIEN – ISRAEL 0:0
Italien: Albertosi, Burgnich, Cera, Rosato, Facchetti, De Sisti, Domenghini (46. Rivera), Mazzola, Bertini, Boninsegna, Riva.
Israel: Wissoker, Schwager, Rozen, Rosenthal, Primo, Bello, Spiegler, Spiegler, Ball, Shoum, Faigenbaum (46. Rom), Bar.
Schiedsrichter: De Moraes (Brasilien).

1. Italien	3 1 2 0	1:0	4:2
2. Uruguay	3 1 1 1	2:1	3:3
3. Schweden	3 1 1 1	2:2	3:3
4. Israel	3 0 2 1	1:3	2:4

Gruppe 3

Am 2. Juni in Guadalajara:
ENGLAND – RUMÄNIEN 1:0 (0:0)
England: Banks, Newton (50. Wright), Labone, Moore, Cooper, Mullery, Ball, B. Charlton, Peters, Lee (77. Osgood), Hurst (1).
Rumänien: Adamache, Satmareanu, Lupescu, Dinu, Mocanu, Dumitru, Nunweiler, Dembrowski, Dumitrache, Tataru (75. Neagu), Lucescu.
Schiedsrichter: Loraux (Belgien).

Am 3. Juni in Guadalajara:
BRASILIEN – TSCHECHOSLOWAKEI 4:1 (1:1)
Brasilien: Felix, Carlos Alberto, Brito, Piazza, Everaldo, Clodoaldo, Gerson (74. Paulo Cesar), Rivelino (1), Jairzinho (2), Tostao, Pelé (1).
Tschechoslowakei: Viktor, Dobias, Horvath, Migas, Hagara, Hrdlicka (46. Kvasnak), Kuna, F. Vesely (75. B. Vesely), Petras (1), Adamec, Jokl.
Schiedsrichter: Barreto Ruiz (Uruguay).

Am 6. Juni in Guadalajara:
RUMÄNIEN – TSCHECHOSLOWAKEI 2:1 (0:1)
Rumänien: Adamache, Satmareanu, Dinu, Lupescu, Mocanu Dumitru (81. Gergely), Nunweiler, Dembrowski, Neagu (1), Dumitrache (1), Lucescu (46. Tataru).
Tschechoslowakei: Vencel, Dobias, Migas, Horvath, J. Zlocha, Kuna, Kvasnak, B. Vesely, Jurkanin (46. Adamec), Petras (1), Jokl (67. F. Vesely).
Schiedsrichter: De Leo Diego (Mexiko).

Am 7. Juni in Guadalajara:
BRASILIEN – ENGLAND 1:0 (0:0)
Brasilien: Felix, Carlos Alberto, Brito, Piazza, Everaldo, Paulo Cesar, Rivelino, Clodoaldo, Jairzinho (1), Tostao (68. Roberto), Pelé.
England: Banks, Wright, Labone, Moore, Cooper, Mullery, Ball, B. Charlton (64. Astle), Peters, Lee (64. Bell), Hurst.
Schiedsrichter: Klein (Israel).

Am 10. Juni in Guadalajara:
BRASILIEN – RUMÄNIEN 3:2 (2:1)
Brasilien: Felix, Carlos Alberto, Brito, Fontana, Everaldo (56. Marco Antonio), Clodoaldo (73. Edu), Piazza, Paulo Cesar, Jairzinho (1), Tostao, Pelé (2).
Rumänien: Adamache (28. Raducanu), Satmareanu, Lupescu, Dinu, Mocanu, Dumitru, Nunweiler, Dembrowski (1), Neagu, Dumitrache (1 – 71. Tataru), Lucescu.
Schiedsrichter: Marschall (Österreich).

Am 11. Juni in Guadalajara:
ENGLAND – TSCHECHOSLOWAKEI 1:0 (0:0)
England: Banks, Newton, J. Charlton, Moore, Cooper, Mullery, Bell, B. Charlton (66. Ball), Peters, Clarke (1), Astle (60. Osgood).
Tschechoslowakei: Viktor, Dobias, Migas, Hrivnak, Hagara, Pollak, Kuna, F. Vesely, Petras, Adamec, Capkovic (70. Jokl).
Schiedsrichter: Machin (Frankreich).

1. Brasilien	3 3 0 0	8:3	6:0
2. England	3 2 0 1	2:1	4:2
3. Rumänien	3 1 0 2	4:5	2:4
4. Tschechoslowakei	3 0 0 3	2:7	0:6

Gruppe 4

Am 2. Juni in León:
PERU – BULGARIEN 3:2 (0:1)
Peru: Rubinos, Campos (27. J. Gonzalez), de la Torre, Chumpitaz (1), Fuentes, Mifflin, Challe, Baylon (50. Sotil), Leon, Cubillas (1), Gallardo (1).
Bulgarien: Simeonow, Schalamanow, Dimitrow, Dawidow, Aladjow, Penew, Bonew (1 – 73. Asparuchow), Jakimow, Popow (59. Maratschliew), Jekow, Dermendjiew (1).
Schiedsrichter: Sbardella (Italien).

Am 3. Juni in León:
DEUTSCHLAND – MAROKKO 2:1 (0:1)
Deutschland: Maier, Vogts, W. Schulz, Fichtel, Höttges (75. Löhr), Haller (46. Grabowski), Beckenbauer, Overath, Seeler (1), Müller (1), Held.
Marokko: Kassou, Lamrani, Benkhrif, Slimani, Khanoussi, Filali, Maaroufi, Bamous (71. Faras), Ghandi, Jarir (1), Mouhob (55. Elkhiatti).
Schiedsrichter: van Ravens (Niederlande).

Am 6. Juni in León:
PERU – MAROKKO 3:0 (0:0)
Peru: Rubinos, P. Gonzalez, de la Torre, Chumpitaz, Fuentes, Mifflin, Challe (1 – 55. Cruzado), Sotil, Leon, Cubillas (2), Gallardo (76. Ramirez).
Marokko: Kassou, Lamrani, Slimani, Khanoussi, Benkhrif (65. Fadili), Maaroufi, Filali, Ghandi (80. Allaoui), Jarir, Bamous, Mouhob.
Schiedsrichter: Bachramow (UdSSR).

Am 7. Juni in León:
DEUTSCHLAND – BULGARIEN 5:2 (2:1)
Deutschland: Maier, Schnellinger, Vogts, Fichtel, Höttges, Seeler (1), Beckenbauer (72. Weber), Overath, Libuda (1), Müller (3), Löhr (59. Grabowski).
Bulgarien: Simeonow, Gajdarski, Jetschew, Nikodimow (1), Ganelow (58. Schalamanow), Bonew, Penew, Kolew (1), Maratschliew, Asparuchow, Dermendjiew (46. Mitkow).
Schiedsrichter: de Mendibil (Spanien).

Am 10. Juni in León:
DEUTSCHLAND – PERU 3:1 (3:1)
Deutschland: Maier, Vogts, Fichtel, Schnellinger, Höttges (46. Patzke), Seeler, Beckenbauer, Overath, Libuda (75. Grabowski), Müller (3), Löhr.
Peru: Rubinos, P. Gonzalez, de la Torre, Chumpitaz, Fuentes, Mifflin, Challe (70. Cruzado), Sotil, Leon (55. Ramirez), Cubillas (1), Gallardo.
Schiedsrichter: Aguilar (Mexiko).

Am 11. Juni in León:
BULGARIEN – MAROKKO 1:1 (1:0)
Bulgarien: Jordanow, Schalamanow, Nikodimow, Jetschew (1), Gajdarski, Jakimow (60. Bonew), Kolew, Penew (42. Dimitrow), Popow, Asparuchow, Mitkow.
Marokko: Hazzaz, Fadili, Khanoussi, Slimani, Benkhrif, Maaroufi, Bamous (46. Choukri), Filali, Ghandi, Allaoui (73. Faras), Mouhob (1).
Schiedsrichter: Saldanha (Portugal).

1. Deutschland	3 3 0 0	10:4	6:0
2. Peru	3 2 0 1	7:5	4:2
3. Bulgarien	3 0 1 2	5:9	1:5
4. Marokko	3 0 1 2	2:6	1:5

Viertelfinale

Am 14. Juni in Mexico City:
URUGUAY – UdSSR 1:0 (0:0) n.V.
Uruguay: Mazurkiewicz, Ubinas, Matosas, Ancheta, Mujica, Cortez, Montero Castillo, Maneiro, Cubilla, Morales (95. Gomez), Fontes (115. Esparrago – 1).
UdSSR: Kawasaschwilij, Dsodsuaschwilij, Schesternjew, Kaplitschnij, Afonin, Muntjan, Churzilawa (85. Logofet), Asatianij (72. Kiselew), Jewrjuschichin, Bischowez, Chmelnizkij.
Schiedsrichter: van Ravens (Niederlande).

Am 14. Juni in Toluca:
ITALIEN – MEXIKO 4:1 (1:1)
Italien: Albertosi, Burgnich, Cera, Rosato, Facchetti, Domenghini (1 – Gori), De Sisti, Mazzola (46. Rivera – 1), Bertini, Boninsegna, Riva (2).
Mexiko: Calderon, Vantolra, Pena, Guzman, Perez, Munguia (59. Diaz), Pulido, Gonzalez (1 – Borja), Valdivia, Fragoso, Padilla.
Schiedsrichter: Scheurer (Schweiz).

Am 14. Juni in Guadalajara:
BRASILIEN – PERU 4:2 (2:1)
Brasilien: Felix, Carlos Alberto, Brito, Piazza, Marco Antonio, Gerson, Clodoaldo, Rivelino (1), Jairzinho (1 – 67. Paulo Cesar), Tostao (2), Pelé.
Peru: Rubinos, Campos, Fernandez, Chumpitaz, Fuentes, Mifflin, Challe, Cubillas (1), Baylon (53. Sotil), Leon (61. Reyes), Gallardo (1).
Schiedsrichter: Loraux (Belgien).

Am 14. Juni in León:
DEUTSCHLAND – ENGLAND 3:2 (0:1, 2:2) n.V.
Deutschland: Maier, Vogts, Schnellinger, Fichtel, Höttges (46. W. Schulz), Seeler (1), Beckenbauer (1), Overath, Libuda (57. Grabowski), Müller (1), Löhr.
England: Bonetti, Newton, Labone, Moore, Cooper, Mullery (1), Ball, B. Charlton (71. Bell), Peters (1 – 81. Hunter), Lee, Hurst.
Schiedsrichter: Coerezza (Argentinien).

Semifinale

Am 17. Juni in Mexico City:
ITALIEN – DEUTSCHLAND 4:3 (1:0, 1:1) n.V.
Italien: Albertosi, Burgnich (1), Cera, Rosato (91. Poletti), Facchetti, Domenghini, Mazzola (46. Rivera – 1), Bertini, De Sisti, Boninsegna (1), Riva (1).
Deutschland: Maier, Vogts, Schnellinger (1), W. Schulz, Patzke (66. Held), Seeler, Beckenbauer, Overath, Grabowski, Müller (2), Löhr (52. Libuda).
Schiedsrichter: Yamasaki (Mexiko).

Am 17. Juni in Guadalajara:
BRASILIEN – URUGUAY 3:1 (1:1)
Brasilien: Felix, Carlos Alberto, Brito, Piazza, Everaldo, Gerson, Clodoaldo (1), Rivelino (1), Jairzinho (1), Tostao, Pelé (1).
Uruguay: Mazurkiewicz, Ubinas, Matosas, Ancheta Mujica, Cortez, Maneiro (73. Esparrago), Montero Castillo, Cubilla (1), Fontes, Morales.
Schiedsrichter: de Mendibil (Spanien).

Um den dritten Platz

Am 20. Juni in Mexico City:
DEUTSCHLAND – URUGUAY 1:0 (1:0)
Deutschland: Wolter, Patzke, Weber, Schnellinger (1. Lorenz), Vogts, Seeler, Fichtel, Overath, Libuda (75. Löhr), Müller, Held.
Uruguay: Mazurkiewicz, Ubinas, Ancheta, Matosas, Mujica, Maneiro (69. Sandoval), Montero Castillo, Cubilla, Cortez, Fontes (46. Esparrago), Morales.
Schiedsrichter: Sbardella (Italien).

Finale

Am 21. Juni in Mexico City:
BRASILIEN – ITALIEN 4:1 (1:1)
Brasilien: Felix, Carlos Alberto (1), Brito, Piazza, Everaldo, Clodoaldo, Gerson (1), Rivelino (1), Jairzinho (1), Tostao, Pelé (1).
Italien: Albertosi, Cera, Burgnich, Bertini (74. Juliano), Rosato, Facchetti, Domenghini, De Sisti, Mazzola, Boninsegna (1 – 84. Rivera), Riva.
Schiedsrichter: Glöckner (DDR).

10. Fußball-Weltmeisterschaft
1974 in Deutschland

Qualifikation

EUROPA GRUPPE I

Am 14. November 1971 in Malta:
MALTA – UNGARN 0:2 (0:1)
MALTA: Borg Bonaci, Pace, Grima (30. Scerri), A. Camilleri, Micallef, Damanin, Cocks, Vassallo, Bonett, Theobald, Arpa.
UNGARN: Geczy, Nosko, Kovacs, I. Juhasz, Vidats, Szücs, Fazekas, P. Juhasz, Bene (2), A. Dunai, Zambo.
Schiedsrichter: Lo Bello (Italien); Zuschauer: 12 000.

Am 30. April 1972 in Wien:
ÖSTERREICH – MALTA 4:0 (3:0)
ÖSTERREICH: Stachowicz, Schmidradner, Sturmberger, Horvath, Eigenstiller, Daxbacher, Kreuz, Hof (1), Hickersberger (3), Parits, Jara.
MALTA: Borg Bonaci, Pace, Scerri, A. Camilleri, Cini, Darmanin, Cocks, Vassallo, Theobald, Arpa, Spiteri.
Schiedsrichter: Kruaschwili (UdSSR); Zuschauer: 17 000.

Am 6. Mai 1972 in Budapest:
UNGARN – MALTA 3:0 (1:0)
UNGARN: Geczy, Vepi, Pancsics, P. Juhasz, Vidats (57. Balint), Szücs, Szöke, I. Juhasz (1), Bene (1), A. Dunai (24. Kocsis – 1), Zambo.
MALTA: Mizzi, Spiteri, Scerri, A. Camilleri, Cini, Briffa, Cocks, Vassallo, Arpa, Darmanin, Schembri.
Schiedsrichter: Gugulovic (Jugoslawien); Zuschauer: 5600.

Am 25. Mai 1972 in Stockholm:
SCHWEDEN – UNGARN 0:0
SCHWEDEN: Hellström, Cronqvist, Grip, Kristensson, Nordqvist, T. Svensson, B. Larsson, Grahn, Kindvall (82. Flink), Eklund (74. Sandberg), Persson.
UNGARN: Geczy, Fabian, Pancsics, Balint, P. Juhasz, Szücs, Kocsis, Zambo, Szöke (74. A. Dunai), Kü, Bene.
Schiedsrichter: van Ravens (Niederlande); Zuschauer: 29 000.

Am 10. Juni 1972 in Wien:
ÖSTERREICH – SCHWEDEN 2:0 (0:0)
ÖSTERREICH: Koncilia, Pumm (1), Sturmberger, Horvath, Eigenstiller, Hasil, Hof (Hattenberger), Hickersberger, Parits (1), Ettmayer (28. Starek), Jara.
SCHWEDEN: Hellström, Kristensson, Nordqvist, Grip, T. Svensson, B. Larsson, Kindvall, Eklund, Persson, Cronqvist, Eriksson.
Schiedsrichter: Bucheli (Schweiz); Zuschauer: 45 000.

Am 15. Oktober 1972 in Göteborg:
SCHWEDEN – MALTA 7:0 (5:0)
SCHWEDEN: Hellström, Cronqvist, Grip, Maalberg, Nordqvist, B. Larsson (2), Torstensson, Sandberg (1), Szepansky (1), Edström (3), Leback.
MALTA: Mizzi, A. Debono, Scerri (E. Micallef), Briffa, Spiteri, Darmanin, Cocks, Vassallo, Xuereb, Arpa, Seychell (C. Micallef).
Schiedsrichter: Hirviniemi (Finnland); Zuschauer: 24 000.

Am 15. Oktober 1972 in Wien:
ÖSTERREICH – UNGARN 2:2 (0:2)
ÖSTERREICH: Stachowicz, Pumm, Schmidradner, Eigenstiller, Starek, Horvath, Hickersberger, Hasil (1), Parits, Köglberger, Jara (1).
UNGARN: Geczy, Pancsics, P. Juhasz, I. Juhasz, Kovacs, Balint, Szöke, Kocsis (1), A. Dunai (1), Szücs, Zambo.
Schiedsrichter: Glöckner (DDR); Zuschauer: 74 000.

Am 25. November 1972 in La Valetta:
MALTA – ÖSTERREICH 0:2 (0:0)
MALTA: A. W. Debono, Ciantar, Spiteri (1 Eigentor), A. Debono, Darmanin, E. Micallef, Cocks (78. Briffa), Vassallo, An. Camilleri, Arpa, Xuereb.
ÖSTERREICH: Stachowicz, Sara, Eigenstiller (83. Hof), Schmidradner, Pumm, Starek, Hickersberger, Köglberger (1), Parits, Gallos, Jara.
Schiedsrichter: Francescon (Italien); Zuschauer: 5000.

Am 29. April 1973 in Budapest:
UNGARN – ÖSTERREICH 2:2 (1:2)
UNGARN: Geczy, Pancsics (46. Fabian), Kovacs, P. Juhasz, Balint (1), Szücs, Fazekas, Kocsis, Bene, A. Dunai, Zambo (1 – 46. Varadi).
ÖSTERREICH: Koncilia, Sara, Sturmberger, Krieger, Schmidradner, Eigenstiller, Starek (1), Hasil, Parits (72. Hattenberger), Kreuz, Jara (1).
Schiedsrichter: Kitabdjian (Frankreich); Zuschauer: 74 000.

Am 24. Mai 1973 in Göteborg:
SCHWEDEN – ÖSTERREICH 3:2 (1:0)
SCHWEDEN: S. Larsson, Jan Olsson (Atvidaberg), Grip, Jan Olsson (GAIS), Nordqvist, B. Larsson, Grahn (1), Magnusson (73. Palsson), Kindval, Edström, Sandberg (2).
ÖSTERREICH: Stachowicz, Sara, Sturmberger, Krieger, Schmidradner, Starek (1), Hasil (70. Ettmayer), Kreuz, Parits, Jara (1), Hickersberger.
Schiedsrichter: Loraux (Belgien); Zuschauer: 48 000.

Am 13. Juni 1973 in Budapest:
UNGARN – SCHWEDEN 3:3 (1:1)
UNGARN: Bicskei, Török, Kovacs, Szücs, Balint, Vidats (1), Kozma (1 – 46. Szöke), I. Juhasz, Bene, Toth (46. Kocsis), Zambo (1).
SCHWEDEN: S. Larsson, Jan Olsson (Atvidaberg), Jan Olsson (GAIS), Nordqvist, Grip, Grahn, Tapper, Magnusson (46. Torstensson), Kindvall (1), Edström (1 – 80. S. Andersson), Sandberg (1).
Schiedsrichter: Lo Bello (Italien); Zuschauer: 75 000.

Am 11. November 1973 in La Valetta:
MALTA – SCHWEDEN 1:2 (1:2)
MALTA: A. W. Debono, Ciantar, Farrugia, Spiteri, A. Camilleri, Darmanin, Cocks, Vassallo, An. Camilleri (1), Arpa, Aquilina.

STATISTIK ZUR WELTMEISTERSCHAFT 1974

SCHWEDEN: Hellström, Jan Olsson, Tapper, Nordqvist, B. Andersson, Grahn, B. Larsson (1), Sandberg, Kindvall (1 – 53. Torstensson), Edström, Ahlström.
Schiedsrichter: Katsoras (Griechenland); Zuschauen 25 000.

1. Schweden	6	3 2 1	8:4	15:8
2. Österreich	6	3 2 1	8:4	14:7
3. Ungarn	6	2 4 0	8:4	12:7
4. Malta	6	0 0 6	0:12	1:20

Entscheidungsspiel
Am 27. November 1973 in Gelsenkirchen:
SCHWEDEN – ÖSTERREICH 2:1 (2:1)
SCHWEDEN: Hellström, Jan Olsson, Karlsson, Nordqvist, B. Andersson, Grahn, B. Larsson (1), Torstensson, Kindvall, Edström, Sandberg (1).
ÖSTERREICH: Rettensteiner, Eigenstiller, Horvath, Schmidradner, Kriess, Hattenberger (1), Hof, Hasil, Krankl, Kreuz, Jara.
Schiedsrichter: Glöckner (DDR); Zuschauer: 25 000.
Schweden qualifiziert

EUROPA GRUPPE II

Am 7. Oktober 1972 in Luxemburg:
LUXEMBURG – ITALIEN 0:4 (0:3)
LUXEMBURG: Zender, Da Grava, J. Hoffmann, Roemer, Jeitz, Flenghi, Dussier, Weis, Martin, Philipp, Bamberg (46. J.-P. Hoffmann).
ITALIEN: Zoff, Spinosi, Bellugi, Agroppi, Rosato, Burgnich, Mazzola, Capello (1), Chinaglia (1), Rivera, Riva (2).
Schiedsrichter: Wurtz (Frankreich); Zuschauer: 12 000.

Am 21. Oktober 1972 in Bern:
SCHWEIZ – ITALIEN 0:0
SCHWEIZ: Prosperi, Ramseier, Mundschin, Hasler, Boffi, Kuhn (63. Demarmels), Balmer, Odermatt, Müller, Chapuisat, Jeandupeux.
ITALIEN: Zoff, Spinosi, Bellugi, Agroppi, Rosato, Burgnich, Mazzola, Capello, Chinaglia, Rivera, Riva.
Schiedsrichter: Tschenscher (Deutschland); Zuschauer: 58 000.

Am 22. Oktober 1972 in Esch-sur-Alzette:
LUXEMBURG – TÜRKEI 2:0 (2:0)
LUXEMBURG: Zender, Kirsch, Da Grava, Jeitz, Pilot, Trierweiler, Weis, Flenghi, Martin, Braun (1 – 70. Welcher), Dussier (1).
TÜRKEI: Yasin, Ekrem (36. Metin), Tuncay, Özer, Zekeriya, Köksal (75. Cetin), O. Mehmet, Ziya, Gökmen, Osman, Ender.
Schiedsrichter: Riegg (Deutschland); Zuschauer: 5000.

Am 10. Dezember 1972 in Istanbul:
TÜRKEI – LUXEMBURG 3:0 (2:0)
TÜRKEI: Sabri, Ahmet, Ismail, Özer, Zekeriya, Ziya, Metin, Fuat, Osman (2), Köksal (1), O. Mehmet (46. Sevki).
LUXEMBURG: Zender (Martin), Kirsch, Flenghi, Jeitz, Da Grava, Fandel, Trierweiler, Philipp, Dussier, J.-P. Hoffmann, Di Genova.
Schiedsrichter: Bachramow (UdSSR); Zuschauer: 30 000.

Am 13. Januar 1973 in Neapel:
ITALIEN – TÜRKEI 0:0
ITALIEN: Zoff, Spinosi, Marchetti, Agroppi, Bellugi, Burgnich, Causio, Capello, Chinaglia (46. Anastasi), Rivera, Riva.
TÜRKEI: Sabri, A. Mehmet, Özer, Muzaffer, Zekeriya, Ziya, Fuat (88. Köksal), Bülent, O. Mehmet, Cemil (82. Ösman), Metin.
Schiedsrichter: Kruaschwili (UdSSR); Zuschauer: 70 000.

Am 25. Februar 1973 in Istanbul:
TÜRKEI – ITALIEN 0:1 (0:1)
TÜRKEI: Sabri, A. Mehmet, Zekeriya, Özer, Muzaffer, Ziya, Fuat (86. Köksal), Metin, Bülent, Cemil, O. Mehmet (65. Ösman).
ITALIEN: Zoff, Spinosi, Facchetti, Furino, Morini, Burgnich, Causio, Mazzola, Anastasi (1), Capello, Riva.
Schiedsrichter: Aouissi (Algerien); Zuschauer: 40 000.

Am 31. März 1973 in Genua:
ITALIEN – LUXEMBURG 5:0 (2:0)
ITALIEN: Zoff, Sabadini, Facchetti, Benetti, Spinosi, Burgnich, Mazzola, Capello, Anastasi (44. Pulici), Rivera (1 – 83. Sala), Riva (4).
LUXEMBURG: Zender, Kirsch, Hansen, Jeitz, Da Grava, Fandel, Trierweiler (84. Weis), Dussier, Braun, Philipp, Langers.
Schiedsrichter: Seoudi (Tunesien); Zuschauer: 40 000.

Am 8. April 1973 in Luxemburg:
LUXEMBURG – SCHWEIZ 0:1 (0:1)
LUXEMBURG: Moes, Kirsch, Da Grava, Jeitz, Hansen, Pilot, Trierweiler, Langers, Philipp, Braun, Dussier (71. J.-P. Hoffmann).
SCHWEIZ: Prosperi, Boffi, Hasler, Ramseier, Chapuisat, Kuhn Balmer, Odermatt (1), Müller, Quentin, Jeandupeux (46. Demarmels).
Schiedsrichter: Wöhrer (Österreich); Zuschauer: 8000.

Am 9. Mai 1973 in Basel:
SCHWEIZ – TÜRKEI 0:0
SCHWEIZ: Prosperi, Boffi, Hasler, Heer, Chapuisat, Kuhn Balmer, Odermatt, Künzli (45. Quentin), Demarmels, Müller.
TÜRKEI: Sabri, A. Mehmet, Zekeriya, Özer, Ismail, Ziya, Bülent, Köksal, O. Mehmet, Cemil, Metin.
Schiedsrichter: Emsberger (Ungarn); Zuschauer: 52 000.

Am 26. September 1973 in Luzern:
SCHWEIZ – LUXEMBURG 1:0 (1:0)
SCHWEIZ: Deck, Valentini, Hasler, Wegmann, Mundschin, Kuhn, Cornioley (67. Balmer), Odermatt, Müller, Blättler (1), Demarmels.
LUXEMBURG: Moes, Kirsch, Hansen, Pilot, Da Grava, Flenghi, Weis (12. Krecke), Philipp, Dussier, J.-P. Hoffmann (Grettnich), Braun.
Schiedsrichter: Riedel (DDR); Zuschauer: 18 000.

Am 20. Oktober 1973 in Rom:
ITALIEN – SCHWEIZ 2:0 (1:0)
ITALIEN: Zoff, Spinosi, Facchetti, Benetti, Morini, Burgnich, Mazzola, Anastasi, Rivera (1 – 44. Causio), Riva (1).
SCHWEIZ: Deck, Wegmann (46. Stierli), Hasler, Schild, Chapuisat (62. Luisier), Kuhn, Vuilleumier, Odermatt, Müller, Blättler, Jeandupeux.
Schiedsrichter: Camacho (Spanien); Zuschauer: 75 000.

Am 18. November 1973 in Izmir:
TÜRKEI – SCHWEIZ 2:0 (1:0)
TÜRKEI: Yasin, Alpaslan (72. Timucin), Zekeriya, Özer, Tuncay, Ziya, A. Mehmet (46. Melin – 1), Bülent, O. Mehmet, Cemil, T. Mehmet (1).
SCHWEIZ: Deck, Valentini, Hasler, Wegmann, Vuilleumier, Kuhn, Pfister, Odermatt (70. Demarmels), Jeandupeux, Blättler, Chapuisat (70. Meyer).
Schiedsrichter: Davidson (Schottland); Zuschauer: 75 000.

1. Italien	6	4 2 0	10:2	12:0
2. Türkei	6	2 2 2	6:6	5:3
3. Schweiz	6	2 2 2	6:6	2:4
4. Luxemburg	6	1 0 5	2:10	2:14

Italien qualifiziert

EUROPA GRUPPE III

Am 18. Mai 1972 in Lüttich:
BELGIEN – ISLAND 4:0 (2:0)
BELGIEN: Piot, Heylens, Thissen, Dolmans, Vandendaele, Dockx, Semmeling, Polleunis (3), Lambert (46. Teugels), van Himst, Verheyen.
ISLAND: Dagsson, J. Atlason, O. Sigurvinsson, E. Gunnarsson, Kjartansson, M. Geirsson, Juliusson, Leifsson, H. Gunnarsson, Eliasson, E. Geirsson.
Schiedsrichter: Rasmussen (Dänemark); Zuschauer: 7000.

Am 22. Mai 1972 in Brügge:
ISLAND – BELGIEN 0:4 (0:2)
ISLAND: Dagsson, J. Atlason, O. Sigurvinsson, E. Gunnarsson, Kjartansson, M. Geirsson, Juliusson, Leifsson, E. Geirsson, Eliasson, Palsson.
BELGIEN: Piot, Heylens, Thissen, Verheyen, Vandendaele, Dockx (1), F. Janssens (1), Polleunis, Lambert (2), Thio, van Himst.
Schiedsrichter: Byrne (Eire); Zuschauer 12 000.

Am 3. August 1972 in Stavanger:
NORWEGEN – ISLAND 4:1 (0:0)
NORWEGEN: G. Karlsen, Meirik, Slinning, Pettersen, Spydevold, Christiansen, Johansen (1), Lund (1), Berg, J. Fuglset (1), Hestad (1).
ISLAND: T. Atlason, O. Sigurvinsson, E. Gunnarsson, Kjartansson, M. Geirsson, Leifsson, Oskarsson (1), Hafsteinsson, Thordarson, Eliasson, A. Sigurvinsson.
Schiedsrichter: Riedel (DDR); Zuschauer: 8000.

Am 4. Oktober 1972 in Oslo:
NORWEGEN – BELGIEN 0:2 (0:0)
NORWEGEN: Antonsen, Meirik, Pettersen, Spydevold, Alsaker-Nöstdahl, Bornd, Berg, Aas (46. Johansen), Hestad (80. Birkland), T. Fuglset, J. Fuglset.
BELGIEN: Piot, Heylens, Dolmans (1 – 86. Martens), Thissen, Vandendaele, Dockx, Semmeling (1), Polleunis, Lambert (75. Teugels), von Himst, Verheyen.
Schiedsrichter: Mullan (Schottland); Zuschauer: 10 000.

Am 1. November 1972 in Rotterdam:
NIEDERLANDE – NORWEGEN 9:0 (1:0)
NIEDERLANDE: van Beveren, Schneider, Mansveld, Hulshoff, Krol, de Jong (1), Neeskens (3), Pahlplatz (65. Brokamp – 2), Cruyff (2), van Hanegem, Keizer (1).
NORWEGEN: Haftorsen, Pettersen, Spydevold, Meirik, Slinning (Lund), Hammerö (Birkelund), Bornd, Hestad, T. Fuglset, J. Fuglset, Johansen.
Schiedsrichter: Ekszlajn (Polen); Zuschauer: 40 000.

Am 19. November 1972 in Antwerpen:
BELGIEN – NIEDERLANDE 0:0
BELGIEN: Piot, Heylens, Thissen, Dewalque, Vandendaele, Dockx, Semmeling, van Moer (75. Verheyen), van Himst, Devrindt, Martens.
NIEDERLANDE: van Beveren, Mansveld, Suurbier, Hulshoff, Krol, de Jong, Neeskens, Brokamp, Cruyff, van Hanegem, Keizer.
Schiedsrichter: Walker (England); Zuschauer: 57 000.

Am 2. August 1973 in Reykjavik:
ISLAND – NORWEGEN 0:4 (0:1)
ISLAND: Olafsson, E. Sigurvinsson, A. Gunnarsson, Kjartansson, E. Gunnarsson, M. Geirsson, Edvaldsson, Leifsson, Juliusson, Hallgrimsson, E. Geirsson.
NORWEGEN: G. Karlsen, H. Karlsen, Birkelund, Olafsen, Pettersen (1), Johansen (1), Hovdan, Kvia, Iversen (75. Hestad), Sunde (1), Lund (1).
Schiedsrichter: Dahlberg (Schweden), Zuschauer: 6000.

Am 22. August 1973 in Amsterdam:
NIEDERLANDE – ISLAND 5:0 (4:0)
NIEDERLANDE: van Beveren, Suurbier, Krol (32. Schneider), Neeskens, Hulshoff, Haan (1), Rep, Brokamp (1 – 61. G. Mühren), Cruyff (2), van Hanegem (1), Keizer.
ISLAND: Olafsson, O. Sigurvinsson, A. Gunnarsson, Kjartansson, E. Gunnarsson (63. Hallgrimsson), M. Geirsson, Edvaldsson, Leifsson, Juliusson, H. Gunnarsson, E. Geirsson.
Schiedsrichter: Colling (Luxemburg); Zuschauer: 26 000.

Am 29. August 1973 in Deventer:
ISLAND – NIEDERLANDE 1:8 (1:4)
ISLAND: Olafsson, E. Sigurvinsson, A. Gunnarsson, Kjartansson, E. Gunnarsson, M. Geirsson, Edvaldsson; Leifsson, Juliusson, Hallgrimsson, E. Geirsson (1).
NIEDERLANDE: Schryvers, Suurbier, Schneider (1), Hulshoff, Krol, Haan, Neeskens (1), van Hanegem (1), R. v. d. Kerkhof (1), Cruyff (2), Brokamp (2).
Schiedsrichter: Hirviniemi (Finnland); Zuschauer: 23000.

Am 12. September 1973 in Oslo:
NORWEGEN – NIEDERLANDE 1:2 (0:1)
NORWEGEN: G. Karlsen, H. Karlsen, J. Birkelund, Gröndalen, Hovdan, Christiansen, Pettersen, Kvia, Sunde (Johansen), Hestad (1), Lund.
NIEDERLANDE: van Beveren, Schneider, Hulshoff (1), Drost, Krol, Jansen, van Hanegem (80. Haan), G. Mühren, R. v. d. Kerkhof, Cruyff (1), Brokamp.
Schiedsrichter: Wright (Nordirland); Zuschauer: 2000.

Am 31. Oktober 1973 in Brüssel:
BELGIEN – NORWEGEN 2:0 (1:0)
BELGIEN: Sanders, Bastijns, Dolmans (1), van Binst (75. van der Elst), Dewalque, Dockx, Verheyen, F. Janssens, van Herp (46. Lambert – 1), van Himst, J. Janssens.
NORWEGEN: G. Karlsen, H. Karlsen, J. Birkelund, Gröndalen, Hovdan, Christiansen (70. Johansen), Pettersen, Kvia (80. S. Karlsen), Johansen, Hestad, Lund.
Schiedsrichter: Jursa (CSSR); Zuschauer: 25 000.

Am 18. November 1973 in Amsterdam:
NIEDERLANDE – BELGIEN 0:0
NIEDERLANDE: Schryvers, Suurbier, Mansveld, Hulshoff, Krol, Haan, Neeskens, Rep, G. Mühren, Rensenbrink, Cruyff.
BELGIEN: Piot, van Binst (78. Desanghere), Thissen, Dewalque, Vandendaele, Dockx, Semmeling, Verheyen, Lambert, van Himst, Martens.
Schiedsrichter: Kasakow (UdSSR); Zuschauer: 63 000.

1. Niederlande	6	4 2 0	10:2	24:2
2. Belgien	6	4 2 0	10:2	12:0
3. Norwegen	6	2 0 4	4:8	9:16
4. Island	6	0 0 6	0:12	2:29

Niederlande qualifiziert

EUROPA GRUPPE IV

Am 21. Juni 1972 in Helsinki:
FINNLAND – ALBANIEN 1:0 (1:0)
FINNLAND: Nevanperä, Kosonen, Rajantie, Mäkynen, Ranta, Suomalainen, Heikkilä, Litmanen, Toivola (1), Suhonen, Nuoranen.
ALBANIEN: Muhedini, Ghika, Berisha, Ziu, Cani, Seidini, Pernaska, Ragami, Bizi, Pano, Giafa.
Schiedsrichter: Lööw (Schweden); Zuschauer: 1500.

Am 20. September 1972 in Helsinki:
FINNLAND – RUMÄNIEN 1:1 (0:0)
FINNLAND: Nevanperä, Kosonen, Rajantie, Saviomaa, Ranta, Heikkilä, Forssell (Suhonen), Toivola, Rissanen (1), Paatelainen, Nuoranen (Flink).
RUMÄNIEN: Raducanu, Satmareanu, Dobrau, Nicolae, Dimitru, Dinu, Lucescu, Domide, Neagu, Nunweiler (1), Dumitrescu.
Schiedsrichter: Ekszlajn (Polen); Zuschauer: 5500.

Am 7. Oktober 1972 in Dresden:
DDR – FINNLAND 5:0 (0:0)
DDR: Croy, Weise (65. Ganzera), Bransch, Sammer, Wätzlich, Seguin, Pommerenke, Sparwasser (2), P. Ducke, Kreische (1), Streich (2).
FINNLAND: Nevanperä, Kosonen, Rajantie, Saviomaa, Ranta, Forssell, Heikkilä, Toivola, Rissanen, Suhonen (65. Paatelainen), Flink (53. Nuoranen).
Schiedsrichter: Radountschew (Bulgarien); Zuschauer: 16 000.

Am 29. Oktober 1972 in Bukarest:
RUMÄNIEN – ALBANIEN 2:0 (2:0)
RUMÄNIEN: Adamache, Satmareanu, Deleanu, Anca, Dobrau, Antonescu, Dembrovschi (1 – 60. Iordanescu), Dobrin (1), Dumitrache, Nunweiler, Lucescu.
ALBANIEN: Muhedini, Ghika, Berisha, Seidini, Ibershimi, G. Xhafa, Ragami, Pernaska, Bizi, Gurma, Pano.
Schiedsrichter: Vamvacopoulos (Griechenland); Zuschauer: 20 000.

Am 7. April 1973 in Magdeburg:
DDR – ALBANIEN 2:0 (0:0)
DDR: Croy, Kische, Zapf, Bransch, Kurbjuweit, Seguin, Sparwasser (1), Streich (1), Ducke (78. Löwe), Kreische, Vogel.
ALBANIEN: Rama, Ghika, Berisha, Seidini, Ibershimi, G. Xhafa, Pernaska, Ragami, Pano, Gurma, U. Xhafa.
Schiedsrichter: Helies (Frankreich); Zuschauer: 25 000.

Am 6. Mai 1973 in Tirana:
ALBANIEN – RUMÄNIEN 1:4 (0:2)
ALBANIEN: Rama (30. Muhedini), Ghika, Berisha, Ibershimi, Seidini, Ragami, G. Xhafa, Gurma, Pernaska (12. Sthama), Pano, Bizi (1).
RUMÄNIEN: Raducanu, Satmareanu, Antonescu, Dinu, Deleanu, Dumitru (1), Nunweiler, Troi (1), Dumitrache, Iordanescu, Marcu (46. Taralunga – 1).
Schiedsrichter: Raus (Jugoslawien); Zuschauer: 40 000.

Am 27. Mai 1973 in Bukarest:
RUMÄNIEN – DDR 1:0 (0:0)
RUMÄNIEN: Raducanu, Satmareanu, Deleanu, Antonescu, Dinu, Dumitru, Troi, Dobrin, Dumitrache (1), Nunweiler, Marcu (77. Taralunga).
DDR: Blochwitz, Ganzera (68. Pommerenke), Bransch, Sammer, Kurbjuweit, Lauck, Seguin, Löwe, Ducke (65. Vogel), Kreische, Streich.
Schiedsrichter: Linemayr (Österreich); Zuschauer: 75 000.

Am 6. Juni 1973 in Tampere:
FINNLAND – DDR 1:5 (0:3)
FINNLAND: Enckelman, Forssell, Rajantie, Saviomaa, Ranta, Suomalainen, Nikkanen, Virkkunen (46. Suhonen), Manninen (1), Paatelainen, Toivola.
DDR: Blochwitz, Weise, Bransch, Sammer, Kurbjuweit, Lauck, Pommerenke (22. Häfner), Löwe (1), Ducke (1), Kreische (1), Streich (2).
Schiedsrichter: Kasakow (UdSSR); Zuschauer: 6500.

Am 26. September 1973 in Leipzig:
DDR – RUMÄNIEN 2:0 (1:0)
DDR: Croy, Kurbjuweit, Bransch (2), Sammer, Fritsche, Lauck, Seguin, Streich, Ducke, Kreische (61. Sparwasser), Löwe.
RUMÄNIEN: Raducanu, Satmareanu, Antonescu, Deleanu, Dumitru, Dinu, Nunweiler, Taralunga (46. Sames), Dumitrache, Dobrin (83. Dembrovschi), Iordanescu.
Schiedsrichter: Scheurer (Schweiz); Zuschauer: 95 000.

Am 10. Oktober 1973 in Tirana:
ALBANIEN – FINNLAND 1:0 (1:0)
ALBANIEN: Dinella, Vaso, Ibershimi, Berisha, Seidini, Allai, Ragami (1), Braho, Pernaska (46. Murati), Hoxha, Kalluci.
FINNLAND: Alaja, Ranta, Virkkunen, Saviomaa, Mäkynen, Suomalainen, Toivola, Paavolainen, Manninen, Bergström, Suhonen (46. Paatelainen).
Schiedsrichter: Angonese (Italien); Zuschauer: 15 000.

STATISTIK ZUR WELTMEISTERSCHAFT 1974

Am 14. Oktober 1973 in Bukarest:
RUMÄNIEN – FINNLAND 9:0 (5:0)
RUMÄNIEN: Raducanu, Satmareanu, Deleanu, Antonescu, Sames, Dinu, Pantea (2), Dumitrache (2 – 75. Georgescu – 1), Sandu (1), Dumitru (1), Marcu (2).
FINNLAND: Alaja, Virkkunen, Saviomaa, Rajantie (70. Forssell), Ranta, Suomalainen, Kallio, Paavolainen, Manninen, Paatelainen (70. Bergström), Toivola.
Schiedsrichter: Emsberger (Ungarn); Zuschauer: 27 000.

Am 3. November 1973 in Tirana:
ALBANIEN – DDR 1:4 (1:2)
ALBANIEN: Muhedini (67. Dinella), Ghika (1), Berisha, Vaso, Ibershimi, Seidini, Braho, Ragami, Pernaska, Pano, Curri (46. Gurma).
DDR: Croy, Fritsche, Bransch, Weise (81. Vogel), Kurbjuweit, Lauck, Sparwasser (1), Frenzel (67. Stein), Ducke, Streich (2), Löwe (1).
Schiedsrichter: Bonett (Malta); Zuschauer: 25 000.

1. DDR	6	5 0 1	10:2	18:3
2. Rumänien	6	4 1 1	9:3	17:4
3. Finnland	6	1 1 4	3:9	3:21
4. Albanien	6	1 0 5	2:10	3:13

DDR qualifiziert

EUROPA GRUPPE V

Am 15. November 1973 in Cardiff:
WALES – ENGLAND 0:1 (0:1)
WALES: Sprake, Thomas, Rodriguez, England, Hennessey, Hockey, Phillips, Mahoney, W. Davies, Toshack, James.
ENGLAND: Clemence, Storey, Hughes, Hunter, McFarland, Moore, Keegan, Bell (1), Chivers, Marsh, Ball.
Schiedsrichter: Mullan (Schottland); Zuschauer: 36 000.

Am 24. Januar 1973 in London:
ENGLAND – WALES 1:1 (1:1)
ENGLAND: Clemence, Storey, Hughes, Hunter (1), McFarland, Moore, Keegan, Bell, Chivers, Marsh, Ball.
WALES: Sprake, Rodriguez, Thomas, Hockey, England, J. Roberts, James, Yorath, Toshack (1), Mahoney, Evans.
Schiedsrichter: Wright (Nordirland); Zuschauer: 62 000.

Am 28. März 1973 in Cardiff:
WALES – POLEN 2:0 (0:0)
WALES: Sprake, Rodriguez, Thomas, D. Roberts, J. Roberts, Hockey (1), James (1), Yorath, Toshack, Mahoney, Evans.
POLEN: Tomaszewski, Gut, Gorgon, Anczok, Cmikiewicz, Mascczyk, Kasperczak, Kraska, Deyna, Lubanski, Gadocha.
Schiedsrichter: Rigo-Sureda (Spanien); Zuschauer: 13 000.

Am 6. Juni 1973 in Kattowitz:
POLEN – ENGLAND 2:0 (1:0)
POLEN: Tomaszewski, Rzesny, Gorgon, Musial, Bulzacki, Kraska, Banas (1), Cmikiewicz, Deyna, Lubanski (1 – 57. Domarski), Gadocha.
ENGLAND: Shilton, Madeley, Hughes, Storey, McFarland, Moore, Ball, Bell, Chivers, Clarke, Peters.
Schiedsrichter: Schiller (Österreich); Zuschauer: 130 000.

Am 26. September 1973 in Kattowitz:
POLEN – WALES 3:0 (2:0)
POLEN: Tomaszewski, Szymanowski, Gorgon, Musial, Bulzakki, Kasperczak, Lato (1), Cmikiewicz, Deyna, Domarski (1), Gadocha (1).
WALES: Sprake, Rodriguez, Thomas, Mahoney, England, J. Roberts, Evans, Yorath, W. Davies, Hockey, James.
Schiedsrichter: Dahlberg (Schweden); Zuschauer: 120 000.

Am 17. Oktober 1973 in London:
ENGLAND – POLEN 1:1 (0:0)
ENGLAND: Shilton, Madeley, Hughes, Bell, McFarland, Hunter, Currie, Channon, Chivers (89. Hector), Clarke (1), Peters.
POLEN: Tomaszewski, Szymanowski, Musial, Cmikiewicz, Gorgon, Bulzacki, Kasperczak, Deyna, Lato, Domarski (1), Gadocha.
Schiedsrichter: Loraux (Belgien); Zuschauer: 100 000.

1. Polen	4	2 1 1	5:3	6:3
2. England	4	1 2 1	4:4	3:4
3. Wales	4	1 1 2	3:5	3:5

Polen qualifiziert

EUROPA GRUPPE VI

Am 29. März 1972 in Lissabon:
PORTUGAL – ZYPERN 4:0 (2:0)
PORTUGAL: J. Henrique, Rebelo, Carrico, Humberto (1), Rolando, Toni, Graca, Eusebio (58. Peres), Nene (1 – 58. Dinis), Artur Jorge (1), Jordao (1).

ZYPERN: Varnavas, Partasides (30. Angelides), K. Constantinou, Michalakis, Stephanou, Charalambous, Koureas, Vassiliou, Theodorou (64. Asprou), A. Stylianou, Papadopoulos.
Schiedsrichter: Loraux (Belgien); Zuschauer: 3000.

Am 10. Mai 1972 in Nikosia:
ZYPERN – PORTUGAL 0:1 (0:0)
ZYPERN: Varnavas, Theodorou, Partasides, Charalambous, Koureas, Stephanou, Papadopoulos, Antoniou, Asprou, Vassiliou, A. Stylianou.
PORTUGAL: J. Henrique, Artur, Humberto, Freitas, Toni, Graca, Matine, Chico (Abel), Batesta (Dinis), Peres, Artur Jorge.
Schiedsrichter: Chevorc (Rumänien)'; Zuschauer: 12 000.

Am 18. Oktober 1972 in Sofia:
BULGARIEN – NORDIRLAND 3:0 (1:0)
BULGARIEN: Filipow, I. Safirow, Stankow, Janow, Kolew (1), Penew, M. Wassilew, Bonew (2), Denew, Stojanow, Simow (76. Swetkow).
NORDIRLAND: Jennings, Rice, Nelson, Neill, Hunter, Clements, Hamilton (56. Morgan), McMordie, Dougan, Hegan, Best.
Schiedsrichter: Schulenburg (Deutschland); Zuschauer: 50 000.

Am 19. November 1972 in Nikosia:
ZYPERN – BULGARIEN 0:4 (0:3)
ZYPERN: Aligviades, Kattos, Theodorou, K. Constantinou (Leonidas), S. Stylianou, Asprou, Stephanou, Charalambous, Kaiafas, Koudas, A. Stylianou.
BULGARIEN: Filipow, I. Safirow, Stankow, Jonow, Kolew, Bantschew, Kirow (M. Wassilew), Bonew (1), Michailow (1 – Dimitrow), Stojanow, Denew (2).
Schiedsrichter: Lo Bello (Italien); Zuschauer: 12 000.

Am 14. Februar 1973 in Nikosia:
ZYPERN – NORDIRLAND 1:0 (0:0)
ZYPERN: Fanos, N. Stylianou, Theodorou, S. Stylianou, Koureas, Stephanou, Efthymiades (88. Yiolitis), Charalambous, Papadopoulos, Antoniou (1), A. Stylianou (85. Tartaros).
NORDIRLAND: Jennings, Craig, Rice, Neill, Hunter, Clements, Hamilton, Hegan, Dougan, Dickson, Nelson.
Schiedsrichter: Bentu (Rumänien); Zuschauer: 10 000.

Am 28. März 1973 in Coventry (England):
NORDIRLAND – PORTUGAL 1:1 (0:0)
NORDIRLAND: Jennings, Nelson, O'Kane, Neill, Hunter, Clements, Hamilton, Morgan, O'Neill (1), Dougan, Coyle.
PORTUGAL: J. Henrique, Artur, Alhinho, Freitas, Adolfo, Pavao (70. Dinis), Nene, Matine, Abel, Eusebio (1), Simoes.
Schiedsrichter: Schiller (Österreich); Zuschauer: 11 000.

Am 2. Mai 1973 in Sofia:
BULGARIEN – PORTUGAL 2:1 (10)
BULGARIEN: Jordanow, I. Safirow, Iwkow, Aladjow, Kolew, Penew, M. Wassilew (60. Dermendjiew), Bonew (1), Michailow (75. Jekow), Stojanow, Denew (1).
PORTUGAL: J. Henrique, Artur, Humberto, Mendes, Adolfo, Toni, Quaresma (64. Pavao), Jacinto (46. Nene – 1), Artur Jorge, Eusebio, Simoes.
Schiedsrichter: Gugulovic (Jugoslawien); Zuschauer: 62 000.

Am 8. Mai 1973 in London (England):
NORDIRLAND – ZYPERN 3:0 (3:0)
NORDIRLAND: McFaul, O'Kane, Craig, Neill, Hunter, Clements, Jackson, Hamilton, Morgan (1), O'Neill, Anderson (2).
ZYPERN: Varnavas, N. Stylianou, Theodorou, S. Stylianou, Koureas, Stephanou, Efthymiades, K. Constantinou, Papadopoulos, Koudas, A. Stylianou.
Schiedsrichter: Jones (Wales); Zuschauer: 7000.

Am 26. September 1973 in Sheffield (England):
NORDIRLAND – BULGARIEN 0:0
NORDIRLAND: McFaul, Rice, Craig, O'Kane, Hunter, Clements, Hamilton, Jackson (Coyle), Morgan, O'Neill (Cassidy), Anderson.
BULGARIEN: Goranow, I. Safirow, Iwkow, Aladjow, Kolew, Jetschew, Alexandrow, Bonew, Milanow, Stojanow, Denew.
Schiedsrichter: Nyhus (Norwegen); Zuschauer: 6300.

Am 13. Oktober 1973 in Lissabon:
PORTUGAL – BULGARIEN 2:2 (0:0)
PORTUGAL: J. Henrique, Artur, Humbert, Alhinho, Matine, Toni, Simoes (1), Nene, Torres, Eusebio (30. Quaresma – 1), Dinis.
BULGARIEN: Goranow, I. Safirow, Iwkow, Aladjow, Kolew, Jetschew, Woinow, Bonew (2), Milanow, Stojanow, Nikolow.
Schiedsrichter: Taylor (England), Zuschauer: 35 000.

Am 14. November 1973 in Lissabon:
PORTUGAL – NORDIRLAND 1:1 (1:0)
PORTUGAL: Damas, Pietra, Humberto, Alhinho, Adolfo, Octavio, Nene, Toni, Jordao (1), Fraguito, Dinis.

NORDIRLAND: Jennings, Rice, Craig, Jackson, O'Kane, Clements, Anderson, O'Neill, Morgan, Lutton (1), Best.
Schiedsrichter: Sanchez Ibanez (Spanien); Zuschauer: 12 000.

Am 18. November 1973 in Sofia:
BULGARIEN – ZYPERN 2:0 (1:0)
BULGARIEN: Goranow, I. Safirow, Iwkow, Aladjow, Kolew (1), Jetschew, Woinow, Bonew, Milanow, Stojanow, Denew (1).
ZYPERN: A. Constantinou, S. Stylianou, Michalakis, K. Constantinou, Koureas, Antoniou, Papettas, Efthymiades, Kaiafas, Charalambous, Kanaris.
Schiedsrichter: Placek (ČSSR); Zuschauer: 20 000.

1. Bulgarien	6 4 2 0	10:2	13:3
2. Portugal	6 2 3 1	7:5	10:6
3. Nordirland	6 1 3 2	5:7	5:6
4. Zypern	6 1 0 5	2:10	1:14

Bulgarien qualifiziert

EUROPA GRUPPE VII

Am 19. Oktober 1972 in Las Palmas:
SPANIEN – JUGOSLAWIEN 2:2 (1:0)
SPANIEN: Iribar, Sol (46. Lora, 65. Ufarte), Gallego, De La Cruz, Tonono, Jose Luis, Amancio (1), Pirri, Marcial, Asensi (1), Valdez.
JUGOSLAWIEN: Maric, Krivokuca, Stepanovic, Pavlovic, Paunovic, Holcer, Petkovic, Acimovic, Bajevic (2), Vladic, Dzajic.
Schiedsrichter: Walker (England); Zuschauer: 35 000.

Am 19. November 1972 in Belgrad:
JUGOSLAWIEN – GRIECHENLAND 1:0 (1:0)
JUGOSLAWIEN: Maric, Krivokuca, Stepanovic, Pavlovic, Paunovic, Holcer, Petkovic, Acimovic (1), Bajevic (Bjekovic), Vladic, Dzajic.
GRIECHENLAND: Christidis, Dimitriou, Angelis, Siokos, Glezos, Sarafis, Elekfterakis, Delikaris, Koudas, Kritikopoulos (Antoniadis), Papaioannou.
Schiedsrichter: Tschenscher (Deutschland); Zuschauer: 73 000.

Am 17. Januar 1973 in Athen:
GRIECHENLAND – SPANIEN 2:3 (0:1)
GRIECHENLAND: Konstantinou, Dimitriou, Angelis, Siokos, Glezos, Elekfterakis, Koudas (1), Sarafis, Antoniadis, Papaioannou (67. Aslanidis), Delikaris (46. Domazos – 1).
SPANIEN: Iribar, Macias (63. Quini), Gallego, Benito, Violeta, Jose Luis, Amancio, Pirri, Garate (63. Claramunt – 1), Asensi, Valdez (2).
Schiedsrichter: Glöckner (DDR); Zuschauer 25 000.

Am 21. Februar 1973 in Malaga:
SPANIEN – GRIECHENLAND 3:1 (2:1)
SPANIEN: Reina, Sol (1), Gallego, Benito, Violeta, Claramunt (1), Amancio (Martinez – 1), Rojo, Garate, Asensi, Valdez.
GRIECHENLAND: Konstantinou, Pallas, Athanasopoulos, Siokos, Kapsis, Dimitriou, Terzanidis (62. Nikolaidis), Sarafis, Antoniadis (1), Elefterakis, Michalopoulos.
Schiedsrichter: Kitabdjian (Frankreich); Zuschauer: 35 000.

Am 21. Oktober 1973 in Zagreb:
JUGOSLAWIEN – SPANIEN 0:0
JUGOSLAWIEN: Maric, Krivokuca (61. Surjak), Bogicevic, Pavlovic, Katalinski, Vabec, Bjekovic (77. Karasi), Acimovic, Bajevic, Jerkovic, Oblak.
SPANIEN: Iribar, Sol, Benito, Uriarte, J. Martinez (30. Irureta), Costas, R. Martinez, Claramunt, Garate, Asensi, Valdez.
Schiedsrichter: Wöhrer (Österreich); Zuschauer: 65 000.

Am 19. Dezember 1973 in Piräus:
GRIECHENLAND – JUGOSLAWIEN 2:4 (2:2)
GRIECHENLAND: Kelesidis, Dimitriou, Angelis, Siokos, Glezos, Elekfterakis (1), Paridis (62. Koudas), Terzanidis, Kritikopoulos, Domazos, Delikaris (77. Aslanidis).
JUGOSLAWIEN: Maric, Buljan, E. Hadziabdic, Pavlovic, Katalinski (1 Eigentor), Jerkovic (46. Surjak – 1), Petkovic, Karasi (2), Bajevic (1), Acimovic, Dzajic (58. V. Petrovic).
Schiedsrichter: Tschenscher (Deutschland); Zuschauer: 15 000.

1. Spanien	4 2 2 0	6:2	8:5
2. Jugoslawien	4 2 2 0	6:2	7:4
3. Griechenland	4 0 0 4	0:8	5:11

Entscheidungsspiel
Am 13. Februar 1974 in Frankfurt am Main:
JUGOSLAWIEN – SPANIEN 1:0 (1:0)
JUGOSLAWIEN: Maric, Buljan, E. Hadziabdic, Oblak, Katalinski (1), Bogicevic, Petkovic, Karasi, Surjak, Acimovic, Dzajic.
SPANIEN: Iribar, Sol, Benito, Uriarte, J. Martinez, Claramunt, Amancio (73. Quini), Perez (73. Marcial), Garate, Asensi, Valdez.
Schiedsrichter: Loraux (Belgien); Zuschauer: 62 000.

Jugoslawien qualifiziert

EUROPA GRUPPE VIII

Am 18. Oktober 1972 in Kopenhagen:
DÄNEMARK – SCHOTTLAND 1:4 (1:2)
DÄNEMARK: Therkildsen, T. Nielsen, Munk-Jensen, H. Jensen, Roentved, Ahlberg, E. Nielsen, Steen Olsen, Laudrup (1), Björnmose, J. Hansen (58. B. Jensen).
SCHOTTLAND: Clark, Brownlie, Forsyth, Bremner, Colquhoun, Buchan, Lorimer, Macari (1), Bone (1 – 68. Harper – 1), Graham, Morgan (1).
Schiedsrichter: Bachramow (UdSSR); Zuschauer: 31 000.

Am 15. November 1972 in Glasgow:
SCHOTTLAND – DÄNEMARK 2:0 (1:0)
SCHOTTLAND: Harvey, Brownlie, Donachie, Bremner, Colquhoun, Buchan, Lorimer (1), Dalglish (1), Harper, Graham, Morgan.
DÄNEMARK: Therkildsen, Ahlberg, J. Hansen, Munk-Jensen, Roentved, Gjerre, Michaelsen, Le Fevre, Steen Olsen, B. Jensen, Christensen.
Schiedsrichter: Corver (Niederlande); Zuschauer: 50 000.

Am 2. Mai 1973 in Kopenhagen:
DÄNEMARK – TSCHECHOSLOWAKEI 1:1 (1:1)
DÄNEMARK: Therkildsen, Ahlberg, V. Jensen, Björnmose (1), Andresen (46. Rastad), Bjerre, Lund, Steen Olsen, Dahl, Nygaard, Holmström.
TSCHECHOSLOWAKEI: Viktor, Dobias, Samek, L. Zlocha, Hagara, Bicovsky, B. Vesely, Stafura, Kuna (1 – 46. Adamec), Petras, J. Capkovic.
Schiedsrichter: Lo Bello (Italien); Zuschauer: 21 000.

Am 6. Juni 1973 in Prag:
TSCHECHOSLOWAKEI – DÄNEMARK 6:0 (0:0)
TSCHECHOSLOWAKEI: Viktor, Pivarnik, Hagara (1), L. Zlocha, Samek, (69. Dobias), Bicovsky (1), B. Vesely (3), I. Novak (46. Adamec), Kuna, Nehoda (1), Stratil.
DÄNEMARK: Therkildsen, Ahlberg, Bjerre, Roentved, V. Jensen, H. E. Hansen (64. Vonsyld), E. Nielsen, Nygaard, Lund (68. Fritsen), Dahl, H. Hansen.
Schiedsrichter: Bucheli (Schweiz); Zuschauer: 15 000.

Am 26. September 1973 in Glasgow:
SCHOTTLAND – TSCHECHOSLOWAKEI 2:1 (1:1)
SCHOTTLAND: Hunter, Jardine, McGrain, Bremner, Holton (1), Connelly, Morgan, Hay, Law, Dalglish, Hutchison (46. Jordan – 1).
TSCHECHOSLOWAKEI: Viktor, Pivarnik, Bendl, Bicovsky, Samek, L. Zlocha, Nehoda (1), Adamec, Kuna (14. Dobias), Stratil, Panenka (76. Capkovic).
Schiedsrichter: Öberg (Norwegen); Zuschauer: 100 000.

Am 17. Oktober 1973 in Bratislava:
TSCHECHOSLOWAKEI – SCHOTTLAND 1:0 (1:0)
TSCHECHOSLOWAKEI: Viktor, Pivarnik, Hagara, Samek, Dvorak, Bicovsky, Pollak, Gajdusek, F. Vesely (62. Klement), Nehoda (1), J. Capkovic (76. Panenka).
SCHOTTLAND: Harvey, Jardine, McGrain, Hay, Forsyth, Blackley, Morgan, Dalglish, Law (62. Ford), Jordan, Hutchison.
Schiedsrichter: Biwersi (Deutschland); Zuschauer: 15 000.

1. Schottland	4 3 0 1	6:2	8:3
2. Tschechoslowakei	4 2 1 1	5:3	9:3
3. Dänemark	4 0 1 3	1:7	2:13

Schottland qualifiziert

STATISTIK ZUR WELTMEISTERSCHAFT 1974

EUROPA GRUPPE IX

Am 13. Oktober 1972 in Paris:
FRANKREICH – UdSSR 1:0 (0:0)
FRANKREICH: Camus, Broissart, Rostagni, Quittet, Tresor, Adams, Chiesa (Loubet), Michel, Revelli, Larque, Bereta (1).
UdSSR: Rudakow, Dsodsuaschwilij, Churzilawa, Lowtschew, Kaplitschnij, Olschanskij, Ischtojan (75. Jewrjuschichin), Semjonow, Fedotow, Kolotow, Blochin.
Schiedsrichter: Scheurer (Schweiz); Zuschauer: 30 000.

Am 18. Oktober 1972 in Dublin:
EIRE – UdSSR 1:2 (0:0)
EIRE: Kelly, Kinnear, Carroll, Hand, McConville, Martin, Campbell, Rogers (63. Leech), Heighway, Treacy, Conroy (1).
UdSSR: Pilgui (Rudakow), Dsodsuaschwilij, Churzilawa, Lowtschew, Kaplitschnij, Kolotow (1), Muntjan, Semjonow, Fedotow (1), Pusatsch, Jewrjuschichin.
Schiedsrichter: Öberg (Norwegen); Zuschauer: 28 000.

Am 15. November 1972 in Dublin:
EIRE – FRANKREICH 2:1 (1:0)
EIRE: Kelly, Kinnear, Mulligan, McConville, Holmes, Byrne (63. Campbell), Giles, Hand, Conroy (1), Treacy (1), Givens.
FRANKREICH: Camus, Broissart, Rostagni, Quittet, Tresor, Adams, Loubet (63. Molitor), Huck, Revelli, Larque (1), Bereta.
Schiedsrichter: Rasmussen (Dänemark); Zuschauer: 33 000.

Am 13. Mai 1973 in Moskau:
UdSSR – EIRE 1:0 (1:0)
UdSSR: Pilgui, Dsodsuaschwilij, Churzilawa, Lowtschew, Kaplitschnij, Kolotow, Muntjan (78. Olschanskij), Kusnezow, Adriasjan (65. Fedotow), Onischenko (1), Blochin.
EIRE: Kelly, Carroll, Holmes, Mulligan, McConville, Hand, Givens, Martin, Treacy, Giles (46. Byrne), Conroy (46. Dennehy).
Schiedsrichter: Dahlberg (Schweden); Zuschauer: 68 000.

Am 19. Mai 1973 in Paris:
FRANKREICH – EIRE 1:1 (0:0)
FRANKREICH: Camus, Domenech, Rostagni, Quittet, Tresor, Adams, Floch, Michel, Revelli, Larque (61. Chiesa – 1), Bereta.
EIRE: Kelly, Carroll (25. Herrick), Holmes, Mulligan, McConville Martin, Dennehy, Hand, Treacy, Byrne, Givens (1).
Schiedsrichter: Rainea (Rumänien); Zuschauer: 40 000.

Am 26. Mai 1973 in Moskau:
UdSSR – FRANKREICH 2:0 (0:0)
UdSSR: Rudakow, Dsodsuaschwilij, Churzilawa (46. Fedotow), Lowtschew, Kaplitschnij, Wasenin, Muntjan, Kusnezow (46. Olschanskij), Andriasjan, Onischenko, Blochin (1).
FRANKREICH: Baratelli, Broissart, Rostagni, Gardon, Tresor, Quittet, Floch (46. Mezy), Michel, Revelli, Chiesa, Bereta.
Schiedsrichter: Biwersi (Deutschland); Zuschauer: 90 000.

1. UdSSR	4 3 0 1	6:2		5:2
2. Irland	4 1 1 2	3:5		4:5
3. Frankreich	4 1 1 2	3:5		3:5

UdSSR für das Entscheidungsspiel mit Chile, dem Sieger der Südamerika-Gruppe III, qualifiziert.

SÜDAMERIKA GRUPPE I

Am 21. Juni 1973 in Bogota:
KOLUMBIEN – EKUADOR 1:1 (1:0)
KOLUMBIEN: Zape, Ortega, Rodriguez, Segovia, Caycedo, Segrera (1 Eigentor), Diaz, Brand, Willington Ortiz (1), Campaz, Moron.
EKUADOR: Mendez, Pelaez, Ortiz, Camacho, Portilla, Cabezas, Bolanos, Lasso, Estupinan, Guime, Noriega.
Schiedsrichter: Guerrero (Peru); Zuschauer: 45 000.

Am 24. Juni 1973 in Bogota:
KOLUMBIEN – URUGUAY 0:0
KOLUMBIEN: Zape, Segovia, Ortega, Rodriguez, Gonzalez, Segrera, Caycedo, Ortiz, Brand, Moron, Campaz.
URUGUAY: Santes, Ubina, Olivera, Masnik, Zoryez, Esparrago, Cardaccio, Maneiro, Cubilla, Rey, Corbo.
Schiedsrichter: Goicoechea (Argentinien).

Am 28. Juni 1973 in Guayaquil:
EKUADOR – KOLUMBIEN 1:1 (1:0)
EKUADOR: Mendez, Pelaez, Portilla, Noriega, Ortiz, Bolanos, Camacho, Munoz (1), Lasso, Estupinan, Guime.
KOLUMBIEN: Zape, Moncada, Rodriguez, Ortega, Segovia, Gonzalez, Soto, Segrera, Diaz, Willington Ortiz (1), Moron.
Schiedsrichter: Pestarino (Argentinien).

Am 1. Juli 1973 in Quito:
EKUADOR – URUGUAY 1:2 (1:1)
EKUADOR: Mendez, Pelaez, Portilla, Noriega, Tobar, Camacho, Bolanos, Lasso, Estupinan (1), Guime, Carrera.
URUGUAY: Santos, Masnik, De Simone, Ubina, Cardaccio, Zoryez, Cubilla (1), Esparrago, Morena (1), Maneiro, Bertocchi (Rey).
Schiedsrichter: Arppi Folho (Brasilien); Zuschauer: 50 000.

Am 5. Juli 1973 in Montevideo:
URUGUAY – KOLUMBIEN 0:1 (0:0)
URUGUAY: Santos, Masnik, De Simone, Ubina, Cardaccio, Zoryez, Cubilla, Esparrago, Morena, Bertocchi, R. Corbo.
KOLUMBIEN: Zape, Ortega, Moncada, Segovia, Rodriguez, Segrera, Diaz, Soto, Willington Ortiz (1), Gonzalez, Moron.
Schiedsrichter: Martinez (Chile); Zuschauer: 35 000.

Am 8. Juli 1973 in Montevideo:
URUGUAY – EKUADOR 4:0 (3:0)
URUGUAY: Santos, Masnik, De Simone, Ubina, Cardaccio, Zoryez, Cubilla (1), Esparrago, Morena (2), Bertocchi, Milar (1).
EKUADOR: Mendez, Portilla, Noriega, Pelaez, Perez, Guerrero, Bolanos, Camacho, Estupinan, Guime, Tenorio.
Schiedsrichter: Romei (Paraguay); Zuschauer: 50 000.

1. Uruguay	4 2 1 1	5:3		6:2
2. Kolumbien	4 1 3 0	5:3		3:2
3. Ekuador	4 0 2 2	2:6		3:8

Uruguay qualifiziert

SÜDAMERIKA GRUPPE II

Am 2. September 1973 in La Paz:
BOLIVIEN – PARAGUAY 1:2 (1:1)
BOLIVIEN: C. Jimenez, Olivera, Perez, Cabrera Bucet, Antelo, Costa (Rocabado), Fernandez, Vargas, Cabrera Rivero, Meza, Morales (1).
PARAGUAY: Baez, Molinas, Ortiz, Cobo, Sosa, Jara, Escobar (1), Osorio, Diarte (Espinoza), Versa, Gimenez (Insfran – 1).
Schiedsrichter: Rendon Villacis (Ekuador); Zuschauer: 22 000.

Am 9. September 1973 in Buenos Aires:
ARGENTINIEN – BOLIVIEN 4:0 (2:0)
ARGENTINIEN: Carnevali, Sa, Correa, Wolff, Telch, Bargas, Balbuena, Brindisi (2), Ayala (2), Babington, Guerini.
BOLIVIEN: C. Jimenez, Olivera, Perez, Cabrera Rivero, Angulo, Saucedo (Rocabado), Vargas, Cabrera Rivero, Angulo, Meza (P. Jimenez), Fernandez.
Schiedsrichter: Pazos (Uruguay); Zuschauer: 50 000.

Am 16. September 1973 in Asunción:
PARAGUAY – ARGENTINIEN 1:1 (1:1)
PARAGUAY: Benitez, Molinas, Ortiz Aquino, Cobo, Sosa, Escobar, Osorio (Espinoza), Diarte, Arrua (1), Gimenez (Insfran), Jara Saguier.
ARGENTINIEN: Carnevali, Sa, Correa, Wolff, Telch, Bargas, Balbuena, Brindisi (Babington), Ayala (1), Chazarreta, Guerini (Avallay).
Schiedsrichter: Delgado (Kolumbien); Zuschauer: 65 000.

Am 23. September 1973 in La Paz:
BOLIVIEN – ARGENTINIEN 0:1 (0:1)
BOLIVIEN: C. Jimenez, Angulo, Perez, Iriondo, Antelo, Costa (Olivera), Morales (Llado), Vargas, Linares, Meza, Fernandez.
ARGENTINIEN: Carnevali, Bargas, Cortez, Glaria, Telch (Trobbiani), Tagliani, Fornari (1), Galvan, Ayala, Kempes (Bochini), Poy.
Schiedsrichter: Coelho (Brasilien); Zuschauer: 60 000.

Am 30. September 1973 in Asunción:
PARAGUAY – BOLIVIEN 4:0 (3:0)
PARAGUAY: Alineida, Molinas, Ortiz Aquino, Leon, Sosa, Jara Saguier, Escobar, Osorio (1), Insfran (1), Arrua (1), Bareiro (1).
BOLIVIEN: C. Jimenez, Olivera, Perez, Cabrera Bucet, Antelo, Vargas, Cabrera Rivero, Meza, Morales, Fernandez, Iriondo.
Schiedsrichter: Tejada (Peru); Zuschauer: 50 000.

Am 7. Oktober 1973 in Buenos Aires:
ARGENTINIEN – PARAGUAY 3:1 (1:1)
ARGENTINIEN: Carnevali, Sa, Correa, Wolff, Telch, Bargas, Babington (Balbuena), Brindisi, Ayala (2), Chazarreta, Ponce (Guerini – 1).
PARAGUAY: Almeida, Molinas, Ortiz Aquino, Leon, Sosa, Jara Saguier, Escobar (1), Osorio (Correa), Insfran (Gimenez), Arrua, Espinoza.
Schiedsrichter: Hormazabal (Chile); Zuschauer 80 000.

1. Argentinien	4 3 1 0	7:1		9:2
2. Paraguay	4 2 1 1	5:3		8:5
3. Bolivien	4 0 0 4	0:8		1:11

Argentinien qualifiziert

SÜDAMERIKA GRUPPE III

Am 29. April 1973 in Lima:
PERU – CHILE 2:0 (1:0)
PERU: Uribe, Navarro, Manzo, Chumpitaz, Luna, Mayorga, Challe, Quejada, Cubillas, Sotil (2), Ramirez.
CHILE: Neff, Machuca, Quintano, Herrera, Arias, Lara, Casezly, Valdez, Ahumada, Messen, Munoz.
Schiedsrichter: Marques (Brasilien); Zuschauer: 45 000.

Am 13. Mai 1973 in Santiago:
CHILE – PERU 2:0 (0:0)
CHILE: Neff, Quintano, Galindo, Herrera, Arias, Lara, Caszely (Crisosto – 1), Valdez, Paez, Ahumada (1), Munoz (Castro).
PERU: Uribe, Navarro, Manzo, Chumpitaz, Luna, Mayorga, Challe, Quejada (Velasquez), Cubillas, Sotil, Ramirez (Munante).
Schiedsrichter: Barreto (Uruguay).

1. Chile	2	1	0	1	2:2	2:2
2. Peru	2	1	0	1	2:2	2:2

Venezuela verzichtete.

Entscheidungsspiel
Am 5. August 1973 in Montevideo:
CHILE – PERU 2:1 (1:1)
CHILE: Olivares, Machuca, Quintano, Arias, Lara, Valdez (1), J. Rodriguez, Reynoso (1), Crisosto, Ahumada, Caszely.
PERU: Uribe, Navarro, La Torre, Chumpitaz, Carbonell, Mifflin, Challe, Munante, Bailetti (1), Sotil (Oblitas), Ramirez.
Schiedsrichter: Da Rosa (Uruguay); Zuschauer: 60 000.

Chile für das Entscheidungsspiel mit der UdSSR, dem Sieger der Europa-Gruppe IX, qualifiziert.

Am 26. September 1973 in Moskau:
UdSSR – CHILE 0:0
UdSSR: Rudakow, Dsodsuaschwilji, Fomenko, Lowtschew, Kaplitschnij, Kusnezow, Muntjan, Dolmatow (64. Guzajew), Andriasjan (29. Koschemjakin), Onischenko, Blochin.
CHILE: Olivares, Machuca, Quintano, Figueroa, Arias, Valdez, Paez, Caszely, Ahumada, J. Rodriguez, Veliz (56. Crisosto).
Schiedsrichter: Marques (Brasilien); Zuschauer: 70 000.

Am 21. November 1973 in Santiago:
CHILE – UdSSR*
* Die Sowjetunion trat zu diesem Spiel nicht an.

Chile qualifiziert

MITTEL/NORDAMERIKA

ENDRUNDE DER GRUPPENSIEGER (in Port-au-Prince)

Am 29. November 1973:
HONDURAS – TRINIDAD 2:1 (1:0)
HONDURAS: Stewart Bodden, Alvarez, Villegas Roura, Matamoros Morales, Ruiz, Goday Cerrato, Guifarro (1), Hernandez (1), Gomez Murillo, Blandon Artica, Bran Guevaros.
TRINIDAD: Barclay, Tescheira, Phillips, Murren, Rondon, Cummings, Carpette, Morgan, David (1), Archibald, Roberts.
Schiedsrichter: Davies (Kanada); Zuschauer: 26 000.

Am 30. November 1973:
MEXIKO – GUATEMALA 0:0
MEXIKO: Puente, Vasquez, Guzman, Hernandez, Sanchez, De La Torre, Bustos, Pulido, Boria, Victorino, Cuellar.
GUATEMALA: Guerra, Aquilar Lopez, Hasse Qualle, Villavicencio, Melgar, Roldan, Morales, Gomez, Gonzalez, Bolanos, Anderson.
Schiedsrichter: Highet (Kanada); Zuschauer: 26 000.

Am 1. Dezember 1973:
HAITI – NIEDERL ANTILLEN 3:0 (2:0)
HAITI: Francillon, Bayonne, Ducoste, Auguste, Nazaire, Francois, Ph. Vorbe, G. St. Vil, Desir (1), Sannon (2), R. St. Vil.
NIEDERL. Antillen: Raven, Bonevacia, Melfor, Brunken, Clemencia, Tromp, Virginie, Maria, Zimmerman, Flores, Toppenberg.
Schiedsrichter: Juan Soto Paris (Costa Rica); Zuschauer: 25 000.

Am 3. Dezember 1973:
HONDURAS – MEXIKO 1:1 (0:0)
HONDURAS: Stewart Bodden, Alvarez, Villegas Roura, Matamoros Morales, Goday Cerrato, Hernandez, Guifarro (1), Gomez Murillo, Blandon Artica, Bran Guevaros, Ruiz.
MEXIKO: Brambila, Bermudez, Guzman, Hernandez, Vasquez, Pulido, De La Torre, Bustos, Mucino, Delgado, Lopez (1).
Schiedsrichter: Winsemann (Kanada); Zuschauer: 25 000.

Am 4. Dezember 1973:
HAITI – TRINIDAD 2:1 (1:1)
HAITI: Francillon, Bayonne, Ducoste, Auguste, Nazaire, Francois, Ph. Vorbe, Barthelmy, Desir, Sannon (1), R. St. Vil (1).
TRINIDAD: Barclay, Rondon, Figaro, Murren, Phillips, Morgan, Douglas, Cummings, David (1), Roberts, Archibald.
Schiedsrichter: Henriquez (El Salvador); Zuschauer: 25 000.

Am 5. Dezember 1973:
NIEDERL. ANTILLEN – GUATEMALA 2:2 (1:1)
NIEDERL. ANTILLEN: Raven, Bonevacia, Melfor, Diaoen, Clemencia, Maria, Zimmerman, Virginie, Koots (1), Flores (Schopp – 1), Toppenberg.
GUATEMALA: Guerra, Aquilar Lopez, Hasse Qualle, Villavicencio, C. A. Monterroso, Roldan, Sandoval, Gomez, Morales (2), Bolanos, Anderson.
Schiedsrichter: Kibritjian (USA); Zuschauer: 25 000.

Am 7. Dezember 1973:
HONDURAS – HAITI 0:1 (0:0)
HONDURAS: Baynes, Alvarez, Villegas Roura, Matamoros Morales, Ruiz, Goday Cerrato, Guifarro, Mejia, Gomez Murillo, Blandon Artica, Bran Guevaros.
HAITI: Francillon, Leandre Marion, Jean-Joseph, Auguste, Nazaire, Francois, G. St. Vil (1), Bayonne, Desir, Sannon, Antoine.
Schiedsrichter: Winsemann (Kanada); Zuschauer: 25 000.

Am 8. Dezember 1973:
NIEDERL. ANTILLEN – MEXIKO 0:8 (0:4)
NIEDERL. ANTILLEN: Bernardina, Bonevacia, Melfor, Brunken, Clemencia, Maria, Zimmerman, Virginie, Koots, Flores, Toppenberg.
MEXIKO: Brambila, Bermudez, Guzman, Hernandez, Vasquez, Delgado, Pulido (1), Valdez (1), Lopez (1), Mucino (4), Cuellar (Lapuente – 1).
Schiedsrichter: Siles (Costa Rica); Zuschauer: 26 000.

Am 10. Dezember 1973:
TRINIDAD – GUATEMALA 1:0 (1:0)
TRINIDAD: Barclay, Rondon, Figaro, Murren, Phillips, Morgan, Cummings, Douglas, David (1), Roberts, Archibald.
GUATEMALA: Galan, Olivia Lopez, Melgar, Villavicencio, Hasse Qualle, Fion, Morales, Gomez, Mendez, Roldan, Anderson.
Schiedsrichter: Juan Soto Paris (Costa Rica); Zuschauer: 20 000.

Am 12. Dezember 1973:
HONDURAS – NIEDERL. ANTILLEN 2:2 (1:0)
HONDURAS: Nazar, Carcamo, Cruz, Duron, Villegas Roura, Guifarro (1), Paz, Soza (1), Gomez Murillo, Blandon Artica, Bran Guevaros.
NIEDERL. ANTILLEN: Raven, Mollis, Melfor, Brunken, Clemencia (1), Flores, Zimmerman, Sintjago (1), Schoop, Diaoen, Koots.
Schiedsrichter: Chaplin (Jamaika); Zuschauer: 22 000.

Am 13. Dezember 1973:
GUATEMALA – HAITI 1:2 (1:1)
GUATEMALA: Galan, Gomez, Fion, Villavicencio, C. A. Monterroso, Roldan, Mendez, B. Monterroso, Gonzalez, Bolanos (1), Stockes.
HAITI: Francillon, Leandre Marion, Bayonne, Auguste, Nazaire, Francois, G. St. Vil, Jean-Joseph, Desir, Sannon (2), Antoine.
Schiedsrichter: Davies (Kanada); Zuschauer: 25 000.

Am 14. Dezember 1973:
TRINIDAD – MEXIKO 4:0 (2:0)
TRINIDAD: Barclay, Tescheira, Murren, Figaro, Rondon, Cummings (2), Morgan, Douglas (Roberts – 1), Khan, David, Archibald (1).
MEXIKO: Brambila, Bermudez, Guzman, Hernandez, Vasquez, Lapuente, Valdez, Delgado, Lopez, Mucino, Cuellar.
Schiedsrichter: Winsemann (Kanada); Zuschauer: 25 000.

Am 15. Dezember 1973:
HONDURAS – GUATEMALA 1:1 (1:0)
HONDURAS: Stewart Bodden, Carcamo, Villegas Roura, Cruz, Ramirez, Guifarro (1), Hernandez, Paz, Goday Cerrato, Gomez Murillo, Bran Guevaros.
GUATEMALA: Estrada, Olivia Lopez, Aquilar Lopez, Melgar, Fion, Roldan, Sandoval, Gomez, Mendez (1), B. Monterroso, Gonzalez.
Schiedsrichter: Schott (USA); Zuschauer: 23 000.

Am 17. Dezember 1973:
NIEDERL. ANTILLEN – TRINIDAD 0:4 (0:2)
NIEDERL. ANTILLEN: Raven, Mollis, Melfor, Brunken, Clemencia, Diaoen, Zimmerman, Sintjago, Virginie, Maria, Koots.
TRINIDAD: Barclay, Tescheira, Phillips, Murren, Figaro, Douglas, Cummings, Brewster, Morgan (1), David (3), Archibald.
Schiedsrichter: Villarejo (Puerto Rico); Zuschauer: 24 000.

Am 18. Dezember 1973:
MEXIKO – HAITI 1:0 (1:0)
MEXIKO: Calderon, Bermudez, Ramos, Hernandez, Vasquez,

STATISTIK ZUR WELTMEISTERSCHAFT 1974

De La Torre, Valdez, Pulido, Borja (1), Delgado, Mucino.
HAITI: Francillon, Leandre Marion, Jean-Joseph, Gilles, Nazaire, Francois, Ph. Vorbe, Antoine, Desir, Sannon, R. St. Vil.
Schiedsrichter: Kibritjian (USA); Zuschauer: 26 000.

1. Haiti	5 4 0 1	8:2		8:3
2. Trinidad	5 3 0 2	6:4		11:4
3. Mexiko	5 2 2 1	6:4		10:5
4. Honduras	5 1 3 1	5:5		6:6
5. Guatemala	5 0 3 2	3:7		4:6
6. Niederl. Antillen	5 0 2 3	2:8		4:19

Haiti qualifiziert

ASIEN/OZEANIEN GRUPPE I

Semifinale
Am 18. August 1973 in Sydney:
AUSTRALIEN – IRAN 3:0 (1:0)
AUSTRALIEN: Fraser, Utjesenovic, Wilson (1), Watkiss, Curran, Richards, Warren, Baartz, Mackay, Alston (1), Abonyi (1).
IRAN: Hejazi, Monajati, Mazloumi, Ashtiani, Kashani, Kargarjam, Adelkhani, Ghorab, Ghelichkhani, Rahimipour, Lavasani.
Schiedsrichter: Scheurer (Schweiz); Zuschauer: 29 000.

Am 24. August 1973 in Teheran:
IRAN – AUSTRALIEN 2:0 (2:0)
IRAN: Rashidi, Ashtiani, Kashani, Kargarjam, Haghverdian (Ghorab), Sadeghi, Tabibi, Parvin, Mazloumi, Ghelichkhani, Adelkhani (Sharafi).
AUSTRALIEN: Fraser, Utjesenovic, Curran, Watkiss, Wilson, Baartz, Mackay, Warren (Rooney), Abonyi, Alston (Tolson), Richards
Schiedsrichter: Kasakow (UdSSR); Zuschauer: 56 000.

Finale
Am 28. Oktober in Sydney:
AUSTRALIEN – SÜDKOREA 0:0
AUSTRALIEN: Fraser, Utjesenovic, Curran, Watkiss, Wilson, Richards, Mackay, Warren, Baartz, Alston, Abonyi.
SÜDKOREA: Byoun Ho Young, Kim Ho Kon, Park Young Tae, Yoo Kee Heung, Kang Kee Wook, Koh Jae Wook, Park'Byoung Chul, Cha Bum Keun, Kyu Poong Chung, Han Kim Jae, Park Ee Chun.
Schiedsrichter: Loraux (Belgien); Zuschauer: 32 000.

Am 10. November in Seoul:
SÜDKOREA – AUSTRALIEN 2:2 (2:1)
SÜDKOREA: Byon Ho Young, Kim Ho Kon, Yoo Kee Heung, Kang Kee Wook, Park Young Tae, Park Byoung Chul, Koh Jae Wook (1), Cha Bum Keun, Park Ee Chun, Kim Jae Han (1), Kyu Poong Chung.
AUSTRALIEN: Fraser, Utjesenovic, Wilson, Schaefer, Curran, Richards, Mackay, Rooney, Abonyi, Baartz (1), Buljevic (1).
Schiedsrichter: van Gemert (Niederlande); Zuschauer: 33 000.

Entscheidungsspiel
Am 13. November in Hongkong:
AUSTRALIEN – SÜDKOREA 1:0 (0:0)
AUSTRALIEN: Fraser, Utjesenovic, Wilson, Schaefer, Curran, Richards, Mackay (1), Rooney, Baartz, Buljevic, Abonyi.
SÜDKOREA: Lee Sae Yun, Kim Ho Kon, Park Young Tae, Yoo Kee Heung, Kang Kee Wook, Koh Jae Wook, Park Byoung Chul, Cha Bum Keun, Kim Jin Kook, Kim Jae Han, Kang Tae Hyun.
Schiedsrichter: van Gemert (Niederlande); Zuschauer: 27 000.

Australien qualifiziert

AFRIKA

ENDRUNDE
Am 21. Oktober 1973 in Lusaka:
SAMBIA – MAROKKO 4:0 (2:0)
SAMBIA: Emmanuel Mwape, Peter Mhango, Ackim Musenge, Dick Chama, Dickson Makwaza, Boniface Simutowe, Moses Simwala (1), Jan Simulambo, Simon Kaushi, Bernard Chanda (1), Brighton Sinyangwe (2).
MAROKKO: Hazzaz, Fetoui, Ihardane, Lamrani, Benkhrif, Chebbak, Maghfour, Zahraoui, Faras, Choukry, Amcharat.
Schiedsrichter: Tesfaye (Äthiopien); Zuschauer: 75 000.

Am 4. November 1973 in Lusaka:
SAMBIA – ZAIRE 0:2 (0:2)
SAMBIA: Joseph Chomba, Peter Mhango, Ackim Musenge, Dick Chama, Dickson Makwaza, Boniface Simutowe, Moses Simwala, Jan Simulambo, Bernard Chanda, Godfrey Chitalu, Brighton Sinyangwe.
ZAIRE: Kazadi, Mwepu, Mukombo, Buhanga, Lobilo, Kibonge, Mayanga (1), Mana, Kembo, Kidumu, Kakoko (1).
Schiedsrichter: Farah Wehelie Addo (Somalia); Zuschauer: 75 000.

Am 18. November 1973 in Kinshasa:
ZAIRE – SAMBIA 2:1 (1:1)
ZAIRE: Kazadi, Mwepu, Mukombo, Buhanga, Lobilo, Kibonge, Mana, Mayanga, Kembo (1), Kidumu, Kakoko (1).
SAMBIA: Emmanuel Mwape, Peter Mhango, Edward Musonda, Dick Chama, Dickson Makwaza, Ackim Musenge, Bernard Chanda, Boniface Simutowe, Obby Kapita, Godfrey Chitalu (1), Willie Phiri.
Schiedsrichter: N'Diaye (Senegal); Zuschauer: 75 000.

Am 25. November 1973 in Tetuan:
MAROKKO – SAMBIA 2:0 (2:0)
MAROKKO: Belkorchi, Benkhrif, Ihardane, Megrou, Zahraoui, Chebbak, Maghfour (1), Haddadi, Faras (1), Choukry, Ajri (Amcharat).
SAMBIA: Emmanuel Mwape, Peter Mhango, Edward Musonda, Dick Chama (Joseph Mapulanga), Dickson Makwaza, Ackim Musenge, Biri Chanda, Jan Simulambo, Bernard Chanda (Moses Simwala), Godfrey Chitalu, Brighton Sinyangwe.
Schiedsrichter: El Attar (Ägypten); Zuschauer 25 000.

Am 9. Dezember 1973 in Kinshasa:
ZAIRE – MAROKKO 3:0 (0:0)
ZAIRE: Kazadi, Mwepu, Mukombo, Buhanga, Lobilo, Mana, Mayanga (Ndaie – 1), Kibonge, Kembo (1 – Mbungu – 1), Kidumu, Kakoko.
MAROKKO: Belkorchi, Benkhrif, Ihardane, Hagrouh, Zahraoui, Najah, Fetoui, Chebbak, Faras (Choukry), Haddadi, Amcharat.
Schiedsrichter: Lamptey (Ghana): Zuschauer: 70 000.

Am 23. Dezember 1973 in Rabat:
MAROKKO – ZAIRE *
* Marokko trat zu diesem Spiel nicht an, die FIFA wertete die Begegnung mit 2:0 Toren für Zaire.

1. Zaire	4 4 0 0	8:0	9:1
2. Sambia	4 1 0 3	2:6	5:6
3. Marokko	4 1 0 3	2:6	2:9

Zaire qualifiziert

Endrunde in Deutschland

Erste Finalrunde

GRUPPE I

Am 14. Juni 1974 in Berlin:
DEUTSCHLAND – CHILE 1:0 (1:0)
DEUTSCHLAND: Maier, Vogts, Beckenbauer, Schwarzenbeck, Breitner, Hoeneß, Cullmann, Overath (76. Hölzenbein), Grabowski, Müller, Heynckes.
CHILE: Vallejos, Garcia, Figueroa, Quintano-Cruz, Arias, Valdez (79. Veliz), Rodriguez (84. Lara), Reynoso, Caszely, Ahumada, Paez.
Schiedsrichter: Babacan (Türkei); Linienrichter: Taylor (England), Winsemann (Kanada).
Zuschauer: 83 000; Tor: 1:0 Breitner (16).

Am 14. Juni in Hamburg:
DDR – AUSTRALIEN 2:0 (0:0)
DDR: Croy, Kische, Bransch, Weise, Wätzlich, Pommerenke, Irmscher, Löwe (54. Hoffmann), Streich, Sparwasser, Vogel.
AUSTRALIEN: Reilly, Utjesenovic, Wilson, Schaefer, Curran, Richards, Mackay, Rooney, Warren, Alston, Buljevic.
Schiedsrichter: N'Diaye (Senegal); Linienrichter: Sanchez-Ibanez (Spanien), Delgado (Kolumbien).
Zuschauer: 15 000; Tore: 1:0 Curran (57., Eigentor), 2:0 Streich (69.).

Am 18. Juni in Hamburg:
DEUTSCHLAND – AUSTRALIEN 3:0 (2:0)
DEUTSCHLAND: Maier, Vogts, Beckenbauer, Schwarzenbeck, Breitner, Hoeneß, Cullmann (68. Wimmer), Overath, Grabowski, Müller, Heynckes (46. Hölzenbein).
AUSTRALIEN: Reilly, Utjesenovic, Wilson, Schaefer, Curran, Richards, Rooney, Mackay, Campbell (46. Abonyi), Buljevic (60. Ollerton), Alston.
Schiedsrichter: Mostafa Kamel (Ägypten); Linienrichter: Nunez (Peru), Archundia (Mexiko).
Zuschauer: 55 000; Tore: 1:0 Overath (12.), 2:0 Cullmann (34.), 3:0 Müller (53.).

Am 18. Juni in Berlin:
CHILE – DDR 1:1 (0:0)
CHILE: Vallejos, Garcia, Quintano-Cruz, Figueroa, Arias, Valdez (46. Yavar), Paez, Reynoso, Ahumada, Veliz, Socias (65. Farias).
DDR: Croy, Kische, Weise, Bransch, Wätzlich, Seguin (73. Kreische), Irmscher, Hoffmann, Streich, Vogel (29. Ducke).
Schiedsrichter: Angenose (Italien); Linienrichter: Scheurer (Schweiz), Davidson (Schottland).
Zuschauer: 30 000; Tore: 0:1 Hoffmann (55.), 1:1 Ahumada (69.).

Am 22. Juni in Berlin:
AUSTRALIEN – CHILE 0:0
AUSTRALIEN: Reilly, Utjesenovic, Wilson, Schaefer; Curran (79. Williams), Richards, Rooney, Mackay, Abonyi, Alston (66. Ollerton), Buljevic.
CHILE: Vallejos, Garcia, Quintano-Cruz, Arias, Figueroa, Paez, Valdez (57. Farias), Caszely, Ahumada, Reynoso, Veliz (72. Yavar).
Schiedsrichter: Namdar (Iran); Linienrichter: Loraux (Belgien), van Gemert (Niederlande).
Zuschauer: 16 000.

Am 22. Juni in Hamburg:
DDR – DEUTSCHLAND 1:0 (0:0)
DDR: Croy, Kische, Bransch, Weise, Wätzlich, Irmscher (65. Hamann), Lauck, Kreische, Kurbjuweit, Sparwasser, Hoffmann.
DEUTSCHLAND: Maier, Vogts, Beckenbauer, Schwarzenbeck (69. Höttges), Breitner, Hoeneß, Cullmann, Overath (70. Netzer), Grabowski, Müller, Flohe.
Schiedsrichter: Barreto Ruiz (Uruguay); Linienrichter: Marques (Brasilien), Pestarino (Argentinien).
Zuschauer: 63 000; Tor: 1:0 Sparwasser (77.).

GRUPPE II

Am 13. Juni in Frankfurt:
BRASILIEN – JUGOSLAWIEN 0:0
BRASILIEN: Leao, Nelinho, Luiz Pereira, Mario Marinho, Francisco Marinho, Piazza, Rivelino, Paulo Cezar L., Valdomiro, Jairzinho, Leivinha.
JUGOSLAWIEN: Maric, Buljan, Katalinski, Bogicevic, Hadziabdic, Muzinic, Oblak, Acimovic, Petkovic, Surjak, Dzajic.
Schiedsrichter: Scheurer (Schweiz); Linienrichter: Loraux (Belgien), Pestarino (Argentinien).
Zuschauer: 62 000.

Am 14. Juni in Dortmund:
SCHOTTLAND – ZAIRE 2:0 (2:0)
SCHOTTLAND: Harvey, Jardine, Blackey, Holton, McGrain, Bremner, Dalglish (75. Hutchison), Hay, Lorimer, Jordan, Law.
ZAIRE: Kazadi, Mwepu, Buhanga, Lobilo, Mukombo, Mana, Kilasu, Kidumu (75. Kibonge), Mayanga (68. Kembo), Ndaie, Kakoko.
Schiedsrichter: Schulenburg (Deutschland); Linienrichter: Weyland (Deutschland), Boskovic (Australien).
Zuschauer: 30 000; Tore: 1:0 Lorimer (26.), 2:0 Jordan (33.).

Am 18. Juni in Gelsenkirchen:
JUGOSLAWIEN – ZAIRE 9:0 (6:0)
JUGOSLAWIEN: Maric, Buljan, Katalinski, Bogicevic, Hadziabdic, Acimovic, Oblak, Surjak, Petkovic, Bajevic, Dzajic.
ZAIRE: Kazadi (21. Tubilandu), Mwepu, Mukombo, Buhanga, Lobilo, Kilasu, Ndaie, Mana, Kembo, Kidumu, Kakoko (46. Mayanga).
Schiedsrichter: Delgado (Kolumbien); Linienrichter: Barreto Ruiz (Uruguay), Llobregat (Venezuela).
Zuschauer 25 000; Tore: 1:0 Bajevic (7.), 2:0 Dzajic (13.), 3:0 Surjak (18.), 4:0 Katalinski (21.), 5:0 Bajevic (29.), 6:0 Bogicevic (34.), 7:0 Oblak (60.), 8:0 Petkovic (62.), 9:0 Bajevic (70).

Am 18. Juni in Frankfurt:
SCHOTTLAND – BRASILIEN 0:0
SCHOTTLAND: Harvey, Jardine, McGrain, Buchan, Holton, Bremner, Dalglish, Hay, Morgan, Jordan, Lorimer.
BRASILIEN: Leao, Nelinho, Lutz Pereira, Mario Marinho Francisco Marinho, Piazza (60. Mirandinha, 63. Paulo Cezar C.), Rivelino, Jairzinho, Paulo Cezar L.
Schiedsrichter: van Gemert (Niederlande); Linienrichter: Unemayr (Österreich), Palotai (Ungarn).
Zuschauer: 61 500.

Am 22. Juni in Gelsenkirchen:
BRASILIEN – ZAIRE 3:0 (1:0)
BRASILIEN: Leao, Nelinho, Luiz Pereira, Mario Marinho, Francisco Marinho, Piazza (60. Mirandinha), Paulo Cezar C., Rivelino, Jairzinho, Leivinha (12. Valdomiro), Edu.
ZAIRE: Kazadi, Mwepu, Buhanga, Kibonge, Ntumba, Kidumu (61. Kilasu), Mayanga, Lobilo, Mukombo, Mana, Tshinabu (Kembo).
Schiedsrichter: Rainea (Rumänien); Linienrichter: Angonese (Italien), Ohmsen (Deutschland).
Zuschauer: 37 000; Tore: 1:0 Jairzinho (13.), 2:0 Rivelino (67.), 3:0 Valdomiro (79.).

Am 22. Juni in Frankfurt:
SCHOTTLAND – JUGOSLAWIEN 1:1 (0:0)
SCHOTTLAND: Harvey, Jardine, Holton, Buchan, McGrain, Bremner, Hay, Dalglish (66. Hutchison), Morgan, Jordan, Lorimer.
JUGOSLAWIEN: Maric, Buljan, Katalinski, Bogicevic, Hadziabdic, Acimovic, Oblak, Petkovic, Dzajic, Surjak, Bajevic (70. Karasi).
Schiedsrichter: Archundia (Mexiko); Linienrichter: Tschenscher (Deutschland), Glöckner (DDR).
Zuschauer: 56 000; Tore: 0:1 Karasi (81.), 1:1 Jordan (89.).

GRUPPE III

Am 15. Juni in Düsseldorf:
SCHWEDEN – BULGARIEN 0:0
SCHWEDEN: Hellström, Olsson, Bo Larsson, Karlsson, Andersson, Tapper, Grahn, Kindvall (71. Magnusson), Torstensson, Edström, Sandberg.
BULGARIEN: Goranow, S. Wassilew, Iwkow, Penew, Welitschkow, Kolew, Nikodimow, Bonew, Woinow (71. Michailow, Panow (75. M. Wassilew), Denew.
Schiedsrichter: Nunez (Peru); Linienrichter: Suppiah (Singapur), Archundia (Mexiko).
Zuschauer: 25 000.

Am 15. Juni in Hannover:
NIEDERLANDE – URUGUAY 2:0 (1:0)
NIEDERLANDE: Jongbloed, Suurbier, Haan, Rijsbergen, Krol, Jansen, Neeskens, van Hanegem, Rep, Cruyff, Rensenbrink.
URUGUAY: Mazurkiewicz, Jauregui, Masnik, Forlan, Pavoni, Montero Castillo, Esparrago, Rocha, Mantegazza, Morena, Cubilla (64. Milar).
Schiedsrichter: Palotai (Ungarn); Linienrichter: Kasakow (UdSSR), Rainea (Rumänien).
Zuschauer: 56 000; Tore: 1:0 Rep (7.), 2:0 Rep (87.).

Am 19. Juni in Dortmund:
NIEDERLANDE – SCHWEDEN 0:0
NIEDERLANDE: Jongbloed, Suurbier, Rijsbergen, Haan, Krol, van Hanegem (73. de Jong), Jansen, Neeskens, Rep, Cruyff, Keizer.
SCHWEDEN: Hellström, Olsson (74. Grip), Karlsson, Nordqvist, Andersson, Bo Larsson, Grahn, Tapper (60. Persson), Ejderstedt, Edström, Sandberg.
Schiedsrichter: Winsemann (Kanada); Linienrichter: Tschenscher (Deutschland), Thomas (Wales).
Zuschauer: 54 000.

Am 19. Juni in Hannover:
BULGARIEN – URUGUAY 1:1 (0:0)
BULGARIEN: Goranow, Wassilew, Penew, Iwkow, Welitschkow, Nikodimow (59. Michailow), Bonew, Kolew, Woinow, Panow, Denew.
URUGUAY: Mazurkiewicz, Forlan, Garisto (71. Masnik), Jauregui, Pavoni, Mantegazza (64. Cardaccio), Esparrago, Morena, Rocha, Milar, Corbo.
Schiedsrichter: Taylor (England); Linienrichter: Babacan (Türkei), Ohmsen (Deutschland).
Zuschauer: 10 000; Tore: 1:0 Bonew (75.), 1:1 Pavoni (87.).

Am 23. Juni in Düsseldorf:
SCHWEDEN – URUGUAY 3:0 (0:0)
SCHWEDEN: Hellström, Andersson, Nordqvist, Karlsson, Grip, Grahn, Kindvall (77. Torstensson), Bo Larsson, Magnusson (62. Ahlström), Edström, Sandberg.
URUGUAY: Mazurkiewicz, Forlan, Jauregui, Garisto (46. Masnik), Pavoni, Esparrago, Mantegazza, Rocha, Milar, Morena, Corbo (43. Cubilla).
Schiedsrichter: Linemayr (Österreich); Linienrichter: Llobregat (Venezuela), Aldinger (Deutschland).
Zuschauer: 27 000; Tore: 1:0 Edström (46.), 2:0 Sandberg (74.), 3:0 Edström (78.).

Am 23. Juni in Dortmund:
NIEDERLANDE – BULGARIEN 4:1 (2:0)
NIEDERLANDE: Jongbloed, Suurbier, Rijsbergen, Haan, Krol, Jansen, Neeskens (79. de Jong), van Hanegem (46. Israel), Rep, Cruyff, Rensenbrink.
BULGARIEN: Stajkow, Welitschkow, Iwkow, Penew, S. Wassilew, Kolew, Bonew, Stojanow (46. Michailow), Bonew, Woinow, Panow (57. Borissow), Denew.
Schiedsrichter: Boskovic (Australien); Linienrichter: Eschweiler (Deutschland), Biwersi (Deutschland).
Zuschauer: 54 000; Tore: 1:0 Neeskens (6., Foulelfmeter), 2:0 Neeskens (45., Foulelfmeter), 3:0 Rep (71.), 3:1 Krol (78., Eigentor), 4:1 de Jong (86.).

GRUPPE IV

Am 15. Juni in München:
ITALIEN – HAITI 3:1 (0:0)
ITALIEN: Zoff, Spinosi, Morini, Burgnich, Facchetti, Benetti, Capello, Rivera, Mazzola, Chinaglia (70. Anastasi), Riva.
HAITI: Francillon, Bayonne, Nazaire, Jean Joseph, Auguste, Francois, Vorbe, Antoine, Desir, Sannon, G. St. Vil (46. Barthelmy).
Schiedsrichter: Llobregat (Venezuela); Linienrichter: Marques (Brasilien), Namdar (Iran).
Zuschauer: 55 000; Tore: 0:1 Sannon (46.), 1:1 Rivera (52.), 2:1 Benetti (66.), 3:1 Anastasi (79.).

Am 15. Juni in Stuttgart:
POLEN – ARGENTINIEN 3:2 (2:0)
POLEN: Tomaszewski, Szymanowski, Gorgon, Musial, Zmuda, Kasperczak, Deyna, Maszczyk, Lato, Szarmach (72. Do-

STATISTIK ZUR WELTMEISTERSCHAFT 1974

marski), Gadocha (84. Cmikiewicz).
ARGENTINIEN: Carnevali, Wolff, Perfumo, Heredia, Barg (68. Telch), Sa, Balbuena, Brindisi (46. Houseman), Babington, Ayala, Kempes.
Schiedsrichter: Thomas (Wales); Linienrichter: Davidson (Schottland), Aldinger (Deutschland).
Zuschauer: 32 000; Tore: 1:0 Lato (6.), 2:0 Szarmach (8.), 2:1 Heredia (61.), 3:1 Lato (62.), 3:2 Babington (66.).

Am 19. Juni in München:
POLEN – HAITI 7:0 (5:0)
POLEN: Tomaszewski, Szymanowski, Zmuda, Gorgon, Musial (71. Gut), Kasperczak, Maszczyk (65. Cmikiewicz), Deyna, Lato, Szarmach, Gadocha.
HAITI: Francillon, Bayonne, Nazaire, Vorbe, Auguste, Francois, Antoine, Andre (38. Barthelmy), Desir, R. St. Vil (46. Racine), Sannon.
Schiedsrichter: Suppiah (Singapur); Linienrichter: Biwersi (Deutschland), Eschweiler (Deutschland).
Zuschauer: 21 000; Tore: 1:0 Lato (17.), 2:0 Deyna (19.), 3:0 Szarmach (30.), 4:0 Gorgon (32.), 5:0 Szarmach (34.), 6:0 Szarmach (51.), 7:0 Lato (87.).

Am 19. Juni in Stuttgart:
ARGENTINIEN – ITALIEN 1:1 (1:1)
ARGENTINIEN: Carnevali, Sa, Heredia, Perfumo, Wolff (61. Glaria), Babington, Telch, Ayala, Yazalde (78. Chazarreta), Kempes, Houseman.
ITALIEN: Zoff, Benetti, Facchetti, Morini (65. Wilson), Spinosi, Capello, Rivera (65. Causio), Burgnich, Mazzola, Anastasi, Riva.
Schiedsrichter: Kasakow (UdSSR); Linienrichter: Glöckner (DDR), Rainea (Rumänien).
Zuschauer: 73 000; Tore: 1:0 Houseman (19.), 1:1 Perfumo (35., Eigentor).

Am 23. Juni in München:
ARGENTINIEN – HAITI 4:1 (2:0)
ARGENTINIEN: Carnevali, Wolff, Perfumo, Heredia, Sa, Babington, Telch, Houseman (57. Brindisi), Yazalde, Ayala, Kempes (57. Balbuena).
HAITI: Francillon, Ducoste, Bayonne, Nazaire (25. Marion J. Leandre), Louis, Ph. Vorbe, Desir, G. St. Vil (53. Fritz Leandre), Antoine, Racine, Sannen.
Schiedsrichter: Sanchez-Ibanez (Spanien); Linienrichter: Mostafa Kamel (Ägypten), N'Diaye (Senegal).
Zuschauer: 18 000; Tore: 1:0 Yazalde (15.), 2:0 Houseman (18.), 3:0 Ayala (56.), 3:1 Sannen (63.), 4:1 Yazalde (67.).

Am 23. Juni in Stuttgart:
POLEN – ITALIEN 2:1 (2:0)
POLEN: Tomaszewski, Szymanowski, Gorgon, Musial, Zmuda, Kasperczak, Deyna, Maszczyk, Lato, Szarmach (76. Cmikiewicz), Gadocha.
ITALIEN: Zoff, Spinosi, Burgnich, Wilson (34. Wilson), Facchetti, Morini, Benetti, Capello, Mazzola, Causio, Anastasi, Chinaglia (46. Boninsegna).
Schiedsrichter: Weyland (Deutschland); Linienrichter: Winsemann (Kanada), Schulenburg (Deutschland).
Zuschauer: 73 000; Tore: 1:0 Szarmach (38.), 2:0 Deyna (44.), 2:1 Capello (86.).

Zweite Finalrunde

GRUPPE A

Am 26. Juni in Gelsenkirchen:
NIEDERLANDE – ARGENTINIEN 4:0 (2:0)
NIEDERLANDE: Jongbloed, Suurbier, Haan (86. Israel), Rijsbergen, Haan, Krol, Jansen, Neeskens, van Hanegem, Rep, Cruyff, Rensenbrink.
ARGENTINIEN: Carnevali, Wolff (46. Glaria), Perfumo, Heredia, Sa, Squeo, Telch, Houseman (64. Kempes), Balbuena, Yazalde, Ayala.
Schiedsrichter: Davidson (Schottland); Linienrichter: Tschenscher (Deutschland), Kasakow (UdSSR).
Zuschauer: 55 000; Tore: 1:0 Cruyff (11.), 2:0 Krol (25.), 3:0 Rep (72.), 4:0 Cruyff (91.).

Am 26. Juni in Hannover:
BRASILIEN – DDR 1:0 (0:0)
BRASILIEN: Leao, Ze Maria, Luiz Pereira, Mario Marinho, Francisco Marinho, Paulo Cezar C., Rivelino, Paulo Cezar L., Valdomiro, Jairzinho, Dirceu.
DDR: Croy, Kische, Bransch, Weise, Wätzlich, Lauck (65. Löwe), Sparwasser, Hamann (46. Irmscher), Kurbjuweit, Streich, Hoffmann.
Schiedsrichter: Thomas (Wales); Linienrichter: Babacan (Türkei), Boskovic (Australien).
Zuschauer: 53 000; Tor: 1:0 Rivelino (61.).

Am 30. Juni in Gelsenkirchen:
NIEDERLANDE – DDR 2:0 (1:0)
NIEDERLANDE: Jongbloed, Suurbier, Haan, Rijsbergen, Krol, Jansen, Neeskens, van Hanegem, Rep, Cruyff, Rensenbrink.
DDR: Croy, Kische, Bransch, Weise, Kurbjuweit, Lauck (65. Kreische), Pommerenke, Schnuphase, Löwe (54. Ducke), Sparwasser, Hoffmann.
Schiedsrichter: Scheurer (Schweiz); Linienrichter: Linemayr (Österreich), Delgado (Kolumbien).
Zuschauer: 70 000; Tore: 1:0 Neeskens (8.), 2:0 Rensenbrink (59.).

Am 30. Juni in Hannover:
BRASILIEN – ARGENTINIEN 2:1 (1:1)
BRASILIEN: Leao, Ze Maria, Luiz Pereira, Mario Marinho, Francisco Marinho, Paulo Cezar C., Rivelino, Paulo Cezar L., Valdomiro, Jairzinho, Dirceu.
ARGENTINIEN: Carnevali, Glaria, Heredia, Bargas, Sa (46. Carrascosa), Brindisi, Squeo, Babington, Balbuena, Ayala, Kempes (46. Houseman).
Schiedsrichter: Loraux (Belgien); Linienrichter: Taylor (England), N'Diaye (Senegal).
Zuschauer: 25 000; Tore: 1:0 Rivelino (31.), 1:1 Brindisi (34.), 2:1 Jairzinho (48.).

Am 3. Juli in Dortmund:
NIEDERLANDE – BRASILIEN 2:0 (0:0)
NIEDERLANDE: Jongbloed, Suurbier, Haan, Rijsbergen, Krol, Neeskens (84. Israel), van Hanegem, Jansen, Rep, Cruyff, Rensenbrink (67. de Jong).
BRASILIEN: Leao, Ze Maria, Luiz Pereira, Mario Marinho, Francisco Marinho, Paulo Cezar C., Rivelino, Paulo Cezar L. (61. Mirandinha), Valdomiro, Jairzinho, Dirceu.
Schiedsrichter: Tschenscher (Deutschland); Linienrichter: Davidson (Schottland), Suppiah (Singapur).
Zuschauer: 54 000; Tore: 1:0 Neeskens (50.), 2:0 Cruyff (65.).

Am 3. Juli in Gelsenkirchen:
ARGENTINIEN – DDR 1:1 (1:1)
ARGENTINIEN: Fillol, Wolff, Bargas, Heredia, Carrascosa, Brindisi, Telch, Babington, Houseman, Kempes, Ayala.
DDR: Croy, Kische, Weise, Bransch, Kurbjuweit, Pommerenke, Sparwasser, Schnuphase, Löwe (66. Vogel), Streich (81. Ducke), Hoffmann.
Schiedsrichter: Taylor (England); Linienrichter: Thomas (Wales), Mostafa Kamel (Ägypten).
Zuschauer: 15 000; Tore: 0:1 Streich (14.), 1:1 Houseman (22.).

GRUPPE B

Am 26. Juni in Düsseldorf:
DEUTSCHLAND – JUGOSLAWIEN 2:0 (1:0)
DEUTSCHLAND: Maier, Vogts, Beckenbauer, Schwarzenbeck, Breitner, Wimmer (70. Hoeneß), Bonhof, Overath, Hölzenbein (74. Flohe), Müller, Herzog.
JUGOSLAWIEN: Maric, Buljan, Muzinic, Katalinski, Hadziabdic, Oblak (78. Jerkovic), Surjak, Acimovic, Povivoda, Karasi, Dzajic (78. Petkovic).
Schiedsrichter: Marques (Brasilien); Linienrichter: Angonese (Italien), Nunez (Peru).
Zuschauer: 67 000; Tore: 1:0 Breitner (38.), 2:0 Müller (77.).

Am 26. Juni in Stuttgart:
POLEN – SCHWEDEN 1:0 (1:0)
POLEN: Tomaszewski, Gut, Gorgon, Zmuda, Szymanowski Kasperczak, Deyna, Maszczyk, Lato, Szarmach (61. Kmiezik), Gadocha.
SCHWEDEN: Hellström, Andersson (61. Augustsson), Grip, Nordqvist, Tapper (81. Ahlström), Bo Larsson, Torstensson, Grahn, Karlsson, Edström, Sandberg.
Schiedsrichter: Barreto Ruiz (Uruguay); Linienrichter: Pestarino (Argentinien), Archundia (Mexiko).
Zuschauer: 40 000; Tor: 1:0 Lato (42.).

Am 30. Juni in Frankfurt:
POLEN – JUGOSLAWIEN 2:1 (1:1)
POLEN: Tomaszewski, Szymanowski, Zmuda, Gorgon, Musial, Kasperczak, Deyna (80. Domarski), Maszczyk, Lato, Szarmach (57. Cmikiewicz), Gadocha.
JUGOSLAWIEN: Maric, Buljan, Bogicevic, Katalinski, Hadziabdic, Oblak (19. Jerkovic), Karasi, Acimovic, Petkovic (81. V. Petrovic), Bajevic, Surjak.
Schiedsrichter: Glöckner (DDR); Linienrichter: Marques (Brasilien), Winseman (Kanada).
Zuschauer: 55 000; Tore: 1:0 Deyna (26., Foulelfmeter), 1:1 Karasi (44.), 2:1 Lato (64.).

Am 30. Juni in Düsseldorf:
DEUTSCHLAND – SCHWEDEN 4:2 (0:1)
DEUTSCHLAND: Maier, Vogts, Beckenbauer, Schwarzenbeck, Breitner, Hoeneß, Bonhof, Overath, Hölzenbein (81. Flohe), Müller, Herzog (65. Grabowski).
SCHWEDEN: Hellström, Olsson, Nordqvist, Karlsson, Augustsson, Grahn, Bo Larsson (34. Ejderstedt), Tapper, Torstensson, Edström, Sandberg.

Schiedsrichter: Kasakow (UdSSR); Linienrichter: Rainea (Rumänien), Sanchez-Ibanez (Spanien).
Zuschauer: 67 500; Tore: 0:1 Edström (26.), 1:1 Overath (50.), 2:1 Bonhof (51.), 2:2 Sandberg (53.), 3:2 Grabowski (78.), 4:2 Hoeneß (90., Foulelfmeter).

Am 3. Juli in Frankfurt:
DEUTSCHLAND – POLEN 1:0 (0:0)
DEUTSCHLAND: Maier, Vogts, Beckenbauer, Schwarzenbeck, Breitner, Hoeneß, Bonhof, Overath, Grabowski, Müller, Hölzenbein.
POLEN: Tomaszewski, Szymanowski, Gorgon, Zmuda, Musial, Maszczyk (80. Kmiecik), Deyna, Kasperczak (80. Cmikiewicz), Lato, Domarski, Gadocha.
Schiedsrichter: Linemayr (Österreich); Linienrichter: Scheurer (Schweiz), Palotai (Ungarn).
Zuschauer: 62 000; Tor: 1:0 Müller (75.).

Am 3. Juli in Düsseldorf:
SCHWEDEN – JUGOSLAWIEN 2:1 (1:1)
SCHWEDEN: Hellström, Olsson, Nordqvist, Karlsson, Augustsson, Tapper, Grahn, Persson, Torstensson, Edström, Sandberg.
JUGOSLAWIEN: Maric, Buljan, Katalinski, Pavlovic (77. Peruzovic), Hadziabdic, Jerkovic, Bogicevic, Acimovic, V. Petrovic (67. Karasi) Surjak, Dzajic.
Schiedsrichter: Pestarino (Argentinien); Linienrichter: Barreto Ruiz (Uruguay), Llobregat (Venezuela).
Zuschauer: 14 000; Tore: 0:1 Surjak (27.), 1:1 Edström (30.), 2:1 Torstensson (85.).

UM DEN DRITTEN PLATZ

Am 6. Juli in München:
POLEN – BRASILIEN 1:0 (0:0)
POLEN: Tomaszewski, Szymanowski, Gorgon, Musial, Zmuda, Maszczyk, Kasperczak (71. Cmikiewicz), Deyna, Lato, Szarmach (71. Kapka), Gadocha.
BRASILIEN: Leao, Mario Marinho, Alfredo, Ze Maria, Francisco Marinho, Paulo Cezar C., Rivelino, Valdomiro (65. Mirandinha), Ademir, Dirceu, Jairzinho.
Schiedsrichter: Angonese (Italien); Linienrichter: N'Diaye (Senegal), Namdar (Iran).
Zuschauer: 80 000; Tor: 1:0 Lato (75.).

ENDSPIEL

Am 7. Juli in München:
DEUTSCHLAND – NIEDERLANDE 2:1 (2:1)
DEUTSCHLAND: Maier, Schwarzenbeck, Vogts, Beckenbauer, Breitner, Hoeneß, Bonhof, Overath, Grabowski, Müller, Hölzenbein.
NIEDERLANDE: Jongbloed, Suurbier, Rijsbergen (68. de Jong), Haan, Krol, Jansen, Neeskens, van Hanegem, Rep, Cruyff, Rensenbrink (46. Rene van de Kerkhof).
Schiedsrichter: Taylor (England); Linienrichter: Barreto Ruiz (Uruguay), Archundia (Mexiko).
Zuschauer: 80 000; Tore: 0:1 Neeskens (1., Foulelfmeter), 1:1 Breitner (26., Foulelfmeter), 2:1 Müller (44.).

11. Fußball-Weltmeisterschaft
1978 in Argentinien

Qualifikation
EUROPA

Gruppe 1

Am 23. Mai 1976 in Limassol:
ZYPERN – DÄNEMARK 1:5 (1:3)
Zypern: D. Constantinou (F. Stylianou), Mertakas, Patikis, S. Stylianou, Lysandrou, Savva, Michael, Marcou, Kaiafas (Miamiliotis), Charalambous, Kanaris.
Dänemark: B. Larsen, J. Hansen, Munk-Jensen, Röntved, Tune, Rasmussen, Olsen, H. Hansen, Simonsen, H. Jensen, Bastrup.
Schiedsrichter: Doudine (Bulgarien); Zuschauer: 10 000.

Am 16. Oktober 1976 in Porto:
PORTUGAL – POLEN 0:2 (0:0)
Portugal: Bento, Artur (65. Moinhos), Rodrigues, Freitas, Pietra, Octavio, Toni (46. Celso), Alves, Oliveira, Fernandes, Nene.
Polen: Kukla, Rzesny, Zmuda, Maszczyk, Kasperczak, Masztaler, Szarmach, Lato, Deyna, Maculewicz, Terlecki (75. Wawrowski).
Schiedsrichter: Kitabdjian (Frankreich); Zuschauer: 30 000.

Am 27. Oktober 1976 in Kopenhagen:
DÄNEMARK – ZYPERN 5:0 (0:0)
Dänemark: Larsen, J. Hansen, Ahlberg, Munk-Jensen, Röntved, Olsen, Björnmose, Nielsen, Flindt-Bjerg, H. Jensen, Kristensen.
Zypern: G. Pandjaras, K. Constantinou, Patikis, Lilos, S. Stylianou, Michael, Miamiliotis, Marcou, Kaiafas, Savva, Kanaris.
Schiedsrichter: Colling (Luxemburg); Zuschauer: 31 000.

Am 31. Oktober 1976 in Warschau:
POLEN – ZYPERN 5:0 (3:0)
Polen: Kukla, Maculewicz, Zmuda, Masztaler, Kasperczak, Boniek, Sybis, Lubanski, Szarmach, Deyna, Terlecki.
Zypern: G. Pandjaras, Patikis, Papaloukas, Lilos, S. Stylianou, K. Constantinou, Michael, Savva, Kaiafas, Marcou, Kanaris.
Schiedsrichter: Müncz (Ungarn); Zuschauer: 80 000.

Am 17. November 1976 in Lissabon:
PORTUGAL – DÄNEMARK 1:0 (0:0)
Portugal: Fonseca, Artur, Humberto Coelho (46. Laranjeira), Jose Mendes, Tai, Celso, Nene, Chalana, Vitor Baptista, Alves, Oliveira (46. Fernandes).
Dänemark: B. Jensen, J. Hansen, Röntved, Munk-Jensen, Ahlberg, Björnmose (78. Andersen), H. Hansen, Flindt-Bjerg (54. Le Fevre), Simonsen, Holmström, Kristensen.
Schiedsrichter: Aouissi (Algerien); Zuschauer: 35 000.

Am 5. Dezember 1976 in Limassol:
ZYPERN – PORTUGAL 1:2 (0:1)
Zypern: Pandjaras, Patikis, Papaloukas, S. Stylianou, K. Constantinou, Michael, Omirou, Savva, Kaiafas, Marcou, Miamiliotis.
Portugal: Bento, Artur, Laranjeira, Jose Mendes, Augusto Inacio, Octavio, Francisco Mario Silva, Nene, Fernandes, Chalana, Albertino Pereira.
Schiedsrichter: Ghita (Rumänien); Zuschauer: 10 000.

Am 1. Mai 1977 in Kopenhagen:
DÄNEMARK – POLEN 1:2 (0:1)
Dänemark: Jensen, J. Hansen, Röntved, Munk-Jensen (60. L. Larsen), Ahlberg, Björnmose, Höjland, H. Hansen (80. Sörensen), Flindt-Bjerg, Simonsen, Lund.
Polen: Tomaszewski, Dziuba, Wieczorek, Zmuda, Rudy (24. Boguszewski), Kasperczak, Deyna, Masztaler, Lato, Lubanski (82. Boniek), Szarmach.
Schiedsrichter: Mattsson (Finnland); Zuschauer: 50 000.

Am 15. Mai 1977 in Limassol:
ZYPERN – POLEN 1:3 (1:2)
Zypern: G. Pandjaras, Patikis, Pastellides, Vrakimis (53. Mavris), S. Stylianou, K. Constantinou, Michael, Savva, Antoniou, Kaiafas (60. Gavalas), Kanaris.
Polen: Tomaszewski, Wawrowski, Zmuda, Maculewicz, Ludyga, Kasperczak, Deyna, Masztaler (85. Nawalka), Lato, Szarmach, Terlecki (68. Mazur).
Schiedsrichter: Ashkenazi (Israel); Zuschauer: 10 000.

Am 21. September 1977 in Kattowitz:
POLEN – DÄNEMARK 4:1 (2:0)
Polen: Tomaszewski, Wawrowski, Zmuda, Maculewicz, Rudy, Kasperczak, Deyna (70. Boniek), Masztaler (80. Nawalka), Lato, Lubanski, Szarmach.
Dänemark: P. Poulsen, Mortensen, Munk-Jensen, Röntved, Ahlberg, Andersen, Nygaard, A. Hansen, H. Hansen, Flindt-Bjerg, Mogensen.
Schiedsrichter: Rainea (Rumänien); Zuschauer: 60 000.

Am 9. Oktober 1977 in Kopenhagen:
DÄNEMARK – PORTUGAL 2:4 (1:2)
Dänemark: P. Poulsen, J. Hansen, Munk-Jensen, Röntved, Mortensen, Tune, Nygaard, H. Hansen, Lund, Andersen (79. A. Hansen), Kristensen.
Portugal: Bento, Gabriel, Humberto Coelho, Laranjeira, Murca, Octavio, Nene (46. Fernandes), Toni, Jordao, Alves, Chalana (59. Rodolfo).
Schiedsrichter: Azim-Zade (UdSSR); Zuschauer: 23 000.

STATISTIK ZUR WELTMEISTERSCHAFT 1978

Am 29. Oktober 1977 in Chorzow:
POLEN – PORTUGAL 1:1 (1:0)
Polen: Tomaszewski, Wawrowski, Zmuda, Rudy, Maculewicz, Kasperczak, Lato, Masztaler (36. Boniek), Szarmach, Deyna (83. Erlich), Nawalka.
Portugal: Bento, Gabriel, Humberto Coelho, Laranjeira, Murca, Octavio, Oliveira, Toni, Fernandes, Alves, Chalana (64. Seninho).
Schiedsrichter: Eschweiler (Deutschland); Zuschauer: 85 000.

Am 16. November 1977 in Faro:
PORTUGAL – ZYPERN 4:0 (2:0)
Portugal: Bento, Artur, Humberto Coelho, Laranjeira, Murca (Vital), Pietra (Chico Faria), Seninho, Toni, Fernandes, Alves, Chalana.
Zypern: G. Pandjaras, Patikis, Kolokasis, N. Pandjaras, K. Constantinou, Michael, Damianou (Omirou), Savva Theofanous, Charalambous, Kanaris.
Schiedsrichter: Jursa (CSSR); Zuschauer: 10 000.

1. Polen	6 5 1 0	11:1	17:4
2. Portugal	6 4 1 1	9:3	12:6
3. Dänemark	6 2 0 4	4:8	14:12
4. Zypern	6 0 0 6	0:12	3:24

Gruppe 2

Am 13. Juni 1976 in Helsinki:
FINNLAND – ENGLAND 1:4 (1:2)
Finnland: Enckelman, Vihtilä, Tolsa, Mäkynen, Ranta, Jantunen, Suomalainen, E. Heiskanen, Rissanen, A. Heiskanen, Paatelainen.
England: Clemence, Todd, Mills, Thompson, Madeley, Cherry, Keegan, Channon, Pearson, Brooking, Francis.
Schiedsrichter: Delcourt (Belgien); Zuschauer: 24 000.

Am 22. September 1976 in Helsinki:
FINNLAND – LUXEMBURG 7:1 (3:0)
Finnland: Enckelman, Heikkinen, Vihtilä, Mäkynen, Ranta, Jantunen (75. Pyykkö), E. Heiskanen, A. Heiskanen, Rissanen, Paatelainen (53. Nieminen), Toivola.
Luxemburg: R. Zender, Schaul, Flenghi (46. G. Zender), Hansen, Margue, Dresch, Pilot, Philippe Orioli, Braun, Dussier.
Schiedsrichter: Thime (Norwegen); Zuschauer: 4500.

Am 13. Oktober 1976 in London:
ENGLAND – FINNLAND 2:1 (1:0)
England: Clemence, Todd, Thompson, Greenhoff, Beattie, Wilkins, Brooking, Keegan, Channon, Royle, Tueart (73. Hill).
Finnland: Enckelman, Heikkinen, Mäkynen, Vihtilä, Ranta, Jantunen, Suomalainen (75. Pyykkö), Toivola, Nieminen, A. Heiskanen, Paatelainen.
Schiedsrichter: U. Eriksson (Schweden); Zuschauer: 92 000.

Am 16. Oktober 1976 in Luxemburg:
LUXEMBURG – ITALIEN 1:4 (0:2)
Luxemburg: Zender, Schaul, Mond, Pilot, De Grava, Orioli (64. Langers), Dresch, Margue, Krecke, Dussier, Braun.
Italien: Zoff, Facchetti, Tardelli, Mozzini, Rocca, Causio, Capello, Antognoni, P. Sala, Graziani, Bettega.
Schiedsrichter: Dörflinger (Schweiz); Zuschauer: 13 000.

Am 11. November 1976 in Rom:
ITALIEN – ENGLAND 2:0 (1:0)
Italien: Zoff, Cuccureddu, Tardelli, Benetti, Facchetti, Causio, Capello, Graziani, Antognoni, Bettega, Gentile.
England: Clemence, Clement (81. Beattie), Mills, Greenhoff, McFarland, Hughes, Keegan, Channon, Bowles, Cherry, Brooking.
Schiedsrichter: Klein (Israel); Zuschauer: 71 000.

Am 30. März 1977 in London:
ENGLAND – LUXEMBURG 5:0 (1:0)
England: Clemence, Gidman, Cherry, Kennedy, Watson, Hughes, Keegan, Channon, Royle (46. Mariner), Francis, Hill.
Luxemburg: Zender, Fandel, Margue, Mond, Pilot, Zuang, Di Domenico (Orioli), Dresch, Braun, Philipp, Dussier.
Schiedsrichter: Bonett (Malta); Zuschauer: 81 000.

Am 26. Mai 1977 in Luxemburg:
LUXEMBURG – FINNLAND 0:1 (0:0)
Luxemburg: Zender, Barthel (52. Orioli), Pilot, Mond, Fandel, Zuang, Krecke (86. Margue), Di Domenico, Michaux, Dussier, Braun.
Finnland: Enckelman, Heikkinen, Ranta, Tolsa, Vihtilä, Jantunen, Toivola (63. Nieminen), A. Heiskanen (79. Haaskivi), Suomalainen, Rissanen, Paatelainen.
Schiedsrichter: Amundsen (Dänemark); Zuschauer: 1800.

Am 8. Juni 1977 in Helsinki:
FINNLAND – ITALIEN 0:3 (0:1)
Finnland: Enckelman, Heikkinen, Vihtilä, Tolsa, Ranta, Jantunen, Suomalainen, Toivola (51. Nieminen), Rissanen, A. Heiskanen (74. Närvä), Paatelainen.
Italien: Zoff, Tardelli, Mozzini, Facchetti, Gentile, Zaccarelli, Antognoni, Benetti, Causio (46. C. Sala), Graziani, Bettega.
Schiedsrichter: Helles (Frankreich); Zuschauer: 17 500.

Am 12. Oktober 1977 in Luxemburg:
LUXEMBURG – ENGLAND 0:2 (0:1)
Luxemburg: Moes, Barthel, Fandel (81. Zangerle), Mond, Rohmann, Philipp, Michaux, Zuang, Dussier, Braun (81. Di Domenico), Monacelli.
England: Clemence, Cherry, Hughes, Watson (69. Beattie), Kennedy, Callaghan, McDermott (65. Whymark), Wilkins, Mariner, Francis, Hill.
Schiedsrichter: Jarguz (Polen); Zuschauer: 11 000.

Am 15. Oktober 1977 in Turin:
ITALIEN – FINNLAND 6:1 (3:0)
Italien: Zoff, Tardelli, Gentile, Benetti, Mozzini, Facchetti, Causio, Zaccarelli, Graziani, Antognoni, Bettega.
Finnland: Enckelman, Suomalainen (7. Vaittinen), Vihtilä, Mäkynen, Ranta, Jantunen, Haaskivi, Toivola, Suhonen, A. Heiskanen (61. Heikkinen), Paatelainen.
Schiedsrichter: Doudine (Bulgarien); Zuschauer: 63 000.

Am 16. November 1977 in London:
ENGLAND – ITALIEN 2:0 (1:0)
England: Clemence, Neal, Cherry, Wilkins, Watson, Hughes, Keegan (84. Francis), Coppell, Latchford (75 Pearson), Brooking, Barnes.
Italien: Zoff, Tardelli, Gentile, Benetti, Mozzini, Facchetti (85. Cuccureddu), Causio, Zaccarelli, Graziani (46. C. Sala), Antognoni, Bettega.
Schiedsrichter: Palotai (Ungarn); Zuschauer: 92 000.

Am 3. Dezember 19.7 in Rom:
ITALIEN – LUXEMBURG 3:0 (2:0)
Italien: Zoff, Cuccureddu, Tardelli, Benetti, Gentile, Manfredonia, Causio, Zaccarelli, Graziani, Antognoni, Bettega.
Luxemburg: Moes, Barthel, Fandel, Mond, Rohmann, Zuang, Michaux, Di Domenico, Dussier, Philipp, Zwally.
Schiedsrichter: Maksimovic (Jugoslawien); Zuschauer: 85 000.

1. Italien	6 5 0 1	10:2	18:4
2. England	6 5 0 1	10:2	15:4
3. Finnland	6 2 0 4	4:8	11:16
4. Luxemburg	6 0 0 6	0:12	2:22

Gruppe 3

Am 31. Oktober 1976 in Izmir:
TÜRKEI – MALTA 4:0 (1:0)
Türkei: Senol, Turgay, Alpaslan, Ali, Ismail, Ö. Mehmet, Fatih, Ali Kemal, Kemal, Cemil, Isa.
Malta: A. Mizzi, Gouder, Ed. Farrugia, Darmanin, Holland, R. Mizzi, Vella, W. Vassallo, R. Xuereb, G. Xuereb, Magro.
Schiedsrichter: Jursa (CSSR), Zuschauer: 70 000.

Am 17. November 1976 in Dresden:
DDR – TÜRKEI 1:1 (1:1)
DDR: Croy, Schmuck (47. Dörner), Kische, Weise, K. Müller, Häfner, Schade, Lauck (71. Riedel), Kotte, Streich, Heidler.
Türkei: Senol, Fatih, Turgay, Erol, Katir, Alpaslan, Ali (5. Necati), Mehmet, Isa, Ali Kemal, Cemil.
Schiedsrichter: Partridge (England); Zuschauer: 18 000.

Am 5. Dezember 1976 in Gzira:
MALTA – ÖSTERREICH 0:1 (0:0)
Malta: A. Mizzi, L. Borg, Ed. Farrugia, Holland, Darmanin, F. Micallef, Magro, W. Vassallo, G. Xuereb, R. Xuereb, Seychell.
Österreich: F. Koncilia, R. Sara, Persidis, Strasser, Pezzey, Oberhofer, Stering (46. Prohaska), Hickersberger, Krankl, Hattenberger, Schachner (81. Pirkner).
Schiedsrichter: Seoudi (Tunesien); Zuschauer: 10 000.

Am 2. April 1977 in La Valetta:
MALTA – DDR 0:1 (0:0)
Malta: Gatt, Darmanin, Ciantar, Holland, E. Farrugia, Micallef, R. Xuereb, Azzopardi, Magro, G. Xuereb (74. Fabri), Seychell.
DDR: Grapenthin, Dörner, Kische, Weise, Kurbjuweit, Häfner, Heidler (53. Schade), Lauck, Riediger, Streich, Hoffmann.
Schiedsrichter: Della Bruna (Schweiz); Zuschauer: 10 000.

Am 17. April 1977 in Wien:
ÖSTERREICH – TÜRKEI 1:0 (1:0)
Österreich: F. Koncilia, R. Sara, Persidis, Pezzey, Breitenberger, Hattenberger, Prohaska, Hickersberger, Stering, Krankl, Schachner.
Türkei: Senol, Turgay, Erol, Fatih, Alpaslan, K. Mehmet (75. Hüsejin), Niko (70. Kemal), Necati, Engin, Ali Kemal, Cemil.
Schiedsrichter: Jarkow (UdSSR); Zuschauer 72 000.

Am 30. April 1977 in Salzburg:
ÖSTERREICH – MALTA 9:0 (5:0)
Österreich: F. Koncilia, Persidis, R. Sara, Pezzey, Strasser, Hickersberger, Prohaska, Hattenberger, Stering (78. P. Koncilia), Krankl, Schachner (46. Pirkner).
Malta: Gatt, Darmanin, Ciantar, Holland, Schembri, Ed. Farrugia, Fabri, F. Micallef, R. Xuereb, Magro, Seychell (46. G. Xuereb).
Schiedsrichter: Jarguz (Polen), Zuschauer: 18 000.

Am 24. September 1977 in Wien:
ÖSTERREICH – DDR 1:1 (1:1)
Österreich: F. Koncilia, Krieger, Sara, Pezzey, Breitenberger, Stering, Hattenberger, Hickersberger, Jara (78. Prohaska), Krankl, Kreuz.
DDR: Croy, Dörner, Kische, Weise, Weber, Häfner, Schade, Lindemann, Heidler (73. Riediger), Kotte (46. Sparwasser), Hoffmann.
Schiedsrichter: Reynolds (Wales); Zuschauer: 72 000.

Am 12. Oktober 1977 in Leipzig:
DDR – ÖSTERREICH 1:1 (0:1)
DDR: Croy, Dörner, Kische, Weise, Weber, Häfner, Schade, Lindemann, Löwe, Kotte (56. Riediger), Hoffmann (87. Sparwasser).
Österreich: F. Koncilia, Krieger, Sara, Pezzey, Breitenberger, Prohaska (90. Obermayer), Hattenberger, Hickersberger, Jara, Stering, Kreuz.
Schiedsrichter: Foote (Schottland); Zuschauer: 95 000.

Am 29. Oktober 1977 in Babelsberg:
DDR – MALTA 9:0 (3:0)
DDR: Croy, Kische, Dörner, Weise, Weber, Schade, Pommerenke (46. Streich), Häfner, Riediger, Sparwasser, Hoffmann.
Malta: Debono, Ciantar (68. Em. Farrugia), L. Borg, Holland, Camilleri, Azzopardi, Magre, A. Vassallo, G. Xuereb, R. Xuereb, F. Micallef (34. Darmanin).
Schiedsrichter: Namdar (Iran); Zuschauer: 15 000.

Am 30. Oktober 1977 in Izmir:
TÜRKEI – ÖSTERREICH 0:1 (0: 0)
Türkei: Eser, Turgay, Erdogan, Erol, Fatih, Volkan, Engin, Sedat (76. Isa), Ali Kemal, Cemil, Mustafa (17. Gökmen).
Österreich: F. Koncilia, R. Sara, Krieger, Breitenberger, Pezzey, Hattenberger, Stering, Prohaska, Kranki, Kreuz, Jara.
Schiedsrichter: Gordon (Schottland); Zuschauer: 70 000.

Am 16. November 1977 in Izmir:
TÜRKEI – DDR 1:2 (0:1)
Türkei: Eser (46. Rasim), Fatih, Turgay, Erol, Erdogan, Önder, Volkan, Isa, Öner, Cemil (73. Sedat), Mustafa I.
DDR: Croy, Dörner, Kische, Weise, Weber, Häfner, Lindemann, Schade, Riediger, Streich (55. Pommerenke), Hoffmann (88. Sparwasser).
Schiedsrichter: Michelotti (Italien); Zuschauer: 10 000.

Am 27. November 1977 in Gzira:
MALTA – TÜRKEI 0:3 (0:2)
Malta: Sciberras, Losco, Em. Farrugia, Holland, Darmanin, Azzopardi, Magro, A. Vassallo, G. Xuereb, Arpa, Seychell.
Türkei: Eser, Turgay, Erdogan, Erol, Necati, Engin, Önder, Volkan, Ali Kemal, Cemil, Sedat.
Schiedsrichter: Larache (Marokko); Zuschauer: 4000.

1. Österreich	6 4 2 0	10:2		14:2
2. DDR	6 3 3 0	9:3		15:4
3. Türkei	6 2 1 3	5:7		9:5
4. Malta	6 0 0 6	0:12		0:27

Gruppe 4

Am 5. September 1976 in Reykjavik:
ISLAND – BELGIEN 0:1 (0:0)
Island: Stefansson, Leifsson, Torfason, Petursson, Geirsson, J. Edvaldsson, Thorbjörnsson, O. Sigurvinsson, Thordarson, A. Sigurvinsson, Sveinsson.
Belgien: Piot, Gerets, Martens, Renquin, van den Daele, Coeck, van der Elst, Verheyen, Wellens, Courant, Teugels.
Schiedsrichter: Carpenter (Eire); Zuschauer: 8000.

Am 8. September 1976 in Reykjavik:
ISLAND – NIEDERLANDE 0:1 (0:1)
Island: Stefansson, O. Sigurvinsson, J. Edvaldsson, Geirsson, Leifsson, Petursson, Thordarson, A. Sigurvinsson, Eliasson, Hallgrimsson, Torfason.
Niederlande: Ruiter, W. v. d. Kerkhof, van Kraay, Rijsbergen, Krol, Jansen, Haan, v. d. Kuylen, R. v. d. Kerkhof, Geels (65. Kist), Rensenbrink.
Schiedsrichter: Mulhall (Eire); Zuschauer: 12 000.

Am 13. Oktober 1976 in Rotterdam
NIEDERLANDE – NORDIRLAND 2:2 (03)
Niederlande: Treytel, W. v. d. Kerkhof (46. R. v. d. Kerkhof), van Kraay, Rijsbergen, Krol, Neeskens, Jansen, Haan, Cruyff, Geels, Rensenbrink.
Nordirland: Jennings, J. Nicholl, Jackson, Hunter, Rice, Hamilton, McCreery, McIlroy, McGrath (72. Spence), Best, Anderson.
Schiedsrichter: Franco Martinez (Spanien):
Zuschauer: 55 000.

Am 10. November 1976 in Lüttich:
BELGIEN – NORDIRLAND 2:0 (1:0)
Belgien: Piot, Gerets, Broos, van den Daele, Renquin, Cools, van der Elst, Courant, Coeck, van Gool, Lambert.
Nordirland: Jennings, J. Nicholl, Jackson, Hunter, Rice (64. Nelson), Hamilton, McCreery, McGrath, Anderson, Best, McIlroy.
Schiedsrichter: Prokop (DDR); Zuschauer: 28 000.

Am 26. März 1977 in Antwerpen:
BELGIEN – NIEDERLANDE 0:2 (0:1)
Belgien: Piot, Coeck, Bastijns, Broos, Volders, van der Elst, Cools, Verheyen, Courant, van Gool (50. Ceulemans), Wellens.
Niederlande: Schrijvers, Krol, Suurbier, Rijsbergen, Hovenkamp, Neeskens, Kist (66. v. d. Kuylen), W. v. d. Kerkhof, Rep, Cruyff, Rensenbrink.
Schiedsrichter: Gonella (Italien); Zuschauer: 65 000.

Am 11. Juni 1977 in Reykjavik:
ISLAND – NORDIRLAND 1:0 (1:0)
Island: Dagsson, O. Sigurvinsson, Gudlaugsson, Torfason, Geirsson, J. Edvaldsson, Albertsson, Thorbjörnsson, Thordarson, A. Sigurvinsson, Leifsson.
Nordirland: Jennings, Rice, Nelson, J. Nicholl, Hunter, Hamilton, McGrath, McIlroy, Jackson, McCreery, Anderson.
Schiedsrichter: Glöckner (DDR); Zuschauer: 10 300.

Am 31. August 1977 in Nimwegen:
NIEDERLANDE – ISLAND 4:1 (3:0)
Niederlande: van Beveren, Suurbier, Krol, Rijsbergen (Dusbaba), Hovenkamp, W. v. d. Kerkhof, Jansen, van Hanegem, Rep, Geels, R. v. d. Kerkhof.
Island: Dagsson, O. Sigurvinsson, Geirsson, Torfason, Gudlaugsson, Leifsson, A. Sigurvinsson, Sveinsson, Hilmarsson, Albertsson, Thordarson.
Schiedsrichter: Hirviniemi (Finnland); Zuschauer: 25 000.

Am 3. September 1977 in Brüssel:
BELGIEN – ISLAND 4:0 (2:0)
Belgien: Pfaff, van Binst, Broos, Meeuws, Martens, Cools, Courant, van der Eycken, van der Elst, Lambert, Ceulemans.
Island: Stefansson, O. Sigurvinsson, Gudlaugsson, Torfason, Geirsson, A. Edvaldsson, Hilmarsson, Hallgrimsson, A. Sigurvinsson, Leifsson Eliasson.
Schiedsrichter: Thime (Norwegen); Zuschauer: 8000.

Am 21. September 1977 in Belfast:
NORDIRLAND – ISLAND 2:0 (0:0)
Nordirland: Jennings, Rice, Hunter, J. Nicholl, O'Neill, McCreery, McIlroy, Nelson, McGrath, Anderson, Best.
Island: Dagsson, Halldorsson, Gudlaugsson, Geirsson, J. Edvaldsson, Leifsson, A. Edvaldsson, Hallgrimsson, Eliasson, Sveinsson, Gunnlaugsson.
Schiedsrichter: Lund-Sörensen (Dänemark); Zuschauer: 16 000.

Am 12. Oktober 1977 in Belfast:
NORDIRLAND – NIEDERLANDE 0:1 (0:0)
Nordirland: Jennings, Rice, Nelson, J. Nicholl, Hunter, O'Neill, McCreery, McIlroy, McGrath, Best, Anderson.
Niederlande: Jongbloed, Suurbier, Hovenkamp, Rijsbergen (55. Dusbaba), Krol, W. v. d. Kerkhof, Jansen, Rep, Cruyff (70. v. d. Kuylen), van Hanegem, R. v. d. Kerkhof.
Schiedsrichter: Da Silva Garrida (Portugal); Zuschauer: 33 000.

STATISTIK ZUR WELTMEISTERSCHAFT 1978

Am 26. Oktober 1977 in Amsterdam:
NIEDERLANDE – BELGIEN 1:0 (1:0)
Niederlande: Jongbloed, Krol, Suurbier, Dusbaba, Hovenkamp, Neeskens, Jansen (15. van Hanegem), W. v. d. Kerkhof, R. v. d. Kerkhof (63. Geels), Cruyff, Rensenbrink.
Belgien: Pfaff, Gerets, Broos, Thissen (64. van der Elst), Renquin, van der Eycken, Meeuws, Coeck, Cools, van Gool, Lambert.
Schiedsrichter: Partridge (England); Zuschauer: 65 000.

Am 16. November 1977 in Belfast:
NORDIRLAND – BELGIEN 3:0 (1:0)
Nordirland: Jennings, Rice, Nelson, J. Nicholl, Hunter, McIlroy, McGrath, McCreery, Armstrong, Stewart, Anderson.
Belgien: Pfaff, Gerets, Broos, Meeuws, Renquin, Cools, Vercauteren, Wellens, Ceulemans, Coeck, Mommens.
Schiedsrichter: Konrath (Frankreich); Zuschauer: 8000.

1. Niederlande	6	5 1 0	11:1	11:3
2. Belgien	6	3 0 3	6:6	7:6
3. Nordirland	6	2 1 3	5:7	7:6
4. Island	6	1 0 5	2:10	2:12

Gruppe 5

Am 9. Oktober 1976 in Sofia:
BULGARIEN – FRANKREICH 2:2 (1:2)
Bulgarien: Krastew, Grantscharow, Titschanski, Wassilew, B. Dimitrow (Alexandrow), Stankow, Woinow, Ch. Bonew, Milanow, Denew (Zwetkow), Panow.
Frankreich: Baratelli, Janvion, Bossis, Lopez, Tresor, Bathenay, Gallice, Synaeghel, Lacombe, Platini, Six.
Schiedsrichter: Foote (Schottland); Zuschauer: 60 000.

Am 17. November 1976 in Paris:
FRANKREICH – EIRE 2:0 (0:0)
Frankreich: Baratelli, Janvion, Bossis, Lopez, Tresor, Bathenay, Rocheteau, Keruzore, Lacombe (76. Rouyer), Platini, Six.
Eire: Kearns, Mulligan, Holmes, Martin, O'Leary, Brady, Daly, Stapleton (64. Conroy), Heighway, Giles, Givens.
Schiedsrichter: Maksimovic (Jugoslawien); Zuschauer: 50 000.

Am 30. März 1977 in Dublin:
EIRE – FRANKREICH 1:0 (1:0)
Eire: Kearns, Mulligan, Holmes, Martin, O'Leary, Brady, Daly, Treacy, Heighway, Giles, Givens.
Frankreich: Rey, Janvion, Tusseau, Rio, Lopez, Bathenay, Rocheteau, Synaeghel, Lacombe, Platini, Rouyer.
Schiedsrichter: Linemayr (Österreich); Zuschauer: 47 000.

Am 1. Juni 1977 in Sofia:
BULGARIEN – EIRE 2:1 (1:0)
Bulgarien: Goranow, Dimitrow, Iwkow, Wassilew, Arabow, Barsow (53. Alexandrow), Zdrawkow (62. Scheliaskow), Borisow, Milanow, Panow, Zwetkow.
Eire: Kearns, Mulligan, Holmes, Martin, O'Leary, Brady, Daly (77. Campbell), Stapleton, Heighway, Giles, Givens.
Schiedsrichter: Zlatanos (Griechenland); Zuschauer: 45 000.

Am 12. Oktober 1977 in Dublin:
EIRE – BULGARIEN 0:0
Eire: Peyton, Mulligan, Holmes, Lawrenson, O'Leary, Brady, Daly, Stapleton, Heighway, Giles, Givens.
Bulgarien: Staikow, Wassilew (70. Grantscharow), Angelow, G. Bonew, Iwkow, Arabow, Kolew, Kostow, Djewisow, Panow, Zwetkow (52. Alexandrow).
Schiedsrichter: Gonella (Italien); Zuschauer: 28 000.

Am 16. November 1977 in Paris:
FRANKREICH – BULGARIEN 3:1 (1:0)
Frankreich: Rey, Janvion, Bossis, Rio, Tresor, Bathenay, Rocheteau (72. Dalger), Guillou, Lacombe, Platini, Six.
Bulgarien: Goranow, Wassilew, Angelow, G. Bonew, Iwkow (46. Zwetkow), Arabow, Alexandrow, Ch. Bonew, Stankow, Kostow, Kolew (54. Woinow).
Schiedsrichter: Corver (Niederlande); Zuschauer: 50 000.

1. Frankreich	4	2 1 1	5:3	7:4
2. Bulgarien	4	1 2 1	4:4	5:6
3. Eire	4	1 1 2	3:5	2:5

Gruppe 6

Am 16. Juni 1976 in Stockholm:
SCHWEDEN – NORWEGEN 2:0 (2:0)
Schweden: Hellström, Werner, Karlsson, Nordqvist, B. Andersson, Tapper, Linderoth, Grahn, Torstensson, Sjöberg, Sandberg (35. Mattsson).
Norwegen: T. Jacobsen, H. Karlsen, Birkelund, Gröndalen, Pedersen, Johansen, Kvia, Skistad, Skuseth, Lund, Höyland.
Schiedsrichter: Corver (Niederlande); Zuschauer: 31 000.

Am 8. September 1976 in Oslo:
NORWEGEN – SCHWEIZ 1:0 (0:0)
Norwegen: T. Jacobsen, Kordahl, H. Karlsen, Birkelund, Gröndalen, Albertsen, Kvia, Hansen, Thunberg, Iversen, Lund.
Schweiz: Burgener, Trinchero, Stohler, Bizzini, Brechbühl, Barberis, Kuhn, Botteron, Jeandupeux, Künzli, Müller.
Schiedsrichter: Rion (Belgien); Zuschauer: 15 000.

Am 9. Oktober 1976 in Basel:
SCHWEIZ – SCHWEDEN 1:2 (1:1)
Schweiz: Burgener (77. Grob), Trinchero, Brechbühl, Bizzini, Chapuisat, Conz, Barberis, Botteron, Küttel (62. Müller), Seiler, Jeandupeux.
Schweden: Hellström, Nordqvist, Andersson, Karlsson, Borg, Börjesson, Linderoth, Torstensson, Nilsson (69. Nordin), Sjöberg, Wendt (73. Ljungberg).
Schiedsrichter: Ok (Türkei); Zuschauer: 30 000.

Am 8. Juni 1977 in Stockholm:
SCHWEDEN – SCHWEIZ 2:1 (0:0)
Schweden: Hellström, Augustsson, Roy Andersson (78. M. Andersson), Nordqvist, B. Andersson, Börjesson, Larsson, Linderoth, Sjöberg, Borg, Wendt.
Schweiz: Burgener, Trinchero (46. von Wartburg), Bizzini, Chapuisat, Brechbühl, Barberis, Botteron, Sulser (60. Müller), Demarmels, Risi, Elsener.
Schiedsrichter: Wright (Nordirland); Zuschauer: 43 000.

Am 7. September 1977 in Oslo:
NORWEGEN – SCHWEDEN 2:1 (1:0)
Norwegen: G. Karlsen, H. Karlsen, Gröndalen, Birkelund, Pedersen, Lund, Ottesen, Johansen, Iversen, P. Jacobsen, Thunberg.
Schweden: Hellström, Roland Andersson, Roy Andersson, Nordqvist, Borg, Börjesson, Fredriksson (46. Sjöberg), Linderoth, Edström, Torstensson (60. Larsson), Wendt.
Schiedsrichter: Prokop (DDR); Zuschauer: 23 000.

Am 30. Oktober 1977 in Bern:
SCHWEIZ – NORWEGEN 1:0 (1:0)
Schweiz: Burgener, Chapuisat, Trinchero, Bizzini, In-Albon, Barberis, Meyer, Botteron, Elsener, Sulser (72. Müller), Schönenberger (64. Schnyder).
Norwegen: G. Karlsen, Gröndalen, H. Karlsen (64. Kordahl), Birkelund, Pedersen (75. Aase), Ottesen, Johansen, Thunberg, P. Jacobsen, Iversen, Lund.
Schiedsrichter: Lipatow (UdSSR); Zuschauer: 11 000.

1. Schweden	4	3 0 1	6:2	7:4
2. Norwegen	4	2 0 2	4:4	3:4
3. Schweiz	4	1 0 3	2:6	3:5

Gruppe 7

Am 13. Oktober 1976 in Prag:
ČSSR – SCHOTTLAND 2:0 (0:0)
ČSSR: Vencel, Ondrus, Biros, Jo. Capkovic (68. Jurkemik), Gögh (14. Kozak), Dobias, Pollak, Panenka, Masny, Nehoda, Petras.
Schottland: Rough, McQueen, McGrain, Buchan, Donachie, Rioch, Masson (48. Hartford), Gemmill, Dalglish (62. Burns), Jordan, Gray.
Schiedsrichter: Michelotti (Italien); Zuschauer: 38 000.

Am 17. November 1976 in Glasgow:
SCHOTTLAND – WALES 1:0 (1:0)
Schottland: Rough, McGrain, Donachie, Blackley, McQueen, Rioch (78. Hartford), Burns, Dalglish, Jordan, Gemmill, Gray.
Wales: Davies, Page, J. Jones, Phillips, Roberts, Evans, M. Thomas, Flynn, Yorath, Toshack, James (76. Curtis).
Schiedsrichter: Biwersi (Deutschland); Zuschauer: 63 000.

Am 30. März 1977 in Wrexham:
WALES – ČSSR 3:0 (1:0)
Wales: Davies, R. Thomas, Evans, Phillips, J. Jones, Mahoney, Yorath, Flynn, Sayer, Deacy, James.
ČSSR: Vencel, Pivarnik, Biros, Jurkemik, Gögh, Dobias, Pollak, Panenka, Masny, Nehoda, Moder.
Schiedsrichter: Da Silva Garrido (Portugal); Zuschauer: 22 000.

Am 21. September 1977 in Glasgow:
SCHOTTLAND – ČSSR 3:1 (2:0)
Schottland: Rough, Forsyth, Jardine, McQueen, McGrain, Masson, Rioch, Hartford, Dalglish, Jordan, Johnston.

ČSSR: Michalik, Paurik, Dvorak, Jo. Capkovic, Gögh, Dobias (64. Gallis), Pollak, Moder (46. Knapp), Gajdusek, Masny, Nehoda.
Schiedsrichter: Rion (Belgien); Zuschauer: 85 000.

Am 12. Oktober 1977 in Liverpool:
WALES – SCHOTTLAND 0:2 (0:0)
Wales: Davies, R. Thomas, J. Jones, Mahoney, D. Jones, Phillips, Sayer (Deacy), Flynn, Yorath, Toshack, M. Thomas.
Schottland: Rough, Jardine (62. Buchan), Donachie, Forsyth, McQueen, Masson, Macari, Dalglish, Jordan, Hartford, Johnston.
Schiedsrichter: Wurtz (Frankreich); Zuschauer: 51 000.

Am 16. November in Prag:
ČSSR – WALES 1:0 (1:0)
ČSSR: Hruska, Barmos, Fiala (77. Prokes), Vojacek, Gögh, Bilsky, Gajdusek, Jarusek, Kroupa, Masny, Nehoda.
Wales: Davies, J. Jones, R. Thomas, Mahoney, D. Jones, Phillips, Nardiello, Flynn, Yorath, Toshack, M. Thomas.
Schiedsrichter: Prokop (DDR); Zuschauer: 20 000.

1. Schottland	4	3 0 1	6:2	6:3
2. ČSSR	4	2 0 2	4:4	4:6
3. Wales	4	1 0 3	2:6	3:4

Gruppe 8

Am 10. Oktober 1976 in Sevilla:
SPANIEN – JUGOSLAWIEN 1:0 (0:0)
Spanien: Miguel Angel, Pirri, Capon, Cortabarria, Camacho, Migueli, Villar, Del Bosque (28. Juanito), Quini, Santillana, Churruca (63. Rojo).
Jugoslawien: Svilar, Katalinski, Muzinic, Peruzovic, Hadziabdic, Oblak, Jerkovic, Bogicevic, Zungul (72. Filipovic), Popivoda, Surjak.
Schiedsrichter: Palotai (Ungarn); Zuschauer: 35 000.

Am 16. April 1977 in Bukarest:
RUMÄNIEN – SPANIEN 1:0 (1:0)
Rumänien: Cristian, Satmareanu, Cheran, Sames (62. Grigore), Vigu, Dumitru, Bölöni, Iordanescu, Crisan (76. Balaci), Georgescu, Zamfir.
Spanien: Miguel Angel, Benito, Capon, Pirri, Camacho, Villar, Leal, Asensi, Juanito, Ruben Cano, Churruca.
Schiedsrichter: Gordon (Schottland); Zuschauer: 25 000.

Am 8. Mai 1977 in Zagreb:
JUGOSLAWIEN – RUMÄNIEN 0:2 (0:2)
Jugoslawien: Katalinic, Buljan (46. Savic), Katalinski, Peruzovic, Muzinic, Oblak, Jerkovic, Surjak, Popivoda, Bajevic (46. Filipovic), Dzajic.
Rumänien: Cristian, Cheran, Sames, Satmareanu, Vigu, Romila, Bölöni, Iordanescu, Crisan (81. Balaci), Georgescu, Zamfir.
Schiedsrichter: Ashkenazi (Israel); Zuschauer: 60 000.

Am 26. Oktober 1977 in Madrid:
SPANIEN – RUMÄNIEN 2:0 (0:0)
Spanien: Arconada, Benitez (86. Marcelino), Migueli, Camacho, Pirri, Leal, Juanito, Churruca (56. Satrustegui), Ruben Cano, Asensi, Dani Ruiz.
Rumänien: Cristian, Cheran, Vigu, Sames, Satmareanu, Bölöni, Troi, Balaci, Georgescu, Dumitru, Iordanescu.
Schiedsrichter: Wurtz (Frankreich); Zuschauer: 40 000.

Am 13. November 1977 in Bukarest:
RUMÄNIEN – JUGOSLAWIEN 4:6 (3:2)
Rumänien: Moraru, Cheran, Vigu, Sames, Satmareanu (46. Dobrau), Bölöni, Crisan, Georgescu, Iordanescu, Dumitru (65. Romila), Zamfir.
Jugoslawien: Borota, Boljat, Muzinic, Trifunovic, Stojkovic, Hatunic, Zungul (60. Vukotic), Nikolic (65. Zajec), Filipovic, Surjak, Sa. Susic.
Schiedsrichter: Delcourt (Belgien); Zuschauer: 35 000.

Am 30. November 1977 in Belgrad:
JUGOSLAWIEN – SPANIEN 0:1 (0:0)
Jugoslawien: Katalinic, Muzinic, Boljat, Trifunovic, Stojkovic, Hatunic, Popivoda (62. Halilhodzic), Se. Susic (62. Vukotic), Kustudic, Surjak, Sa. Susic.
Spanien: Miguel Angel, Marcelino, Migueli, Camacho, Pirri (15. Olmo), San Jose, Juanito (75. Santillana), Leal, Ruben Cano, Asensi, Cardenosa.
Schiedsrichter: Burns (England); Zuschauer: 90 000.

1. Spanien	4	3 0 1	6:2	4:1
2. Rumänien	4	2 0 2	4:4	7:5
3. Jugoslawien	4	1 0 3	2:6	6:8

Gruppe 9

Am 9. Oktober 1976 in Piräus:
GRIECHENLAND – UNGARN 1:1 (0:0)
Griechenland: Konstantinou, Intzoglou, Kirastas, Kapsis, Nikolaou, Sarafis, Nikolaou, Delikaris (59. Davourlis), Nikoloudis, Kritikopoulos, Papaioannou.
Ungarn: Kovacs, Balint, Török (46. Nagy), Kereki, Toth, Nyilasi, Ebedli, Pinter, Fazekas, Pusztai (55. Magyar), Varadi.
Schiedsrichter: Wöhrer (Österreich); Zuschauer: 30 000.

Am 24. April 1977 in Moskau:
UdSSR – GRIECHENLAND 2:0 (1:0)
UdSSR: Astapowski, Chintschagaschwili, Troschkin, Olschanski, Lowtschew, Minajew (83. Maximenkow), Burjak, Konkow, Kipiani, Fjodorow (83. Onischtschenko), Blochin.
Griechenland: Konstantinou, Kirastas, Firos, Iosifidis, Kapsis, Terzanidis, Ardizoglou, Sarafis, Delikaris, Koudas, Galakos.
Schiedsrichter: Dubach (Schweiz); Zuschauer: 100 000.

Am 30. April 1977 in Budapest:
UNGARN – UdSSR 2:1 (1:0)
Ungarn: Gujdar, Balint, Martos, J. Toth, Nyilasi (50. Török), Zombori, Kereki, Pinter, Pusztai, Kovacs, Varadi (80. Fazekas).
UdSSR: Astapowski, Chintschagaschwili, Kruglow (32. Troschkin), Bajsakow, Lowtschew, Minajew, Burjak, Konkow, Dolmatow (60. Kipiani), Fjodorow, Blochin.
Schiedsrichter: Aldinger (Deutschland); Zuschauer: 70 000.

Am 10. Mai 1977 in Saloniki:
GRIECHENLAND – UdSSR 1:0 (0:0)
Griechenland: Konstantinou, Kirastas, Firos, Iosifidis, Nikolaou, Terzanidis, Anastasiadis, Koudas, Delikaris (68. Nikoloudis), Papaioannou (88. Pallas), Ardizoglou.
UdSSR: Degtjarew, Troschkin, Bajsakow, Chintschagaschwili, Matwijenko, Konkow, Burjak (65. Maximenkow), Kipiani, Onischtschenko, Minajew (65. Fjodorow), Blochin.
Schiedsrichter: Gussoni (Italien); Zuschauer: 35 000.

Am 18. Mai 1977 in Tbilisi:
UdSSR – UNGARN 2:0 (2:0)
UdSSR: Degtjarew, Nowikow, Troschkin, Chintschagaschwili, Matwijenko, Maximenkow (46. Minajew), Konkow, Burjak, Kipiani, Onischtschenko, Blochin.
Ungarn: Gujdar, Balint, Martos, Kereki, J. Toth, Nyilasi, Pinter, Zombori (77. Fazekas), Pusztai (46. Török), Kovacs, Varadi.
Schiedsrichter: Taylor (England); Zuschauer: 80 000.

Am 28. Mai 1977 in Budapest:
UNGARN – GRIECHENLAND 3:0 (2:0)
Ungarn: Gujdar, Balint, Martos, Kereki, J. Toth, Nyilasi, Pinter, Zombori (74. Török), Pusztai, Kovacs (84. Fazekas), Varadi.
Griechenland: Konstantinou, Kirastas, Firos (78. Eleftherakis), Nicolaou, Firos, Iosifidis, Terzanidis, Koudas, Anastasiadis, Papaioannou, Ardizoglou, Antoniadis.
Schiedsrichter: Beck (Niederlande); Zuschauer: 70 000.

1. Ungarn	4	2 1 1	5:3	6:4
2. UdSSR	4	2 0 2	4:4	5:3
3. Griechenland	4	1 1 2	3:5	2:6

SÜDAMERIKA

Gruppe I

Am 20. Februar 1977 in Bogotà:
KOLUMBIEN – BRASILIEN 0:0
Kolumbien: L. Lopez, Bolanos, Zarate, Caicedo (Verdugo), Segovia, Calero, Willington Ortiz, Retat, Vilarete, Umana, Caceres.
Brasilien: Leao, Ze Maria, Amaral, Beto Fuscao, Wladimir, Givanildo (Cazapava), Falcao, Rivellino, Zico, Gil (Valdomiro), Roberto Dinamite.
Schiedsrichter: Comesana (Argentinien).

Am 24. Februar 1977 in Bogotà:
KOLUMBIEN – PARAGUAY 0:1 (0:1)
Kolumbien: L. Lopez, Segovia, Zarate, Caicedo (Verdugo), Bolanos, Amado, Willington Ortiz, Retat, Vilarete (Moreno), Umana, Caceres.
Paraguay: Benitez de la Cruz, G. Espinola, Aifuch, Yusfran Domingo, Benitez Isasi, Sosa, Lazzarini, Santos Jara, Paniagua (Vera), Kiese Wisner (Aquino), Bareiro.
Schiedsrichter: Orozco Guerrero (Peru); Zuschauer: 70 000.

Am 6. März 1977 in Asunciòn:
PARAGUAY – KOLUMBIEN 1:1 (0:0)
Paraguay: Benitez de la Cruz, Aifuch, Insfran, Benitez Isasi, Sosa, Paniagua (Vera), Baez (Lazzarini), J. Espinola, Aquino, Bareiro, Jara Saguier.

STATISTIK ZUR WELTMEISTERSCHAFT 1978

Kolumbien: L. Lopez, Bolanos, Zarate, Willington Ortiz, Retat, Calero, Vilarete, Umana (Amado), Segovia, Moreno (Rojas), Soto.
Schiedsrichter: Cerullo (Uruguay); Zuschauer: 60 000.

Am 9. März 1977 in Rio de Janeiro:
BRASILIEN – KOLUMBIEN 6:0 (4:0)
Brasilien: Leao, Ze Maria, Luiz Pereira, Carlos Alberto, Francisco Marinho (Edinho), Toninho Cerezo, Zico, Rivellino, Gil (Joaozinho), Roberto, Paulo Cesar.
Kolumbien: L. Lopez, Segovia, Zarate, Verdugo, Bolanos, Calero (Amado), Retat, Willington Ortiz (Moreno), Vilarete, Caceres, Umana.
Schiedsrichter: Coerezza (Argentinien);
Zuschauer: 162 000.

Am 13. März 1977 in Asunción:
PARAGUAY – BRASILIEN 0:1 (0:0)
Paraguay: Benitez de la Cruz, Solalinde, Benitez Isasi, Aifuch, Insfran, Osorio, Sosa, Jara Saguier, Lazzarini, Kiese Wisner, Bareiro (Vera).
Brasilien: Leao, Ze Maria (Marco Antonio), Carlos Alberto, Luiz Pereira, Francisco Marinho, Gil, Falcao, Toninho, Cerezo, Rivellino, Roberto, Paulo Cesar.
Schiedsrichter: Pestarino (Argentinien);
Zuschauer: 50 000.

Am 20. März 1977 in Rio de Janeiro:
BRASILIEN – PARAGUAY 1:1 (1:0)
Brasilien: Leao, Francisco Marinho, Carlos Alberto, Edinho, Marco Antonio, Toninho Cerezo (Pintinho), Falcao, Rivellino, Valdomiro, Roberto, Paulo Cesar.
Paraguay: Benitez de la Cruz, Solalinde, Aifuch, Benitez Isasi, Insfran, Sosa, Gonzalez, Jara Saguier, Lazzarini (Espinola), Paniagua (Colman), Baez.
Schiedsrichter: Barreto Ruiz (Uruguay);
Zuschauer: 95 000.

1. Brasilien	4	2 2 0	6:2	8:1
2. Paraguay	4	1 2 1	4:4	3:3
3. Kolumbien	4	0 2 2	2:6	1:8

Gruppe II

Am 9. Februar 1977 in Caracas:
VENEZUELA – URUGUAY 1:1 (0:1)
Venezuela: Romero, Ochoa, Elie, Betancourt, Salas, Marin (Fuenmayor), Moss, Echenausi, Iriarte, Flores, Mora (Garcia).
Uruguay: Rodriguez, De Los Santos, Villazan, Ramirez, Fraggiona, Morales, Pizzani (Santelli), Carrasco, Morenz, Pereira (Unanue), Olivera.
Schiedsrichter: Velasquez Ramirez (Kolumbien).

Am 27. Februar 1977 in La Paz:
BOLIVIEN – URUGUAY 1:0 (0:0)
Bolivien: C. Jimenez, Campos, Rimazza, Lima, Baldiviezo, Angulo, Aragones, Mezza, Morales, P. Jimenez, Aguilar.
Uruguay: Rodriguez, Ramirez, De Los Santos, Salomon, Morales, Graffigna, Carrasco, Pereira, Victorino, Morena, Olivera.
Schiedsrichter: Arppi Filho (Brasilien); Zuschauer: 20 000.

Am 6. März 1977 in Caracas:
VENEZUELA – BOLIVIEN 1:3 (0:1)
Venezuela: Romero, Fuenmayor, Elie, Betancourt, Salas, Moss, Marin, Echenausi, Flores, Iriarte, Chiazzaro.
Bolivien: C. Jimenez, Campos, Rimazza, Lima, Baldiviezo, Aragones, Angulo, Saucedo, Mezza, P. Jimenez, Aguilar.
Schiedsrichter: Silvagno (Chile).

Am 13. März 1977 in La Paz:
BOLIVIEN – VENEZUELA 2:0 (2:0)
Bolivien: C. Jimenez, Campos, Lima, Baldiviezo, Rimazza, Morales (Saucedo), Aragones, Angulo, Porfirio, P. Jimenez, Mezza (Romero), Aguilar.
Venezuela: Jimenez, Marin, Elie, Toro, Salas, Echenausi, Moss, Iriarte, Flores, Chiazzaro, Soto.
Schiedsrichter: Perez Nunez (Peru); Zuschauer: 45 000.

Am 17. März 1977 in Montevideo:
URUGUAY – VENEZUELA 2:0 (1:0)
Uruguay: Rodriguez, Moller, Taborda, Ramirez, Graffigna, Santana, Pizzani, Caillava, Santelli, Unanue, Olivera.
Venezuela: Romero, Toro, Betancourt, Elie, Vielma, Marin, Moss, Echenausi, Iriarte, Flores, Chiazzaro.
Schiedsrichter: Marques (Brasilien).

Am 27. März 1977 in Montevideo:
URUGUAY – BOLIVIEN 2:2 (1:1)
Uruguay: Rodriguez, Moller, Taborda, Del Capellan, Graffigna, Santana, Pizzani, Unanue, Santelli, Pereira, Rodriguez Cantero.
Bolivien: C. Jimenez, Campos, Lima, Baldiviezo, Rimazza, Angulo, Saucedo, Aragones, P. Jimenez, Romero, Aguilar.
Schiedsrichter: Ithurralde (Argentinien).

1. Bolivien	4	3 1 0	7:1	8:3
2. Uruguay	4	1 2 1	4:4	5:4
3. Venezuela	4	0 1 3	1:7	2:8

Gruppe III

Am 20. Februar 1977 in Quito:
EKUADOR – PERU 1:1 (0:1)
Ekuador: Delgado, Mendez, Carrera, Villena, Klinger, Gomez, Villafuerte, Granda, Rohn, Liciardi, Nieves (Paz).
Peru: Quiroga, Soria, Chumpitaz, Melendez, Diaz, Velasquez, Quesada, Cubillas, Munante, Sotil, Oblitas.
Schiedsrichter: Röhrig (Brasilien); Zuschauer: 50 000.

Am 27. Februar 1977 in Guayaquil:
EKUADOR – CHILE 0:1 (0:1)
Ekuador: Delgado, Mendez, Carrera, Villena, Klinger, Tenorio, Gomez, Villafuerte, Rohn, Liciardi, Nieves.
Chile: Neff, Diaz, Figueroa, Quintano, Escobar, Hodge, Prieto, Reinoso, Ahumada, Castro, Gamboa.
Schiedsrichter: Romero (Argentinien); Zuschauer: 50 000.

Am 6. März 1977 in Santiago:
CHILE – PERU 1:1 (1:0)
Chile: Neff, Diaz, Figueroa, Quintano, Escobar, Prieto, Hodge, Reinoso, Castro, Gamboa, Miranda (Ahumada).
Peru: Quiroga, Soria, Melendez, Chumpitaz, Diaz, Quesada, Velasquez, Cubillas, Munante, Rojas, Oblitas.
Schiedsrichter: Neto (Brasilien); Zuschauer: 70 000.

Am 12. März 1977 in Lima:
PERU – EKUADOR 4:0 (1:0)
Peru: Quiroga, Soria, Melendez, Chumpitaz, Diaz, Quesada, Velasquez, Rojas (52. Luces), Munante, Sotil, Oblitas.
Ekuador: Garcia, Mendez, Carrera, Villena, Klinger, Figueroa, Granda, Villafuerte, Paz, Rohn, Nieves.
Schiedsrichter: Barrancos Alvarez (Bolivien);
Zuschauer: 43 000.

Am 20. März 1977 in Santiago:
CHILE – EKUADOR 3:0 (2:0)
Chile: Neff, Galindo, Quintano, Figueroa, Escobar, Dubo, H. Pinto, Reinoso, Rojas (Ahumada), Castro (Crisosto), P. Pinto.
Ekuador: Pinillos, Carrera, Klinger, Gomez, Granda, Villafuerte, Rohn, Ortiz, Caicedo, Mantilla, Nieves.
Schiedsrichter: Llobregat (Venezuela), Zuschauer 35 000.

Am 26. März 1977 in Lima:
PERU – CHILE 2:0 (0:0)
Peru: Quiroga, Melendez, Chumpitaz, Velasquez, Diaz, Navarro, Munante, Sotil, Rojas, Oblitas.
Chile: Vallejos, Diaz, Figueroa, Quintano, Escobar, Romero, H. Pinto, Hinostroza, Dubo, Castro, Spedalatti.
Schiedsrichter: Coelho (Brasilien); Zuschauer: 45 000.

1. Peru	4	2 2 0	6:2	8:2
2. Chile	4	2 1 1	5:3	5:3
3. Ekuador	4	0 1 3	1:7	1:9

Endrunde

Am 10. Juli 1977 in Cali:
BRASILIEN – PERU 1:0 (0:0)
Brasilien: Leao, Luiz Pereira, Ze Maria, Edinho, Rodrigues Neto, Toninho Cerezo, Paulo Isidoro (46. Dirceu), Rivellino, Gil, Roberto, Paulo Cesar.
Peru: Quiroga, Navarro, Melendez, Chumpitaz, Diaz, Velasquez, Quesada, Cubillas, Munante, Sotil (46. P. Rojas), Oblitas.
Schiedsrichter: Comesana (Argentinien);
Zuschauer: 55 000.

Am 14. Juli 1977 in Cali:
BRASILIEN – BOLIVIEN 8:0 (4:0)
Brasilien: Leao, Luiz Pereira, Ze Maria, Amaral, Rodrigues Neto, Toninho Cerezo, Rivellino, Zico (Marcelo), Gil Roberto (Reynaldo), Dirceu.
Bolivien: C. Jimenez (Peinado), Del Llano, Rimazza, Lima, Baldiviezo, Coimbra, Angulo, Romero, Morales (Saucedo), P. Jimenez, Aguilar.
Schiedsrichter: Silvagno (Chile); Zuschauer: 40 000.

Am 17. Juli 1977 in Cali:
PERU – BOLIVIEN 5:0 (2:0)
Peru: Quiroga, Navarro, Melendez, Chumpitaz, Diaz, Velasquez, Aparicio, Cubillas (Ramirez), Munante (P. Rojas), Sotil, Oblitas.
Bolivien: Peinado, Campos, Lima, Rimazza, Baldiviezo, Angulo, Aragones, Del Llano, P. Jimenez, Romero, Aguilar.
Schiedsrichter: Barreto Ruiz (Uruguay);
Zuschauer: 35 000.

1. Brasilien	2 2 0 0	4:0	9:0
2. Peru	2 1 0 1	2:2	5:1
3. Bolivien	2 0 0 2	0:4	0:13

Qualifikation SÜDAMERIKA/EUROPA

Am 29. Oktober 1977 in Budapest:
UNGARN – BOLIVIEN 6:0 (5:0)
Ungarn: Gujdar, Török, Kocsis, Kereki, Toth, Nyilasi (78. Nagy), Pinter, Zombori, Fazekas (67. Pusztai), Törőcsik, Varadi.
Bolivien: A. Galarza, Del Llano, Villalon, Baldiviezo, Taritolay, Angulo, Aragones, Romero, Mezza (79. Vargas), Bastida (46. Sanchez), Aguilar.
Schiedsrichter: Barreto Ruiz (Uruguay);
Zuschauer: 60 000.

Am 30. November in La Paz:
BOLIVIEN – UNGARN 2:3 (1:2)
Bolivien: L. Galarza, Campos, Villalon, Del Llano, Taritolay, Angulo (30. Espinoza), Bastida (46. Sanchez), Aragones, Mezza, Romero, Aguilar.
Ungarn: Gujdar, Martos, Kocsis, Toth, Zombori, Kereki, Fazekas (67. Pusztai), Halasz, Törőcsik, Pinter, Varadi (67. Nagy).
Schiedsrichter: Corver (Niederlande); Zuschauer: 55 000.

MITTEL-/NORDAMERIKA

Endrunde

Am 8. Oktober 1977 in Monterrey:
GUATEMALA – SURINAM 3:2 (2:1)
Guatemala: Garcia, Gomez, Wellman, Bolanos, Rivera, Valle, Monterroso, MacDonald, Sanchez, Anderson, Gonzalez.
Surinam: Leilis, Vanenburg, Garden, Olmberg, Brondenstein, George, Purderhart, Rigters, Entingh, Emanuelson, Schal.
Schiedsrichter: Wuertz (USA).

Am 8. Oktober 1977 in Monterrey:
EL SALVADOR – KANADA 2:1 (1:0)
El Salvador: Dessent, Jovel Cruz, Recinos, Fagoaga, Pena, Huezo Montoya, Rivera, Quinteros, Gonzalez, Rosas, Ramirez Zapata.
Kanada: Bilecki, Wilson, S. Lenarduzzi, Kodelja, Strenicer, Bolitho, I. Mackay, McGrane, Roe, Gant, Ayre.
Schiedsrichter: Pestarino (Argentinien).

Am 9. Oktober 1977 in Mexico City:
HAITI – MEXIKO 1:4 (0:1)
Haiti: Francillon, Jean Joseph, Mathieu, Auguste, Nazaire, Antoine, Dorsainville, Desir, Bayonne, Sanon, Domingue.
Mexiko: Reyes, Najera, Ramos Eduardo, Gomez, Vazquez Ayala, Cuellar, De La Torre, Chavez, Ortega, Jimenez, Sanchez.

Am 12. Oktober 1977 in Monterrey:
GUATEMALA – HAITI 1:2 (0:2)
Guatemala: Piccinini A., Gomez, Wellman, Bolanos, Rivera, Valle, Monterroso, MacDonald, Sanchez, Gonzalez, Rozotto.
Haiti: Francillon, Bayonne, Mathieu, Jean Joseph, Auguste, Antoine, Romulus, Desir, Domingue, Dorsainville, Sanon.
Schiedsrichter: Pestarino (Argentinien).

Am 12. Oktober 1977 in Mexico City:
MEXIKO – EL SALVADOR 3:1 (1:0)
Mexiko: Reyes, Najera, Ramos, Gomez, Vazquez Ayala, Cuellar, De La Torre, Cardenas, Rangel, Ortega, Sanchez.
El Salvador: Dessent, Jovel Cruz, Recinos, Fagoaga, Pena, Huezo Montoya, Rivera, Quinteros, Ramirez Zapata, Gonzalez, Rosas.
Schiedsrichter: Kibritjian (USA).

Am 12. Oktober 1977 in Mexico City:
KANADA – SURINAM 2:1 (1:1)
Kanada: Chursky, Iarusci, Wilson, B. Lenarduzzi, S. Lenarduzzi, Kodelja, Strenicer, Parsons, I. Mackay, Ayre, Bakic.
Surinam: De Mees, Vanenburg, Garden, Olmberg, Brondenstein, George, Zebeda, Entingh, Rigters, Corte, Schal.
Schiedsrichter: Siles (Costa Rica).

Am 15. Oktober 1977 in Monterrey:
MEXIKO – SURINAM 8:1 (3:1)
Mexiko: Reyes, Trujillo, Ramos, Gomez, Vazquez Ayala, Guillen, Real, Solis, Rangel, Isiordia, Sanchez.
Surinam: Leilis, Leefland, Rustenberg, Garden, Olmberg, Brondenstein, Purperhart, Zebeda, Entingh, Schal, Emanuelson.
Schiedsrichter: Valverde Salazar (Costa Rica).

Am 16. Oktober 1977 in Mexico City:
EL SALVADOR – HAITI 0:1 (0:1)
El Salvador: Dessent, Jovel Cruz, Fagoaga, Pena, Penate Calderon, Quinteros, Rivera, Huezo Montoya, Gonzalez, Rosas, Romero Aquino.
Haiti: Francillon, Bayonne, Mathieu, Jean Joseph, Auguste, Antoine, Romulus, Desir, Domingue, Dorsainville, Sanon.
Schiedsrichter: Calderon (Kuba).

Am 16. Oktober 1977 in Mexico City:
KANADA – GUATEMALA 2:1 (2:0)
Kanada: Chursky, Iarusci, Wilson, B. Lenarduzzi, S. Lenarduzzi, Strenicer, Parsons, Bolitho, I. Mackay, Ayre, Bakic.
Guatemala: Garcia, Valle, Bolanos, Gomez, Wellman, Rozotto, MacDonald, Monterroso, Rivera, Sanchez, Mitrovich.
Schiedsrichter: Barreto Ruiz (Uruguay).

Am 19. Oktober 1977 in Monterrey:
MEXIKO – GUATEMALA 2:1 (1:1)
Mexiko: Castrejon, Ramos Eduardo, Gomez, Vazquez Ayala, Cuellar, De La Torre, Najera, Cardenas, Rangel, Ortega, Sanchez.
Guatemala: Garcia, Bolanos, Anderson, Rivera, Monterroso, Alfaro, Salguero, Mitrovich, Gomez, Perez Macnish, Perez Monje.
Schiedsrichter: Pestarino (Argentinien).

Am 20. Oktober 1977 in Monterrey:
EL SALVADOR – SURINAM 3:2 (1:0)
El Salvador: Dessent, Jovel Cruz, Fagoaga, Romero L., Pena, Huezo Montoya, Valencia, Quinteros, Gonzalez, Rosas, Cabrera.
Surinam: De Mees, Vanenburg, Garden, Olmberg, Brondenstein, George, Purperhart, Rigters, Entingh, Emanuelson, Schal.
Schiedsrichter: Crockwell (Bermuda).

Am 20. Oktober 1977 in Monterrey:
KANADA – HAITI 1:1 (0:0)
Kanada: Chursky, Iarusci, Wilson, B. Lenarduzzi, S. Lenarduzzi, Strenicer, Parsons, D. Mackay, McGrane, Ayre, Bakic.
Haiti: Francillon, Bayonne, Mathieu, Jean Joseph, Auguste, Antoine, Romulus, Labissiere, Domingue, Sanon, Cadet.
Schiedsrichter: Valverde Salazar (Costa Rica).

Am 22. Oktober 1977 in Monterrey:
MEXIKO – KANADA 3:1 (2:1)
Mexiko: Castrejon, Najera, Pena, Guzman, Vazquez Ayala, Cuellar, De La Torre, Solis, Jimenez, Isiordia, Sanchez.
Kanada: Chursky, Iarusci, Twamley, S. Lenarduzzi, Parsons, Bolitho, Roe, Gant, Ayre, Thompson, Bakic.
Schiedsrichter: Moses (Niederl. Antillen).

Am 23. Oktober 1977 in Mexico City:
GUATEMALA – EL SALVADOR 2:2 (0:1)
Guatemala: Piccinini A., Anderson, Rivera, Monterroso, Alfaro, Rozotto, Gomez, Perez Monje, Gonzalez:, MacDonald, Wellman.
El Salvador: Dessent, Jovel Cruz, Rodriguez, Fagoaga, Pena, Gonzalez, Rivera, Quinteros, Huezo Montoya, Rosas, Ramirez.
Schiedsrichter: Freundt (Dominikanische Republik).

Am 23. Oktober 1977 in Mexico City:
HAITI – SURINAM 1:0 (0:1)
Haiti: Francillon, Jean Joseph, Bayonne, Mathieu, Auguste, Antoine, Romulus, Cadet, Labissiere, Dorsainville, Domingue.
Surinam: De Mees, Forster, Garden, Olmberg, Brondenstein, George, Corte, Rigters, Schal, Castillon, Entingh.
Schiedsrichter: Ortiz Perez (Honduras).

STATISTIK ZUR WELTMEISTERSCHAFT 1978

1. Mexiko	5 5 0 0	10:0	20:5
2. Haiti	5 3 1 1	7:3	6:6
3. El Salvador	5 2 1 2	5:5	8:9
4. Kanada	5 2 1 2	5:5	7:8
5. Guatemala	5 1 1 3	3:7	8:10
6. Surinam	5 0 0 5	0:10	6:17

ASIEN/OZEANIEN

Endrunde

19.6.1977 in Hongkong:	Hongkong – Iran 0:2
26.6.1977 in Hongkong:	Hongkong – Südkorea 0:1
3.7.1977 in Pusan:	Südkorea – Iran 0:0
10.7.1977 in Adelaide:	Australien – Hongkong 3:0
14.8.1977 in Melbourne:	Australien – Iran 0:1
27.8.1977 in Sydney:	Australien – Südkorea 2:1
2.10.1977 in Hongkong:	Hongkong – Kuwait 1:3
9.10.1977 in Seoul:	Südkorea – Kuwait 1:0
16.10.1977 in Sydney:	Australien – Kuwait 1:0
23.10.1977 in Seoul:	Südkorea – Australien 0:0
28.10.1977 in Teheran:	Iran – Kuwait 1:0
30.10.1977 in Hongkong:	Hongkong – Australien 2:5
5.11.1977 in Kuwait:	Kuwait – Südkorea 2:2
11.11.1977 in Teheran:	Iran – Hongkong 3:0
12.11.1977 in Kuwait:	Kuwait – Hongkong 4:0
18.11.1977 in Teheran:	Iran – Hongkong 3:0
19.11.1977 in Kuwait:	Kuwait – Australien 1:0
25.11.1977 in Teheran:	Iran – Australien 1:0
3.12.1977 in Kuwait:	Kuwait – Iran 1:2
4.12.1977 in Pusan:	Südkorea – Hongkong 5:2

1. Iran	8 6 2 0	14:2	12:3
2. Südkorea	8 3 4 1	10:6	12:8
3. Kuwait	8 4 1 3	9:7	13:8
4. Australien	8 3 1 4	7:9	11:8
5. Hongkong	8 0 0 8	0:16	5:26

AFRIKA

Endrunde

Am 25. September 1977 in Tunis:
TUNESIEN – NIGERIA 0:0
Tunesien: Sassi, Dhouieb, Kaabi, Gasmi, Jebali, Gommidh, Lahzami, Ben Rehaiem, Manai, Dhiab, Akid.
Nigeria: Okala, Ekeji, Ojebode, Lawal, Chukwu, Odiye, Odegbami, Atuegbu, Nwadioha, Iwelumo, Amiesimaka.
Schiedsrichter: Carpenter (Eire).

Am 8. Oktober 1977 in Lagos:
NIGERIA – ÄGYPTEN 4:0 (1:0)
Nigeria: Okala, Ahmed, Ojebode, Lawal, Chukwu, Odiye, Odegbami, Atuegbu, Iwelumo, Amiesimaka, Nwadioha.
Ägypten: Ikramy, Salah El Din, G. Moustafa, Y. Mohamed, B. Mohamed, Farouk, Saad, S. Hassan, Mohamed El S., Qsama, Mossad.
Schiedsrichter: Correia (Portugal).

Am 21. Oktober 1977 in Kairo:
ÄGYPTEN – NIGERIA 3:1 (2:0)
Ägypten: Ikramy, Salah El Din, Samy, Y. Mohamed, B. Mohamed, Farouk, Saad, S. Hassan, A. Moustafa, Ali Khalil, Moukhtar.
Nigeria: Okala, Ekeji, Ojebode, Lawal, Chukwu, Odiye, Odegbami, Atuegbu, Nwadioha, Iwelumo, Amiesimaka.
Schiedsrichter: Platopoulos (Griechenland).

Am 12. November 1977 in Lagos:
NIGERIA – TUNESIEN 0:1 (0:0)
Nigeria: Okala, Ekeji, Ojebode, Lawal, Chukwu, Odiye, Odegbami, Atuegbu, Nwadioha, Emetiole, Iwelumo.
Tunesien: Sassi, Manai, Gommidh, Dhiab, Akid, Jebali, houieb, Ben A.iza, Gasmi, Labidi, Kaabi.
Schiedsrichter: Dörflinger (Schweiz).

Am 25. November in Kairo:
ÄGYPTEN – TUNESIEN 3:2 (1:0)
Ägypten: Ikramy, Salah El Din, Y. Mohamed, Saad, Farouk, S. Hassan, A. Moustafa, Ali Khalil, Moukhtar, B. Mohamed, A. Hassan.
Tunesien: Sassi, Ben Rehaiem, Gommidh, Dhiab, Akid, Jebali, Gasmi, Dhouieb, Limam, Labidi, Kaabi.
Schiedsrichter: Ok (Türkei).

Am 11. Dezember 1977 in Tunis:
TUNESIEN – ÄGYPTEN 4:1 (2:0)
Tunesien: Sassi, Dhouieb, Kaabi, Gasmi, Chebli, Gommidh, Lahzami, Ben Rehaiem, Akid, Dhiab, Limam.
Ägypten: Ikramy, Ahmed, Samy, B. Mohamed, Y. Mohamed, Taher, Saad, S. Hassan, A. Moustafa, Mahmoud, Moukhtar.
Schiedsrichter: Menegali (Italien).

1. Tunesien	4 2 1 1	5:3	7:4
2. Ägypten	4 2 0 2	4:4	7:11
3. Nigeria	4 1 1 2	3:5	5:4

Endrunde in Argentinien

Erste Finalrunde

Gruppe 1

Am 2. Juni in Mar del Plata:
ITALIEN – FRANKREICH 2:1 (1:1)
Italien: Zoff, Gentile, Scirea, Bellugi, Cabrini, Benetti, Causio, Tardelli, Antognoni (46. Zaccarelli), Rossi, Bettega.
Frankreich: Bertrand-Demanes, Janvion, Tresor, Rio, Bossis, Guillou, Michel, Platini, Dalger, Lacombe (73. Berdoll), Six (75. Rouyer).
Schiedsrichter: Rainea (Rumänien); Zuschauer: 42 000; Tore: 0:1 Lacombe (1.), 1:1 Rossi (29.), 2:1 Zaccarelli (52.).

Am 2. Juni in Buenos Aires:
ARGENTINIEN – UNGARN 2:1 (1:1)
Argentinien: Fillol, Olguin, Luis Galvan, Passarella, Tarantini, Ardiles, Gallego, Valencia (75. Alonso), Houseman (60. Bertoni), Luque, Kempes.
Ungarn: Gujdar, Török (46. Martos), Kereki, Kocsis, J. Toth, Nyilasi, Pinter, Zombori, Csapo, Törocsik, Nagy.
Schiedsrichter: Da Silva Garrido (Portugal); Zuschauer: 80 000; Tore: 0:1 Csapo (10.), 1:1 Luque (15.), 2:1 Bertoni (85.).

Am 6. Juni in Mar del Plata:
ITALIEN – UNGARN 3:1 (2:0)
Italien: Zoff, Gentile, Scirea, Bellugi, Cabrini (79. Cuccureddu), Benetti, Tardelli, Antognoni, Causio, Rossi, Bettega (84. Graziani).
Ungarn: Meszaros, Martos, Kereki, Kocsis, J. Toth, Csapo, Pinter, Zombori, Pusztai, Fazekas (46. Halasz), Nagy (46. A. Toth).
Schiedsrichter: Barreto Ruiz (Uruguay); Zuschauer: 32 000; Tore: 1:0 Rossi (34.), 2:0 Bettega (36.), 3:0 Benetti (60.), 3:1 A. Toth (81., Foulelfmeter).

Am 6. Juni in Buenos Aires:
ARGENTINIEN – FRANKREICH 2:1 (1:0)
Argentinien: Fillol, Olguin, Luis Galvan, Passarella, Tarantini, Ardiles, Gallego, Valencia (64. Alonso, 71. Ortiz), Houseman, Luque, Kempes.
Frankreich: Bertrand-Demanes (55. Baratelli), Batiston, Tresor, Lopez, Bossis, Bathenay, Michel, Platini, Rocheteau, Lacombe, Six.
Schiedsrichter: Dubach (Schweiz); Zuschauer: 77 000; Tore: 1:0 Passarella (45., Handelfmeter), 1:1 Platini (60.), 2:1 Luque (73.).

Am 10. Juni in Mar del Plata:
FRANKREICH – UNGARN 3:1 (3:1)
Frankreich: Dropsy, Janvion, Tresor, Lopez, Bracci, Petit, Bathenay, Papi (46. Platini), Rocheteau (75. Six), Berdoll, Rouyer.
Ungarn: Gujdar, Martos, Kereki, Balint, J. Toth, Nyilasi, Pinter, Zombori, Pusztai, Törocsik, Nagy (73. Csapo).
Schiedsrichter: Coelho (Brasilien); Zuschauer: 28 000; Tore: 1:0 Lopez (22.), 2:0 Berdoll (36.), 2:1 Zombori (40.), 3:1 Rocheteau (42.).

Am 10. Juni in Buenos Aires:
ITALIEN – ARGENTINIEN 1:0 (0:0)
Italien: Zoff, Gentile, Scirea, Bellugi (6. Cuccureddu), Cabrini, Benetti, Tardelli, Antognoni (72. Zaccarelli), Causio, Rossi, Bettega.
Argentinien: Fillol, Olguin, Luis Galvan, Passarella, Taranti-

ni, Ardiles, Gallego, Valencia, Bertoni, Kempes, Ortiz (72. Houseman).
Schiedsrichter: Klein (Israel); Zuschauer: 77 000; Tor: 1:0 Bettega (67.).

Abschlußtabelle Gruppe 1	ITA	ARG	FRA	HUN	Tore	Punkte	Rang
Italien		1:0	2:1	3:1	6:2	6:0	1
Argentinien	0:1		2:1	2:1	4:3	4:2	2
Frankreich	1:2	1:2		3:1	5:5	2:4	3
Ungarn	1:3	1:2	1:3		3:8	0:6	4

Gruppe 2
Am 1. Juni in Buenos Aires:
DEUTSCHLAND – POLEN 0:0
Deutschland: Maier, Vogts, Kaltz, Rüßmann, Zimmermann, Bonhof, Flohe, Beer, Abramczik, Fischer, H. Müller.
Polen: Tomaszewski, Szymanowski, Gorgon, Zmuda, Maculewicz, Nawalka, Masztaler (83. Kasperczak), Deyna, Lato, Lubanski (78. Boniek), Szarmach.
Schiedsrichter: Coerezza (Argentinien); Zuschauer: 77 000.

Am 2. Juni in Rosario:
TUNESIEN – MEXIKO 3:1 (0:1)
Tunesien: Naili, Dhouieb, Kaabi, Jebali, Mohsen Labidi Jendoubi, Gommidh, Temime Lahzami (88. Khemais Labidi), Ben Rehaiem Agrebi, Akid, Tarek, Ben Aziza (80. Karoui).
Mexiko: Pilar Reyes, Martinez Diez, Tena, Ramos, Vasquez Ayala, Mendizabal (67. Lugo), De La Torre, Cuellar, Isiordia, Rangel, Sanchez.
Schiedsrichter: Gordon (Schottland); Zuschauer: 25 000; Tore: 0:1 Vasquez Ayala (45., Handelfmeter), 1:1 Kaabi (54.), 2:1 Gommidh (79.), 3:1 Dhouieb (86.).

Am 6. Juni in Cordoba:
DEUTSCHLAND – MEXIKO 6:0 (4:0)
Deutschland: Maier, Vogts, Kaltz, Rüßmann, Dietz, Bonhof, Flohe, H. Müller, Rummenigge, Fischer, D. Müller.
Mexiko: Pilar Reyes (40. Soto), Martinez Diez, Ramos, Tena, Vasquez Ayala, Mendizabal, De La Torre, Cuellar, Lopez Zarza (46. Lugo), Rangel, Sanchez.
Schiedsrichter: F. Bouzo (Syrien); Zuschauer: 37 000; Tore: 1:0 D. Müller (14.), 2:0 H. Müller (30.), 3:0 Rummenigge (38.), 4:0 Flohe (43.), 5:0 Rummenigge (72.), 6:0 Flohe (89.).

Am 6. Juni in Rosario:
POLEN – TUNESIEN 1:0 (1:0)
Polen: Tomaszewski, Szymanowski, Gorgon, Zmuda, Maculewicz, Nawalka, Deyna, Kasperczak, Lato, Lubanski (76. Boniek), Szarmach (61. Iwan).
Tunesien: Naili, Dhouieb, Jebali, Gasmi, Kaabi, Gommidh, Tarek, Ben Rehaiem Agrebi, Mohsen Labidi Jendoubi, Temime Lahzami, Akid.
Schiedsrichter: Franco Martinez (Spanien); Zuschauer: 17 000; Tor: 1:0 Lato (43.).

Am 10. Juni in Cordoba:
DEUTSCHLAND – TUNESIEN 0:0
Deutschland: Maier, Vogts, Kaltz, Rüßmann, Dietz, Bonhof, Flohe, H. Müller, Rummenigge, Fischer, D. Müller.
Tunesien: Naili, Dhouieb, Jebali, Mohsen Labidi Jendoubi, Kaabi, Gasmi, Gommidh, Tarek, Ben Rehaiem Agrebi, Temime Lahzami, Akid (83. Ben Aziza).
Schiedsrichter: Orosco (Peru); Zuschauer: 35 000.

Am 10. Juni in Rosario:
POLEN – MEXIKO 3:1 (1:0)
Polen: Tomaszewski, Szymanowski, Gorgon, Zmuda, Kasperczak, Deyna, Masztaler, Rudy (84. Maculewicz), Boniek, Lato, Iwan (76. Lubanski).
Mexiko: Soto, Cisneros, Gomez, De La Torre, Vasquez Ayala, Cuellar, Flores, Cardenas (46. Mendizabal), Ortega, Rangel, Sanchez.
Schiedsrichter: Namdar (Iran); Zuschauer: 25 000; Tore: 1:0 Boniek (43.), 1:1 Rangel (52.), 2:1 Deyna (56.), 3:1 Boniek (84.).

Abschlußtabelle Gruppe 2	POL	GER	TUM	MEX	Tore	Punkte	Rang
Polen		0:0	1:0	3:1	4:1	5:1	1
Deutschland	0:0		0:0	6:0	6:0	4:2	2
Tunesien	0:1	0:0		3:1	3:2	3:3	3
Mexico	1:3	0:6	1:3		2:12	0:6	4

Gruppe 3
Am 3. Juni in Buenos Aires:
ÖSTERREICH – SPANIEN 2:1 (1:1)
Österreich: Koncilia, Sara, Obermayer, Pezzey, Breitenberger, Prohaska, Kreuz, Hickersberger (67. Weber), Jara, Schachner (80. Pirkner), Krankl.
Spanien: Miguel Angel, Marcelino, Pirri, Migueli, San Jose, De La Cruz, Asensi, Rexach (60. Quini), Cardenosa (46. Leal), Dani, Ruben Cano.
Schiedsrichter: Palotai (Ungarn); Zuschauer: 49 000; Tore: 1:0 Schachner (10.), 1:1 Dani (21.), 2:1 Krankl (76.).

Am 3. Juni in Mar del Plata:
SCHWEDEN – BRASILIEN 1:1 (1:1)
Schweden: Hellström, Borg, Nordqvist, Roy Andersson, Erlandsson, L. Larsson (81. Edström), Tapper, Linderoth, Bo Larsson, Sjöberg, Wendt.
Brasilien: Leao, Toninho, Amaral, Oscar, Edinho, Batista, Zico, Cerezo (87. Dirceu), Gil (66. Nelinho), Reinaldo, Rivelino.
Schiedsrichter: Thomas (Wales); Zuschauer: 38 000; Tore: 1:0 Sjöberg (37.), 1:1 Reinaldo (45.).

Am 7. Juni in Buenos Aires:
ÖSTERREICH – SCHWEDEN 1:0 (1:0)
Österreich: Koncilia, Sara, Obermayer, Pezzey, Breitenberger, Prohaska, Hickersberger, Krieger (71. Weber), Jara, Krankl, Kreuz.
Schweden: Hellström, Borg, Roy Andersson, Nordqvist, Erlandsson, Tapper (36. Torstensson), Bo Larsson, Linderoth (60. Edström), L. Larsson, Sjöberg, Wendt.
Schiedsrichter: Corver (Niederlande); Zuschauer: 46 000; Tor: 1:0 Krankl (42., Foulelfmeter).

Am 7. Juni in Mar del Plata:
BRASILIEN – SPANIEN 0:0
Brasilien: Leao, Nelinho (71. Gil), Amaral, Oscar, Edinho, Batista, Cerezo, Dirceu, Zico (83. Mendonca), Toninho, Reinaldo.
Spanien: Miguel Angel, Marcelino, Olmo, Migueli (51. Biosca), Uria (80. Guzman), San Jose, Leal, Asensi, Cardenosa, Juanito, Santillana.
Schiedsrichter: Gonella (Italien); Zuschauer: 40 000.

Am 11. Juni in Mar del Plata:
BRASILIEN – ÖSTERREICH 1:0 (1:0)
Brasilien: Leao, Toninho, Amaral, Oscar, Rodrigues Neto, Batista, Cerezo (71. Chicao), Dirceu, Gil, Roberto, Mendonca (84. Zico).
Österreich: Koncilia, Sara, Obermayer, Pezzey, Breitenberger, Hickersberger (61. Weber), Prohaska, Jara, Krieger (84. Happich), Krankl, Kreuz.
Schiedsrichter: Wurtz (Frankreich); Zuschauer: 42 000; Tor: 1:0 Roberto (40.).

Am 11. Juni in Buenos Aires:
SPANIEN – SCHWEDEN 1:0 (0:0)
Spanien: Miguel Angel, Marcelino, Olmo (46. Pirri), Biosca, Uria, San Jose, Leal, Asensi, Cardenosa, Juanito, Santillana.
Schweden: Hellström, Borg, Nordqvist, Roy Andersson, Erlandsson, Bo Larsson, L. Larsson, Nordin, Nilsson, Sjöberg (65. Linderoth), Edström (58. Wendt).
Schiedsrichter: Biwersi (Deutschland); Zuschauer: 48 000; Tor: 1:0 Asensi (76.).

Abschlußtabelle Gruppe 3	AUT	BRA	ESP	SWE	Tore	Punkte	Rang
Österreich		0:1	2:1	1:0	3:2	4:2	1
Brasilien	1:0		0:0	1:1	2:1	4:2	2
Spanien	1:2	0:0		1:0	2:2	3:3	3
Schweden	0:1	1:1	0:1		1:3	1:5	4

STATISTIK ZUR WELTMEISTERSCHAFT 1978

Gruppe 4

Am 3. Juni in Cordoba:
PERU – SCHOTTLAND 3:1 (1:1)
Peru: Quiroga, Duarte, Chumpitaz, Manzo, Diaz, Velasquez, Cueto (83. Percy Rojas), Cubillas, Munante, La Rosa (64. Sotil), Oblitas.
Schottland: Rough, Kennedy, Burns, Forsyth, Buchan, Rioch (76. Macari), Masson (76. Gemmill), Hartford, Dalglish, Jordan, Johnston.
Schiedsrichter: U. Eriksson (Schweden); Zuschauer: 45 000; Tore: 0:1 Jordan (14.), 1:1 Cueto (43.), 2:1 Cubillas (72.), 3:1 Cubillas (79.).

Am 3. Juni in Mendoza:
NIEDERLANDE – IRAN 3:0 (1:0)
Niederlande: Jongbloed, Suurbier, Krol, Rijsbergen, Haan, Neeskens, Jansen, W. van de Kerkhof, Rep, Rensenbrink, R. van de Kerkhof (71. Nanninga).
Iran: Hejazi, Nazari, Abdullahi, Kazerani, Eskandarian, Parvin, Ghasempoor, Sadeghi, Nayebagha, Faraki (52. Roshan), Jahani.
Schiedsrichter: Archundia (Mexiko); Zuschauer: 42 000; Tore: 1:0 Rensenbrink (40., Foulelfmeter), 2:0 Rensenbrink (62.), 3:0 Rensenbrink (79., Foulelfmeter).

Am 7. Juni in Mendoza:
NIEDERLANDE – PERU 0:0
Niederlande: Jongbloed, Suurbier, Krol, Rijsbergen, Poortvliet, Neeskens (69. Nanninga), Jansen, Haan, W. van de Kerkhof, R. van de Kerkhof (46. Rep), Rensenbrink.
Peru: Quiroga, Duarte, Chumpitaz, Manzo, Diaz, Velasquez, Cueto, Cubillas, Munante, La Rosa (62. Sotil), Oblitas.
Schiedsrichter: Prokop (DDR); Zuschauer: 29 000.

Am 7. Juni in Cordoba:
SCHOTTLAND – IRAN 1:1 (1:0)
Schottland: Rough, Jardine, Burns, Buchan (56. Forsyth), Donachie, Rioch, Gemmill, Hartford, Jordan, Dalglish (74. Harper), Robertson.
Iran: Hejazi, Nazari, Kazerani, Abdullahi, Eskandarian, Parvin, Ghasempoor, Sadeghi, Danaiifar (89. Nayebagha), Faraki (86. Roshan), Jahani.
Schiedsrichter: N'Diaye (Senegal); Zuschauer: 9000; Tore: 1:0 Eskandarian (43., Eigentor), 1:1 Danaiifar (60.).

Am 11. Juni in Cordoba:
PERU – IRAN 4:1 (3:1)
Peru: Quiroga, Duarte, Chumpitaz, Manzo (68. Leguia), Diaz, Velasquez, Cueto, Cubillas, Munante, La Rosa (60. Sotil), Oblitas.
Iran: Hejazi, Nazari, Kazerani, Abdullahi, Allahverdi, Parvin, Ghasempoor, Sadeghi, Danaiifar, Faraki (52. Jahani), Roshan (66. Fariba).
Schiedsrichter: Jarguz (Polen); Zuschauer: 25 000; Tore: 1:0 Velasquez (2.), 2:0 Cubillas (36., Foulelfmeter), 3:0 Cubillas (39., Foulelfmeter), 3:1 Roshan (41.), 4:1 Cubillas (78.).

Am 11. Juni in Mendoza:
SCHOTTLAND – NIEDERLANDE 3:2 (1:1)
Schottland: Rough, Kennedy, Buchan, Forsyth, Donachie, Rioch, Gemmill, Hartford, Souness, Dalglish, Jordan.
Niederlande: Jongbloed, Suurbier, Krol, Rijsbergen (46. Wildschut), Poortvliet, Neeskens (10. Boskamp), Jansen, W. van de Kerkhof, R. van de Kerkhof, Rep, Rensenbrink.
Schiedsrichter: Linemayr (Österreich); Zuschauer: 30 000; Tore: 0:1 Rensenbrink (33., Foulelfmeter), 1:1 Dalglish (45.), 2:1 Gemmill (47., Foulelfmeter), 3:1 Gemmill (68.), 3:2 Rep (72.).

Abschlußtabelle Gruppe 4	PER	HOL	SCO	IRN	Tore	Punkte	Rang
Peru		0:0	3:1	4:1	7:2	5:1	1
Holland	0:0		2:3	3:0	5:3	3:3	2
Schottland	1:3	3:2		1:1	5:6	3:3	3
Iran	1:4	0:3	1:1		2:8	1:5	4

Zweite Finalrunde

GRUPPE A

Am 14. Juni in Buenos Aires:
DEUTSCHLAND – ITALIEN 0:0
Deutschland: Maier, Vogts, Kaltz, Rüßmann, Dietz, Bonhof, Flohe (70. Beer), Zimmermann (54. Konopka), Rummenigge, Fischer, Hölzenbein.
Italien: Zoff, Gentile, Scirea, Bellugi, Cabrini, Benetti, Tardelli, Antognoni (46. Zaccarelli), Causio, Rossi, Bettega.
Schiedsrichter: Maksimovic (Jugoslawien); Zuschauer: 60 000.

Am 14. Juni in Cordoba:
NIEDERLANDE – ÖSTERREICH 5:1 (3:0)
Niederlande: Schrijvers, Wildschut, Krol, Brandts (67. van Kraay), Poortvliet, Jansen, Haan, W. van de Kerkhof, Rep, Rensenbrink, R. van de Kerkhof (61. Schoenaker).
Österreich: Koncilia, Sara, Obermayer, Pezzey, Breitenberger, Hickersberger, Prohaska, Krieger, Jara, Kreuz, Krankl.
Schiedsrichter: Gordon (Schottland); Zuschauer: 15 000; Tore: 1:0 Brandts (6.), 2:0 Rensenbrink (35., Foulelfmeter), 3:0 Rep (36.), 4:0 Rep (53.), 4:1 Obermayer (79.), 5:1 W. van de Kerkhof (82.).

Am 18. Juni in Cordoba:
DEUTSCHLAND – NIEDERLANDE 2:2 (1:1)
Deutschland: Maier, Vogts, Kaltz, Rüßmann, Dietz, Bonhof, Beer, Hölzenbein, Abramczik, D. Müller, Rummenigge.
Niederlande: Schrijvers, Poortvliet, Krol, Brandts, Wildschut (79. Nanninga), Jansen, Haan, W. van de Kerkhof, R. van de Kerkhof, Rep, Rensenbrink.
Schiedsrichter: Barreto Ruiz (Uruguay); Zuschauer: 46 000; Tore: 1:0 Abramczik (3.), 1:1 Haan (27.), 2:1 D. Müller (70.), 2:2 R. van de Kerkhof (84.).

Am 18. Juni in Buenos Aires:
ITALIEN – ÖSTERREICH 1:0 (1:0)
Italien: Zoff, Scirea, Bellugi (46. Cuccureddu), Cabrini, Gentile, Benetti, Zaccarelli, Tardelli, Causio, Rossi, Bettega (71. Graziani).
Österreich: Koncilia, Obermayer, Sara, Pezzey, Strasser, Hickersberger, Prohaska, Kreuz, Krieger, Schachner (64. Pirkner), Krankl.
Schiedsrichter: Rion (Belgien); Zuschauer: 50 000; Tor: 1:0 Rossi (13.).

Am 21. Juni in Cordoba:
ÖSTERREICH – DEUTSCHLAND 3:2 (0:1)
Österreich: Koncilia, Sara, Obermayer, Pezzey, Strasser, Hickersberger, Prohaska, Kreuz, Krieger, Schachner (71. Oberacher), Krankl.
Deutschland: Maier, Vogts, Kaltz, Rüßmann, Dietz, Beer (46. H. Müller), Bonhof, Hölzenbein, Abramczik, D. Müller (60. Fischer), Rummenigge.
Schiedsrichter: Klein (Israel); Zuschauer: 20 000; Tore: 0:1 Rummenigge (19.), 1:1 Vogts (59., Eigentor), 2:1 Krankl (65.), 2:2 Hölzenbein (67.), 3:2 Krankl (88.).

Am 21. Juni in Buenos Aires:
NIEDERLANDE – ITALIEN 2:1 (0:1)
Niederlande: Schrijvers (18. Jongbloed), Krol, Brandts, Neeskens, Poortvliet, W. van de Kerkhof, Haan, Jansen, R. van de Kerkhof, Rep (65. van Kraay), Rensenbrink.
Italien: Zoff, Scirea, Cuccureddu, Gentile, Cabrini, Tardelli, Benetti (79. Graziani), Zaccarelli, Causio (46. C. Sala), Rossi, Bettega.
Schiedsrichter: Franco Martinez (Spanien); Zuschauer: 66 000; Tore: 0:1 Brandts (19., Eigentor), 1:1 Brandts (50.), 2:1 Haan (75.).

Abschlußtabelle Gruppe A	HOL	ITA	GER	AUT	Tore	Punkte	Rang
Holland		2:1	2:2	5:1	9:4	5:1	1
Italien	1:2		0:0	1:0	2:2	3:3	2
Deutschland	2:2	0:0		2:3	4:5	2:4	3
Österreich	1:5	0:1	3:2		4:8	2:4	4

GRUPPE B

Am 14. Juni in Mendoza:
BRASILIEN – PERU 3:0 (2:0)
Brasilien: Leao, Toninho, Amaral, Oscar, Rodrigues Neto, Cerezo (77. Chicao), Dirceu, Batista, Mendonca, Gil (70. Zico), Roberto.
Peru: Quiroga, Diaz (12. Navarro), Chumpitaz, Manzo, Duarte, Velasquez Cueto, Cubillas, Munante, La Rosa, Oblitas (46. Percy Rojas).
Schiedsrichter: Rainea (Rumänien); Zuschauer: 35 000; Tore: 1:0 Dirceu (15.), 2:0 Dirceu (28.), 3:0 Zico (73., Foulelfmeter).

Am 14. Juni in Rosario:
ARGENTINIEN – POLEN 2:0 (1:0)
Argentinien: Fillol, Olguin, Passarella, Luis Galvan, Tarantini, Ardiles, Gallego, Valencia (46. Villa), Houseman (83. Ortiz), Kempes, Bertoni.
Polen: Tomaszewski, Szymanowski, Kasperczak, Zmuda, Maculewicz, Masztaler (65. Mazur), Deyna, Nawalka, Boniek, Lato, Szarmach.
Schiedsrichter: U. Eriksson (Schweden); Zuschauer: 40 000; Tore: 1:0 Kempes (16.), 2:0 Kempes (71.).

Am 18. Juni in Mendoza:
POLEN – PERU 1:0 (0:0)
Polen: Kukla, Gorgon, Szymanowski, Zmuda, Maculewicz, Boniek (86. Lubanski), Deyna, Nawalka, Masztaler (46. Kasperczak), Lato, Szarmach.
Peru: Quiroga, Chumpitaz, Duarte, Manzo, Navarro, Quesada, Cueto, Cubillas, Munante (46. Percy Rojas), La Rosa (73. Sotil), Oblitas.
Schiedsrichter: Partridge (England); Zuschauer: 33 000; Tor: 1:0 Szarmach (65.).

Am 18. Juni in Rosario:
ARGENTINIEN – BRASILIEN 0:0
Argentinien: Fillol, Passarella, Olguin, Ruben Galvan, Tarantini, Ardiles (44. Villa), Gallego, Ortiz, Bertoni, Luque, Kempes.
Brasilien: Leao, Amaral, Chicao, Oscar, Rodrigues Neto (35. Edinho), Batista, Mendonca, Toninho, Dirceu, Gil, Roberto.
Schiedsrichter: Palotai (Ungarn); Zuschauer: 40 000.

Am 21. Juni in Mendoza:
BRASILIEN – POLEN 3:1 (1:1)
Brasilien: Leao, Amaral, Nelinho, Oscar, Toninho, Cerezo (78. Rivelino), Batista, Dirceu, Zico (6. Mendonca), Gil, Roberto.
Polen: Kukla, Gorgon, Szymanowski, Zmuda, Maculewicz, Boniek, Kasperczak (64. Lubanski), Deyna, Nawalka, Lato, Szarmach.
Schiedsrichter: Silvagno (Chile); Zuschauer: 44 000; Tore: 1:0 Nelinho (14.), 1:1 Lato (45.), 2:1 Roberto (58.), 3:1 Roberto (63.).

Am 21. Juni in Rosario:
ARGENTINIEN – PERU 6:0 (2:0)
Argentinien: Fillol, Luis Galvan, Olguin, Passarella, Tarantini, Larrosa, Gallego (87. Oviedo), Kempes, Bertoni (66. Houseman), Luque, Ortiz.
Peru: Quiroga, Chumpitaz, Duarte, Manzo, Roberto Rojas, Quesada, Cueto, Cubillas, Velasquez (52. Gorriti), Munante, Oblitas.
Schiedsrichter: Wurtz (Frankreich); Zuschauer: 41 000; Tore: 1:0 Kempes (21.), 2:0 Tarantini (43.), 3:0 Kempes (49.), 4:0 Luque (50.), 5:0 Houseman (67.), 6:0 Luque (71.).

Abschlußtabelle Gruppe B	ARG	BRA	POL	PER	Tore	Punkte	Rang
Argentinien		0:0	2:0	6:0	8:0	5:1	1
Brasilien	0:0		3:1	3:0	6:1	5:1	2
Polen	0:2	1:3		1:0	2:5	2:4	3
Peru	0:6	0:3	0:1		0:10	0:6	4

Endspiele

UM DEN DRITTEN PLATZ

Am 24. Juni in Buenos Aires:
BRASILIEN – ITALIEN 2:1 (0:1)
Brasilien: Leao, Nelinho, Amaral, Oscar, Rodrigues Neto, Batista, Cerezo (65. Rivelino), Dirceu, Gil (46. Reinaldo), Roberto, Mendonca.
Italien: Zoff, Cabrini, Scirea, Gentile, Cuccureddu, Maldera, Antognoni (79. C. Sala), P. Sala, Causio, Rossi, Bettega.
Schiedsrichter: Klein (Israel); Zuschauer: 77 000; Tore: 0:1 Causio (38.), 1:1 Nelinho (64.), 2:1 Dirceu (71.).

ENDSPIEL

Am 25. Juni in Buenos Aires:
ARGENTINIEN – NIEDERLANDE 3:1 (1:0, 1:1) n.V.
Argentinien: Fillol, Olguin, Luis Galvan, Passarella, Tarantini, Ardiles (66. Larrosa), Gallego, Kempes, Bertoni, Luque, Ortiz (75. Houseman).
Niederlande: Jongbloed, Poortvliet, Krol, Brandts, Jansen (72. Suurbier), Neeskens, Haan, W. van de Kerkhof, R. van de Kerkhof, Rep (59. Nanninga), Rensenbrink.
Schiedsrichter: Gonella (Italien); Zuschauer: 77 000; Tore: 1:0 Kempes (38.), 1:1 Poortvliet (81.), 2:1 Kempes (105.), 3:1 Bertoni (115.).

12. Fußball-Weltmeisterschaft
1982 in Spanien

Qualifikation

EUROPA

Gruppe 1

Am 4. Juni 1980 in Helsinki:
FINNLAND – BULGARIEN 0:2 (0:1)
Finnland: Sairanen (8. Nurmio), Tolsa, Lampi, Houtsonen, Ranta, Ronkainen (65. Ismail), Pykkö, Toivola, Rautiainen, Hatala, Nieminen.
Bulgarien: Christov, Kolev, Firov, Maldjanski, Karakolev, Dimitrov, Kostadinov, Markov (87. P. Zvetkov), Jeliaskov, Kostov, T. Zvetkov (87. Iliev).

Am 3. September 1980 in Tirana:
ALBANIEN – FINNLAND 2:0 (2:0)
Albanien: Kaci, Berisha, Baci, Targaj, Hysi, Ragami, Zeri, Lieshi, Marko, Braho, Minga.
Finnland: Isoaho, Lathinen, Tolsa, Helin (ab 46. Raiainen), Ahonen, Pykkö, Dahlund, Poulliainen (ab 46. Turunen), Virtanen, Hatala, Himanoa.

Am 24. September 1980 in Helsinki:
FINNLAND – ÖSTERREICH 0:2 (0:1)
Finnland: Isoaho, Lathinen, Tolsa, Houtsonen, Ranta, Virtanen, Pykkö, Dahlund, Ronkainen (ab 62. Turunen), Tissari, Rajaniemi (ab 77. Jaiasvaari).
Österreich: Koncilia, Pregesbauer, Obermayer, Pezzey, Zuenelli, Wartinger (ab 53. Welzl), Hattenberger, Prohaska, Jara, Schachner, Krankl.

Am 19. Oktober 1980 in Sofia:
BULGARIEN – ALBANIEN 2:1 (1:0)
Bulgarien: Christov, Zafirov, B. Dimitrov, Maldjanski, Bangev, Slavkov, Markov (Iliev), Kerimov, G. Dimitrov, Kostadinov, Jeliaskov.
Albanien: Kaci, Baci, Gusi, Targaj, Berisha, Cipi, Baligijni, Lecci (Bajazidi), Shehl, Pernasca, Braho.

Am 15. November 1980 in Wien:
ÖSTERREICH – ALBANIEN 5:0 (3:0)
Österreich: Feurer, Dihanich, Obermayer, Pezzey, Mirnegg,

STATISTIK ZUR WELTMEISTERSCHAFT 1982

Hattenberger, Prohaska, Jara, Welzl, Krankl, Schachner (84. Keglevits).
Albanien: Kaci, Baci, Berisha, Hysi, Targaj, Cipi, Baligjini, Zeri, Lieshi, Pernasca, Braho (62. Bergu).

Am 3. Dezember 1980 in Sofia:
BULGARIEN – DEUTSCHLAND 1:3 (0:2)
Bulgarien: Christov, Zafirov, Rangelov, G. Dimitrov (ab 46. Slavkov), Vassilev, Iliev, Jeliaskov, Markov, Iontchev, Dzevizov, Zdravkov (79. Kerimov).
Deutschland: Schumacher, Kaltz, Stielike, K. Förster, Dietz, Briegel, Magath (ab 71. Votava), Müller, Rummenigge, Hrubesch, K. Allofs (71. Borchers).

Am 6. Dezember 1980 in Tirana:
ALBANIEN – ÖSTERREICH 0:1 (0:1)
Albanien: Kaci, Baci, Berisha, Hysi, Targaj, Ragarm, Zeri, Marko, Kola, Braho, Pernasca.
Österreich: Feurer, Weber, Pezzey, Obermayer, Mirnegg, Hattenberger, Prohaska, Jara, Welzl, Gasselich (75. Baumeister), Schachner (48. Jurtin).

Am 1. April 1981 in Tirana:
ALBANIEN – DEUTSCHLAND 0:2 (0:1)
Albanien: Kaci, Berisha, Targaj, Hysi, Cocoli, Sahla, Lame, Baligjini (74. Baci), Pernasca, Minga, Lieshi.
Deutschland: Schumacher, Kaltz, Stielike, K. Förster (74. Hannes), Dietz, Magath, Schuster, Müller, Allofs, Rummenigge, Hrubesch.

Am 29. April 1981 in Hamburg:
DEUTSCHLAND – ÖSTERREICH 2:0 (2:0)
Deutschland: Schumacher, Kaltz, Stielike, K. Förster, Briegel, Schuster, Magath, Breitner, Müller, Fischer (76. Allgöwer), Rummenigge.
Österreich: Koncilia, Krauss, Obermayer, Pezzey, Mirnegg, Hattenberger (69. Weber), Prohaska, Hintermaier (69. Baumeister), Jara, Krankl, Welzl.

Am 13. Mai 1981 in Sofia:
BULGARIEN – FINNLAND 4:0 (1:0)
Bulgarien: Velinov, Vassilev, Balevski, Bonev, G. Dimitrov, Grigorov, Kostadinov, Slavkov, Jeliaskov, P. Zvetkov (57. Zdravkov), T. Zvetkov.
Finnland: Isoaho, Lathinen, Tolsa, Virtanen, Pekkonen (70. Berqvist), Ikäläinen, Dahlund (64. Jakonsari), Pykkö, Houtsonen, Ismail, Valvee.

Am 24. Mai 1981 in Lahti:
FINNLAND – DEUTSCHLAND 0:4 (0:3)
Finnland: Isoaho, Tolsa (46. Helin), Lathinen, Vaittinen, Houtsonen, Ikäläinen, Virtanen, Kupiainen, Pykkö, Kousa, Valvee (64. Ismail).
Deutschland: Schumacher, Kaltz, Hannes, K. Förster, Briegel, Dremmler, Magath (75. Borchers), Breitner, Müller (75. Allgöwer), Rummenigge, Fischer.

Am 28. Mai 1981 in Wien:
ÖSTERREICH – BULGARIEN 2:0 (1:0)
Österreich: Feurer, Weber, Dihanich, Pezzey, Mirnegg, Prohaska, Hattenberger, Jara, Welzl, Kranki, Keglevits (56. Schachner).
Bulgarien: Christov, Sabotinov, Balevski, Maldjanski, Vassilev, Zdravkov (75. Kostadinov), Dimitrov, Jeliaskov, Grigorov (75. Markov), Slavkov, T. Zvetkov.

Am 17. Juni 1981 in Linz:
ÖSTERREICH – FINNLAND 5:1 (2:0)
Österreich: Feurer, Dihanich, Pezzey, Weber, Mirnegg, Hattenberger, Prohaska (80. Kreuz), Jara, Welzl, Krankl, Jurtin.
Finnland: Huttunen, Helin, Lathinen, Vaittinen, Houtsonen, Ikäläinen, Virtanen, Kousa, Turunen, Dahlund, Valvee.

Am 2. September 1981 in Kotka:
FINNLAND – ALBANIEN 2:1 (0:0)
Finnland: Isoaho, Lathinen, Dahlund, Vaittinen, Pekkonen, Turunen, Houtsonen, Pykkö, Rautiainen, Rajaniemi, Kousa, Jakonsari.
Albanien: Musta, Targaj, Hysi, Cocoli, Berisha, Lieshi (Minga), Lame, Houtsi (Hashmi), Walkani, Sygheri, Pernasca.

Am 23. September 1981 in Bochum:
DEUTSCHLAND – FINNLAND 7:1 (2:1)
Deutschland: Schumacher, Kaltz, Stielike, B. Förster, Briegel, Dremmler, Breitner, Magath, Borchers, Fischer, Rummenigge.
Finnland: Isoaho, Dahlund, Pekkonen, Lathinen, Houtsonen, Turunen, Ikäläinen (70. Nieminen), Utriainen, Pykkö, Kousa, Jakonsari (70. Ronkainen).

Am 14. Oktober 1981 in Wien:
ÖSTERREICH – DEUTSCHLAND 1:3 (1:2)
Österreich: Koncilia, Dihanich, Pezzey, Weber, Mirnegg, Hattenberger, Prohaska, Jara, Hintermaier (71. Hagmayr), Schachner, Krankl.
Deutschland: Schumacher, Kaltz, Stielike, K. Förster, Briegel, Dremmler, Breitner, Magath, Littbarski, Fischer, Rummenigge.

Am 14. Oktober 1981 in Tirana:
ALBANIEN – BULGARIEN 0:2 (0:0)
Albanien: Musta, Baci, Cocoli, Targaj, Berisha, Ragami, Minga, Lame, Zeri (64. Saidi), Walkani, Kola.
Bulgarien: Velinov, Nikolov, Balevski, Blangev, Dimitrov, Lubomirov, Slavkov, P. Zvetkov (83. Sybotinov), Jeliaskov (46. Markov), Kostadinov, Mladenov.

Am 11. November 1981 in Sofia:
BULGARIEN – ÖSTERREICH 0:0
Bulgarien: Velinov, Balevski, Nikolov, Dimitrov Blangev, Slavkov, Lubomirov, Jeliaskov (46. Markov), Kostadinov, Mladenov, Zvetkov.
Österreich: Feurer, Krauss, Pezzey, Weber, Mirnegg (56. Dihanich), Hattenberger, Prohaska, Jara, Hintermaier, Schachner, Krankl (73. Hagmayr).

Am 18. November 1981 in Dortmund:
DEUTSCHLAND – ALBANIEN 8:0 (5:0)
Deutschland: Immel, Kaltz (60. Matthäus), Stielike, K. Förster, Briegel, Dremmler, Breitner, Magath, Rummenigge (48. Milewski), Fischer, Littbarski.
Albanien: Musta (57. Luarasi), Berisha, Targaj, Hysi, Kola, Lieshi, Ragami, Baligjini, Braho, Popa, Luci.

Am 22. November 1981 in Düsseldorf:
DEUTSCHLAND – BULGARIEN 4:0 (1:0)
Deutschland: Schumacher, Kaltz, Hannes, K. Förster, Briegel, Dremmler, Breitner, Magath (56. K. Allofs), Hrubesch, Fischer, Rummenigge.
Bulgarien: Velinov, Balevski, Nikolov, Bonev, Iliev, Kostadinov, Markov (46. Lubomirov), Zdravkov, Iontchev, Mladenov.

1. Deutschland	8 8 0 0	33:3	16:0
2. Österreich	8 5 1 2	16:6	11:5
3. Bulgarien	8 4 1 3	11:10	9:7
4. Albanien	8 1 0 7	4:22	2:14
5. Finnland	8 1 0 7	4:27	2:14

Gruppe 2

Am 26. März 1980 in Nikosia:
ZYPERN – EIRE 2:3 (1:3)
Zypern: Fanos, Papacostas, Fitas, Papadopoulos, Stefanos, N. Pantziarias, Filipos (Tsingis), Mavroudis, Kaifas, Kissonergis, Kanaris (Theofanou).
Eire: Peyton, D. O'Leary, Lawrenson, Grimes, Daly, Grealish, Brady, Murphy, McGee, Stapleton, Heighway.

Am 10. September 1980 in Dublin:
EIRE – HOLLAND 2:1 (0:0)
Eire: Peyton, Langan, D. O'Leary, P. O'Leary, Hughton, Lawrenson, Grealish, Daly, Brady, Stapleton, Givens.
Holland: Hiele, van de Korput (45. Vermeulen), Wijnstekers, Spelbos, Brandts, Peters, Schoenmaker (65. W. van de Kerkhof), Thijssen, Deinsen, Tahamata, Mierlo.

Am 11. Oktober 1980 in Limassol:
ZYPERN – FRANKREICH 0:7 (0:4)
Zypern: G. Pantziarias, Papacostas, Kizas, Papadopoulos, Erotokritou, N. Pantziarias, Mavroudis, Tsingis (48. Lysandrou), Orniou, Kaifas (21. Theofanou), Kissonergis.

Frankreich: Dropsy, Battiston, Specht, Michel, Bossis, Tigana (52. Petit), Larios, Platini, Baronchelli (73. Zimako), Lacombe, Six.

Am 15. Oktober 1980 in Dublin:
EIRE – BELGIEN 1:1 (1:1)
Eire: Peyton, Langan, Lawrenson, Hughton, Moran, Daly, Grealish, Brady, Stapleton, Givens (76. McGee), Heighway.
Belgien: Pfaff, Meeuws, Gerets, Millecamps (87. De Wolf), Renquin, Van Moer (85. Heyligen), Coeck, Vandereycken, Cluytens, Vandenbergh, Ceulemans.

Am 28. Oktober 1980 in Paris:
FRANKREICH – EIRE 2:0 (1:0)
Frankreich: Dropsy, Battiston, Lopez, Specht, Bossis, Tigana, Larios, Platini (74. Petit), Rocheteau, Lacombe (67. Zimako), Six.
Eire: Peyton, Hughton, Lawrenson, Moran, Langan, Grealish, Brady, Martin (78. Ryan), Heighway, Stapleton, Robinson.

Am 19. November 1980 in Brüssel:
BELGIEN – HOLLAND 1:0 (0:0)
Belgien: Pfaff, Gerets, Millecamps, Meeuws, Renquin, Coeck, Vandereycken, Van Moer, Cluytens, Vandenbergh, Ceulemans.
Holland: Doesburg, Krol, Wijnstekers (26. Metgod), Brandts, Hovenkamp, van de Korput, W. van de Kerkhof, Peters, Kist, Tol (30. R. van de Kerkhof), Tahamata.

Am 19. November 1980 in Dublin:
EIRE – ZYPERN 6:4 (4:0)
Eire: Peyton, Langan, Hughton, Lawrenson, Moran, Daly, Grealish, Brady, Stapleton, Heighway, Robinson (74. Givens).
Zypern: Konstantinou, Louka, Kalotheou, Lysandrou, N. Pantziarias, Erotokritou, Theofanou, Yiangoudakis, Kaifas (46. Kouis), Tsingis, Miamijoutis (63. Mavroudis).

Am 21. Dezember 1980 in Nikosia:
ZYPERN – BELGIEN 0:2 (0:1)
Zypern: Konstantinou, Louka, Erotokritou, N. Pantziarias, Lysandrou, Kalotheou, Yiangoudakis, Tsingis, Theofanou, Kaifas, Mavroudis.
Belgien: Pfaff, Gerets, Millecamps, Meeuws, De Wolf, Van Moer, Vandereycken, Coeck, Cluytens, Vandenbergh, Ceulemans.

Am 18. Februar 1981 in Brüssel:
BELGIEN – ZYPERN 3:2 (2:1)
Belgien: Pfaff, Coeck, Gerets, Renquin, Plessers, Cluytens (72. Vercauteren), Vandereycken, Mommens, Weilens, Vandenbergh, Ceulemans.
Zypern: Konstantinou, Louka, Toumazou, Erotokritou, Lysandrou, Demetriou, Miamijoutis, Pantziarias, Vrakimis, Theofanou, Yiangoudakis.

Am 22. Februar 1981 in Groningen:
HOLLAND – ZYPERN 3:0 (1:0)
Holland: Doesburg, Metgod, Zondervan, Spelbos, Hovenkamp, Arntz (Nanninga), Peters, Thijssen, Jonker, Tol (Vermeulen), Schapendonk.
Zypern: Konstantinou, Louka, Erotokritou, Lysandrou, Toumazou, Demetriou, Miamijoutis (Tsingis), Pantziarias, Vrakimis (Lahos), Theofanou, Yiangoudakis.

Am 25. März 1981 in Rotterdam:
HOLLAND – FRANKREICH 1:0 (0:0)
Holland: Schrijvers, Krol, Ophof, Poortvliet, Hovenkamp (46. La Ling), W. van de Kerkhof, Thijssen, Peters (71. Stevens), Mühren, Rep, R. van de Kerkhof.
Frankreich: Dropsy, Lopez, Janvion, Specht, Bossis, Moizan (76. Christophe), Larios, Giresse, Rocheteau, Lacombe (63. Zimako), Six.

Am 25. März 1981 in Brüssel:
BELGIEN – EIRE 1:0 (0:0)
Belgien: Preud'homme, Meeuws, Gerets, Millecamps, Renquin, Mommens (84. Vercauteren), Coeck (74. Wellens), Vandereycken, Cluytens, Vandenbergh, Ceulemans.
Eire: McDonagh, Langan, Hughton, Martin, Moran, Brady, Daly, Grealish, Stapleton (71. Walsh), Heighway, Robinson.

Am 29. April 1981 in Nikosia:
ZYPERN – HOLLAND 0:1 (0:1)
Zypern: G. Pantziarias, Louka, Papadopoulos, Erotokritou, N. Pantziarias, Kounas, Theofanou (46. Lahos), Kalotheou, Demetriou, Vrakimis, Yiangoudakis.
Holland: Schrijvers, Wijnstekers, Stevens, Krol, Hovenkamp, W. van de Kerkhof, Metgod, Mühren, La Ling, van Kooten, Rep (60. Tahamata).

Am 29. April 1981 in Paris:
FRANKREICH – BELGIEN 3:2 (3:1)
Frankreich: Dropsy, Janvion, Lopez, Tresor, Bossis, Giresse, Tigana, Genghini, Soler (71. Zimako), Rocheteau, Six.
Belgien: Preud'homme, Gerets, Millecamps (17. De Wolf), Meeuws, Renquin, Vercauteren (64. Verheyen), Van Moer, Vandereycken, Cluytens, Vandenbergh, Ceulemans.

Am 9. September 1981 in Rotterdam:
HOLLAND – EIRE 2:2 (1:1)
Holland: Schrijvers, Krol, van de Korput, Wijnstekers, Brandts, Thijssen, van Kooten, Mühren, La Ling (59. R. van de Kerkhof), Geels (46. Peters), Rep.
Eire: McDonagh, Langan, Devine, Lawrenson, O'Leary, Brady, Martin (Whelan), Grealish, Heighway (Ryan), Stapleton, Robinson.

Am 9. September 1981 in Brüssel:
BELGIEN – FRANKREICH 2:0 (1:0)
Belgien: Pfaff, Meeuws, Baecke, L. Millecamps, Renquin, Coeck, Van Moer (52. M. Millecamps), Vercauteren, Ceulemans, Vandenbergh, Czerniatynski.
Frankreich: Hiard, Lopez, Janvion, Mahut, Bossis, Moizan (60. Stopyra), Larios, Giresse, Zimako, Platini, Six.

Am 14. Oktober 1981 in Dublin:
EIRE – FRANKREICH 3:2 (3:1)
Eire: McDonagh, Langan, O'Leary, Hughton, Lawrence, Whelan, Brady, Martin, Stapleton (87. Givens), Robinson.
Frankreich: Castaneda, Lopez, Bossis, Mahut (69. Bracci), Janvion, Girard, Larios, Christophe, Platini, Couriol, Bellone (62. Six).

Am 14. Oktober 1981 in Rotterdam:
HOLLAND – BELGIEN 3:0 (2:0)
Holland: van Breukelen, Krol, van de Korput, Metgod, Hovenkamp, Mühren, Neeskens, Thijssen, La Ling, van Kooten (46. Geels), Rep.
Belgien: Pfaff, Meeuws, Gerets, L. Millecamps, Renquin, Vercauteren, Vandereycken, M. Millecamps, Czerniatynski, Snelders (62. Plessers), Voordeckers (46. Cluytens).

Am 18. November 1981 in Paris:
FRANKREICH – HOLLAND 2:0 (0:0)
Frankreich: Castaneda, Tresor, Janvion, Lopez, Bossis, Giresse, Genghini, Platini (81. Tigana), Rocheteau, Lacombe (71. Zimako), Six.
Holland: van Breukelen, Krol, Wijnstekers, van de Korput (75. La Ling), Poortvliet, Metgod (46. Tahamata), Neeskens, Mühren, Peters, Rep, van Kooten.

Am 5. Dezember 1981 in Paris:
FRANKREICH – ZYPERN 4:0 (2:0)
Frankreich: Castaneda, Tresor, Janvion, Lopez, Bossis, Tigana, Giresse, Genghini, Rocheteau, Lacombe, Six (63. Bellone).
Zypern: Stylianou, Miamijoutis, Erotokritou, Lysandrou, Kesos, Pantziarias, Demetriou, Theofanou, Vrakimis, Mavroudis.

1. Belgien	8	5 1 2	12:9	11:5
2. Frankreich	8	5 0 3	20:8	10:6
3. Eire	8	4 2 2	17:11	10:6
4. Holland	8	4 1 3	11:7	9:7
5. Zypern	8	0 0 8	4:29	0:16

Gruppe 3

Am 2. Juni 1980 in Reykjavik:
ISLAND – WALES 0:4 (0:1)
Island: Olafsson, Edvaldsson, Gudjohnsson, Gudlaugsson, Thordarsson, Thorbjörnsson, Geirsson, Jonsson, Petursson, Haraldsson, Halldorsson.
Wales: D. Davies, Jones, Flynn, Nicholas, Price, Yorath (Stevenson), Giles, Phillips, Walsh, James, J. Davies.

Am 3. September 1980 in Reykjavik:
ISLAND – UdSSR 1:2 (0:1)
Island: Bjarnasson, Gudmundsson, Sveinsson, Thorbjörnsson, Bergs, Geirsson, Halldorsson, Ormslev, Gretarsson, Oskarsson, Thorleifsson.
UdSSR: Dassajew, Chidijatullin, Romantsew, Gawrilow, Schawlo, Bessonow, Andrejew, Tschiwadse, Blochin, Oganesjan, Burjak (Sulakwelidse).

Am 24. September 1980 in Izmir:
TÜRKEI – ISLAND 1:3 (0:1)
Türkei: Senol, Turgay, Erol, Fatih, Cem, Sedat, S. Mustafa (46. Volkan), Serdar, Necdet, Sadullah (46. Ayhan), B. Mustafa.
Island: Bjarnasson, Halldorsson, S. Haraldsson, V. Haraldsson, Geirsson, Gudlaugsson, Gudmundsson, A. Edvaldsson, Thordarsson, Sigurvinsson, Thorbjörnsson (Gretarsson).

Am 15. Oktober 1980 in Moskau:
UdSSR – ISLAND 5:0 (2:0)
UdSSR: Dassajew, Sulakwelidse, Chidijatullin (54. Mirosjan), Tschiwadse, Baltatscha, Schawlo (46. Jewtuschenko), Bessonow, Tarchanow, Andrejew, Gawrilow, Oganesjan.
Island: Bjarnasson, Oskarsson, P. Haraldsson, V. Haraldsson, Geirsson, Halldorsson, Thordarsson, Gudmundsson (46. Sveinsson), Thorbjörnsson (65. Thorleifsson), Sigurvinsson, Gudjohnsson.

Am 15. Oktober 1980 in Cardiff:
WALES – TÜRKEI 4:0 (2:0)
Wales: Davies, Price, Jones, Nicholas, Phillips, Yorath, Flynn, Giles, Harris, Walsh, James.
Türkei: Senol, Turgay, Cem, Hüsnü, Fatih, Erhan, Necdet, Güngör, Tuncay, Sedat, Halil.

Am 19. November 1980 in Cardiff:
WALES – ČSSR 1:0 (1:0)
Wales: Davies, Price, Charles, Phillips, Ratcliffe, Flynn, Yorath, Nicholas, Giles (49. Harris), Walsh, Thomas.
ČSSR: Hruska, Barmos, Vojacek, Jurkemik, Macela, Radimec, Kozak, Panenka, Vizek, Masny, Nehoda.

Am 3. Dezember 1980 in Prag:
ČSSR – TÜRKEI 2:0 (2:0)
ČSSR: Hruska, Barmos, Vojacek, Jurkemik, Macela, Kozak, Bicovsky, Panenka, Janecka, Nehoda, Vizek.
Türkei: Senol, Turgay, Necati, Zafer, Omür, Sedat, Güngör, Muzaffer, Ibrahim, Bahtiyar, Iskender.

Am 25. März 1981 in Ankara:
TÜRKEI – WALES 0:1 (0:0)
Türkei: Senol, Omür, Necati, Hüsnü, Sedat, Güngör, Volkan, Ergün, Halil (70. Turhan), Karaoglu.
Wales: Davies, Price, Yorath, Harris (46. Giles), Ratcliffe, Flynn, Walsh (46. Charles), Nicholas, Phillips, Jones, James.

Am 15. April 1981 in Istanbul:
TÜRKEI – ČSSR 0:3 (0:0)
Türkei: Senol, Omür, Fatih, Sedat I, Zafer, Sedat III, Önal, Tuncay (31. Öksi), Bahtiyar, Ibrahim (78. Necdet), Tüfekci.
ČSSR: Seman, Jakubec, Barmos, Macela, Radimec, Kozak, Berger, Nemec (84. Masny), Vizek, Janecka, Nehoda.

Am 27. Mai 1981 in Bratislava:
ČSSR – ISLAND 6:1 (2:0)
ČSSR: Seman, Radimec, Jakubec, Macela, Barmos, Kozak, Berger, Panenka (74. Janecka), Masny, Nehoda, Vizek.
Island: Bjarnasson, Gudlaugsson, Thraisson, Halldorsson, Haraldsson, Gudjohnsson, Bergs, Sigurvinsson, Petursson, A. Edvaldsson, Sveinsson.

Am 30. Mai 1981 in Wrexham:
WALES – UdSSR 0:0
Wales: Davies, Ratcliffe, Price, Phillips, Jones, Nicholas, Flynn, Yorath, Harris (74. Giles), Walsh (70. Charles), Thomas.
UdSSR: Dassajew, Sulakwelidse, Tschiwadse, Borowskij, Baltatscha, Burjak, Andrejew, Bessonow, Kipiani (84. Gawrilow), Oganesjan, Blochin.

Am 9. September 1981 in Reykjavik:
ISLAND – TÜRKEI 2:0 (1:0)
Island: Baldursson, Geirsson, Oskarsson, S. Halldorsson, Jonsson, Edvaldsson, Bergs, Sveinsson, Gudmundsson, Petursson, Ormslev.
Türkei: G. Senol, Fatih, Omür, Zafer, A. Turgay, Engin, Sedat, Bahtiyar, Cehun, Ibrahim, Tüfekci.

Am 9. September 1981 in Prag:
ČSSR – WALES 2:0 (1:0)
ČSSR: Seman, Bicovsky, Vojacek, Radimec, Barmos, Kozak, Berger, Jurkemik, Panenka, Vizak, Nehoda.
Wales: Davies, Stevenson, Jones, Phillips, Ratcliffe, Flynn, Nicholas, Thomas, James, Harris, Curtis.

Am 23. September 1981 in Moskau:
UdSSR – TÜRKEI 4:0 (3:0)
UdSSR: Dassajew, Losinskij, Tschiwadse, Baltatscha, Demjanenko, Darassalija, Bessonow, Burjak (46. Oganesjan), Schengelija, Gawrilow, Blochin (64. Andrejew).
Türkei: Senol I, Turgay I, Necati, Fatih, Turgay II (46. Sadik), Hüsnü, Cehun, Sedat, Muzaffer, Bahtiyar, Senol II.

Am 23. September 1981 in Reykjavik:
ISLAND – ČSSR 1:1 (1:0)
Island: Baldursson, Halldorsson, Geirsson, Jonsson, Oskarsson, A. Edvaldsson (79. Margeisson), Gudlaugsson, Ormslev, Bergs (67. Larusson), Gudjohnsson, Sigurvinsson.
ČSSR: Seman, Bicovsky, Radimec, Vojacek, Barmos, Kozak, Berger, Panenka (66. Nemec), Vizek, Nehoda, Licka (46. Masny).

Am 7. Oktober 1981 in Izmir:
TÜRKEI – UdSSR 0:3 (0:2)
Türkei: Senol (46. Yasar), Erhan, Necati, Hüsnü, Suleiman, Coueyt, Fatih, Sedat, Selcuk, Bora, Sadik (46. Isa).
UdSSR: Dassajew, Tschiwadse, Demjanenko, Asloparow, Baltatscha, Darassalija, Schengelija (46. Andrejew), Bessonow, Gawrilow, Burjak, Blochin.

Am 14. Oktober 1981 in Swansea:
WALES – ISLAND 2:2 (1:0)
Wales: Davies, Jones, Charles, Ratcliffe, Harris (64. Rush), Nicholas, R. James, Mahoney, L. James, Walsh, Curtis.
Island: Baldursson, Halldorsson, Oskarsson, Ormslev, Geirsson, Jonsson, Gudlaugsson, A. Edvaldsson, Gudjohnsson, Sigurvinsson, Bergs.

Am 28. Oktober 1981 in Tbilisi:
UdSSR – ČSSR 2:0 (1:0)
UdSSR: Dassajew, Sulakwelidse, Tschiwadse (55. Susloparow), Baltatscha, Borowskij, Darassalija (80. Schawlo), Burjak, Bessonow, Schengelija, Gawrilow, Blochin.
ČSSR: Seman, Barmos, Jurkemik, Vojacek, Radimec, Bicovsky, Berger, Kozak, Vizek (70. Licka), Kriz, Nehoda.

Am 18. November 1981 in Tbilisi:
UdSSR – WALES 3:0 (2:0)
UdSSR: Dassajew, Borowskij, Susloparow, Demjanenko, Baltatscha, Darassalija, Schengelija, Sulakwelidse, Gawrilow (71. Guzajew), Burjak, Blochin.
Wales: Davies, Ratcliffe, Jones (85. Stouvel), Nicholas, Phillips, Price, Curtis, Flynn, Rush, Mahoney (46. Thomas), L. James.

Am 29. November 1981 in Bratislava:
ČSSR – UdSSR 1:1 (1:1)
ČSSR: Hruska, Jakubec, Fiala, Vojacek, Barmos, Bicovsky, Kozak, Panenka, Kriz (59. Vizek), Masny, Nehoda.
UdSSR: Dassajew, Borowskij, Susloparow, Sulakwelidse, Demjanenko, Darassalija, Bal, Gawrilow, Burjak, Schengelija (74. Andrejew), Blochin.

1. UdSSR	8 6 2 0	20:2	14:2
2. ČSSR	8 4 2 2	15:6	10:6
3. Wales	8 4 2 2	12:7	10:6
4. Island	8 2 2 4	10:21	6:10
5. Türkei	8 0 0 8	1:22	0:16

Gruppe 4

Am 10. September 1980 in London:
ENGLAND – NORWEGEN 4:0 (1:0)
England: Shilton, Anderson, Thompson, Watson, Sansom, McDermott, Robson, Rix, Woodcock, Mariner, Gates.
Norwegen: T. Jacobsen, Aas, Berntsen, Kordahl, Gröndalen, Albertsen, Hareide, Dokken, Ökland, P. Jacobsen, Erlandsen (83. Ottesen).

Am 24. September 1980 in Oslo:
NORWEGEN – RUMÄNIEN 1:1 (1:1)
Norwegen: T. Jacobsen, Aas, Berntsen, Kordahl, Gröndalen, Hareide, Dokken, Ottesen, Ökland, P. Jacobsen, Thoresen.
Rumänien: Iordache, Stefanescu (75. Alexandru), Negrila, Sames, Munteanu, Ticleanu (69. Balaci), Beldeanu, Iordanescu, Crisan, Camataru, Raducanu.

Am 15. Oktober 1980 in Bukarest:
RUMÄNIEN – ENGLAND 2:1 (1:0)
Rumänien: Iordache, Stefanescu, Negrila, Sames, Munteanu, Ticleanu (70. Dumitru), Beldeanu, Iordanescu, Crisan, Camataru, Raducanu.
England: Clemence, Neal, Thompson, Watson, Sansom, McDermott, Robson, Gates (46. Coppell), Rix, Woodcock, Birtles (65. Cunningham).

Am 29. Oktober 1980 in Bern:
SCHWEIZ – NORWEGEN 1:2 (0:1)
Schweiz: Engel, Wehrli, Stohler, Lüdi, H. Hermann, Barberis, Zappa (46. Elsener), Botteron, Marti, Schönenberger, Tanner.
Norwegen: T. Jacobsen, Berntsen, Kordahl, Aas, Gröndalen, Albertsen, Hareide, Ottesen (64. Vinje), Dokken (51. Mathisen), P. Jacobsen, Thoresen.

Am 19. November 1980 in London:
ENGLAND – SCHWEIZ 2:1 (2:0)
England: Shilton, Neal, Watson, Robson, Sansom, Coppell, McDermott, Mills, Brooking (83. Hoddle), Mariner, Woodcock.
Schweiz: Burgener, Geiger, H. Hermann, Lüdi, Pfister, Botteron, Barberis, Tanner (46. Egli), Wehrli, Elsener, Schönenberger (37. Marti).

Am 28. April 1981 in Luzern:
SCHWEIZ – UNGARN 2:2 (1:1)
Schweiz: Burgener, Herb. Hermann, Egli, Zappa, Heinz Hermann, Wehrli, Botteron, Barberis, Scheiwiler (78. Zwicker), Elsener, Lüthi.
Ungarn: Meszaros, Martos, Balint, Garaba, Toth, Csapo (75. Szanto), Müller (81. Varga), Mucha, Fazekas, Töröcsik, Kiss.

Am 29. April 1981 in London:
ENGLAND – RUMÄNIEN 0:0
England: Shilton, Anderson, Watson, Osman, Sansom, Robson, Wilkins, Brooking (70. McDermott), Coppell, Francis, Woodcock.
Rumänien: Iordache, Negrila, Sames, Stefanescu, Munteanu, Beldeanu, Iordanescu, Stoica, Crisan, Camataru, Balaci.

Am 13. Mai 1981 in Budapest:
UNGARN – RUMÄNIEN 1:0 (1:0)
Ungarn: Katzirz, Balint, Martos, Garaba, J. Toth, Müller (78. Szanto), Nyilasi, J. Varga, Fazekas, Kiss (74. Bödöni), Töröcsik.
Rumänien: Iordache, Negrila, Tilihoi, Stefanescu, Munteanu, Beldeanu, Iordanescu (68. Raducanu), Stoica, Crisan, Camataru, Balaci.

Am 20. Mai 1981 in Oslo:
NORWEGEN – UNGARN 1:2 (0:0)
Norwegen: Abrahamsen, Aas, Berntsen (83. Mathisen), Kordahl, Pedersen, Hareide (82. Davidsen), Lund, Giske, P. Jacobsen, Ökland, Thoresen.
Ungarn: Katzirz, Kerekes, Martos, Garaba, Toth, Müller, Nyilasi, Varga, Fazekas, Töröcsik (62. Bödöni), Kiss.

Am 30. Mai 1981 in Basel:
SCHWEIZ – ENGLAND 2:1 (2:0)
Schweiz: Burgener, Zappa, Lüdi, Egli, Wehrli, Botteron, Scheiwiler, Herb. Hermann (88. Weber), Elsener (85. Maissen), Barberis, Sulser.
England: Clemence, Osman, Mills, Watson, Sansom, Coppell, Keegan, Wilkins, Robson, Mariner, Francis (46. McDermott).

Am 3. Juni 1981 in Bukarest:
RUMÄNIEN – NORWEGEN 1:0 (0:0)
Rumänien: Cristian, Negrila, Sames, Stefanescu, Munteanu, Ticleanu, Beldeanu, Balaci (62. Talnar), Crisan, Camataru (89. Sandu), Raducanu.
Norwegen: Amundsen, Kordahl, Aas, Pedersen, Gröndalen, Hansen, Berntsen, Giske (75. Brandhang), Dokken, Mathisen, Ökland (44. Davidsen).

Am 6. Juni 1981 in Budapest:
UNGARN – ENGLAND 1:3 (1:1)
Ungarn: Katzirz, Martos, Balint, Garaba, Varga, Müller (54. Komjati), Nyilasi, Mucha, Fazekas (61. Bödöni), Kiss, Töröcsik.
England: Clemence, Neal, Thompson, Watson, Mills, Robson, Coppell, Brooking (72. Wilkins), McDermott, Mariner, Keegan.

Am 17. Juni 1981 in Oslo:
NORWEGEN – SCHWEIZ 1:1 (0:0)
Norwegen: Amundsen, Aas, Pedersen, Kordahl, Gröndalen, Hareide (73. Mathisen), Giske, Hansen (83. Davidsen), P. Jacobsen, Ökland, Lund.
Schweiz: Burgener, Zappa, Lüdi, Egli, Herb. Hermann, Wehrli, Botteron, Scheiwiler, Elsener (61. Zwicker), Barberis (86. Maissen), Sulser.

Am 9. September 1981 in Oslo:
NORWEGEN – ENGLAND 2:1 (2:1)
Norwegen: Antonsen, Aas, Thoresen, Berntsen, Hareide, Gröndalen, Giske, Albertsen, Lund (75. Dokken), Ökland (86. Pedersen), Jacobsen.
England: Clemence, Neal, Osman, Thompson, Mills, McDermott, Robson, Hoddle (63. Barnes), Francis, Mariner (77. White), Keegan.

Am 23. September 1981 in Bukarest:
RUMÄNIEN – UNGARN 0:0
Rumänien: Cristian, Negrila, Stefanescu, Sames, Munteanu II, Stoica, Beldeanu (73. Ticleanu), Iordanescu, Crisan (64. Cimpeanu), Camataru, Balaci.
Ungarn: Meszaros, Martos, Balint, Garaba, Toth, Sallai, Nyilasi, Rab, Fazekas, Töröcsik (61. Csapo), Kiss (51. Müller).

Am 10. Oktober 1981 in Bukarest:
RUMÄNIEN – SCHWEIZ 1:2 (0:0)
Rumänien: Cristian, Stefanescu, Negrila, Sames, Munteanu II, Ticleanu (53. Augustin), Stoica, Iordanescu, Talnar, Georgescu, Balaci.
Schweiz: Burgener, Zappa, Lüdi, Egli, Herb. Hermann, Wehrli (64. Lüthi), Botteron, Barberis, Heinz Hermann, Elsener (64. Elia), Sulser.

Am 14. Oktober 1981 in Budapest:
UNGARN – SCHWEIZ 3:0 (1:0)
Ungarn: Meszaros, A. Kerekes, Szanto, Garaba, Toth, Müller, Nyilasi, Sallai, Fazekas, Töröcsik (65. G. Kerekes), Kiss.
Schweiz: Burgener, Zappa, Lüdi, Egli, Herb. Hermann, Wehrli, Heinz Hermann, Elsener (33. Elia), Sulser.

Am 31. Oktober 1981 in Budapest:
UNGARN – NORWEGEN 4:1 (1:1)
Ungarn: Meszaros, Balint, Martos, Garaba, Toth, Müller (68. Csapo), Nyilasi, Sallai, Fazekas, Töröcsik, Kiss.
Norwegen: Antonsen, Pedersen, Berntsen, Grönlund, Gröndalen, Davidsen, Jacobsen, Giske (70. Mathisen), Lund, P. Jacobsen, Reivik.

Am 11. November 1981 in Bern:
SCHWEIZ – RUMÄNIEN 0:0
Schweiz: Burgener (46. Engel), Zappa, Egli, Herb. Hermann (66. Elia), Wehrli, Botteron, Lüdi, Favre, Elsener, Barberis, Sulser.
Rumänien: Moraru, Stefanescu, Rednic, Iorgulescu, Stanes-

cu, Ticleanu (82. Andone), Balaci, Augustin, Klein, Gabor, Sandu (90. Bölöni).

Am 18. November 1981 in London:
ENGLAND – UNGARN 1:0 (1:0)
England: Shilton, Neal, Thompson, Martin, Mills, McDermott, Robson, Brooking, Coppell (68. Morley), Mariner, Keegan.
Ungarn: Meszaros, Bálint, Martos, Garaba, Toth, Csapo (78. Szanto), Müller, Sallai, Fazekas (46. Kerekes), Töröcsik, Kiss.

1. Ungarn	8 4 2 2	13:8	10:6
2. England	8 4 1 3	13:8	9:7
3. Rumänien	8 2 4 2	5:5	8:8
4. Schweiz	8 2 3 3	9:12	7:9
5. Norwegen	8 2 2 4	8:15	6:10

Gruppe 5

Am 10. September 1980 in Luxemburg:
LUXEMBURG – JUGOSLAWIEN 0:5 (0:0)
Luxemburg: Moes, Girres, Zuang, Dax (72. Bossi), Meunier, Wagner (83. Hochscheid), Dresch, Di Domenico, Weis, Langers, Reiter.
Jugoslawien: Pantelic, Zoran Vujovic (85. Gudelj), Klincarski, Buljan, Jovanovic, Slijvo, Petrovic, Sestic (85. Surjak), Zlatko Vujovic, Susic, Secerbegovic.

Am 27. September 1980 in Ljubljana:
JUGOSLAWIEN – DÄNEMARK 2:1 (2:1)
Jugoslawien: Pantelic, Zoran Vujovic, Hrstic, Buljan (Mustedanagic), Primorac, Jovanovic, Petrovic, Jerolimov, Zlatko Vujovic, Susic, Secerbegovic (Klincarski).
Dänemark: Qvist, Roentved, Rasmussen, Ziegler, Steffensen, Lerby, Bertelsen, Arnesen, Jensen (Nielsen), Eekjär, Bastrup.

Am 11. Oktober 1980 in Luxemburg:
LUXEMBURG – ITALIEN 0:2 (0:1)
Luxemburg: Moes, Dax, Bossi, Schreiner (38. Schreiner), Weis, Philipp (30. Wagner), Dresch, Di Domenico, Langers, Reiter.
Italien: Zoff, Gentile, Scirea, Collovati, Baresi, Tardelli (45. Sala), Oriali, Antognoni, Causio, Altobelli (67. Conti), Bettega.

Am 15. Oktober 1980 in Kopenhagen:
DÄNEMARK – GRIECHENLAND 0:1 (0:0)
Dänemark: Qvist, Rasmussen, Ziegler, Steffensen, Olsen, Bertelsen (59. Nielsen), Arnesen, Lerby, Jensen (76. Bastrup), Simonsen, Eekjär.
Griechenland: Sarganis, Kyrastas, Firos, Kapsis, Iosifidis, Livathinos, Kouis, Delikaris (72. Paraskos), Ardizoglou, Mavros, Kostikos (87. Mitropoulos).

Am 1. November 1980 in Rom:
ITALIEN – DÄNEMARK 2:0 (1:0)
Italien: Zoff, Gentile, Scirea, Collovati, Cabrini, B. Conti, Marini, Tardelli, Bettega, Altobelli, Graziani.
Dänemark: Kjär, Rasmussen, Roentved, Olsen, Lerby, Steffensen, Bertelsen, Jensen, Arnesen, Eekjär, Bastrup.

Am 15. November 1980 in Turin:
ITALIEN – JUGOSLAWIEN 2:0 (1:0)
Italien: Zoff, Gentile, Scirea, Collovati, Cabrini, Marini, Tardelli, Antognoni (79. Zaccarelli), B. Conti, Graziani, Bettega.
Jugoslawien: Pantelic, Krmpotic, Primorac, Zo. Vujovic, Salov, Slijvo, Jerolimov (88. M. Petrovic), Secebergovic, Zl. Vujovic, Sestic (63. Halilhodzic).

Am 19. November 1980 in Kopenhagen:
DÄNEMARK – LUXEMBURG 4:0 (2:0)
Dänemark: Kjär, Rasmussen, Roentved, Nielsen, Steffensen, Bertelsen, Lerby, Arnesen, Simonsen, Bastrup (82. Brylle), Eekjär.
Luxemburg: Moes, Dax, Philipp, Bossi, Meunier, Girres, Weis, Drescher, Di Domenico, Reiter (63. Bianchini), Langers

Am 6. Dezember 1980 in Athen:
GRIECHENLAND – ITALIEN 0:2 (0:1)
Griechenland: Sarganis, Kyrastas, Iosifidis, Firos, Kapsis, Livathinos (46. Galakos), Ardizoglou, Kouis, Kostikos (67. Karalambidis), Delikaris, Mavros.
Italien: Zoff, Scirea, Gentile, Collovati, Cabrini, Marini, Conti, Tardelli, Antognoni (86. Oriali), Graziani, Altobelli.

Am 28. Januar 1981 in Thessaloniki:
GRIECHENLAND – LUXEMBURG 2:0 (2:0)
Griechenland: Sarganis, Kyrastas, Iosifidis, Kapsis, Ravousis, Damanakis, Kouis, Kousoulakis (46. Delikaris), Anastopoulos (69. Karalambidis), Kostikos, Galakos.
Luxemburg: Moes, Dax (32. Bossi), Philipp, Rohmann, Wagner, Girres, Drescher, Langers, Reiter (52. Hochscheid), Zuang, Di Domenico.

Am 11. März 1981 in Luxemburg:
LUXEMBURG – GRIECHENLAND 0:2 (0:1)
Luxemburg: Moes, Dax, Philipp, Rohmann, Wagner (70. Meunier), Girres, Weis, Drescher, Di Domenico, Langers, Reiter.
Griechenland: Sarganis, Kyrastas, Kapsis, Firos, Iosifidis, Kouis, Kousoulakis (70. Anastopoulos), Galakos, Damanakis, Kostikos, Mavros.

Am 29. April 1981 in Split:
JUGOSLAWIEN – GRIECHENLAND 5:1 (3:0)
Jugoslawien: Pantelic, Krmpotic, Zajek, Stojkovic, Buljan, Vujovic, Sliskovic, Halilhodzic, Slijvo, Pasic.
Griechenland: Sarganis, Gounaris, Iosifidis, Firos, Kapsis, Livathinos (46. Koudas), Kousoulakis, Kouis, Kostikos, Gallis, Ardizoglou.

Am 1. Mai 1981 in Luxemburg:
LUXEMBURG – DÄNEMARK 1:2 (1:0)
Luxemburg: Moes, Meunier (88. A. Schreiner), Philipp, Dax, Wagner, Langers, Weis, Nuremberg, Girres, Di Domenico, Schreiner (87. Back).
Dänemark: Qvist, Rasmussen, Roentved, Dusk, Eigenbrod (60. Simonsen), Bertelsen, Lerby, Arnesen, Olsen, Eriksen, Larsen.

Am 3. Juni 1981 in Kopenhagen:
DÄNEMARK – ITALIEN 3:1 (0:0)
Dänemark: Qvist, Roentved, O. Rasmussen, Dusk, Lerby, Olsen (75. Eigenbrod), Bertelsen, Arnesen, Simonsen, Bastrup, Eekjär.
Italien: Zoff, Scirea, Gentile, Collovati, Cabrini, Marini (67. Dossena), Tardelli, Antognoni, Conti, Graziani, Bettega (67. Ancelotti).

Am 9. September 1981 in Kopenhagen:
DÄNEMARK – JUGOSLAWIEN 1:2 (0:0)
Dänemark: Qvist, Roentved, Rasmussen, Ziegler, Madsen, Lerby, Bertelsen, Arnesen, Simonsen, Bastrup, Eekjär.
Jugoslawien: Pantelic, Krmpotic, Zajek, Stojkovic, Hrstic, Gudelj, Petrovic, Slijvo, Surjak, Vujovic, Halilhodzic.

Am 14. Oktober 1981 in Thessaloniki:
GRIECHENLAND – DÄNEMARK 2:3 (0:2)
Griechenland: Konstantinou, Gounaris (46. Karoulias), Iosifidis, Firos, Papazoglou, Livathinos, Kouis, Koudas, Delikaris (25. Kostikos), Anastopoulos, Mitropoulos.
Dänemark: Qvist, Roentved, Rasmussen, Nielsen, Lerby, Bertelsen, Olsen, Arnesen (82. Ziegler), Simonsen, Bastrup, Eekjär.

Am 17. Oktober 1981 in Belgrad:
JUGOSLAWIEN – ITALIEN 1:1 (1:1)
Jugoslawien: Pantelic, Buljan, Stojkovic, Zajek, Gudelj, Surjak, Zl. Vujovic (82. Zo. Vujovic), Petrovic, Slijvo, Halilhodzic, Pasic.
Italien: Zoff, Scirea, Gentile, Cabrini, Collovati, Dossena, Conti, Tardelli, Antognoni (62. Oriali), Altobelli, Bettega.

Am 14. November 1981 in Turin:
ITALIEN – GRIECHENLAND 1:1 (0:0)
Italien: Zoff, Scirea, Gentile, Collovati, Cabrini, Conti (85. Pruzzo), Dossena, Marini, Antognoni (66. Oriali), Graziani, Selvaggi.
Griechenland: Pantelis, Firos, Karoulias, Iosifidis, Kapsis, Damanakis, Ardizoglou (46. Zindros), Kouis, Mitropoulos (69. Kostikos), Vanvakoulias, Anastopoulos.

Am 21. November 1981 in Novi Sad:
JUGOSLAWIEN – LUXEMBURG 5:0 (2:0)
Jugoslawien: Pantelic, Krmpotic, Stojkovic, Zajek, Buljan, Gudelj, Vujovic, Petrovic, Halilhodzic (53. Jerolimov), Susic, Surjak (70. Pasic).

Luxemburg: Moes, Dax (Schreiner), Bossi, Rohmann, Clemens, Girres, Weis, Drescher, Di Domenico (Wagner), Langers, Reiter.

Am 29. November 1981 in Athen
GRIECHENLAND – JUGOSLAWIEN 1:2 (1:2)
Griechenland: Pantelis (46. Dafkos), Karoulias, Ravousis, Kapsis, Iosifidis (46. Kostikos), Vanvakoulias, Livathinos, Kouis, Anastopoulos, Mitropoulos, Mavros.
Jugoslawien: Pantelic, Buljan, Zo. Vujovic (84. Hrstic), Stojkovic, Zajek, Gudelj, Zl. Vujovic (77. Pasic), Petrovic, Jerkovic, Surjak, Susic.

Am 5. Dezember 1981 in Neapel:
ITALIEN – LUXEMBURG 1:0 (1:0)
Italien: Zoff, Scirea, Gentile, Collovati, Cabrini, Oriali, Tardelli, Dossena, Marocchino, Pruzzo, Graziani.
Luxemburg: Moes, Meunier, Bossi, Rohmann, Clemens, Weis, Wagner (88. Schreiner), Drescher, Reiter (73. Girres), Langers, Di Domenico.

1. Jugoslawien	8 6 1 1	22:7	13:3
2. Italien	8 5 2 1	12:5	12:4
3. Dänemark	8 4 0 4	14:11	8:8
4. Griechenland	8 3 1 4	10:13	7:9
5. Luxemburg	8 0 0 8	1:23	0:16

Gruppe 6

Am 26. März 1980 in Tel Aviv:
ISRAEL – NORDIRLAND 0:0
Israel: Haviv, Machness, A. Cohen, Bar, I. Cohen, A. Cohen, Spiegel, Gariani, Türk, Vicky Peretz, Damti.
Nordirland: Jennings, J. Nicholl, Nelson, J. O'Neill, C. Nicholl, M. O'Neill, Cassidy, McIllroy, Armstrong, Cochrane, Finney.

Am 18. Juni 1980 in Solna:
SCHWEDEN – ISRAEL 1:1 (1:0)
Schweden: Möller, Gustafsson, Borg, Arvidsson, Erlandsson, Holmgren, Ramberg (65. Nilsson), Sjöberg, Nordgren, Bakke, Edström.
Israel: Mizrahi, Machness, Bar, Shum, I. Cohen, Türk (32. Ekhois), Spiegel (89. Fogel), A. Cohen, Gariani, Peretz, Damti.

Am 10. September 1980 in Solna:
SCHWEDEN – SCHOTTLAND 0:1 (0:0)
Schweden: Hellström, Bild, Gustafsson, Borg, Arvidsson, Ramberg, Nordgren, Erlandsson (80. P. Nilsson), T. Nilsson, Sjöberg, Ohlsson.
Schottland: Rough, Thistle, McGrain, Miller, McLeish, F. Gray, Hansen, Strachan, Gemmill, Robertson, Dalglish (80. Archibald), A. Gray.

Am 15. Oktober 1980 in Belfast:
NORDIRLAND – SCHWEDEN 3:0 (3:0)
Nordirland: Platt, J. Nicholl, Donachie, McClelland, C. Nicholl, Cassidy, O'Neill, Hamilton (Cochrane), Armstrong, McIllroy, Brotherston.
Schweden: Möller, Borg, Arvidsson, Börjesson, Holmgren, Larsson, Ramberg (46. Erlandsson), P. Nilsson, T. Nilsson, Edström, Ohlsson (68. Sjöberg).

Am 15. Oktober 1980 in Glasgow:
SCHOTTLAND – PORTUGAL 0:0
Schottland: Rough, McGrain, F. Gray, Souness, Hansen, Miller, Gemmill, Strachan, Dalglish, A. Gray, Robertson.
Portugal: Bento, Gabriel, Pietra, Simoes, Laranjeira, Fernandez, Enrico, Costa, Chalana (59. Sheu), Dos Santos, Jordão (63. Nene).

Am 12. November 1980 in Tel Aviv:
ISRAEL – SCHWEDEN 0:0
Israel: Mizrahi, A. Cohen, Shum, Bar, I. Cohen, Ekhois, Türk, Gariani, Damti, Spiegel, Peretz.
Schweden: Wernersson, Frederiksson, Arvidsson, Börjesson, Erlandsson, Larsson, Pryntz, Holmgren, Nilsson, Edström, Ohlsson.

Am 19. November 1980 in Lissabon:
PORTUGAL – NORDIRLAND 1:0 (0:0)
Portugal: Bento, Gabriel, Pietra, Laranjeira, Simoes, Sheu, Carlos Manuel, Alves (84. Texeira), Costa, Chalana, Jordão.
Nordirland: Platt, J. Nicholl, Donachie, J. O'Neill, C. Nicholl, McCreery, M. O'Neill, McIllroy, Armstrong, Brotherston, Cochrane.

Am 17. Dezember 1980 in Lissabon:
PORTUGAL – ISRAEL 3:0 (2:0)
Portugal: Bento, Gabriel, Humberto, Laranjeira (54. Simoes), Pietra, Carlos Manuel (85. Manuel Fernandes), Alves, Sheu, Chalana, Nene, Jordão.
Israel: Mizrahi, Kirat, Bar, Shum, Y. Cohen, Einstein, Ekhois, Türk, Gariani (72. Shwartz), Damti, Peretz (72. Nissim).

Am 25. Februar 1981 in Tel Aviv
ISRAEL – SCHOTTLAND 0:1 (0:0)
Israel: Mizrahi, Machness, A. Cohen, Bar, I. Cohen, Ekhois, Shum, Sinai, N. Cohen, Damti, Tabak.
Schottland: Rough, McGrain, F. Gray, Souness, McLeish, Bums, Wark (46. Miller), Dalglish, Archibald, Gemmill, Robertson.

Am 25. März 1981 in Glasgow:
SCHOTTLAND – NORDIRLAND 1:1 (0:0)
Schottland: Rough (80. Thompson), McGrain, F. Gray, Burns (77. Hartford), Miller, McLeish, Wark, Gemmill, Archibald, Robertson, A. Gray.
Nordirland: Jennings, J. Nicholl, C. Nicholl, O'Neill, Nelson, McCreery, McIllroy, McClelland, Cochrane, Armstrong, Hamilton (78. Spence).

Am 28. April 1981 in Glasgow:
SCHOTTLAND – ISRAEL 3:1 (2:0)
Schottland: Rough, McGrain, McLeish, Hansen, F. Gray, Souness, Provan, Hartford, Archibald, Jordan, Robertson.
Israel: Mizrahi, Machness, I. Cohen, Ekhois, A. Cohen, Bar, Shum, Paitouni, Sinai, Damti, Tabak.

Am 29. April 1981 in Belfast:
NORDIRLAND – PORTUGAL 1:0 (0:0)
Nordirland: Jennings, J. Nicholl, Nelson, C. Nicholl, J. O'Neill, M. O'Neill, McCreery, Cochrane, Armstrong, Hamilton.
Portugal: Bento, Gabriel, Humberto, Simoes, Pietra, Carlos Manuel, Sheu, Alves, Costa, Oliveira, Jordão.

Am 3. Juni 1981 in Solna:
SCHWEDEN – NORDIRLAND 1:0 (0:0)
Schweden: T. Ravelli, Frederiksson, Hysen, Börjesson, Erlandsson, Persson, Borg, P. Nilsson, Th. Nilsson (69. Torbjörn Nilsson), Sjöberg, Svensson.
Nordirland: Jennings, J. Nicholl (62. McClelland), C. Nicholl, J. O'Neill, Nelson, M. O'Neill, McCreery, McIllroy, Armstrong, Hamilton (70. Spence).

Am 24. Juni 1981 in Solna:
SCHWEDEN – PORTUGAL 3:0 (1:0)
Schweden: T. Ravelli, Frederiksson, Erlandsson, Börjesson, Hysen, P. Nilsson, Björklund, A. Ravelli (81. Hallen), Sjöberg, Persson, T. Nilsson), Svensson.
Portugal: Bento, Simoes, Gabriel, Pietra, Eurico, Sheu, Manuel, Costa, Alves (17. Sousa), Nene, Fernandez (58. Chalana).

Am 9. September 1981 in Glasgow:
SCHOTTLAND – SCHWEDEN 2:0 (1:0)
Schottland: Rough, McGrain, Gray, Wark, McLeish, Hansen, Provan, Dalglish (70. A. Gray), Jordan, Hartford, Robertson.
Schweden: T. Ravelli, Erlandsson, Börjesson, Hysen, Frederiksson, Borg, Nilsson, Björklund, Larsson, Sjöberg, Svensson.

Am 14. Oktober 1981 in Belfast:
NORDIRLAND – SCHOTTLAND 0:0
Nordirland: Jennings, J. Nicholl, C. Nicholl, J. O'Neill, Donachie, McCreery, McIllroy, M. O'Neill, Brotherston, Armstrong, Hamilton.
Schottland: Rough, Stewart, Miller, Hansen, Gray, Souness, Strachan, Dalglish, Archibald, Hartford, Robertson.

Am 14. Oktober 1981 in Lissabon:
PORTUGAL – SCHWEDEN 1:2 (0:1)
Portugal: Bento (46. Amaral), Humberto, Gabriel, Eurico,

STATISTIK ZUR WELTMEISTERSCHAFT 1982

Pietra, Sheu, Carlos Manuel, Romeu, Chalana (16. Costa), Nene, Jordão.
Schweden: T. Ravelli, E. Börjesson, Hallen, Hysen, Erlandsson, Borg, A. Ravelli, Holmgren, S. Börjesson (75. Perssson), Larsson, Björklund.

Am 28. Oktober 1981 in Tel Aviv:
ISRAEL – PORTUGAL 4:1 (4:1)
Israel: Mizrahi (30. Haviv), Machness, A. Cohen, Bar, I. Cohen, Ekhois, Shum, McMillian, Gariani, Tabak, Damti.
Portugal: Amaral, Gabriel, Eurico, Humberto, Texeira, Rodolfo, Sousa, Fernandez, Freire, Romeu, Jordão.

Am 18. November 1981 in Belfast:
NORDIRLAND – ISRAEL 1:0 (1:0)
Nordirland: Jennings, J. Nicholl, C. Nicholl, J. O'Neill, Donachie, McCreery, Cassidy, McIllroy, Brotherston, Armstrong, Hamilton.
Israel: Mizrahi, Machness, I. Cohen, Bar, A. Cohen, Shum, Ekhois, McMillian, Lamm (Sinai), Damti, Tabak.

Am 18. November 1981 in Lissabon:
PORTUGAL – SCHOTTLAND 2:1 (1:1)
Portugal: Bento, Freire (50. Veloso), Simoes, Eurico, Texeira, Oliveira, Dito, Romeu, Magalhaes (46. Diamantino), Fernandez, Costa.
Schottland: Thompson, Stewart, Hansen, Miller, Gray (42. Kennedy), Provan, Souness, Strachan, Hartford, Sturrock, Archibald (65. Dalglish).

1. Schottland	8 4 3 1	9:4	11:5
2. Nordirland	8 3 3 2	6:3	9:7
3. Schweden	8 3 2 3	7:8	8:8
4. Portugal	8 3 1 4	8:11	7:9
5. Israel	8 1 3 4	6:10	5:11

Gruppe 7

Am 7. Dezember 1980 in La Valletta:
MALTA – POLEN 0:2 (0:0), abgebrochen
Malta: Bonello, Ed. Farrugia, Holland, Buttigieg, Em. Farrugia, Fabri, Fenech, Curmi (70. De Giorgio), J. Xuereb, Conzi (78. Zeref), G. Xuereb.
Polen: Mowlik, Milewski, Janas, Skrobowski, Rudy, Lipka, Dziuba, Ciolek, Palasz, Iwan, Smolarek.

Am 4. April 1981 in La Valletta:
MALTA – DDR 1:2 (1:2)
Malta: Bonello, Ed. Farrugia, Mizzi (46. R. Xuereb), Holland, Buttigieg, Fabri, J. Xuereb, Em. Farrugia, G. Xuereb, De Giorgio, Spiteri-Gonzi.
DDR: Grapenthin, Noack, Dörner, Schnuphase, Ullrich (46. Strozniak), Häfner, Liebers, Netz, Steinbach, Streich, Hoffmann.

Am 2. Mai 1981 in Warschau:
POLEN – DDR 1:0 (0:0)
Polen: Tomaszewski, Dziuba, Janas, Zmuda, Jalocha, Lato, Kupcewicz, Buncol, Iwan (80. Skrobowski), Szarmach, Smolarek.
DDR: Grapenthin, Strozniak, Dörner, Schmuck, Kurbjuweit, Häfner, Schnuphase, Steinbach, Riediger, Streich (71. Liebers), Hoffmann (64. Bielau).

Am 10. Oktober 1981 in Leipzig:
DDR – POLEN 2:3 (0:2)
DDR: Grapenthin, Baum, Dörner, Weise, Schnuphase, Kurbjuweit, Pommerenke (46. Steinbach), Liebers, Riediger, Streich, Trocha.
Polen: Mlynarczyk, Dziuba (64. Wojcicki), Zmuda, Janas, Jalocha, Lato, Matysik, Majewski, Boniek, Smolarek, Szarmach (8. Iwan).

Am 11. November 1981 in Jena:
DDR – MALTA 5:1 (2:1)
DDR: Rudwaleit, Schnuphase, Ullrich, Troppa, Baum, Liebers, Krause, Steinbach (79. Ernst), Bielau (59. Heun), Streich, Trocha.
Malta: Bonello, Consiglio (49. M. Farrugia), Ed. Farrugia, Holland, Buttigieg, Fabri, Em. Farrugia, J. Xuereb, Spiteri-Gonzi, R. Xuereb, Fenech (83. De Giorgio).

Am 15. November 1981 in Wroclaw:
POLEN – MALTA 6:0 (1:0)
Polen: Mowlik, Zmuda, Majewski, Dolny, Jalocha, Matysik, Boniek, Buncol, Okonski, Iwan, Smolarek.
Malta: Sciberras, Em. Farrugia, Holland, Buttigieg, Ed. Farrugia, Fabri, R. Xuereb, M. Farrugia, Fenech, J. Xuereb, Spiteri-Gonzi.

1. Polen	4 4 0 0	12:2	8:0
2. DDR	4 2 0 2	9:6	4:4
3. Malta	4 0 0 4	2:15	0:8

In Gruppe 7 nur ein Teilnehmer qualifiziert. 14. Europa-Team: Gastgeber Spanien.

SÜDAMERIKA

GRUPPE 1
8. 2. 81	Venezuela – Brasilien	0:1 (0:0)
15. 2. 81	Bolivien – Venezuela	3:0 (1:0)
22. 2. 81	Bolivien – Brasilien	1:2 (1:0)
15. 3. 81	Venezuela – Bolivien	1:0 (1:0)
22. 3. 81	Brasilien – Bolivien	3:1 (1:0)
29. 3. 81	Brasilien – Venezuela	5:0 (1:0)

Qualifiziert: BRASILIEN

GRUPPE 2
26. 7. 81	Kolumbien – Peru	1:1 (0:0)
9. 8. 81	Uruguay – Kolumbien	3:2 (1:1)
16. 8. 81	Peru – Kolumbien	2:0 (1:0)
23. 8. 81	Uruguay – Peru	1:2 (0:2)
6. 9. 81	Peru – Uruguay	0:0
13. 9. 81	Kolumbien – Uruguay	1:1 (1:1)

Qualifiziert: PERU

GRUPPE 3
17. 5. 81	Ecuador – Paraguay	1:0 (0:0)
24. 5. 81	Ecuador – Chile	0:0
31. 5. 81	Paraguay – Ecuador	3:1 (0:0)
7. 6. 81	Paraguay – Chile	0:1 (0:0)
14. 6. 81	Chile – Ecuador	2:0 (1:0)
21. 6. 81	Chile – Paraguay	3:0 (3:0)

Qualifiziert: CHILE

CONCACAF-LÄNDER

NÖRDLICHE ZONE
18.10. 80	Kanada – Mexiko	1:1 (1:0)
25.10. 80	USA – Kanada	0:0
1.11. 80	Kanada – USA	2:1 (2:0)
9.11. 80	Mexiko – USA	5:1 (4:0)
16.11. 80	Mexiko – Kanada	1:1 (0:0)
23.11. 80	USA – Mexiko	2:1 (1:1)

ZENTRALZONE
2. 7. 80	Panama – Guatemala	0:2 (0:1)
30. 7. 80	Panama – Honduras	0:2 (0:1)
10. 8. 80	Panama – Costa Rica	1:1 (1:0)
24. 8. 80	Panama – El Salvador	1:3 (0:1)
1.10. 80	Costa Rica – Honduras	2:3 (0:2)
5.10. 80	El Salvador – Panama	4:1 (1:0)
12.10. 80	Guatemala – Costa Rica	0:0
26.10. 80	Honduras – Guatemala	0:0
26.10. 80	El Salvador – Costa Rica	
	(Spiel fiel aus, Strafentscheid):	2:0
5.11. 80	Costa Rica – Panama	2:0 (1:0)
9.11. 80	Guatemala – El Salvador	0:0
16.11. 80	Guatemala – Panama	5:0 (2:0)
16.11. 80	Honduras – Costa Rica	1:1 (0:1)
23.11. 80	El Salvador – Honduras	2:1 (1:0)
26.11. 80	Costa Rica – Guatemala	0:3 (0:1)
30.11. 80	Honduras – El Salvador	2:0 (1:0)
7.12. 80	Guatemala – Honduras	0:1 (0:0)
10.12. 80	Costa Rica – El Salvador	0:0
14.12. 80	Honduras – Panama	5:0 (3:0)
21.12. 80	El Salvador – Guatemala	1:0 (0:0)

KARIBISCHE ZONE
EXTRARUNDE
| 30. 3. 80 | Guyana – Grenada | 5:2 (2:2) |
| 13. 4. 80 | Grenada – Guyana | 2:3 (0:2) |

GRUPPE A
17. 8. 80	Kuba – Surinam	3:0 (0:0)
7. 9. 80	Surinam – Kuba	0:0
28. 9. 80	Kuba – Surinam	0:1 (0:1)
12.10. 80	Surinam – Guyana	4:0 (2:0)
9.11. 80	Kuba – Guyana	1:0 (1:0)
30.11. 80	Guyana – Kuba	0:3 (0:3)

GRUPPE B
1. 8. 80	Haiti – Trinidad Tobago	2:0 (0:0)
17. 8. 80	Trinidad Tobago – Haiti	1:0 (0:0)
12. 9. 80	Haiti – Niederl. Antillen	1:0 (0:0)
9.11. 80	Trinidad Tob. – Niederl. Ant.	0:0
29.11. 80	Nied. Ant. – Trinidad Tob.	0:0
12.12. 80	Niederl. Antillen – Haiti	1:1 (0:1)

FINALRUNDE
1.11. 81	Mexiko – Kuba	4:0 (2:0)
2.11. 81	Kanada – El Salvador	1:0 (0:0)
3.11. 81	Honduras – Haiti	4:0 (2:0)
6.11. 81	Haiti – Kanada	1:1 (1:0)
6.11. 81	Mexiko – El Salvador	0:1 (0:0)
8.11. 81	Honduras – Kuba	2:0 (1:0)
11.11. 81	El Salvador – Kuba	0:0
11.11. 81	Mexiko – Haiti	1:1 (0:0)
12.11. 81	Honduras – Kanada	2:1 (2:1)
15.11. 81	Haiti – Kuba	0:2 (0:0)
15.11. 81	Mexiko – Kanada	1:1 (1:0)
16.11. 81	Honduras – El Salvador	0:0
19.11. 81	Haiti – El Salvador	0:1 (0:1)
21.11. 81	Kuba – Kanada	2:2 (1:0)
22.11. 81	Honduras – Mexiko	0:0

Qualifiziert: EL SALVADOR
HONDURAS

AFRIKA

(Freilose: Liberia, Sudan, Togo, Simbabwe, Zentralafrika ausgeschl. wegen Terminversäumnis Teilnehmergebühr)

1. RUNDE
8. 5. 80	Libyen – Gambia	2:1 (1:0)
6. 7. 80	Gambia – Libyen	0:0
18. 5. 80	Äthiopien – Sambia	0:0
1. 6. 80	Sambia – Äthiopien	4:0 (2:0)
31. 5. 80	Sierra Leone – Algerien	2:2 (0:0)
13. 6. 80	Algerien – Sierra Leone	3:1 (1:0)
	Ghana * – Ägypten (*Rücktritt)	
	Ägypten ** – Ghana (**qual. f. 2. Rd.)	
22. 6. 80	Senegal – Marokko	0:1 (0:1)
6. 7. 80	Marokko – Senegal	0:0
13. 7. 80	Zaire – Mozambique	5:2 (1:1)
27. 7. 80	Mozambique – Zaire	1:2 (0:2)
29. 6. 80	Kamerun – Malawi	3:0 (1:0)
20. 7. 80	Malawi – Kamerun	1:1 (0:0)
22. 6. 80	Guinea – Lesotho	3:1 (1:1)
6. 7. 80	Lesotho – Guinea	1:1 (0:1)
29. 6. 80	Tunesien – Nigeria	2:0 (1:0)
12. 7. 80	Nigeria – Tunesien	2:0 (1:0)
	(qualif. d. Elfm.-Entsch.)	4:3 (o.V.)
16. 7. 80	Niger – Somalia	0:0
27. 7. 80	Somalia – Niger*	1:1 (0:1)
	(*qualif. d. Auswärtstor)	
5. 7. 80	Kenya – Tansania	3:1 (1:1)
19. 7. 80	Tansania – Kenya	5:0 (1:0)
	Uganda* – Madagaskar (*Rücktritt)	
	Madagaskar** – Uganda (**qual. f. 2. Rd.)	

2. RUNDE
	Libyen* – Ägypten (*Rücktritt)	
	Ägypten** – Libyen (**qual. f. 3. Rd.)	
12.10. 80	Kamerun – Simbabwe	2:0 (0:0)
16.11. 80	Simbabwe – Kamerun	1:0 (1:0)
16.11. 80	Madagaskar – Zaire	1:1 (1:0)
21.12. 80	Zaire – Madagaskar	3:2 (2:2)
16.11. 80	Marokko – Sambia	2:0 (2:0)
30.11. 80	Sambia – Marokko	2:0 (0:0)
	(Elfm.-Entscheidung:)	4:5 (o.V.)
6.12. 80	Nigeria – Tansania	1:1 (1:0)
20.12. 80	Tansania – Nigeria	0:2 (0:1)
7.12. 80	Liberia – Guinea	0:0
21.12. 80	Guinea – Liberia	1:0 (1:0)
12.12. 80	Algerien – Sudan	2:0 (2:0)
28.12. 80	Sudan – Algerien	1:1 (0:0)
14.12. 80	Niger – Togo	0:1 (0:0)
28.12. 80	Togo – Niger	1:2 (0:0)

3. RUNDE
1. 5. 81	Algerien – Niger	4:0 (1:0)
31. 5. 81	Niger – Algerien	1:0 (0:0)
12. 4. 81	Guinea – Nigeria	1:1 (0:1)
25. 4. 81	Nigeria – Guinea	1:0 (0:0)
26. 4. 81	Marokko – Ägypten	1:0 (1:0)
8. 5. 81	Ägypten – Marokko	0:0
12. 4. 81	Zaire – Kamerun	1:0 (1:0)
26. 4. 81	Kamerun – Zaire	6:1 (3:0)

FINALRUNDE
10.10. 81	Nigeria – Algerien	0:2 (0:2)
30.10. 81	Algerien – Nigeria	2:1 (1:1)
15.11. 81	Marokko – Kamerun	0:2 (0:2)
29.11. 81	Kamerun – Marokko	2:1 (1:1)

Qualifiziert: ALGERIEN
KAMERUN

ASIEN – OZEANIEN

(Israel wurde auf Antrag der Europa-Gruppe 7 zugewiesen, der Iran trat zurück.)

GRUPPE 1
25. 4. 81	Neuseeland – Australien	3:3 (2:3)
3. 5. 81	Fidschi – Neuseeland	0:4 (0:3)
7. 5. 81	Taiwan – Neuseeland	0:0
11. 5. 81	Indonesien – Neuseeland	0:2 (0:0)
16. 5. 81	Australien – Neuseeland	0:2 (0:1)
20. 5. 81	Australien – Indonesien	2:0 (2:0)
23. 5. 81	Neuseeland – Indonesien	5:0 (2:0)
30. 5. 81	Neuseeland – Taiwan	2:0 (1:0)
31. 5. 81	Fidschi – Indonesien	0:0
6. 6. 81	Fidschi – Taiwan	2:1 (1:0)
10. 6. 81	Australien – Taiwan	3:2 (1:0)
15. 6. 81	Indonesien – Taiwan	1:0 (0:0)
28. 6. 81	Taiwan – Indonesien	2:0 (0:0)
26. 7. 81	Fidschi – Australien	1:4 (0:4)
4. 8. 81	Taiwan – Fidschi	0:0
10. 8. 81	Indonesien – Fidschi	3:3 (3:1)
14. 8. 81	Australien – Fidschi	10:0 (3:0)
16. 8. 81	Neuseeland – Fidschi	13:0 (7:0)
30. 8. 81	Indonesien – Australien	1:0 (0:0)
6. 9. 81	Taiwan – Australien	0:0

GRUPPE 2
18. 3. 81	Katar – Irak	0:1 (0:0)
19. 3. 81	Syrien – Bahrain	0:1 (0:0)
21. 3. 81	Irak – Saudi-Arabien	0:1 (0:0)
22. 3. 81	Katar – Bahrain	3:0 (2:0)
24. 3. 81	Syrien – Saudi-Arabien	0:2 (0:1)
25. 3. 81	Irak – Bahrain	2:0 (1:0)
27. 3. 81	Katar – Syrien	2:1 (1:1)
28. 3. 81	Bahrain – Saudi-Arabien	0:1 (0:0)
30. 3. 81	Irak – Syrien	2:1 (1:0)
31. 3. 81	Katar – Saudi-Arabien	0:1 (0:0)

GRUPPE 3
21. 4. 81	Malaysia – Rep. Korea	1:2 (1:1)
22. 4. 81	Kuwait – Thailand	6:0 (4:0)
24. 4. 81	Rep. Korea – Thailand	5:1 (2:1)
25. 4. 81	Kuwait – Malaysia	4:0 (2:0)
27. 4. 81	Malaysia – Thailand	2:2 (0:0)
29. 4. 81	Kuwait – Rep. Korea	2:0 (0:0)

GRUPPE 4
21.12. 80	Hongkong – VR China	0:1 (0:0)
22.12. 80	VR Korea – Makao	3:0 (2:0)
22.12. 80	Singapur – Japan	0:1 (0:1)

STATISTIK ZUR WELTMEISTERSCHAFT 1982

GRUPPENSPIELE A
24.12. 80	VR China – Makao	3:0	(2:0)
26.12. 80	VR China – Japan	1:0	(1:0)
28.12. 80	Japan – Makao	3:0	(0:0)

GRUPPENSPIELE B
24.12. 80	Hongkong – Singapur	1:1	(0:0)
26.12. 80	Singapur – VR Korea	0:1	(0:1)
28.12. 80	Hongkong – VR Korea	2:2	(1:2)

SEMIFINALSPIELE
30.12. 80	VR Korea – Japan	1:0	(0:0)
31.12. 80	VR China – Hongkong	0:0*	
	(*Elfm.-Entscheidung)	5:4	

FINALE
4. 1. 81	VR Korea – VR China	2:2	(1:1i
	nach Verl.	2:4	

FINAL-RUNDE
24. 9. 81	VR China – Neuseeland	0:0	
3.10. 81	Neuseeland – VR China	1:0	(1:0)
10.10. 81	Neuseeland – Kuwait	1:2	(1:0)
18.10. 81	VR China – Kuwait	3:0	(2:0)
4.11. 81	Saudi-Arabien – Kuwait	0:1	(0:0)
12.11. 81	Saudi-Arabien – VR China	2:4	(2:0)
19.11. 81	VR China – Saudi-Arabien	2:0	(2:0)
28.11. 81	Neuseeland – Saudi-Arabien	2:2	(2:1)
30.11. 81	Kuwait – VR China	1:0	(1:0)
7.12. 81	Kuwait – Saudi-Arabien	2:0	(1:0)
14.12. 81	Kuwait – Neuseeland	2:2	(1:0)
19.12. 81	Saudi-Arabien – Neuseeland	0:5	(0:5)
	Sieger Kuwait		

ENTSCHEIDUNGSSPIEL UM DEN 2. PLATZ
10. 1.82	VR China – Neuseeland	1:2	(0:1)

Qualifiziert: KUWAIT
NEUSEELAND

Endrunde in Spanien

Erste Finalrunde

Gruppe 1

Am 14. Juni in Vigo:
ITALIEN – POLEN 0:0
Italien: Zoff, Cabrini, Collovati, Gentile, Scirea, Antognoni, Marini, Tardelli, Conti, Graziani, Rossi.
Polen: Mlynarczyk, Janas, Jalocha, Matysik, Zmuda, Majewski, Smolarek, Buncol, Lato, Iwan (71. Kusto), Boniek.
Schiedsrichter: Vautrot (Frankreich).

Am 15. Juni in La Coruña:
PERU – KAMERUN 0:0
Peru: Quiroga, Diaz, Duarte, Salguero, Leguia (56. Barbadillo), Velazquez, Cueto, Uribe, Cubillas (58. La Rosa), Oblitas, Olaechea.
Kamerun: Nkono, Kaham, Ndjeya, Onana, Kunde, Mbom, Mbida, Milla, Abega, Aoudou, Nguea (74. Bahoken).
Schiedsrichter: Wöhrer (Österreich).

Am 18. Juni in Vigo:
ITALIEN – PERU 1:1 (1:0)
Italien: Zoff, Cabrini, Collovati, Gentile, Scirea, Antognoni, Marini, Conti, Graziani, Rossi (46. Causio), Tardelli.
Peru: Quiroga, Duarte, Diaz, Barbadillo (52. Leguia), Salguero, Olaechea, Cubillas, Cueto, Velazquez (64. La Rosa), Oblitas, Uribe.
Schiedsrichter: Eschweiler (Deutschland).
Tore: 1:0 Conti (18.), 1:1 Diaz (84.).

Am 19. Juni in La Coruña:
POLEN – KAMERUN 0:0
Polen: Mlynarczyk, Majewski, Janas, Zmuda, Jalocha, Lato, Buncol, Boniek, Iwan (25. Szarmach), Palasz, Smolarek.
Kamerun: Nkono, Kaham, Onana, Ndjeya, Mbom, Aoudou, Abega, Kunde, Mbida, Milla, Nguea.
Schiedsrichter Ponnet (Belgien).

Am 22. Juni in La Coruña:
PERU – POLEN 1:5 (0:0)
Peru: Quiroga, Duarte, Diaz, Salguero, Olaechea, Cubillas (51. Barbadillo), Velazquez, Cueto, Leguia, La Rosa, Oblitas (51. Uribe).
Polen: Mlynarczyk, Majewski, Janas, Zmuda, Jalocha (26. Dziuba), Buncol, Boniek, Matysik, Kupcewicz, Lato, Smolarek (75. Ciolek).
Schiedsrichter: Rubio (Mexiko).
Tore: 0:1 Smolarek (56.), 0:2 Lato (59.), 0:3 Boniek (62.), 0:4 Buncol (69.), 0:5 Ciolek (77.), 1:5 La Rosa (84.).

Am 23. Juni in Vigo:
ITALIEN – KAMERUN 1:1 (0:0)
Italien: Zoff, Cabrini, Collovati, Gentile, Scirea, Antognoni, Conti, Graziani, Rossi, Tardelli, Oriali.
Kamerun: Nkono, Kaham, Onana, Ndjeya, Mbom, Aoudou, Abega, Kunde, Mbida, Milla, Tokoto.
Schiedsrichter: Dotschew (Bulgarien).
Tore: 1:0 Graziani (61.), 1:1 Mbida (62.).

Abschlußtabelle Gruppe 1	POL	ITA	CMR	PER	Tore	Punkte	Rang
Polen	X	0:0	0:0	5:1	5:1	4:2	1
Italien	0:0	X	1:1	1:1	2:2	3:3	2
Kamerun	0:0	1:1	X	0:0	1:1	3:3	3
Peru	1:5	1:1	0:0	X	2:6	2:4	4

Gruppe 2

Am 16. Juni in Gijon:
DEUTSCHLAND – ALGERIEN 1:2 (0:0)
Deutschland: Schumacher, Briegel, Breitner, K. Förster, Dremmler, Littbarski, Hrubesch, Rummenigge, Magath (84. Fischer), Stielike, Kaltz.
Algerien: Cerbah, Guendouz, Kourichi, Merzekane, Assad, Fergani, Belloumi, Madjer (88. Larbes), Zidane (64. Bensaoula), Dahleb, Mansouri.
Schiedsrichter: Labo (Peru).
Tore: 0:1 Madjer (53.), 1:1 Rummenigge (68.), 1:2 Belloumi (69.).

Am 17. Juni in Oviedo:
CHILE – ÖSTERREICH 0:1 (0:1)
Chile: Osben, Garrido, Valenzuela, Figueroa, Bigorra, Dubo, Yanez, Bonvallet, Caszely, Neira (72. Rojas), Moscoso (70. Gamboa).
Österreich: Koncilia, Krauss, Obermayer, Degeorgi, Pezzey, Hattenberger, Schachner, Prohaska, Krankl, Hintermaier, Weber (80. Jurtin).
Schiedsrichter: Cardellino (Uruguay).
Tor: 0:1 Schachner (21.).

Am 20. Juni in Gijon:
DEUTSCHLAND – CHILE 4:1 (1:0)
Deutschland: Schumacher, Briegel, Breitner (61. Matthäus), K. Förster, Dremmler, Littbarski (86. Reinders), Hrubesch, Rummenigge, Magath, Stielike, Kaltz.
Chile: Osben, Garrido, Valenzuela, Figueroa, Bigorra, Dubo, Bonvallet, Soto, Yanez, Gamboa (67. Neira), Moscoso.
Schiedsrichter: Galler (Schweiz).
Tore: 1:0 Rummenigge (8.), 2:0 Rummenigge (58.), 3:0 Rummenigge (67.), 4:0 Reinders (82.), 4:1 Moscoso (90.).

Am 21. Juni in Oviedo:
ALGERIEN – ÖSTERREICH 0:2 (0:0)
Algerien: Cerbah, Guendouz, Kourichi, Merzekane, Assad, Fergani, Belloumi (66. Bensaoula), Madjer, Zidane, Dahleb (77. Tlemcani), Mansouri.
Österreich: Koncilia, Krauss, Obermayer, Degeorgi, Pezzey, Hattenberger, Schachner, Prohaska (81. Weber), Krankl, Hintermaier, Baumeister.
Schiedsrichter: Boskovic (Australien).
Tore: 0:1 Schachner (56.), 0:2 Krankl (68.).

Am 24. Juni in Oviedo:
ALGERIEN – CHILE 3:2 (3:0)
Algerien: Cerbah, Merzekane, Larbes, Kourichi, Guendouz, Fergani, Mansouri (74. Dahleb), Bourebbou, Bensaoula, Assad, Madjer.

Chile: Osben, Galindo, Valenzuela, Figueroa, Bigorra, Dubo, Bonvallet (37. Soto), Neira, Yanez, Caszely (60. Letelier), Moscoso.
Schiedsrichter: Mendez (Guatemala).
Tore: 1:0 Assad (8.), 2:0 Assad (32.), 3:0 Bensaoula (36.), 3:1 Neira (60., Foulelfmeter), 3:2 Letelier (74.).

Am 25. Juni in Gijon:
DEUTSCHLAND – ÖSTERREICH 1:0 (1:0)
Deutschland: Schumacher, Briegel, Breitner, K. Förster, Dremmler, Littbarski, Hrubesch (70. Fischer), Rummenigge (67. Matthäus), Magath, Stielike, Kaltz.
Österreich: Koncilia, Krauss, Obermayer, Degeorgi, Pezzey, Hattenberger, Schachner, Prohaska, Krankl, Hintermaier, Weber.
Schiedsrichter: Valentine (Schottland).
Tor: 1:0 Hrubesch (11.).

Abschlußtabelle Gruppe 2	GER	AUT	ALG	CHI	Tore	Punkte	Rang
Deutschland	X	1:0	1:2	4:1	6:3	4:2	1
Österreich	0:1	X	2:0	1:0	3:1	4:2	2
Algerien	2:1	0:2	X	3:2	5:5	4:2	3
Chile	1:4	0:1	2:3	X	3:8	0:6	4

Gruppe 3

Am 13. Juni in Barcelona:
ARGENTINIEN – BELGIEN 0:1 (0:0)
Argentinien: Fillol Olguin, Galvan, Passarella, Tarantini, Ardiles, Gallego, Maradona, Bertoni, Diaz (65. Valdano), Kempes.
Belgien: Pfaff, Gerets, L. Millecamps, de Schrijver, Baecke, Coeck, Vercauteren, Vandersmissen, Czerniatynski, Vandenbergh, Ceulemans.
Schiedsrichter: Christov (ČSSR).
Tor: 0:1 Vandenbergh (63.).

Am 15. Juni in Elche:
UNGARN – EL SALVADOR 10:1 (3:0)
Ungarn: Meszaros, Martos, Balint, Toth, Müller (69. Szentes), Garaba, Fazekas, Nyilasi, Törócsik (58. Kiss), Pölöskei, Sallai.
El Salvador: Mora, Castillo, Jovel, Recinos, Ventura, Rugamas (27. Ramirez), Hernandez, Huezo, Gonzales, Rivas, Rodriguez.
Schiedsrichter: Al Doy (Bahrein).
Tore: 1:0 Nyilasi (5.), 2:0 Pölöskei (12.), 3:0 Fazekas (24.), 4:0 Toth (51.), 5:0 Fazekas (55.), 5:1 Ramirez (65.), 6:1 Kiss (70.), 7:1 Szentes (71.), 8:1 Kiss (73.), 9:1 Kiss (77.), 10:1 Nyilasi (84.).

Am 18. Juni in Alicante:
ARGENTINIEN – UNGARN 4:1 (2:0)
Argentinien: Fillol, Ardiles, Bertoni, Galvan, Gallego, Maradona, Kempes, Olguin, Passarella, Tarantini (52. Barbas), Valdano (25. Calderon).
Ungarn: Meszaros, Martos (46. Fazekas), Balint Toth, Varga, Garaba, Nyilasi, Sallai, Rab, Kiss (62. Szentes), Pölöskei.
Schiedsrichter: Lacarne (Algerien).
Tore: 1:0 Bertoni (27.), 2:0 Maradona (29.), 3:0 Maradona (58.), 4:0 Ardiles (61.), 4:1 Pölöskei (77.).

Am 19. Juni in Elche:
BELGIEN – EL SALVADOR 1:0 (1:0)
Belgien: Pfaff, Gerets, L. Millecamps, Meeuws, Baecke, Vandersmissen (46. Van der Elst), Coeck, Vercauteren, Czerniatynski, Vandenbergh, Ceulemans (80. Van Moer).
El Salvador: Mora, Jovel, Recinos, Fagoaga, Ventura, Huezo, Gonzales, Osorto (46. Diaz), Rivas, Ramirez, Rodriguez.
Schiedsrichter: Moffatt (Nordirland).
Tor: 1:0 Coeck (20.).

Am 22. Juni in Elche:
BELGIEN – UNGARN 1:1 (0:1)
Belgien: Pfaff, Gerets (63. Plessers), L. Millecamps, Meeuws, Baecke, Coeck, Vercauteren, Vandersmissen, Czerniatynski, Vandenbergh, Ceulemans.
Ungarn: Meszaros, Martos, Kerekes, Garaba, Varga, Nyilasi, Müller (6 7. Sallai), Fazekas, Törócsik, Kiss (71. Csongradi), Pölöskei.
Schiedsrichter: White (England).
Tore: 0:1 Varga (28.), 1:1 Czerniatynski (77.).

Am 23. Juni in Alicante:
ARGENTINIEN – EL SALVADOR 2:0 (1:0)
Argentinien: Fillol, Olguin, Galvan, Passarella, Tarantini, Ardiles, Gallego, Kempes, Bertoni (67. R. Diaz), Maradona, Calderon (78. Santamaria).
El Salvador: Mora, Osorto (78. Diaz), Jovel, Rodriguez, Recinos, Rugamas, Ventura (78. Alfaro), Huezo, Ramirez, Gonzales, Rivas.
Schiedsrichter: Barrancos (Bolivien).
Tore: 1:0 Passarella (22., Foulelfmeter), 2:0 Bertoni (53.).

Abschlußtabelle Gruppe 3	BEL	ARG	HUN	SAL	Tore	Punkte	Rang
Belgien	X	1:0	1:1	1:0	3:1	5:1	1
Argentinien	0:1	X	4:1	2:0	6:2	4:2	2
Ungarn	1:1	1:4	X	10:1	12:6	3:3	3
El Salvador	0:1	0:2	1:10	X	1:13	0:6	4

Gruppe 4

Am 16. Juni in Bilbao:
ENGLAND – FRANKREICH 3:1 (1:1)
England: Shilton, Butcher, Mills, Sansom (90. Neal), Thompson, Coppell, Robson, Wilkins, Francis, Mariner, Rix.
Frankreich: Ettori, Battiston, Bossis, Tresor, Lopez, Larios (75. Tigana), Girard, Giresse, Rocheteau (72. Six), Platini, Soler.
Schiedsrichter: Garrido (Portugal).
Tore: 1:0 Robson (1.), 1:1 Soler (25.), 2:1 Robson (68.), 3:1 Mariner (84.).

Am 17. Juni in Valladolid:
ČSSR – KUWAIT 1:1 (0:1)
ČSSR: Hruska, Jurkemik, Barmos, Panenka, Vizek, Kriz (58. Bicovsky), Nehoda, Berger, Kukucka, Janecka (69. Petrzela), Vizek.
Kuwait: Tarabulsi, N. Mubarak, K. Mubarak, Al Mubarak, Houti, Bouloushi, Sultan, Anbari, Mayoof, Dakhil, Ahmed (58. Marzouq).
Schiedsrichter: Dwomoh (Ghana).
Tore: 1:0 Panenka (21., Foulelfmeter), 1:1 Dakhil (58.).

Am 20. Juni in Bilbao:
ENGLAND – ČSSR 2:0 (0:0)
England: Shilton, Butcher, Mills, Sansom, Thompson, Coppell, Robson (46. Hoddle), Wilkins, Francis, Mariner, Rix.
CSSR: Seman (76. Stromsik), Barmos, Fiala, Radimec, Vojacek, Jurkemik, Chaloupka, Vizek, Berger, Janecka (78. Masny), Nehoda.
Schiedsrichter: Corver (Niederlande).
Tore: 1:0 Francis (63.), 2:0 Barmos (66., Eigentor).

Am 21. Juni in Valladolid:
FRANKREICH – KUWAIT 4:1 (2:0)
Frankreich: Ettori, Amoros, Tresor, Janvion (15. Lopez), Bossis, Giresse, Platini (45. Girard), Genghini, Soler, Lacombe, Six.
Kuwait: Tarabulsi, N. Mubarak, Mayoof, M. Mubarak, Al Mubarak (79. Shemmari), Bouloushi, Houti, Ahmed, Dakhil, Sultan, Anbari.
Schiedsrichter: Stupar (UdSSR).
Tore: 1:0 Genghini (32.), 2:0 Platini (44.), 3:0 Six (49.), 3:1 Bouloushi (76.), 4:1 Bossis (90.).

Am 24. Juni in Valladolid:
FRANKREICH – ČSSR 1:1 (0:0)
Frankreich: Ettori, Amoros, Tresor, Janvion, Bossis, Giresse, Platini, Genghini, Soler (89. Girard), Lacombe (71. Couriol), Six.
ČSSR: Stromsik, Barmos, Fiala, Vojacek, Stambachr, Radimec, Bicovsky, Kriz, Nehoda, Vizek, Janecka (71. Panenka).

STATISTIK ZUR WELTMEISTERSCHAFT 1982

Schiedsrichter: Casarin (Italien).
Tore: 1:0 Six (67.), 1:1 Panenka (86., Foulelfmeter).

Am 25. Juni in Bilbao:
ENGLAND – KUWAIT 1:0 (1:0)
England: Shilton, Neal, Mills, Foster, Thompson, Coppell, Hoddle, Wilkins, Mariner, Francis, Rix.
Kuwait: Tarabulsi, N. Mubarak, M. Mubarak, Al Mubarak (77. Shemmari), Mayoof, Houti, Bouloushi, Suwayed, Marzouq, Dakhil, Anbari.
Schiedsrichter: Aristizabal (Kolumbien).
Tor: 1:0 Francis (28.).

Abschlußtabelle Gruppe 4	ENG	FRA	TCH	KUW	Tore	Punkte	Rang
England	X	3:1	2:0	1:0	6:1	6:0	1
Frankreich	1:3	X	1:1	4:1	6:5	3:3	2
CSSR	0:2	1:1	X	1:1	2:4	2:4	3
Kuwait	0:1	1:4	1:1	X	2:6	1:5	4

Gruppe 5

Am 16. Juni in Valencia:
SPANIEN – HONDURAS 1:1 (0:1)
Spanien: Arconada, Camacho, Cordillo, Alonso, Tendillo, Alesanco, Juanito, Joaquin, Satrustegui, Zamora, Ufarte.
Honduras: Arzu, Gutierrez, Villegas, Bulnez, Costly, Madariaga, Zelaya, Gilberto, Betancourt, Norales (70. Caballero), Figueroa.
Schiedsrichter: Ithurralde (Argentinien).
Tore: 0:1 Zelaya (8.), 1:1 Ufarte (20., Elfmeter).

Am 17. Juni in Saragossa:
JUGOSLAWIEN – NORDIRLAND 0:0
Jugoslawien: Pantelic, Gudelj, Zajec, Stojkovic, Petrovic, Sljivo, Zl. Vujovic, Susic, Jovanovic, Hrstic, Surjak.
Nordirland: Jennings, J. Nicholl, Donaghy, McCreery, C. Nicholl, McClelland, M. O'Neill, Armstrong, McIllroy, Hamilton, Whiteside.
Schiedsrichter: Fredriksson (Schweden).

Am 20. Juni in Valencia:
SPANIEN – JUGOSLAWIEN 2:1 (1:1)
Spanien: Arconada, Camacho, Tendillo, Alesanco, Cordillo, Alonso, Sanchez (63. Saura), Zamora, Juanito, Satrustegui (63. Quini), Ufarte.
Jugoslawien: Pantelic, Krmpotic, Zajek, Stojkovic, Jovanovic (75. Halilhodzic), Gudelj, Petrovic, Sljivo, Zl. Vujovic (84. Sestic), Surjak, Susic.
Schiedsrichter: Lund-Sörensen (Dänemark).
Tore: 0:1 Gudelj (11.), 1:1 Juanito (14., Elfmeter), 2:1 Saura (67.).

Am 21. Juni in Saragossa:
HONDURAS – NORDIRLAND 1:1 (0:1)
Honduras: Arzu, Madariaga, Figueroa, L. Cruz, Gutierrez, Villegas, Costly, Norales (59. Laing), Zelaya, Betancourt, Gilberto.
Nordirland: Jennings, J. Nicholl, Donaghy, McCreery, C. Nicholl, M. O'Neill (79. Healy), Armstrong, McIllroy, Hamilton, McClelland, Whiteside (67. Brotherston).
Schiedsrichter: Chan Tam Sun (Hongkong).
Tore: 0:1 Armstrong (10.), 1:1 Laing (61.).

Am 24. Juni in Saragossa:
HONDURAS – JUGOSLAWIEN 0:1 (0:0)
Honduras: Arzu, Droumond, Villegas, Costly, Bulnez, Zelaya, Gilberto, Madariaga, L. Cruz (66. Laing), Betancourt, Figueroa.
Jugoslawien: Pantelic, Krmpotic, Stojkovic, Zajec, Jovanovic (46. Halilhodzic), Sljivo, Gudelj, Surjak, Zl. Vujovic (62. Sestic), Susic, Petrovic.
Schiedsrichter: Castro (Chile).
Tor: 0:1 Petrovic (89., Foulelfmeter).

Am 25. Juni in Valencia:
SPANIEN – NORDIRLAND 0:1 (0:0)
Spanien: Arconada, Camacho, Tendillo, Alesanco, Cordillo, Alonso, Saura, Sanchez, Juanito, Satrustegui, Ufarte (79. Gallego).
Nordirland: Jennings, J. Nicholl, Donaghy, McCreery, C. Nicholl, M. O'Neill, Armstrong, McIllroy (51. Cassidy), Hamilton, McClelland, Whiteside (74. Nelson).
Schiedsrichter: Ortiz (Paraguay).
Tor: 0:1 Armstrong (48.).

Abschlußtabelle Gruppe 5	NIR	ESP	YUG	HON	Tore	Punkte	Rang
Nordirland	X	1:0	0:0	1:1	2:1	4:2	1
Spanien	0:1	X	2:1	1:1	3:3	3:3	2
Jugoslawien	0:0	1:2	X	1:0	2:2	3:3	3
Honduras	1:1	1:1	0:1	X	2:3	2:4	4

Gruppe 6

Am 14. Juni in Sevilla:
BRASILIEN – UdSSR 2:1 (0:1)
Brasilien: Perez, Leandro, Oscar, Luizinho, Junior, Socrates, Serginho, Zico, Eder, Falcao, Dirceu (46. Paolo Isidoro).
UdSSR: Dassajew, Sulakwelidse, Tschiwadse, Baltatscha, Demjanenko, Schengelija (89. Andrejew), Bessonow, Gawrilow (75. Susloparow), Blochin, Bal, Darasselija.
Schiedsrichter: Castillo (Spanien).
Tore: 0:1 Bal (35.), 1:1 Socrates (76.), 2:1 Eder (89.).

Am 15. Juni in Malaga:
SCHOTTLAND – NEUSEELAND 5:2 (3:0)
Schottland: Rough, McGrain, Evans, Hansen, Gray, Souness, Strachan (38. Narey), Dalglish, Wark, Brazil (54. Archibald), Robertson.
Neuseeland: Van Hattum, Hill, Almond (66. Herbert), Malcolmson (77. Cole), Elrick, Sumner, Mackay, Cresswell, Boath, Rufer, Wooddin.
Schiedsrichter: Socha (USA).
Tore: 1:0 Dalglish (19.), 2:0 Wark (30.), 3:0 Wark (33.), 3:1 Sumner (55.), 3:2 Wooddin (65.), 4:2 Robertson (74.), 5:2 Archibald (80.).

Am 18. Juni in Sevilla:
BRASILIEN – SCHOTTLAND 4:1 (1:1)
Brasilien: Perez, Leandro, Oscar, Luizinho, Cerezo, Junior, Socrates, Serginho (81. Paolo Isidoro), Zico, Eder, Falcao.
Schottland: Rough, Gray, Souness, Hansen, Miller (63. Dalglish), Strachan, Wark, Robertson, Narey, Hartford (67. McLeish), Archibald.
Schiedsrichter: Calderon (Costa Rica).
Tore: 0:1 Narey (19.), 1:1 Zico (34.), 2:1 Oscar (49.), 3:1 Eder (64.), 4:1 Falcao (88.).

Am 19. Juni in Malaga:
UdSSR – NEUSEELAND 3:0 (1:0)
UdSSR: Dassajew, Sulakwelidse, Tschiwadse, Baltatscha, Demjanenko, Schengelija, Bessonow, Bal, Darasselija, Gawrilow (80. Rodjonow), Blochin.
Neuseeland: Van Hattum, Dods, Herbert, Elrick, Boath, Cole, Sumner, Mackay, Cresswell, Rufer, Wooddin.
Schiedsrichter: Ghoul (Libyen).
Tore: 1:0 Gawrilow (25.), 2:0 Blochin (49.), 3:0 Baltatscha (69.).

Am 22. Juni in Malaga:
UdSSR – SCHOTTLAND 2:2 (0:1)
UdSSR: Dassajew, Sulakwelidse, Tschiwadse, Baltatscha, Demjanenko, Bessonow, Gawrilow, Borowskij, Schengelija (88. Andrejew), Bal, Blochin.
Schottland: Rough, Narey, Miller, Hansen, Gray, Souness, Wark, Archibald, Strachan (70. McGrain), Jordan (70. Brazil), Robertson.
Schiedsrichter: Rainea (Rumänien).
Tore: 0:1 Jordan (15.), 1:1 Tschiwadse (60.), 2:1 Schengelija (85.), 2:2 Souness (87.).

Am 23. Juni in Sevilla:
BRASILIEN – NEUSEELAND 4:0 (2:0)
Brasilien: Perez, Leandro, Oscar (76. Edevaldo), Luizinho, Junior, Falcao, Cerezo, Socrates, Zico, Serginho (76. Paolo Isidoro), Eder.
Neuseeland: Van Hattum, Dods, Herbert, Elrick, Boath, Sumner, Mackay, Cresswell (79. Cole), Almond, Rufer (79. Turner), Wooddin.
Schiedsrichter: Matovinovic (Jugoslawien).
Tore: 1:0 Zico (29.), 2:0 Zico (32.), 3:0 Falcao (55.), 4:0 Serginho (71.).

Abschlußtabelle Gruppe 6	BRA	URS	SCO	NZL	Tore	Punkte	Rang
Brasilien	X	2:1	4:1	4:0	10:2	6:0	1
UdSSR	1:2	X	2:2	3:0	6:4	3:3	2
Schottland	0:4	2:2	X	5:2	8:8	3:3	3
Neuseeland	0:4	0:3	2:5	X	2:12	0:6	4

Zweite Finalrunde

GRUPPE A

Am 28. Juni in Barcelona:
POLEN – BELGIEN 3:0 (2:0)
Polen: Mlynarczyk, Zmuda, Dziuba, Janas, Majewski, Kupcewicz (82. Ciolek), Matysik, Buncol, Lato, Boniek, Smolarek.
Belgien: Custers, Meeuws, Renquin, L. Millecamps, Plessers (87. Baecke), Van Moer (46. Van der Elst), Vercauteren, Coeck, Ceulemans, Vandenbergh, Czerniatynski.
Schiedsrichter: Calderon (Costa Rica).
Tore: 1:0 Boniek (4.), 2:0 Boniek (27.), 3:0 Boniek (53.).

Am 1. Juli in Barcelona:
BELGIEN – UdSSR 0:1 (0:0)
Belgien: Munaron, Meeuws, Renquin, L. Millecamps, de Schrijver (65. M. Millecamps), Coeck, Vandersmissen (67. Czerniatynski), Vercauteren, Ceulemans, Vandenbergh, Verheyen.
UdSSR: Dassajew, Tschiwadse, Demjanenko, Baltatscha, Borowskij, Bessonow, Oganesjan, Bal (88. Darasselija), Schengelija (89. Rodjonow), Gawrilow, Blochin.
Schiedsrichter: Vautrot (Frankreich).
Tor: 0:1 Oganesjan (49.).

Am 4. Juli in Barcelona:
POLEN – UdSSR 0:0
Polen: Mlynarczyk, Zmuda, Majewski, Janas, Dziuba, Lato, Kupcewicz (52. Ciolek), Matysik, Buncol, Smolarek, Boniek.
UdSSR: Dassajew, Tschiwadse, Baltatscha, Borowskij, Demjanenko, Bessonow, Sulakwelidse, Oganesjan, Schengelija (58. Andrejew), Gawrilow (79. Darasselija), Blochin.
Schiedsrichter: Valentine (Schottland).

Abschlußtabelle Gruppe A	POL	URS	BEL	Tore	Punkte	Rang
Polen	X	0:0	3:0	3:0	3:1	1
UdSSR	0:0	X	1:0	1:0	3:1	2
Belgien	0:3	0:1	X	0:4	0:4	3

GRUPPE B

Am 29. Juni in Madrid:
DEUTSCHLAND – ENGLAND 0:0
Deutschland: Schumacher, Stielike, Kaltz, K. Förster, Briegel, Dremmler, B. Förster, Breitner, Müller (74. Fischer), Reinders (63. Littbarski), Rummenigge.
England: Shilton, Mills, Butcher, Thompson, Sansom, Coppell, Robson, Wilkins, Rix, Francis (76. Woodcock), Mariner.
Schiedsrichter: Coelho (Brasilien).

Am 2. Juli in Madrid:
DEUTSCHLAND – SPANIEN 2:1 (0:0)
Deutschland: Schumacher, Stielike, Kaltz, K. Förster, B. Förster, Dremmler, Breitner, Briegel, Rummenigge (46. Reinders), Fischer, Littbarski.
Spanien: Arconada, Alesanco, Urquiaga, Tendillo, Cordillo, Juanito (46. Ufarte), Camacho, Alonso, Zamora, Santillana, Quini.
Schiedsrichter: Casarin (Italien).
Tore: 1:0 Littbarski (50.), 2:0 Fischer (76.), 2:1 Zamora (83.).

Am 5. Juli in Madrid:
SPANIEN – ENGLAND 0:0
Spanien: Arconada, Alesanco, Urquiaga, Tendillo (73. Maceda), Cordillo, Alonso, Zamora, Camacho, Saura (67. Uralde), Satrustegui, Santillana.
England: Shilton, Mills, Butcher, Thompson, Sansom, Woodcock (63. Brooking), Robson, Wilkins, Rix (63. Keegan), Francis, Mariner.
Schiedsrichter: Ponnet (Belgien).

Abschlußtabelle Gruppe B	GER	ENG	ESP	Tore	Punkte	Rang
Deutschland	X	0:0	2:1	2:1	3:1	1
England	0:0	X	0:0	0:0	2:2	2
Spanien	1:2	0:0	X	1:2	1:3	3

GRUPPE C

Am 29. Juni in Barcelona:
ITALIEN – ARGENTINIEN 2:1 (0:0)
Italien: Zoff, Scirea, Gentile, Collovati, Cabrini, Oriali (75. Marini), Antognoni, Tardelli, Conti, Rossi (81. Altobelli), Graziani.
Argentinien: Fillol, Passarella, Olguin, Galvan, Tarantini, Ardiles, Gallego, Maradona, Kempes (58. Valencia), Bertoni, Diaz (58. Calderon).
Schiedsrichter: Rainea (Rumänien).
Tore: 1:0 Tardelli (56.), 2:0 Cabrini (68.), 2:1 Passarella (84.).

Am 2. Juli in Barcelona:
BRASILIEN – ARGENTINIEN 3:1 (1:0)
Brasilien: Perez, Oscar, Leandro (82. Edevaldo), Luizinho, Junior, Cerezo, Falcao, Socrates, Zico (84. Battista), Serginho, Eder.
Argentinien: Fillol, Passarella, Olguin, Galvan, Tarantini, Ardiles, Barbas, Kempes (46. Diaz), Calderon, Maradona, Bertoni (65. Santamaria).
Schiedsrichter: Vazquez (Mexiko).
Tore: 1:0 Zico (12.), 2:0 Serginho (68.), 3:0 Junior (74.), 3:1 Diaz (89.).

Am 5. Juli in Barcelona:
BRASILIEN – ITALIEN 2:3 (1:2)
Brasilien: Perez, Oscar, Leandro, Luizinho, Junior, Cerezo, Falcao, Socrates, Zico, Serginho (68. Paolo Isidoro), Eder.
Italien: Zoff, Scirea, Gentile, Collovati (34. Bergomi), Cabrini, Conti, Tardelli (76. Marini), Antognoni, Oriali, Graziani, Rossi.
Schiedsrichter: Klein (Israel).
Tore: 0:1 Rossi (5.), 1:1 Socrates (12.), 1:2 Rossi (25.), 2:2 Falcao (68.), 2:3 Rossi (75.).

Abschlußtabelle Gruppe C	ITA	BRA	ARG	Tore	Punkte	Rang
Italien	X	3:2	2:1	5:3	4:0	1
Brasilien	2:3	X	3:1	5:4	2:2	2
Argentinien	1:2	1:3	X	2:5	0:4	3

GRUPPE D

Am 28. Juni in Madrid:
ÖSTERREICH – FRANKREICH 0:1 (0:1)
Österreich: Koncilia, Obermayer, Krauss, Pezzey, Degeorgi

(46. Baumeister), Hattenberger, Prohaska, Hintermaier, Jara (46. Welzl), Schachner, Krankl.
Frankreich: Ettori, Tresor, Janvion, Bossis, Battiston, Genghini (86. Girard), Giresse, Tigana, Soler, Lacombe (15. Rocheteau), Six.
Schiedsrichter: Palotai (Ungarn).
Tor: 0:1 Genghini (40.).

Am 1. Juli in Madrid:
ÖSTERREICH – NORDIRLAND 2:2 (0:1)
Österreich: Koncilia, Obermayer, Krauss, Pezzey, Pregesbauer (46. Hintermaier), Pichler, Prohaska, Baumeister, Schachner, Hagmayr (46. Welzl), Jurtin.
Nordirland: Platt, J. Nicholl, C. Nicholl, McClelland, Nelson, M. O'Neill, McIllroy, McCreery, Armstrong, Whiteside (67. Brotherston), Hamilton.
Schiedsrichter: Prokop (DDR).
Tore: 0:1 Hamilton (28.), 1:1 Pezzey (53.), 2:1 Hintermaier (67.), 2:2 Hamilton (74.).

Am 4. Juli in Madrid:
FRANKREICH – NORDIRLAND 4:1 (1:0)
Frankreich: Ettori, Tresor, Amoros, Janvion, Bossis, Giresse, Genghini, Platini, Tigana, Rocheteau (83. Couriol), Soler (63. Six).
Nordirland: Jennings, J. Nicholl, Donaghy, McClelland, C. Nicholl, M. O'Neill, McIllroy, Armstrong, McCreery (85. J. O'Neill), Whiteside, Hamilton.
Schiedsrichter: Jarguz (Polen).
Tore: 1:0 Giresse (34.), 2:0 Rocheteau (47.), 3:0 Rocheteau (68.), 3:1 Armstrong (75.), 4:1 Giresse (81.).

Abschlußtabelle Gruppe D	FRA	AUT	NIR	Tore	Punkte	Rang
Frankreich	X	1:0	4:1	5:1	4:0	1
Österreich	0:1	X	2:2	2:3	1:3	2
Nordirland	1:4	2:2	X	3:6	1:3	3

Halbfinale

Am 8. Juli in Barcelona:
ITALIEN – POLEN 2:0 (1:0)
Italien: Zoff, Scirea, Bergomi, Collovati, Oriali, Tardelli, Antognoni (28. Marini), Cabrini, Conti, Rossi, Graziani (70. Altobelli).
Polen: Mlynarczyk, Zmuda, Dziuba, Janas, Majewski, Buncol, Kupcewicz, Matysik, Ciolek (46. Palasz), Lato, Smolarek (77. Kusto).
Schiedsrichter: Cardellino (Uruguay).
Tore: 1:0 Rossi (22.), 2:0 Rossi (73.).

Am 8. Juli in Sevilla:
DEUTSCHLAND – FRANKREICH 3:3 (1:1, 1:1) n.V.*
Deutschland: Schumacher, Stielike, K. Förster, B. Förster, Kaltz, Dremmler, Breitner, Briegel (96. Rummenigge), Magath (68. Hrubesch), Littbarski, Fischer.
Frankreich: Ettori, Tresor, Janvion, Amoros, Bossis, Giresse, Tigana, Platini, Genghini (50. Battiston, 60. Lopez), Rocheteau, Six.
Schiedsrichter: Corver (Niederlande).
Tore: 1:0 Littbarski (18.), 1:1 Platini (27., Foulelfmeter), 1:2 Tresor (93.), 1:3 Giresse (99.), 2:3 Rummenigge (103.), 3:3 Fischer (108.).

* Deutschland Sieger durch Elfmeterschießen 5:4

Endspiele

Um den dritten Platz

Am 10. Juli in Alicante:
FRANKREICH – POLEN 2:3 (1:2)
Frankreich: Castaneda, Tresor, Amoros, Mahut, Janvion (64. Lopez), Tigana (82. Six), Girard, Larios, Couriol, Soler, Bellone.
Polen: Mlynarczyk, Zmuda, Dziuba, Janas, Majewski, Lato, Matysik (46. Wojcicki), Kupcewicz, Buncol, Boniek, Szarmach.
Schiedsrichter: Garrido (Portugal).
Tore: 1:0 Girard (13.), 1:1 Szarmach (41.), 1:2 Majewski (45.), 1:3 Kupcewicz (47.), 2:3 Couriol (73.).

Endspiel

Am 11. Juli in Madrid:
DEUTSCHLAND – ITALIEN 1:3 (0:0)
Deutschland: Schumacher, Stielike, B. Förster, K. Förster, Kaltz, Dremmler (63. Hrubesch), Breitner, Briegel, Rummenigge (70. Müller), Fischer, Littbarski.
Italien: Zoff, Scirea, Gentile, Collovati, Bergomi, Conti, Oriali, Tardelli, Cabrini, Rossi, Graziani (8. Altobelli, 88. Causio).
Schiedsrichter: Coelho (Brasilien).
Tore: 0:1 Rossi (57.), 0:2 Tardelli (69.), 0:3 Altobelli (81.), 1:3 Breitner (83.).

13. Fußball-Weltmeisterschaft
1986 in Mexiko

Qualifikation

EUROPA

Gruppe 1

Am 17. Oktober 1984 in Brüssel:
BELGIEN – ALBANIEN 3:1 (0:0)
Belgien: Munaron, Grun, Renquin, de Vriese, Dewolf, L. van der Elst (54. Degryse), Scifo, Vandereycken, Vercauteren, Czerniatynski (79. Voordeckers), Claesen.
Albanien: Musta, Zmijani, Omuri, Targaj, Demollari, Hodja, Josa, Muca, Bállgjini (70. Eksarko), Minga, Kola (65. Lame).

Am 17. Oktober 1984 in Zabrze:
POLEN – GRIECHENLAND 3:1 (0:1)
Polen: Kazimierski, Kubicki, Zmuda, Wojcicki, Wdowczyk, Wijas, Boniek, Buncol (46. Karas), Palasz (80. Matysik), Dziekanowski, Smolarek.
Griechenland: Sarganis, Xanthopoulos, Karoulias, Michos, Motsibonas, Vamvakoulas, Hadzopoulos, Semertzidis, Mitropoulos, Anastopoulos, Kofidis.

Am 31. Oktober 1984 in Mielec:
POLEN – ALBANIEN 2:2 (1:0)
Polen: Kazimierski, Kubicki, Zmuda, Wojcicki (76. Dzimba), Wdowczyk, Buda (76. Komorwicki), Matysik, Palasz, Dziekanowski, Boniek, Smolarek.
Albanien: Musta, Ragami, Hodja, Targaj, Omuri, Muca, Bállgjini (60. Lame, 90. Eksarko), Minga, Josa, Kola, Demollari.

Am 19. Dezember 1984 in Athen:
GRIECHENLAND – BELGIEN 0:0
Griechenland: Sarganis, Xanthopoulos, Karoulias, Kyrastas, Manolas, Alavantas, Saravakos, Vamvakoulas (80. Kostkos), Anastopoulos, Mitropoulos, Papaioannou.
Belgien: Munaron, Grun, Jaspers, F. van der Elst, Renquin, de Groote, Ceulemans, Scifo, Vercauteren, Czerniatynski (62. Voordeckers), Claesen.

Am 22. Dezember 1984 in Tirana:
ALBANIEN – BELGIEN 2:0 (0:0)
Albanien: Musta, Ragami, Targaj, Hodja, Zmijani, Ocelli, Muca, Demollari, Minga, Kola, Josa.
Belgien: Pfaff, Grun, Jaspers, Renquin, de Groote, F. van der Elst, Scifo (46. Clijsters), Vercauteren, Ceulemans, Claesen, Czerniatynski (60. Voordeckers).

Am 27. Februar 1985 in Athen:
GRIECHENLAND – ALBANIEN 2:0 (2:0)
Griechenland: Sarganis, Alavantas, Karoulias, Kyrastas, Manolas, Michos, Saravakos (81. Batsinilas), Antoniou, Anastopoulos, Papaioannou (89. Semertzidis), Kofidis.
Albanien: Musta, Zmijani, Ocelli, Targaj, Demollari, Hodja (46. Ahmetiz), Josa, Muca, Bállgjini (60. Zagami), Minga, Kola.

Am 27. März 1985 in Brüssel:
BELGIEN – GRIECHENLAND 2:0 (0:0)
Belgien: Pfaff, Grun, Plessers, Renquin, de Wolf, Scifo, Vandereycken, Ceulemans, Vercauteren, Vandenbergh, Voordeckers.
Griechenland: Sarganis, Karoulias Kyrastas, Manolas, Alavantas, Antoniou (29. Kofidis), Mitropoulos, Michos, Papaioannou, Anastopoulos, Saravakos (77. Dimopoulos).

Am 1. Mai 1985 in Brüssel:
BELGIEN – POLEN 2:0 (1:0)
Belgien: Munaron, Grun, van der Elst, Plessers, Renquin, Vercauteren (81. Mommens), Vandereycken, Scifo, (82. Clijsters), Vandenbergh, Voordeckers, Ceulemans.
Polen: Mlynarczyk, Pawlak, Zmuda, Ostrowski, Wojcicki, Matysik, Buncol, Jalocha (46. Komornicki), Boniek, Dziekanowski (67. Palasz), Smolarek.

Am 19. Mai 1985 in Athen:
GRIECHENLAND – POLEN 1:4 (0:1)
Griechenland: Sarganis, Alavantas, Kyrastas, Mitsibonas (ab 46. Saravakos), Karoulias (ab 67. Skartados), Antoniou, Michos, Dimopoulos, Papaioannou, Anastopoulos, Mitropoulos.
Polen: Mlynarczyk, Pawlak, Wojcicki, Przybys, Ostrowski, Tarasiewicz (ab 15. Dziekanowski), Matysik, Buncol, Urban, Boniek, Smolarek.

Am 30. Mai 1985 in Tirana:
ALBANIEN – POLEN 0:1 (0:1)
Albanien: Musta, Zmijani, Omuri, Taragaj, Hadja, Jera, Josa, Demollari (83. Marco), Muca (61. Mile), Minga, Kola.
Polen: Mlynarczyk, Pawlak, Przybys, Wojcicki, Matysik, Buncol, Urban (88. Tarasiewicz), Boniek, Dziekanowski, Smolarek.

Am 11. September 1985 in Chorzow:
POLEN – BELGIEN 0:0
Polen: Mlynarczyk, Pawlak, Wojcicki, Przybys, Ostrowski, Matysik, Komornicki, Urban, Boniek (86. Buncol), Smolarek (63. Palasz), Dziekanowski.
Belgien: Pfaff, Gerets, Grun (52. de Grijse), Plessers, Renquin, van der Elst, Ceulemans, Scifo, Vandereycken, Vandenbergh (73. Clijsters), Voordeckers.

Am 30. Oktober 1985 in Tirana:
ALBANIEN – GRIECHENLAND 1:1 (1:0)
Albanien: Musta, Zmijani, Hodja, Targaj, Bino, Josa, Demollari, Muca, Omuri, Minga, Abazi (46. Kola).
Griechenland: Sarganis, Alavantas, Michos, Manolas, Mavriosis, Skartados, P. Papaioannou (50. Antoniou), A. Papaioannou (81. Semertzidis), Kofidis, Mitropoulos, Anastopoulos.

1. Polen	6	3 2 1	10:6	8:4
2. Belgien	6	3 2 1	7:3	8:4
3. Albanien	6	1 2 3	6:9	4:8
4. Griechenland	6	1 2 3	5:10	4:8

Qualifiziert: Polen

Gruppe 2

Am 23. Mai 1984 in Norrköping:
SCHWEDEN – MALTA 4:0 (2:0)
Schweden: T. Ravelli, Erlandsson, Hysen, Dahlqvist, Fredriksson, Prytz (56. Ramberg), Strömberg, Eriksson, Holmgren (ab 61. Holmqvist), Corneliusson, Sunesson.
Malta: Mifsud, Aquilina, Alex Azzopardi, Borg, Buttigieg, Holland, Alfred Azzopardi, Farrugia, Vella, Degiorgio, Muscat (76. Gatt).

Am 12. September 1984 in Stockholm:
SCHWEDEN – PORTUGAL 0:1 (0:0)
Schweden: Ljung, Erlandsson, Hysen, Dahlqvist, Fredriksson, Eriksson, Bergman (77. Borg), Tord Holmgren, Tommy Holmgren, Sandberg, Holmqvist.
Portugal: Bento, Joao Pinto, Lima Pereira, Eurico, Inacio, Frasco, Jaime Pacheco, Carlos Manuel, Sousa, Gomes (89. Futre), Diamantino (87. Vermelhinho).

Am 14. Oktober 1984 in Porto:
PORTUGAL – ČSSR 2:1 (1:1)
Portugal: Bento, Joao Pinto, Lima Pereira, Eurico, Inacio, Carlos Manuel (ab 65. Virgilio), Frasco, Jaime Pacheco, Jaime Magalhaes, Gomes, Diamantino (40. Futre).
ČSSR: Miklosko, Jakubec, Prokes, Fiala, Rada, Berger, Janecka, Jarolim, Ondra (ab 74. Levy), Zelensky, Knoflicek (71. Micinec).

Am 17. Oktober 1984 in Köln:
DEUTSCHLAND – SCHWEDEN 2:0 (0:0)
Deutschland: Schumacher, Herget, K. Förster, Jakobs, Matthäus, Brehme, Falkenmayer (59. K. Allofs), Magath (75. Rahn), Briegel, Völler, K. Rummenigge.
Schweden: T. Ravelli, Erlandsson (33. Borg), Hysen, Dahlqvist, Fredriksson, Eriksson, Strömberg, Tord Holmgren, Tommy Holmgren, Corneliusson (69. Holmqvist), Gren.

Am 31. Oktober 1984 in Prag:
ČSSR – MALTA 4:0 (2:0)
ČSSR: Miklosko, Straka, Ondra, Fiala, Levy (77. Jakubec), Berger, Jarolim, Zajaros, Visek, Griga (77. Micinec), Janecka.
Malta: Mifsud, Aquilina, Scicluna, Holland, J. Azzopardi (46. Buttigieg), Ed. Farrugia, Vella, A. Azzopardi, Degiorgio, Gatt, Muscat (80. Mizzi).

Am 14. November 1984 in Lissabon:
PORTUGAL – SCHWEDEN 1:3 (1:3)
Portugal: Bento, Joao Pinto, Lima Pereira, Eurico, Inacio (78. Sousa), Jaime Magalhaes, Carlos Manuel, Frasco (46. Futre), Diamantino, Gomes, Jordao.
Schweden: T. Ravelli, Erlandsson, Hysen, Dahlqvist, Fredriksson, Prytz, Strömberg, Larsson (70. Tord Holmgren), T. Nilsson, Gren, Tommy Holmgren (89. Eriksson).

Am 16. Dezember 1984 in La Valletta:
MALTA – DEUTSCHLAND 2:3 (1:1)
Malta: Mifsud, Aquilina, G. Xuereb, Holland (12. Azzopardi), Scicluna, Busuttil, Woods, Vella, R. Xuereb, Muscat (61. Gatt), Degiorgio.
Deutschland: Schumacher, K. Förster, Herget, Jakobs (ab 46. Thon), Matthäus, Rahn, Brehme, Briegel, K. Rummenigge, Völler, K. Allofs.

Am 10. Februar 1985 in La Valletta:
MALTA – PORTUGAL 1:3 (0:2)
Malta: Mifsud, Buttigieg, Aquilina (29. Em. Farrugia), Woods, Azzopardi, Scicluna (33. Muscat), Busuttil, Vella, Degiorgio, Leonard Farrugia, Ray Xuereb.
Portugal: Bento, Joao Pinto, Lima Pereira, Eurico, Inacio, Andre, Jaime Magalhaes, Frasco (82. Virgilio), Carlos Manuel, Futre (80. Diamantino), Gomes.

Am 24. Februar 1985 in Lissabon:
PORTUGAL – DEUTSCHLAND 1:2 (0:2)
Portugal: Bento, Joao Pinto, Lima Pereira (78. Sousa), Eurico, Inacio, Jaime Magalhaes, Andre (46. Diamantino), Carlos Manuel, Jaime Pacheco, Gomes, Futre.
Deutschland: Schumacher, Berthold, Herget, Frontzeck, Jakobs, Matthäus, Falkenmayer, Briegel, Magath, Völler, Littbarski.

Am 27. März 1985 in Saarbrücken:
DEUTSCHLAND – MALTA 6:0 (5:0)
Deutschland: Schumacher, Berthold, K. Förster, Herget, Frontzeck, Rahn (67. Thon), Magath, Briegel (77. Brehme), Littbarski, Völler, K. Rummenigge.
Malta: Bonello, Azzopardi, Holland, Buttigieg, Em. Farrugia (51. Aquilina), Busuttil, Vella, Woods, L. Farrugia, Mizzi (82. R. Xuereb), Degiorgio.

Am 21. April 1985 in La Valletta:
MALTA – ČSSR 0:0
Malta: Bonello, Mifsud, Aquilina, Buttigieg, G. Xuereb, Alex Azzopardi, Holland, Theuma, Alf. Azzopardi, Woods, Busuttil (46. R. Xuereb).

STATISTIK ZUR WELTMEISTERSCHAFT 1986

ČSSR: Borovicka, Hasek, Fiala, Prokes, Kubucka, Chaloupka (65. Micinec), Berger, Sloup, Janecka, Griga, Knoflicek (46. Zelensky).

Am 30. April 1985 in Prag:
ČSSR – DEUTSCHLAND 1:5 (0:4)
ČSSR: Borovicka, Fiala, Hasek, Prokes, Kubucka, Berger, Chaloupka (64. Zelensky), Sloup (46. Chovanec), Vizek, Griga, Janecka.
Deutschland: Schumacher, Jakobs, Berthold, K. Förster, Brehme, Herget, Matthäus (82. Thon), Magath, Rahn (70. K. Allofs), Littbarski, Völler.

Am 5. Juni 1985 in Stockholm:
SCHWEDEN – ČSSR 2:0 (0:0)
Schweden: T. Ravelli, Dahlqvist, Erlandsson, Fredriksson, Hysen, A. Ravelli, Stromberg, Prytz, Svensson, Nilsson, Truedsson (51. Larsson).
ČSSR: Miklosko, Bazant, Fiala, Straka, Pelc (73. Brezina), Berger, Chovanec, Kubik, Kula, Vizek, Hruska.

Am 25. September 1985 in Prag:
ČSSR – PORTUGAL 1:0 (1:0)
ČSSR: Miklosko, Hasek, Straka, Chovanec, Ondra, Chaloupka (ab 56. Micinec), Berger, Kula, Vizek, Griga (75. Lauda), Hruska.
Portugal: Bento, Joao Pinto, Frederico, Venancio, Inacio, Jose Luis, Carlos Manuel, Andre, Sousa (46. Ribeiro), Gomes, Futre (65. Xavier).

Am 25. September 1985 in Malmö:
SCHWEDEN – DEUTSCHLAND 2:2 (0:2)
Schweden: T. Ravelli, Erlandsson, Hysen, Dahlqvist, Fredriksson, Prytz, Strömberg, Jan Svensson (76. Holmqvist), A. Ravelli (88. Magnusson), T. Nilsson, Corneliusson.
Deutschland: Schumacher, Augenthaler, Brehme, K. Förster, Jakobs, Herget, Berthold, Briegel, Littbarski, Völler, K. Rummenigge.

Am 12. Oktober 1985 in Lissabon:
PORTUGAL – MALTA 3:2 (1:0)
Portugal: Bento, Joao Pinto, Frederico, Venancio, Alvaro, Jaime Pacheco, Litos, Carlos Manuel, Palhares (46. Jaime), Gomes, Jordao (46. Jose Rafael).
Malta: Bonello, Buttigieg, Aquilina, Woods, Holland, Azzopardi, Vella (51. Degiorgio), Busuttil, Scerri, Gregory (87. Xuereb), Farrugia.

Am 16. Oktober 1985 in Stuttgart:
DEUTSCHLAND – PORTUGAL 0:1 (0:0)
Deutschland: Schumacher, Berthold, K. Förster, Jakobs (46. Gründel), Brehme, Allgöwer, Herget, Briegel, Meier, Littbarski (64. T. Allofs), K. Rummenigge.
Portugal: Bento, Joao Pinto, Venancio, Frederico, Inacio, Carlos Manuel (81. Litos), Jaime Pacheco, Veloso, Jose Antonio, Gomes (84. Jose Rafael), Mario Jorge.

Am 16. Oktober 1985 in Prag:
ČSSR – SCHWEDEN 2:1 (1:1)
ČSSR: Miklosko, Levy, Chovanec, Straka, Ondra, Hasek, Berger, Kula, Vizek, Lauda (78. Luhovy), Micinec (82. Novak).
Schweden: T. Ravelli, Erlandsson, Hysen, Dahlqvist, Fredriksson, Prytz, A. Ravelli (67. Holmqvist), Strömberg, Svensson (75. Magnusson), T. Nilsson, Corneliusson.

Am 17. November 1985 in München:
DEUTSCHLAND – ČSSR 2:2 (1:0)
Deutschland: Schumacher, Augenthaler, Brehme, K. Förster, Briegel (46. Frontzeck), Allgöwer, Herget, Rolff, Thon, Littbarski (79. Rahn), Rummenigge, Kögl.
ČSSR: Miklosko, Chovanec, Levy, Straka, Ondra, Hasek, Berger, Novak, Kula, Vizek, Lauda (73. Luhovy).

Am 17. November 1985 in La Valletta:
MALTA – SCHWEDEN 1:2 (0:1)
Malta: Bonello, Aquilina (60. Camilleri), Scicluna, Woods, Holland, Buttigieg, Busuttil, Vella, Gregory (83. Xuereb), Farrugia, Degiorgio.
Schweden: Wernersson, A. Ravelli, P. Larsson, Dahlqvist, Fredriksson, Eriksson, Prytz (84. Tord Holmgren), Strömberg, Sanders (80. L. Larsson), Holmqvist, Tommy Holmgren.

1. Deutschland	8	5 2 1	22:9	12:4
2. Portugal	8	5 0 3	12:10	10:6
3. Schweden	8	4 1 3	14:9	9:7
4. ČSSR	8	3 2 3	11:12	8:8
5. Malta	8	0 1 7	6:25	1:15

Qualifiziert: Deutschland und Portugal

Gruppe 3

Am 27. Mai 1984 in Pori:
FINNLAND – NORDIRLAND 1:0 (0:0)
Finnland: Huttunen, Pekonen, Kymalainen, Ikalainen (50. Europeus), Petaja, Ukkonen, Turunen, Houtsonen, Valvee, Rautiainen, Rantanen.
Nordirland: Jennings, J. Nicholl, McClelland, McElhinney, Donaghy, M. O'Neill, McIlroy (75. Worthington), Armstrong (64. Cochrane), Hamilton, Whiteside, Stewart.

Am 12. September 1984 in Belfast:
NORDIRLAND – RUMÄNIEN 3:2 (1:1)
Nordirland: Jennings, Nicholl, Donaghy, McClelland, McElhinney, M. O'Neill, Armstrong, McCreery, Hamilton, Whiteside, Stewart.
Rumänien: Lung, Rednic, Stefanescu, Ungureanu, Andone, Iorgulescu, Ticleanu, Klein, Augustin, Irimescu, Hagi.

Am 17. Oktober 1984 in London:
ENGLAND – FINNLAND 5:0 (2:0)
England: Shilton, Duxbury (46. Stevens), Wright, Butcher, Sansom, Williams, Wilkins, Robson (80. Chamberlain), Barnes, Woodcock, Hateley.
Finnland: Huttunen, Pekonen, Kymalainen, Lahtinen, Petaja, Haaskivi (46. Turunen), Houtsonen, Ukkonen, Ikainen, Rautiainen, Valvee (70. Hjelm).

Am 31. Oktober 1984 in Antalya:
TÜRKEI – FINNLAND 1:2 (0:1)
Türkei: Arif, Muharrem, Abdulkerim, Riza (71. Mujdat), Rasit, Cem, Aykut (46. Ridvan), Ismail, Tüfekci, Keser, Hasan.
Finnland: Huttunen, Lahtinen, Kymalainen, Ikalainen, Pekonen, Turunen, Virtanen, Houtsonen, Ukkonen, Lipponen, Hjelm (86. Valvee).

Am 14. November 1984 in Belfast:
NORDIRLAND – FINNLAND 2:1 (1:1)
Nordirland: Jennings, Nicholl, J. O'Neill, McClelland, Donaghy, M. O'Neill, McIlroy, Armstrong, Quinn, Whiteside, Stewart.
Finnland: Huttunen, Pekonen, Kymalainen, Lahtinen, Ikalainen, Turunen, Europeus, Ukkonen, Houtsonen, Hjelm, Lipponen.

Am 14. November 1984 in Istanbul:
TÜRKEI – ENGLAND 0:8 (0:3)
Türkei: Yasar, Yusuf, Ismail, Cem, Kemal, Mujdat, Rasit, Tüfekci (46. Hassan), Kelogiu, Ridvan, Keser.
England: Shilton, Anderson, Wright, Butcher, Sansom, Robson, Wilkins, Williams (67. Stevens), Barnes, White, Woodcock (67. Francis).

Am 27. Februar 1985 in Belfast:
NORDIRLAND – ENGLAND 0:1 (0:0)
Nordirland: Jennings, Nicholl, McClelland, J. O'Neill, Donaghy, McIlroy, Ramsey, Armstrong, Stewart, Quinn, Whiteside.
England: Shilton, Anderson, Martin, Butcher, Sansom, T. Stevens, Wilkins, G. Stevens, Woodcock (78. Francis), Hateley, Barnes.

Am 3. April 1985 in Craiova
RUMÄNIEN – TÜRKEI 3:0 (3:0)
Rumänien: Lung, Negrila, Iorgulescu, Stefanescu, Ungureanu, Rednic, Irimescu, Mateut (56. Lacatus), Hagi, Coras (70. Balaci), Camataru.
Türkei: Arif, Semih, Abdulkerim, Kemal, Mujdat, Senol (45. Hasan), Huseyin, Yusuf, Metin, Selcuk (75. Iskender), Ridvan.

Am 1. Mai 1985 in Belfast:
NORDIRLAND – TÜRKEI 2:0 (1:0)
Nordirland: Jennings, J. Nicholl, McClelland, J. O'Neill, Donaghy, McIlroy, Ramsey, Brotherston, Whiteside, Quinn, Stewart.
Türkei: Erhan, Rasit, Abdulkerim, Semih, O. Hasan, A. Yusuf, Ismail, Metin, Tüfekci, Mujdat, K. Hassan.

Am 1. Mai 1985 in Bukarest:
RUMÄNIEN – ENGLAND 0:0
Rumänien: Lung, Negrila, Iorgulescu (40. Iovan), Stefanescu, Ungureanu, Rednic, Hagi, Coras (78. Lacatus), Bölöni, Klein, Camataru.
England: Shilton, Anderson, Butcher, Wright, Sansom, Wilkins, Robson, Steven, Barnes (72. Waddle), Mariner (85. Lineker), Francis.

Am 22. Mai 1985 in Helsinki:
FINNLAND – ENGLAND 1:1 (1:0)
Finnland: Huttunen, Lahtinen (84. Petaja), Ikalainen, Kymalainen, Nieminen, Houtsonen, Rautiainen, Turunen, Ukkonen (78. Hjelm), Rantanen, Lipponen.
England: Shilton, Anderson, Fenwick, Butcher, Sansom, Stevens (78. Waddle), Wilkins, Robson, Francis, Hateley, Barnes.

Am 6. Juni 1985 in Helsinki:
FINNLAND – RUMÄNIEN 1:1 (1:1)
Finnland: Huttunen, Lahtinen, Kymalainen (78. Pekonen), Houtsonen, Nieminen (70. Petaja), Turunen, Rautiainen, Ukkonen, Ikalainen, Lipponen, Rantanen.
Rumänien: Lung, Iovan, Iorgulescu, Stefanescu, Ungureanu, Rednic, Bölöni, Klein, Hagi, Coras (67. Lacatus), Camataru.

Am 28. August 1985 in Timisoara:
RUMÄNIEN – FINNLAND 2:0 (1:0)
Rumänien: Moraru, Rednic, Stefanescu, Ungureanu, Mateut, Iorgulescu (67. Iovan), Coras (46. Gabor), Klein, Camataru, Bölöni, Hagi.
Finnland: Huttunen, Houtsonen, Nieminen, Europeus, Ikalainen, Rautiainen, Ukkonen (71. Petaja), Hjelm, Lipponen, Rantanen, Turunen.

Am 11. September 1985 in Izmir:
TÜRKEI – NORDIRLAND 0:0
Türkei: Yasar, Ismail, Rasit, Sedat, Erdogan, Tüfekci (74. Bahattin), Mujdat, Hasan, Metin, Senol, Keser (27. Tanju).
Nordirland: Jennings, Nicholl, McClelland, O'Neill, Donaghy, Ramsey, Quinn, McIlroy (74. McCreery), Penney, Armstrong, Worthington.

Am 11. September 1985 in London:
ENGLAND – RUMÄNIEN 1:1 (1:0)
England: Shilton, Stevens, Wright, Fenwick, Sansom, Hoddle, Robson, Reid, Hateley, Lineker (80. Woodcock) Waddle (69. Barnes).
Rumänien: Lung, Negrila, Stefanescu, Ungureanu, Rednic, Iovan, Coras (81. Gabor), Klein (88. Mateu), Camataru, Bölöni, Hagi.

Am 25. September 1985 in Tampere:
FINNLAND – TÜRKEI 1:0 (1:0)
Finnland: Huttunen, Lahtinen, Kymalainen, Rantanen, Nieminen (79. Petaja), Turunen, Houtsonen, Ukkonen (57. Lipponen), Ikalainen, Rautiainen, Hjelm.
Türkei: Yasar, Ismail, Sedat, Rasit, Erdogan (46. Yusuf), Mujdat, Arif (46. Tüfekci), Selcuk, Hasan, Senol, Corlu.

Am 16. Oktober 1985 in Bukarest:
RUMÄNIEN – NORDIRLAND 0:1 (0:1)
Rumänien: Lung, Negrila (46. Geolgau), Iovan Ungureanu, Mateut, Iorgulescu, Rednic, Klein, Coras (62. Piturca), Bölöni, Hagi.
Nordirland: Jennings, J. Nicholl, Donaghy, J. O'Neill, McDonald, McCreery, Penney (72. Armstrong), McIlroy, Quinn, Whiteside, Stewart (46. Worthington).

Am 16. Oktober 1985 in London:
ENGLAND – TÜRKEI 5:0 (4:0)
England: Shilton, Stevens, Wright, Fenwick, Sansom, Hoddle, Wilkins, Robson (66. Steven), Lineker, Hateley (84. Woodcock), Waddle.
Türkei: Yasar, Ismail, Yusuf, Rasit, Sedat, Abdulkerim, Huseyin, Mujdat, Senol (37. Hasan Sengun), Hasan Vezir, Selcuk.

Am 13. November 1985 in London:
ENGLAND – NORDIRLAND 0:0
England: Shilton, Stevens, Wright, Fenwick, Sansom, Hoddle, Wilkins, Bracewell, Lineker, Dixon, Waddle.
Nordirland: Jennings, Nicholl, O'Neill, McDonald, Donaghy, McIlroy, McCreery, Whiteside, Penney (59. Armstrong), Quinn, Stewart (72. Worthington).

Am 13. November 1985 in Izmir:
TÜRKEI – RUMÄNIEN 1:3 (0:2)
Türkei: Öcan, Mujdat, Ismail, Yusuf, Erdogan, Riza, Metin, Unal, Senol (61. Ismail II), Tanju, Selcuk.
Rumänien: Lung, Iovan, Iorgulescu, Stefanescu, Barbulescu, Rednic, Bölöni, Klein, Hagi, Coras (83. Geolgau), Piturca (64. Camataru).

1. England	8	4 4 0	21:2	12:4
2. Nordirland	8	4 2 2	8:5	10:6
3. Rumänien	8	3 3 2	12:7	9:7
4. Finnland	8	3 2 3	7:12	8:8
5. Türkei	8	0 1 7	2:24	1:15

Qualifiziert: England und Nordirland

Gruppe 4

Am 29. September 1984 in Belgrad:
JUGOSLAWIEN – BULGARIEN 0:0
Jugoslawien: Stojic, Zoran Vujovic (40. Gracan), Baljic, Gudelj, Hadzibegic, Radanovic, Sestic, Sliskovic, Vokrri (70. Pancev), Bazdarevic, Zlatko Vujovic.
Bulgarien: Michailov, Petrov, Arabov, Markov, Dimitrov, Zdravkov, Yanchev (50. Tanev), Sadkov, Velitschkov, Gospodinov, Mladenov.

Am 13. Oktober 1984 in Luxemburg:
LUXEMBURG – FRANKREICH 0:4 (0:4)
Luxemburg: van Rijswick, Michaud, Scheuer, Petry, Meunier, Schonckert, Hellers, Weis, Dresch, Langers, Reiter.
Frankreich: Bats, Bibard, Battiston, Bossis, Amoros, Fernandez, Tusseau, Giresse, Platini (57. Ferreri), Stopyra, Brisson (73. Anziani).

Am 20. Oktober 1984 in Leipzig:
DDR – JUGOSLAWIEN 2:3 (1.1)
DDR: Müller, Kreer, Dörner, Stahmann, Zötzsche, Rohde, Ernst (70. Streich), Troppa, Stübner, Minge, Glowatzky.
Jugoslawien: Stojic, Radovic, Hadzibegic, Radanovic, Baljic, Gudelj, Zajec, Bazdarevic, Sestic (83. Josk), Vokrri (88. Deveric), Zlatko Vujovic.

Am 17. November 1984 in Esch-sur-Alzette:
LUXEMBURG – DDR 0:5 (0:0)
Luxemburg: van Rijswick, Girres, Schonckert, Weis, Scheuer, Meunier, Hellers, Petry, Malget (74. Dresch), Langers (71. Bossi), Reiter.
DDR: Müller, Kreer, Stahmann (65. Stübner), Dörner, Döschner, Thom, Troppa, Ernst, Steinbach, Minge, Glowatzky (46. Liebers).

Am 21. November 1984 in Paris:
FRANKREICH – BULGARIEN 1:0 (0:0)
Frankreich: Bats, Bibard, Senac, Bossis, Amoros, Fernandez, Tigana, Platini, Genghini, Stopyra (57. Toure, 83. Tusseau), Bellone.
Bulgarien: Michailov, Nikolov, Arabov, Dimitrov, Markov, Zdravkov, Sadkov, Gochev (46. Gospodinov), Sirakov, Iskrenov (74. Spassov).

Am 5. Dezember 1984 in Sofia:
BULGARIEN – LUXEMBURG 4:0 (2:0)
Bulgarien: Michailov, Pl. Nikolov, Arabov, Al. Markov (67. Getov), G. Dimitrov, Zdraykov, Gochev (59. Mladenov), Sirakov, Velitschkov, Spassov, Pashev.
Luxemburg: van Rijswick, Schonckert, Scheuer, Weis, Petry, Meunier, Girres, Hellers, Reiter (67. Bossi), Dresch, Malget (78. Hoscheid).

Am 8. Dezember 1984 in Paris:
FRANKREICH – DDR 2:0 (1:0)
Frankreich: Bats, Bibard, Bossis, Amoros, Giresse, Tigana, Fernandez, Platini, Stopyra (84. Anziani), Bellone.
DDR: Müller, Trautmann, Stahmann, Dörner, Döschner, Lieber, Troppa, Stübner, Steinbach (75. Richter), Minge (79. Glowatzky), Thom.

Am 27. März 1985 in Zenica:
JUGOSLAWIEN – LUXEMBURG 1:0 (1:0)
Jugoslawien: Stojic, Zoran Vujovic, Hadzibegic, Baljic, Radanovic, Gudelj, Sliskovic, Bazdarevic, Zlatko Vujovic, Durovski, Pasic (70. Sestic).
Luxemburg: van Rijswick, Schonckert, Wagner, Rohmann, Bossi, Barboni, Hellers, Weis (61. Malget), Dresch, Langers, Reiter.

Am 3. April 1985 in Sarajevo:
JUGOSLAWIEN – FRANKREICH 0:0
Jugoslawien: Stojic, Capljic, Baljic, Gudelj, Hadzibegic, Radanovic, Sestic (67. Sliakovic), Zajec, Halilhodzic, Bazdarevic, Zlatko Vujovic (63. Durovski
Frankreich: Bats, Ayache, Amoros, Specht, Battiston, Fer-

STATISTIK ZUR WELTMEISTERSCHAFT 1986

nandez (82. Tusseau), Tigana, Giresse, Stopyra (69. Toure), Platini, Bellone.

Am 6. April 1985 in Sofia:
BULGARIEN – DDR 1:0 (0:0)
Bulgarien: Michailov, Iliev, Arabov, Petrov, Dimitrov, Zdravkov, Gochev (25. Getov), Sadkov, Mladenov, Sirakov (60. Velitschkov), Iskrenov.
DDR: Müller, Kreer, Dörner, Stahmann, Döschner, Stübner, Krause, Backs (88. Schulz), Minge (88. Weidemann), Ernst, Thom.

Am 1. Mai 1985 in Luxemburg:
LUXEMBURG – JUGOSLAWIEN 0:1 (0:0)
Luxemburg: van Rijswick, Schonckert, Wagner, Bossi, Rohmann, Barboni, Hellers, Dresch, Reiter, Weis (72. Girres), Langers.
Jugoslawien: Stojic, Milius, Baljic, Hadzibegic, Zajec, Radanovic (46. Durovski), Zlatko Vujovic (75. Pancev), Gudelj, Vokrri, Bazdarevic, Minaric.

Am 2. Mai 1985 in Sofia:
BULGARIEN – FRANKREICH 2:0 (1:0)
Bulgarien: Michailov, Nikolov, Arabov, Petrov, Dimitrov, Zdravkov, Getov (75. Pashev), Sirakov, Velitschkov (56. Jeliaskov), Sadkov, Mladenov.
Frankreich: Bats, Ayache, Amoros, Specht, Bossis, Fernandez (69. Tusseau), Toure, Tigana, Stopyra, Platini, Bellone.

Am 18. Mai 1985 in Babelsberg:
DDR – LUXEMBURG 3:1 (3:0)
DDR: Müller, Kreer, Dörner, Rohde (57. Döschner), Zötzsche, Pilz, Ernst, Liebers, Kirsten, Minge, Thom.
Luxemburg: van Rijswick, Schonckert (60. Meunier), Rohmann, Bossi, Wagner, Weis, Barboni, Dresch, Hellers, Reiter (71. Malget), Langers.

Am 1. Juni 1985 in Sofia:
BULGARIEN – JUGOSLAWIEN 2:1 (1:1)
Bulgarien: Michailov, Nikolov, Arabov, Petrov, G. Dimitrov, Zdravkov, Getov, Sirakov (53. Jeliaskov), Velitschkov (46. Kostadinov), Sadkov, S. Mladenov.
Jugoslawien: Stojic, Capljic, Radanovic, Gudelj, Zajec, Hadzibegic, Bahtic (35. Mrkela), Mlinaric, Vokrri, Bazdarevic, Durovski.

Am 11. September 1985 in Leipzig:
DDR – FRANKREICH 2:0 (0:0)
DDR: Müller, Kreer, Rohde, Sänger, Zötzsche, Stübner, Liebers, Minge, Thom, Kirsten, Ernst.
Frankreich: Bats, Bibard, Ayache, Le Roux, Bossis, Fernandez, Poullain (75. Bellone), Giresse, Platini, Rocheteau, Toure.

Am 25. September in Luxemburg:
LUXEMBURG – BULGARIEN 1:3 (0:3)
Luxemburg: van Rijswick, Schonckert, Dresch, Scheuer, Meunier, Jeitz, Weis (46. Girres), Hellers, Barboni (74. Malget), Retier, Langers.
Bulgarien: Valov, Zdravkov, Arabov, P. Petrov, G. Dimitrov, Sadkov, Getov (69. Kolev), Gochev, Kostadinov, Gospodinov, Iskrenov (80. Paschev).

Am 28. September 1985 in Belgrad:
JUGOSLAWIEN – DDR 1:2 (0:0)
Jugoslawien: Ljukovcan, Elsner, Gracan, Radanovic, Kapetanovic, Gudelj (62. Capljic), Skoro, Bazdarevic, Nicolic (46. Durovski), Bursac, Zlatko Vujovic.
DDR: Müller, Rohde, Kreer, Sänger, Zötzsche, Pilz, Minge, Liebers, Thom, Kirsten (89. Heun), Ernst.

Am 30. Oktober 1985 in Paris:
FRANKREICH – LUXEMBURG 6:0 (4:0)
Frankreich: Bats, Ayache, Battiston, Bossis (28. Le Roux), Amoros, Tigana, Fernandez, Giresse, Platini, Rocheteau (64. Bellone), Toure.
Luxemburg: von Rijswick, Meunier, Bossi, Dresch, Schonckert, Weis, Jeitz (62. Wagner), Hellers, Hoscheid (84. Scholten), Langers, Girres.

Am 16. November 1985 in Karl-Marx-Stadt:
DDR – BULGARIEN 2:1 (2:1)
DDR: Müller, Kreer, Rohde, Sänger, Zötzsche, Stübner, Liebers, Pilz, Kirsten (78. Heun), Ernst (78. Glowatzki), Minge.
Bulgarien: Valov, E. Dimitrov, G. Dimitrov, Kolev, Petrov, Zdravkov (65. Kh. Kolev), Jeliaskov, Gochev, Gospodinov, Kostadinov, Iskrenov (78. Getov).

Am 16. November 1985 in Paris:
FRANKREICH – JUGOSLAWIEN 2:0 (1:0)
Frankreich: Bats, Ayache, Amoros, Le Roux, Battiston, Fernandez, Tigana, Giresse, Rocheteau (76. Stopyra), Platini, Toure.
Jugoslawien: Stojic, Milius, Kapetanovic, Gudelj, Veremezovic, Radanovic, Stojkovic (46. Soro), Sliskovic, Bursac, Bazdarevic, Zlatko Vujovic.

1. Frankreich	8	5 1 2	15:4	11:5
2. Bulgarien	8	5 1 2	13:5	11:5
3. DDR	8	5 0 3	16:9	10:6
4. Jugoslawien	8	3 2 3	7:8	8:8
5. Luxemburg	8	0 0 8	2:27	0:16

Qualifiziert: Frankreich und Bulgarien

Gruppe 5

Am 21. Mai 1984 in Nikosia:
ZYPERN – ÖSTERREICH 1:2 (0:1)
Zypern: Konstantinou, Miamiliotis, Erotokritou, Pandsaras, Jangukadis, Kounas (69. Christophorou), Demetriou, Foti, Kious (58. Tsingis), Theophanou.
Österreich: Koncilia, Obermayer, Krauss, Pezzey, Pregesbauer, Gisinger, Prohaska, Weber, Hörmann, Niederbacher (88. Willfurth), Schachner.

Am 26. September 1984 in Budapest:
UNGARN – ÖSTERREICH 3:1 (0:1)
Ungarn: Andrusch, Roth, Csuhay (46. Sallai), Garaba, Varga, Kardos, Nagy, Detari, Kiprich, Nyilasi, Esterhazy.
Österreich: Koncilia, Pezzey, Dihanich, Messlender, Pregesbauer, Weber, Prohaska, Gisinger (75. Drabits), Gasselich (64. Hörmann), Schachner, Polster.

Am 17. Oktober 1984 in Rotterdam:
HOLLAND – UNGARN 1:2 (1:1)
Holland: van Breukelen, Silooy, Spelbos, van de Kerkhof, Wijnstekers, Gullit, Rijkaard, Valke (67. Koeman), van der Gijp, van Basten (61. Houtman), Kieft.
Ungarn: Andrusch, Sallai, Roth, Garaba (46. Csongradi), Varga, Kardos, Nagy (90. Bodonyi), Detari, Kiprich, Nyilasi, Esterhazy.

Am 14. November 1984 in Wien:
ÖSTERREICH – HOLLAND 1:0 (1:0)
Österreich: Koncilia, Pezzey, Weber, Messlender (86. Lainer), Hörmann, Prohaska, Brauneder, Jara, Polster, Schachner, Steinkogler.
Holland: van Breukelen, Spelbos, van Tiggelen, Brandts, Ophof, Lokhoff (73. Been), W. van de Kerkhof, Valke, Boeve (33. van der Gijp), Gullit, van Basten.

Am 17. November 1984 in Nikosia:
ZYPERN – UNGARN 1:2 (1:0)
Zypern: Konstantinou, K. Pandsaras, N. Pandsaras, Klitos, Miamiliotos, Jangukadis, Savidis (85. Damianou), Marangos, Mavris, Fotis, Tsikos.
Ungarn: Andrusch, Sallai, Roth, Garaba, Varga, Csongradi (46. Daika), Nagy, Detari, Kiprich (46. Bodonyi), Nyilasi, Esterhazy.

Am 23. Dezember 1984 in Nikosia:
ZYPERN – HOLLAND 0:1 (0:0)
Zypern: Konstantinou, Kouis, K. Pandsaras, N. Pandsaras, Erotokritou, Miamiliotis, Jangudakis, Mavris, Marangos, Tsikos, Savidis, Fotis.
Holland: van Breukelen, Boeve, Spelbos, Brandts, Wijnstekers, Valke, W. van de Kerkhof, Gullit, Houtman, van Basten, van der Gijp.

Am 27. Februar 1985 in Amsterdam:
HOLLAND – ZYPERN 7:1 (3:1)
Holland: van Breukelen, W. van de Kerkhof, Wijnstekers, Brandts, Boeve, Schoenaker, Koeman, Gullit (66. van der Gijp), van Basten, Kieft, Tahamata.
Zypern: Konstantinou, K. Pandsaras, Miamiliotis, Erotokritou, N. Pandsaras, K. Konstantinou, Marangos, Kouis (75. Damianou), Savidis, Tsikos (78. Nikolaou), Fotis.

Am 3. April 1985 in Budapest:
UNGARN – ZYPERN 2:0 (0:0)
Ungarn: Disztl, Roth, Sallai, Garaba, Varga, Kardos, Nagy, Nyilasi, Detari, Bodonyi (64. Kiprich), Esterhazy (78. Szokolai).
Zypern: Konstantinou, Karseras (86. Nikolaou), N. Pandsaras, Erotokritou, Miamiliotis, K. Konstantinou, Marangos, Tsingis, Jangudakis, Savidis (90. Mavroudis), Fotis.

Am 17. April 1985 in Wien:
ÖSTERREICH – UNGARN 0:3 (0:2)
Österreich: Koncilia, Lainer, Weber, Pezzey, Degeorgi (46. Türmer), Prohaska, Hörmann, Oberacher (46. Polster), Jara, Schachner, Krankl.
Ungarn: Disztl, Sallai, Roth, Garaba, Peter, Kardos, Nagy, Nyilasi, Detari, Kiprich, Esterhazy.

Am 1. Mai 1985 in Rotterdam:
HOLLAND – ÖSTERREICH 1:1 (0:0)
Holland: van Breukelen, van de Korput, Wijnstekers, Brandts, Schoenaker, Rijkaard, van de Kerkhof, Koeman, van der Gijp (77. de Witt), Kieft, Tahamata.
Österreich: Koncilia, Pezzey, Lainer, Brauneder, Türmer, Hörmann, Prohaska, Kienast, Willfurth, Schachner, Polster (79. Hrstic).

Am 7. Mai 1985 in Graz:
ÖSTERREICH – ZYPERN 4:0 (2:0)
Österreich: Koncilia, Pezzey, Lainer, Pichler, Brauneder, Hörmann, Prohaska, Hrstic, Willfurth, Schachner, Polster (68. Pacult).
Zypern: Konstantinou, C. Konstantinou, N. Pandsaras (46. K. Pandsaras), Erotokritou, Paktikis, Marangos, Jangudakis, Nikolaou, Tsingis (87. Christophi), Savidis, Fotis.

Am 14. Mai 1985 in Budapest:
UNGARN – HOLLAND 0:1 (0:0)
Ungarn: Disztl, Kardos, Roth, Peter, Sallai, Nagy (56. Varga), Garaba, Detari, Kiprich, Nyilasi, Esterhazy (71. Meszaros).
Holland: van Breukelen, van de Korput, Wijnstekers, Rijkaard, van Tiggelen, Schoenaker, Lokhoff (46. de Witt), W. van de Kerkhof (63. Koeman), Tahamata, Kieft, van Basten.

1. Ungarn	6	5 0 1	12:4	10:2
2. Holland	6	3 1 2	11:5	7:5
3. Österreich	6	3 1 2	9:8	7:5
4. Zypern	6	0 0 6	3:18	0:12

Qualifiziert: Ungarn

Gruppe 6

Am 12. September 1984 in Oslo:
NORWEGEN – SCHWEIZ 0:1 (0:1)
Norwegen: Thorstvedt, Soler, Hareide, Kojedal, Gröndalen, Herlovsen, Ahlsen, Davidsen, Giske (ab 61. Albertsen), Dokken, Brandhaug (43. Seland).
Schweiz: Engel, Wehrli, In-Albon, Egli, Schällibaum, Koller, Geiger, Hermann, Brigger, Barberis, Sutter.

Am 12. September 1984 in Dublin:
IRLAND – UdSSR 1:0 (0:0)
Irland: McDonagh, Devine, Hughton, Lawrenson, O'Leary, Brady, Whelan, Grealish, Galvin, Walsh (80. O'Keefe), Robinson.
UdSSR: Dassajew, Sulakwelidse, Schiwadse, Demjanenko, Baltatscha, Oganesjan (80. Gotsmanow), Litowtschenko, Bessonow (38. Sigmantowitsch), Aleijnikow.

Am 26. September 1984 in Kopenhagen:
DÄNEMARK – NORWEGEN 1:0 (0:0)
Dänemark: Qvist, M. Olsen, Busk, Nielsen, Bertelsen, Berggreen (ab 54. Brylle), Mölby, J. Olsen (77. Lauridsen), Christofte, Laudrup, Elkjaer-Larsen.
Norwegen: Thorstvedt, Hareide, Fjellberg, Kojedal, Groendalen, Soler, Thoresen, Ahlsen, Jacobsen (75. Matjiesen), Vaadal (54. Moon).

Am 10. Oktober 1984 in Oslo:
NORWEGEN – UdSSR 1:1 (0:0)
Norwegen: Thorstvedt, Fjellberg, Kojedal, Hareide, Mordt, Soler, Ahlsen, Davidsen (71. Johansen), Thoresen, Oekland, Jacobsen.
UdSSR: Dassajew, Posdnjakow, Sulakwelidse, Baltatscha, Bubnow, Litowtschenko, Gotsmanow, Oganesjan (46. Sigmantowitsch), Aleijnikow, Protassow (67. Kondratjew), Rodionow.

Am 17. Oktober 1984 in Bern:
SCHWEIZ – DÄNEMARK 1:0 (1:0)
Schweiz: Engel, Wehrli, Egli, In-Albon, Hermann, Geiger, Schällibaum, Bregy, Zwicker, Barberis (85. Ponte), Briggler (75. Sutter).
Dänemark: Qvist, M. Olsen, Busk, Christofte, Nielsen, Mölby (57. Brylle), Bertelsen, J. Olsen, Berggreen (79. Sievebaeck), Laudrup, Elkjaer-Larsen.

Am 17. Oktober 1984 in Oslo:
NORWEGEN – IRLAND 1:0 (1:0)
Norwegen: Thorstvedt, Fjellberg (33. Davidsen), Kojedal, Hareide, Mordt, Soler, Ahlsen, Herlovsen, Thoresen, Oekland, Jacobsen (89. Henriksen).
Irland: McDonagh, Devine, Hughton, Lawrenson O'Leary, Brady, Whelan (68. O'Callaghan), Grealish: Galvin, Stapleton, Robinson (69. Walsh).

Am 14. November 1984 in Kopenhagen:
DÄNEMARK – IRLAND 3:0 (1:0)
Dänemark: Qvist, M. Olsen, Sievebaeck, Busk, Nielsen, Bertelsen (57. Mölby), Berggreen, Arnesen, Lerby, Laudrup, Elkjaer-Larsen (64. Brylle).
Irland: McDonagh, Lawrensen, McCarthy, O'Leary, Beglin, Grealish, Brady, Sheedy, Galvin (46. O'Callaghan), Stapleton, Walsh.

Am 17. April 1985 in Bern:
SCHWEIZ – UdSSR 2:2 (1:1)
Schweiz: Engel, Wehrli, In-Albon, Egli, Lüdi, Geiger, Bregy, Hermann, Brigger, Barberis, Cina.
UdSSR: Dassajew, Baltatscha, Larionow, Wischnewski, Demjanenko, Gotsmanow, Aleijnikow, Litowtschenko, Protassow, Gawrilow, Kondratjew.

Am 1. Mai 1985 in Dublin:
IRLAND – NORWEGEN 0:0
Irland: Bonner, Langan (83. McGrath), O'Leary, Lawrensen, Beglin, Waddock, Brady (67. Whelan), Daly, Robinson, Stapleton, Galvin.
Norwegen: Thorstvedt, Fjellberg, Kojedal, Hareide, Henriksen, Herlovsen (58. Erlandsen), Ahlsen, Oekland, Soler, Moen (87. Jacobsen), Thoresen.

Am 2. Mai 1985 in Moskau:
UdSSR – SCHWEIZ 4:0 (4:0)
UdSSR: Dassajew, Wischnewski, Larionow, Sulakwelidse, Demjanenko, Litowtschenko (77. Belanow), Aleijnikow, Gotsmanow, Protassow, Gawrilow, Kondratjew (72. Tscherenkow).
Schweiz: Engel, Wehrli, Lüdi, Egli, In-Albon, Schällibaum, Geiger, Hermann, Bregy (61. Braschler), Barberis (61. Matthey), Brigger.

Am 2. Juni 1985 in Dublin:
IRLAND – SCHWEIZ 3:0 (2:0)
Irland: McDonagh, Langan, O'Leary, McCarthy, Beglin, Daly (46. Whelan), Grealish (61. McGrath), Brady, Sheedy, Robinson, Stapleton.
Schweiz: Engel (24. Burgener), Wehrli, In-Albon, Lüdi, Geiger, Hermann, Decastel, Egli, Matthey, Barberis (59. Bregy), Braschler.

Am 5. Juni 1985 in Kopenhagen:
DÄNEMARK – UdSSR 4:2 (2:1)
Dänemark: Qvist, M. Olsen, Busk, Nielsen, Lerby, Arnesen (78. Andersen), Berggreen, J. Olsen (46. Frimann), Bertelsen, Laudrup, Elkjaer-Larsen.
UdSSR: Dassajew, Sulakwelidse, Posniakow, Demjanenko, Baltatscha, Aleijnikow, Gotsmanow, Litowtschenko (22. Sigmantowitsch), Gawrilow (75. Kondratjew), Protassow, Belanow.

Am 11. September 1985 in Bern:
SCHWEIZ – IRLAND 0:0
Schweiz: Engel, Geiger, In-Albon, Egli, Schällibaum (75. Brigger), Koller, Perret, Hermann, Bregy, Barberis.
Irland: McDonagh, Hughton, O'Leary, McCarthy, Beglin, Daly (60. McGrath), Lawrensen, Brady, Sheedy (71. O'Callaghan), Stapleton, Cascarino.

Am 25. September 1985 in Moskau:
UdSSR – DÄNEMARK 1:0 (0:0)
UdSSR: Dassajew, Tschiwadse, Morosow, Bubnow, Demjanenko, Larionow (27. Sawarow), Aleijnikow, Tscherenkow, Gotsmanow, Protassow, Blochin (84. Kondratjew).
Dänemark: T. Rasmussen, M. Olsen, Sievebaeck, Nielsen (30. Mölby), Busk, Berggreen, Bertelsen, Arnesen, Lerby, Laudrup, Elkjaer-Larsen.

Am 9. Oktober 1985 in Kopenhagen:
DÄNEMARK – SCHWEIZ 0:0
Dänemark: T. Rasmussen, M. Olsen, Berggreen, Busk, Nielsen, Simonsen (46. Sievebaeck), Bertelsen, Lerby, Arnesen (81. Mölby), Laudrup, Elkjaer-Larsen.

STATISTIK ZUR WELTMEISTERSCHAFT 1986

Schweiz: Engel, Geiger, Lüdi, In-Albon, Hermann, Koller, Bregy, Schällibaum, Matthey, Egli, Sutter (64. Braschler).

Am 16. Oktober 1985 in Moskau:
UdSSR – IRLAND 2:0 (0:0)
UdSSR: Dassajew, Tschiwadse, Morosow, Bubnow, Demjanenko, Aleijnikow, Gotsmanow, Sawarow (64. Bessonow), Tscherenkow, Protassow, Blochin (57. Kondratjew).
Irland: McDonagh, Hughton, O'Leary, McCarthy, Beglic (81. O'Callaghan), Waddock, Lawrensen, Brady, Grealish (71. Whelan), Stapleton, Cascarino.

Am 16. Oktober 1985 in Oslo:
NORWEGEN – DÄNEMARK 1:5 (1:0)
Norwegen: Thorstvedt, Fjellberg (51. Kojedal), Hareide (71. Jacobsen), Ahlsen, Henriksen, Davidsen, Herlovsen, Thoresen, Sundby, Oekland, Andersen.
Dänemark: Rasmussen, M. Olsen, Busk, Nielsen, Sievebaeck, Berggreen, Bertelsen (46. Mölby), Arnesen (70. Frimann), Lerby, Laudrup, Elkjaer-Larsen.

Am 31. Oktober 1985 in Moskau:
UdSSR – NORWEGEN 1:0 (0:0)
UdSSR: Dassajew, Morosow, Tschiwadse, Demjanenko, Bubnow, Sawarow, Gotsmanow, Tscherenko, Aleijnikow (46. Bessonow), Protassow (85. Gawrilow), Kondratjew.
Norwegen: Thorstvedt, Henriksen, Kojedal, Hareide, Mordt, Davidsen, Herlovsen, Sundby, Andersen (75. Brandhug), Oekland, Thoresen.

Am 13. November 1985 in Luzern:
SCHWEIZ – NORWEGEN 1:1 (0:1)
Schweiz: Engel, Lüdi, Geiger, In-Albon, Schällibaum, Egli, Hermann, Bregy (73. Koller), Matthey, Brigger, Sulser (78. Cina).
Norwegen: Thorstvedt, Henriksen, Kojedal, Hareide, Mordt, Davidsen, Ahlsen (78. Brandhug), Herlovsen, Thoresen, Sundby, Oekland (73. Andersen).

Am 13. November 1985 in Dublin:
IRLAND – DÄNEMARK 1:4 (1:1)
Irland: McDonagh, Lawrensen, Moran, O'Leary, Beglin, McGrath, Brady, Grealish (31. Byrne), Sheedy (17. Robinson), Stapleton, Cascarino.
Dänemark: Rasmussen, M. Olsen (17. Arnesen), Busk, Nielsen, Sievebaeck, Mölby, Berggreen, Lerby (78. Bertelsen), J. Olsen, Elkjaer-Larsen, Laudrup.

1. Dänemark	8 5 1 2	17:6	11:5
2. UdSSR	8 4 2 2	13:8	10:6
3. Schweiz	8 2 4 2	5:10	8:8
4. Irland	8 2 2 4	5:10	6:10
5. Norwegen	8 1 3 4	4:10	5:11

Qualifiziert: Dänemark und UdSSR

Gruppe 7

Am 12. September 1984 in Reykjavik:
ISLAND – WALES 1:0 (0:0)
Island: Sigurdsson, Thrainsson, Sveinsson, Bergs, Jonsson, Edvaldsson, Thorbjörnsson, Sigurvinsson, Gudlaugsson, Petursson, Gretarsson.
Wales: Southall, Slatter, Hopkins, Ratcliff, Jones, G. Davies (60. Charles), A. Davies, Jackett, Thomas, R. James, Hughes.

Am 17. Oktober 1984 in Sevilla:
SPANIEN – WALES 3:0 (1:0)
Spanien: Arconada, Senor, Goicoechea, Maceda, Camacho, Victor, Francisco (33. Roberto), Gordillo, Rincon (80. Julio Alberto), Butragueño, Carasco.
Wales: Southall, Jackett, Ratcliff, Charles, Slatter, Philips, James, Nicholas, Thomas (60. Vaughan), Curtis, Hughes.

Am 17. Oktober 1984 in Glasgow:
SCHOTTLAND – ISLAND 3:0 (1:0)
Schottland: Leighton, Nicol, McLeish, Miller, Albiston, Souness, McStay, Cooper, Bett, Dalglish (68. Nicholas), Johnston.
Island: Sigurdsson, Thrainsson, Jonsson, Sveinsson, Bergs, Gudlaugsson, Sigurvinsson, Margeirsson, Gudjonsson, Edvaldsson, Petursson.

Am 14. November 1984 in Glasgow:
SCHOTTLAND – SPANIEN 3:1 (2:0)
Schottland: Leighton, Nicol, Miller, McLeish, Albiston, Dalglish, Souness, Cooper, Bett, McStay, Johnston.
Spanien: Arconada, Maceda, Urquiaga, Goicoechea, Camacho, Senor, Victor, Urtabi, Gordillo, Rincon (46. Butrageno), Santillana.

Am 14. November 1984 in Cardiff:
WALES – ISLAND 2:1 (1:0)
Wales: Southall, Slatter, Jackett, Ratcliff, Charles (30. Hopkins), Philips, James, Hughes, Rush, Thomas, Davies.
Island: Sigurdsson, Thrainsson, Bergs, St. Johnsson, Gretarsson, S. Jonsson, Gudjonsson, Petursson, Geirsson, Thorbjörnsson, Sveinsson.

Am 27. Februar 1985 in Sevilla:
SPANIEN – SCHOTTLAND 1:0 (0:0)
Spanien: Arconada, Maceda, Gerardo, Goicoechea, Camacho, Senor, Roberto, Gallego (82. Julio Alberto), Gordillo, Butragueño, Clos.
Schottland: Leighton, Gough, McLeish, Miller, Albiston, McStay (77. Strachan), Bett, Souness, Cooper, Archibald (85. Nicholas), Johnston.

Am 27. März 1985 in Glasgow:
SCHOTTLAND – WALES 0:1 (0:1)
Schottland: Leighton, Nicol, McLeish, Miller, Albiston (58. Hansen), Johnston, Souness, Cooper, Bett, Dalglish, McStay (75. Nicholas).
Wales: Southall, Slatter, Jones, Philips, Jackett, Ratcliff, James, P. Nicholas, Thomas, Hughes, Rush.

Am 30. April 1985 in Wrexham:
WALES – SPANIEN 3:0 (1:0)
Wales: Southall, Slatter, van den Houwe, Philips, Jackett, Ratcliff, James, P. Nicholas, Thomas, Rush, Hughes.
Spanien: Arconada, Maceda, Gerardo, Goicoechea, Liceranzu, Julio Alberto, Victor, Gallego (46. Caldere), Gordillo, Rojo, Rincon (57. Clos).

Am 28. Mai 1985 in Reykjavik:
ISLAND – SCHOTTLAND 0:1 (0:0)
Island: Gudmundsson, Thrainsson, Siggi Jonsson, Bergs, Petursson, Seiver Jonsson, Gudlaugsson, Edvaldsson, Thordarsson, Gretarsson, Sveinsson.
Schottland: Leighton, Gough, McLeish, Miller, Malpas, Strachan, Souness, Atkin, Bett, Sharp, Gray (46. Archibald).

Am 12. Juni 1985 in Reykjavik:
ISLAND – SPANIEN 1:2 (0:1)
Island: Sigurdsson, Thrainsson, Bergs, Jonsson, Gudlaugsson, Thorbjörnsson, Edvaldsson, Torfasson (77. Sveinsson), Gretarsson (68. Gislarsson), Margeirsson, Thordarsson.
Spanien: Zubizarreta, Gerardo, Maceda, Goicoechea, Camacho, Victor, Gallego (77. Caldere), Quique, Rincon (46. Sarabia), Santillana, Marcos.

Am 10. September 1985 in Cardiff:
WALES – SCHOTTLAND 1:1 (1:0)
Wales: Southall, van den Houwe, Jones, Ratcliff, Jackett, James (81. Lovell), Philips, Nicholas, Thomas (84. Blackmore), Rush, Hughes.
Schottland: Leighton (46. Rough), Gough, McLeish, Miller, Malpas, Aitken, Nicol, Strachan (52. Cooper), Bett, Sharp, Speedy.

Am 25. September 1985 in Sevilla:
SPANIEN – ISLAND 2:1 (1:1)
Spanien: Zubizarreta, Maceda, Gerardo, Goicoechea, Camacho, Victor, Gallego, Gordillo, Butragueño, Rincon, Rojo.
Island: Sigurdsson, Seiver Jonsson, Thrainsson, Edvaldsson, Gudlansson, Gudjonsson, Sigurvinsson, Sigurdur Jonsson, Thorbjörnsson, Petursson, Thordarsson.

1. Spanien	6 4 0 2	9:8	8:4
2. Schottland	6 3 1 2	8:4	7:5
3. Wales	6 3 1 2	7:6	7:5
4. Island	6 1 0 5	4:10	2:10

Qualifiziert: Spanien

Zusätzliche Qualifikationen

Entscheidungsspiele zwischen den Zweiten der Gruppen 1 und 5:

Am 16. Oktober 1985 in Brüssel:
BELGIEN – HOLLAND 1:0 (1:0)
Belgien: Pfaff, Gerets, Grun (69. Czerniatynski), F. van der Elst, Renquin, L. van der Elst, Ceulemans, Vandereycken, Vercauteren, Vandenbergh, Claesen.
Holland: van Breukelen, Wijnstekers, Spelbos, van de Korput, van Tiggelen, Gullit (85. Ophof), Rijkaard, W. van de Kerkhof, van Basten, Kieft, de Witt (88. Tahamata).

Am 17. November 1985 in Rotterdam:
HOLLAND – BELGIEN 2:1 (0:0)
Holland: van Breukelen, Wijnstekers, Spelbos, van de Korput (46. van Loen), van Tiggelen, Gullit, Rijkaard, Valke, Tahamata (75. Silooy), Houtman, de Witt.
Belgien: Pfaff, Gerets, Broos, F. van der Elst (73. Veyt), de Wolf, Vercauteren, Vandereycken, L. van der Elst (46. Grun), Clijsters, Desmet, Ceulemans.

Qualifiziert: Belgien (bei Torgleichheit zählte das Auswärtstor der Belgier doppelt)

Entscheidungsspiele zwischen dem Zweiten der Gruppe 7 und dem Sieger der Ozeanien-Gruppe:

Am 20. November 1985 in Glasgow:
SCHOTTLAND – AUSTRALIEN 2:0 (0:0)
Schottland: Leighton, Nicol, Malpas, Souness, McLeish, Miller, Dalglish (69. Sharp), Strachan, McAvennie, Aitken, Cooper.
Australien: Greedy, Davidson, Jennings, Yankos, Radcliff, O'Connor, Watson, Mitchell, Kosmina, Murphy, Crino.

Am 4. Dezember 1985 in Melbourne:
AUSTRALIEN – SCHOTTLAND 0:0
Australien: Greedy, Davidson, Jennings, Yankos, Radcliff, Crino (70. Odsakov), Dunn (76. Farina), Murphy, Patikas, Kosmina, Mitchell.
Schottland: Leighton, Gough, Malpas, Souness, McLeish, Miller, Speedy (76. Sharp), McStay, McAvennie, Aitken, Cooper.

Qualifiziert: Schottland
Italien als Titelverteidiger automatisch qualifiziert

SÜDAMERIKA

GRUPPE 1

26. 5. 85	Kolumbien – Peru		1:0
25. 5. 85	Venezuela – Argentinien		2:3
2. 6. 85	Kolumbien – Argentinien		1:3
2. 6. 85	Venezuela – Peru		0:1
9. 6. 85	Peru – Kolumbien		0:0
9. 6. 85	Argentinien – Venezuela		3:0
16. 6. 85	Peru – Venezuela		4:1
16. 6. 85	Argentinien – Kolumbien		1:0
23. 6. 85	Venezuela – Kolumbien		2:2
23. 6. 85	Peru – Argentinien		1:0
30. 6. 85	Argentinien – Peru		2:2
30. 6. 85	Kolumbien – Venezuela		2:0

1.	Argentinien	6 4 1 1	12:6	9:3
2.	Peru	6 3 2 1	8:4	8:4
3.	Kolumbien	6 2 2 2	6:6	6:6
4.	Venezuela	6 0 1 5	5:15	1:11

Qualifiziert: Argentinien

GRUPPE 2

3. 3. 85	Ecuador – Chile	1:1
10. 3. 85	Uruguay – Ecuador	2:1
17. 3. 85	Chile – Ecuador	6:2
24. 3. 85	Chile – Uruguay	2:0
31. 3. 85	Ecuador – Uruguay	0:2
7. 4. 85	Uruguay – Chile	2:1

1.	Uruguay	4 3 0 1	6:4	6:2
2.	Chile	4 2 1 1	10:5	5:3
3.	Ecuador	4 0 1 3	4:11	1:7

Qualifiziert: Uruguay

GRUPPE 3

26. 5. 85	Bolivien – Paraguay	1:1
2. 6. 85	Bolivien – Brasilien	0:2
9. 6. 85	Paraguay – Bolivien	3:0
16. 6. 85	Paraguay – Brasilien	0:2
23. 6. 85	Brasilien – Paraguay	1:1
30. 6. 85	Brasilien – Bolivien	1:1

1.	Brasilien	4 2 2 0	6:2	6:2
2.	Paraguay	4 1 2 1	5:4	4:4
3.	Bolivien	4 0 2 2	2:7	2:6

Qualifiziert: Brasilien

Die drei Gruppenzweiten und der Dritte der Gruppe 1 ermittelten den vierten Teilnehmer aus Südamerika.

HALBFINALE

27.10. 85	Chile – Peru	4:2
3.11. 85	Peru – Chile	0:1
27.10. 85	Paraguay – Kolumbien	3:0
3.11. 85	Kolumbien – Paraguay	2:1

ENDSPIELE

10.11. 85	Paraguay – Chile	3:0
17.11. 85	Chile – Paraguay	2:2

Qualifiziert: Paraguay

NORD – UND MITTELAMERIKA

1. RUNDE (K.-o.-System)

29. 7. 84	El Salvador – Puerto Rico	5:0
5. 8. 84	Puerto Rico – El Salvador	0:3
29. 9. 84	Niederländ. Antillen – USA	0:0
6.10. 84	USA – Niederländ. Antillen	4:0
15. 6. 84	Panama – Honduras	0:3
24. 6. 84	Honduras – Panama	1:0
4. 8. 84	Antigua – Haiti	0:4
7. 8. 84	Haiti – Antigua	1:2
15. 8. 84	Surinam – Guayana	1:0
29. 8. 84	Guayana – Surinam	1:1

Freilos: Guatemala; Jamaika verzichtete gegen Kanada; Grenada verzichtete gegen Trinidad/Tobago; Barbados verzichtete gegen Costa Rica.

2. RUNDE
2. RUNDE, GRUPPE 1

24. 2. 85	Surinam – El Salvador	0:3
27. 2. 85	El Salvador – Surinam	3:0
3. 3. 85	Surinam – Honduras	1:1
6. 3. 85	Honduras – Surinam	2:1
10. 3. 85	El Salvador – Honduras	1:2
14. 3. 85	Honduras – El Salvador	0:0

1.	Honduras	4 2 2 0	5:3	6:2
2.	El Salvador	4 2 1 1	7:2	5:3
3.	Surinam	4 0 1 3	2:9	1:7

2. RUNDE, GRUPPE 2

13. 4. 85	Kanada – Haiti	2:0
20. 4. 85	Kanada – Guatemala	2:1
26. 4. 85	Haiti – Guatemala	0:1
5. 5. 85	Guatemala – Kanada	1:1
8. 5. 85	Haiti – Kanada	0:2
15. 5. 85	Guatemala – Haiti	4:0

1.	Kanada	4 3 1 0	7:2	7:1
2.	Guatemala	4 2 1 1	7:3	5:3
3.	Haiti	4 0 0 4	0:9	0:8

2. RUNDE, GRUPPE 3

24. 4. 85	Trinidad/Tobago – Costa Rica	0:3

STATISTIK ZUR WELTMEISTERSCHAFT 1986

28. 4. 85	Costa Rica – Trinidad/Tobago			1:1
15. 5. 85	Trinidad/Tobago – USA			1:2
19. 5. 85	USA – Trinidad/Tobago			1:0
26. 5. 85	Costa Rica – USA			1:1
31. 5. 85	USA – Costa Rica			0:1

1.	Costa Rica	4 2 2 0	6:2	6:2
2.	USA	4 2 1 1	4:3	5:3
3.	Trinidad/Tobago	4 0 1 3	2:7	1:7

3. RUNDE

11. 8. 85	Costa Rica – Honduras	2:2
17. 8. 85	Kanada – Costa Rica	1:1
25. 8. 85	Honduras – Kanada	0:1
1. 9. 85	Costa Rica – Kanada	0:0
8. 9. 85	Honduras – Costa Rica	3:1
14. 9. 85	Kanada – Honduras	2:1

1.	Kanada	4 2 2 0	4:2	6:2
2.	Honduras	4 1 1 2	6:6	3:5
3.	Costa Rica	4 0 3 1	4:6	3:6

Qualifiziert: Kanada (und Mexiko als Veranstalter)

OZEANIEN

3. 9. 85	Israel – Taiwan	6:0
8. 9. 85	Taiwan – Israel	0:5
21. 9. 85	Neuseeland – Australien	0:0
5.10. 85	Neuseeland – Taiwan	5:1
8.10. 85	Israel – Australien	1:2
12.10. 85	Taiwan – Neuseeland	0:5
20.10. 85	Australien – Israel	1:1
23.10. 85	Australien – Taiwan	7:0
26.10. 85	Neuseeland – Israel	3:1
27.10. 85	Taiwan – Australien	0:8
3.11. 85	Australien – Neuseeland	2:0
10.11. 85	Israel – Neuseeland	3:0

1.	Australien	6 4 2 0	20:2	10:2
2.	Israel	6 3 1 2	17:6	7:5
3.	Neuseeland	6 3 1 2	13:7	7:5
4.	Taiwan	6 0 0 6	1:36	0:12

Entscheidungsspiele des Ozeanien-Siegers gegen den Zweiten der Europa-Gruppe 7:

20.11. 85	Schottland – Australien	2:0
4.12. 85	Australien – Schottland	0:0

Keine Mannschaft aus Ozeanien qualifiziert

AFRIKA

Alle Spiele im K.-o.-System

1. RUNDE

28. 8. 84	Ägypten – Simbabwe	1:0
30. 9. 84	Simbabwe – Ägypten	1:1
13.10. 84	Kenia – Äthiopien	2:1
28.10. 84	Äthiopien – Kenia	3:3
15. 7. 84	Mauritius – Malawi	0:1
28. 7. 84	Malawi – Mauritius	4:0
29. 7. 84	Sambia – Uganda	3:0
25. 8. 84	Uganda – Sambia	1:0
13.10. 84	Tansania – Sudan	1:1
27.10. 84	Sudan – Tansania	0:0
30. 6. 84	Sierra Leone – Marokko	0:1
15. 7. 84	Marokko – Sierra Leone	4:0
28.10. 84	Benin – Tunesien	0:2
13.11. 84	Tunesien – Benin	4:0
21.10. 84	Elfenbeinküste – Gambia	4:0
4.11. 84	Gambia – Elfenbeinküste	3:2
20.10. 84	Nigeria – Liberia	3:0
4.11. 84	Liberia – Nigeria	0:1
1. 7. 84	Angola – Senegal	1:0
15. 7. 84	Senegal – Angola	n.V. 1:0
	(Angola 4:2-Sieger im Elfmeterschießen)	

Freilos für die 1. Runde erhielten Algerien, Kamerun, Ghana; Lesotho verzichtete gegen Madagaskar, Niger verzichtete gegen Libyen, Togo verzichtete gegen Guinea.

2. RUNDE

7. 4. 85	Sambia – Kamerun	4:1
21. 4. 85	Kamerun – Sambia	1:1
7. 4. 85	Marokko – Malawi	2:0
21. 4. 85	Malawi – Marokko	0:0
31. 3. 85	Angola – Algerien	0:0
19. 4. 85	Algerien – Angola	3:2
6. 4. 85	Kenia – Nigeria	0:3
20. 4. 85	Nigeria – Kenia	3:1
5. 4. 85	Ägypten – Madagaskar	1:0
21. 4. 85	Madagaskar – Ägypten	n.V. 1:0
	(Ägypten 4:2-Sieger im Elfmeterschießen)	
10. 2. 85	Guinea – Tunesien	1:0
24. 2. 85	Tunesien – Guinea	2:0
22. 2. 85	Sudan – Libyen	0:0
8. 3. 85	Libyen – Sudan	4:0
7. 4. 85	Elfenbeinküste – Ghana	0:0
21. 4. 85	Ghana – Elfenbeinküste	2:0

3. RUNDE

13. 7. 85	Algerien – Sambia	2:0
28. 7. 85	Sambia – Algerien	0:1
6. 7. 85	Nigeria – Tunesien	1:0
20. 7. 85	Tunesien – Nigeria	2:0
14. 7. 85	Ghana – Libyen	0:0
26. 7. 85	Libyen – Ghana	2:0
12. 7. 85	Ägypten – Marokko	0:0
28. 7. 85	Marokko – Ägypten	2:0

4. RUNDE

6.10. 85	Tunesien – Algerien	1:4
18.10. 85	Algerien – Tunesien	3:0
6.10. 85	Marokko – Libyen	3:0
18.10. 85	Libyen – Marokko	1:0

Qualifiziert: Algerien und Marokko

ASIEN

1. RUNDE

1. RUNDE, GRUPPE 1A

12. 4. 85	Saudi-Arabien – VA Emirate	0:0
19. 4. 85	VA Emirate – Saudi-Arabien	1:0

Oman verzichtete

1. RUNDE, GRUPPE 1B

15. 3. 85	Jordanien – Katar	1:0
29. 3. 85	Jordanien – Irak	2:3
5. 4. 85	Katar – Irak	3:0
12. 4. 85	Katar – Jordanien	2:0
19. 4. 85	Irak – Jordanien	2:0
5. 5. 85	Irak – Katar	2:1

1.	Irak	4 3 0 1	7:6	6:2
2.	Katar	4 2 0 2	6:3	4:4
3.	Jordanien	4 1 0 3	3:7	2:6

1. RUNDE, GRUPPE 2A

22. 3. 85	Syrien – Kuwait	1:0
29. 3. 85	Nordjemen – Syrien	0:1
5. 4. 85	Kuwait – Nordjemen	5:0
12. 4. 85	Kuwait – Syrien	0:0
19. 4. 85	Syrien – Nordjemen	3:0
26. 4. 85	Nordjemen – Kuwait	1:3

1.	Syrien	4 3 1 0	5:0	7:1
2.	Kuwait	4 2 1 1	8:2	5:3
3.	Nordjemen	4 0 0 4	1:12	0:8

1. RUNDE, GRUPPE 2B

29. 3. 85	Südjemen – Bahrain	1:4
12. 4. 85	Bahrain – Südjemen	3:3

Iran disqualifiziert (wegen der Weigerung, seine Heimspiele auf neutralen Plätzen auszutragen)

1. RUNDE, GRUPPE 3A

2. 3. 85	Nepal – Südkorea	0:2

10. 3. 85	Malaysia – Südkorea		1:0
16. 3. 85	Nepal – Malaysia		0:0
31. 3. 85	Malaysia – Nepal		5:0
6. 4. 85	Südkorea – Nepal		4:0
19. 5. 85	Südkorea – Malaysia		2:0

1.	Südkorea	4 3 0 1	8:1	6:2
2.	Malaysia	4 2 1 1	6:2	5:3
3.	Nepal	4 0 1 3	0:11	1:7

1. RUNDE, GRUPPE 3B

15. 3. 85	Indonesien – Thailand		1:0
18. 3. 85	Indonesien – Bangladesch		2:0
21. 3. 85	Indonesien – Indien		2:1
23. 3. 85	Thailand – Bangladesch		3:0
26. 3. 85	Thailand – Indien		0:0
29. 3. 85	Thailand – Indonesien		0:1
30. 3. 85	Bangladesch – Indien		1:2
2. 4. 85	Bangladesch – Indonesien		2:1
5. 4. 85	Bangladesch – Thailand		1:0
6. 4. 85	Indien – Indonesien		1:1
9. 4. 85	Indien – Thailand		1:1
12. 4. 85	Indien – Bangladesch		2:1

1.	Indonesien	6 4 1 1	8:4	9:3
2.	Indien	6 2 3 1	7:6	7:5
3.	Thailand	6 1 2 3	4:4	4:8
4.	Bangladesch	6 2 0 4	5:10	4:8

1. RUNDE, GRUPPE 4A

17. 2. 85	Macao – Brunei		2:0
17. 2. 85	Hongkong – China		0:0
20. 2. 85	Macao – China		0:4
23. 2. 85	Hongkong – Brunei		8:0
26. 2. 85	China – Brunei		8:0
1. 3. 85	Brunei – China		0:4
6. 4. 85	Brunei – Hongkong		1:5
13. 4. 85	Brunei – Macao		1:2

28. 4. 85	Macao – Hongkong		0:2
4. 5. 85	Hongkong – Macao		2:0
12. 5. 85	China – Macao		6:0
19. 5. 85	China – Hongkong		1:2

1.	Hongkong	6 5 1 0	19:2	11:1
2.	China	6 4 1 1	23:2	9:3
3.	Macao	6 2 0 4	4:15	4:8
4.	Brunei	6 0 0 6	2:29	0:12

1. RUNDE, GRUPPE 4B

19. 1. 85	Singapur – Nordkorea		1:1
23. 2. 85	Singapur – Japan		1:3
21. 3. 85	Japan – Nordkorea		1:0
30. 4. 85	Nordkorea – Japan		0:0
18. 5. 85	Japan – Singapur		5:0
25. 5. 85	Nordkorea – Singapur		2:0

1.	Japan	4 3 1 0	9:1	7:1
2.	Nordkorea	4 1 2 1	3:2	4:4
3.	Singapur	4 0 1 3	2:11	1:7

2. RUNDE (K.-o.-System)

20. 9. 85	Ver. Arab. Emirate – Irak		2:3
27. 9. 85	Irak – Ver. Arab. Emirate		1:2
6. 9. 85	Bahrain – Syrien		1:1
20. 9. 85	Syrien – Bahrain		1:0
21. 7. 85	Südkorea – Indonesien		2:0
30. 7. 85	Indonesien – Südkorea		1:4
11. 8. 85	Japan – Hongkong		3:0
22. 9. 85	Hongkong – Japan		1:2

3. RUNDE (K.-o.-System)

15.11. 85	Syrien – Irak		0:0
29.11. 85	Irak – Syrien		3:1
26.10. 85	Japan – Südkorea		1:2
3.11. 85	Südkorea – Japan		1:0

Qualifiziert: Irak und Südkorea

Endrunde in Mexiko

Der Verlauf des Turniers

1. Finalrunde

Gruppe A	Gruppe D
1. Argentinien	1. Brasilien
2. Italien	2. Spanien
3. Bulgarien	3. Nordirland
4. Südkorea	4. Algerien

Gruppe B	Gruppe E
1. Mexiko	1. Dänemark
2. Paraguay	2. Deutschland
3. Belgien	3. Uruguay
4. Irak	4. Schottland

Gruppe C	Gruppe F
1. UdSSR	1. Marokko
2. Frankreich	2. England
3. Ungarn	3. Polen
4. Kanada	4. Portugal

Achtelfinale

Argentinien	1
Uruguay	0
England	3
Paraguay	0
Spanien	5
Dänemark	1
Belgien	4*
UdSSR	3
Frankreich	2
Italien	0
Brasilien	4
Polen	0
Mexiko	2
Bulgarien	0
Deutschland	1
Marokko	0

Viertelfinale

Argentinien	2
England	1
Belgien	1**
Spanien	1
Frankreich	1***
Brasilien	1
Deutschland	0****
Mexiko	0

Halbfinale

Argentinien	2
Belgien	0
Deutschland	2
Frankreich	0

Finale

Argentinien	3
Deutschland	2

Um den 3. Platz

Frankreich	4*
Belgien	2

* nach Verlängerung
** Belgien Sieger durch Elfmeterschießen 5:4
*** Frankreich Sieger durch Elfmeterschießen 4:3
**** Deutschland Sieger durch Elfmeterschießen 4:1

STATISTIK ZUR WELTMEISTERSCHAFT 1986

Erste Finalrunde

Gruppe A

Am 31. Mai in Mexico City:
BULGARIEN – ITALIEN 1:1 (0:1)
Bulgarien: Michailov, Arabov, Zdravkov, Dimitrov, Markov, Sadkov, Sirakov, Getov, Gospodinov (74. Jeliaskov), Iskrenov (66. Kostadinov), Mladenov.
Italien: Galli, Scirea, Bergomi, Vierchowod, Cabrini, de Napoli, Bagni, di Gennaro, Conti (66. Vialli), Altobelli, Galderisi.
Tore: 0:1 Altobelli (43.), 1:1 Sirakov (85.).
Schiedsrichter: Frederiksson (Schweden);
Zuschauer: 110 000.

Am 2. Juni in Mexico City:
ARGENTINIEN – SÜDKOREA 3:1 (2:0)
Argentinien: Pumpido, Brown, Ruggeri, Garre, Clausen, Batista (75. Olarticoechea), Maradona, Burruchaga, Giusti, Valdano, Pasculli (73. Tapia).
Südkorea: Oh, Min-Kook Cho, Jung, Pyung-Suk Kim (22. Kwang-Rae Cho), Kyung-Hoon Park, Chang-Sun Park, Yong-Se Kim (46. Byun), Huh, Joo-Sung Kim, Choi, Cha.
Tore: 1:0 Valdano (6.), 2:0 Ruggeri (18.), 3:0 Valdano (46.) 3:1 Chang-Sun Park (73.).
Schiedsrichter: Sanchez (Spanien); Zuschauer: 60 000.

Am 5. Juni in Puebla:
ITALIEN – ARGENTINIEN 1:1 (1:1)
Italien: Galli, Scirea, Bergomi, Vierchowod, Cabrini Conti (66. Vialli), Bagni, de Napoli (88. Baresi), di Gennaro, Galderisi, Altobelli.
Argentinien: Pumpido, Brown, Ruggeri, Cucciuffo, Batista (61. Olarticoechea), Maradona, Giusti, Garre, Burruchaga, Borghi (75. Enrique), Valdano.
Tore: 1:0 Altobelli (8./Handelfmeter), 1:1 Maradona (34.).
Schiedsrichter: Keizer (Niederlande); Zuschauer: 25 000.

Am 5. Juni in Mexico City:
SÜDKOREA – BULGARIEN 1:1 (0:1)
Südkorea: Oh, Young-Jeung Cho, Jung, Kang-Rae Cho (72. Min-Kook Cho), Kyung-Hoon Park, Chang-Sun Park, Byun, Huh, Joo-Sung Kim, No (46. Jong-Boo Kim), Cha.
Bulgarien: Michailov, Arabov, Zdravkov, Dimitrov, Sadkov, Petrov (58. Jeliaskov), Sirakov, Gospodinov, Getov, Iskrenov (46. Kostadinov), Mladenov.
Tore: 0:1 Getov (11.), 1:1 Jong-Boo Kim (70.).
Schiedsrichter: Al-Shanar (Saudi-Arabien);
Zuschauer: 18 000.

Am 10. Juni in Puebla:
SÜDKOREA – ITALIEN 2:3 (0:1)
Südkorea: Oh, Young-Jeung Cho, Jung, Kwang-Rae Cho, Kyung-Hoon Park, Chang-Sun Park, Huh, Joo-Sung Kim (46. Chang), Byun (71. Jong-Boo Kim), Choi, Cha.
Italien: Galli, Scirea, Collovati, Vierchowod, Cabrini, Conti, de Napoli, Bagni (67. Baresi), di Gennaro, Galderisi (88. Vialli), Altobelli.
Tore: 0:1 Altobelli (18.), 1:1 Choi (63.), 1:2 Altobelli (73.), 1:3 Kwang-Rae Cho (83., Eigentor), 2:3 Huh (88.).
Schiedsrichter: Socha (USA); Zuschauer: 14 000.

Am 10. Juni in Mexico City:
ARGENTINIEN – BULGARIEN 2:0 (1:0)
Argentinien: Pumpido, Brown, Ruggeri, Cucciuffo, Batista (46. Enrique), Maradona, Giusti, Garre, Burruchaga, Borghi (46. Olarticoechea), Valdano.
Bulgarien: Michailov, Jeliaskov, Sirakov (71. Zdravkov), Dimitrov, Markov, Petrov, Sadkov, Jardanov, Markov, Getov, Mladenov (55. Velitschkov).
Tore: 1:0 Valdano (4.), 2:0 Burruchaga (77.).
Schiedsrichter: Ulloa (Costa Rica); Zuschauer: 40 000.

Für das Achtelfinale qualifiziert: Argentinien, Italien und Bulgarien

Gruppe B

Am 3. Juni in Mexico City:
BELGIEN – MEXIKO 1:2 (1:2)
Belgien: Pfaff, van der Elst, Gerets, Broos, de Wolf, Scifo, Vandereycken, Ceulemans, Vercauteren, Desmet (60. Claesen), Vandenbergh (65. Demol).
Mexiko: Larios, Felix Cruz, Trejo, Aguirre, Servin, Quirarte, Munoz, Negrete, Boy (70. Espana), Sanchez, Flores (80. Javier Cruz).
Tore: 0:1 Quirarte (23.), 0:2 Sanchez (39.), 1:2 Vandenbergh (45.).
Schiedsrichter: Esposito (Argentinien);
Zuschauer: 100 000.

Am 4. Juni in Toluca:
PARAGUAY – IRAK 1:0 (1:0)
Paraguay: Fernandez, Delgado, Torales, Zavala, Schettina, Nunes, Romero, Canete, Ferreira, Cabanas, Mendoza (88. Guasch).
Irak: Hamoudi, Samir Shakir, Khalil Alawi, Nadhum Shakir, Al-Roubai, Gorgis, Hashim (67. Aufi), Harris Muhammed (81. Kassim), Saeed, Radhi, Hussein.
Tor: 1:0 Romero (56.).
Schiedsrichter: Picon (Mauritius); Zuschauer: 12 000.

Am 7. Juni in Mexico City:
MEXIKO – PARAGUAY 1:1 (1:0)
Mexiko: Larios, Felix Cruz, Trejo, Aguirre, Servin, Quirarte, Munoz, Boy (58. Espana), Negrete, Sanchez, Flores (76. Javier Cruz).
Paraguay: Fernandez, Delgado, Zavala, Schettina, Torales (81. Hicks), Romero, Nunes, Canete, Ferreira, Cabanas, Mendoza (62. Guasch).
Tore: 1:0 Flores (3.), 1:1 Romero (85.).
Schiedsrichter: Courtney (England); Zuschauer: 115 000.

Am 8. Juni in Toluca:
IRAK – BELGIEN 1:2 (0:2)
Irak: Hamoudi, Samir Shakir, Khalil Alawi, Nadhum Shakir, Al-Roubai, Harris Muhammed, Gorgis, Hashim, Hussein, Radhi, Kerim (81. Aufi).
Belgien: Pfaff, van der Elst, Gerets, Demol (69. Grun), de Wolf, Scifo (66. Clijsters), Vandereycken, Ceulemans, Vercauteren, Desmet, Claesen.
Tore: 0:1 Scifo (16.), 0:2 Claesen (21./Foulelfmeter), 1:2 Radhi (57.).
Schiedsrichter: Diaz (Kolumbien); Zuschauer: 10 000.

Am 11. Juni in Mexico City:
IRAK – MEXIKO 0:1 (0:0)
Irak: Jassim, Nadhum Hamoudi, Khalil Alawi, Nadhum Shakir, Al-Roubai, Abid (70. Mahmoud), Hashim (61. Aufi), Kassim, Hussein, Radhi, Saddam.
Mexiko: Larios, Felix Cruz, Amador, Aguirre (62. Dominguez), Servin, Espana, Quirarte, Boy, Negrete, de los Cobos (78. Javier Cruz), Flores.
Tor: 0:1 Quirarte (54.).
Schiedsrichter: Petrovic (Jugoslawien); Zuschauer: 108 000.

Am 11. Juni in Toluca:
PARAGUAY – BELGIEN 2:2 (0:1)
Paraguay: Fernandez, Delgado, Torales, Zavala, Romero, Nunes, Canete, Guasch, Ferreira, Cabanas, Mendoza (68. Hicks).
Belgien: Pfaff, Renquin, Grun (90. L. van der Elst), Broos, Vervoort, Scifo, Ceulemans, Demol, Vercauteren, Veyt, Claesen.
Tore: 0:1 Vercauteren (33.), 1:1 Cabanas (50.), 1:2 Veyt (60.), 2:2 Cabanas (67.).
Schiedsrichter: Dotschev (Bulgarien); Zuschauer: 8000.

Abschlußtabelle Gruppe A	ARG	ITA	BUL	KOR	Tore	Punkte	Rang
Argentinien	X	1:1	2:0	3:1	6:2	5:1	1
Italien	1:1	X	1:1	3:2	5:4	4:2	2
Bulgarien	0:2	1:1	X	1:1	2:4	2:4	3
Südkorea	1:3	2:3	1:1	X	4:7	1:5	4

Abschlußtabelle Gruppe B	MEX	PAR	BEL	IRQ	Tore	Punkte	Rang
Mexiko	X	1:1	2:1	1:0	4:2	5:1	1
Paraguay	1:1	X	2:2	1:0	4:3	4:2	2
Belgien	1:2	2:2	X	2:1	5:5	3:3	3
Irak	0:1	0:1	1:2	X	1:4	0:6	4

Für das Achtelfinale qualifiziert: Mexiko, Paraguay und Belgien

Gruppe C

Am 1. Juni in Leon:
KANADA – FRANKREICH 0:1 (0:0)
Kanada: Dolan, Lenarduzzi, Bridge, Samuel, Wilson, Ragan, Sweeney (54. Lowery), Norman, James (83. Segota), Valentine, Vrablic.
Frankreich: Bats, Bossis, Amoros, Battiston, Tusseau, Tigana, Giresse, Platini, Fernandez, Rocheteau (71. Stopyra), Papin.
Tor: 0:1 Papin (79.).
Schiedsrichter: Hernan Silva (Chile); Zuschauer: 35 748.

Am 2. Juni in Irapuato:
UdSSR – UNGARN 6:0 (3:0)
UdSSR: Dassajew, Bessonow, Larionow, Kusnezow, Demjanenko, Jaremtschuk, Jakowenko (72. Jewtuschenko), Aleijnikow, Belanow (70. Rodionow), Raz, Sawarow.
Ungarn: Disztl, Roth (13. Burcsa), Sallai, Garaba, Peter (63. Dajka), Nagy, Kardos, Bognar, Detari, Kiprich, Esterhazy.
Tore: 1:0 Jakowenko (3.), 2:0 Aleijnikow (4.), 3:0 Belanow (25., Foulelfmeter), 4:0 Jaremtschuk (66.), 5:0 Jaremtschuk (71.), 6:0 Rodionow (78.).
Schiedsrichter: Agnolin (Italien); Zuschauer: 16 500.

Am 5. Juni in Leon:
FRANKREICH – UdSSR 1:1 (0:0)
Frankreich: Bats, Battiston, Ayache, Bossis, Amoros, Tigana, Giresse (83. Vercruysse), Platini, Fernandez, Papin (76. Bellone), Stopyra.
UdSSR: Dassajew, Bessonow, Larionow, Kusnezow, Demjanenko, Jaremtschuk, Jakowenko (69. Rodionow), Aleijnikow, Blochin, Belanow, Raz.
Tore: 0:1 Raz (54.), 1:1 Fernandez (61.).
Schiedsrichter: Arppi (Brasilien); Zuschauer: 27 000.

Am 6. Juni in Irapuato:
UNGARN – KANADA 2:0 (1:0)
Ungarn: Szendrei, Kardos, Sallai, Garaba, Varga, Nagy (61. Dajka), Burcsa (29. Roth), Detari, Bognar, Kiprich, Esterhazy.
Kanada: Lettieri, Lenarduzzi, Bridge, Samuel, Wilson (41. Sweeney), Ragan, Norman, Gray, James (54. Segota), Vrablic, Valentine.
Tore: 1:0 Esterhazy (2.), 2:0 Detari (75.).
Schiedsrichter: Al-Sharif (Syrien); Zuschauer: 13 800.

Am 9. Juni in Leon:
FRANKREICH – UNGARN 3:0 (1:0)
Frankreich: Bats, Battiston, Ayache, Bossis, Amoros, Tigana, Giresse, Platini, Fernandez, Stopyra (7 1. Ferreri), Papin (61. Rocheteau).
Ungarn: Disztl, Roth, Garaba, Kardos, Sallai, Hannich (46. Nagy), Detari, Varga, Kovacs (65. Bognar), Dajka, Esterhazy.
Tore: 1:0 Stopyra (30.), 2:0 Tigana (63.), 3:0 Rocheteau (85.).
Schiedsrichter: Da Silva (Portugal); Zuschauer: 21 000.

Am 9. Juni in Irapuato:
UdSSR – KANADA 2:0 (0:0)
UdSSR: Tschanow, Kusnezow, Morosow, Bubnow, Litowtschenko, Bal, Rodionow, Aleijnikow, Jewtuschenko, Protassow (57. Belanow), Blochin (62. Sawarow).
Kanada: Lettieri, Lenarduzzi, Samuel, Bridge, Wilson, Norman, Gray (70. Pakos), Ragan, James (64. Segota), Valentine, Mitchell.
Tore: 1:0 Blochin (59.), 2:0 Sawarow (75.).
Schiedsrichter: Traore (Mali); Zuschauer: 8000.

Abschlußtabelle Gruppe C	URS	FRA	HUN	CAN	Tore	Punkte	Rang
UdSSR	X	1:1	6:0	2:0	9:1	5:1	1
Frankreich	1:1	X	3:0	1:0	5:1	5:1	2
Ungarn	0:6	0:3	X	2:0	2:9	2:4	3
Kanada	0:2	0:1	0:2	X	0:5	0:6	4

Für das Achtelfinale qualifiziert: UdSSR und Frankreich

Gruppe D

Am 1. Juni in Guadalajara:
SPANIEN – BRASILIEN 0:1 (0:0)
Spanien: Zubizarreta, Maceda, Tomas, Goicoechea, Camacho, Michel, Francisco (81. Senor), Alberto, Victor, Salinas, Butragueño.
Brasilien: Carlos, Edson, Edinho, Julio Cesar, Branco, Junior (79. Falcao), Alemao, Socrates, Elzo, Careca, Casagrande (66. Müller).
Tor: 0:1 Socrates (62.).
Schiedsrichter: Bambridge (Australien): Zuschauer: 60 162.

Am 3. Juni in Guadalajara:
ALGERIEN – NORDIRLAND 1:1 (0:1)
Algerien: Larbi, Kourichi, Medjadi, Guendouz, Mansouri, Ben-Mabrouk, Kaci-Said, Maroc, Madjer (33. Harkouk), Assad, Zidane (72. Belloumi).
Nordirland: Jennings, Nicholl, McDonald, O'Neill, Donaghy, Penney (68. Stewart), McCreery, McIlroy, Worthington, Whiteside (82. Clarke), Hamilton.
Tore: 0:1 Whiteside (6.), 1:1 Zidane (59.).
Schiedsrichter: Butenko (UdSSR); Zuschauer: 25 000.

Am 6. Juni in Guadalajara:
BRASILIEN – ALGERIEN 1:0 (0:0)
Brasilien: Carlos, Edson (11. Falcao), Edinho, Julio Cesar, Branco, Alemao, Elzo, Socrates, Junior, Casagrande (60. Müller), Careca.
Algerien: Drid, Megharia, Medjadi, Guendouz, Mansouri, Kaci-Said, Ben-Mabrouk, Belloumi (80. Zidane), Madjer, Menad, Assad (68. Bensaoula).
Tor: 1:0 Careca (67.).
Schiedsrichter: Mendez (Guatemala); Zuschauer: 38 000.

Am 7. Juni in Guadalajara:
NORDIRLAND – SPANIEN 1:2 (0:2)
Nordirland: Jennings, Nicholl, O'Neill, McDonald, Donaghy, Penney (54. Stewart), McIlroy, McCreery, Worthington (71. Hamilton), Clarke, Whiteside.
Spanien: Zubizarreta, Gallego, Goicoechea, Camacho, Tomas, Michel, Victor, Francisco, Gordillo (54. Caldere), Butragueño, Salinas (79. Senor).
Tore: 0:1 Butragueño (2.), 0:2 Salinas (18.), 1:2 Clarke (47.).
Schiedsrichter: Brummeier (Österreich); Zuschauer: 28 000.

Am 12. Juni in Guadalajara:
NORDIRLAND – BRASILIEN 0:3 (0:2)
Nordirland: Jennings, Nicholl, O'Neill, McDonald, Donaghy, McIlroy, McCreery, Campbell (71. Armstrong), Stewart, Whiteside (68. Hamilton), Clarke.
Brasilien: Carlos, Josimar, Edinho, Julio Cesar, Branco, Alemao, Junior, Socrates (68. Zico), Elzo, Müller (27. Casagrande), Careca.
Tore: 0:1 Careca (15.), 0:2 Josimar (42.), 0:3 Careca (87.).
Schiedsrichter: Kirschen (DDR); Zuschauer: 42 000.

Am 12. Juni in Monterrey:
ALGERIEN – SPANIEN 0:3 (0:1)
Algerien: Drid (21. Larbi), Guendouz, Megharia, Kourichi, Kaci-Said, Madjer, Maroc, Mansouri, Belloumi, Harkouk, Zidane (59. Menad).
Spanien: Zubizarreta, Gallego, Tomas, Goicoechea, Camacho, Michel (64. Senor), Victor, Francisco, Caldere, Butragueño (64. Eloy), Salinas.
Tore: 0:1 Caldere (16.), 0:2 Caldere (68.), 0:3 Eloy (71.).
Schiedsrichter: Takada (Japan); Zuschauer: 23 980.

Abschlußtabelle Gruppe D	BRA	SPA	NIR	ALG	Tore	Punkte	Rang
Brasilien	X	1:0	3:0	1:0	5:0	6:0	1
Spanien	0:1	X	2:1	3:0	5:2	4:2	2
Nordirland	0:3	1:2	X	1:1	2:6	1:5	3
Algerien	0:1	0:3	1:1	X	1:5	1:5	4

Für das Achtelfinale qualifiziert: Brasilien und Spanien

STATISTIK ZUR WELTMEISTERSCHAFT 1986

Gruppe E

Am 4. Juni in Queretaro:
URUGUAY – DEUTSCHLAND 1:1 (1:0)
Uruguay: Alvez, Acevedo, Diogo, Gutierrez, Batista, Barrios (57. Saralegui), Bossio, Santin, Francescoli, Alzamendi (83. Ramos), da Silva.
Deutschland: Schumacher, Augenthaler, Berthold, Förster, Eder, Briegel, Matthäus (70. Rummenigge), Magath, Brehme (46. Littbarski), Völler, Allofs.
Tore: 1:0 Alzamendi (5.), 1:1 Allofs (85.).
Schiedsrichter: Christov (ČSSR); Zuschauer: 25 000.

Am 4. Juni in Nezahualcoyotl:
SCHOTTLAND – DÄNEMARK 0:1 (0:0)
Schottland: Leighton, Miller, McLeish, Malpas, Gough, Souness, Strachan (75. Bannon), Aitken, Nicol, Sturrock (60. McAvennie), Nicholas.
Dänemark: Rasmussen, M. Olsen, Busk, I. Nielsen, Bertelsen, Berggren, Lerby, Arnesen (75. Sivebaek), J. Olsen (80. Mölby), Laudrup, Elkjær-Larsen.
Tor: 0:1 Elkjær-Larsen (59.).
Schiedsrichter: Nemeth (Ungarn); Zuschauer: 20 000.

Am 8. Juni in Queretaro:
DEUTSCHLAND – SCHOTTLAND 2:1 (1:1)
Deutschland: Schumacher, Augenthaler, Berthold, Förster, Eder, Littbarski (76. Rummenigge), Matthäus, Magath, Briegel (63. Jakobs), Völler, Allofs.
Schottland: Leighton, Malpas, Miller, Narey, Gough, Nicol (61. McAvennie), Bannon (75. Cooper), Aitken, Souness, Archibald, Strachan.
Tore: 0:1 Strachan (18.), 1:1 Völler (23.), 2:1 Allofs (50.).
Schiedsrichter: Igna (Rumänien); Zuschauer: 28 000.

Am 8. Juni in Nezahualcoyotl:
DÄNEMARK – URUGUAY 6:1 (2:1)
Dänemark: Rasmussen, M. Olsen, Busk, I. Nielsen, Andersen, Berggren, Bertelsen (57. Mölby), Arnesen, Lerby, Laudrup (82. J. Olsen), Elkjær-Larsen.
Uruguay: Alvez, Batista, Gutierrez, Diogo, Acevedo, Alzamendi (57. Ramos), Saralegui, Francescoli, da Silva, Santin (57. Zalazar).
Tore: 1:0 Elkjær-Larsen (11.), 2:0 Lerby (41.), 2:1 Francescoli (45., Foulelfmeter), 3:1 Laudrup (52.), 4:1, 5:1 Elkjær-Larsen (67./80.), 6:1 J. Olsen (89.).
Schiedsrichter: Marquez (Mexiko); Zuschauer: 15 000.

Am 13. Juni in Queretaro:
DÄNEMARK – DEUTSCHLAND 2:0 (1:0)
Dänemark: Högh, M. Olsen, Sivebaek, Busk, Andersen, Arnesen, Mölby, Lerby, J. Olsen (72. Simonsen), Elkjær-Larsen (46. Eriksen), Laudrup.
Deutschland: Schumacher, Jakobs, Förster (72. Rummenigge), Eder, Brehme, Berthold, Matthäus, Herget, Rolff (46. Littbarski), Völler, Allofs.
Tore: 1:0 J. Olsen (44., Foulelfmeter), 2:0 Eriksen (63.).
Schiedsrichter: Ponnet (Belgien); Zuschauer: 30 000.

Am 13. Juni in Nezahualcoyotl:
SCHOTTLAND – URUGUAY 0:0
Schottland: Leighton, Miller, Gough, Narey, Albiston, Strachan, Aitken, McStay, Nichol (70. Cooper), Sturrock (71. Nicholas), Sharp.
Uruguay: Alvez, Acevedo, Diogo, Gutierrez, Barries, Batista, Pareyra, Santin, Ramos (71. Saralegui), Francescoli (84. Alzamendi), Cabrera.
Schiedsrichter: Quiniou (Frankreich); Zuschauer: 15 000.

Abschlußtabelle Gruppe E	DAN	GER	URU	SCO	Tore	Punkte	Rang
Dänemark	X	2:0	6:1	1:0	9:1	6:0	1
Deutschland	0:2	X	1:1	2:1	3:4	3:3	2
Uruguay	1:6	1:1	X	0:0	2:7	2:4	3
Schottland	0:1	1:2	0:0	X	1:3	1:5	4

Für das Achtelfinale qualifiziert: Dänemark, Deutschland und Uruguay

Gruppe F

Am 2. Juni in Monterrey:
MAROKKO – POLEN 0:0
Marokko: Baddou, Bouyahiaoui, Labid, Biyaz, Lamriss, Bouderbala, Dolmy, Timoumi (90. Khairi), Haddaoui (90. Soulaimani), Krimou Merry, Mustafa Merry.
Polen: Mlynarczyk, Wojcicki, Kubicki (46. Przybys), Majewski, Ostrowski, Komornicki, Matysik, Buncol, Boniek, Dziekanowski (52. Urban), Smolarek.
Schiedsrichter: Martinez (Uruguay); Zuschauer: 12 000.

Am 3. Juni in Monterrey:
PORTUGAL – ENGLAND 1:0 (0:0)
Portugal: Bento, Alvaro Magalhaes, Frederico, Oliveiro, Inacio, Diamantino (83. Jose Antonio), Carlos Manuel, Andre Antonio, Pacheco, Sousa, Gomez (73. Futre).
England: Shilton, Fenwick, Gary M. Stevens, Butcher, Sansom, Hoddle, Wilkins, Robson (79. Hodge), Lineker, Hateley, Waddle (80. Beardsley).
Tor: 1:0 Carlos Manuel (75.).
Schiedsrichter: Roth (Deutschland); Zuschauer: 18 000.

Am 6. Juni in Monterrey:
ENGLAND – MAROKKO 0:0
England: Shilton, Fenwick, Gary M. Stevens, Butcher, Sansom, Hoddle, Robson (42. Hodge), Wilkins (76. Gary A. Stevens), Hateley, Waddle.
Marokko: Baddou, Bouyahiaoui, Labid, Biyaz, Lamriss (73. Oudani), Dolmy, Bouderbala, Timoumi, Krimou Merry, Mustafa Merry (87. Soulaimani), Khairi.
Schiedsrichter: Gonzales (Paraguay); Zuschauer: 10 000.

Am 7. Juni in Monterrey:
POLEN – PORTUGAL 1:0 (0:0)
Polen: Mlynarczyk, Wojcicki, Pawlak, Majewski, Ostrowski, Komornicki (58. Karas), Boniek, Matysik, Urban, Dziekanowski, Smolarek (77. Zgutczynski).
Portugal: Damas, Oliveira, Alvaro Magalhaes, Frederico, Inacio, Diamantino, Carlos Manuel, Pacheco, Andre Antonio (75. Jaime Magalhaes), Antonio Gomes, Fernando Gomes (46. Futre).
Tor: 1:0 Smolarek (67.).
Schiedsrichter: Bennaceur (Tunesien); Zuschauer: 19 951.

Am 11. Juni in Guadalajara:
PORTUGAL – MAROKKO 1:3 (0:2)
Portugal: Damas, Oliveiro, Frederico, Inacio, Alvaro Magalhaes (55. Rui Aguas), Carlos Manuel, Pacheco, Jaime Magalhaes, Sousa (69. Diamantino), Gomes, Futre.
Marokko: Baddou, Bouyahiaoui, Labid, Biyaz, Lamriss, Dolmy, Bouderbala, Timoumi, Haddaoui (72. Soulaimani), Krimou Merry, Khairi.
Tore: 0:1 Khairi (19.), 0:2 Khairi (27.), 0:3 Krimou Merry (62.), 1:3 Diamantino (80.).
Schiedsrichter: Snoddy (Nordirland); Zuschauer: 25 000.

Am 11. Juni in Monterrey:
ENGLAND – POLEN 3:0 (3:0)
England: Shilton, Fenwick, Gary M. Stevens, Butcher, Sansom, Steven, Reid, Hoddle, Hodge, Beardsley (75. Waddle), Lineker (86. Dixon).
Polen: Mlynarczyk, Wojcicki, Pawlak, Majewski, Ostrowski, Komornicki (23. Karas), Boniek, Matysik (46. Buncol), Urban, Dziekanowski, Smolarek.
Tore: 1:0, 2:0, 3:0 Lineker (8., 15., 36.).
Schiedsrichter: Daina (Schweiz); Zuschauer: 22 600.

Abschlußtabelle Gruppe F	MAR	ENG	POL	POR	Tore	Punkte	Rang
Marokko	X	0:0	0:0	3:1	3:1	4:2	1
England	0:0	X	3:0	0:1	3:1	3:3	2
Polen	0:0	0:3	X	1:0	1:3	3:3	3
Portugal	1:3	1:0	0:1	X	2:4	2:4	4

Für das Achtelfinale qualifiziert: Marokko, England und Polen

Achtelfinale

Am 15. Juni in Leon:
UdSSR – BELGIEN 3:4 (2:2, 1:0) n.V.
UdSSR: Dassajew, Bessonow, Bal, Kusnezow, Demjanenko, Jaremtschuk, Jakowenko (79. Jewtuschenko), Alejnikow, Raz, Belanow, Sawarow (73. Rodionow).
Belgien: Pfaff, Renquin, Grun (100. Clijsters), Demol, Gerets (113. Leo van der Elst), Scifo, Ceulemans, Vercauteren, Vervoort, Veyt, Claesen.
Tore: 1:0 Belanow (28.), 1:1 Scifo (56.), 2:1 Belanow (70.), 2:2 Ceulemans (77.), 2:3 Demol (102.), 2:4 Claesen (109.), 3:4 Belanow (111., Foulelfmeter).
Schiedsrichter: Fredriksson (Schweden);
Zuschauer: 27 000.

Am 15. Juni in Mexiko City:
MEXIKO – BULGARIEN 2:0 (1:0)
Mexiko: Larios, Felix Cruz, Amador, Quirarte, Servin, Munoz, Aguirre, Boy (80. de los Cobos), Negrete, Espana, Sanchez.
Bulgarien: Michailov, Arabov, Zdravkov, Dimitrov Petrov, Sadkov, Jordanov, Kostadinov, Getov (59. Sirakov), Gospodinov, Paschev (72. Iskrenov).
Tore: 1:0 Negrete (35.), 2:0 Servin (61.).
Schiedsrichter: Arppi (Brasilien); Zuschauer: 114 000.

Am 16. Juni in Puebla:
ARGENTINIEN – URUGUAY 1:0 (1:0)
Argentinien: Pumpido, Brown, Ruggeri, Cucciuffo, Garre, Burruchaga, Maradona, Batista (86. Olarticoechea), Giusti, Pasculli, Valdano.
Uruguay: Alvez, Acevedo (61. Paz), Bossio, Gutierrez Barrios, Pareyra, Santin, Rivero, Francescoli, Ramos: Cabrera (46. da Silva).
Tor: 1:0 Pasculli (42.).
Schiedsrichter: Agnolin (Italien); Zuschauer: 15 000.

Am 16. Juni in Guadalajara:
BRASILIEN – POLEN 4:0 (1:0)
Brasilien: Carlos, Julio Cesar, Josimar, Edinho, Branco, Alemao, Junior, Socrates (70. Zico), Elzo, Müller (74. Silas), Careca.
Polen: Mlynarczyk, Wojcicki, Ostrowski, Majewski, Przybys (59. Furtok), Karas, Urban (83. Zmuda), Tarasiewicz, Dziekanowski, Boniek, Smolarek.
Tore: 1:0 Socrates (30., Foulelfmeter), 2:0 Josimar (54.), 3:0 Edinho (78.), 4:0 Careca (82., Foulelfmeter).
Schiedsrichter: Roth (Salzgitter); Zuschauer: 48 000.

Am 17. Juni in Monterrey:
MAROKKO – DEUTSCHLAND 0:1 (0:0)
Marokko: Zaki, Bouyahiaoui, Khalifa, Quadanhi, Lamriss, Haddaoui, Dolmy, Bouderbala, Timoumi, Khairi, Krimou, Merry.
Deutschland: Schumacher, Jakobs, Förster, Eder, Berthold, Matthäus, Magath, Briegel, Rummenigge, Völler (46. Littbarski), Allofs.
Tor: 0:1 Matthäus (88.).
Schiedsrichter: Petrovic (Jugoslawien); Zuschauer: 48 000.

Am 17. Juni in Mexiko City:
ITALIEN – FRANKREICH 0:2 (0:1)
Italien: Galli, Scirea, Bergomi, Vierchowod, Cabrini, Bagni, Baresi (46. di Gennaro), de Napoli, Conti, Altobelli, Galderisi (58. Vialli).
Frankreich: Bats, Battiston, Ayache, Bossis, Amoros, Tigana, Giresse, Platini (85. Ferreri), Fernandez (74. Tusseau), Stopyra, Rocheteau.
Tore: 0:1 Platini (15.), 0:2 Stopyra (57.).
Schiedsrichter: Esposito (Argentinien); Zuschauer: 70 000.

Am 18. Juni in Queretaro:
DÄNEMARK – SPANIEN 1:5 (1:1)
Dänemark: Hoegh, M. Olsen, Busk, I. Nielsen, J. Olsen (71. Mölby), Berggren, Bertelsen, Lerby, Andersen (61. Eriksen), Elkjaer-Larsen, Laudrup.
Spanien: Zubizarreta, Gallego, Camacho, Goicoechea, Tomas, Michel (84. Francisco), Victor, Caldere, Julio Alberto, Butragueño, Salinas (46. Eloy).
Tore: 1:0 J. Olsen (33., Foulelfmeter), 1:1 Butragueño (44.), 1:2 Butragueño (57.), 1:3 Goicoechea (69., Foulelfmeter), 1:4 Butragueño (80.), 1:5 Butragueño (89., Foulelfmeter).
Schiedsrichter: Keizer (Holland); Zuschauer: 35 000.

Am 18. Juni in Mexiko City:
ENGLAND – PARAGUAY 3:0 (1:0)
England: Shilton, Gary M. Stevens, Bucher, Martin, Sansom, Hoddle, Steven, Reid (58. Gary A. Stevens), Hodge, Beardsley (81. Hateley), Lineker.
Paraguay: Fernandez, Delgado, Torales, Zavala, Schettina, Ferreira, Nunez, Romero, Canete, Cabanas (63. Guasch), Mendoza.
Tore: 1:0 Lineker (32.), 2:0 Beardsley (55.), 3:0 Lineker (73.).
Schiedsrichter: Al-Sharif (Syrien); Zuschauer: 50 000.

Viertelfinale

Am 21. Juni in Guadalajara:
BRASILIEN – FRANKREICH 1:1 (1:1, 1:1) n.V., 3:4 im Elfmeterschießen
Brasilien: Carlos, Edinho, Josimar, Julio Cesar, Branco, Alemao, Elzo, Socrates, Junior (91. Silas), Müller (72. Zico) Careca.
Frankreich: Bats, Battiston, Amoros, Bossis, Tusseau, Tigana, Giresse (84. Ferreri), Platini, Fernandez, Rocheteau (100. Bellone), Stopyra.
Tore: 1:0 Careca (17.), 1:1 Platini (41.); Elfmeterschießen: Bats hält gegen Socrates, 0:1 Stopyra, 1:1 Alemao, 1:2 Amoros, 2:2 Zico, 2:3 Bellone, 3:3 Branco, Platini übers Tor, Julio Cesar gegen den Pfosten, 3:4 Fernandez.
Schiedsrichter: Igna (Rumänien); Zuschauer: 68 000.

Am 21. Juni in Monterrey:
DEUTSCHLAND – MEXIKO 0:0 n.V., 4:1 im Elfmeterschießen
Deutschland: Schumacher, Jakobs, Eder (115. Littbarski), Förster, Brehme, Berthold, Matthäus, Magath, Briegel, Rummenigge (58. Hoeneß), Allofs.
Mexiko: Larios, Felix Cruz, Amador (70. Javier Cruz), Quirarte, Servin, Munoz, Aguirre, Espana, Boy (32. de los Cobos), Negrete, Sanchez.
Elfmeterschießen: 1:0 Allofs, 1:1 Negrete, 2:1 Brehme, 3:1 Matthäus, 4:1 Littbarski (Schumacher hält Elfmeter von Quirarte und Servin).
Schiedsrichter: Jesus Diaz (Kolumbien);
Zuschauer: 45 000.

Am 22. Juni in Mexiko City:
ARGENTINIEN – ENGLAND 2:1 (0:0)
Argentinien: Pumpido, Brown, Cucciuffo, Ruggeri, Olarticoechea, Batista, Burruchaga (75. Tapia), Maradona, Enrique, Giusti, Valdano.
England: Shilton, Stevens, Fenwick, Butcher, Sansom, Steven (74. Barnes), Hoddle, Reid (64. Waddle), Hodge, Beardsley, Lineker.
Tore: 1:0, 2:0 Maradona (50., 55.), 2:1 Lineker (81.).
Schiedsrichter: Bennaceur (Tunesien); Zuschauer: 50 000.

Am 22. Juni in Puebla:
SPANIEN – BELGIEN 1:1 (0:1, 1:1) n.V., 4:5 im Elfmeterschießen
Spanien: Zubizarreta, Gallego, Tomas (46. Senor), Chendo, Camacho, Victor, Michel, Caldere, Julio Alberto, Butragueño, Salinas (63. Eloy).
Belgien: Pfaff, Gerets, Demol, Renquin, Grun, Vervoort, Veyt (83. Broos), Vercauteren (106. L. van der Elst), Scifo, Ceulemans, Claesen.
Tore: 0:1 Ceulemans (35.), 1:1 Senor (85.); Elfmeterschießen: 1:0 Senor, 1:1 Claesen, Pfaff hält gegen Eloy, 1:2 Scifo, 2:2 Chendo, 2:3 Broos, 3:3 Butragueño, 3:4 Vervoort, 4:4 Victor, 4:5 van der Elst.
Schiedsrichter: Kirschen (DDR); Zuschauer: 40 000.

Halbfinale

Am 25. Juni in Guadalajara:
FRANKREICH – DEUTSCHLAND 0:2 (0:1)
Frankreich: Bats, Battiston, Ayache, Bossis, Amoros, Tigana, Giresse (72. Vercruysse), Platini, Fernandez, Stopyra, Bellone (66. Xuereb).
Deutschland: Schumacher, Jakobs, Brehme, Förster, Eder,

STATISTIK ZUR WELTMEISTERSCHAFT 1990

Matthäus, Rolff, Magath, Briegel, Rummenigge (57. Völler), Allofs.
Tore: 0:1 Brehme (9.), 0:2 Völler (90.).
Schiedsrichter: Agnolin (Italien); Zuschauer: 40 000.

Am 25. Juni in Mexiko City:
ARGENTINIEN – BELGIEN 2:0 (0:0)
Argentinien: Pumpido, Brown, Ruggeri, Cucciuffo, Giusti, Batista, Enrique, Burruchaga (85. Bochini), Olarticoechea, Valdano, Maradona.
Belgien: Pfaff, Renquin (54. Desmet), Grun, Demol, Gerets, Scifo, Ceulemans, Vercauteren, Vervoort, Veyt, Claesen.
Tore: 1:0 Maradona (52.), 2:0 Maradona (63.).
Schiedsrichter: Marquez (Mexiko); Zuschauer: 111 000.

Spiel um den dritten Platz

Am 28. Juni in Puebla:
BELGIEN – FRANKREICH 2:4 (2:2, 1:2) n.V.
Belgien: Pfaff, Renquin (46. Franky van der Elst), Gerets, Demol, Vervoort, Scifo (64. Leo van der Elst), Grun, Mommens, Ceulemans, Claesen, Veyt.
Frankreich: Rust, Battiston, Bibard, Le Roux (56. Bossis), Amoros, Tigana (83. Tusseau), Ferreri, Vercruysse, Genghini, Papin, Bellone.
Tore: 1:0 Ceulemans (11.), 1:1 Ferreri (27.), 1:2 Papin (43.), 2:2 Claesen (72.), 2:3 Genghini (104.), 2:4 Amoros (109., Foulelfmeter).
Schiedsrichter: Courtney (England); Zuschauer: 21 500.

Endspiel

Am 29. Juni in Mexiko City:
ARGENTINIEN – DEUTSCHLAND 3:2 (1:0)
Argentinien: Pumpido, Brown, Cucciuffo, Ruggeri, Olarticoechea, Giusti, Batista, Maradona, Enrique, Burruchaga (89. Trobbiani), Valdano.
Deutschland: Schumacher, Jakobs, Berthold, Förster, Briegel, Matthäus, Brehme, Magath (62. Hoeneß), Eder, Rummenigge, Allofs (46. Völler).
Tore: 1:0 Brown (23.), 2:0 Valdano (56.), 2:1 Rummenigge (74.), 2:2 Völler (82.), 3:2 Burruchaga (85.).
Schiedsrichter: Arppi (Brasilien); Zuschauer: 117 000.

14. Fußball-Weltmeisterschaft
1990 in Italien

Qualifikation
EUROPA

Gruppe 1

19.10. 88	Griechenland – Dänemark	1:1
19.10. 88	Bulgarien – Rumänien	1:3
2.11. 88	Dänemark – Bulgarien	1:1
2.11. 88	Rumänien – Griechenland	3:0
26. 4. 89	Griechenland – Rumänien	0:0
26. 4. 89	Bulgarien – Dänemark	0:2
17. 5. 89	Rumänien – Bulgarien	1:0
17. 3. 89	Dänemark – Griechenland	7:1
11.10. 89	Bulgarien – Griechenland	4:0
11.10. 89	Dänemark – Rumänien	3:0
15.11. 89	Griechenland – Bulgarien	1:0
15.11. 89	Rumänien – Dänemark	3:1

1.	Rumänien	6 4 1 1	10:5	9:3
2.	Dänemark	6 3 2 1	15:6	8:4
3.	Griechenland	6 1 2 3	3:15	4:8
4.	Bulgarien	6 1 1 4	6:8	3:9

Qualifiziert: Rumänien

GRUPPE 2

19.10. 88	England – Schweden	0:0
19.10. 88	Polen – Albanien	1:0
5 11. 88	Albanien – Schweden	1:2
8. 3. 89	Albanien – England	0:2
26. 4. 89	England – Albanien	5:0
7. 5. 89	Schweden – Polen	2:1
3. 6. 89	England – Polen	3:0
6. 9. 89	Schweden – England	0:0
8.10. 89	Schweden – Albanien	3:1
11.10. 89	Polen – England	0:0
25.10. 89	Polen – Schweden	0:2
15.11. 89	Albanien – Polen	1:2

1.	Schweden	6 4 2 0	9:3	10:2
2.	England	6 3 3 0	10:0	9:3
3.	Polen	6 2 1 3	4:8	5:7
4.	Albanien	6 0 0 6	3:15	0:12

Qualifiziert: Schweden und England

Gruppe 3

Am 31. August 1988 in Reykjavik:
ISLAND – UdSSR 1:1 (0:1)
Island: Sigurdsson, Bergsson, Saevar Jonsson, Edvaldsson, Thordarsson, Gislason, Ormslev, Sigurd Jonsson, Sigurvinsson, Gudjohnsson, Gretarsson (82. Torfason). UdSSR: Dassajew, Chidijatulin, Bessonow (60. Dobrowolski), Kusnetzow, Demjanenko, Litowtschenko, Michailitschenko, Raz, Sawarow, Protassow, Aleijnikow.

Am 12. Oktober 1988 in Istanbul:
Türkei – Island 1:1 (0:0)
Türkei: Faith, Recep (57. Feyyaz), Semih, Cüneyt, Mucahit, Gökhan, Ugur, Ridvan, Ünal, Colak, Savas. Island: Frederiksson, Gislason, Edvaldsson, Arnthorsson (79. Askelsson), Bergsson, Sigurd Jonsson, Margeirsson, O. Torfason, G. Torfason, Gudjohnsen, Thordarsson.

Am 19. Oktober 1988 in Kiew:
UdSSR – Österreich 2:0 (0:0)
UdSSR: Dassajew, Chidijatulin, Iwanauskas (ab 46. Gorlukowitsch), Sigmantowitsch, Demjanenko, Litowtschenko, Aleijnikow, Michailitschenko, Sawarow, Raz, Protassow (83. Sawitschew). Österreich: Lindenberger, Weber, Pfeffer, Degeorgi, Artner, Zsak, Willfurth, Russ, Hörmann (63. Herzog), Keglevits, Polster.

Am 19. Oktober 1988 in Ost-Berlin:
DDR – Island 2:0 (1:0)
DDR: Weißflog, Stahmann, Schößler, Lindner, Döschner, Ernst, Raab, Steinmann, Stübner (38. Sammer), Kirsten, Thom. Island: Sigurdsson, Bergsson, Saevar Jonsson, Edvaldsson, Gislason, Thordarsson, Sigurvinsson, Gudjohnsen, O. Torfason, G. Torfason (77. Margeirsson), Gretarsson.

Am 2. November 1988 in Wien:
Österreich – Türkei 3:2 (2:0)
Österreich: Lindenberger, Weber, Artner, Pfeffer, Russ Willfurth (54. Pacult), Prohaska, Herzog (68. Glatzmayer), Degeorgi, Ogris, Polster. Türkei: Fatih, Cüneyt, Recep, K. Gökhan, Semih, G. Gökhan (60. Savas, Ünal, Oguz, Mustafa, Ridvan, Feyaz (68. Colak).

Am 30. November 1988 in Istanbul:
Türkei – DDR 3:1 (1:0)
Türkei: Fatih, G. Gökhan, Recep, Cüneyt, Semih, Oguz (87. Hasan), Ugur, Ünal, Ridvan, Colak (79. Metin), Feyyaz. DDR: Weißflog, Stahmann, Kreer (66. Schößler), Lindner, Döschner, Pilz, Stübner, Ernst (44. Doll), Steinmann, Kirsten, Thom.

Am 12. April 1989 in Magdeburg:
DDR – Türkei 0:2 (0:1)
DDR: Müller, Rohde, Hauptmann, Trautmann, Lindner, Pilz (18. Doll), Stübner (64. Wuckel), Sammer, Minge, Kirsten, Thom. Türkei: Engin, K. Gökham, Yusuf, Cüneyt, Semih, Recep, Tütüneker (65. Keser), Oguz (80. G. Gökhan), Unal, Ridvan, Colak.

Am 26. April 1989 in Kiew:
UdSSR – DDR 3:0 (3:0)
UdSSR: Dassajew, Gorlukowitsch, Luschny, Kusnetzow, Michailitschenko, Aleijnikow (81. Kulkow), Litowtschenko, Sawarow, Raz, Protassow, Dobrowolski (75. Sawitschew). DDR: Weißflog, Lieberam, Hauptmann (74. März), Trautmann, Döschner, Scholz (55. Kirsten), Sammer, Dwosch, Köhle, Doll, Thom.

Am 10. Mai 1989 in Istanbul:
Türkei – UdSSR 0:1 (0:1)
Türkei: Engin, Gökhan, Cüneyt, Semih, Recep, Tütüneker (46. Hasan, 58. Feyyaz), Yusuf, Ünal, Mustafa, Ridvan, Colak. UdSSR: Dassajew, Gorlukowitsch, Luschny, Kusnetzow, Aleijnikow, Litowtschenko, Sawarow, Michailitschenko, Raz, Dobrowolski, Protassow (87. Borodjuk).

Am 20. Mai 1989 in Leipzig:
DDR – Österreich 1:1 (0:1)
DDR: Weißflog, Stahmann, Lindner, Trautmann (46. Doll), Kreer, Stübner, Rohde, Steinmann, Sammer (68. Weidemann), Kirsten, Thom. Österreich: Lindenberger, Weber, Russ, Pfeffer, Pecl, Zsak, Prohaska, Herzog (60. Stöger), Artner, Rodax (68. Ogris), Polster.

Am 31. Mai 1989 in Moskau:
UdSSR – Island 1:1 (0:0)
UdSSR: Dassajew, Gorlukowitsch, Luschny, Kusnetzow, Bessonow (80. Kitaschwili), Aleijnikow, Litowtschenko, Sawarow, Dobrowolski, Raz, Protassow (80. Sawitschew). Island: Sigurdsson, Bergsson, Evaldsson, Saevar Jonsson, Sigurd Jonsson, Thordarsson, O. Torfason (82. Kristinsson), Arnthorsson, Gretarsson, G. Torfason (69. Askelsson).

Am 14. Juni 1989 in Reykjavik:
Island – Österreich 0:0
Island: Sigurdsson, Bergsson, Edvaldsson, Gislason (65. Thorkelsson), Sigurd Jonsson, Thordarsson, Saevar Jonsson, Arnthorsson, Sigurvinsson, Gretarsson, Torfason. Österreich: Lindenberger, Weber, Peel, Pfeffer, Hörtnagl (36. Herzog), Russ, Zsak, Artner, Prohaska, Polster, Rodax (46. Ogris).

Am 23. August 1989 in Salzburg:
Österreich – Island 2:1 (0:0)
Österreich: Lindenberger, Weber, Russ, Peel (30. Streiter), Pfeffer, Linzmaier, Zsak, Herzog (59. Hörtnagl), Ogris, Rodax, Pfeifenberger. Island: Sigurdsson, Agust Jonsson, Saevar Jonsson, Bergsson, Gislason, Thordarsson, Margeirsson (70. Kristinsson), Arnthorsson, Sigurd Jonsson (80. Torfason), G. Torfason, Gretarsson.

Am 6. September 1989 in Wien:
Österreich – UdSSR 0:0
Österreich: Lindenberger, Weber, Russ, Pfeffer, Streiter, Linzmaier, Artner, Zsak, Herzog (77. Hörtnagl), Ogris (66. Rodax), Polster. UdSSR: Tschanow, Chidijatulin, Bessonow, Kusnetzow, Gorlukowitsch, Litowtschenko, Sawarow, Tschrenkow, Michailitschenko, Dobrowolski, Protassow.

Am 6. September 1989 in Reykjavik:
Island – DDR 0:3 (0:0)
Island: Sigurdsson, Bergsson, Agust Jonsson, Saevar Jonsson, Thordarsson, Gislason (58. Margeirsson), Gudjohnsen, Sigurvinsson, O. Torfason, G. Torfason, Gretarsson. DDR: Heyne, Stahmann, Kreer, Reich, Stübner, Lindner, Ernst (81. Steinmann), Döschner, Sammer, Doll, Kirsten.

Am 20. September 1989 in Reykjavik:
Island – Türkei 2:1 (0:0)
Island: Sigurdsson, Kristinsson, Gislason, Oddsson, Orlygsson, Gudjohnsen, Bergsson, Thordarsson, Sigurvinsson, Petursson, Gratarsson. Türkei: Engin, Gökhan, Recep, Cüneyt, Yusuf (60. Feyyaz), Semih, Tütüneker (46. Mustafa), Oguz, Ünal, Hakan, Hasan.

Am 8. Oktober 1989 in Karl-Marx-Stadt:
DDR – UdSSR 2:1 (0:0)
DDR: Heyne, Stahmann, Kreer, Lindner, Döschner, Sammer, Stübner, Ernst (74. Doll), Steinmann (88. Weidemann), Kirsten, Thom. UdSSR: Tschanow, Chidijatulin, Bessonow, Kusnetzow, Gorlukowitsch, Litowtschenko, Aleijnikow, Sawarow, Michailitschenko, Dobrowolski, Protassow.

Am 25. Oktober 1989 in Istanbul:
Türkei – Österreich 3:0 (1:0)
Türkei: Engin, Riza, Semih, Cüneyt, Gökhan, Ünal, Ugur (87. Colak), Ridvan, Mustafa, Oguz, Feyyaz, (87. Metin). Österreich: Lindenberger, Weber, Russ, Pfeffer, Streiter, Linzmaier, Artner (46. Rodax), Zsak, Herzog (58. Glatzmayer), Ogris, Polster.

Am 15. November 1989 in Simferopol:
UdSSR – Türkei 2:0 (0:0)
UdSSR: Dassajew, Chidijatulin, Luschny, Gorlukowitsch, Sigmantowitsch, Jaremtschuk, Litowtschenko (66. Raz), Michailitschenko, Sawarow, Ukkonen (63. Tscherenkow), Protassow. Türkei: Engin, Gökhan, Recep, Riza, Semih, Kemal, Mustafa (46. Metin), Oguz, Hakan (65. Colak), Ridvan, Feyyaz.

Am 15. November 1989 in Wien:
Österreich – DDR 3:0 (2:0)
Österreich: Lindenberger, Aigner, Peel, Pfeffer, Artner, Keglevits, Zsak, Linzmaier, Hörtnagl (76. Herzog, 82. Pfeifenberger), Ogris, Polster. DDR: Heyne, Stahmann, Lindner, Schößler, Kreer, Steinmann, Stübner, Sammer (80. Weidemann), Döschner (43. Doll), Kirsten, Thom.

1. UdSSR	8	4 3 1	11:4	11:5
2. Österreich	8	3 3 2	9:9	9:7
3. Türkei	8	3 1 4	12:10	7:9
4. DDR	8	3 1 4	9:13	7:9
5. Island	8	1 4 3	6:11	6:10

Qualifiziert: UdSSR und Österreich

Gruppe 4

Am 31. August 1988 in Helsinki:
Finnland – Deutschland 0:4 (0:2)
Finnland: Laukkanen, Europaeus, Haenikaeinen (44. Lipponen), Lahtinen, Petaejae, Myyry, Pekkonen, Ukkonen (63. Alatensioe), Hjelm, Rantanen, Paatelainen. Deutschland: Illgner, Fach, Kohler, Buchwald (27. Rolff), Brehme, Häßler, Matthäus, Görtz, Littbarski, Völler, Eckstein (76. Riedle).

Am 14. September 1988 in Amsterdam:
Holland – Wales 1:0 (0:0)
Holland: Van Breukkelen, R. Koeman, Van Tiggelen, Rijkaard, Van Aerle, Wouters, Vanenburg (66. Kieft), E. Koeman, Krüzen, Gullit, Van Basten. Wales: Southall, Nicholas, Knill, Horne, Hall, Williams, Davis, Blackmore, Aizlewood, Rush, Hughes (77. Saunders).

Am 19. Oktober 1988 in Swansea:
Wales – Finnland 2:2 (2:2)
Wales: Southall, Hall (57. Bowen), Van den Hauwe, Ratcliffe, Blackmore, Nicholas, Horne, Pascoe, Saunders, Rush, Hughes. Finnland: Huttunen, Pekkonen, Lahtinen, Europaeus, Kanerva, Myyry, Holmgren, Ukkonen, Petaejae (59. Rantanen), Paatelainen, Hjelm.

Am 19. Oktober 1988 in München:
Deutschland – Holland 0:0
Deutschland: Illgner, Fach, Kohler, Buchwald, Berthold, Brehme, Matthäus, Thon, Häßler, Klinsmann (68. Mill), Völler. Holland: Van Breukkelen, R. Koeman, Rijkaard, Van Tiggelen, Van Aerle (76. Winter), Wouters, Silooy, Vanenburg, E. Koeman, Van Basten, Bosman.

Am 26. April 1989 in Rotterdam:
Holland – Deutschland 1:1 (0:0)
Holland: Hiele, R. Koeman, Van Tiggelen, Rijkaard, E. Koeman, Van Aerle, Vanenburg, Hofkens (84. Rutjes), Huistra (74. Eijkelkamp), Van Basten, Winter. Deutschland: Illgner, Berthold, Reuter, Buchwald, Kohler (74. Rolff), Matthäus, Möller, Häßler, Brehme, Riedle, Völler (34. Klinsmann).

Am 31. Mai 1989 in Cardiff:
Wales – Deutschland 0:0
Wales: Southall, Blackmore (81. Bowen), Ratcliffe, Aizlewood, Phillips, Nicholas, Horne, Williams (81. Pascoe), Saunders, Hughes, Rush. Deutschland: Illgner, Berthold, A. Reinhardt, Buchwald, Reuter, Fach, Brehme, Möller, Häßler,

STATISTIK ZUR WELTMEISTERSCHAFT 1990

Riedle (78. Klinsmann), Völler.

Am 31. Mai 1989 in Helsinki:
Finnland – Holland 0:1 (0:0)
Finnland: Laukkanen, Europaeus, Holmgren, Heikkinen (82. Petaejae), Kanerva, Myyry, Ikaelaeinen, Ukkonen (68. Tornvall), Lipponen, Paatelainen, Hjelm. Holland: Van Breukkelen, R. Koeman, Rutjes, Van Tiggelen, Vanenburg (82. Huistra), Van Aerle, Rijkaard, E. Koeman, Kieft, Van Basten, Ellerman (55. Gullit).

Am 6. September 1989 in Helsinki:
Finnland – Wales 1:0 (0:0)
Finnland: Laukkanmen, Europaeus, Holmgren, Heikkinen, Lahtinen, Myyry, Ukkonen (82. Tauriainen), Ikaelaeinen, Tarkkio, Liponen, Paatelainen (65. Tornvall). Wales: Southall, Ratcliffe, Blackmore, Aizlewood, Nicholas (88. McGuire), Phillips, Davies, Williams, Saunders, Rush, Hughes.

Am 4. Oktober 1989 in Dortmund:
Deutschland – Finnland 6:1 (1:0)
Deutschland: Illgner, Augenthaler, Reuter, Buchwald, Brehme, Häßler (46. Bein), Matthäus, Möller (81. Mill), Littbarski, Klinsmann, Völler. Finnland: Laukkanen, Europaeus, Holmgren, Heikkinen, Lahtinen, Myyry, Ikaelaeinen (71. Hjelm), Ukkonen, Tarkkio, Lipponen, Paatelainen (62. Lius).

Am 11. Oktober 1989 in Wrexham:
Wales – Holland 1:2 (0:1)
Wales: Southall, Blackmore, Hopkins, McGuire, Bowen, Phillips, Saunders, Williams (82. Pascoe), Nicholas, Roberts (62. Jones), Allen. Holland: Van Breukelen, Van Aerle, R. Koeman, Rutjes, Koot, Van't Schip, Wouters, Rijkaard (46. Bosman), Hofkens, Kieft, Witschge (68. Van Basten).

Am 15. November 1989 in Köln:
Deutschland – Wales 2:1 (1:1)
Deutschland: Illgner, Augenthaler (46. A. Reinhardt), Reuter, Buchwald, Brehme, Häßler, Dorfner, Möller (82. Bein), Littbarski, Klinsmann, Völler. Wales: Southall, Phillips, Melville (80. Pascoe), McGuire, Aizlewood, Saunders, Blackmore, Nicholas, Bowen (65. Horne), Hughes, Allen.

Am 15. November 1989 in Rotterdam:
Holland – Finnland 3:0 (0:0)
Holland: Van Breukelen, R. Koeman, Van Aerk, Van Tiggelen, Rijkaard, Wouter, Bosman, E. Koeman (71. Hofkens), Van't Schip (78. Witschge), Van Basten, Ellerman. Finnland: Laukkanen, Holmgren, Europaeus, Heikkinen, Kanerva, Myyry, Ikaelaeinen, Ukkonen (57. Tariainen), Paatelainen, Tarkkio (76. Pataejae), Lipponen.

1.	Holland	6 2 0	8:2	10:2
2.	Deutschland	6 3 3 0	13:3	9:3
3.	Finnland	6 1 1 4	4:16	3:9
4.	Wales	6 0 2 4	4:8	2:10

Qualifiziert: Holland und Deutschland

GRUPPE 5

14. 9. 88	Norwegen – Schottland	1:2
28. 9. 88	Frankreich – Norwegen	1:0
19.10. 88	Schottland – Jugoslawien	1:1
22.10. 88	Zypern – Frankreich	1:1
2.11. 88	Zypern – Norwegen	0:3
19.11. 88	Jugoslawien – Frankreich	3:2
11.12. 88	Jugoslawien – Zypern	4:0
8. 2. 89	Zypern – Schottland	2:3
8. 3. 89	Schottland – Frankreich	2:0
26. 4. 89	Schottland – Zypern	2:1
29. 4. 89	Frankreich – Jugoslawien	0:0
21. 5. 89	Norwegen – Zypern	3:1
14. 6. 89	Norwegen – Jugoslawien	1:2
5. 9. 89	Norwegen – Frankreich	1:1
6. 9. 89	Jugoslawien – Schottland	3:1
11.10. 89	Jugoslawien – Norwegen	1:0
11.10. 89	Frankreich – Schottland	3:0
28.10. 89	Zypern – Jugoslawien	1:2
15.11. 89	Schottland – Norwegen	1:1
18.11. 89	Frankreich – Zypern	2:0

1.	Jugoslawien	8 6 2 0	16:6	14:2
2.	Schottland	8 4 2 2	12:12	10:6
3.	Frankreich	8 3 3 2	10:7	9:7
4.	Norwegen	8 2 2 4	10:9	6:10
5.	Zypern	8 0 1 7	6:20	1:15

Qualifiziert: Jugoslawien und Schottland

GRUPPE 6

21. 5. 98	Nordirland – Malta	3:0
14. 9. 88	Nordirland – Irland	0:0
19.10. 88	Ungarn – Nordirland	1:0
16.11. 88	Spanien – Irland	2:0
11.12. 88	Malta – Ungarn	2:2
21.12. 88	Spanien – Nordirland	4:0
22. 1. 89	Malta – Spanien	0:2
8. 2. 89	Nordirland – Spanien	0:2
8. 3. 89	Ungarn – Irland	0:0
23. 3. 89	Spanien – Malta	4:0
12. 4. 89	Ungarn – Malta	1:1
26. 4. 89	Malta – Nordirland	0:2
26. 4. 89	Irland – Spanien	1:0
28. 5. 89	Irland – Malta	2:0
4. 6. 89	Irland – Ungarn	2:0
6. 9. 89	Nordirland – Ungarn	1:2
11.10. 89	Ungarn – Spanien	2:2
11.10. 89	Irland – Nordirland	3:0
15.11. 89	Spanien – Ungarn	4:0
15.11. 89	Malta – Irland	0:2

1.	Spanien	8 6 1 1	20:3	13:3
2.	Irland	8 5 2 1	10:2	12:4
3.	Ungarn	8 2 4 2	8:12	8:8
4.	Nordirland	8 2 1 5	6:12	5:11
5.	Malta	8 0 2 6	3:18	2:14

Qualifiziert: Spanien und Irland

GRUPPE 7

21. 9. 88	Luxemburg – Schweiz	1:4
19.10. 88	Belgien – Schweiz	1:0
18.10. 88	Luxemburg – ČSFR	0:2
16.11. 88	ČSFR – Belgien	0:0
16.11. 88	Portugal – Luxemburg	1:0
15. 2. 89	Portugal – Belgien	1:1
26. 4. 89	Portugal – Schweiz	3:1
29. 4. 89	Belgien – ČSFR	2:1
9. 5. 89	ČSFR – Luxemburg	4:0
1. 6. 89	Luxemburg – Belgien	0:5
7. 6. 89	Schweiz – ČSFR	0:1
6. 9. 89	Belgien – Portugal	3:0
20. 9. 89	Schweiz – Portugal	1:2
6.10. 89	ČSFR – Portugal	2:1
11.10. 89	Schweiz – Belgien	2:2
11.10. 89	Luxemburg – Portugal	0:3
25.10. 89	Belgien – Luxemburg	1:1
25.10. 89	ČSFR – Schweiz	3:0
15.11. 89	Schweiz – Luxemburg	2:1
15.11. 89	Portugal – ČSFR	0:0

1.	Belgien	8 4 4 0	15:5	12:4
2.	ČSFR	8 5 2 1	13:3	12:4
3.	Portugal	8 4 2 2	11:8	10:6
4.	Schweiz	8 2 1 5	10:14	5:11
5.	Luxemburg	8 0 1 7	3:22	1:15

Qualifiziert: Belgien und ČSFR

SÜDAMERIKA

GRUPPE 1

20. 8. 89	Bolivien – Peru	2:1
17. 8. 89	Peru – Uruguay	0:2
3. 9. 89	Bolivien – Uruguay	2:1
10. 9. 89	Peru – Bolivien	1:2
17. 9. 89	Uruguay – Bolivien	2:0
24. 9. 89	Uruguay – Peru	2:0

1.	Uruguay	4 3 0 1	7:2	6:2
2.	Bolivien	4 3 0 1	6:5	6:2
3.	Peru	4 0 0 4	2:8	0:8

Qualifiziert: Uruguay

GRUPPE 2

10. 8. 89	Kolumbien – Ecuador		2:0
27. 3. 89	Paraguay – Kolumbien		2:1
3. 9. 89	Ecuador – Kolumbien		0:0
10. 9. 89	Paraguay – Ecuador		2:1
17. 9. 89	Kolumbien – Paraguay		2:1
24. 9. 89	Ecuador – Paraguay		3:1

1.	Kolumbien	4 2 1 1	5:3	5:3
2.	Paraguay	4 2 0 2	6:7	4:4
3.	Ecuador	4 1 1 2	4:5	3:5

Qualifiziert: Kolumbien*

GRUPPE 3

30. 7. 89	Venezuela – Brasilien		0:4
6. 8. 89	Venezuela – Chile		1:3
13. 8. 89	Chile – Brasilien		1:1
20. 8. 89	Brasilien – Venezuela		6:0
27. 8. 89	Chile – Venezuela		5:0
3. 9. 89	Brasilien – Chile	abgebr.	1:0
	Wertung		2:0

1.	Brasilien	4 3 1 0	13:1	7:1
2.	Chile	4 2 1 1	9:4	5:3
3.	Venezuela	4 0 0 4	1:18	0:8

*Entscheidungsspiele zwischen Südamerika Gruppe 2 und Ozeanien/Israel:

15.10. 89	Kolumbien – Israel	1:0
30.10. 89	Israel – Kolumbien	0:0

Qualifiziert: Kolumbien
Argentinien als Titelverteidiger automatisch qualifiziert

NORD- UND MITTELAMERIKA

1. RUNDE

17. 4. 88	Guyana – Trinidad & Tobago	0:4
8. 5. 88	Trinidad & Tobago – Guyana	1:0
30. 4. 88	Kuba – Guatemala	0:1
15. 5. 88	Guatemala – Kuba	1:1
12. 5. 88	Jamaika – Puerto Rico	1:0
29. 5. 88	Puerto Rico – Jamaika	1:2
19. 6. 88	Antigua – Niederl. Antillen	0:1
29. 7. 88	Niederl. Antillen – Antigua	n.V. 3:1
17. 7. 88	Costa Rica – Panama	1:1
31. 7. 88	Panama – Costa Rica	0:2

Freilos: Kanada, Honduras, El Salvador, USA

2. RUNDE

1.10. 88	Niederl. Antillen – El Salvador	0:1
16.10. 88	El Salvador – Niederl. Antillen	5:0
24. 7. 88	Jamaika – USA	0:0
13. 8. 88	USA – Jamaika	5:1
30.10. 88	Trinidad & Tobago – Honduras	0:0
13.11. 88	Honduras – Trinidad & Tobago	1:1
	Costa Rica – Mexiko*	
9.10. 88	Guatemala – Kanada	1:0
15.10. 88	Kanada – Guatemala	3:2

*Mexiko disqualifiziert, Costa Rica kampflos in die 3. Runde

3. RUNDE

19. 3. 89	Guatemala – Costa Rica	1:0
2. 4. 89	Costa Rica – Guatemala	2:1
16. 4. 89	Costa Rica – USA	1:0
30. 4. 89	USA – Costa Rica	1:0
13. 5. 89	USA – Trinidad & Tobago	1:1
28. 5. 89	Trinidad & Tobago – Costa Rica	1:1
11. 6. 89	Costa Rica – Trinidad & Tobago	1:0
17. 6. 89	USA – Guatemala (in Honduras)	2:1
25. 6. 89	El Salvador – Costa Rica abgebr. (so gewertet)	2:4
16. 7. 89	Costa Rica – El Salvador	1:0
30. 7. 89	Trinidad & Tobago – El Salvador	2:0
13. 8. 89	(in Honduras)	
	El Salvador – Trinidad & Tobago	0:0
20. 8. 89	Guatemala – Trinidad & Tobago	0:1
3. 9. 89	Trinidad & Tobago – Guatemala	2:1
17. 9. 89	(in Honduras)	
	El Salvador – USA	0:1
8.10. 89	Guatemala – USA	0:0
5.11. 89	USA – El Salvador	0:0
19.11. 89	Trinidad & Tobago – USA	0:1
	Guatemala – El Salvador*	
	El Salvador – Guatemala*	

*Spiele durch FIFA–Entscheid annulliert

1.	Costa Rica	8 5 1 2	10:6	11:5
2.	USA	8 4 3 1	6:3	11:5
3.	Trinidad & Tobago	8 3 3 2	7:5	9:7
4.	Guatemala	6 1 1 4	4:7	3:9
5.	El Salvador	6 0 2 4	2:3	2:10

Qualifiziert: Costa Rica und USA

OZEANIEN

1. RUNDE

26.11. 88	Fidschi – Australien	1:0
3.12. 88	Australien – Fidschi	5:1
11.12. 88	Taiwan – Neuseeland	0:4
15.12. 88	Neuseeland – Taiwan	4:1

Freilos: Israel

2. RUNDE

5. 3. 89	Israel – Neuseeland	1:0
12. 2. 89	Australien – Neuseeland	4:1
19. 3. 89	Israel – Australien	1:1
2. 4. 89	Neuseeland – Australien	2:0
9. 4. 89	Neuseeland – Israel	2:2
16. 4. 89	Australien – Israel	1:1

1.	Israel	4 1 3 0	5:4	5:3
2.	Australien	4 1 2 1	6:5	4:4
3.	Neuseeland	4 1 1 2	5:7	3:5

Keine Mannschaft aus Ozeanien/Israel qualifiziert

AFRIKA

1. RUNDE

GRUPPE 1

7. 8. 88	Angola – Sudan	0:0
11.11. 88	Sudan – Angola	1:2
	Lesotho – Zimbabwe (Lesotho verzichtet)	
	Ruanda – Sambia (Ruanda verzichtet)	
16. 7. 88	Uganda – Malawi	1:0
30. 7. 88	Malawi – Uganda	3:1

GRUPPE 2

3. 6. 88	Libyen – Burkina Faso	3:0
3. 7. 88	Burkina Faso – Libyen	
7. 8. 88	Ghana – Liberia	0:0
21. 8. 88	Liberia – Ghana	2:0
5. 8. 88	Tunesien – Guinea	5:0
21. 8. 88	Guinea – Tunesien	3:0
	Togo – Gabun (Togo verzichtet)	

Freilos: Algerien, Kamerun, Ägypten, Marokko, Elfenbeinküste, Kenia, Nigeria, Zaire

2. RUNDE

GRUPPE A

6. 1. 89	Algerien – Zimbabwe	3:0
22. 1. 89	Zimbabwe – Elfenbeinküste	0:0
11. 6. 99	Elfenbeinküste – Algerien	0:0
25. 6. 89	Zimbabwe – Algerien	1:2
13. 8. 89	Elfenbeinküste – Zimbabwe	5:0
25. 8. 89	Algerien – Elfenbeinküste	1:0

STATISTIK ZUR WELTMEISTERSCHAFT 1990

Libyen verzichtet

1.	Algerien	4 3 1 0	6:1	7:1
2.	Elfenbeinküste	4 1 2 1	5:1	4:4
3.	Zimbabwe	4 0 1 3	1:10	1:7

Qualifiziert: Algerien

GRUPPE B

6. 1. 89	Ägypten – Liberia	2:0
7. 1. 89	Kenia – Malawi	1:1
21. 1. 89	Malawi – Ägypten	1:1
22. 1. 89	Liberia – Kenia	0:0
10. 6. 89	Kenia – Ägypten	0:0
11. 6. 89	Liberia – Malawi	1:0
24. 6. 89	Malawi – Kenia	1:0
25. 6. 89	Liberia – Ägypten	1:0
11. 8. 89	Ägypten – Malawi	1:0
12. 8. 89	Kenia – Liberia	1:0
26. 8. 89	Ägypten – Kenia	2:0
26. 8. 89	Malawi – Liberia	0:0

1.	Ägypten	6 3 2 1	0:2	6:4
2.	Liberia	6 2 2 2	2:3	6:6
3.	Malawi	6 1 3 2	3:4	5:7
4.	Kenia	6 1 3 2	2:4	5:7

Qualifiziert: Ägypten

GRUPPE C

7. 1. 89	Nigeria – Gabun	1:0
8. 1. 89	Kamerun – Angola	1;1
22. 1. 89	Gabun – Kamerun	1:3
22. 1. 89	Angola – Nigeria	2:2
10. 6. 89	Nigeria – Kamerun	2:0
11. 6. 89	Angola – Gabun	2:0
25. 6. 89	Angola – Kamerun	1:2
25. 6. 89	Gabun – Nigeria	2:1
13. 8. 89	Nigeria – Angola	1:0
13. 8. 89	Kamerun – Gabun	2:1
27. 8. 89	Angola – Nigeria	1:0
27. 8. 89	Gabun – Angola	1:0

1.	Kamerun	6 4 1 1	9:6	9:3
2.	Nigeria	6 3 1 2	7:5	7:5
3.	Angola	6 1 2 3	6:7	4:0
4.	Gabun	6 2 0 4	5:5	4:8

Qualifiziert: Kamerun

GRUPPE D

2. 1. 89	Marokko – Sambia	1:0
8. 1. 89	Zaire – Tunesien	3:1
22. 1. 89	Tunesien – Marokko	2:1
22. 1. 89	Sambia – Zaire	4:2
11. 6. 89	Zaire – Marokko	0:0
11. 6. 89	Sambia – Tunesien	1:0
25. 6. 89	Sambia – Marokko	2:1
25. 6. 89	Tunesien – Zaire	1:0
13. 8. 89	Marokko – Tunesien	0:0
13. 8. 89	Zaire – Sambia	1:0
27. 8. 89	Tunesien – Sambia	1:0
27. 8. 89	Marokko – Zaire	1:1

1.	Tunesien	6 3 1 2	5:5	7:5
2.	Sambia	6 3 0 3	7:6	6:5
3.	Zaire	6 2 2 2	7:7	6:6
4.	Marokko	6 1 3 2	4:5	5:7

Qualifiziert: Tunesien

3. RUNDE

8.10. 89	Algerien – Ägypten	0:0
17.11. 89	Ägypten – Algerien	1:0
8.10. 89	Kamerun – Tunesien	2:0
19.11. 89	Tunesien – Kamerun	0:1

Qualifiziert: Ägypten und Kamerun

ASIEN

1. RUNDE

GRUPPE 1

6. 1. 89	Katar – Jordanien	1:0
6. 1. 89	Oman – Irak	1:1
13. 1. 89	Oman – Katar	0:0
13. 1. 89	Jordanien – Irak	0:1
20. 1. 89	Jordanien – Oman	2:0
20. 1. 89	Katar – Irak	1:0
27. 1. 89	Jordanien – Katar	1:1
27. 1. 89	Irak – Oman	3:1
3. 2. 89	Katar – Oman	3:0
3. 2. 89	Irak – Jordanien	4:0
10. 2. 89	Oman – Jordanien	0:2
10. 2. 89	Irak – Katar	2:2

1.	Katar	6 3 3 0	8:3	5:3
2.	Irak	6 3 2 1	11:5	8:4
3.	Jordanien	6 2 1 3	5:7	5:7
4.	Oman	6 0 2 4	2:11	2:10

Qualifiziert: Katar

GRUPPE 2

10. 3. 89	Nordjemen – Syrien	0:1
15. 3. 89	Saudi-Arabien – Syrien	5:4
20. 3. 89	Nordjemen – Saudi-Arabien	0:1
25. 3. 89	Syrien – Nordjemen	2:0
30. 3. 89	Syrien – Saudi-Arabien	0:0
5. 4. 89	Saudi-Arabien – Nordjemen	1:0
	Bahrein verzichtet	

1.	Saudi-Arabien	4 3 1 0	7:4	7:1
2.	Syrien	4 2 1 1	7:5	5:3
3.	Nordjemen	4 0 0 4	0:5	0:8

Qualifiziert: Saudi-Arabien

GRUPPE 3

6. 1. 89	Pakistan – Kuwait	0:1
13. 1. 89	Kuwait – Ver. Arab. Emirate	3:2
20. 1. 89	Ver. Arab. Emirate – Pakistan	5:0
27. 1. 89	Kuwait – Pakistan	2:0
3. 2. 89	Ver. Arab. Emirate – Kuwait	1:0
10. 2. 89	Pakistan – Ver. Arab. Emirate	1:4
	Volksrepublik Jemen verzichtet	

1.	Ver. Arab. Emirate	4 3 0 1	12:4	6:2
2.	Kuwait	4 3 0 1	6:3	6:2
3.	Pakistan	4 0 0 4	1:12	0:9

Qualifiziert: Vereinigte Arabische Emirate

GRUPPE 4

23. 5. 89	Malaysia – Nepal	2:0
23. 5. 89	Singapur – Südkorea	0:3
25. 5. 89	Malaysia – Singapur	1:0
25. 5. 89	Nepal – Südkorea	0:9
27. 5. 89	Singapur – Nepal	3:0
27. 5. 89	Südkorea – Malaysia	3:0
3. 6. 89	Singapur – Malaysia	2:2
3. 6. 89	Südkorea – Nepal	4:0
5. 6. 89	Malaysia – Südkorea	0:3
5. 6. 89	Nepal – Singapur	0:7
7. 6. 89	Singapur – Südkorea	0:3
7. 6. 89	Malaysia – Nepal	3:0
	Indien verzichtet	

1.	Südkorea	6 6 0 0	25:0	12:0
2.	Malaysia	6 3 1 2	8:6	7:5
3.	Singapur	6 2 1 3	12:5	5:7
4.	Nepal	6 0 0 6	0:28	0:12

Qualifiziert: Südkorea

GRUPPE 5

9. 2. 89	Thailand – Bangladesch	1:0
23. 2. 89	Thailand – Iran	0:3
23. 2. 89	China – Bangladesch	2:0
27. 2. 89	Bangladesch – Iran	1:2
28. 2. 89	Thailand – China	0:3
4. 3. 89	Bangladesch – China	0:2
8. 3. 89	Bangladesch – Thailand	3:1
17. 3. 89	Iran – Bangladesch	1:0
30. 5. 89	Iran – Thailand	3:0
15. 7. 89	China – Iran	2:0
22. 7. 89	Iran – China	3:2
29. 7. 89	China – Thailand	2:0

1.	China	6 5 0 1	13:3	10:2
2.	Iran	6 5 0 1	12:5	10:2
3.	Bangladesch	6 1 0 5	4:9	2:10
4.	Thailand	6 1 0 5	2:14	2:10

Qualifiziert: China

GRUPPE 6

Datum	Spiel	Ergebnis
1. 5. 89	Indonesien – Nordkorea	0:0
21. 5. 89	Hongkong – Japan	0:0
27. 5. 89	Hongkong – Nordkorea	1:2
28. 5. 89	Indonesien – Japan	0:0
4. 6. 89	Hongkong – Indonesien	1:1
4. 6. 89	Japan – Nordkorea	2:1
11. 6. 89	Japan – Indonesien	5:0
18. 6. 89	Japan – Hongkong	0:0
25. 6. 89	Indonesien – Hongkong	3:2
25. 6. 89	Nordkorea – Japan	2:0
2. 7. 89	Nordkorea – Hongkong	4:1
9. 7. 89	Nordkorea – Indonesien	2:1

1.	Nordkorea	6 4 1 1	11:5	9:3
2.	Japan	6 2 3 1	7:3	7:5
3.	Indonesien	6 1 3 2	5:10	5:7
4.	Hongkong	6 0 3 3	5:10	3:9

Qualifiziert: Nordkorea

2. RUNDE

Datum	Spiel	Ergebnis
12.10. 89	Ver. Arab. Emirate – Nordkorea	0:0
12.10. 89	China – Saudi-Arabien	2:1
13.10. 89	Südkorea – Katar	0:0
16.10. 89	Katar – Saudi-Arabien	1:1
16.10. 89	Südkorea – Nordkorea	1:0
17.10. 89	China – Ver. Arab. Emirate	1:2
20.10. 89	China – Südkorea	0:1
20.10. 89	Nordkorea – Katar	2:0
21.10. 89	Saudi-Arabien – V. Arab. Emirate	0:0
24.10. 89	Ver. Arab. Emirate – Katar	1:1
24.10. 89	Nordkorea – China	0:1
25.10. 89	Saudi-Arabien – Südkorea	0:2
28.10. 89	(in Kuala Lumpur) Ver. Arab. Emirate – Südkorea	1:1
28.10.89	(in Kuantan) Saudi-Arabien – Nordkorea	2:0
28.10.89	Katar – China	2:1

1.	Südkorea	5 3 2 0	5:1	8:2
2.	Ver. Arab. Emirate	5 1 4 0	4:3	6:4
3.	Katar	5 1 3 1	4:5	5:5
4.	China	5 2 0 1	5:6	4:6
5.	Saudi-Arabien	5 1 2 2	4:5	4:6
6.	Nordkorea	5 1 1 3	2:4	3:7

Qualifiziert: Südkorea und Ver. Arab. Emirate

Endrunde in Italien

Erste Finalrunde

Gruppe A

Am 9. Juni in Rom:
ITALIEN – ÖSTERREICH 1:0 (0:0)
Italien: Zenga, Baresi, Bergomi, Ferri, Maldini, Donadoni, Ancelotti (46. de Agostini), de Napoli, Giannini, Vialli, Carnevale (75. Schillaci).
Österreich: Lindenberger, Aigner, Russ, Peel, Streiter, Artner (61. Zsak), Linzmaier (78. Hörtnagl), Schöttel, Herzog, Ogris, Polster.
Tor: 1:0 Schillaci (78.).
Schiedsrichter: Wright (Brasilien); Zuschauer: 72 300.

Am 10. Juni in Florenz:
USA – ČSFR 1:5 (0:2)
USA: Meola, Windischmann, Trittschuh, Armstrong, Caligiuri, Stollmeyer (63. Balboa), Ramos, Harkes, Wynalda, Murray (78. Sullivan), Vermes.
ČSFR: Stejskal, Kocian, Straka, Kadlec, Hasek, Chovanec, Kubik, Moravcik (82. Weiss), Bilek, Skuhravy, Knoflicek (77. Luhovy).
Tore: 0:1 Skuhravy (25.), 0:2 Bilek (39., Foulelfmeter), 0:3 Hasek (51.), 1:3 Caligiuri (61.), 1:4 Skuhravy (79.), 1:5 Luhovy (90.).
Schiedsrichter: Röthlisberger (Schweiz); Zuschauer: 33 200.

Am 14. Juni in Rom:
ITALIEN – USA 1:0 (1:0)
Italien: Zenga, Baresi, Bergomi, Ferri, Maldini, Berti, de Napoli, Giannini, Donadoni, Carnevale (51. Schillaci) Vialli.
USA: Meola, Windischmann, Banks (81. Stollmeyer), Doyle, Armstrong, Caligiuri, Harkes, Ramos, Balboa, Vermes, Murray (82. Sullivan).
Tor: 1:0 Giannini (12.).
Schiedsrichter: Mendes (Mexiko); Zuschauer: 73 400.

Am 15. Juni in Florenz:
ÖSTERREICH – ČSFR 0:1 (0:1)
Österreich: Lindenberger, Aigner, Peel, Pfeffer, Russ (46. Ogris, Hörtnagl, Zsak, Schöttel (46. Streiter), Herzog, Rodax, Polster.
ČSFR: Stejskal, Kocian, Kadlec, Nemecek, Hasek, Moravcik, Chovanec (30. Bielik), Kubik, Bilek, Skuhravy, Knoflicek (82. Weiss).
Tor: 0:1 Bilek (29. Foulelfmeter).
Schiedsrichter: Smith (Schottland); Zuschauer: 38 900.

Am 19. Juni in Rom:
ITALIEN – ČSFR 2:0 (1:0)
Italien: Zenga, Baresi, Ferri, Bergomi, de Napoli (66. Vierchowod), Donadoni (51. de Agostini), Berti, Giannini, Maldini, Schillaci, Baggio.
ČSFR: Stejskal, Kadlec, Nemecek (46. Bielik), Kinier, Moravcik, Hasek, Chovanec, Weiss (59. Griga), Bilek, Skuhravy, Knoflicek.
Tore: 1:0 Schillaci (9.), 2:0 Baggio (78.).
Schiedsrichter: Quiniou (Frankreich); Zuschauer: 73 300.

Am 19. Juni in Florenz:
ÖSTERREICH – USA 2:1 (0:0)
Österreich: Lindenberger, Aigner, Pecl, Pfeffer, Artner, Zsak, Herzog, Streiter, Ogris, Polster (46. Reisinger), Rodax (85. Glatzmayer).
USA: Meola, Windischmann, Armstrong, Doyle, Bank (56. Wynalda), Caligiuri (76. Bliss), Ramos, Balboa, Harkes, Vermes, Murray.
Tore: 1:0 Ogris (50.), 2:0 Rodax (63.), 2:1 Murray (84.).
Schiedsrichter: Jamal Al Sharif (Syrien); Zuschauer: 34 800.

Abschlußtabelle Gruppe A	ITA	ČSFR	AUT	USA	Tore	Punkte	Rang
Italien	X	2:0	1:0	1:0	4:0	6:0	1
ČSFR	0:2	X	1:0	5:1	6:3	4:2	2
Österreich	0:1	0:1	X	2:1	2:3	2:4	3
USA	0:1	1:5	1:2	X	2:8	0:6	4

Gruppe B

Am 8. Juni in Mailand:
ARGENTINIEN – KAMERUN 0:1 (0:0)
Argentinien: Pumpido, Simon, Ruggeri (46. Caniggia), Fabbri, Basualdo, Burruchaga, Batista, Lorenzo, Sensini (69. Calderon), Balbo, Maradona.
Kamerun: N'Kono, N'Dip, Kunde, Massing, Tataw, Makanaky (83. Milla), Kana Biyik, M'Bouh, Ebwelle, Omam Biyik, M'Fede (66. Libiih).
Tor: 0:1 Omam Biyik (67.).
Schiedsrichter: Vautrot (Frankreich); Zuschauer: 73 700.

Am 9. Juni in Bari:
UdSSR – RUMÄNIEN 0:2 (0:1)
Dassajew, Chidiatulin, Gorlukowitsch, Kusnetzow, Raz, Litowtschenko (66. Jaremtschuk, Bessonow, Aleijnikow, Sawarow, Protassow, Dobrowolski (72. Borodjuk).
Rumänien: Lung, Rednic, Klein, Andone, G. Popescu, Sabau, Rotariu, Timofte, Lupescu, Lacatus (87. Dumitrescu), Raducioiu (81. Balint).
Tore: 0:1 Lacatus (41.), 0:2 Lacatus (55., Handelfmeter).
Schiedsrichter: Cardellin (Uruguay); Zuschauer: 20 000.

Am 13. Juni in Neapel:
ARGENTINIEN – UdSSR 2:0 (1:0)
Argentinien: Pumpido (10. Goycochea), Simon, Monzon (79. Lorenzo), Serrizuela, Basualdo, Batista, Troglio, Burruchaga, Olarticochea, Caniggia, Maradona.
UdSSR: Uwarow, Chidiatulin, Bessonow, Kusnetzow, Gorlukowitsch, Schalimow, Aleijnikow, Sawarow (86. Ljuty), Sigmantowitsch, Dobrowolski, Protassow (74. Litowtschenko).
Tore: 1:0 Troglio (27.), 2:0 Burruchaga (80.).
Schiedsrichter: Fredriksson (Schweden); Zuschauer: 55 700.

STATISTIK ZUR WELTMEISTERSCHAFT 1990

Am 14. Juni in Bari:
KAMERUN – RUMÄNIEN 2:1 (0:0)
Kamerun: N'Kono, Tataw, Kunde (70. Pagal), Onana, Ebwelle, N'Dip, M'Bouh, M'Fede, Mabdan Kessack (57. Milla), Omam Biyik, Makanaky.
Rumänien: Lung, Rednic, Klein, Andone, Popescu, Sabau, Rotariu, Hagi (56. Dumitrescu), Timofte, Lacatus, Raducioiu (63. Balint).
Tore: 1:0 Milla (77.), 2:0 Milla (87.), 2:1 Balint (88.).
Schiedsrichter: Silva Arce (Chile); Zuschauer: 25 000.

Am 18. Juni in Neapel:
ARGENTINIEN – RUMÄNIEN 1:1 (0:0)
Argentinien: Goycochea, Simon, Monzon, Serrizuela, Basualdo, Troglio (55. Giusti), Batista, Burruchaga (60. Dezotti), Olarticochea, Caniggia, Maradona.
Rumänien: Lung, Popescu, Andone, Rotariu, Rednic Sabau (81. Mateut), Hagi, Lupescu, Klein, Lacatus: Balint (74. Lupu).
Tore: 1:0 Monzon (61.), 1:1 Balint (69.).
Schiedsrichter: Valente (Portugal); Zuschauer: 45 000.

Am 18. Juni in Bari:
KAMERUN – UdSSR 0:4 (0:2)
Kamerun: N'Kono, Tataw, Kunde (34. Milla), Onana Ebwelle, N'Dip, M'Bouh, M'Fede, Kana Biyik, Omam Biyik, Makanaky (57. Pagal).
UdSSR: Uwarow, Chidijatulin, Gorlukowitsch, Sigmantowitsch, Schalimow (46. Sawarow), Kusnetzow, Demjanenko, Litowtschenko (73. Jaremtschuk), Aleijnikow, Protassow (20. Dobrowolski).
Tore: 0:1 Protassow (20.), 0:2 Sigmantowitsch (29.), 0:3 Sawarow (53.), 0:4 Dobrowolski (63.).
Schiedsrichter: Wright (Brasilien); Zuschauer: 20 000.

Abschlußtabelle Gruppe B	CMR	RUM	ARG	URS	Tore	Punkte	Rang
Kamerun	X	2:1	1:0	0:4	3:0	4:2	1
Rumänien	1:2	X	1:1	2:0	4:3	3:3	2
Argentinien	0:1	1:1	X	2:0	3:2	3:3	3
UdSSR	4:0	0:2	0:2	X	4:4	2:4	4

Gruppe C

Am 10. Juni in Turin:
BRASILIEN – SCHWEDEN 2:1 (1:0)
Brasilien: Taffarel, Galvao, Jorginho, Mozer, Ricardo Gomez, Alemao, Dunga, Valdo (82. Silas), Branco, Muller, Careca.
Schweden: Ravelli, R. Nilsson, Larsson, Ljung (70. Strömberg), Schwarz, Limpar, Thern, Ingesson, J. Nilsson, Brolin, Magnusson.
Tore: 1:0 Careca (41.), 2:0 Careca (63.), 2:1 Brolin (78.).
Schiedsrichter: Lanese (Italien); Zuschauer: 62 600.

Am 11. Juni in Genua:
COSTA RICA – SCHOTTLAND 1:0 (0:0)
Costa Rica: Conejo, Flores, Montero, Marchena, Chavarria, Gomez, Ramirez, Cayasso, Chaves, Gonzales, Jara (86. Medford).
Schottland: Leighton, Gough, McLeish, McPherson, Malpas, McStay, Aitken, McCall, Bett (74. McCoist), Johnston, McInally.
Tor: 1:0 Cayasso (49.).
Schiedsrichter: Lousteau (Argentinien); Zuschauer: 30 800.

Am 16. Juni in Turin:
BRASILIEN – COSTA RICA 1:0 (1:0)
Brasilien: Taffarel, Galvao, Mozer, Gomez, Jorginho, Dunga, Alemao, Valdo (88. Silas), Branco, Muller, Careca (83. Bebeto).
Costa Rica: Conejo, Flores, Marchena, Montero, Gonzales, Chavarria, Ramirez, Gomez, Cayasso (78. Guimaraes), Chaves, Jara (71. Mayers).
Tor: 1:0 Muller (35.).
Schiedsrichter: Jouini (Tunesien); Zuschauer: 55 000.

Am 16. Juni in Genua:
SCHWEDEN – SCHOTTLAND 1:2 (0:1)
Schweden: Ravelli, Roland Nilsson, Hysen, Larsson (75. Strömberg), Schwarz, Limpar, Ingesson, Thern, Joakim Nilsson, Brolin, Pettersson (62. Ekström).
Schottland: Leighton, McPherson, Levein, McLeish, Malpas, Aitken, McCall, MacLeod, Duric (75. McStay), Fleck (84. McCoist), Johnston.
Tore: 0:1 McCall (10.), 0:2 Johnston (81., Foulelfmeter), 1:2 Strömberg (85.).
Schiedsrichter: Maciel (Paraguay); Zuschauer: 31 800.

Am 20. Juni in Turin:
BRASILIEN – SCHOTTLAND 1:0 (0:0)
Brasilien: Taffarel, Mauro Galvao, Ricardo Gomez, Ricardo Rocha, Jorginho, Alemao, Valdo, Dunga, Branco, Romario, (64. Muller), Careca.
Schottland: Leighton, Aitken, McPherson, McLeish, McKimmie, McCall, McStay, MacLeod (40. Gillespie), Malpas, McCoist (78. Fleck), Johnston.
Tor: 1:0 Muller (81.).
Schiedsrichter: Kohl (Österreich); Zuschauer: 62 500.

Am 20. Juni in Genua:
SCHWEDEN – COSTA RICA 1:2 (1:0)
Schweden: Ravelli, R. Nilsson, Hysen, Larsson, Schwarz, Pettersson, Strömberg (82. Engqvist), Ingesson, J. Nilsson, Ekström, Brolin (34. Gren).
Costa Rica: Conejo, Flores, Marchena, Montero, Chavarria (74. Guimaraes), Gomez (60. Medford), Gonzales, Ramirez, Chaves, Cayasso, Jara.
Tore: 1:0 Ekström (32.), 1:1 Flores (75.), 1:2 Medford (87.).
Schiedsrichter: Petrovic (Jugoslawien); Zuschauer: 30 200.

Abschlußtabelle Gruppe C	BRA	COR	SCO	SWE	Tore	Punkte	Rang
Brasilien	X	1:0	1:0	2:1	4:1	6:0	1
Costa Rica	0:1	X	1:0	2:1	3:2	4:2	2
Schottland	0:1	0:1	X	2:1	2:3	2:4	3
Schweden	1:2	1:2	1:2	X	3:6	0:6	4

Gruppe D

Am 9. Juni in Bologna:
VEREINIGTE ARABISCHE EMIRATE – KOLUMBIEN 0:2 (0:0)
VAE: Faraj, E. M. Abdulrahman (78. Sultan), Mohamed, K. G. Mubarak, I. M. Abdulrahman, Abdullah, N. K. Mubarek, Juma'a, Abbas, F. K. Mubarak (60. Bilal), Al Taliyani.
Kolumbien: Higuita, Herrera, Perea, Escobar, Gilardo Gomez, Rincon, Alvarez, Valderrama, Gabriel Gomez, Redin, Iguaran (79. Estrada).
Tore: 0:1 Redin (52.), 0:2 Valderrama (85.).
Schiedsrichter: Courtney (England); Zuschauer: 30 700.

Am 10. Juni in Mailand
DEUTSCHLAND – JUGOSLAWIEN 4:1 (2:0)
Deutschland: Illgner, Augenthaler, Berthold, Buchwald, Reuter, Häßler (75. Littbarski), Matthäus, Bein (75. Möller), Brehme, Klinsmann, Völler.
Jugoslawien: Ivkovic, Jozic, Hadzibegic, Spasic, Baljic, Vulic, Susic (56. Prosinecki), Katanec, Stojkovic, Savicevic, Vujovic.
Tore: 1:0 Matthäus (29.), 2:0 Klinsmann (40.), 2:1 Jozic (55.), 3:1 Matthäus (64.), 4:1 Völler (70.).
Schiedsrichter: Mikkelsen (Dänemark); Zuschauer: 74 700.

Am 14. Juni in Bologna:
JUGOSLAWIEN – KOLUMBIEN 1:0 (0:0)
Jugoslawien: Ivkovic, Hadzibegic, Spasic, Stanojkovic, Sabanadzovic, Stojkovic, Katanec (46. Jarni), Susic, Jozic, Brnovic, Vujovic (55. Pancev).
Kolumbien: Higuita, Herrera, Perea, Escobar, Gilardo Gomez, Alvarez, Valderrama, Gabriel Gomez, Rincon (69. Hernandez), Redin (81. Estrada), Iguaran.
Tor: 1:0 Jozic (75.).
Schiedsrichter: Agnolin (Italien); Zuschauer: 32 000.

Am 15. Juni in Mailand:
DEUTSCHLAND – VEREINIGTE ARABISCHE EMIRATE 5:1 (2:0)
Deutschland: Illgner, Augenthaler, Berthold (46. Littbarski), Buchwald, Reuter, Häßler, Matthäus, Bein, Brehme, Klinsmann (72. Riedle), Völler.
VAE: Faraj, K. G. Mubarak, Abdullah, I. M. Abdulrahman (87. Al Hadda-Sharjah), Mohamed, E. M. Abdulrahman, Abbas, F. K. Mubarak, K. I. Mubarak (84. Hussain-Al-Wasl), Juma'a, Al Taliyani.
Tore: 1:0 Völler (36.), 2:0 Klinsmann (38.), 2:1 K. I. Mubarak (46.), 3:1 Matthäus (47.), 4:1 Bein (59.), 5:1 Völler (75.).
Schiedsrichter: Spirin (UdSSR); Zuschauer: 71 100.

Am 19. Juni in Mailand:
DEUTSCHLAND – KOLUMBIEN 1:1 (0:0)
Deutschland: Illgner, Augenthaler, Berthold, Buchwald, Reuter, Häßler (84. Thon), Matthäus, Bein (46. Littbarski), Pflügler, Klinsmann, Völler.
Kolumbien: Higuita, Herrera, Perea, Escobar, Gilardo Gomez, Alvarez, Fajardo, Valderrama, Gabriel Gomez, Estrada, Rincon.
Tore: 1:0 Littbarski (88.), 1:1 Rincon (90.).
Schiedsrichter: Snoddy (Nordirland); Zuschauer: 72 500.

Am 19. Juni in Bologna:
JUGOSLAWIEN – VEREINIGTE ARABISCHE EMIRATE 4:1 (2:1)
Jugoslawien: Ivkovic, Hadzibegic, Juzic, Spasic, Stanojkovic, Stojkovic, Susic, Sabanadzovic (79. Prosinecki), Brnovic, Pancev, Vujovic (64. Vulic).
VAE: Faraj, Eissa Abdulrahman, Al Hadda, Khaleel Mubarak, Ibrahim Abdulrahman, Nasser Mubarak (35. Sultan), Abdullah, Abbas, Khalid Mubarak, Juma'a (46. Fahad Mubarak), Al Taliyani.
Tore: 1:0 Susic (5.), 2:0 Pancev (9.), 2:1 Juma'a (22.), 3:1 Pancev (46.), 4:1 Prosinecki (90.).
Schiedsrichter: Takada (Japan); Zuschauer 27 800.

Abschlußtabelle Gruppe D	GER	YUG	KOL	VAE	Tore	Punkte	Rang
Deutschland	X	4:1	1:1	5:1	10:3	5:1	1
Jugoslawien	1:4	X	1:0	4:1	6:5	4:2	2
Kolumbien	1:1	0:1	X	2:0	3:2	3:3	3
V.A. Emirate	1:5	1:4	0:2	X	2:11	0:5	4

Gruppe E

Am 12. Juni in Verona:
BELGIEN – SÜDKOREA 2:0 (0:0)
Belgien: Preud'homme, Clijsters, Gerets, Demol, Emmers, van der Elst, Scifo, Versavel, de Wolf, Degryse, van der Linden (46. Ceulemans).
Südkorea: I. Y. Choi, Hong, Park, Y. H. Chung, K. H. Choi, S. H. Choi, Lee (46. Cho), Noh, Gu-Hwang, Kim.
Tore: 1:0 Degryse (53.), 2:0 de Wolf (65.).
Schiedsrichter: Mauro (USA); Zuschauer: 32 400.

Am 13. Juni in Udine:
URUGUAY – SPANIEN 0:0
Uruguay: Alvez, de Leon, Gutierrez, Herrera, Dominguez, Pereira (66. Correa), Perdomo, Paz, Alzamendi (66. Aguilera), Francescoli, Sosa.
Spanien: Zubizarreta, Andrinua, Jimenez, Sanchis, Chendo, Michel, Roberto, Martin Vazquez, Villaroya (83. Paz), Manolo (83. Gorriz), Butragueño.
Schiedsrichter: Kohl (Österreich); Zuschauer: 35 700.

Am 17. Juni in Verona:
BELGIEN – URUGUAY 3:1 (2:0)
Belgien: Preud'homme, Demol, Gerets, Grun, de Wolf, Clijsters (46. Emmers), van der Elst, Scifo, Versavel (74. Vervoort), Ceulemans, Degryse.
Uruguay: Alvez, de Leon, Herrera, Gutierrez, Dominguez, Ostolaza, Perdomo, Paz, Alzamendi (46. Aguilera), Francescoli, Sosa.
Tore: 1:0 Clijsters (15.), 2:0 Scifo (23.), 3:0 Ceulemans (47.),
3:1 Aguilera (71.).
Schiedsrichter: Kirschen (DDR); Zuschauer: 33 700.

Am 17. Juni in Udine:
SÜDKOREA – SPANIEN 1:3 (1:1)
Südkorea: I. Y. Choi, Hong, K. H. Choi, Yoon, Park (70. J. S. Chung), H. W. Chung (53. Noh), J. S. Kim, Hwangbo, Gu, Byun, S. H. Choi.
Spanien: Zubizarreta, Andrinua, Gorriz, Sanchis, Chendo, Michel, Roberto (82. Bakero), Vazquez, Villaroya, Butragueño (77. Gomez), Salinas.
Tore: 0:1 Michel (24.), 1:1 Hwangbo (43.), 1:2 Michel (61.), 1:3 Michel (81.).
Schiedsrichter: Guerrero (Ekuador); Zuschauer: 32 700.

Am 21. Juni in Verona:
BELGIEN – SPANIEN 1:2 (1:2)
Belgien: Preud'homme, Demol, Staelens (76. van der Linden), Albert, de Wolf, Emmers (31. Plovic), van der Elst, Scifo, Degryse, Vervoort, Ceulemans.
Spanien: Zubizarreta, Andrinua, Chendo, Sanchis, Gorriz, Michel, Villaroya, Vazquez, Roberto, Butragueño (82. Alcorta), Salinas (86. Pardeza).
Tore: 0:1 Michel (27., Foulelfmeter), 1:1 Vervoort (30.), 1:2 Gorriz (39.).
Schiedsrichter: Lousteau (Argentinien); Zuschauer: 36 000.

Am 21. Juni in Udine:
SÜDKOREA – URUGUAY 0:1 (0:0)
Südkorea: I. Y. Choi, Hong, Park, K. H. Choi, J. S. Chung, Yoon, Hwangbo (79. H. W. Chung), Lee, Kim, Byun (43. Hwang), S. H. Choi.
Uruguay: Alvez, Herrera, Gutierrez, de Leon, Dominguez, Ostolaza (46. Aguilera), Perdomo, Francescoli, Paz, Martinez, Sosa (62. Fonseca).
Tor: 0:1 Fonseca (90.).
Schiedsrichter: Lanese (Italien); Zuschauer: 29 000.

Abschlußtabelle Gruppe E	ESP	BEL	URU	KOR	Tore	Punkte	Rang
Spanien	X	2:1	0:0	3:1	5:2	5:1	1
Belgien	1:2	X	3:1	2:0	6:3	4:2	2
Uruguay	0:0	1:3	X	1:0	2:3	3:3	3
Südkorea	1:3	0:2	0:1	X	1:6	0:6	4

Gruppe F

Am 11. Juni in Cagliari:
ENGLAND – IRLAND 1:1 (1:0)
England: Shilton, Walker, Stevens, Butcher, Pearce, Waddle, Gascoigne, Robson, Barnes, Lineker (84. Bull), Beardsley (70. McMahon).
Irland: Bonner, McCarthy, McGrath, Moran, Morris, Staunton, Houghton, Townsend, Sheedy, Cascarino, Aldridge (65. McLoughlin).
Tore: 1:0 Lineker (9.), 1:1 Sheedy (73.).
Schiedsrichter: Schmidhuber (Deutschland); Zuschauer: 35 000.

Am 12. Juni in Palermo:
HOLLAND – ÄGYPTEN 1:1 (0:0)
Holland: van Breukelen, van Aerle, R. Koeman, Rutjes, van Tiggelen, Vanenburg (46. Kieft), Wouters, Rijkaard, E. Koeman (69. Witschge), Gullit, van Basten.
Ägypten: Shobeir, Hany Ramzy, Ibrahim Hassan, Yakan, Yassein, Abedelghani, Ahmed Ramzi (69. Tolba), Abedelhamid (69. Abdelrahman), Youssef, Hossam Hassan, Abdou.
Tore: 1:0 Keift (58.), 1:1 Abedelghani (82., Foulelfmeter).
Schiedsrichter: Soriano Aladren (Spanien);
Zuschauer 33 200.

Am 16. Juni in Cagliari:
ENGLAND – HOLLAND 0:0
England: Shilton, Walker, Butcher, Wright, Pearce, Parker, Waddle (59. Bull), Gascoigne, Robson (65. Platt), Lineker, Barnes.

STATISTIK ZUR WELTMEISTERSCHAFT 1990

Holland: van Breukelen, R. Koeman, van Aerle, Rijkaard, van Tiggelen, van't Schip (75. Kieft), Gullit, Wouters, Witschge, van Basten, Gillhaus.
Schiedsrichter: Petrovic (Jugoslawien); Zuschauer: 35 200.

Am 17. Juni in Palermo:
IRLAND – ÄGYPTEN 0:0
Irland: Bonner, Morris, McCarthy, Moran, Staunton, Houghton, McGrath, Townsend, Sheedy, Cascarino (84. Quinn), Aldridge (69. McLoughlin).
Ägypten: Shobeir, Hany Ramzy, Ibrahim Hassan, Yassein, Yakan, Tolba (60. Abou Zeid), Abedelghani, Youssef, Oraby, Hossam Hassan, Abdou (77. Abedelhamid).
Schiedsrichter: van Langenhove (Belgien);
Zuschauer: 33 200.

Am 21. Juni in Cagliari:
ENGLAND – ÄGYPTEN 1:0 (0:0)
England: Shilton, Wright, Parker, Walker, Pearce, Waddle (66. Platt), McMahon, Gascoigne, Barnes, Lineker, Bull (64. Beardsley).
Ägypten: Shobeir, Hany Ramzy, Ibrahim Hassan, Yakan, Yassein, Abedelghani, Abedelhamid (78. Abdelrahman), Ahmed Ramzi, Youssef, Hossam Hassan, Abdou (78. Soliman).
Tor: Wright (57.).
Schiedsrichter: Röthlisberger (Schweiz);
Zuschauer: 25 000.

Am 21. Juni in Palermo:
IRLAND – HOLLAND 1:1 (0:1)
Irland: Bonner, Morris, McCarthy, Moran, Staunton, Houghton, McGrath, Sheedy (81. Whelan), Townsend, Aldridge (81. Cascarino), Quinn.
Holland: van Breukelen, R. Koeman, van Aerle, Rijkaard, van Tiggelen, Wouters, Gullit, Witschge (59. Fraeser), Gillhaus, van Basten, Kieft (79. van Loen).
Tore: 0:1 Gullit (11.), 1:1 Quinn (71.).
Schiedsrichter: Vautrot (Frankreich); Zuschauer: 33 200.

Abschlußtabelle Gruppe F	ENG	IRL	HOL	ÄGY	Tore	Punkte	Rang
England	X	1:1	0:0	1:0	2:1	4:2	1
Irland	1:1	X	1:1	0:0	2:2	3:3	2
Holland	0:0	1:1	X	1:1	2:2	3:3	3
Ägypten	0:1	0:0	1:1	X	1:2	2:4	4

Achtelfinale

Am 23. Juni in Neapel:
KAMERUN – KOLUMBIEN 2:1 (0:0, 0:0) n.V.
Kamerun: N'Kono, N'Dip, Onana, Ebwelle, Tataw, Mabdan Kessack, Kana Biyik, M'Bouh, M'Fede (54. Milla), Omam Biyik, Makanaky (68. Djonkep).
Kolumbien: Higuita, Herrera, Perea, Escobar, Gilardo Gomez, Alvarez, Valderrama, Gabriel Gomez (80. Redin), Rincon, Fajardo (63. Iguaran), Estrada.
Tore: 1:0 Milla (106.), 2:0 Milla (109.), 2:1 Redin (117.).
Schiedsrichter: Lanese (Italien); Zuschauer: 50 300.

Am 23. Juni in Bari:
ČSFR – COSTA RICA 4:1 (1:0)
ČSFR: Stejskal, Kocian, Straka, Kadlec, Hasek, Moravcik, Kubik, Chovanec, Bilek, Skuhravy, Knoflicek.
Costa Rica: Barrantes, Flores, Montero, Marchena, Chavez, Ramirez, Chavarria (66. Guimaraes), Gonzales, Obando (46. Medford), C. Jara, Cayasso.
Tore: 1:0 Skuhravy (11.), 1:1 Gonzales (56.), 2:1 Skuhravy (63.), 3:1 Kubik (77.), 4:1 Skuhravy (81.).
Schiedsrichter: Kirschen (DDR); Zuschauer: 47 600.

Am 24. Juni in Turin:
BRASILIEN – ARGENTINIEN 0:1 (0:0)
Brasilien: Taffarel, Mauro Galvao (83. Renato), Ricardo Rocha, Ricardo Gomez, Jorginho, Alemao (83. Silas), Dunga, Valdo, Branco, Muller, Careca.

Argentinien: Goycochea, Simon, Monzon, Ruggeri, Basualdo, Giusti, Burruchaga, Troglio (62. Calderon), Olarticochea, Maradona, Caniggia.
Tor: 0:1 Caniggia (80.).
Schiedsrichter: Quiniou (Frankreich); Zuschauer: 61 300.

Am 24. Juni in Mailand:
DEUTSCHLAND – HOLLAND 2:1 (0:0)
Deutschland: Illgner, Augenthaler, Reuter, Berthold, Kohler, Brehme, Littbarski, Matthäus, Buchwald, Klinsmann (79. Riedle), Völler.
Holland: van Breukelen, R. Koeman, van Aerle (68. Kieft), Wouters, Rijkaard, van Tiggelen, van't Schip, Gullit, Winter, Witschge (79. Gillhaus), van Basten.
Tore: 1:0 Klinsmann (51.), 2:0 Brehme (85.), 2:1 R. Koeman (89., Foulelfmeter).
Schiedsrichter: Loustau (Argentinien); Zuschauer: 74 500.

Am 25. Juni in Genua:
IRLAND – RUMÄNIEN 0:0 n.V; 5:4 n. E.
Irland: Bonner, Morris, McCarthy, Moran, Staunton (94. O'Leary), Houghton, McGrath, Townsend, Sheedy, Quinn, Aldridge (20. Cascarino).
Rumänien: Lung, Popescu, Lupescu, Andone, Rednic, Sabau (97. Timofte), Hagi, Rotariu, Klein, Balint, Raducioiu (75. Lupu).
Tore im Elfmeterschießen: Sheedy, Houghton, Townsend, Cascarino, O'Leary für Irland – Hagi, Lupu, Rotariu, Lupescu für Rumänien; Timofte verschießt.
Schiedsrichter: Wright (Brasilien); Zuschauer: 31 800.

Am 25. Juni in Rom:
ITALIEN – URUGUAY 2:0 (0:0)
Italien: Zenga, Baresi, Bergomi, Ferri, Maldini, de Napoli, Berti (52. Serena), Giannini, de Agostini, Baggio (79. Vierchowod), Schillaci.
Uruguay: Alvez, de Leon, Saldana, Gutierrez, Dominguez, Perdomo, Ostolaza (78. Alzamendi), Francescoli, R. Pereira, Aquilera (55. Sosa), Fonseca.
Tore: 1:0 Schillaci (65.), 2:0 Serena (83.).
Schiedsrichter: Courtney (England); Zuschauer: 73 300.

Am 26. Juni in Verona:
SPANIEN – JUGOSLAWIEN 1:2 (0:0, 1:1) n.V.
Spanien: Zubizarreta, Andrinua (48. Jimenez), Chendo, Sanchis, Gorriz, Michel, Roberto, Martin Vazquez, Villaroya, Salinas, Butragueño (78. Paz).
Jugoslawien: Ivkovic, Sabanadzovic, Hadzibegic, Spasic, Brnovic, Stojkovic, Katanec (78. Vulic), Jozic, Susic, Pancev (55. Savicevic), Vujovic.
Tore: 0:1 Stojkovic (78.), 1:1 Salinas (83.), 1:2 Stojkovic (92.).
Schiedsrichter: Schmidhuber (Deutschland);
Zuschauer: 35 500.

Am 26 Juni in Bologna:
ENGLAND – BELGIEN 1:0 (0:0, 0:0) n.V.
England: Shilton, Wright, Walker, Butcher, Parker, Waddle, Gascoigne, McMahon (72. Platt), Barnes (75. Bull), Pearce, Lineker.
Belgien: Preud'homme, Demol, Grun, Gerets, Clijsters, Scifo, v. d. Elst, de Wolf, Versavel (108. Vervoort), (68. Claesen), Ceulemans.
Tor: 1:0 Platt (119).
Schiedsrichter: Mikkelsen (Dänemark);
Zuschauer: 34 500.

Viertelfinale

Am 30. Juni in Florenz:
ARGENTINIEN – JUGOSLAWIEN 0:0 n.V; 3:2 n. E.
Argentinien: Goycochea, Simon, Ruggeri, Giusti, Calderon (87. Dezotti), Burruchaga, Basualdo, Olarticochea (54. Troglio), Serrizuela, Caniggia, Maradona.
Jugoslawien: Ivkovic, Hadzibegic, Sabanadzovic, Spasic, Vulic, Stojkovic, Jozic, Prosinecki, Brnovic, Susic (66. Savicevic), Vujovic.
Tore im Elfmeterschießen: Serrizuela, Burruchaga, Dezotti für Argentinien – Prosinecki, Savicevic für Jugoslawien.
Schiedsrichter: Röthlisberger (Schweiz); Zuschauer: 38 900.

Am 30. Juni in Rom:
IRLAND – ITALIEN 0:1 (0:1)
Irland: Bonner, Morris, McCarthy, Moran, Staunton, Houghton, McGrath, Townsend, Sheedy, Quinn (53. Cascarino), Aldridge (78. Sheridan).
Italien: Zenga, Baresi, Ferri, Maldini, Bergomi, de Napoli, Giannini (62. Ancelotti), Donadoni, de Agostini, Baggio (70. Serena), Schillaci.
Tor: 0:1 Schillaci (37.).
Schiedsrichter: Valente (Portugal); Zuschauen 73 300.

Am 1. Juli in Mailand:
ČSFR – DEUTSCHLAND 0:1 (0:1)
ČSFR: Stejskal, Kocian, Hasek, Straka, Kadlec, Moravcik, Chovanec, Kubik (80. Griga), Bilek (68. Nemecek), Skuhravy, Knoflicek.
Deutschland: Illgner, Augenthaler, Berthold, Kohler, Brehme, Littbarski, Buchwald, Matthäus, Bein (83. Möller), Riedle, Klinsmann.
Tor: 0:1 Matthäus (24., Foulelfmeter).
Schiedsrichter: Kohl (Österreich); Zuschauer: 73 300.

Am 1. Juli in Neapel:
KAMERUN – ENGLAND 2:3 (0:1, 2:2) n.V.
Kamerun: N'Kono, Kunde, Massing, Mabdan Kessack (46. Milla), Tataw, Libiih, Pagal, Ebwelle, Makanaky, M'Fede (62. Ekeke), Omam Biyik.
England: Shilton, Wright, Parker, Walker, Butcher (75. Steven), Waddle, Platt, Gascoigne, Barnes (46. Beardsley), Pearce, Lineker.
Tore: 0:1 Platt (25.), 1:1 Kunde (61., Foulelfmeter), 2:1 Ekeke (65.), 2:2 Lineker (82., Foulelfmeter), 2:3 Lineker (104., Foulelfmeter).
Schiedsrichter: Codesal (Mexiko); Zuschauer: 55 200.

Halbfinale

Am 3. Juli in Neapel:
ARGENTINIEN – ITALIEN 1:1 (0:1, 1:1) n.V; 5:4 n. E.
Argentinien: Goycochea, Simon, Ruggeri, Serrizuela, Giusti, Calderon (46. Troglio), Burruchaga, Basualdo (98. Batista), Olarticochea, Maradona, Caniggia.
Italien: Zenga, Baresi, Bergomi, Ferri, de Napoli, Donadoni, Giannini (7 3. Baggio), de Agostini, Maldini, Schillaci, Vialli (70. Serena).
Tore: 1:0 Schillaci (17.), 1:1 Caniggia (67.). Tore im Elfmeterschießen: Serrizuela, Burruchaga, Olarticochea, Maradona für Argentinien; Baresi, Baggio, de Agostini für Italien; Donadoni und Serena verschießen.
Schiedsrichter: Vautrot (Frankreich); Zuschauer: 59 900.

Am 4. Juli in Turin:
DEUTSCHLAND – ENGLAND 1:1 (0:0, 1:1) n.V., 5:4 n. E.
Deutschland: Illgner, Augenthaler, Buchwald, Kohler, Berthold, Häßler (67. Reuter), Matthäus, Thon, Brehme, Klinsmann, Völler (38. Riedle).
England: Shilton, Butcher (71. Steven), Walker, Wright, Pearce, Parker, Waddle, Gascoigne, Platt, Lineker, Beardsley.
Tore: 1:0 Brehme (59.), 1:1 Lineker (80.). Tore im Elfmeterschießen: Brehme, Matthäus, Riedle, Thon für Deutschland – Lineker, Beardsley, Platt für England. Pearce scheitert an Illgner, Waddle verschießt.
Schiedsrichter: Wright (Brasilien); Zuschauer: 45 000.

Spiel um den dritten Platz

Am 7. Juli in Bari:
ITALIEN – ENGLAND 2:1 (0:0)
Italien: Zenga, Baresi, Ferrara, Vierchowod, Bergomi, Ancelotti, Giannini (90. Ferri), de Agostini (67. Berti), Maldini, Baggio, Schillaci.
England: Shilton, Wright (72. Webb), Parker, Walker, Stevens, Steven, Platt, McMahon (72. Waddle), Dorigo, Lineker, Beardsley.
Tore: 1:0 Baggio (72.), 1:1 Platt (82.), 2:1 Schillaci (86., Foulelfmeter).
Schiedsrichter: Quiniou (Frankreich); Zuschauer: 51 400.

Endspiel

Am 8. Juli in Rom:
DEUTSCHLAND – ARGENTINIEN 1:0 (0:0)
Deutschland: Illgner, Augenthaler, Berthold (73. Reuter), Kohler, Buchwald, Littbarski, Matthäus, Häßler, Brehme, Klinsmann, Völler.
Argentinien: Goycochea, Simon, Sensini, Serrizuela, Ruggeri (46. Monzon), Troglio, Burruchaga (53. Calderon), Basualdo, Lorenzo, Dezotti, Maradona.
Tor: 1:0 Brehme (85., Foulelfmeter).
Schiedsrichter: Mendez (Mexiko); Zuschauer: 73 600.

15. Fußball-Weltmeisterschaft 1994 in den USA

Qualifikation

EUROPA/ISRAEL

GRUPPE 1

16. 8. 92	Estland – Schweiz	0:6
9. 9. 92	Schweiz – Schottland	3:1
14.10. 92	Schottland – Portugal	0:0
4.10. 92	Italien – Schweiz	2:2
25.10. 92	Malta – Estland	0:0
18.11. 92	Schweiz – Malta	3:0
18.11. 92	Schottland – Italien	0:0
19.12. 92	Malta – Italien	1:2
24. 1. 93	Malta – Portugal	0:1
17. 2. 93	Schottland – Malta	3:0
24. 2. 93	Portugal – Italien	1:3
24. 3. 93	Italien – Malta	61
31. 3. 93	Schweiz – Portugal	1:1
14. 4. 93	Italien – Estland	2:0
17. 4. 93	Malta – Schweiz	0:2
18. 4. 93	Portugal – Schottland	5:0
1. 5. 93	Schweiz – Italien	1:0
12. 5. 93	Estland – Malta	0:1
19. 5. 93	Estland – Schottland	0:3
2. 6. 93	Schottland – Estland	3:1
19. 6. 93	Portugal – Malta	4:0
5. 9. 93	Estland – Portugal	0:2
8. 9. 93	Schottland – Schweiz	1:1
22. 9. 93	Estland – Italien	0:3
13.10. 93	Portugal – Schweiz	1:0
13.10. 93	Italien – Schottland	3:1
10.11. 93	Portugal – Estland	3:0
17.11. 93	Italien – Portugal	1:0
17.11. 93	Malta – Schottland	0:2
17.11. 93	Schweiz – Estland	4:0

Die Qualifikationsspiele der Schweiz:

16.8.1992 in Talinn:
ESTLAND – SCHWEIZ (0:6)
Estland: Poom – Hepner, Kaljend, T. Kallaste, Lindmaa (ab 76. Veensalu) – Kristal, Olumets, Linnumae, R. Kallaste – Reim, Pustov (ab 64. Kirs).
Schweiz: Pascolo – Egli, Geiger, Hottiger, Rothenbühler, Bregy, B. Sutter (ab 79. Bonvin), Ohrel, Sforza, Chapuisat, Knup.

9.9.1992 in Bern:
SCHWEIZ – SCHOTTLAND (3:1)
Schweiz: Pascolo – Hottiger, Quentin, Egli, Geiger, Bregy (ab 89. Piffaretti) – A. Sutter, Ohrel, Knup (ab 86. B. Sutter) – Sforza, Chapuisat.
Schottland: Goram – Gough, Malpas, McCall, Boyd (ab 75. Galacher), McPherson, Durie, McAllister, McCoist, McStay, McClair (ab 57. Durrant).

14.10.1992 in Cagliari:
ITALIEN – SCHWEIZ (2:2)
Italien: Marchegiani – Tassoti, DiChiara, Eranio, Costacurta, Lanna, Lentini, Donadoni (ab 71. Albertini), Vialli, Baggio, Eviani (ab 48. Bianchi).
Schweiz: Pascolo – Hottiger, Quentin, Egli, Geiger, Bregy, Sutter, Ohrel (ab 56. Piffaretti), Knup (ab 89. B. Sutter) – Sforza, Chapuisat.

STATISTIK ZUR WELTMEISTERSCHAFT 1994

18.11.1992 in Bern:
SCHWEIZ – MALTA (3:0)
Schweiz: Pascolo – Hottiger, Geiger, Egli, Rothenbühler, Bikkel (ab 82. Bonvin), Bregy, Sforza, A. Sutter, Knup (ab 75. Türkyilmaz), Chapuisat.
Malta: Cluett – Buttigieg, Buhagiar, Galea (ab 17. E. Camilleri), S. Vella, Brincat, Gregory, J. Camilleri, Saliba, R. Vella (ab 75. Scerri), Bussuttil.

31.3.1993 in Bern:
SCHWEIZ – PORTUGAL (1:1)
Schweiz: Pascolo – Hottiger, Geiger, Herr, Rothenbühler, Bregy, Ohrel, A. Sutter, Sforza, Chapuisat, Knup (ab 46. Bonvin).
Portugal: Vitor Baia – Abel Xavier, Oceano, Jorge Costa, Peixe, Semedo (ab 50. Fernando Mendes), Rui Costa, Paulo Sousa, Figo (ab 70. Rui Barrios), Rui Aguas, Futre.

17.4.1993 in La Valetta:
MALTA – SCHWEIZ (0:2)
Malta: Cluett – S. Vella, Galea, Buttigieg, Brincat, Laferfa, Buhagiar, Camilleri (ab 75. Della), Scerri, Saliba (ab 56. Carabott), Bussuttil.
Schweiz: Pascolo – Hottiger, Geiger, Herr, Rothenbühler (ab 68. Sylvestre), Ohrel, Henchoz, Sforza, A. Sutter, Bonvin (ab 77. Türkyilmaz), Grassi.

1.5.1993 in Bern:
SCHWEIZ – ITALIEN (1:0)
Schweiz: Pascolo – Hottiger, Geiger, Hottiger, Quentin, Ohrel, Bregy, Sforza, A. Sutter, Knup (ab 75. Grassi), Chapuisat.
Italien: Paglicua – Mannini, Vierchowod, Baresi, P. Maldini, Zoratto (ab 65. Lentini), D. Baggio, R. Baggio, Fuser, Mancini (ab. 45. Di Mauro), Signori.

8.9.1993 in Aberdeen:
SCHOTTLAND – SCHWEIZ (1:1)
Schottland: Gunn – McKimmie, Irvine, Levein, Robertson, Nevin, Bowman (ab 75. O'Donell), McAllister, Collins, Booth (ab 75. Jess), Durie.
Schweiz: Pascolo – Quentin, Herr, Geiger, Rothenbühler (ab 55. Grassi), Ohrel, Bregy, Sforza, A. Sutter, Knup, Chapuisat.

13.10.1993 in Porto:
PORTUGAL – SCHWEIZ (1:0)
Portugal: Vitor Baia – Joao D. S. Pinto, Peixe, Jorge Costa, Paulo Sousa, Oceano, Semedo (ab 81. Vitor Paneira), Rui Costa, Joao M. V. Pinto, Cadete (ab 55. Nogeira), Futre.
Schweiz: Pascolo – Hottiger, Herr, Geiger, Quentin, Bregy (ab 89. Rueda), A. Sutter, Ohrel, Sforza, Knup (ab 81. Grassi), Chapuisat.

17.11.1993 in Zürich:
SCHWEIZ – ESTLAND (4:0)
Schweiz: Pascolo – Hottiger, Herr, Geiger, Quentin (ab 75. Türkyilmaz), Ohrel (ab 47. Rueda), Bregy, Bickel, A. Sutter, Knup, Chapuisat.
Estland: Poom – Hepner, Borissow, R. Kallaste, Krins, Kaljend, Klavan (ab 80. Putsov), Bregin, Olumets, Rajälä (ab 47. Linnumae), Reim.

1.	Italien	10 7 2 1	22:7	16:4
2.	Schweiz	10 6 3 1	23:6	15:5
3.	Portugal	10 6 2 2	18:5	14:6
4.	Schottland	10 4 3 3	14:13	11:9
5.	Malta	10 1 1 8	3:23	3:17
6.	Estland	10 0 1 9	1:27	1:19

Qualifiziert: Italien und Schweiz

GRUPPE 2

9. 9. 92	Norwegen – San Marino	10:0
23. 9. 92	Norwegen – Holland	2:1
23. 9. 92	Polen – Türkei	1:0
7.10. 92	San Marino – Norwegen	0:2
14.10. 92	Holland – Polen	2:2
14.10. 92	England – Norwegen	1:1
28.10. 92	Türkei – San Marino	4:1
18.11. 92	England – Türkei	4:0
16.12. 92	Türkei – Holland	1:3
17. 2. 93	England – San Marino	6:0
24. 2. 93	Holland – Türkei	3:1
10. 3. 93	San Marino – Türkei	0:0
24. 3. 93	Holland – San Marino	6:0
31. 3. 93	Türkei – England	0:2
28. 4. 93	England – Holland	2:2
28. 4. 93	Norwegen – Türkei	3:1
28. 4. 93	Polen – San Marino	1:0
19. 5. 93	San Marino – Polen	0:3
29. 5. 93	Polen – England	1:1
2. 6. 93	Norwegen – England	2:0
9. 6. 93	Holland – Norwegen	0:0
8. 9. 93	England – Polen	3:0
22. 9. 93	San Marino – Holland	0:7
22. 9. 93	Norwegen – Polen	1:0
13.10. 93	Holland – England	2:0
13.10. 93	Polen – Norwegen	0:3
27.10. 93	Türkei – Polen	2:1
10.11. 93	Türkei – Norwegen	2:1
16.11. 93	San Marino – England	1:7
17.11. 93	Polen – Holland	1:3

1.	Norwegen	10 7 2 1	25:5	16:4
2.	Holland	10 6 3 1	29:9	15:5
3.	England	10 5 3 2	26:9	13:7
4.	Polen	10 3 2 5	10:15	8:12
5.	Türkei	10 3 1 6	11:19	7:13
6.	San Marino	10 0 1 9	2:46	1:19

Qualifiziert: Norwegen und Holland

GRUPPE 3

22. 4. 92	Spanien – Albanien	3:0
28. 4. 92	Nordirland – Litauen	2:2
28. 5. 92	Irland – Albanien	2:0
3. 8. 92	Albanien – Litauen	1:0
12. 8. 92	Lettland – Litauen	1:2
26. 8. 92	Lettland – Dänemark	0:0
9. 9. 92	Irland – Lettland	4:0
9. 9. 92	Nordirland – Albanien	3:0
23. 9. 92	Lettland – Spanien	0:0
23. 9. 92	Litauen – Dänemark	0:0
14.10. 92	Nordirland – Spanien	0:0
14.10. 92	Dänemark – Irland	0:0
28.l0. 92	Litauen – Lettland	1:1
11.11. 92	Albanien – Lettland	1:1
18.11. 92	Spanien – Irland	0:0
18.11. 92	Nordirland – Dänemark	0:1
16.12. 92	Spanien – Lettland	5:0
17. 2. 93	Albanien – Nordirland	1:2
24. 2. 93	Spanien – Litauen	5:0
31. 3. 93	Irland – Nordirland	3:0
31. 3. 93	Dänemark – Spanien	1:0
14. 4. 93	Litauen – Albanien	3:1
14. 4. 93	Dänemark – Lettland	2:0
28. 4. 93	Irland – Dänemark	1:1
28. 4. 93	Spanien – Nordirland	3:1
15. 5. 93	Lettland – Albanien	0:0
25. 5. 93	Litauen – Nordirland	0:1
28. 5. 93	Albanien – Spanien	1:2
2. 6. 93	Litauen – Spanien	0:2
2. 6. 93	Lettland – Nordirland	1:2
2. 6. 93	Dänemark – Albanien	4:0
9. 6. 93	Lettland – Irland	0:2
16. 8. 93	Litauen – Irland	0:1
25. 8. 93	Dänemark – Litauen	4:0
8. 9. 93	Albanien – Dänemark	0:1
8. 9. 93	Nordirland – Lettland	2:0
8. 9. 93	Irland – Litauen	2:0
22. 9. 93	Albanien – Spanien	1:5
13.10. 93	Irland – Spanien	1:3
13.10. 93	Dänemark – Nordirland	1:0
17.11. 93	Nordirland – Irland	1:1
17.11. 93	Spanien – Dänemark	1:0

1.	Spanien	12 8 3 1	27:4	19:5
2.	Irland	12 7 4 1	19:6	18:6
3.	Dänemark	12 7 4 1	15:2	18:6
4.	Nordirland	12 5 3 4	14:13	13:11
5.	Litauen	12 2 3 7	8:21	7:17
6.	Lettland	12 0 5 7	4:21	5:19
7.	Albanien	12 1 2 9	6:26	4:20

Qualifiziert: Spanien und Irland

GRUPPE 4

22. 4. 92	Belgien – Zypern	1:0
6. 5. 92	Rumänien – Faröer	7:0
20. 5. 92	Rumänien – Wales	5:1
3. 6. 92	Faröer – Belgien	3:3
17. 6. 92	Faröer – Zypern	0:2
2. 9. 92	CSFR – Belgien	1:2
9. 9. 92	Wales – Faröer	6:0
23. 9. 92	CSFR – Faröer	4:0
14.10. 92	Belgien – Rumänien	1:0
14.10. 92	Zypern – Wales	0:1
14.11. 92	Rumänien – CSFR	1:1
18.11. 92	Belgien – Wales	2:0
29.11. 92	Zypern – Rumänien	1:4

13. 2. 93	Zypern – Belgien	0:3
24. 3. 93	Zypern – Tschechien	1:1
31. 3. 93	Wales – Belgien	2:0
14. 4. 93	Rumänien – Zypern	2:1
25. 4. 93	Zypern – Faröer	3:1
28. 4. 93	Tschechien – Wales	1:1
22. 5. 93	Belgien – Faröer	3:0
2. 6. 93	Tschechien – Rumänien	5:2
6. 6. 93	Faröer – Wales	0:3
16. 6. 93	Faröer – Tschechien	0:3
8. 9. 93	Wales – Tschechien	2:2
8. 9. 93	Faröer – Rumänien	0:4
13.10. 93	Rumänien – Belgien	2:1
13.10. 93	Wales – Zypern	2:0
27.10. 93	Tschechien – Zypern	3:0
17.11. 93	Wales – Rumänien	1:2
17.11. 93	Belgien – Tschechien	0:0

1.	Rumänien	10 7 1 2	29:12	15:5
2.	Belgien	10 7 1 2	16:5	15:5
3.	Tschechien (ehemals CSFR)	10 4 5 1	21:9	13:7
4.	Wales	10 5 2 3	19:12	12:8
5.	Zypern	10 2 1 7	8:18	5:15
6.	Faröer	10 0 0 10	1:38	0:20

Qualifiziert: Rumänien und Belgien

GRUPPE 5

13. 5. 92	Griechenland – Island	1:0
3. 6. 92	Ungarn – Island	1:2
9. 9. 92	Luxemburg – Ungarn	0:3
7.10. 92	Island – Griechenland	0:1
14.10. 92	Ungarn – Island	1:0
28.10. 92	Rußland – Luxemburg	2:0
11.11. 92	Griechenland – Ungarn	0:0
17. 2. 93	Griechenland – Luxemburg	2:0
31. 3. 93	Ungarn – Griechenland	0:1
14. 4. 93	Luxemburg – Rußland	0:4
28. 4. 93	Rußland – Ungarn	3:0
20. 5. 93	Luxemburg – Island	1:1
23. 5. 93	Rußland – Griechenland	1:1
2. 6. 93	Island – Rußland	1:1
16. 6. 93	Island – Ungarn	2:0
8. 9. 93	Ungarn – Luxemburg	1:3
8. 9. 93	Island – Luxemburg	1:0
12.10. 93	Luxemburg – Griechenland	1:3
27.10. 93	Ungarn – Luxemburg	1:0
17.11. 93	Griechenland – Rußland	1:0

1.	Griechenland	8 6 2 0	10:2	14:2
2.	Rußland	8 5 2 1	15:4	12:4
3.	Island	8 3 2 3	7:6	12:4
4.	Ungarn	8 2 1 5	6:11	5:11
5.	Luxemburg	8 0 1 7	2:17	1:15

Qualifiziert: Griechenland und Rußland

GRUPPE 6

14. 5. 92	Finnland – Bulgarien	0:3
9. 9. 92	Bulgarien – Frankreich	2:0
9. 9. 92	Finnland – Schweden	0:1
7.10. 92	Schweden – Bulgarien	2:0
14.10. 92	Frankreich – Österreich	2:0
28.10. 92	Österreich – Israel	5:2
11.11. 92	Israel – Schweden	1:3
14.11. 92	Frankreich – Finnland	2:1
2.12. 92	Israel – Bulgarien	0:2
17. 2. 93	Israel – Frankreich	0:4
27. 3. 93	Österreich – Frankreich	0:1
14. 4. 93	Österreich – Bulgarien	3:1
28. 4. 93	Österreich – Schweden	2:1
28. 4. 93	Bulgarien – Finnland	2:0
12. 5. 93	Bulgarien – Israel	2:2
13. 5. 93	Finnland – Österreich	3:1
19. 5. 93	Schweden – Österreich	1:0
2. 6. 93	Schweden – Israel	5:0
16. 6. 93	Finnland – Schweden	0:0
22. 8. 93	Schweden – Frankreich	1:1
25. 8. 93	Österreich – Finnland	3:0
8. 9. 93	Finnland – Frankreich	0:2
8. 9. 93	Bulgarien – Schweden	1:1
13.10. 93	Österreich – Israel	2:3
13.10. 93	Bulgarien – Österreich	4:1
13.10. 93	Schweden – Finnland	3:2
27.10. 93	Israel – Österreich	1:1
10.11. 93	Österreich – Schweden	1:1
10.11. 93	Israel – Finnland	1:3
17.11. 93	Frankreich – Bulgarien	1:2

Die Qualifikationsspiele Österreichs:

Am 14. August 1992 in Paris:
FRANKREICH – ÖSTERREICH 2:0 (1:0)
Frankreich: Martini, Sauzée, Boll, Casoni, Sassus, Fournier (64. Gnako), Deschamps, Durand, Papin, Gravelaine, Cantona.
Österreich: Wohlfahrt, Zsak, Feiersinger, Streiter, Wazinger, Stöger (84. Pfeifenberger), Artner, Baur, Herzog, Schinkels (46. Andi Ogris), Polster.

Am 28. Oktober 1992 in Wien:
ÖSTERREICH – ISRAEL 5:2 (2:0)
Österreich: Wohlfahrt, Zsak, Streiter (71. Baur), Wazinger, Prosenik, Stöger, Artner, Herzog, Schinkels (78. Flögel), Andi Ogris, Polster.
Israel: Ginzburg, Ben Shimon, Amar Beytar, H. Harazi, A. Cohen (52. Berkovitch), Zahar, Klinger, Hazan, Nimny, Rosenthal, Tikva (78. Drix).

Am 27. März 1993 in Wien:
ÖSTERREICH – FRANKREICH 0:1 (0:0)
Österreich: Wohlfahrt, Zsak, Pecl, Artner, Cerny, Kühbauer, Herzog, Schinkels, Andi Ogris, Feiersinger, Pfeifenberger, Polster.
Frankreich: Lama, Blanc, Roche, Petit, Angloma, Sauzée (87. Martina), Le Guen, Deschamps, Lizarazu, Papin, Gravelaine (70. Loko).

Am 14. April 1993 in Wien:
ÖSTERREICH – BULGARIEN 3:1 (2:0)
Österreich: Wohlfahrt, Zsak, Streiter, Pecl, Feiersinger, Kühbauer (86. Cerny), Lainer, Baur, Herzog, Pfeifenberger (68. Andi Ogris), Polster.
Bulgarien: Michailow, Illiew (73. Letschkow), Iwanow, Bezinski (83. Iskrenow), Jankow, Kirjakow, Balakow, Kostadinow, Penew, Stoitschkow.

Am 13. Mai 1993 in Turku:
FINNLAND – ÖSTERREICH 3:1 (2:0)
Finnland: Jakonen, Kinnunen, Kanerva, Heikkinen, Petäjä, Holmgren (66. Lindberg), Suomino, Litmanen, Rajamäki, Hjlem, Paatelainen (76. Grönholm).
Österreich: Wohlfahrt, Zsak, Cerny (60. Cerny), Streiter, Zisser, Baur, Kühbauer, Artner, Herzog, Lainer, Andi Ogris, Polster (57. Stöger).

Am 19. Mai 1993 in Stockholm:
SCHWEDEN – ÖSTERREICH 1:0 (0:0)
Schweden: Ravelli, Nilsson, Eriksson, Björklund, Ljung, Rehn, Brolin, Schwarz, Ingesson, Ekström (79. Zetterberg), Dahlin (84. Eklund).
Österreich: Wohlfahrt, Streiter, Lainer, Pecl, Feiersinger, Stöger, Artner, Herzog, Baur, Andi Ogris (80. Janeschitz), Pfeifenberger.

Am 25. August 1993 in Wien:
ÖSTERREICH – FINNLAND 3:0 (2:0)
Österreich: Wohlfahrt, Streiter, W. Kogler, Pfeffer, Artner, Stöger, Herzog, Feiersinger (82. Flögel), Kühbauer (83. Baur), Andi Ogris,)Pfeifenberger.
Finnland: Jakonen, Kinnunen, Kanerva, Heikkinen, Petäjä, Sunminen, Lineberg (68. Ruhanen), Litmanen (76. Grönholm), Hjlem, Rajamäki, Paatelainen.

Am 13. Oktober 1993 in Sofia:
BULGARIEN – ÖSTERREICH 4:1 (2:0)
Bulgarien: Michailow, Iwanow, Kremenlijew, Hubschew, Zwetanow, Jankow (81. Todorow), Letschkow, Balakow, Kostadinow (62. Borimirow), Penew, Stojtschkow.
Österreich: Wohlfahrt, Streiter, W. Kogler, Schöttl, Pfeffer, Armer, Stöger, Baur, Herzog, Andi Ogris, Polster.

Am 27. Oktober 1993 in Tel Aviv:
ISRAEL – ÖSTERREICH 1:1 (1:1)
Israel: Ginzburg, Klinger, Hallon, A. Harazi, Glam, Hazan, Levy Berovich (68. Ohana), R. Harazi, Rosenthal.
Österreich: Wohlfahrt, Streiter, W. Kogler, Pfeffer, Winklhofer, Stöger, Artner, Reinmayr, Feiersinger, Andi Ogris, Polster (68. Pfeifenberger).

Am 10. November 1993 in Wien:
ÖSTERREICH – SCHWEDEN 1:1 (0:0)
Österreich: Wohlfahrt, Lainer, Winklhofer, Kogler, Feiersinger, Stöger, Artner, Herzog, Reinmayr, Pacult (71. Westerthaler), Polster.
Schweden: Ravelli, Nilsson, Andersson, Kamark, Ljung, Mild, Zetterberg, Landberg (80. Alexandersson), Schwarz, Jansson, Larsson (72. Lilienberg).

1.	Schweden	10 6 3 1	19:8	15:5
2.	Bulgarien	10 6 2 2	19:10	14:6
3.	Frankreich	10 6 1 3	17:10	13:7
4.	Österreich	10 3 2 5	15:16	8:12
5.	Finnland	10 2 1 7	9:18	5:15
6.	Israel	10 1 3 6	10:27	5:15

Qualifiziert: Schweden und Bulgarien
Außerdem qualifiziert: Deutschland als Titelverteidiger

SÜDAMERIKA

GRUPPE A

1. 8. 93	Kolumbien – Paraguay	0:0
1. 8. 93	Peru – Argentinien	0:1
1. 8. 93	Paraguay – Argentinien	1:3
8. 8. 93	Peru – Kolumbien	0:1
15. 8. 93	Kolumbien – Argentinien	2:1
15. 8. 93	Paraguay – Peru	2:1
22. 8. 93	Argentinien – Peru	2:1
22. 8. 93	Paraguay – Kolumbien	1:1
29. 8. 93	Argentinien – Paraguay	0:0
29. 8. 93	Kolumbien – Peru	4:0
5. 9. 93	Argentinien – Kolumbien	0:5
5. 9. 93	Peru – Paraguay	2:2

1.	Kolumbien	6 4 2 0	13:2	10:2
2.	Argentinien	6 3 1 2	7:9	7:5
3.	Paraguay	6 1 4 1	6:7	6:6
4.	Peru	6 0 1 5	4:12	1:11

Qualifiziert: Kolumbien (Argentinien qualifiziert für eine Ausscheidungsrunde mit dem Gewinner der Qualifikationsrunde zwischen dem Sieger der Ozeanien-Gruppen und dem Zweiten der Nord-Südamerika-Gruppen)

GRUPPE B

18. 7. 93	Ecuador – Brasilien	0:0
18. 7. 93	Venezuela – Bolivien	1:7
25. 7. 93	Bolivien – Brasilien	2:0
25. 7. 93	Venezuela – Uruguay	0:1
1. 8. 93	Uruguay – Ecuador	0:0
1. 8. 93	Venezuela – Brasilien	1:5
8. 8. 93	Bolivien – Uruguay	3:1
8. 8. 93	Ecuador – Venezuela	5:0
15. 8. 93	Bolivien – Ecuador	1:0
15. 8. 93	Uruguay – Brasilien	1:1
22. 8. 93	Bolivien – Venezuela	7:0
22. 8. 93	Brasilien – Ecuador	2:0
29. 8. 93	Brasilien – Bolivien	6:0
29. 8. 93	Uruguay – Venezuela	4:0
5. 9. 93	Brasilien – Venezuela	4:0
5. 9. 93	Ecuador – Uruguay	0:1
12. 9. 93	Uruguay – Bolivien	2:1
12. 9. 83	Venezuela – Ecuador	2:1
19. 9. 93	Brasilien – Uruguay	2:0
19. 9. 93	Ecuador – Bolivien	1:1

1.	Brasilien	8 5 2 1	20:4	12:4
2.	Bolivien	8 5 1 2	22:11	11:5
3.	Uruguay	8 4 2 2	10:7	10:6
4.	Ecuador	8 1 3 4	7:7	5:11
5.	Venezuela	8 1 0 7	4:34	2:14

Qualifiziert: Brasilien, Bolivien

NORD- UND MITTELAMERIKA

KARIBIK – VOR-VORRUNDE

21. 3. 92	Dominik. Republik – Puerto Rico	1:2
28. 3. 92	Puerto Rico – Dominik. Republik	1:1
22. 3. 92	St. Lucia – St. Vincent	3:1
29. 3. 92	St. Vincent – St. Lucia	3:1

KARIBIK – VORRUNDE

26. 4. 92	Bermuda – Haiti	1:8
24. 5. 92	Haiti – Bermuda	2:1
23. 5. 92	Jamaika – Puerto Rico	2:1
30. 5. 92	Puerto Rico – Jamaika	0:1
1. 1. 92	St. Vincent – Kuba Rückzug Kubas	
19. 4. 92	Niederländische Antillen – Antigua	1:1
26. 4. 92	Antigua – Niederländische Antillen	3:0
26. 4. 92	Guyana – Surinam	1:2
24. 5. 92	Surinam – Guyana	1:1
19. 4. 92	Barbados – Trinidad & Tobago	1:2
31. 5. 92	Trinidad & Tobago – Barbados	3:0

1. RUNDE – ZENTRALREGION

19. 7. 92	Guatemala – Honduras	0:0
26. 7. 92	Honduras – Guatemala	2:0
16. 8. 92	Panama – Costa Rica	1:0
23. 8. 92	Costa Rica – Panama	5:1
19. 7. 92	Nicaragua – El Salvador	0:5
23. 7. 92	El Salvador – Nicaragua	5:1

1. RUNDE – KARIBIK

2. 8. 92	Surinam – St. Vincent	0:0
30. 8. 92	St. Vincent – Surinam	2:1
14. 6. 92	Antigua – Bermuda	0:3
4. 7. 92	Bermuda – Antigua	2:1
5. 7. 92	Trinidad & Tobago – Jamaika	1:2
16. 8. 92	Jamaika – Trinidad & Tobago	1:1

2. RUNDE – GRUPPE A

8.11. 92	Costa Rica – Honduras	2:3
5.11. 92	St. Vincent – Mexiko	0:4
15.11. 92	Mexiko – Honduras	2:0
15.11. 92	St. Vincent – Costa Rica	0:1
22.11. 92	Mexiko – Costa Rica	4:0
22.11. 92	St. Vincent – Honduras	0:4
28.11. 92	Honduras – St. Vincent	4:0
29.11. 92	Costa Rica – Mexiko	2:0
5.12. 92	Honduras – Costa Rica	2:1
6.12. 92	Mexiko – St. Vincent	11:0
13.12. 92	Costa Rica – St. Vincent	5:0
13.12. 92	Honduras – Mexiko	1:1

1.	Mexiko	6 4 1 1	22:3	9:3
2.	Honduras	6 4 1 1	14:6	9:3
3.	Costa Rica	6 3 0 3	11:9	6:6
4.	St. Vincent	6 0 0 6	0:29	0:12

2. RUNDE GRUPPE B

18.10. 92	Bermuda – El Salvador	1:0
18.10. 92	Jamaika – Kanada	1:1
25.10. 92	Bermuda – Jamaika	1:1
25.10. 92	El Salvador – Kanada	1:1
1.11. 92	Kanada – Jamaika	1:0
1.11. 92	El Salvador – Bermuda	4:1
8.11. 92	Kanada – El Salvador	2:3
8.11. 92	Jamaika – Bermuda	3:2
15.11. 92	Kanada – Bermuda	4:2
22.11. 92	Jamaika – El Salvador	0:2
6.12. 92	Bermuda – Kanada	0:0
6.12. 92	El Salvador – Jamaika	2:1

1.	El Salvador	6 4 1 1	12:6	9:3
2.	Kanada	6 2 3 1	9:7	7:5
3.	Jamaika	6 1 2 3	6:9	4:8
4.	Bermuda	5 1 2 3	7:12	4:8

3. RUNDE

4. 4. 93	Honduras – Kanada	2:2
4. 4. 93	El Salvador – Mexiko	2:1
11. 4. 93	Kanada – El Salvador	2:0
11. 4. 93	Mexiko – Honduras	3:0
18. 4. 93	Kanada – Honduras	3:1
18. 4. 93	Mexiko – El Salvador	3:1
25. 4. 93	Honduras – El Salvador	2:0
25. 4. 93	Mexiko – Kanada	4:0
2. 5. 93	Honduras – Mexiko	1:4
2. 5. 915	El Salvador – Kanada	1:2
9. 5. 93	Kanada – Mexiko	1:2
9. 5. 93	El Salvador – Honduras	2:1

1.	Mexiko	6 5 0 1	17:5	10:2
2.	Kanada	6 3 1 2	10:10	7:5
3.	El Salvador	6 2 0 4	6:11	4:8
4.	Honduras	6 1 1 4	7:14	3:9

Qualifiziert: Mexiko und USA als Veranstalter (Kanada qualifiziert für eine Ausscheidungsrunde mit dem Gewinner der Qualifikationsrunde zwischen dem Sieger der Ozeanien-Gruppen und dem Zweiten der Nord-Südamerika-Gruppen)

AUSSCHEIDUNGSRUNDE

30. 5. 93	Neuseeland – Australien	0:1
6. 6. 93	Australien – Neuseeland	3:0
31. 7. 93	Kanada – Australien	2:1
15. 8. 93	Australien – Kanada	2:1
31.10. 93	Australien – Argentinien	1:1
17.11. 93	Argentinien – Australien	1:0

Qualifiziert: Argentinien

OZEANIEN

GRUPPE 1

17. 7. 92	Salomonen-Inseln – Tahiti	1:1
4. 9. 92	Salomonen-Inseln – Australien	1:2
11. 9. 92	Tahiti – Australien	0:3
20. 9. 92	Australien – Tahiti	2:0
26. 9. 92	Australien – Salomonen-Inseln	6:1
9.10. 92	Tahiti – Salomonen-Inseln	4:2

1.	Australien	4 4 9 0	13:2	8:0
2.	Tahiti	4 1 1 2	5:8	3:5
3.	Salomon-Inseln	4 0 1 3	5:13	1:5

Keine direkte Qualifikation

GRUPPE 2

7. 6. 92	Neuseeland – Fidschi	3:0
27. 6. 92	Vanuatu – Neuseeland	1:4
1. 7. 92	Neuseeland – Vanuatu	8:0
12. 9. 92	Fidschi – Vanuatu	3:0
19. 9. 92	Fidschi – Neuseeland	0:0
26. 9. 92	Vanuatu – Fidschi	0:3

1.	Neuseeland	4 3 1 0	15:1	7:1
2.	Fidschi	4 2 1 1	6:3	5:3
3.	Vanuatu	4 0 0 4	1:18	0:8

Keine direkte Qualifikation

AFRIKA

1. RUNDE

GRUPPE A

9.10. 92	Algerien – Burundi	3:1
25.10. 92	Burundi – Ghana	1:0
20.12. 92	Ghana – Algerien	2:0
17. 1. 93	Burundi – Algerien	0:0
31. 1. 93	Ghana – Burundi	1:0
26. 2. 93	Algerien – Ghana	2:1

1.	Algerien	4 2 1 1	5:4	5:3
2.	Ghana	4 2 0 2	4:3	4:4
3.	Burundi	4 1 1 2	2:4	3:5

Qualifiziert: Algerien

GRUPPE B

11.10. 92	Kamerun – Swasiland	5:0
25.10. 92	Swasiland – Zaire	1:0
10. 1. 93	Zaire – Kamerun	1:2
17. 1. 93	Swasiland – Kamerun	0:0
25. 2. 93	Kamerun – Zaire	0:0
	Zaire – Swasiland nicht ausgetragen	

1.	Kamerun	4 2 2 0	1:1	6:2
2.	Swasiland	3 1 1 1	1:5	3:3
3.	Zaire	3 0 1 2	1:3	1:5

Qualifiziert: Kamerun

GRUPPE C

11.10. 92	Ägypten – Angola	1:0
11.10. 92	Simbabwe – Togo	1:0
25.10. 92	Togo – Ägypten	1:4
20.12. 92	Simbabwe – Ägypten	2:1
10. 1. 93	Angola – Simbabwe	1:1
17. 1. 93	Togo – Simbabwe	1:2
16. 1. 93	Angola – Ägypten	0:0
31. 1. 93	Ägypten – Togo	3:0
31. 1. 93	Simbabwe – Angola	2:1
26. 2. 93	Togo – Angola	0:1
15. 4. 93	Ägypten – Simbabwe	0:0
	Angola – Togo nicht ausgetragen	

1.	Simbabwe	6 4 2 0	8:4	10:2
2.	Ägypten	6 3 2 1	9:3	8:4
3.	Angola	5 1 2 2	3:4	4:6
4.	Togo	5 0 0 5	2:11	0:10

Qualifiziert: Simbabwe

GRUPPE D

10.10. 92	Nigeria – Südafrika	4:0
25.10. 92	Südafrika – Kongo	1:0
20.12. 92	Kongo – Nigeria	0:1
16. 1. 93	Südafrika – Nigeria	0:0
31. 1. 93	Kongo – Südafrika	0:1
28. 2. 93	Nigeria – Kongo	2:0

1.	Nigeria	4 3 1 0	7:0	7:1
2.	Südafrika	4 2 1 1	2:4	5:3
3.	Kongo	4 0 0 4	0:5	0:8

Qualifiziert: Nigeria

GRUPPE E

10.10. 92	Elfenbeinküste – Botswana	6:0
25.10. 92	Niger – Elfenbeinküste	0:0
20.12. 92	Botswana – Niger	0:1
17. 1. 93	Botswana – Elfenbeinküste	0:0
31. 1. 93	Elfenbeinküste – Niger	1:0
28. 2. 93	Niger – Botswana	2:1

1.	Elfenbeinküste	4 2 2 0	7:0	6:2
2.	Niger	4 2 1 1	3:2	5:3
3.	Botswana	4 0 1 3	1:9	1:7

Qualifiziert: Elfenbeinküste

GRUPPE F

11.10. 92	Marokko – Äthiopien	5:0
11.10. 92	Tunesien – Benin	5:1
25.10. 92	Benin – Marokko	0:1
25.10. 92	Äthiopien – Tunesien	0:0
20.12. 92	Tunesien – Marokko	1:1
20.12. 92	Äthiopien – Benin	3:1
17. 1. 93	Äthiopien – Marokko	0:1
17. 1. 93	Benin – Tunesien	0:5
31. 1. 93	Marokko – Benin	5:0
31. 1. 93	Tunesien – Äthiopien	3:0
28. 2. 93	Marokko – Tunesien	0:0
28. 2. 93	Benin – Äthiopien	1:0

1.	Marokko	6 4 2 0	13:1	10:2
2.	Tunesien	6 3 3 0	14:2	9:3
3.	Äthiopien	6 1 1 4	3:11	3:9
4.	Benin	6 1 0 5	3:19	2:10

Qualifiziert: Marokko

GRUPPE G

11.10. 92	Gabun – Mosambik	3:1
25.10. 92	Mosambik – Senegal	0:1
19.12. 92	Gabun – Senegal	3:2
17. 1. 93	Senegal – Gabun	1:1
31. 1. 93	Senegal – Mosambik	6:1
28. 2. 93	Senegal – Gabun	1:0

1.	Senegal	4 3 0 1	10:4	6:2
2.	Gabun	4 2 1 1	7:5	5:3
3.	Mosambik	4 0 1 3	3:11	1:7

Qualifiziert: Senegal

GRUPPE H

11.10. 92	Madagaskar – Namibia	3:0
25.10. 92	Namibia – Sambia	0:4
20.12. 92	Madagaskar – Sambia	2:0
17. 1. 93	Namibia – Madagaskar	0:1
30. 1. 93	Sambia – Namibia	4:0
27. 2. 93	Sambia – Madagaskar	3:1

1.	Sambia	4 3 0 1	11:3	6:2
2.	Madagaskar	4 3 0 1	7:3	6:2
3.	Namibia	4 0 0 4	0:12	0:8

Qualifiziert: Sambia

GRUPPE I

20.12. 92	Guinea – Kenia	4:0
27. 2. 93	Kenia – Guinea	2:0

1.	Guinea	2 1 0 1	4:2	2:2
2.	Kenia	2 2 0 1	2:4	2:2

Qualifiziert: Guinea

STATISTIK ZUR WELTMEISTERSCHAFT 1994

2. RUNDE

GRUPPE A

16. 4. 93	Algerien – Elfenbeinküste	1:1
2. 5. 93	Elfenbeinküste – Nigeria	2:1
3. 7. 93	Nigeria – Algerien	4:1
18. 7. 93	Elfenbeinküste – Algerien	1:0
25. 9. 93	Nigeria – Elfenbeinküste	4:1
8.10. 93	Algerien – Nigeria	1:1

1.	Nigeria	4 2 1 1	10:5	5:3
2.	Elfenbeinküste	4 2 1 1	5:6	5:3
3.	Algerien	4 0 2 2	3:7	2:6

Qualifiziert: Nigeria

GRUPPE B

18. 4. 93	Marokko – Senegal	1:0
4. 7. 93	Sambia – Marokko	2:1
17. 7. 93	Senegal – Marokko	1:3
7. 8. 93	Senegal – Sambia	0:0
26. 9. 93	Sambia – Senegal	4:0
10.10. 93	Marokko – Sambia	1:0

1.	Marokko	4 3 0 1	6:3	6:2
2.	Sambia	4 2 1 1	6:2	5:3
3.	Senegal	4 0 1 3	1:8	1:7

Qualifiziert: Marokko

GRUPPE C

18. 4. 93	Kamerun – Guinea	3:1
2. 5. 93	Guinea – Simbabwe	3:0
4. 7. 93	Simbabwe – Kamerun	1:0
18. 7. 93	Guinea – Kamerun	0:1
26. 9. 93	Simbabwe – Guinea	1:0
10.10. 93	Kamerun – Simbabwe	3:1

1.	Kamerun	4 3 0 1	7:3	6:2
2.	Simbabwe	4 2 0 2	3:6	4:4
3.	Guinea	4 1 0 3	4:5	2:6

Qualifiziert: Kamerun

ASIEN

1. RUNDE

GRUPPE A

22. 5. 93	Jordanien – Jemen	1:1
22. 5. 93	Pakistan – China	0:5
24. 5. 93	Jordanien – Irak	1:1
24. 5. 93	Jemen – Pakistan	5:1
26. 5. 93	Jordanien – China	0:3
26. 5. 93	Jemen – Irak	1:6
28. 5. 93	Pakistan – Irak	0:8
28. 5. 93	Jemen – China	1:0
30. 5. 93	Irak – China	1:0
30. 5. 93	Jordanien – Pakistan	3:1
12. 6. 93	China – Pakistan	3:0
12. 6. 93	Jemen – Jordanien	1:1
14. 6. 93	Irak – Jordanien	4:0
14. 6. 93	Pakistan – Jemen	0:3
16. 6. 93	China – Jordanien	4:1
16. 6. 93	Irak – Jemen	3:0
18. 6. 93	Irak – Pakistan	4:0
18. 6. 93	China – Jemen	1:0
20. 6. 93	China – Irak	2:1
20. 6. 93	Pakistan – Jordanien	0:5

1.	Irak	8 6 1 1	28:4	13:3
2.	China	8 6 0 2	18:4	12:5
3.	Jemen	8 3 2 3	12:13	8:8
4.	Jordanien	8 2 3 3	12:15	7:9
5.	Pakistan	8 0 0 8	2:36	0:16

Qualifiziert: Irak

GRUPPE B

23. 6. 93	Taiwan – Syrien	0:2
23. 6. 93	Iran – Oman	0:0
25. 6. 93	Iran – Taiwan	6:0
25. 6. 93	Oman – Syrien	0:0
27. 6. 93	Iran – Syrien	1:1
27. 6. 93	Oman – Taiwan	2:1
2. 7. 93	Syrien – Taiwan	8:1
2. 7. 93	Oman – Iran	0:1
4. 7. 93	Taiwan – Iran	0:6
4. 7. 93	Syrien – Oman	2:1
6. 7. 93	Taiwan – Oman	1:7
6. 7. 93	Syrien – Iran	1:1

1.	Iran	6 3 3 0	15:2	9:3
2.	Syrien	6 3 3 0	14:4	9:3
3.	Oman	6 2 2 2	10:5	6:6
4.	Taiwan	6 0 0 6	3:31	0:12

Qualifiziert: Iran

GRUPPE C

9. 4. 93	Nordkorea – Vietnam	3:0
9. 4. 93	Katar – Indonesien	3:1
11. 4. 93	Nordkorea – Singapur	2:1
11. 4. 93	Katar – Vietnam	4:0
13. 4. 93	Nordkorea – Indonesien	4:0
13. 4. 93	Vietnam – Singapur	2:3
16. 4. 93	Katar – Singapur	4:1
16. 4. 93	Vietnam – Indonesien	1:0
18. 4. 93	Indonesien – Singapur	0:2
18. 4. 93	Katar – Nordkorea	1:2
24. 4. 93	Vietnam – Nordkorea	0:1
24. 4. 93	Indonesien – Katar	1:4
26. 4. 93	Singapur – Nordkorea	1:3
26. 4. 93	Vietnam – Katar	0:4
28. 4. 93	Indonesien – Nordkorea	1:2
28. 4. 93	Singapur – Vietnam	1:0
30. 4. 93	Singapur – Katar	1:0
30. 4. 93	Indonesien – Vietnam	2:1
2. 5. 93	Singapur – Indonesien	2:1
2. 5. 93	Nordkorea – Katar	2:2

1.	Nordkorea	8 7 1 0	19:6	15:1
2.	Katar	8 5 1 2	22:8	11:5
3.	Singapur	8 5 0 3	12:12	10:6
4.	Indonesien	8 1 0 7	6:19	2:14
5.	Vietnam	8 1 0 7	4:18	2:14

Qualifiziert: Nordkorea

GRUPPE D

7. 5. 93	Hongkong – Bahrain	2:1
7. 5. 93	Libanon – Indien	2:2
9. 5. 93	Bahrain – Südkorea	0:0
9. 5. 93	Libanon – Hongkong	2:2
11. 5. 93	Indien – Hongkong	1:2
11. 5. 93	Libanon – Südkorea	0:1
13. 5. 93	Libanon – Bahrain	0:0
15. 5. 93	Bahrain – Indien	2:1
15. 5. 93	Hongkong – Südkorea	0:3
5. 6. 93	Bahrain – Libanon	0:0
5. 6. 93	Südkorea – Hongkong	4:1
7. 6. 93	Indien – Bahrain	0:3
7. 6. 93	Südkorea – Libanon	2:0
9. 6. 93	Hongkong – Libanon	1:2
9. 6. 93	Südkorea – Indien	7:0
11. 6. 93	Bahrain – Hongkong	3:0
11. 6. 93	Indien – Libanon	1:2
13. 6. 93	Hongkong – Indien	1:3
13. 6. 93	Südkorea – Bahrain	3:0

1.	Südkorea	8 7 1 0	19:6	15:1
2.	Bahrain	8 3 3 2	9:6	9:7
3.	Libanon	8 2 4 2	8:9	8:8
4.	Hongkong	8 2 1 5	9:19	5:11
5.	Indien	8 1 1 6	8:22	3:13

Qualifiziert: Südkorea

GRUPPE E

1. 5. 93	Macao – Saudi-Arabien	0:6
1. 5. 93	Malaysia – Kuwait	1:1
3. 5. 93	Macao – Kuwait	1:10
3. 5. 93	Malaysia – Saudi-Arabien	1:1
5. 5. 93	Kuwait – Saudi-Arabien	0:0
5. 5. 93	Malaysia – Macao	9:0
14. 5. 93	Kuwait – Malaysia	2:0
14. 5. 93	Saudi-Arabien – Macao	8:0
16. 5. 93	Kuwait – Macao	8:0
16. 5. 93	Saudi-Arabien – Malaysia	3:0
18. 5. 93	Macao – Malaysia	0:5
18. 5. 93	Saudi-Arabien – Kuwait	2:0

1.	Saudi-Arabien	6 4 2 0	20:1	10
2.	Kuwait	6 3 2 1	21:4	8
3.	Malaysia	6 2 2 2	16:7	6
4.	Macao	6 0 0 6	1:46	0

Qualifiziert: Saudi-Arabien

GRUPPE F

Date	Match	Result
8. 4. 93	Japan – Thailand	1:0
8. 4. 93	Sri Lanka – VA Emirate	0:4
11. 4. 93	Japan – Bangladesch	8:0
11. 4. 93	Thailand – Sri Lanka	1:0
13. 4. 93	Sri Lanka – Bangladesch	0:1
13. 4. 93	VA Emirate – Thailand	1:0
15. 4. 93	Japan – Sri Lanka	5:0
15. 4. 93	VA Emirate – Bangladesch	1:0
18. 4. 93	Japan – VA Emirate	2:0
18. 4. 93	Thailand – Bangladesch	4:1
28. 4. 93	Thailand – Japan	0:1
28. 4. 93	VA Emirate – Sri Lanka	3:0
30. 4. 93	Bangladesch – Japan	1:4
30. 4. 93	Thailand – VA Emirate	1:2
3. 5. 93	Bangladesch – VA Emirate	0:7
3. 5. 93	Bangladesch – Thailand	1:4
5. 5. 93	Sri Lanka – Japan	0:6
7. 5. 93	Bangladesch – Sri Lanka	3:0
7. 5. 93	VA Emirate – Japan	1:1

1.	Japan	8 7 1 0	28:2	15
2.	VA Emirate	8 6 1 1	19:4	13
3.	Thailand	8 4 0 4	13:7	8
4.	Bangladesch	8 2 0 6	7:28	4
5.	Sri Lanka	8 0 0 8	0:26	0

Qualifiziert: Japan

2. RUNDE

Date	Match	Result
15.10. 93	Nordkorea – Irak	3:2
15.10. 93	Saudi-Arabien – Japan	0:0
16.10. 93	Iran – Südkorea	0:3
18.10. 93	Nordkorea – Saudi-Arabien	1:2
18.10. 93	Japan – Iran	1:2
19.10. 93	Irak – Südkorea	2:2
21.10. 93	Nordkorea – Japan	0:3
22.10. 93	Iran – Irak	1:1
22.10. 93	Südkorea – Saudi-Arabien	1:1
24.10. 93	Irak – Saudi-Arabien	1:0
25.10. 93	Japan – Südkorea	1:0
25.10. 93	Iran – Nordkorea	2:1
28.10. 93	Südkorea – Nordkorea	3:0
28.10. 93	Saudi-Arabien – Iran	4:3
28.10. 93	Irak – Japan	2:2

1.	Saudi-Arabien	5 2 3 0	8:6	7:3
2.	Südkorea	5 2 2 1	9:4	6:4
3.	Japan	5 2 2 1	7:4	6:4
4.	Irak	5 1 3 1	9:9	5:5
5.	Iran	5 2 0 3	8:11	4:6
6.	Korea	5 1 0 4	5:12	2:8

Qualifiziert: Saudi-Arabien und Südkorea

Gruppe A

Am 18. Juni in Detroit:
USA – SCHWEIZ 1:1 (1:1)
USA: Meola, Kooiman, Balbao, Caligiuri, Ramos, Sorber, Dooley, Harkes, Stewart (80. Jones), Wynalda (58. Wegerle) – Trainer: Milutinovic.
Schweiz: Pascolo, Geiger, Hottiger, Herr, Quentin, Bregy, Sforza (75. Wyss), Ohrel, Sutter, Bickel (72. Subiat), Chapuisat – Trainer: Hodgson.
Tore: 0:1 Bregy (39.), 1:1 Wynalda (45.).
Schiedsrichter: Lamolina (Argentinien); Zuschauer: 75 000.

Am 19. Juni in Los Angeles:
KOLUMBIEN – RUMÄNIEN 1:3 (1:2)
Kolumbien: Cordoba, Herrera, Perea, Escobar, Perez, Valderrama, Alvarez, Gomez, Rincon, Valenia, Asprilla – Trainer: Maturana.
Rumänien: Stelea, Belodedici, Prodan, Mihali, Petrescu, Lupescu, Popescu, Munteanu, Dumitrescu (68. Selymes), Hagi, Raducioiu (89. Panduru) – Trainer: Iordanescu.
Tore: 0:1 Raducioiu (6.), 0:2 Hagi (34.), 1:2 Valencia (43.), 1:3 Raducioiu (88.).
Schiedsrichter: Al-Sharif (Syrien);
Zuschauer: 91 856 (ausverkauft).

Am 22. Juni in Detroit:
RUMÄNIEN – SCHWEIZ 1:4 (1:1)
Rumänien: Stelea, Belodedici, Mihali, Prodan, Petrescu, Lupescu (86. Panduru), Popescu, Hagi, Munteanu, Dumitrescu (71. Vladoiu), Raducioiu – Trainer: Iordanescu.
Schweiz: Pascolo, Hottiger, Geiger, Herr, Quentin, Ohrel (83. Sylvestre), Sforza, Bregy, Sutter (71. Bickel), Knup, Chapuisat – Trainer: Hodgson.
Tore: 0:1 Sutter (17.), 1:1 Hagi (36.), 1:2 Chapuisat (52.), 1:3 Knup (66.), 1:4 Knup (73.).
Schiedsrichter: Jouni (Tunesien); Zuschauer: 61 428.

Am 23. Juni in Los Angeles:
USA – KOLUMBIEN 2:1 (1:0)
USA: Meola, Clavijo, Balboa, Lalas, Caligiuri, Ramos, Dooley, Sorber, Harkes, Stewart (65. Jones), Wynalda (60. Wegerle) – Trainer: Milutinovic.
Kolumbien: Cordoba, Herrera, Perea, Escobar, Perez, Gaviria, Valderrama, Rincon, Alvarez, De Avila (46. Valenciano), Asprilla (46. Valencia) – Trainer: Maturana.
Tore: 0:1 Escobar (35. Eigentor), 2:0 Stewart (52.), 2:1 Valencia (90.).
Schiedsrichter: Baldas (Italien);
Zuschauer: 91 200 (ausverkauft).

Am 26. Juni in Los Angeles:
USA – RUMÄNIEN 0:1 (0:1)
USA: Meola, Clavijo, Balboa, Lalas, Caligiuri, Ramos (64. Jones), Harkes, Dooley, Sorber (75. Wegerle), Stewart, Wynalda – Trainer: Milutinovic.
Rumänien: Stelea, Belodedici, Prodan, Selymes, Petrescu, Popescu, Hagi, Munteanu, Dumitrescu, Raducioiu (83. Galca) – Trainer: Iordanescu.
Tor: 1:0 Petrescu (18.).
Schiedsrichter: van der Ende (Holland);
Zuschauer: 93 869 (ausverkauft).

Am 26. Juni in San Francisco:
SCHWEIZ – KOLUMBIEN 0:2 (0:1)
Schweiz: Pascolo, Hottiger, Geiger, Herr, Quentin, Ohrel, Sforza, Bregy, Sutter (82. Grassi), Knup (82. Subiat), Chapuisat – Trainer: Hodgson.
Kolumbien: Cordoba, Perez, Escobar, Mendoza, Herrera, Gaviria (79. Lozano), Alvarez, Valderrama, Rincon, Valencia (64. De Avilla), Asprilla – Trainer: Maturana.
Tore: 0:1 Gaviria (44.), 0:2 Lozano (90.).
Schiedsrichter: Mikkelsen (Dänemark);
Zuschauer: 83 769.

Abschlußtabelle Gruppe A	Rumänien	Schweiz	USA	Kolumbien	Tore	Punkte	Rang
Rumänien	X	1:4	1:0	3:1	5:5	6	1
Schweiz	4:1	X	1:1	0:2	5:4	4	2
USA	0:1	1:1	X	2:1	3:3	4	3
Kolumbien	1:3	2:0	1:2	X	4:5	3	4

Für das Achtelfinale qualifiziert: Rumänien, Schweiz und USA

Gruppe B

Am 20. Juni in Los Angeles:
KAMERUN – SCHWEDEN 2:2 (1:1)
Kamerun: Bell, Song, Kalla, Mbouh, Tataw, Libih, Mfede (87. Maboang-Kessack), Foe, Agbo, Omam-Biyik, Embe (81. Monyeme) – Trainer: Michel.
Schweden: Ravelli, Nilsson, Andersson, Björklund, Ljung, Ingesson (75. K. Andersson), Schwarz, Thern, Blomqvist (61. Larsson), Brolin, Dahlin – Trainer: Svensson.
Tore: 0:1 Ljung (8.), 1:1 Embe (31.), 2:1 Omam-Biyik (47.), 2:2 Dahlin (75.).
Schiedsrichter: Noriega (Peru); Zuschauer: 83 595.

Am 20. Juni in San Francisco:
BRASILIEN – RUSSLAND 2:0 (1:0)
Brasilien: Taffarel, Jorginho, Marcio Santos, Ricardo Rocha (75. Aldair), Leonardo, Mauro Silva, Rai, Dunga (85. Mazinho), Zinho, Bebeto, Romario – Trainer: Parreira.
Rußland: Charin, Nikiforow, Ternjawski, Chlestow, Gorlukowitsch, Karpin, Pjatnitzki, Kusnetsow, Zimbalar, Juran (56. Salenko), Radschenko (78. Borodjuk) – Trainer: Sadyrin.
Tore: 1:0 Romario (27.), 2:0 Rai (53. Foulelfmeter).
Schiedsrichter: Lim Kee Chong (Mauritius);
Zuschauer: 81 000.

Am 24. Juni in San Francisco:
BRASILIEN – KAMERUN 3:0 (1:0)
Brasilien: Taffarel, Aldair, Mauro Silva, Leonardo, M. Santos, Rai (83. Müller), Dunga (75. Paulo Sergio), Bebeto, Romario – Trainer: Parreira.

STATISTIK ZUR WELTMEISTERSCHAFT 1994

Kamerun: Bell, Song, Mbouh, Kalla, Tataw, Libih, Foe, Mfede (77. Kessack), Agbo, Embe (65. Milla), Omam-Biyik – Trainer: Michel.
Tore: 1:0 Romario (39.), 2:0 Marcio Santos (66.), 3:0 Bebeto (72.).
Schiedsrichter: Brizio Carter (Mexiko); Zuschauer: 83 401.

Am 26. Juni in Detroit:
SCHWEDEN – RUSSLAND 3:1 (1:1)
Schweden: Ravelli, Roland Nilsson, Patrik Andersson, Björklund (87. Erlingmark), Ljung, Brolin, Thern, Ingesson, Dahlin, Kennet Andersson (84. Larsson) – Trainer: Svensson.
Rußland: Charin, Nikiforow, Onopko, Gorlukowitsch, Popow (40. Karpin), Kusnetsow, Radschenko, Mostowoi, Chlestow, Salenko, Borodjuk (51. Gaijamin) – Trainer: Sadyrin.
Tore: 0:1 Salenko (4. Foulelfmeter), 1:1 Brolin (39. Foulelfmeter), 2:1 Dahlin (60.), 3:1 Dahlin (82.).
Schiedsrichter: Quiniou (Frankreich); Zuschauer: 71 528.

Am 28. Juni in San Francisco:
RUSSLAND – KAMERUN 6:1 (3:0)
Rußland: Tschertschessow, Nikiforow, Chlestow, Onopko, Ternjawski, Karpin, Tetradse, Kornejew (64. Radschenko), Zimbalar, Salenko, Ledjachow (77. Bestschastnich) – Trainer: Sadyrin.
Kamerun: Songo'o, N'Dip, Tataw, Kalla, Kana-Biyik, Libih, Foe, Mfede (46. Milla), Agbo, Embe (48. Tchami), Omam-Biyik – Trainer: Michel.
Tore: 1:0 Salenko (16.), 2:0 Salenko (41.), 3:0 Salenko (44. Foulelfmeter), 4:0 Milla (47.), 4:1 Salenko (73.), 5:1 Salenko (75.), 6:1 Radschenko (86.).
Schiedsrichter: Al-Sharif (Syrien); Zuschauer: 74 914.

Am 28. Juni in Detroit:
BRASILIEN – SCHWEDEN 1:1 (0:1)
Brasilien: Taffarel, Jorginho, Aldair, Marcio Santos, Leonardo, Rai (83. Paulo Sergio), Dunga, Mauro Silva (46. Mazinho), Zinho, Bebeto, Romario – Trainer: Parreira.
Schweden: Ravelli, Roland Nilsson, Patrik Andersson, Kamark, Ljung, Larsson (65. Blomqvist), Thern, Schwarz, (75. Mild), Ingesson, Brolin, Kennet Andersson – Trainer: Svensson.
Tore: 0:1 Kennet Andersson (24.), 1:1 Romario (47.).
Schiedsrichter: Puhl (Ungarn); Zuschauer: 77 217.

Abschlußtabelle Gruppe B	Brasilien	Schweden	Rußland	Kamerun	Tore	Punkte	Rang
Brasilien	X	1:1	2:0	3:0	6:1	7	1
Schweden	1:1	X	3:1	2:2	6:4	5	2
Rußland	0:2	1:3	X	6:1	7:6	3	3
Kamerun	0:3	2:2	1:6	X	3:11	1	4

Für das Achtelfinale qualifiziert: Brasilien und Schweden

Gruppe C

Am 17. Juni in Chicago:
DEUTSCHLAND – BOLIVIEN 1:0 (0:0)
Deutschland: Illgner, Matthäus, Kohler, Berthold, Effenberg, Sammer, Brehme, Häßler (84. Strunz), Möller, Riedle (60. Basler), Klinsmann – Trainer: Vogts.
Bolivien: Trucco, Rimba, Quiriteros, Sandy, Borja, Soria, Melgar, Cristaldo, E. Sanchez, Baldivieso (66. Moreno), Ramallo (79. Etcheverry) – Trainer: Azkargorta.
Tor: 1:0 Klinsmann (61.).
Schiedsrichter: Arturo Brizio Carter (Mexiko);
Zuschauer: 63 117 (ausverkauft).

Am 18. Juni in Dallas:
SPANIEN – SÜDKOREA 2:2 (0:0)
Spanien: Canizares, Ferrer, Alcorta, Nadal, Abelardo, Sergi, Gojcoechea, Hierro, Guerrero (46. Caminero), Luis Enrique, Salinas (63. Felipe) – Trainer: Clemente.
Südkorea: In Young Choi, Hong, Park, Noh (73. Ha), Pan Keun Kim, Young Il Choi, Joo Sung Kim (59. Seo), Ko, Shin, Hwang – Trainer: Kim.
Tore: 1:0 Salinas (51.), 2:0 Gojcoechea (56.), 2:1 Hong (85.), 2:2 Seo (90.).
Schiedsrichter: Mikkelsen (Dänemark); Zuschauer: 56 247.

Am 21. Juni in Chicago:
DEUTSCHLAND – SPANIEN 1:1 (0:1)
Deutschland: Illgner, Kohler, Berthold, Strunz, Effenberg, Sammer, Brehme, Häßler, Möller (62. Völler), Klinsmann – Trainer: Vogts.
Spanien: Zubizarreta, Hierro, Alkorta, Abelardo, Ferrer, Guardiola (77. Camarasa), Sergi, Gojcoechea (67. Bakero), Caminero, Luis Enrique, Salinas – Trainer: Clemente.
Tore: 0:1 Gojcoechea (14.), 1:1 Klinsmann (48.).
Schiedsrichter: Ernesto Filippi Cavani (Uruguay);
Zuschauer: 63 000.

Am 24. Juni in Boston:
SÜDKOREA – BOLIVIEN 0:0
Südkorea: In Young Choi, Hong, Park, Noh (71. Young Il Choi), Pan Keun Kim, Lee, Ko, Shin, Seo (65. Ha), Hwang, Joo Sung Kim – Trainer: Kim.
Bolivien: Trucco, Rimba, Quinteros, Sandy, Borja, Sanchez, Soria, Melgar, Baldivieso, Cristaldo, Ramallo (66. Pena) – Trainer: Azkargorta.
Schiedsrichter: Mottram (Schottland); Zuschauer: 54 456.

Am 27. Juni in Chicago:
BOLIVIEN – SPANIEN 1:3 (0:1)
Bolivien: Trucco, Rimba, Juan Pena, Sandy, Borja, Ramos (46. Moreno), Soria (64. Castillo), Melgar, Sanchez, Soruco, Ramallo – Trainer: Azkargorta.
Spanien: Zubizarreta, Ferrer, Voro, Abelardo, Gojcoechea, Guardiola (69. Bakero), Guerrero, Caminero, Sergi, Salinas, Felipe (46. Hierro) – Trainer: Clemente.
Tore: 0:1 Guardiola (7. Foulelfmeter), 0:2 Caminero (66.), 1:2 Sanchez (67.), 1:3 Caminero (72.).
Schiedsrichter: Badilla (Costa Rica); Zuschauer: 63 089.

Am 27. Juni in Dallas:
DEUTSCHLAND – SÜDKOREA 3:2 (3:0)
Deutschland: Illgner, Matthäus (64. Möller), Kohler, Berthold, Effenberg (75. Helmer), Buchwald, Brehme, Häßler, Sammer, Klinsmann, Riedle – Trainer: Vogts.
Südkorea: Il Young Choi (46. W. J. Lee), Hong, Park, Pan Keun Kim, Ko (46. Seo), Y. J. Lee (39. Chung), Young Il Choi, Shin, Joo Sung Kim, Cho, Hwang – Trainer: Kim.
Tore: 1:0 Klinsmann (12.), 2:0 Riedle (20.), 3:0 Klinsmann (37.), 3:1 Hwang (52.), 3:2 Hong (63.).
Schiedsrichter: Joel Quiniou (Frankreich); Zuschauer: 63 998.

Abschlußtabelle Gruppe C	Deutschland	Spanien	Südkorea	Bolivien	Tore	Punkte	Rang
Deutschland	X	1:1	3:2	1:0	5:3	7	1
Spanien	1:1	X	2:2	3:1	6:4	5	2
Südkorea	2:3	2:2	X	0:0	4:5	2	3
Bolivien	0:1	1:3	0:0	X	1:4	1	4

Für das Achtelfinale qualifiziert: Deutschland und Spanien

Gruppe D

Am 21. Juni in Boston:
ARGENTINIEN – GRIECHENLAND 4:0 (2:0)
Argentinien: Islas, Sensini, Caceres, Ruggeri, Chamot, Simeone, Redondo, Balbo (81. Mancuso), Maradona (84. Ortega), Batistuta, Caniggia – Trainer: Basile.
Griechenland: Minou, Manolas, Apostolakis, Kolitsidakis, Tsiantakis (46. Marangos), Nioplias, Kalitzakis, Tsalouchidid, Kofidis, Saravakos, Machlas (59. Mitropoulos) – Trainer: Panagoulias.
Tore: 1:0 Batistuta (2.), 2:0 Batistuta (45.), 3:0 Maradona (60.), 4:0 Batistuta (90. Handelfmeter).
Schiedsrichter: Angeles (USA);
Zuschauer: 57 000 (ausverkauft).

Am 22. Juni in Dallas:
NIGERIA – BULGARIEN 3:0 (2:0)
Nigeria: Rufai, Eguavoen, Okechukwu, N'wanu, Iroha, George (77. Ezeugo), Siasia (70. Adepoju), Oliseh, Amunike, Yekini, Amokachi – Trainer: Westerhof.
Bulgarien: Mihailow, Kremenliew, Hubchew, Yankow, Ivanow, Zvetanow, Borimirow (73. Yordanow), Letchkow (58. Sirakow), Balakow, Kostadinow, Stoitchkow – Trainer: Penew.
Tore: 1:0 Yekini (21.), 2:0 Amokachi (41.), 3:0 Amunike (55.).
Schiedsrichter: Badilla (Costa Rica); Zuschauer: 44 000.

Am 25. Juni in Boston:
ARGENTINIEN – NIGERIA 2:1 (2:1)
Argentinien: Islas, Sensini (87. Diaz), Caceres, Ruggeri, Chamot, Redondo, Simeone, Caniggia, Maradona, Balbo (71. Mancuso), Batistuta – Trainer: Basile.
Nigeria: Rufai, Eguavoen, N'wanu, Uche, Emenalo, George, Siasia (56. Adepoju), Oliseh (87. Okocha), Amunike, Amokachi, Yekini – Trainer: Westerhof.
Tore: 0:1 Siasia (9.), 1:1 Caniggia (22.) ,2:1 Caniggia (29.).
Schiedsrichter: Carlsson (Schweden); Zuschauer: 61 000.

Am 26. Juni in Chicago:
BULGARIEN – GRIECHENLAND 4:0 (1:0)
Bulgarien: Mihailow, Hubchew, Ivanow, Zvetanow (78. Kiriakow), Kremenliew, Letchkow, Yankow, Sirakow, Balakow, Kostadinow (82. Borimirow), Stoitchkow – Trainer: Penew.
Griechenland: Atmatzidis, Karataides, Apostolakis, Karagiannis Marangos, Hantzidis (46. Mitropoulos), Nioplias, Kofidis, Alexoudis (58. Dimitraidis), Machlas – Trainer: Panagoulias.
Tore: 1:0 Stoitchkow (5. Handelfmeter), 2:0 Stoitchkow (55. Foulelfmeter), 3:0 Letchkow (66.), 4:0 Borimirow (90.).
Schiedsrichter: Bujsaim (Vereinigte Arabische Emirate); Zuschauer: 63 160.

Am 1. Juli in Dallas:
ARGENTINIEN – BULGARIEN 0:2 (0:0)
Argentinien: Islas, Diaz, Caceres, Ruggeri, Chamot, Redondo, Rodriguez, Balbo, Batistuta, Caniggia (27. Ortega) – Trainer: Basile.
Bulgarien: Mihailow, Kremenliew, Ivanow, Hubchew, Zvetanow, Letchkow (76. Borimirow), Yankow, Sirakow, Balakow, Kostadinow (74. Kiriakow), Stoitchkow – Trainer: Penew.
Tore: 0:1 Stoitchkow (61.), 0:2 Sirakow (92.).
Schiedsrichter: Jouini (Tunesien);
Zuschauer: 67 000 (ausverkauft).

Am 1. Juli in Boston:
GRIECHENLAND – NIGERIA 0:2 (0:1)
Griechenland: Karkamanis, Alexiou, Kalitzakis, Karagiannis, Hantzidis, Tsalouchidis, Mitropoulos (71. Tsiantakis), Alexandris, Nioplias, Kofidis, Machlas (79. Dimitriadis) – Trainer: Panagoulias.
Nigeria: Rufai, Keshi, Okechukwu, George (83. Adepoju), N'wanu, Oliseh, Siasia, Emenalo, Amunike, Amokachi, Yekini (68. Okocha) – Trainer: Westerhof.
Tore: 0:1 George (45.), 0:2 Amokachi (90.).
Schiedsrichter: Mottram (Schottland); Zuschauer: 53 000.

Abschlußtabelle Gruppe D	Nigeria	Bulgarien	Argentinien	Griechenland	Tore	Punkte	Rang
Nigeria	X	3:0	1:2	2:0	6:2	6	1
Bulgarien	0:3	X	2:0	4:0	6:3	6	2
Argentinien	2:1	0:2	X	4:0	6:3	6	3
Griechenland	0:2	0:4	0:4	X	0:10	0	4

Für das Achtelfinale qualifiziert: Nigeria, Bulgarien und Argentinien

---

Gruppe E

Am 18. Juni in New York:
ITALIEN – IRLAND 0:1 (0:1)
Italien: Pagliuca, Tassotti, Costacurta, Baresi, Maldini, Donadoni, Albertini, D. Baggio, Evani (46. Massaro), R. Baggio, Signori (84. Berti) – Trainer: Sacchi.
Irland: Bonner, Irwin, McGrath, Babb, Phelan, Houghton (68. McAteer), Sheridan, Keane, Townsend, Staunton, Coyne (90. Aldridge) – Trainer: Charlton.
Tore: 0:1 Houghton (12.).
Schiedsrichter: van der Ende (Holland);
Zuschauer: 70 000 (ausverkauft).

Am 19. Juni in Washington:
NORWEGEN – MEXIKO 1:0 (0:0)
Norwegen: Thorstvedt, Haland, Berg, Bratseth, Björnebye, Flo, Bohinen, Mykland (78. Rekdal), Leonhardsen, Jakobsen (46. Halle), Fjörtorft – Trainer: Olsen.
Mexiko: Campos, Gutierrez (71. Bernal), Suarez, Juan Ramirez, Ramon Ramirez, Valdez (46. Galindo), Garcia, Ambriz, Del Olmo, Sanchez, Alves »Zague« – Trainer: Baron.
Tor: 1:0 Rekdal (85.).
Schiedsrichter: Sandor Puhl (Ungarn); Zuschauer: 52 395.

Am 23. Juni in New York:
MEXIKO – IRLAND 2:1 (1:0)
Mexiko: Campos, Rodriguez (81. Gutierrez), Suarez, Ramirez Perales, Del Olmo, Bernal, Ambriz, Luis Garcia, Garcia Aspe, Hermosillo (81. Salvador), Alves »Zague« – Trainer: Baron.
Irland: Bonner, Irwin, McGrath, Babb, Phelan, Houghton, Sheridan, Keane, Townsend, Staunton (67. McAteer), Coyne (67. Aldridge) – Trainer: Charlton.
Tore: 1:0 Luis Garcia (44.), 2:0 Luis Garcia (66.), 2:1 Aldridge (84.).
Schiedsrichter: Röthlisberger (Schweiz);
Zuschauer: 70 000 (ausverkauft).

Am 24. Juni in Orlando:
ITALIEN – NORWEGEN 1:0 (0:0)
Italien: Pagliuca, Benarrivo, Costacurta, Baresi (49. Apolloni), Maldini, Berti, Albertini, Dino Baggio, Signori, Roberto Baggio (22. Marchegiani), Casiraghi (69. Massaro) – Trainer: Sacchi.
Norwegen: Thorstvedt, Bratseth, Haaland, Berg, Björnebye, Flo, Bohinen, Mykland (81. Rekdal), Leonhardsen, Rushfeldt (46. Jakobsen), Fjörtorft – Trainer: Olsen.
Tor: 1:0 Dino Baggio (70.).
Schiedsrichter: Krug (Deutschland);
Zuschauer: 75 338 (ausverkauft).

Am 28. Juni in New York:
IRLAND – NORWEGEN 0:0
Irland: Bonner, G. Kelly, McGrath, Babb, Staunfon, McAteer, Sheridan, Keane, Townsend (75. Whelan), Houghton, Aldridge (64. D. Kelly) – Trainer: Charlton.
Norwegen: Thorstvedt, Berg, Johnsen, Bratseth, Björnebye, Flo, Leonhardsen (67. Bohinen), Rekdal, Mykland, Halle (34. Jakobsen), Sörloth – Trainer: Olsen.
Schiedsrichter: Torres (Kolumbien);
Zuschauer: 76 322 (ausverkauft).

Am 28. Juni in Washington:
ITALIEN – MEXIKO 1:1 (0:0)
Italien: Marchegiani, Benarrivo, Costacurta, Apolloni, Maldini, Berti, Albertini, D. Baggio (66. Donadoni), R. Baggio, Signori, Casiraghi (46. Massaro) – Trainer: Sacchi.
Mexiko: Campos, Rodriguez, Suarez, Juan Ramirez, Del Olmo, Bernal, Ambriz, Garcia Aspe, Luis Garcia (82. Chavez), Alves »Zague«, Hermosillo – Trainer: Baron.
Tore: 1:0 Massaro (48.), 1:1 Bernal (58.).
Schiedsrichter: Lamolina (Argentinien); Zuschauer: 53 168.

Abschlußtabelle Gruppe E	Mexiko	Irland	Italien	Norwegen	Tore	Punkte	Rang
Mexiko	X	2:1	1:1	0:1	3:3	4	1
Irland	1:2	X	1:0	0:0	2:2	4	2
Italien	1:1	0:1	X	1:0	2:2	4	3
Norwegen	1:0	0:0	0:1	X	1:1	4	4

Für das Achtelfinale qualifiziert: Mexiko, Irland und Italien

---

Gruppe F

Am 19. Juni in Orlando:
BELGIEN – MAROKKO 1:0 (1:0)
Belgien: Preud'homme, Staelens, Grun, de Wolf, Smidts, Nilis (54. Emmers), Degryse, Scifo, van der Elst, Boffin (86. Borkelmans), Weber – Trainer: van Himst.
Marokko: Azmi, Nacer, Triki, Naybet, El Hadrioui, El Hadaoui (69. Bahja), Azzouzri, Hababi, Daoudi, Chaouch (82. Samadi), Hadji – Trainer: Blinda.
Tor: 1:0 Degryse (12.).
Schiedsrichter: Cadena (Kolumbien); Zuschauer: 50 000.

Am 21. Juni in Washington:
HOLLAND – SAUDI-ARABIEN 2:1 (0:1)
Holland: de Goej, Koeman, van Gobbel, Frank de Boer, Rijkaard, Jonk, Wouters, Bergkamp, Overmars (59. Taument), Ronald de Boer, Roy (81. van Vossen) – Trainer: Advocaat.
Saudi-Arabien; Al-Deayea, Madani, Amin, Al-Klaiwi, Jawad,

STATISTIK ZUR WELTMEISTERSCHAFT 1994

Al-Dosari, Al-Bishi, Jibreen, Al-Muwallid, Owairan (69. Saleh), Majed Abdallah (45. Falatah) – Trainer: Solari.
Tore: 0:1 Amin (19.), 1:1 Jonk (51.), 21 Taument (36.).
Schiedsrichter: Diaz Vega (Spanien); Zuschauer: 45 000.

Am 25. Juni in Orlando:
BELGIEN – HOLLAND 1:0 (0:0)
Belgien: Preud'homme, de Wolf, Emmers (78. Medved), Albert, Borkelmans (61. Smidts, van der Eist, Scifo, Grun, Staelens, Degryse, Weber – Trainer: van Himst.
Holland: de Goej, Valckx, Koeman, Frank de Boer, Rijkaard, Jonk, Bergkamp, Wouters, Taument (64. Overmars), Ronald de Boer (46. Witschge), Roy – Trainer: Advocaat.
Tor: 1:0 Albert (65.).
Schiedsrichter: Marsiglia (Brasilien);
Zuschauer: 70 000 (ausverkauft).

Am 25. Juni in New York:
SAUDI-ARABIEN – MAROKKO 2:1 (2:1)
Saudi-Arabien: Al-Deayea, Al-Anazi (30. Zebermawi), Madani, Al-Khlawi, Jawad, Amin, Al-Bishi, Al-Muwallid, Al-Jibreen, Owairan, Al-Jaber (80. Al-Ghashayan) – Trainer: Solari.
Marokko: Azmi, Nacer (57. Laghrissi), Triki, Naybet, El Hadrioui, Hababi (77. Hadji), El Khalej, Azzouzi, Daoudi, Chaouch, Bahja – Trainer: Blinda.
Tore: 1:0 Al-Jaber (7. Foulelfmeter), 1:1 Chaouch (27.), 2:1 Amin (45.).
Schiedsrichter: Philip Don (England); Zuschauer: 72 404.

Am 29. Juni in Orlando:
MAROKKO – HOLLAND 1:2 (0:1)
Marokko: Alaoui, Samadi, Triki, Negrouz, El Hadrioui, Bouyboud (46. Hadji), Azzouzi (61. Daoudi), El Kahlaj, Hababi, Nader, Bahja – Trainer: Blinda.
Holland: de Goej, Koeman, Valckx, Frank de Boer, Winter, Jonk, Wouters, Witschge, Overmars (56. Taument), Bergkamp, van Vossen (67. Roy) – Trainer: Advocaat.
Tore: 0:1 Bergkamp (43.), 1:1 Nader (47.), 1:2 Roy (78.).
Schiedsrichter: Tejada Noriega (Peru); Zuschauer: 60 000.

Am 29. Juni in Washington:
BELGIEN – SAUDI-ARABIEN 0:1 (0:1)
Belgien: Preud'homme, Medved, Albert, de Wolf, Smidts, van der Elst, Scifo, Staelens, Boffin, Wilmots (54. Wilmots), Degryse (24. Nilis) – Trainer: van Himst.
Saudi-Arabien: Al-Deayea, Zebermawi, Al-Khlawi, Madani, Jawad, Al-Jibreen, Saleh, Al-Bishi, Falatah, Owairan (63. Al-Dosari), Abdallah (46. Al-Muwallid) – Trainer: Solari.
Tor: 0:1 Owairan (5.).
Schiedsrichter: Krug (Deutschland); Zuschauer: 45 000.

Abschlußtabelle Gruppe F	Holland	Saudi-Arabien	Belgien	Marokko	Tore	Punkte	Rang
Holland	X	2:1	0:1	2:1	4:3	6	1
Saudi-Arabien	1:2	X	1:0	2:1	4:3	6	2
Belgien	1:0	0:1	X	1:0	2:1	6	3
Marokko	1:2	1:2	0:1	X	2:5	0	4

Für das Achtelfinale qualifiziert: **Holland, Saudi-Arabien und Belgien**

Achtelfinale

Am 2. Juli in Chicago:
DEUTSCHLAND – BELGIEN 3:2 (3:1)
Deutschland: Illgner, Matthäus (46. Brehme), Kohler, Helmer, Berthold, Buchwald, Wagner, Häßler, Sammer, Klinsmann (86. Kuntz), Völler – Trainer: Vogts.
Belgien: Preud'homme, de Wolf, Albert, Grun, Smidts (66. Boffin), Staelens, Emmers, Scifo, van der Elst, Nilis (77. Czerniatynski), Weber – Trainer: van Himst.
Tore: 1:0 Völler (6.), 1:1 Grun (8.), 2:1 Klinsmann (11.), 3:1 Völler (39.), 3:2 Albert (90.).
Schiedsrichter: Kurt Röthlisberger (Schweiz);
Zuschauer: 60 246.

Am 2. Juli in Washington:
SPANIEN – SCHWEIZ 3:0 (1:0)
Spanien: Zubizarreta, Nadal, Alkorta, Abelardo, Camerasa, Ferrer, Gojcoechea (62. Beguiristain), Hierro (76. Otero), Bakero, Sergi, Luis Enrique – Trainer: Clemente.
Schweiz: Pascolo, Hottiger, Herr, Geiger, Quentin (58. Studer), Ohrel (73. Subiat), Bregy, Sforza, Bickel, Knup, Chapuisat – Trainer: Hodgson.
Tore: 1:0 Hierro (15.), 2:0 Luis Enrique (67.), 3:0 Beguiristain (87., Foulelfmeter).
Schiedsrichter: Van der Ende (Holland);
Zuschauer: 53 121.

Am 3. Juli in Los Angeles:
ARGENTINIEN – RUMÄNIEN 1:3 (1:2)
Argentinien: Islas, Sensini (63. Medino Bello), Caceres, Ruggeri, Chamot, Simeone, Ortega, Redondo, Basualdo, Batistuta, Balbo – Trainer: Basile.
Rumänien: Prunea, Belodedici, Prodan, Mihali, Selymes, Petrescu, Lupescu, Popescu, Hagi (90. Galga), Munteanu, Dumitrescu (89. Papura) – Trainer: Iordanescu.
Tore: 0:1 Dumitrescu (11.), 1:1 Batistuta (15., Foulelfmeter), 1:2 Dumitrescu (18.), 1:3 Hagi (58.).
Schiedsrichter: Pairetto (Italien);
Zuschauer: 90 469 (ausverkauft).

Am 3. Juli in Dallas:
SAUDI-ARABIEN – SCHWEDEN 1:3 (0:1)
Saudi-Arabien: Al-Deayea, Zebermawi, Al-Khlawi, Madani, Al-Jawad (55. Al-Ghashayan), Amin, Al-Bishi (63. Al-Muwallid), Owairan, Saleh, Al-Jaber, Fatalah – Trainer: Solari.
Schweden: Ravelli, Roland Nilsson, Patrik Andersson, Björklund (55. Kamark), Ljung, Brolin, Thern (69. Mild), Schwarz, Ingesson, Dahlin, Kennet Andersson – Trainer: Svensson.
Tore: 0:1 Dahlin (6.), 0:2 Kennet Andersson (51.), 1:2 Al-Ghashayan (86.), 1:3 Kennet Andersson (88.).
Schiedsrichter: Marsiglia (Brasilien); Zuschauer: 59 000.

Am 4. Juli in San Francisco:
BRASILIEN – USA 1:0 (0:0)
Brasilien: Taffarel, Jorginho, Aldair, Marcio Santos, Leonardo, Mazhino, Dunga, Mauro Silva, Zinho (69. Cafú), Bebeto, Romario – Trainer: Parreira.
USA: Meola, Clavijo, Balboa, Lalas, Caligiuri, Jones, Dooley, Ramos (46. Wynalda), Perez (66. Wegerle), Sorber, Stewart – Trainer: Milutinovic.
Tor: 1:0 Bebeto (73.).
Schiedsrichter: Quiniou (Frankreich); Zuschauer: 84 147.

Am 4. Juli in Orlando:
HOLLAND – IRLAND 2:0 (2:0)
Holland: de Goej, Rijkaard, Koeman, Valckx, S. de Boer, Winter, Jonk, Witschge (79. Numan), Overmars, Bergkamp, van Vossen (71. Roy) – Trainer: Advocaat.
Irland: Bonner, Kelly, McGrath, Babb, Phelan, Sheridan, Houghton, Keane, Townsend, Staunton (64. McAteer), Coyne (74. Cascarino) – Trainer: Charlton.
Tore: 1:0 Bergkamp (12.), 2:0 Jonk (41.).
Schiedsrichter: Mikkelsen (Dänemark);
Zuschauer: 61 000.

Am 5. Juli in Boston:
NIGERIA – ITALIEN n.V. 1:2 (1:0)
Nigeria: Rufai, N'wanu, Okechukwu, Oliseh, Eguavoen, George, Okocha, Amunike (57. Oliha), Emenalo, Yekini, Amokachi (35. Adepoju) – Trainer: Westerhof.
Italien: Marchegiani, Costacurta, Maldini, Benarrivo, Mussi, Berti (46. Dino Baggio), Albertini, Donadoni, Signori (64. Zola), Massaro, Roberto Baggio – Trainer: Sacchi.
Tore: 1:0 Amunike (27.), 1:1 Roberto Baggio (89.), 1:2 Roberto Baggio (102., Foulelfmeter).
Schiedsrichter: Brizio Carter (Mexiko);
Zuschauer: 54 367 (ausverkauft).

Am 5. Juli in New York:
MEXIKO – BULGARIEN 1:1 (1:1, 1:1) n.V., 2:4 im Elfmeterschießen
Mexiko: Campos, J. Rodriguez, Suarez, Ramirez Perales, Juan Ramirez, Bernal, Galindo, Ambriz, Garcia Aspe, Luis Garcia, Alves „Zague" – Trainer: Baron.
Bulgarien: Michailow, Kremenliew, Hubchew, Yordanow, Kiriakow, Letchkow, Sirakow (104. Guentchew, Borimirow, Balakow, Kostadinow (119. Mitharski), Stoitchkow – Trainer: Penew.
Tore: 0:1 Stoitchkow (7.), 1:1 Kremenliew (18., Foulelfmeter).
Elfmeterschießen: Garcia Aspe (verschossen), Bernal (gehalten), J. Rodriguez (gehalten), Suarez – Balakow (gehalten), Guentchew, Borimirow, Letchkow.
Schiedsrichter: Al-Sharif Jamal (Syrien);
Zuschauer: 71 030.

Viertelfinale

Am 9. Juli in Boston:
ITALIEN – SPANIEN 2:1 (1:0)
Italien: Pagliuca, Tassotti, Costacurta, Maldini, Benarrivo, Conte (66. Berti), Albertini (46. Signori), Dino Baggio, Donadoni, Massaro, Roberto Baggio – Trainer: Sacchi.
Spanien: Zubizarreta, Nadal, Ferrer, Alkorta, Abelardo, Otero, Gojcoechea, Bakero (65. Hierro), Caminero, Sergi (59. Salinas), Luis Enrique – Trainer: Clemente.
Tore: 1:0 Dino Baggio (26.), 1:1 Caminero (59.), 2:1 Roberto Baggio (88.).
Schiedsrichter: Puhl (Ungarn); Zuschauer: 54 605.

Am 9. Juli in Dallas:
BRASILIEN – HOLLAND 3:2 (0:0)
Brasilien: Taffarel, Jorginho, Aldair, Marcio Santos, Branco (90. Cafú), Mazinho (80. Rai), Mauro Silva, Dunga, Zinho, Bebeto, Romario – Trainer: Parreira.
Holland: de Goej, Valckx, Koeman, Wouters, Winter, Rijkaard (65. Ronald de Boer), Jonk, Witschge, Overmars, Bergkamp, van Vossen (54. Roy) – Trainer: Advocaat.
Tore: 1:0 Romario (52.), 2:0 Bebeto (62.), 2:1 Bergkamp (64.), 2:2 Winter (76.), 3:2 Branco (81.).
Schiedsrichter: Badilla (Costa Rica);
Zuschauer: 67 700 (ausverkauft).

Am 10. Juli in New York:
BULGARIEN – DEUTSCHLAND 2:1 (0:0)
Bulgarien: Michailow, Hubchew, Yankow, Ivanow, Kiriakow, Zwetanow, Letchkow, Sirakow, Balakow, Kostadinow (89. Guentchev), Stoitchkow (84. Yordanow) – Trainer: Penew.
Deutschland: Illgner, Matthäus, Helmer, Kohler, Wagner (59. Strunz), Berthold, Möller, Buchwald, Häßler (83. Brehme), Klinsmann, Völler – Trainer: Vogts.
Tore: 0:1 Matthäus (49., Foulelfmeter), 1:1 Stoitchkow (76.), 2:1 Letchkow (79.).
Schiedsrichter: Jose Torres Cadena (Kolumbien);
Zuschauer: 75 338 (ausverkauft).

Am 10. Juli in Los Angeles:
RUMÄNIEN – SCHWEDEN 2:2 (0:0; 2:2) n.V., 6:7 im Elfmeterschießen
Rumänien: Prunea, Belodedici, Prodan, Munteanu (83. Panduru), Petrescu, Popescu, Lupescu, Hagi, Selymes, Dumitrescu, Raducioiu – Trainer: Iordanescu.
Schweden: Ravelli, Nilsson, Andersson, Björklund (83. Kamark), Ljung, Ingesson, Schwarz, Brolin, Mild, Dahlin (106. H. Larsson), K. Andersson – Trainer: Svensson.
Tore: 0:1 Brolin (79.), 1:1 Raducioiu (89.), 2:1 Raducioiu (101.), 2:2 K. Andersson (115.).
Elfmeterschießen: Raducioiu, Hagi, Lupescu, Petrescu (gehalten), Dumitrescu, Belodedici (gehalten) – Mild (verschossen), K. Andersson, Brolin, Ingesson, R. Nilsson, Larsson.
Schiedsrichter: Don (England); Zuschauer: 81 715.

Halbfinale

Am 13. Juli in Boston:
BULGARIEN – ITALIEN 1:2 (1:2)
Bulgarien: Michailow, Kremenliew, Hubchew, Zwetanow, Ivanow, Kiriakow, Letchkow, Yankow, Sirakow, Balakow, Kostadinow (72. Yordanow), Stoitchkow (79. Guentchev) – Trainer: Penew.
Italien: Pagliuca, Mussi, Costacurta, Maldini, Benarrivo, Berti, Albertini, Dino Baggio (56. Conte), Donadoni, Casiraghi, Roberto Baggio (71. Signori) – Trainer: Sacchi.
Tore: 0:1 Roberto Baggio (21.), 0:2 Roberto Baggio (25.), 1:2 Stoitchkow (44., Foulelfmeter).
Schiedsrichter: José Quiniou (Mexiko); Zuschauer: 77 094.

Am 14. Juli in Los Angeles:
SCHWEDEN – BRASILIEN 0:1 (0:0)
Schweden: Ravelli, Roland Nilsson, Patrik Andersson, Björklund, Ljung, Ingesson, Brolin, Thern, Mild, Dahlin (67. Rehn), Kennet Andersson – Trainer: Svensson.
Brasilien: Taffarel, Jorginho, Marcio Santos, Aldair, Branco, Dunga, Mauro Silva, Mazhino (46. Rai), Zinho, Bebeto, Romario – Trainer: Parreira.
Tor: 0:1 Romario (81.).
Schiedsrichter: Jose Torres Cadena (Kolumbien);
Zuschauer: 92 000.

Spiel um den dritten Platz

Am 16. Juli in Boston:
SCHWEDEN – BULGARIEN 4:0 (4:0)
Schweden: Ravelli, Roland Nilsson, Patrik Andersson, Kamark, Björklund, Ingesson, Schwarz, Brolin, Mild, Larsson (78. Limpar), Kennet Andersson – Trainer: Svensson.
Bulgarien: Michailow (46. Nikolow), Hubchew, Zwetanow, Ivanow (42. Kremenliew), Kiriakow, Letchkow, Yankow, Sirakow (46. Yordanow), Balakow, Kostadinow, Stoitchkow (79. Guentchev) – Trainer: Penew.
Tore: 1:0 Brolin (8.), 2:0 Mild (30.), 3:0 Larsson (37.), 4:0 Kennet Andersson (40.).
Schiedsrichter: Ali Mohamed Bujsaim (Vereinigte Arabische Emirate); Zuschauer: 83 716.

Endspiel

Am 17. Juli in Los Angeles:
BRASILIEN – ITALIEN 0:0 (0:0, 0:0) n.V., 3:2 im Elfmeterschießen
Brasilien: Taffarel, Jorginho (20. Cafú), Marcio Santos, Aldair, Branco, Dunga, Mauro Silva, Mazhino, Zinho (106. Viola), Bebeto, Romario – Trainer: Parreira.
Italien: Pagliuca, Baresi, Mussi (36. Apolloni), Maldini, Benarrivo, Berti, Albertini, Dino Baggio (95. Min Evani), Donadoni, Massaro, Roberto Baggio – Trainer: Sacchi.
Tore/Elfmeterschießen: Marcio Santos (gehalten), Romario, Branco, Dunga – Baresi (verschossen), Albertini, Evani, Massaro (gehalten), Roberto Baggio (verschossen).
Schiedsrichter: Puhl (Ungarn);
Zuschauer: 94 349 (ausverkauft).

16. Fußball-Weltmeisterschaft 1998 in Frankreich

Qualifikation

EUROPA/ISRAEL

GRUPPE 1

Datum	Spiel	Ergebnis
24. 4. 96	Griechenland – Slowenien	2:0
1. 9. 96	Griechenland – Bosnien-Herzeg.	3:0
1. 9. 96	Slowenien – Dänemark	0:2
8.10. 96	Bosnien-Herzegowina – Kroatien	1:4
9.10. 96	Dänemark – Griechenland	2:1
10.11. 96	Kroatien – Griechenland	1:1
10.11. 96	Slowenien – Bosnien-Herzegowina	1:2
29. 3. 97	Kroatien – Dänemark	1:1
2. 4. 97	Bosnien-Herzeg. – Griechenland	0:1
2. 4. 97	Kroatien – Slowenien	3:3
30. 4. 97	Dänemark – Slowenien	4:0
30. 4. 97	Griechenland – Kroatien	0:1
8. 6. 97	Dänemark – Bosnien-Herzegowina	2:0
20. 8. 97	Bosnien-Herzegowina – Dänemark	3:0
6. 9. 97	Kroatien – Bosnien-Herzegowina	3:2
6. 9. 97	Slowenien – Griechenland	0:3
10. 9. 97	Dänemark – Kroatien	3:1
10. 9. 97	Bosnien-Herzegowina – Slowenien	1:0
11.10. 97	Griechenland – Dänemark	0:0
11.10. 97	Slowenien – Kroatien	1:3

1.	Dänemark	8	5	2	1	14:6	17
2.	Kroatien	8	4	3	1	17:12	15
3.	Griechenland	8	4	2	2	11:4	14
4.	Bosnien-Herzegowina	8	3	0	5	9:14	9
5.	Slowenien	8	0	1	7	5:20	1

Qualifiziert: Dänemark   **Entscheidungsspiel: Kroatien**

GRUPPE 2

Datum	Spiel	Ergebnis
1. 9. 96	Moldawien – England	0:3
5.10. 96	Moldawien – Italien	1:3
9.10. 96	England – Polen	2:1
9.10. 96	Italien – Georgien	1:0

STATISTIK ZUR WELTMEISTERSCHAFT 1998

9.11. 96	Georgien – England	0:2	
10.11. 96	Polen – Moldawien	2:1	
12. 2. 97	England – Italien	0:1	
29. 3. 97	Italien – Moldawien	3:0	
2. 4. 97	Polen – Italien	0:0	
30. 4. 97	England – Georgien	2:0	
30. 4. 97	Italien – Polen	3:0	
31. 5. 97	Polen – England	0:2	
7. 6. 97	Georgien – Moldawien	2:0	
14. 6. 97	Polen – Georgien	4:1	
10. 9. 97	England – Moldawien	4:0	
10. 9. 97	Georgien – Italien	0:0	
24. 9. 97	Moldawien – Georgien	0:1	
7.10. 97	Moldawien – Polen	0:3	
11.10. 97	Italien – England	0:0	
11.10. 97	Georgien – Polen	3:0	

1.	England	8 6 1 1	15:2	19
2.	Italien	8 5 3 0	11:1	18
3.	Polen	8 3 1 4	10:12	10
4.	Georgien	8 3 1 4	7:9	10
5.	Moldawien	8 0 0 8	2:21	0

Qualifiziert: England   **Entscheidungsspiel: Italien**

GRUPPE 3

2. 6. 96	Norwegen – Aserbaidschan	5:0
31. 8. 96	Aserbaidschan – Schweiz	1:0
1. 9. 96	Ungarn – Finnland	1:0
6.10. 96	Finnland – Schweiz	2:3
9.10. 96	Norwegen – Ungarn	3:0
10.11. 96	Aserbaidschan – Ungarn	0:3
10.11. 96	Schweiz – Norwegen	0:1
2. 4. 97	Aserbaidschan – Finnland	1:2
30. 4. 97	Norwegen – Finnland	1.1
30. 4. 97	Schweiz – Ungarn	1:0
8. 6. 97	Finnland – Aserbaidschan	3:0
8. 6. 97	Ungarn – Norwegen	1:1
20. 8. 97	Finnland – Norwegen	0:4
20. 8. 97	Ungarn – Schweiz	1:1
6. 9. 97	Schweiz – Finnland	1:2
6. 9. 97	Aserbaidschan – Norwegen	0:1
10. 9. 97	Ungarn – Aserbaidschan	3:1
10. 9. 97	Norwegen – Schweiz	5:0
11.10. 97	Finnland – Ungarn	1:1
11.10. 97	Schweiz – Aserbaidschan	5:0

Die Qualifikationsspiele der Schweiz
31.8.1996 in Baku:
ASERBAIDSCHAN – SCHWEIZ 1:0 (1:0)
Aserbaidschan: Jidkov, Gaisumov, Asadov, Abusev, Agayev (86. Getman), Ahmedov, Rzayev (69. Gurbanov G.), Idigov, Lychkin (89. Alekberov), Suleymanov, Huseynov.
Schweiz: Pascolo, Hottiger, Vega, Henchoz, Quentin, Ohrel (75. Sesa), Yakin, Sforza, Comisetti (81. Bonvin), Knup (67. Chapuisat), Türkyilmaz.

6.10.1996 in Helsinki:
FINNLAND – SCHWEIZ 2:3 (1:2)
Finnland: Niemi, Huhtamäki, Rissanen, Hyryläinen, Myyry, Lindberg (37. Kolkka), Suominen, Grönlund, Koskinen, Sumiala (82. Hyypiä), Vanhala.
Schweiz: Pascolo, Haas, Vega, Henchoz, Walker, Lombardo, Yakin, Sforza, Vogel (90. Wicky), Chapuisat (88. Bonvin), Kunz (78. Knup).

10.11.1996 in Bern:
SCHWEIZ – NORWEGEN 0:1 (0:1)
Schweiz: Pascolo, Wicky, Vega, Henchoz, Walker, Lombardo (70. Subiat), Yakin (88. Piffaretti), Sforza, Vogel, Türkyilmaz, Chapuisat (85. Bonvin).
Norwegen: Grodas, Haland, Berg, Johnsen R., Nilsen, Flo T. A. (75. Solskjaer), Mykland (62. Solbakken), Rekdal, Leonhardsen, Strand, Oestenstad (87. Flo H.).

30.4.1997 in Zürich:
SCHWEIZ – UNGARN 1:0 (0:0)
Schweiz: Lehmann, Ohrel, Walker, Vega, Wicky (63. Lombardo), Yakin, Kunz (56. Chassot), Vogel, Türkyilmaz, Sforza, Chapuisat (74. Grassi).
Ungarn: Sáfár, Kuttor, Bánfi, Nagy (57. Szlezák), Lorincz, Keresztúri, Mracskó (70. Nyilas), Urbán, Orosz (80. Halmai), Illés, Klausz.

20.8.1997 in Budapest:
UNGARN – SCHWEIZ 1:1 (0:0)
Ungarn: Sáfár, Kuttor, Mracskó, Dragoner (46. Halmai), Keresztúri, Lipcsei, Dombi, Urbán, Kovács (79. Nagy), Illés (46. Nyilas), Klausz.
Schweiz: Lehmann, Ohrel, Walker, Henchoz, Wolf, Yakin, Sesa, Wicky, Cantaluppi, Sforza, Chapuisat.

06.9.1997 in Lausanne:
SCHWEIZ – FINNLAND 1:2 (0:1)
Schweiz: Lehmann, Ohrel, Walker, Henchoz, Wolf, Fournier, Sesa (58. Kunz), Wicky. Cantaluppi (70. Zambaz), Zuffi, Chapuisat.
Finnland: Niemi, Rissanen, Tuomela, Reini, Koskinen, Mahlio, Vanhala, Valakari, Sumiala, Litmanen, Paatelainen.

10.9.1997 in Oslo:
NORWEGEN – SCHWEIZ 5:0 (0:0)
Norwegen: Grodas, Halle (84. Haland), Eggen, Berg, Bjoernebye, Flo J. (46. Oestenstad), Solbakken, Jakobsen (72. Strand), Flo T. A., Rekdal, Rudi.
Schweiz: Lehmann, Ohrel, Walker, Henchoz, Wolf, Yakin, Fournier, Wicky, Kunz, Sforza, Chapuisat.

11.10.1997 in Zürich:
SCHWEIZ – ASERBAIDSCHAN 5:0 (3:0)
Schweiz: Lehmann, Ohrel (46. Sesa), Walker, Henchoz, Vega, Yakin, Cantaluppi (74. Zambaz), Wicky, Türkyilmaz, Zuffi, Chapuisat (63. Kunz).
Aserbaidschan: Zhidkov, Gaisumov, Nossenko, Suleymanov, Lychkin, Abouchov, Moussaev, Kouliev, Kourbanov, Gourbanov, Sirkhaev.

1.	Norwegen	8 6 2 0	21:2	20
2.	Ungarn	8 3 3 2	10:8	12
3.	Finnland	8 3 2 3	11:12	11
4.	Schweiz	8 3 1 4	11:12	10
5.	Aserbaidschan	8 1 0 7	3:22	3

Qualifiziert: Norwegen   **Entscheidungsspiel: Ungarn**

GRUPPE 4

1. 6. 96	Schweden – Weißrußland	5:1
31. 8. 96	Österreich – Schottland	0:0
31. 8. 96	Weißrußland – Estland	1:0
1. 9. 96	Lettland – Schweden	1:2
5.10. 96	Estland – Weißrußland	1:0
5.10. 96	Lettland – Schottland	0:2
9.10. 96	Schweden – Lettland	1:1
9.10. 96	Schweden – Österreich	0:1
9.11. 96	Österreich – Lettland	2:1
10.11. 96	Schottland – Schweden	1:0
11. 2. 97	Estland – Schottland	0:0
29. 3. 97	Schottland – Estland	2:0
2. 4. 97	Schottland – Österreich	2:0
30. 4. 97	Österreich – Estland	2:0
30. 4. 97	Lettland – Weißrußland	2:0
30. 4. 97	Schweden – Schottland	2:1
18. 5. 97	Estland – Lettland	1:3
8. 6. 97	Weißrußland – Schottland	0:1
8. 6. 97	Estland – Schweden	2:3
8. 6. 97	Lettland – Österreich	1:3
20. 8. 97	Estland – Österreich	0:3
20. 8. 97	Weißrußland – Schweden	1:2
6. 9. 97	Österreich – Schweden	1:0
6. 9. 97	Lettland – Estland	1:0
7. 9. 97	Schottland – Weißrußland	4:1
10. 9. 97	Schweden – Lettland	1:0
10. 9. 97	Weißrußland – Österreich	0:1
11.10. 97	Österreich – Weißrußland	4:0
11.10. 97	Schottland – Lettland	2:0
11.10. 97	Schweden – Estland	1:0

Die Qualifikationsspiele Österreichs
31.8.1996 in Wien:
ÖSTERREICH – SCHOTTLAND 0:0
Österreich: Konsel, Schopp, Schöttel, Pfeffer, Feiersinger, Marasek, Ramusch (77. Ogris), Kühbauer, Polster (68. Sabitzer), Herzog, Heraf.
Schottland: Goram, Burley, McKinlay T., Calderwood, Hendry, Boyd, McCall, Ferguson D., McCoist (75. Durie), McAllister G., Collins.

9.10.1996 in Stockholm:
SCHWEDEN – ÖSTERREICH 0:1 (0:1)
Schweden: Ravelli, Nilsson R., Björklund, Andersson P., Schwarz, Thern, Blomquist, Zetterberg, Ingesson (68. Mild),

Dahlin (84. Andersson A.), Andersson K. (43. Larsson).
Österreich: Konsel, Schopp (78. Hatz), Pfeffer, Schöttel, Feiersinger, Hütter, Heraf, Herzog, Stöger (72. Ramusch), Polster, Wetl.

9.11.1996 in Wien:
ÖSTERREICH – LETTLAND 2:1 (1:1)
Österreich: Konsel, Schöttel, Karalija, Pfeffer, Heraf, Schopp, Stöger (59. Kühbauer), Hütter (59. Ramusch), Herzog, Wetl, Polster.
Lettland: Karavayev, Troitsky, Stepanov, Shevlyakov, Bleidelis, Zemlinsky, Shtolcers, Astafyev, Ivanov, Rimkus, Babichev (65. Pakhar).

2.4.1997 in Glasgow:
SCHOTTLAND – ÖSTERREICH 2:0 (1:0)
Schottland: Leighton, Burley, Boyd, Lambert, Hendry, Calderwood, McKinlay T., Gallacher (85. McCoist), Jackson (75. McGinlay), McAllister G. (89. McStay), Collins.
Österreich: Konsel, Schöttel (46. Kogler), Feiersinger, Pfeffer, Schopp, Heraf, Aigner (81. Ogris), Wetl, Stöger (68. Vastic), Herzog, Polster.

30.4.1997 in Wien:
ÖSTERREICH – ESTLAND 2:0 (0:0)
Österreich: Konsel, Feiersinger, Schöttel (69. Kogler), Pfeffer, Cerny, Herauf, Kühbauer, Herzog, Wetl, Vastic (51. Stöger), Polster.
Estland: Poom, Kirs, Hohlov-Simson, Lemsalu, Meet, Viikmäe (83. Leetma), Pari (64. Rooba M.), Reim, Alonen (79. Arbeiter), Kristal, Oper.

8.6.1997 in Riga:
LETTLAND – ÖSTERREICH 1:3 (0:0)
Lettland: Karavayev, Troitsky, Astafyev, Zemlinsky, Shevlyakov, Stepanov, Ivanov, Pakhar, Babichev (68. Zakreshevsky), Rimkus (59. Yeliseyev), Bleidelis (64. Shtolcers).
Österreich: Konsel, Schöttel, Pfeffer, Feiersinger, Cerny (84. Ramusch), Heraf, Kühbauer, Herzog (78. Stöger) Wetl (46. Pfeifenberger, Vastic, Polster.

20.8.1997 in Tallinn:
ESTLAND – ÖSTERREICH 0:3 (0:0)
Estland: Poom, Lemsalu, Kirs (77. Leetma), Hohlov-Simson, Meet, Vilkmäe (66. Terekhov), Arbeiter (75. Rooba), Oper, Kristal, Reim, Zelinski.
Österreich: Konsel, Cerny (84. Schopp), Kogler, Pfeffer, Pfeifenberger, Mählich, Vastic, Kühbauer, Polster, Herzog (69. Stöger), Prilasnig.

6.9.1997 in Wien:
ÖSTERREICH – SCHWEDEN 1:0 (0:0)
Österreich: Konsel, Cerny, Schöttel, Pfeffer, Feiersinger, Mählich, Vastic (65. Stöger), Pfeifenberger, Polster, Herzog (82. Wohlfahrt), Prilasnig.
Schweden: Ravelli, Nilsson, Andersson P., Björklund, Kamark, Alexandersson, Zetterberg, Mild, Thern, Dahlin, Andersson K.

10.9.1997 in Minsk:
WEISSRUSSLAND – ÖSTERREICH 0:1 (0:0)
Weißrußland: Satsunkhevich, Geraschenko, Shtanyuk, Ostrovski, Dovnar (77. Orlovski), Chernyavski (55. Gerasimets), Kulchy, Gurenko, Belkevich, Kachuro, Romashchenko.
Österreich: Wohlfahrt, Cerny, Schöttel, Kogler, Feiersinger, Mählich, Vastic (46. Stöger), Pfeifenberger, Polster, Herzog (72. Hütter), Prilasnig.

11.10.1997 in Wien:
ÖSTERREICH – WEISSRUSSLAND 4:0 (4:0)
Österreich: Konsel, Cerny, Kogler (75. Ramusch), Pfeffer, Feiersinger, Mählich, Prilasnig (66. Schopp), Pfeifenberger, Polster, Herzog (63. Reinmayr), Stöger.
Weißrußland: Satsunkhevich, Lavrik, Shtanyuk, Ostrovski, Makovski, Orlovski, Gerasimets, Gurenko, Belkevich, Romashchenko, Kulchy.

1.	Österreich	10 8 1 1	17:4	25
2.	Schottland	10 7 2 1	15:3	23
3.	Schweden	10 7 0 3	16:9	21
4.	Lettland	10 3 1 6	10:14	10
5.	Estland	10 1 1 8	4:16	4
6.	Weißrußland	10 1 1 8	5:21	4

Qualifiziert: Österreich und Schottland

GRUPPE 5

1. 9. 96	Israel – Bulgarien	2:1
1. 9. 96	Rußland – Zypern	4:0
8.10. 96	Luxemburg – Bulgarien	1:2
9.10. 96	Israel – Rußland	1:1
10.11. 96	Zypern – Israel	2:0
10.11. 96	Luxemburg – Rußland	0:4
14.12. 96	Zypern – Bulgarien	1:3
15.12. 96	Israel – Luxemburg	1:0
29. 3. 97	Zypern – Rußland	1:1
30. 4. 97	Luxemburg – Israel	0:3
2. 4. 97	Bulgarien – Zypern	4:1
30. 4. 97	Israel – Zypern	2:0
30. 4. 97	Rußland – Luxemburg	3:0
8. 6. 97	Bulgarien – Luxemburg	2:1
6. 6. 97	Rußland – Israel	2:0
20. 8. 97	Bulgarien – Israel	1:0
7. 9. 97	Luxemburg – Zypern	1:3
10. 9. 97	Bulgarien – Rußland	1:0
11.10. 97	Zypern – Luxemburg	2:0
11.10. 97	Rußland – Bulgarien	4:2

1.	Bulgarien	8 6 0 2	18:9	18
2.	Rußland	8 5 2 1	19:5	17
3.	Israel	8 4 1 3	9:7	13
4.	Zypern	8 3 1 4	10:15	10
5.	Luxemburg	8 0 0 8	2:22	0

Qualifiziert: Bulgarien   Entscheidungsspiel: Rußland

GRUPPE 6

24. 4. 96	Jugoslawien – Faröer-Inseln	3:1
2. 6. 96	Jugoslawien – Malta	6:0
31. 8. 96	Faröer-Inseln – Slowakei	1:2
4. 9. 96	Faröer-Inseln – Spanien	2:6
18. 9. 96	Tschechien – Malta	6:0
22. 9. 96	Slowakei – Malta	6:0
6.10. 96	Faröer-Inseln – Jugoslawien	1:8
9.10. 96	Tschechien – Spanien	0:0
23.10. 96	Slowakei – Faröer-Inseln	3:0
10.11. 96	Jugoslawien – Tschechien	1:0
13.11. 96	Spanien – Slowakei	4:1
14.12. 96	Spanien – Jugoslawien	2:0
13.12. 96	Malta – Spanien	0:3
12. 2. 97	Spanien – Malta	4:0
31. 3. 97	Malta – Slowakei	0:2
2. 4. 97	Tschechien – Jugoslawien	1:2
30. 4. 97	Malta – Faröer-Inseln	1:2
30. 4. 97	Jugoslawien – Spanien	1:1
8. 6. 97	Faröer-Inseln – Malta	2:1
8. 6. 97	Spanien – Tschechien	1:0
8. 6. 97	Jugoslawien – Slowakei	2:0
20. 8. 97	Tschechien – Faröer-Inseln	2:0
24. 8. 97	Slowakei – Tschechien	2:1
6. 9. 97	Faröer-Inseln – Tschechien	0:2
10. 9. 97	Slowakei – Jugoslawien	1:1
24. 9. 97	Malta – Tschechien	0:1
24. 9. 97	Slowakei – Spanien	1:2
11.10. 97	Malta – Jugoslawien	0:5
11.10. 97	Spanien – Faröer-Inseln	3:1
11.10. 97	Tschechien – Slowakei	3:0

1.	Spanien	10 8 2 0	26:6	26
2.	Jugoslawien	10 7 2 1	29:7	23
3.	Tschechien	10 5 1 4	16:6	16
4.	Slowakei	10 5 1 4	18:14	16
5.	Faröer-Inseln	10 2 0 8	10:31	6
6.	Malta	10 0 0 10	2:37	0

Qualifiziert: Spanien   Entscheidungsspiel: Jugoslawien

GRUPPE 7

2. 6. 96	San Marino – Wales	0:5
31. 8. 96	Belgien – Türkei	2:1
31. 8. 96	Wales – San Marino	6:0
5.10. 96	Wales – Holland	1:3
9.10. 96	San Marino – Belgien	0:3
9.11. 96	Holland – Wales	7:1
10.11. 96	Türkei – San Marino	7:0
14.12. 96	Belgien – Holland	0:3
11.12. 96	Wales – Türkei	0:0
29. 3. 97	Holland – San Marino	4:0
29. 3. 97	Wales – Belgien	1:2

STATISTIK ZUR WELTMEISTERSCHAFT 1998

2. 4. 97	Türkei – Holland	1:0
30. 4. 97	San Marino – Holland	0:6
30. 4. 97	Türkei – Belgien	1:3
7. 6. 97	Belgien – San Marino	6:0
20. 8. 97	Türkei – Wales	6:4
6. 9. 97	Holland – Belgien	3:1
10. 9. 97	San Marino – Türkei	0:5
11.10. 97	Belgien – Wales	3:2
11.10. 97	Holland – Türkei	0:0

1.	Holland	8 6 1 1	26:4	19
2.	Belgien	8 6 0 2	20:11	18
3.	Türkei	8 4 2 2	21:9	14
4.	Wales	8 2 1 5	20:21	7
5.	San Marino	8 0 0 8	0:42	0

Qualifiziert: Holland   **Entscheidungsspiel: Belgien**

GRUPPE 8

24. 6. 96	Mazedonien – Liechtenstein	3:0
1. 6. 96	Island – Mazedonien	1:1
31. 8. 96	Liechtenstein – Irland	0:5
31. 8. 96	Rumänien – Litauen	3:0
5.10. 96	Litauen – Island	2:0
9.10. 96	Island – Rumänien	0:4
9.10. 96	Litauen – Liechtenstein	2:1
9.10. 96	Mazedonien – Irland	3:0
9.11. 96	Liechtenstein – Mazedonien	1:11
10.11.96	Irland – Island	0:0
14.12. 96	Mazedonien – Rumänien	0:3
29. 3. 97	Rumänien – Liechtenstein	8:0
2. 4. 97	Litauen – Rumänien	0:1
2. 4. 97	Mazedonien – Irland	3:2
30. 4. 97	Liechtenstein – Litauen	0:2
30. 4. 97	Rumänien – Irland	1:0
21. 5. 97	Irland – Liechtenstein	5:0
7. 6. 97	Mazedonien – Island	1:0
11. 6. 97	Island – Litauen	0:0
20. 8. 97	Liechtenstein – Island	0:4
20. 8. 97	Irland – Litauen	0:0
20. 8. 97	Rumänien – Mazedonien	4:2
6. 9. 97	Island – Irland	2:4
6. 9. 97	Liechtenstein – Rumänien	1:8
6. 9. 97	Litauen – Mazedonien	2:0
10. 9. 97	Rumänien – Island	4:0
10. 9. 97	Litauen – Irland	1:2
11.10. 97	Island – Liechtenstein	4:0
11.10. 97	Irland – Rumänien	1:1
11.10. 97	Mazedonien – Litauen	1:2

1.	Rumänien	10 9 1 0	37:4	28
2.	Irland	10 5 3 2	22:8	18
3.	Litauen	10 5 2 3	11:8	17
4.	Mazedonien	10 4 1 5	22:18	13
5.	Island	10 2 3 5	11:16	9
6.	Liechtenstein	10 0 0 10	3:52	0

Qualifiziert: Rumänien   **Entscheidungsspiel: Irland**

GRUPPE 9

31. 8. 96	Armenien – Portugal	0:0
31. 8. 96	Nordirland – Ukraine	0:1
5.10. 96	Nordirland – Armenien	1:1
5.10. 96	Ukraine – Portugal	2:1
9.10. 96	Albanien – Portugal	0:3
9.10. 96	Armenien – Deutschland	1:5
9.11. 96	Albanien – Armenien	1:1
9.11. 96	Deutschland – Nordirland	1:1
9.11. 96	Portugal – Ukraine	1:0
14.12. 96	Nordirland – Albanien	2:0
14.12. 96	Portugal – Deutschland	0:0
29. 3. 97	Albanien – Ukraine	0:1
29. 3. 97	Nordirland – Portugal	0:0
2. 4. 97	Albanien – Deutschland	2:3
2. 4. 97	Ukraine – Nordirland	2:1
30. 4. 97	Armenien – Nordirland	0:0
30. 4. 97	Deutschland – Ukraine	2:0
7. 5. 97	Ukraine – Armenien	1:1
7. 6. 97	Portugal – Albanien	2:0
7. 6. 97	Ukraine – Deutschland	0:0
20. 8. 97	Nordirland – Deutschland	1:3
20. 8. 97	Portugal – Armenien	3:1
20. 8. 97	Ukraine – Albanien	1:0
6. 9. 97	Deutschland – Portugal	1:1
6. 9. 97	Armenien – Albanien	3:0
10. 9. 97	Albanien – Nordirland	1:0
10. 9. 97	Deutschland – Armenien	4:0
11.10. 97	Deutschland – Albanien	4:3
11.10. 97	Portugal – Nordirland	1:0
11.10. 97	Armenien – Ukraine	0:2

Die Qualifikationsspiele Deutschlands:

9.10.1996 in Yerevan:
ARMENIEN – DEUTSCHLAND 1:5 (0:3)
Armenien: Berezovski, Souklasyan, Khachatryan V., Hovsepyan, Der Zakarian, Oganesyan (46. Ter-Petrosyan), Vardanyan (74. Minasyan), Tonoyan (46. Avetisyan A.), Mkhitaryan, Assadourian, Mikaelyan.
Deutschland: Köpke, Paßlack, Babbel, Kohler, Reuter, Bode (73. Kuntz), Eilts, Häßler (75. Tarnat), Scholl, Klinsmann, Bierhoff (64. Bobic).

9.11.1996 in Nürnberg:
DEUTSCHLAND – NORDIRLAND 1:1 (1:1)
Deutschland: Köpke, Strunz, Reuter, Kohler, Babbel, Tarnat, Häßler, Eilts (62. Paßlack), Möller, Klinsmann, Bobic (70. Bierhoff).
Nordirland: Wright, Hill, Nolan, Hunter, Taggart, Horlock, Morrow, Lornas, Dowie (76. Gray), Lennon (86. Rogan), Hughes.

14.12.1996 in Lissabon:
PORTUGAL – DEUTSCHLAND 0:0
Portugal: Vitor Baia, Secretario, Dimas, Fernando Couto, Hélder, Oceano, Paulinho Santos, Rui Barros (78. Cadete), Figo, Joao Pinto, Rui Costa.
Deutschland: Köpke, Reuter, Sammer, Kohler, Ziege, Eilts, Basler (71. Kirsten), Möller, Babbel (85. Tarnat), Klinsmann, Bobic.

2.4.1997 in Granada:
ALBANIEN – DEUTSCHLAND 2:3 (0:0)
Albanien: Strakosha, Shpuza (68. Bellai), Shulku, Vata R., Kacaj, Abazi, Haxhi, Kola, Bushi (89. Lamee), Rraklli, Tare (73. Vata F.)
Deutschland: Köpke, Reuter (61. Heinrich), Kohler, Sammer, Helmer, Ziege, Möller, Eilts (62. Kirsten), Wosz, Klinsmann, Bierhoff.

30.4.1997 in Bremen:
DEUTSCHLAND – UKRAINE 2:0 (0:0)
Deutschland: Köpke, Helmer, Kohler, Heinrich, Eilts, Ziege, Basler, Wosz (84. Tarnat), Bobic (16. Nowotny), Klinsmann, Bierhoff.
Ukraine: Shovkovskyi, Golovko, Luzhnyi, Skrypnyk (70. Vashchuk), Nagornyak (69. Orbu), Bezhenar, Maximov, Rebrov, Kalitvintsev (76. Mykhailenko), Kosovskyi, Shevchenko.

7.6.1997 in Kiew:
UKRAINE – DEUTSCHLAND 0:0
Ukraine: Shovkovskyi, Luzhnyi, Golovko, Vashchuk, Koval, Dimitrulin, Maximov (71. Shkapenko), Gussin, Nahornyak (89. Bezhenar), Rebrov (82. Mykhailenko), Shevchenko.
Deutschland: Köpke, Heinrich, Kohler, Sammer, Helmer, Ziege, Eilts, Wosz (70. Scholl), Basler, Klinsmann, Kirsten (87. Bierhoff).

20.8.1997 in Belfast:
NORDIRLAND – DEUTSCHLAND 1:3 (0:2)
Nordirland: Davison, Nolan, Morrow, Hill, Taggart, Magilton, Quinn, Lennon, Gillespie (78. McMahon), Hughes, Horlock (82. Griffin).
Deutschland: Köpke, Heinrich, Ziege, Kohler, Helmer, Wörns (64. Häßler), Möller, Basler (83. Babbel), Klinsmann, Nowotny, Kirsten (70. Bierhoff).

6.9.1997 in Berlin:
DEUTSCHLAND – PORTUGAL 1:1 (0:0)
Deutschland: Köpke, Heinrich (77. Wosz), Ziege, Kohler, Helmer, Reuter (46. Babbel), Nowotny, Basler, Klinsmann, Häßler, Bierhoff (68. Kirsten).
Portugal: Silvino, Dimas, Beto, Oceano (84. Panleta), Helder, Sousa, Figo, Joao Pinto (77. Conceicao), Pedro Barbosa, Rui Costa, Paulinho Santos.

10.9.1997 in Dortmund:
DEUTSCHLAND – ARMENIEN 4:0 (0:0)
Deutschland: Köpke, Heinrich, Thon, Tarnat (66. Bierhoff), Helmer, Wörns, Kmetsch (21. Ricken), Wosz (81. Nowotny), Klinsmann, Häßler, Kirsten.
Armenien: Berezovski, Nazaryan, Krbachian (62. Ter-Petrosyan), Hovsepyan, Avalyan (46. Sarkissyan), Vardanyan, Petrosyan (79. Avetisyan A.), Shahgeldyan, Mkhitaryan, Assadourian, Mikaelyan.

11.10.1997 in Hannover:
DEUTSCHLAND – ALBANIEN 4:3 (0:0)
Deutschland: Kahn, Reuter, Heinrich, Kohler, Helmer, Thon, Möller, Bobic (60. Tarnat), Bierhoff, Häßler, Kuntz (72. Marschall).
Albanien: Strakosha, Tole (79. Gallo), Shulku, Fakaj, Vata, Haxhi, Halili (55. Peco), Bujshi (90. Prenga), Tare, Xhumba, Kola.

1.	Deutschland	10 6 4 0	23:9	22
2.	Ukraine	10 6 2 2	10:6	20
3.	Portugal	10 5 4 1	12:4	19
4.	Armenien	10 1 5 4	8:17	8
5.	Nordirland	10 1 4 5	6:10	7
6.	Albanien	10 1 1 8	7:20	4

Qualifiziert: Deutschland   Entscheidungsspiel: Ukraine

QUALIFIKATIONSRUNDE

29.10. 97	Kroatien – Ukraine	2:0
15.11. 97	Ukraine – Kroatien	1:1
29.10. 97	Rußland – Italien	1:1
15.11. 97	Italien – Rußland	1:0
19.10. 97	Irland – Belgien	1:1
15.11. 97	Belgien – Irland	2:1
29.10. 97	Ungarn – Jugoslawien	1:7
15.11. 97	Jugoslawien – Ungarn	5:0

Qualifiziert: Kroatien, Italien, Belgien, Jugoslawien

SÜDAMERIKA

24. 4. 96	Argentinien – Bolivien	3:1
24. 4. 96	Venezuela – Uruguay	0:2
24. 4. 96	Kolumbien – Paraguay	1:0
24. 4. 96	Ecuador – Peru	4:1
2. 6. 96	Ecuador – Argentinien	2:0
2. 6. 96	Uruguay – Paraguay	0:2
2. 6. 96	Venezuela – Chile	1:1
2. 6. 96	Peru – Kolumbien	1:1
7. 7. 96	Chile – Ecuador	4:1
7. 7. 96	Peru – Argentinien	0:0
7. 7. 96	Kolumbien – Uruguay	3:1
7. 7. 96	Bolivien – Venezuela	6:1
1. 9. 96	Argentinien – Paraguay	1:1
1. 9. 96	Bolivien – Peru	0:0
1. 9. 96	Kolumbien – Chile	4:1
1. 9. 96	Ecuador – Venezuela	1:0
8.10. 96	Uruguay – Bolivien	1:0
9.10. 96	Venezuela – Argentinien	2:5
9.10. 96	Ecuador – Kolumbien	0:1
9.10. 96	Paraguay – Chile	2:1
10.11. 96	Bolivien – Kolumbien	2:2
10.11. 96	Paraguay – Ecuador	1:0
10.11. 96	Peru – Venezuela	4:1
12.11. 96	Chile – Uruguay	1:0
15.12. 96	Argentinien – Chile	1:1
15.12. 96	Uruguay – Peru	2:0
15.12. 96	Venezuela – Kolumbien	0:2
15.12. 96	Bolivien – Paraguay	0:0
12. 1. 97	Venezuela – Paraguay	0:2
12. 1. 97	Bolivien – Ecuador	2:0
12. 1. 97	Peru – Chile	2:1
12. 1. 97	Uruguay – Argentinien	0:0
12. 2. 97	Kolumbien – Argentinien	0:1
12. 2. 97	Ecuador – Uruguay	4:0
12. 2. 97	Paraguay – Peru	2:1
12. 2. 97	Bolivien – Chile	1:1
2. 4. 97	Bolivien – Argentinien	2:1
2. 4. 97	Uruguay – Venezuela	3:1
2. 4. 97	Paraguay – Kolumbien	2:1
2. 4. 97	Peru – Ecuador	1:1
29. 4. 97	Chile – Venezuela	6:0
30. 4. 97	Argentinien – Ecuador	2:1
30. 4. 97	Paraguay – Uruguay	3:1
30. 4. 97	Kolumbien – Peru	0:1
8. 6. 97	Argentinien – Peru	2:0
8. 6. 97	Ecuador – Chile	1:1
8. 6. 97	Uruguay – Kolumbien	1:1
8. 6. 97	Venezuela – Bolivien	1:1
5. 7. 97	Chile – Kolumbien	4:1
6. 7. 97	Paraguay – Argentinien	1:2
6. 7. 97	Peru – Bolivien	2:1
6. 7. 97	Venezuela – Ecuador	1:1
20. 7. 97	Argentinien – Venezuela	2:0
20. 7. 97	Bolivien – Uruguay	1:0
20. 7. 97	Kolumbien – Ecuador	1:0
20. 7. 97	Chile – Paraguay	2:1
20. 8. 97	Uruguay – Chile	1:0
20. 8. 97	Kolumbien – Bolivien	3:0
20. 8. 97	Ecuador – Paraguay	2:1
20. 8. 97	Venezuela – Peru	0:3
10. 9. 97	Chile – Argentinien	1:2
10. 9. 97	Peru – Uruguay	2:1
10. 9. 97	Kolumbien – Venezuela	1:0
10. 9. 97	Paraguay – Bolivien	2:1
12.10. 97	Argentinien – Uruguay	0:0
12.10. 97	Chile – Peru	4:0
12.l0. 97	Paraguay – Venezuela	1:0
12.10. 97	Ecuador – Bolivien	1:0
16.11. 97	Argentinien – Kolumbien	1:1
16.11. 97	Chile – Bolivien	3:0
16.11. 97	Peru – Paraguay	1:0
16.11. 97	Uruguay – Ecuador	5:3

1.	Argentinien	16 8 6 2	23:13	30
2.	Paraguay	16 9 2 5	21:14	29
3.	Kolumbien	16 8 4 4	23:15	28
4.	Chile	16 7 4 5	32:18	25
5.	Peru	16 7 4 5	19:20	25
6.	Ecuador	16 6 3 7	22:21	21
7.	Uruguay	16 6 3 7	18:21	21
8.	Bolivien	16 4 5 7	18:21	17
9.	Venezuela	16 0 3 13	8:41	3

Qualifiziert: Argentinien, Paraguay, Kolumbien, Chile und Titelverteidiger Brasilien

NORD- UND MITTELAMERIKA

KARIBIK

1. RUNDE

10. 3. 96	Dominica – Antigua	3:3
31. 3. 96	Antigua – Dominica	1:3
24. 3. 96	Dominikanische Republik – Aruba	3:2
31. 3 .96	Aruba – Dominikanische Republik	1:3
29. 3. 96	Guyana – Grenada	1:2
7. 4. 96	Grenada – Guyana	6:0
	Bahamas – St. Kitts-Nevis	
	(Bahamas zog zurück)	

2. RUNDE

31. 3. 96	Surinam – Jamaika	0:1
21. 4. 96	Jamaika – Surinam	1:0
4. 5. 96	Puerto Rico – St. Vincent	1:2
12. 5. 96	St. Vincent – Puerto Rico	7:0
4. 5. 96	Dominikanische Republik – Antillen	2:1
11. 5. 96	Antillen – Dominikanische Republ.	0:0
5. 5. 96	St. Kitts-Nevis – St. Lucia	5:1
19. 5. 96	St. Lucia – St. Kitts-Nevis	0:1
12. 5. 96	Cayman Islands – Kuba	0:1
14. 5. 96	Kuba – Cayman Islands	5:0
12. 5. 96	Haiti – Grenada	6:1
18. 5. 96	Grenada – Haiti	0:1
14. 5. 96	Dominica – Barbados	0:1
19. 5. 96	Barbados – Dominica	1:0
	Bermuda – Trinidad & Tobago	
	(Bermuda zog zurück)	

3. RUNDE

10. 6. 96	Kuba – Haiti	6:1
30. 6. 96	Haiti – Kuba	1:1
15. 6. 96	Dominikanische Republik – Trinidad & Tobago	1:4
13. 6. 96	Trinidad & Tobago – Dominikanische Republik	8:0
23. 6. 96	St. Kitts-Nevis – St. Vincent	2:2
30. 6. 96	St. Vincent – St. Kitts-Nevis	0:0
23. 6. 96	Barbados – Jamaika	0:1
30. 6. 96	Jamaika – Barbados	2:0

ZENTRALREGION

5. 5. 96	Nicaragua – Guatemala	0:1
10. 5. 96	Guatemala – Nicaragua	2:1
2. 6. 96	Belize – Panama	1:2
9. 6. 96	Panama – Belize	4:1

ZWEITE RUNDE

GRUPPE 1

1. 9. 96	Trinidad & Tobago – Costa Rica	0:1
6.10. 96	Trinidad & Tobago – Guatemala	1:1
3.11. 96	USA – Guatemala	2:0

STATISTIK ZUR WELTMEISTERSCHAFT 1998

10.11. 96	USA – Trinidad & Tobago	2:0
17.11. 96	Costa Rica – Guatemala	3:0
24.11. 96	Guatemala – Costa Rica	1:0
24.11. 96	Trinidad & Tobago – USA	0:1
1.12. 96	Costa Rica – USA	2:1
8.12. 96	Guatemala – Trinidad & Tobago	2:1
14.12. 96	USA – Costa Rica	2:1
21.12. 96	Costa Rica – Trinidad & Tobago	2:1
21.12. 96	Guatemala – USA	2:2

1.	USA	6 4 1 1	10:5	13
2.	Costa Rica	6 4 0 2	9:5	12
3.	Guatemala	6 2 2 2	6:9	8
4.	Trinidad & Tobago	6 0 1 5	3:9	1

GRUPPE 2

30. 8. 96	Kanada – Panama	3:1
8. 9. 96	Kuba – El Salvador	0:5
22. 9. 96	Kuba – Panama	3:1
6.10. 96	Panama – El Salvador	1:1
10.10. 96	Kanada – Kuba	2:0
13.10. 96	Kuba – Kanada	0:2
27.10. 96	Panama – Kanada	0:0
3.11. 96	Kanada – El Salvador	1:0
10.11. 96	El Salvador – Panama	3:2
1.12. 96	El Salvador – Kuba	3:0
15.12. 96	El Salvador – Kanada	0:2
15.12. 96	Panama – Kuba	3:1

1.	Kanada	6 5 1 0	10:1	16
2.	El Salvador	6 3 1 2	12:6	10
3.	Panama	6 1 2 3	8:11	5
4.	Kuba	6 1 0 5	4:16	3

GRUPPE 3

15. 9. 96	Jamaika – Honduras	3:0
15. 9. 96	St. Vincent – Mexiko	0:3
21. 9. 96	Honduras – Mexiko	2:1
23. 9. 96	St. Vincent – Jamaika	1:2
13.10. 96	St. Vincent – Honduras	1:4
16.10. 96	Mexiko – Jamaika	2:1
27.10. 97	Honduras – Jamaika	0:0
30.10. 96	Mexiko – St. Vincent	5:1
6.11. 96	Mexiko – Honduras	3:1
10.11. 96	Jamaika – St. Vincent	5:0
17.11. 96	Jamaika – Mexiko	1:0
17.11. 96	Honduras – St. Vincent	11:3

1.	Jamaika	6 4 1 1	12:3	13
2.	Mexiko	6 4 0 2	14:6	12
3.	Honduras	6 3 1 2	18:11	10
4.	St. Vincent	6 0 0 6	6:30	0

ENDRUNDE

2. 3. 97	Mexiko – Kanada	4:0
2. 3. 97	Jamaika – USA	0:0
16. 3. 97	USA – Kanada	3:0
16. 3. 97	Costa Rica – Mexiko	0:0
23. 3. 97	Costa Rica – USA	3:2
6. 4. 97	Kanada – El Salvador	0:0
13. 4. 97	Mexiko – Jamaika	6:0
20. 4. 97	USA – Mexiko	2:2
27. 4. 97	Kanada – Jamaika	0:0
4. 5. 97	El Salvador – Costa Rica	2:1
11. 5. 97	Costa Rica – Jamaika	3:1
18. 5. 97	Jamaika – El Salvador	1:0
1. 6. 97	Kanada – Costa Rica	1:0
8. 6. 97	El Salvador – Mexiko	0:1
29. 6. 97	El Salvador – Mexiko	1:1
10. 8. 97	Costa Rica – El Salvador	0:0
7. 9. 97	USA – Costa Rica	1:0
7. 9. 97	Jamaika – Kanada	1:0
14. 9. 97	Jamaika – Costa Rica	1:0
14. 9. 97	El Salvador – Kanada	4:1
3.10. 97	USA – Jamaika	1:1
5.10. 97	Mexiko – El Salvador	4:1
12.10. 97	Kanada – Mexiko	2:2
1.11. 97	Mexiko – USA	0:0
9.11. 97	Kanada – USA	0:3
9.11. 97	El Salvador – Jamaika	2:2
9.11. 97	Mexiko – Costa Rica	3:3
16.11. 97	USA – El Salvador	4:2
16.11. 97	Jamaika – Mexiko	0:0
16.11. 97	Costa Rica – Kanada	3:1

1.	Mexiko	10 4 6 0	23:7	18
2.	USA	10 4 5 1	17:9	17
3.	Jamaika	10 3 5 2	7:12	14
4.	Costa Rica	10 3 3 4	13:12	12
5.	El Salvador	10 2 4 4	11:16	10
6.	Kanada	10 1 3 6	5:20	6

Qualifiziert: Mexiko, USA und Jamaika

AFRIKA

1. RUNDE

31. 5. 96	Mauretanien – Burkina Faso	0:0
16. 6. 96	Burkina Faso – Mauretanien	2:0
1. 6. 96	Gambia – Liberia	2:1
23. 6. 96	Liberia – Gambia	4:0
1. 6. 96	Malawi – Südafrika	0:1
15. 6. 96	Südafrika – Malawi	3:0
1. 6. 96	Uganda – Angola	0:2
16. 6. 98	Angola – Uganda	3:1
2. 6. 96	Guinea-Bissau – Guinea	3:2
16. 6. 96	Guinea – Guinea-Bissau	3:1
2. 6. 96	Namibia – Mosambik	2:0
16. 6. 96	Mosambik – Namibia	1:1
2. 6. 96	Burundi – Sierra Leone	1:0
15. 6. 96	Sierra Leone – Burundi	0:1
	(Burundi zog anschließend zurück wegen des Bürgerkriegs im eigenen Land)	
2. 6. 96	Kongo – Elfenbeinküste	2:0
16. 6. 96	Elfenbeinküste – Kongo	1:1
2. 6. 96	Kenia – Algerien	3:1
14. 6. 96	Algerien – Kenia	1:0
2. 6. 96	Madagaskar – Simbabwe	1:2
16. 6. 96	Simbabwe – Madagaskar	2:2
2. 6. 96	Mauritius – Zaire	1:5
16. 6. 96	Zaire – Mauritius	2:0
2. 6. 96	Ruanda – Tunesien	1:3
16. 6. 96	Tunesien – Ruanda	2:0
2. 6. 96	Sudan – Sambia	2:0
16. 6. 96	Sambia – Sudan	3:0
2. 6. 96	Swasiland – Gabun	0:1
16. 6. 96	Gabun – Swasiland	2:0
2. 6. 96	Togo – Senegal	2:1
15. 6. 96	Senegal – Togo	1:1
8. 6. 96	Tansania – Ghana	0:0
17. 6. 96	Ghana – Tansania	2:1

Freilose: Ägypten, Kamerun, Marokko und Nigeria

2. RUNDE

GRUPPE 1

9.11. 96	Nigeria – Burkina Faso	2:0
10.11. 96	Guinea – Kenia	3:1
12. 1. 97	Kenia – Nigeria	1:1
12. 1. 97	Burkina Faso – Guinea	0:2
5. 4. 97	Nigeria – Guinea	2:1
6. 4. 97	Kenia – Burkina Faso	4:3
27. 4. 97	Burkina Faso – Nigeria	1:2
27. 4. 97	Kenia – Guinea	1:0
7. 6. 97	Nigeria – Kenia	3:0
8. 6. 97	Guinea – Burkina Faso	3:1
17. 8. 97	Burkina Faso – Kenia	2:4
17. 8. 97	Guinea – Nigeria	1:0

1.	Nigeria	6 4 1 1	10:4	13
2.	Guinea	6 4 0 2	10:5	12
3.	Kenia	6 3 1 2	11:12	10
4.	Burkina Faso	6 0 0 6	7:17	0

Qualifiziert: Nigeria

GRUPPE 2

8.11. 96	Ägypten – Namibia	7:1
10.11. 96	Liberia – Tunesien	0:1
11. 1. 97	Namibia – Liberia	0:0
12. 1. 97	Tunesien – Ägypten	1:0
6. 4. 97	Liberia – Ägypten	1:0
6. 4. 97	Namibia – Tunesien	1:2
26. 5. 97	Namibia – Ägypten	2:3
27. 4. 97	Tunesien – Liberia	2:0
8. 6. 97	Liberia – Namibia	1:2
8. 6. 97	Ägypten – Tunesien	0:0
16. 8. 97	Tunesien – Namibia	4:0
17. 8. 97	Ägypten – Liberia	5:0

1. Tunesien	6 5 1 0	10:1	16
2. Ägypten	6 3 1 2	15:5	10
3. Liberia	6 1 1 4	2:10	4
4. Namibia	6 1 1 4	6:17	4

Qualifiziert: Tunesien

GRUPPE 3

9.11. 96	Südafrika – Zaire	1:0
10.11. 96	Kongo – Sambia	1:0
11. 1. 97	Sambia – Südafrika	0:0
12. 1. 97	Zaire – Kongo	1:1
6. 4. 97	Kongo – Südafrika	2:0
9. 4. 97	Zaire – Sambia	2:2
27. 4. 97	Sambia – Kongo	3:0
27. 4. 97	Zaire – Südafrika	1:2
8. 6. 97	Kongo – DR Kongo	1:0
8. 6. 97	Südafrika – Sambia	3:0
16. 8. 97	Südafrika – Kongo	1:0
16. 8. 97	Sambia – DR Kongo	2:0

1. Südafrika	6 4 1 1	7:3	13
2. Kongo	6 3 1 2	5:5	10
3. Sambia	6 2 2 2	7:6	8
4. DR Kongo (Zaire)	6 0 2 4	4:9	2

Qualifiziert: Südafrika

GRUPPE 4

10.11. 96	Angola – Simbabwe	2:1
10.11. 96	Togo – Kamerun	2:4
12. 1. 97	Kamerun – Angola	0:0
12. 1. 97	Simbabwe – Togo	3:0
6. 4. 97	Angola – Togo	3:1
6. 4. 97	Kamerun – Simbabwe	1:0
27. 4. 97	Simbabwe – Angola	0:0
27. 4. 97	Kamerun – Togo	2:0
8. 6. 97	Angola – Kamerun	1:1
8. 6. 97	Togo – Simbabwe	2:1
17. 8. 97	Togo – Angola	1:1
17. 8. 97	Simbabwe – Kamerun	1:2

1. Kamerun	6 4 2 0	7:3	13
2. Angola	6 3 1 2	5:5	10
3. Simbabwe	6 1 1 4	7:6	8
4. Togo	6 1 1 4	4:9	2

Qualifiziert: Kamerun

GRUPPE 5

9.11. 96	Marokko – Sierra Leone	4:0
10.11. 96	Gabun – Ghana	1:1
11. 1. 97	Sierra Leone – Gabun	1:0
12. 1. 97	Ghana – Marokko	2:2
5. 4. 97	Sierra Leone – Ghana	1:1
6. 4. 97	Gabun – Marokko	0:4
26. 4. 97	Sierra Leone – Marokko	0:1
27. 4. 97	Ghana – Gabun	3:0
8. 6. 97	Marokko – Ghana	1:0
17. 8. 97	Marokko – Gabun	2:0
17. 8. 97	Ghana – Sierra Leone	0:2

1. Marokko	6 5 1 0	14:2	16
2. Sierra Leone	5 2 1 2	4:6	7
3. Ghana	6 1 3 2	7:7	6
4. Gabun	5 0 1 4	1:11	1

Das Spiel Gabun – Sierra Leone wurde nicht ausgetragen.

Qualifiziert: Marokko

ASIEN

1. RUNDE

GRUPPE 1

Turnier in Malaysia

16. 3. 97	Taiwan – Saudi-Arabien	0:2
16. 3. 97	Malaysia – Bangladesch	2:0
18. 3. 97	Bangladesch – Taiwan	1:3
18. 3. 97	Malaysia – Saudi-Arabien	0:0
20. 3. 97	Bangladesch – Saudi-Arabien	1:4
20. 3. 97	Malaysia – Taiwan	2:0

Turnier in Saudi-Arabien

27. 3. 97	Taiwan – Malaysia	0:0
27. 3. 97	Saudi-Arabien – Bangladesch	3:0
29. 3. 97	Taiwan – Bangladesch	1:2
29. 3. 97	Saudi-Arabien – Malaysia	3:0
31. 3. 97	Bangladesch – Malaysia	1:1
31. 3. 97	Saudi-Arabien – Taiwan	6:0

1. Saudi-Arabien	6 5 1 0	18:1	16
2. Malaysia	6 2 3 1	5:3	9
3. Taiwan	6 2 1 4	4:13	7
4. Bangladesch	6 1 2 3	4:14	5

GRUPPE 2

Turnier in Syrien

2. 6. 97	Malediven – Iran	0:17
4. 6. 97	Syrien – Malediven	12:0
4. 6. 97	Kirgistan – Iran	0:7
6. 6. 97	Syrien – Iran	0:1
6. 6. 97	Kirgistan – Malediven	3:0

Syrien – Kirgistan nicht ausgetragen

Turnier im Iran

9. 6. 97	Iran – Kirgistan	3:1
9. 6. 97	Malediven – Syrien	0:12
11. 6. 97	Iran – Malediven	9:0
11. 6. 97	Kirgistan – Syrien	2:1
15. 6. 97	Iran – Syrien	2:2
15. 6. 97	Malediven – Kirgistan	0:6

1. Iran	6 5 1 0	39:3	16
2. Kirgistan	5 3 0 2	12:11	9
3. Syrien	5 2 1 2	27:5	7
4. Malediven	6 0 0 6	0:59	0

GRUPPE 3

Turnier in Bahrain

8. 4. 97	Jordanien – VA Emirate	0:0
11. 4. 97	Bahrain – VA Emirate	1:2
14. 4. 97	Bahrain – Jordanien	1:0

Turnier in VA Emirate

19. 4. 97	Jordanien – Bahrain	4:1
22. 4. 97	VA Emirate – Bahrain	3:0
26. 4. 97	VA Emirate – Jordanien	2:0

1. VA Emirate	4 3 1 0	7:1	10
2. Jordanien	4 1 1 2	4:4	4
3. Bahrain	4 1 0 3	3:9	3

GRUPPE 4

Turnier in Oman

23. 3. 97	Nepal – Macao	1:1
23. 3. 97	Oman – Japan	0:1
25. 3. 97	Macao – Japan	0:10
25. 3. 97	Oman – Nepal	1:0
27. 3. 97	Nepal – Japan	0:6
27. 3. 97	Oman – Macao	4:0

Turnier in Japan

22. 6. 97	Japan – Macao	10:0
22. 6. 97	Nepal – Oman	0:6
25. 6. 97	Japan- Nepal	3:0
25. 6. 97	Macao – Oman	0:2
28. 6. 97	Japan – Oman	1:1
28. 6. 97	Macao – Nepal	2:1

1. Japan	6 5 1 0	31:1	16
2. Oman	6 4 1 1	14:2	13
3. Macao	6 1 1 4	3:28	4
4. Nepal	6 0 1 5	2:19	1

GRUPPE 5

6. 4. 97	Indonesien – Kambodscha	8:0
13. 4. 97	Indonesien – Jemen	0:0
20. 4. 97	Kambodscha – Jemen	0:1
27. 4. 97	Kambodscha – Indonesien	1:1
9. 5. 97	Jemen – Usbekistan	0:1

STATISTIK ZUR WELTMEISTERSCHAFT 1998

16. 5. 97	Jemen – Kambodscha	7:0
25. 5. 97	Usbekistan – Kambodscha	6:0
1. 6. 97	Indonesien – Usbekistan	1:1
13. 6. 97	Jemen – Indonesien	1:1
20. 6. 97	Usbekistan – Indonesien	3:0
29. 6. 97	Kambodscha – Usbekistan	1:4
24. 8. 97	Usbekistan – Jemen	5:1

1.	Usbekistan	6 5 1 0	20:3	16
2.	Jemen	6 2 2 2	10:7	8
3.	Indonesien	6 1 4 1	11:6	7
4.	Kambodscha	6 0 1 5	2:27	1

GRUPPE 6

22. 2. 97	Hongkong – Südkorea	0:2
2. 3. 97	Thailand – Südkorea	1:3
9. 3. 97	Thailand – Hongkong	2:0
16. 3. 97	Hongkong – Thailand	3:2
28. 5. 97	Südkorea – Hongkong	4:0
1. 6. 97	Südkorea – Thailand	0:0

1.	Südkorea	4 3 1 0	9:1	10
2.	Thailand	4 1 1 2	5:6	4
3.	Hongkong	4 1 0 3	3:10	3

GRUPPE 7

13. 4. 97	Libanon – Singapur	1:1
26. 4. 97	Singapur – Kuwait	0:1
8. 5. 97	Singapur – Libanon	1:2
5. 6. 97	Kuwait – Singapur	4:0
22. 6. 97	Libanon – Kuwait	1:3

1.	Kuwait	4 4 0 0	10:1	12
2.	Libanon	4 1 1 2	4:7	4
3.	Singapur	4 0 1 3	2:8	1

GRUPPE 8

4. 5. 97	Tadschikistan – Vietnam	4:0
4. 5. 97	Turkmenistan – China	1:4
11. 5. 97	Tadschikistan – China	0:1
11. 5. 97	Turkmenistan – Vietnam	2:1
25. 5. 97	Vietnam – China	1:3
25. 5. 97	Turkmenistan – Tadschikistan	1:2
1. 6. 97	China – Turkmenistan	1:0
1. 6. 97	Vietnam – Tadschikistan	0:4
8. 6. 97	China – Tadschikistan	0:0
8. 6. 97	Vietnam – Turkmenistan	0:4
22. 6. 97	China – Vietnam	4:0
22. 6. 97	Tadschikistan – Turkmenistan	5:0

1.	China	6 5 1 0	13:2	16
2.	Tadschikistan	6 4 1 1	15:2	13
3.	Turkmenistan	6 2 0 4	8:13	6
4.	Vietnam	6 0 0 6	2:21	0

GRUPPE 9

11. 5. 97	Kasachstan – Pakistan	3:0
23. 5. 97	Pakistan – Irak	2:6
6. 6. 97	Irak – Kasachstan	1:2
11. 6. 97	Pakistan – Kasachstan	0:7
20. 6. 97	Irak – Pakistan	6:1
29. 6. 97	Kasachstan – Irak	3:1

1.	Kasachstan	4 4 0 0	15:2	12
2.	Irak	4 2 0 2	14:8	6
3.	Pakistan	4 0 0 4	3:22	0

GRUPPE 10

Turnier in Katar

20. 9. 97	Katar – Sri Lanka	3:0
21. 9. 97	Indien – Philippinen	2:0
23. 9. 97	Katar – Philippinen	5:0
24. 9. 97	Sri Lanka – Indien	1:1
26. 9. 97	Philippinen – Sri Lanka	3:0
27. 9. 97	Katar – Indien	6:0

1.	Katar	3 3 0 0	14:0	9
2.	Sri Lanka	3 1 1 1	4:4	4
3.	Indien	3 1 1 1	3:7	4
4.	Philippinen	3 0 0 3	0:10	0

2. RUNDE

GRUPPE A

13. 9. 97	China – Iran	2:4
14. 9. 97	Saudi-Arabien – Kuwait	2:1
19. 9. 97	Iran – Saudi-Arabien	1:1
19. 9. 97	Katar – Kuwait	0:2
26. 9. 97	Kuwait – Iran	1:1
26. 9. 97	Katar – China	1:1
3.10. 97	China – Saudi-Arabien	1:0
3.10. 97	Iran – Katar	3:0
10.10. 97	Kuwait – China	1:2
11.10. 97	Saudi-Arabien – Katar	1:0
17.10. 97	Kuwait – Saudi-Arabien	2:1
17.10. 97	Iran – China	4:1
24.10. 97	Saudi-Arabien – Iran	1:0
24.10. 97	Kuwait – Katar	0:1
31.10. 97	China – Katar	2:3
31.10. 97	Iran – Kuwait	0:0
6.11. 97	Saudi-Arabien – China	1.1
7.11. 97	Katar – Iran	2:0
12.11. 97	China – Kuwait	1:0
12.11. 97	Katar – Saudi-Arabien	0:1

1.	Saudi-Arabien	8 4 2 2	8:6	14
2.	Iran	8 3 3 2	13:8	12
3.	China	8 3 2 3	11:14	11
4.	Katar	8 3 1 4	7:10	10
5.	Kuwait	8 2 2 4	7:8	8

Qualifiziert: Saudi-Arabien   Entscheidungsspiel: Iran

GRUPPE B

6. 9. 97	Südkorea – Kasachstan	3:0
7. 9. 97	Japan – Usbekistan	6:3
12. 9. 97	VA Emirate – Kasachstan	4:0
13. 9. 97	Südkorea – Usbekistan	2:1
19. 9. 97	VA Emirate – Japan	0:0
20. 9. 97	Kasachstan – Usbekistan	1:1
27. 9. 97	Usbekistan – VA Emirate	2:3
28. 9. 97	Japan – Südkorea	1:2
4.10. 97	Kasachstan – Japan	1:1
4.10. 97	Südkorea – VA Emirate	3:0
11.10. 97	Kasachstan – Südkorea	1:1
11.10. 97	Usbekistan – Japan	1:1
18.10. 97	Kasachstan – VA Emirate	3:0
18.10. 97	Usbekistan – Südkorea	1:5
25.10. 97	Usbekistan – Kasachstan	4:0
26.10. 97	Japan – VA Emirate	1:1
1.11. 97	Südkorea – Japan	0:2
2.11. 97	VA Emirate – Usbekistan	0:0
8.11. 97	Japan – Kasachstan	5:1
9.11. 97	VA Emirate – Südkorea	1:3

1.	Südkorea	8 6 1 1	19:7	19
2.	Japan	8 3 4 1	17:9	13
3.	VA Emirate	8 2 3 3	9:12	9
4.	Usbekistan	8 1 3 4	13:18	6
5.	Kasachstan	8 1 3 4	7:19	6

Qualifiziert: Südkorea   Entscheidungsspiel: Japan

ENTSCHEIDUNGSSPIEL

in Malaysia

16.11. 97	Iran – Japan	2:3 n.V.

Qualifiziert: Japan   Entscheidungsspiele: Iran

OZEANIEN

GRUPPE MELANESIEN

Turnier in Papua-Neuguinea

16. 9. 96	Papua-Neuguinea – Solomonen	1:1
18. 9. 96	Solomonen – Vanuatu	1:1
20. 6. 96	Papua-Neuguinea – Vanuatu	2:1

1.	Papua-Neuguinea	2 1 1 0	3:2	4
2.	Solomonen	2 0 2 0	2:2	2
3.	Vanuatu	2 0 1 1	2:3	1

GRUPPE POLYNESIEN

Turnier in Tonga

11.11. 96	Tonga – Cook Islands	2:0
13.11. 96	Westsamoa – Cook Islands	2:1

15.11. 96	Tonga – Westsamoa			1:0

1.	Tonga	2 2 0 0	3:0	6
2.	Westsamoa	2 1 0 1	2:2	3
3.	Cook Islands	2 0 0 2	1:4	0

ENTSCHEIDUNGSSPIELE
15. 2. 97 Tonga – Solomonen 0:4
1. 3. 97 Solomonen – Tonga 9:0

2. RUNDE

GRUPPE 1

Turnier in Australien
11. 6. 97 Australien – Solomonen 13:0
13. 6. 97 Australien – Tahiti 5:0
15. 6. 97 Solomonen – Tahiti 4:1
17. 6. 97 Solomonen – Australien 2:6
19. 6. 97 Tahiti – Australien 0:2
21. 6. 97 Tahiti – Solomonen 1:1

1.	Australien	4 4 0 0	26:2	12
2.	Solomonen	4 1 1 2	7:21	4
3.	Tahiti	4 0 1 3	2:12	1

GRUPPE 2

31. 5. 97 Papua-Neuguinea – Neuseeland 1:0
7. 6. 97 Fidschi – Neuseeland 0:1
11. 6. 97 Neuseeland – Papua-Neuguinea 7:0
15. 6. 97 Fidschi – Papua-Neuguinea 3:1
18. 6. 97 Neuseeland – Fidschi 5:0
21. 6. 97 Papua-Neuguinea – Fidschi 0:1

1.	Neuseeland	4 3 0 1	13:1	9
2.	Fidschi	4 2 0 2	4:7	6
3.	Papua-Neuguinea	4 1 0 3	2:11	3

ENDSPIELE
28. 6. 97 Neuseeland – Australien 0:3
5. 7. 97 Australien – Neuseeland 2:0

ENTSCHEIDUNGSSPIELE GEGEN ASIEN-VIERTEN
22.11. 97 Iran – Australien 1:1
29.11. 97 Australien – Iran 2:2

Qualifiziert: Iran

Endrunde in Frankreich

Erste Finalrunde

Gruppe A

Am 10. Juni in Paris-St. Denis:
BRASILIEN – SCHOTTLAND 2:1 (1:1)
Brasilien: Taffarel, Cafú, Aldair, Junior Baiano, Cesar Sampaio, Roberto Carlos, Giovanni (46. Leonardo), Dunga, Rivaldo, Ronaldo, Bebeto (70. Denilson).
Schottland: Leighton, Calderwood, Boyd, Hendry, Dailly (85. T. McKinlay), Lambert, Burley, Collins, Jackson (78. W. McKinlay), Gallacher, Durie.
Tore: 1:0 Cesar Sampaio (5.), 1:1 Collins (38., Foulelfmeter), 2:1 Boyd (74., Eigentor).
Schiedsrichter: Garcia Aranda (Spanien);
Zuschauer: 85 000.

Am 10. Juni in Montpellier:
MAROKKO – NORWEGEN 2:2 (1:1)
Marokko: Benzekri, Saber, Naybet, El Hadrioui, Rossi, Tahar (90. Azzouzi), Hadji, Chiba, Chippo (78. Amzine), Bassir, Hadda (87. El Khattabi).
Norwegen: Grodas, Berg, Johnsen, Eggen, Bjoernebye, H. Flo (72. Solbakken), Mykland, Rekdal, Leonhardsen, Solskjaer (46. Riseth), T. A. Flo.
Tore: 1:0 Hadji (38.), 1:1 Chippo (45., Eigentor), 2:1 Hadda (60.) 2:2 Eggen (62.).
Schiedsrichter: Un-Prasert (Thailand); Zuschauer: 35 500.

Am 16. Juni in Bordeaux:
SCHOTTLAND – NORWEGEN 1:1 (0:0)
Schottland: Leighton, Burley, Calderwood (60. Weir), Hendry, Boyd, Dailly, Collins, Lambert, Jackson (62. McNamara), Durie, Gallacher.
Norwegen: Grodas, Eggen, Berg (81. Halle), Johnsen, Bjoernebye, H. Flo (61. Jakobsen), Rekdal, Strand, Solbakken, Riseth (72. Östenstad), T. A. Flo.
Tore: 0:1 H. Flo (46.), 1:1 Burley (66.).
Schiedsrichter: Vagner (Ungarn); Zuschauer: 35 200.

Am 16. Juni in Nantes:
BRASILIEN – MAROKKO 3:0 (2:0)
Brasilien: Taffarel, Cafú, Junior Baiano, Aldair, Roberto Carlos, Leonardo, Cesar Sampaio (67. Doriva), Dunga, Rivaldo, Ronaldo, Bebeto (71. Edmundo).
Marokko: Benzekri, Saber (76. Abrami), El Hadrioui, Naybet, Rossi, Chiba (76. Amzine), Hadji, El Khaley, Chippo, Bassir, Hadda (89. Khattabi).
Tore: 1:0 Ronaldo (9.), 2:0 Rivaldo (45.), 3:0 Bebeto (50.).
Schiedsrichter: Lewnikow (Rußland); Zuschauer: 33 266.

Am 23. Juni in Marseille:
BRASILIEN – NORWEGEN 1:2 (0:0)
Brasilien: Taffarel, Cafú, Junior Baiano, Goncalves, Roberto Carlos, Dunga, Leonardo, Rivaldo, Denilson, Bebeto, Ronaldo.
Norwegen: Grodas, Bjoernebye, Johnsen, Eggen, Berg, Riseth (78. J. Flo), Leonhardsen, Rekdal, Strand, Solbakken (46. Mykland), H. Flo (68. Solskjaer), T. A. Flo.
Tore: 1:0 Bebeto (78.), 1:1 T. A. Flo (83), 1:2 Rekdal (88., Foulelfmeter).
Schiedsrichter: Baharmast (USA); Zuschauer: 57 000.

Am 23. Juni in St. Etienne:
SCHOTTLAND – MAROKKO 0:3 (0:1)
Schottland: Leighton, Weir, Hendry, Boyd, McNamara (54. McKinlay), Lambert, Dailly, Burley, Collins, Gallacher, Durie (84. Booth).
Marokko: Benzekri, Naybet, Triki, Abrami, Saber (72. Rossi). Chippo (88. Sellami), Tahar, Amzine (77. Azzouzi), Hadji, Bassir, Hadda.
Tore: 0:1 Bassir (23.), 0:2 Hadda (47.), 0:3 Bassir (86.).
Rote Karte: Burley (54., grobes Foulspiel).
Schiedsrichter: Bujsaim (Vereinigte Arabische Emirate); Zuschauer: 36 000.

Abschlußtabelle Gruppe A	Brasilien	Norwegen	Marokko	Schottland	Tore	Punkte	Rang
Brasilien	X	1:2	3:0	2:1	6:3	6	1
Norwegen	2:1	X	2:2	1:1	5:4	5	2
Marokko	0:3	2:2	X	3:0	5:5	4	3
Schottland	1:2	1:1	0:3	X	2:6	1	4

Für das Achtelfinale qualifiziert: Brasilien und Norwegen

Gruppe B

Am 11. Juni in Bordeaux:
ITALIEN – CHILE 2:2 (1:1)
Italien: Pagliuca, Costacurta, Di Livio (60. Chiesa), Nesta, Cannavaro, Maldini, Albertini, D. Baggio, Di Matteo (57. Di Biagio), Vieri (72. Inzaghi), R. Baggio.
Chile: Tapia, Fuentes, Reyes, Margas (64. Miguel Ramirez), Villaroel, Acuna (82. Cornejo), Parraguez, Rojas, Estay (81. Sierra), Salas, Zamorano.
Tore: 1:0 Vieri (10.), 1:1 Salas (45.), 1:2 Salas (50.), 2:2 R. Baggio (85., Handelfmeter).
Schiedsrichter: Bouchardeau (Niger); Zuschauer: 35 200.

Am 11. Juni in Toulouse:
KAMERUN – ÖSTERREICH 1:1 (0:0)
Kamerun: Songo'o, Song, Kalla, Njanka, Wome, Angibeaud, M'boma, Simo (65. Olembe), Ndo, Ipoua (65. Job), Omam-Biyik (84. Tchami).
Österreich: Konsel, Feiersinger, Schöttel, Pfeffer, Cerny (82. Stöger), Mählich, Kühbauer, Pfeifenberger (82. Haas), Wetl, Herzog (82. Vastic), Polster.

STATISTIK ZUR WELTMEISTERSCHAFT 1998

Tore: 1:0 Njanka (77.), 1:1 Polster (90.).
Schiedsrichter: Chaves (Paraguay); Zuschauer: 36 500.

Am 17. Juni in St. Etienne:
CHILE – ÖSTERREICH 1:1 (0:0)
Chile: Tapia, Fuentes, Reyes, Margas, Villaroel (67. Castaneda), Acuna, Parraguez, Rojas, Estay (57. Sierra), Salas, Zamorano.
Österreich: Konsel, Feiersinger, Schöttel, Pfeffer, Cerny (46. Schopp), Mählich, Kühbauer (46. Herzog), Wetl, Haas (74. Vastic), Pfeifenberger, Polster.
Tore: 1:0 Salas (70.), 1:1 Vastic (90.).
Schiedsrichter: Ghandour (Ägypten); Zuschauer: 36 000.

Am 17. Juni in Montpellier:
ITALIEN – KAMERUN 3:0 (1:0)
Italien: Pagliuca, Nesta, Costacurta, Cannavaro, Maldini, D. Baggio, Di Biagio, Moriero (83. Di Livio), Albertini (62. Di Matteo), Vieri, R. Baggio (65. Del Piero).
Kamerun: Songo'o, Mählich, Kühbauer, Kalla, Njanka, Wome, M'boma (66. Eto'o), Olembe, Angibeaud, Ndo, Omam-Biyik (66. Tchami), Ipoua (46. Job).
Tore: 1:0 Di Baggio (8.), 2:0 Vieri (75.), 3:0 Vieri (88.).
Rote Karte: Kalla (43., grobes Foulspiel).
Schiedsrichter: Lennie (Australien); Zuschauer: 35 500.

Am 23. Juni in Paris – St. Denis:
ITALIEN – ÖSTERREICH 2:1 (0:0)
Italien: Pagliuca, Nesta (4. Bergomi), Costacurta, Cannavaro, Maldini, Moriero, D. Baggio, Di Biagio, Pessotto, Vieri (60. Inzaghi), Del Piero (73. R. Baggio).
Österreich: Konsel, Feiersinger, Pfeffer, Schöttel, Wetl, Pfeifenberger (78. Herzog), Kühbauer (75. Stöger), Mählich, Reinmayr, Polster (62. Haas), Vastic.
Tore: 1:0 Vieri (49.), 2:0 R. Baggio, 2:1 Herzog (90., Foulelfmeter).
Schiedsrichter: Durkin (England); Zuschauer: 80 000.

Am 23. Juni in Nantes:
CHILE – KAMERUN 1:1 (1:0)
Chile: Tapia, Reyes, Fuentes, Margas, Villaroel (71. Cornejo), Acuna, Parraguez, Rojas (77. Ramirez), Sierra (71. Estay), Zamorano, Salas.
Kamerun: Songo'o, Song, Njanka, Pensee Bilong, Wome, Olembe (69. Angibeaud), Mahouve, Ndo (82. Etame), Job (73. Tchami), M'boma, Omam-Biyik.
Tore: 1:0 Sierra (21.), 1:1 M'boma (56.).
Rote Karten: Song (51., Tätlichkeit), Etame (88., grobes Foul).
Schiedsrichter: Vagner (Ungarn); Zuschauer: 38 000.

Abschlußtabelle Gruppe B	Italien	Chile	Österreich	Kamerun	Tore	Punkte	Rang
Italien	X	2:2	2:1	3:0	7:3	7	1
Chile	2:2	X	1:1	1:1	4:4	2	2
Österreich	1:2	1:1	X	1:1	3:4	2	3
Kamerun	0:3	1:1	1:1	X	2:5	2	4

Für das Achtelfinale qualifiziert: Italien und Chile

Gruppe C

Am 12. Juni in Lens:
SAUDI-ARABIEN – DÄNEMARK 0:1 (0:0)
Saudi-Arabien: Al-Deayea, Al-Jahani, Al-Khilaiwi, S. Al-Owairan (80. Al-Dosari), Amin (79. Al-Saleh), Zubromawi, Al-Sharani, Al-Muwalid, Sulimani, K. Al-Owairan, Al-Jaber (84. Al-Tunian).
Dänemark: Schmeichel, Colding, Högh, Rieper, Schjönberg, Jörgensen (74. Frandsen), Helveg, Wieghorst (66. A. Nielsen), M. Laudrup, B. Laudrup (84. Heintze), Sand.
Tor: 0:1 Rieper (68.).
Schiedsrichter: Castrilli (Argentinien); Zuschauer: 38 140.

Am 12. Juni in Marseille:
FRANKREICH – SÜDAFRIKA 3:0 (1:0)
Frankreich: Barthez, Thuram, Desailly, Blanc, Lizarazu, Deschamps, Petit (73. Boghossian), Zidane, Djorkaeff (83. Trezeguet), Guivarc'h (26. Dugarry), Henry.
Südafrika: Vonk, Jackson, Fish, Nyathi, Radebe, Issa, Fortune, Augustine (57. Mkhalele), Moshoeu, Masinga, McCarthy (88. Bartlett).
Tore: 1:0 Dugarry (35.), 2:0 Issa (78., Eigentor), 3:0 Issa (90., Eigentor).
Schiedsrichter: De Freitas (Brasilien); Zuschauer: 60 000.

Am 18. Juni in Toulouse:
SÜDAFRIKA – DÄNEMARK 1:1 (0:1)
Südafrika: Vonk, Fish, Issa, Radebe, Nyathi (87. Buckley), Mkhalele, Augustine (46. Phiri), Moshoeu, Fortune, McCarthy, Bartlett (78. Masinga).
Dänemark: Schmeichel, Colding, Rieper, Högh, Schjönberg (82. Wieghorst), Jörgensen, Helveg, Nielsen, M. Laudrup (58. Heintze), B. Laudrup, Sand (58. Molnar).
Tore: 0:1 Nielsen (13.), 1:1 McCarthy (52.).
Rote Karten: Phiri (69., Tätlichkeit), Molnar (67., grobes Foulspiel), Wieghorst (85., grobes Foulspiel).
Schiedsrichter: Rendon (Kolumbien); Zuschauer: 33 000.

Am 18. Juni in Paris – St. Denis:
FRANKREICH – SAUDI-ARABIEN 4:0 (1:0)
Frankreich: Barthez, Thuram, Blanc, Desailly, Lizarazu, Boghossian, Deschamps, Henry (78. Pires), Zidane, Diomède (58. Djorkaeff), Dugarry (29. Trezeguet).
Saudi-Arabien: Al-Deayea, Al-Jahani (81. A. Al-Dosari), Al-Khilaiwi, Zubromawi, Sulimani, K. Al-Owairan, Al-Sharani, Saleh, S. Al-Owairan (33. Al-Harbi, 64. Al-Muwalid).
Tore: 1:0 Henry (36.), 2:0 Trezeguet (68.), 3:0 Henry (77.), 4:0 Lizarazu (84).
Rote Karten: Al-Khilaiwi (19., grobes Foulspiel), Zidane (70., Tätlichkeit).
Schiedsrichter: Brizio Carter (Mexiko); Zuschauer: 80 000.

Am 24. Juni in Lyon:
FRANKREICH – DÄNEMARK 2:1 (1:1)
Frankreich: Barthez, Leboeuf, Desailly, Karembeu, Candela, Viera, Petit (65. Boghossian), Pires (72. Henry), Djorkaeff, Diomède, Trezeguet (86. Guivarc'h).
Dänemark: Schmeichel, Heintze, Högh, Rieper, Laursen (46. Colding), Schjönberg, Nielsen, Helveg, M. Laudrup, Jörgensen (55. Sand), B. Laudrup (75. Töfting).
Tore: 1:0 Djorkaeff (13., Foulelfmeter), 1:1 M. Laudrup (42., Foulelfmeter), 2:1 Petit.
Schiedsrichter: Collina (Italien); Zuschauer: 43 300.

Am 24. Juni in Bordeaux:
SÜDAFRIKA – SAUDI-ARABIEN 2:2 (1:1)
Südafrika: Vonk, Fish, Issa, Jackson (46. Buckley), Nyathi, Mkhalele, Radebe, Fortune (67. Khumalo), Moshoeu, Bartlett, McCharty (46. Sikhosana).
Saudi-Arabien: Al-Deayea, Sulimani, Zubromawi, Amin, Al-Jahani, Saleh, Al-Tunian (81. Al-Harbi), Al-Owairan, Al-Temiyat, Al-Mehalel (65. Al-Sharani), Al-Jaber.
Tore: 1:0 Bartlett (20.), 1:1 Al-Jaber (45., Foulelfmeter), 1:2 Al-Tunian (74., Foulelfmeter), 2:2 Bartlett (90., Foulelfmeter).
Schiedsrichter: Yanten (Chile); Zuschauer: 28 000.

Abschlußtabelle Gruppe C	Frankreich	Dänemark	Südafrika	Saudi-Arabien	Tore	Punkte	Rang
Frankreich	X	2:1	3:0	4:0	9:1	9	1
Dänemark	1:2	X	1:1	1:0	3:3	4	2
Südafrika	0:3	1:1	X	2:2	3:6	2	3
Saudi-Arabien	0:4	0:1	2:2	X	2:7	1	4

Für das Achtelfinale qualifiziert: Frankreich und Dänemark

Gruppe D

Am 12. Juni in Montpellier:
PARAGUAY – BULGARIEN 0:0 (0:0)
Paraguay: Chilavert, Ayala, Morales (43. Caniza), Enciso, Gamarra, Sarabia, Paredes, Acuna, Campos (79. Yegros), Benitez, Cardozo (70. Ramirez).
Bulgarien: Zdravkov, Kishishev, I. Petkov, Ivanov, Yordanov, Nankov, Yankov, Balakov, Stoitchkov, Iliev (78. Borimirov), Penev (69. Kostadinov).
Gelb-Rote Karte: Nankov (65., wiederholtes Foulspiel).
Schiedsrichter: Al Zeid (Saudi-Arabien); Zuschauer: 30 000.

STATISTIK ZUR WELTMEISTERSCHAFT 1998

Am 13. Juni in Nantes:
SPANIEN – NIGERIA 2:3 (1:1)
Spanien: Zubizarreta, Alkorta, Ferrer (46. Amor), Nadal (76. Celades), Sergi, Hierro, Campo, Luis Enrique, Raul, Kiko, Alfonso (58. Etxeberria).
Nigeria: Rufai, Oparaku (70. Yekini), Babayaro, Okechukwu, West, Lawall, Adepoju, Oliseh, Okocha, George, Ikpeba (83. Babangida).
Tore: 1:0 Hierro (21.), 1:1 Adepoju (24.), 2:1 Raul (47.), 2:2 Lawall (73.), 2:3 Oliseh (78.).
Schiedsrichter: Baharmast (USA); Zuschauer: 33 000.

Am 19. Juni in Paris:
NIGERIA – BULGARIEN 1:0 (1:0)
Nigeria: Rufai, Adepoju, Uche, West, Babayaro, Oliseh, Lawal, George (85. Babangida), Okocha, Ikpeba (75. Yekini), Amokachi (67. Kanu).
Bulgarien: Zdravkov, T. Ivanov, Kishishev, Ginchev, Petkov, Iliev (68. Penev), Yankov (85. Bachev), Balakov, Hristov (46. Borimirov), Kostadinov, Stoitchkov.
Tor: 1:0 Ikpeba (27.).
Schiedsrichter: Sanchez Yanten (Chile); Zuschauer: 48 000.

Am 19. Juni in St. Etienne:
SPANIEN – PARAGUAY 0:0 (0:0)
Spanien: Zubizarreta, Aguilera, Alkorta, Abelardo (65. Celades), Sergi, Hierro, Amor, Etxeberria, Raul (46. Kiko), Luis Enrique, Pizzi (52. Morientes).
Paraguay: Chilavert, Gamarra, Ayala, Sarabia, Caniza, Enciso, Arce, Acuna (74. Yegros), Benitez, Acuna, Campos (46. Paredes), A. Rojas (84. Ramirez).
Schiedsrichter: McLeod (Südafrika); Zuschauer: 36 000.

Am 24. Juni in Lens:
SPANIEN – BULGARIEN 6:1 (2:0)
Spanien: Zubizarreta, Aguilera, Alkorta, Nadal, Sergi, Hierro, Amor, Etxeberria (52. Raul), Luis Enrique (70. Guerrero), Morientes, Alfonso (65. Kiko).
Bulgarien: Zdravkov, Ivanov, Ginchev, Yordanov, Bachev, Kishishev, Nankov (28. Penev), Borimirov, Balakov (60. Hristov), Stoitchkov (46. Iliev), Kostadinov.
Tore: 1:0 Hierro (6., Foulelfmeter), 2:0 Luis Enrique (18.), 3:0 Morientes (53.), 3:1 Kostadinov (56.), 4:1 Morientes (80.), 5:1 Kiko (90.), 6:1 Kiko (90.).
Schiedsrichter: Van der Ende (Holland); Zuschauer: 41 275.

Am 24. Juni in Toulouse:
NIGERIA – PARAGUAY 1:3 (1:1)
Nigeria: Rufai, Eguavoen, Okafor, West, Iroha, Oliseh (46. G. Okpara), Babangida, Oruma (69. George), Lawal, Kanu, Yekini.
Paraguay: Chilavert, Gamarra, Ayala, Sarabia, Caniza (56. Yegros), Paredes, Enciso, Arce, Benitez (68. Acuna), Brizuela (78. A. Rojas), Cardozo.
Tore: 0:1 Ayala (1.), 1:1 Oruma (11.), 1:2 Benitez (59.), 1:3 Cardozo (86.).
Schiedsrichter: Un-Prasert (Thailand); Zuschauer: 35 000.

Abschlußtabelle Gruppe D	Nigeria	Paraguay	Spanien	Bulgarien	Tore	Punkte	Rang
Nigeria	X	1:3	3:2	1:0	5:5	6	1
Paraguay	3:1	X	0:0	0:0	3:1	5	2
Spanien	2:3	0:0	X	6:1	8:4	4	3
Bulgarien	0:1	0:0	1:6	X	1:7	1	4

Für das Achtelfinale qualifiziert: Nigeria und Paraguay

Gruppe E

Am 13. Juni in Lyon:
SÜDKOREA – MEXIKO 1:3 (1:0)
Südkorea: B. J. Kim, M. B. Hong, T. Y. Kim, M. C. Lee, S. C. Yoo, J. Y. Noh (56. H. S. Jang), S. J. Ha, S. Y. Lee, D. K. Kim (61. S. Y. Choi), J. S. Ko, D. H. Kim (71. J. W. Seo).
Mexiko: Campos, Pardo, Suarez, Davino, Luna (46. Arellano), Ordiales (46. Pelaez), Lara, Ramirez, Garcia Aspe (72. Bernal), Hernandez, Blanco.
Tore: 1:0 S. J. Ha (17.), 1:1 Pelaez (50.), 1:2 Hernandez (74.), 1:3 Hernandez (84.).
Rote Karte: S. J. Ha (29.).
Schiedsrichter: Benkö (Österreich); Zuschauer: 44 000.

Am 13. Juni in Paris-St. Denis:
HOLLAND – BELGIEN 0:0 (0:0)
Holland: Van der Sar, F. de Boer, Stam, Numan, Winter, Seedorf (65. Bergkamp), Cocu, Overmars, R. de Boer (79. Jonk), Hasselbaink (65. Zenden), Kluivert.
Belgien: De Wilde, Crasson (22. Deflandre), Staelens, Verstraeten, Borkelmans, Clement, Van der Elst, Wilmots, Boffin, Oliveira (59. L. Mpenza), Nilis.
Rote Karte: Kluivert (80., Tätlichkeit).
Schiedsrichter: Collina (Italien); Zuschauer: 80 000.

Am 20. Juni in Bordeaux:
BELGIEN – MEXIKO 2:2 (1:2)
Belgien: De Wilde, Deflandre, Staelens, Vidovic, Borkelmans, Van der Elst (67. De Boeck), Scifo, Boffin (18. Verheyen), Wilmots, Nilis (77. L. Mpenza), Oliveira.
Mexiko: Campos, Pardo, J. Sanchez, Davino, Ramirez, Ordiales (58. Villa), Suarez, Garcia Aspe (68. Lara), Palencia (46. Arellano), Hernandez, Blanco.
Tore: 1:0, 2:0 Wilmots (44., 48.), 2:1 Garcia Aspe (56., Elfmeter), 2:2 Blanco (63.).
Rote Karten: Pardo (29., grobes Foulspiel), Verheyen (54., Notbremse).
Schiedsrichter: Dallas (Schottland); Zuschauer: 35 200.

Am 20. Juni in Marseille:
HOLLAND – SÜDKOREA 5:0 (2:0)
Holland: Van der Sar, Winter, Stam, F. de Boer, Numan (80. Bogarde), Davids, Jonk, R. de Boer (84. Zenden), Overmars, Cocu, Bergkamp (78. Van Hooijdonk).
Südkorea: B. R. Kim, Hong, Y. J. Choi, M. S. Lee, S. Y. Choi (53. T. Kim), Yoo, S. Y. Lee, D. K. Kim, J. Seo (77. D. Lee), D. H. Kim (69. Ko), Y. S. Choi.
Tore: 1:0 Cocu (37.), 2:0 Overmars (41.), 3:0 Bergkamp (71.), 4:0 Van Hooijdonk (79.), 5:0 R. de Boer (82.).
Schiedsrichter: Wojcik (Polen); Zuschauer: 57 000.

Am 25. Juni in St. Etienne:
HOLLAND – Mexiko 2:2 (2:0)
Holland: Van der Sar, Stam, F. de Boer, Reiziger, Numan (72. Bogarde), Jonk (71. Winter), Davids, Cocu, R. de Boer, Overmars, Bergkamp (79. Hasselbaink).
Mexiko: Campos, Suarez, Davino, Sanchez (55. Pelaez), Luna (46. Arellano), Carmona, Ramirez, Garcia Aspe, Villa, Hernandez, Blanco.
Tore: 1:0 Cocu (5.), 2:0 R. de Boer (19.), 2:1 Pelaez (76.), 2:2 Hernandez (90.).
Rote Karte: Ramirez (90., Schiedsrichterbeleidigung).
Schiedsrichter: Al Zeid (Saudi-Arabien); Zuschauer: 36 000.

Am 25. Juni in St. Etienne:
BELGIEN – SÜDKOREA 1:1 (0:0)
Belgien: Van de Walle, Deflandre, Staelens, Vidovic, Borkelmans, Clement (76. L. Mpenza), Oliveira (46. M. Mpenza), Scifo (65. Van der Elst), Van Kerckhofen, Nilis, Wilmots.
Südkorea: B. R. Kim, Hong, Yoo, T. Y. Kim, S. H. Lee (65. D. I. Jang), Ha, D. K. Kim (46. Ko), M. S. Lee, S. Y. Choi (46. L. S. Lee), J. Seo, Y. S. Choi.
Tore: 1:0 Nilis (7.), 1:1 Yoo (71.).
Schiedsrichter: De Freitas (Brasilien); Zuschauer: 45 000.

Abschlußtabelle Gruppe E	Holland	Mexiko	Belgien	Südkorea	Tore	Punkte	Rang
Holland	X	2:2	0:0	5:0	7:2	5	1
Mexiko	2:2	X	2:2	3:1	7:5	5	2
Belgien	0:0	2:2	X	1:1	3:3	3	3
Südkorea	0:5	1:3	1:1	X	2:9	1	4

Für das Achtelfinale qualifiziert: Holland und Mexiko

Gruppe F

Am 14. Juni in St. Etienne:
JUGOSLAWIEN – IRAN 1:0 (0:0)
Jugoslawien: Kralj, Mirkovic, Djorovic, Mihajlovic, Petrovic, Brnovic (51. Stankovic), Jokanovic, Stojkovic (69. Kovacevic), Jugovic, Mijatovic, Milosevic (59. Ognjenovic).
Iran: Nakisa, Mohammadkhani, Khakpour, Paschazadeh, Zarincheh, Mahdavikia, Bagheri, Estili (69. Mansourian), Minavand, Azizi, Daei.
Tor: 1:0 Mihajlovic (73.).
Schiedsrichter: Noriega (Peru); Zuschauer: 36 000.

Am 15. Juni in Paris:
DEUTSCHLAND – USA 2:0 (1:0)
Deutschland: Köpke, Thon, Wörns, Kohler, Heinrich, Jeremies, Reuter (69. Ziege), Möller (90. Babbel), Häßler (50. Hamann), Klinsmann, Bierhoff.
USA: Keller, Dooley, Pope, Regis, Burns (46. Hejduk), Deering (70. Ramos), Maisonneuve, Jones, Stewart, Reyna, Wynalda (64. Wegerle).
Tore: 1:0 Möller (9.), 2:0 Klinsmann (65.)
Schiedsrichter: Belqola (Marokko); Zuschauer: 48 000.

Am 21. Juni in Lens:
DEUTSCHLAND – JUGOSLAWIEN 2:2 (0:1)
Deutschland: Köpke, Wörns, Thon, Kohler, Heinrich, Hamann (46. Matthäus), Jeremies, Ziege (67. Tarnat), Möller (58. Kirsten), Klinsmann, Bierhoff.
Jugoslawien: Kralj, Djorovic, Mihajlovic, Petrovic (74. Stevie), Komljenovic, Jokanovic, Jugovic, Stankovic (68. Govedarica), Stojkovic, Kovacevic (58. Ognjenovic), Mijatovic.
Tore: 0:1 Mijatovic (13.), 0:2 Stojkovic (54.), 1:2 Mihajlovic (74., Eigentor), 2:2 Bierhoff (80.).
Schiedsrichter: Nielsen (Dänemark); Zuschauer: 41 275.

Am 21. Juni in Lyon:
USA – IRAN 1:2 (0:1)
USA: Keller, Dooley (82. Maisonneuve), Pope, Regis, Hejduk, Jones, Ramos (58. Stewart), Moore, Reyna, McBride, Wegerle (58. Radosavljevic).
Iran: Abedzadeh, Mohammadkhani (76. Peiravany), Khakpour, Paschazadeh, Zarincheh (77. Saadavi), Estili, Bagheri, Mahdavikia, Minavand, Azizi (74. Mansourian), Daei.
Tore: 0:1 Estili (40.), 0:2 Mahdavikia (84.), 1:2 McBride (88.).
Schiedsrichter: Meier (Schweiz); Zuschauer: 43 300.

Am 25. Juni in Montpellier:
DEUTSCHLAND – IRAN 2:0 (0:0)
Deutschland: Köpke, Kohler, Thon (46. Hamann), Wörns, Heinrich, Matthäus, Helmer, Tarnat (77. Ziege), Häßler (70. Kirsten), Bierhoff, Klinsmann.
Iran: Abedzadeh, Mohammadkhani, Paschazadeh, Khakpour, Zarincheh (71. Din-Mohammadi), Minavand, Estili, Bagheri, Mahdavikia, Daei, Azizi.
Tore: 1:0 Bierhoff (51.), 2:0 Klinsmann (58.).
Schiedsrichter: Chavez (Paraguay); Zuschauer: 35 500.

Am 25. Juni in Nantes:
USA – JUGOSLAWIEN 0:1 (0:1)
USA: Friedel, Dooley (82. Balboa), Regis, Burns, Hejduk (65. Wynalda), Stewart, Maisonneuve, Jones, Reyna, McBride, Moore (58. Radosavljevic).
Jugoslawien: Kralj, Petrovic, Mihajlovic, Djorovic, Jugovic, Jokanovic, Stankovic (54. Brnovic), Komljenovic, Stojkovic (63. Savicevic), Mijatovic (31. Ognjenovic), Milosevic.
Tor: 0:1 Komljenovic (4.).
Schiedsrichter: Ghandour (Ägypten); Zuschauer: 38 500.

Abschlußtabelle Gruppe F	Deutschland	Jugoslawien	Iran	USA	Tore	Punkte	Rang
Deutschland	X	2:2	2:0	2:0	6:2	7	1
Jugoslawien	2:2	X	1:0	1:0	4:2	7	2
Iran	0:2	0:1	X	2:1	2:4	3	3
USA	0:2	0:1	1:2	X	1:5	0	4

Für das Achtelfinale qualifiziert: Deutschland und Jugoslawien

Gruppe G

Am 15. Juni in Marseille:
ENGLAND – TUNESIEN 2:0 (1:0)
England: Seaman, Southgate, Adams, Campbell, Anderton, Batty, Ince, Scholes, Le Saux, Shearer, Sheringham (85. Owen).
Tunesien: El Ouader, Boukadida, S. Trabelsi, Badra, H. Trabelsi (79. Thabat), Chihi, Ghodhbane, Clayton, Souayah (46. Baya), Ben Slimane (65. Ben Younes), Sellimi.
Tore: 1:0 Shearer (42.), 2:0 Scholes (90.).
Schiedsrichter: Okada (Japan); Zuschauer: 55 000.

Am 15. Juni in Lyon:
RUMÄNIEN – KOLUMBIEN 1:0 (1:0)
Rumänien: Stelea, Petrescu, Filipescu, Gh. Popescu, Ciobotari, Hagi (77. Marinescu), Galca, Ga. Popescu (68. Stanga), Munteanu, Ilie, Moldovan (85. Niculescu).
Kolumbien: Mondragon, Santa, Bermudez, Palacios, Cabrera, Lozano, Serna, Valderrama, Rincon, Aristizabal (46. Valencia), Asprilla (84. Preciado).
Tor: 1:0 Ilie (45.).
Schiedsrichter: Lim Kee Chong (Mauritius); Zuschauer: 44 000.

Am 22. Juni in Montpellier:
KOLUMBIEN – TUNESIEN 1:0 (0:0)
Kolumbien: Mondragon, Cabrera, Bermudez, Palacios, Santa, Serna (66. Bolano), Lozano, Rincon (56. Aristizabal), Valderrama, De Avila, Valencia (56. Preciado).
Tunesien: El Ouader, S. Trabelsi, Chouchane, Thabat (76. Ghodhbane), Chihi, Bouazizi, Baya (74. Ben Ahmed), Souayah, Sellimi (69. Ben Younes), Ben Slimane.
Tor: 1:0 Preciado (83.).
Schiedsrichter: Heynemann (Deutschland); Zuschauer: 35 500.

Am 22. Juni in Toulouse:
RUMÄNIEN – ENGLAND 2:1 (0:0)
Rumänien: Stelea, Gh. Popescu, Ciobotariu, Filipescu, Petrescu, Galca, Munteanu, Ga. Popescu, Hagi (73. Stanga, 83. Marinescu), Ilie, Moldovan (87. Lacatus).
England: Seaman, Campbell, Adams, Neville, Batty, Ince (33. Beckham), Le Saux, Anderton, Scholes, Sheringham (73. Owen), Shearer.
Tore: 1:0 Moldovan (47.), 1:1 Owen (79.), 2:1 Petrescu (86.).
Schiedsrichter: Batta (Frankreich); Zuschauer: 33 140.

Am 26. Juni in Paris-St. Denis:
RUMÄNIEN – TUNESIEN 1:1 (0:1)
Rumänien: Stelea, Dobos, Ciobotariu, Dulca (31. Gh. Popescu), Petrescu, Galca, Munteanu, Hagi, Marinescu, Dumitrescu (67. Moldovan), Lacatus (46. Ilie).
Tunesien: El Ouader, Chouchane, S. Trabelsi, Bouazizi, Chihi, Ghodhbane (83. Thabet), Baya, Souayeh (90. Ben Younes), Boukadida, Ben Slimane (55. Jelassi), Sellimi.
Tore: 0:1 Souayeh (10., Foulelfmeter), 1:1 Moldovan (73.).
Schiedsrichter: Lennie (Australien); Zuschauer: 80 000.

Am 26. Juni in Lens:
KOLUMBIEN – ENGLAND 0:2 (0:2)
Kolumbien: Mondragon, Cabrera, Bermudez, Palacios, Moreno, Serna (46. Valencia), Lozano, Rincon, Valderrama, De Avila (46. Aristizabal), Preciado (46. Ricard).
England: Seaman, Campbell, Adams, Neville, Le Saux (83. Batty), Anderton (80. Lee), Beckham, Scholes (74. McManaman), Shearer, Owen.
Tore: 0:1 Anderton (20.), 0:2 Beckham (30.).
Schiedsrichter: Brizio Carter (Mexiko); Zuschauer: 42 000.

Abschlußtabelle Gruppe G	Rumänien	England	Kolumbien	Tunesien	Tore	Punkte	Rang
Rumänien	X	2:1	1:0	1:1	4:2	7	1
England	1:2	X	2:0	2:0	5:2	6	2
Kolumbien	0:1	0:2	X	1:0	1:3	3	3
Tunesien	1:1	0:2	0:1	X	1:4	1	4

Für das Achtelfinale qualifiziert: Rumänien und England

Gruppe H

Am 14. Juni in Toulouse:
ARGENTINIEN – JAPAN 1:0 (1:0)
Argentinien: Roa, Sensini (74. Chamot), Ayala, Vivas, Zanetti, Veron, Simeone, Almeyda, Ortega, Batistuta, Lopez (62. Balbo).
Japan: Kawaguchi, Ihara, Narahashi, Akita, Nakanishi, Soma (85. Hirano), Yamaguchi, Nakata, Nanami, Nakayami (66. Lopes), Jo.
Tor: 1:0 Batistuta (28.).
Schiedsrichter: Van der Ende (Holland); Zuschauer: 36 500.

STATISTIK ZUR WELTMEISTERSCHAFT 1998

Am 14. Juni in Lens:
JAMAIKA – KROATIEN 1:3 (1:1)
Jamaika: Barrett, Sinclair, Lowe, Goodison, Gardener, Earle (70. Williams), Cargill (73. Powell), Whitmore, Simpson, Hall (82. Boyd), Burton.
Kroatien: Ladic, Soldo, Stimac, Bilic, Simic, Boban, Asanovic, Prosinecki, Jarni, Suker, Stanic (73. Vlaovic).
Tore: 0:1 Stanic (27.), 1:1 Earle (45.), 1:1 Prosinecki (53.), 1:3 Suker (68.).
Schiedsrichter: Pereira (Portugal); Zuschauer: 40 000.

Am 20. Juni in Nantes:
JAPAN – KROATIEN 0:1 (0:0)
Japan: Kawaguchi, Akita, Ihara, Nakanishi, Nanami, Yamaguchi, Narahashi (79. Morishima), Nakata, Soma, Joh (83. Lopez), Nakayama (61. Okano).
Kroatien: Ladic, Stimac (46. Vlaovic), Soldo, Bilic, Jarni, Simic, Asanovic, Jurcic, Prosinecki (67. Maric), Suker, Stanic (88. Tudor).
Tor: 0:1 Suker (76.).
Schiedsrichter: Ramdhan (Trinidad); Zuschauer: 47 000.

Am 21. Juni in Paris:
ARGENTINIEN – JAMAIKA 5:0 (1:0)
Argentinien: Roa, Sensini (25. Vivas), Ayala, Chamot, Zanetti, Veron, Almeyda, Simeone (81. Pineda), Ortega, Batistuta, Lopez (75. Gallardo).
Jamaika: Barrett, Goodison, Dawes, Sinclair, Malcolm (62. Boyd), Powell, Gardener, Simpson, Whitmore (73. Earle), Burton (46. Cargill), Hall.
Tore: 0:1, 0:2 Ortega (32., 55.), 3:0, 4:0, 5:0 Batistuta (73., 80., 88., Foulelfmeter).
Schiedsrichter: Pedersen (Norwegen); Zuschauer: 48 712.

Am 26. Juni in Bordeaux:
ARGENTINIEN – KROATIEN 1:0 (1:0)
Argentinien: Roa, Ayala, Vivas, Paz, Zanetti (68. Simeone) Almeyda, Veron, Pineda, Gallardo (81. Berti), Ortega (53. Lopez), Batistuta.
Kroatien: Ladic, Simic, Soldo, Bilic, Maric (46. Vlaovic), Jarni, Asanovic, Boban, Prosinecki (68. Stimac), Stanic, Suker.
Tor: 1:0 Pineda (36.).
Schiedsrichter: Belqola (Marokko); Zuschauer: 35 200.

Am 26. Juni in Lyon:
JAPAN – JAMAIKA 1:2 (0:2)
Japan: Kawaguchi, Ihara, Akita, Omura (59. Hirano), Narahashi, Soma, Yamaguchi, Nanami (80. Ono), Nakata, Jo (59. Lopes), Nakayama.
Jamaika: Lawrence, Goodison, Lowe, Sinclair, Gardener, Simpson (90. Earle), Dawes, Malcolm, Whitmore, Gayle (80. Burton), Hall (71. Boyd).
Tore: 0:1 Whitmore (40.), 0:2 Whitmore (54.), 1:2 Nakayama (74.).
Schiedsrichter: Benkö (Österreich); Zuschauer: 43 300.

Abschlußtabelle Gruppe H	Argentinien	Kroatien	Jamaika	Japan	Tore	Punkte	Rang
Argentinien	X	1:0	5:0	1:0	7:0	9	1
Kroatien	0:1	X	3:1	1:0	4:2	6	2
Jamaika	0:5	1:3	X	2:1	3:9	3	3
Japan	0:1	0:1	1:2	X	1:4	0	4

Für das Achtelfinale qualifiziert: Argentinien und Kroatien

Achtelfinale

Am 27. Juni in Marseille:
ITALIEN – NORWEGEN 1:0 (1:0)
Italien: Pagliuca, Costacurta, Bergomi, Cannavaro, Maldini, Albertini (73. Pessotto), Di Biagio, D. Baggio, Moriero (63. Di Livio), Del Piero (78. Chiesa), Vieri.
Norwegen: Grodas, Bjoernebye, Johnsen, Eggen, Berg, Rekdal, Leonhardsen (13. Strand, 38. Solbakken), Mykland, Riseth, H. Flo (73. Solskjaer), T. A. Flo.
Tor: 1:0 Vieri (18.).
Schiedsrichter: Heynemann (Deutschland); Zuschauer: 60 000.

Am 27. Juni in Paris:
BRASILIEN – CHILE 4:1 (3:0)
Brasilien: Taffarel, Cafú, Junior Baiano, Aldair (77. Goncalves), Roberto Carlos, Cesar Sampaio, Dunga, Leonardo, Rivaldo, Bebeto (65. Denilson), Ronaldo.
Chile: Tapia, Fuentes, Margas, Reyes, Aros, M. Ramirez (46. Vega), Acuna (80. Musrri), Cornejo, Sierra (46. Estay), Zamorano, Salas.
Tore: 1:0 Cesar Sampaio (11.), 2:0 Cesar Sampaio (27.), 3:0 Ronaldo (45., Foulelfmeter), 3:1 Salas (68.), 4:1 Ronaldo (70.).
Schiedsrichter: Batta (Frankreich); Zuschauer: 48 000.

Am 28. Juni in Lens:
FRANKREICH – PARAGUAY 1:0 (0:0) n.V.
Frankreich: Barthez, Thuram, Blanc, Desailly, Lizarazu, Deschamps, Petit (70. Boghossian), Djorkaeff, Henry (65. Pires), Diomède (77. Guivarc'h), Trezeguet.
Paraguay: Chilavert, Sarabia, Ayala, Gamarra, Arce, Enciso, Paredes (75. Caniza), Acuna, Campos (56. Yegros), Benitez, Cardozo (91. A. Rojas).
Tor: 1:0 Blanc (114.).
Schiedsrichter: Bujsaim (Vereinigte Arabische Emirate); Zuschauer: 41 000.

Am 28. Juni in Paris-St. Denis:
NIGERIA – DÄNEMARK 1:4 (0:2)
Nigeria: Rufai, Adepoju, Okechukwu, West, Babayaro, Oliseh, George, Lawal (73. Babangida), Okocha, Ikpeba, Kanu (65. Yekini).
Dänemark: Schmeichel, Heintze, Högh, Rieper, Colding, Nielsen, Helveg, Jörgensen, M. Laudrup (84. Frandsen), Möller (59. Sand), B. Laudrup (78. Wieghorst).
Tore: 0:1 Möller (3.), 0:2 B. Laudrup (12.), 0:3 Sand (60.), 0:4 Helveg (76.), 1:4 Babangida (77.).
Schiedsrichter: Meier (Schweiz); Zuschauer: 80 000.

Am 29. Juni in Montpellier:
DEUTSCHLAND – MEXIKO 2:1 (0:0)
Deutschland: Köpke, Matthäus, Wörns, Babbel, Heinrich (59. Möller), Helmer (37. Ziege), Tarnat, Hamann, Häßler (75. Kirsten), Klinsmann, Bierhoff.
Mexiko: Campos, Villa, Davino, Suarez, Lara, Blanco, Garcia Aspe (87. Peleaz), Bernal (46. Carmona), Pardo, Hernandez, Palencia (54. Arellano).
Tore: 0:1 Hernandez (47.), 1:1 Klinsmann (76.), 2:1 Bierhoff (87.).
Schiedsrichter: Pereira (Portugal); Zuschauer: 35 500.

Am 29. Juni in Toulouse:
HOLLAND – JUGOSLAWIEN 2:1 (1:0)
Holland: Van der Sar, Reiziger, Stam, F. de Boer, Numan, Seedorf, Davids, R. de Boer, Overmars, Cocu, Bergkamp.
Jugoslawien: Kralj, Komljenovic, Mihajlovic (78. Savelijic), Djorovic, Mirkovic, Jugovic, Brnovic, Jokanovic, Petrovic, Mijatovic, Stojkovic (57. Savicevic).
Tore: 1:0 Bergkamp (38.), 1:1 Komljenovic (48.), 2:1 Davids (90.).
Schiedsrichter: Garcia Aranda (Spanien); Zuschauer: 33 000.

Am 30. Juni in Bordeaux:
RUMÄNIEN – KROATIEN 0:1 (0:1)
Rumänien: Stelea, Filipescu, Gh. Popescu, Ciobotariu, Petrescu (76. Marinescu), Galca, Ga. Popescu (61. Niculescu), Hagi (57. Craioveanu), Munteanu, Moldovan, Ilie.
Kroatien: Ladic, Bilic, Stimac, Simic, Jarni, Asanovic, Boban, Jurcic, Stanic (83. Tudor), Vlaovic (77. Krpan), Suker.
Tore: 0:1 Suker (45., Foulelfmeter).
Schiedsrichter: Castrilli (Argentinien); Zuschauer: 35 200.

Am 30. Juni in St. Etienne:
ARGENTINIEN – ENGLAND 2:2 (2:2, 2:2) n.V., 4:3 im Elfmeterschießen
Argentinien: Roa, Vivas, Ayala, Chamot, Zanetti, Almeyda, Veron, Simeone (91. Berti), Ortega, Batistuta (86. Crespo), Lopez (68. Gallardo).
England: Seaman, Campbell, Adams, Neville, Ince, Le Saux (71. Southgate), Beckham, Anderton (97. Batty), Scholes (78. Merson), Owen, Shearer.
Tore: 1:0 Batistuta (6., Foulelfmeter), 1:1 Shearer (10., Foulelfmeter), 1:2 Owen (16.), 2:2 Zanetti (45.).
Elfmeterschießen: Berti, Shearer, Crespo (gehalten), Ince (gehalten), Veron, Merson, Gallardo, Owen, Ayala, Batty (gehalten).

Rote Karte: Beckham (47., Tätlichkeit).
Schiedsrichter: Nielsen (Dänemark); Zuschauer: 36 000.

Viertelfinale

Am 3. Juli in Paris-St. Denis:
ITALIEN – FRANKREICH 0:0 (0:0) n.V., 3:4 im Elfmeterschießen
Italien: Pagliuca, Cannavaro, Bergomi, Costacurta, Pessotto (90. Di Livio), P. Maldini, D. Baggio (52. Albertini), Di Biagio, Moriero, Vieri, Del Piero (67. R. Baggio).
Frankreich: Barthez, Lizarazu, Desailly, Blanc, Thuram, Petit, Deschamps, Karembeu (65. Henry), Zidane, Djorkaeff, Guivarc'h (65. Trezeguet).
Elfmeterschießen: Zidane, R. Baggio, Lizarazu (gehalten), Albertini (gehalten), Trezeguet, Costacurta, Henry, Vieri, Blanc, Di Biagio (verschossen).
Schiedsrichter: Dallas (Schottland); Zuschauer: 80 000.

Am 3. Juli in Nantes:
BRASILIEN – DÄNEMARK 3:2 (2:1)
Brasilien: Taffarel, Cafú, Junior Baiano, Aldair. Roberto Carlos, Cesar Sampaio, Dunga, Leonardo (72. Emerson), Rivaldo (88. Ze Roberto), Bebeto (64. Denilson), Ronaldo.
Dänemark: Schmeichel, Heintze, Högh, Rieper, Colding, A. Nielsen (46. Töfting), Helveg (88. Schjönberg), Jörgensen, M. Laudrup, Möller (67. Sand), B. Laudrup.
Tore: 0:1 Jörgensen (2.), 1:1 Bebeto (10.), 2:1 Rivaldo (26.), 2:2 Laudrup (50.), 3:2 Rivaldo (60.).
Schiedsrichter: Ghandour (Ägypten); Zuschauer: 49 500.

Am 4. Juli in Marseille:
HOLLAND – ARGENTINIEN 2:1 (1:1)
Holland: Van der Sar, Reiziger, Stam, F, de Boer, Numan, Jonk, Davids, R. de Boer (64. Overmars), Cocu, Bergkamp, Kluivert.
Argentinien: Roa, Chamot (90. Balbo), Ayala, Sensini, Almeyda (67. Pineda), Simeone, Veron, Zanetti, Ortega, Lopez, Batistuta.
Tore: 1:0 Kluivert (12.), 1:1 Lopez (18.), 2:1 Bergkamp (89.).
Rote Karte: Ortega (87., Tätlichkeit).
Schiedsrichter: Brizio Carter (Mexiko); Zuschauer: 55 000.

Am 4. Juli in Lyon:
DEUTSCHLAND – KROATIEN 0:3 (0:1)
Deutschland: Köpke, Matthäus, Wörns, Kohler, Heinrich, Hamann (79. Marschall), Jeremies, Tarnat, Häßler (69. Kirsten), Klinsmann, Bierhoff.
Kroatien: Ladic, Simic, Stimac, Bilic, Jarni, Asanovic, Soldo, Stanic, Boban, Suker, Vlaovic (83. Maric).
Tore: 0:1 Jarni (45.), 0:2 Vlaovic (80.), 0:3 Suker (85.).
Rote Karte: Wörns (40., Notbremse).
Schiedsrichter: Pedersen (Norwegen); Zuschauer: 43 300.

Halbfinale

Am 7. Juli in Marseille:
BRASILIEN – HOLLAND 1:1 (1:1, 0:0) n.V., 4:2 im Elfmeterschießen
Brasilien: Taffarel, Ze Carlos, Junior Baiano, Aldair, Roberto Carlos, Cesar Sampaio, Dunga, Leonardo (85. Emerson), Rivaldo, Bebeto (70. Denilson), Ronaldo.
Holland: Van der Sar, Cocu, F. de Boer, Stam, Reiziger (57. Winter), Davids, Jonk (111. Seedorf), Zenden (75. Van Hooijdonk), R. de Boer, Bergkamp, Kluivert.
Tore: 1:0 Ronaldo (46.), 1:1 Kluivert (86.).
Elfmeterschießen: Ronaldo, F. de Boer, Rivaldo, Bergkamp, Emerson, Cocu (gehalten), Dunga, R. de Boer (gehalten).
Schiedsrichter: Bujsaim (Vereinigte Arabische Emirate); Zuschauer: 60 000.

Am 8. Juli in Paris-St. Denis:
FRANKREICH – KROATIEN 2:1 (0:0)
Frankreich: Barthez, Thuram, Blanc, Desailly, Lizarazu, Karembeu (31. Henry), Deschamps, Petit, Zidane, Djorkaeff (75. Leboeuf), Guivarc'h (69. Trezeguet).
Kroatien: Ladic, Bilic, Stimac, Simic, Soldo, Jarni, Stanic (90. Prosinecki), Asanovic, Boban (65. Maric), Suker, Vlaovic.
Tore: 0:1 Suker (46.), 1:1, 1:2 Thuram (47., 70.).
Rote Karte: Blanc (74., Tätlichkeit).
Schiedsrichter: Garcia Aranda (Spanien); Zuschauer: 80 000.

Spiel um Platz 3

Am 11. Juli in Paris:
HOLLAND – KROATIEN 1:2 (1:2)
Holland: Van der Sar, Stam, F. de Boer, Jonk, Numan, Seedorf, Davids, Zenden, Cocu (46. Overmars). Bergkamp (58. Van Hooijdonk), Kluivert.
Kroatien: Ladic, Soldo, Stimac, Bilic, Jarni, Jurcic, Stanic, Asanovic, Prosinecki (76. Vlaovic), Boban (86. Tudor), Suker.
Tore: 0:1 Prosinecki (13.), 1:1 Zenden (21.), 1:2 Suker (36.).
Schiedsrichter: Gonzales (Paraguay); Zuschauer: 44 000.

Finale

Am 12. Juli in Paris-St. Denis:
BRASILIEN – FRANKREICH 0:3 (0:2)
Brasilien: Taffarel, Cafú, Junior Baiano, Aldair, Roberto Carlos, Dunga, Cesar Sampaio (74. Edmundo), Leonardo (46. Denilson), Rivaldo, Ronaldo, Bebeto.
Frankreich: Barthez, Lizarazu, Desailly, Leboeuf, Thuram, Deschamps, Petit, Karembeu (57. Boghossian), Zidane, Djorkaeff (76. Vieira), Guivarc'h (66. Dugarry).
Tore: 0:1, 0:2 Zidane (27., 45.), 0:3 Petit (90.).
Gelb-Rote Karte: Desailly (68.).
Schiedsrichter: Belqola (Marokko); Zuschauer: 80 000.

STATISTIK ZUR WELTMEISTERSCHAFT 2002

17. Fußball-Weltmeisterschaft 2002 in Südkorea und Japan

QUALIFIKATION

AFRIKA
(5 Teilnehmer)

1. RUNDE

Gruppe A

7. 4.00	Mauretanien – Tunesien	1:2
23. 4.00	Tunesien – Mauretanien	3:0
8. 4.00	Guinea-Bissau – Togo	0:0
23. 4.00	Togo – Guinea-Bissau	3:0
9. 4.00	Benin – Senegal	1:1
22. 4.00	Senegal – Benin	1:0
9. 4.00	Gambia – Marokko	0:1
22. 4.00	Marokko – Gambia	2:0
9. 4.00	Kap Verde – Algerien	0:0
21. 4.00	Algerien – Kap Verde	2:0

Gruppe B

8. 4.00	Botswana – Sambia	0:1
22. 4.00	Sambia – Botswana	1:0
8. 4.00	Madagaskar – Gabun	2:0
22. 4.00	Gabun – Madagaskar	1:0
9. 4.00	Sudan – Mosambik	1:0
23. 4.00	Mosambik – Sudan	2:1
9. 4.00	Lesotho – Südafrika	0:2
22. 4.00	Südafrika – Lesotho	1:0
9. 4.00	Swasiland – Angola	0:1
23. 4.00	Angola – Swasiland	7:1

Gruppe C

8. 4.00	Sao Tomé – Sierra Leone	2:0
22. 4.00	Sierra Leone – Sao Tomé	4:0
9. 4.00	Ruanda – Elfenbeinküste	2:2
23. 4.00	Elfenbeinküste – Ruanda	2:0
9. 4.00	Libyen – Mali	3:0
23. 4.00	Mali – Libyen	3:1
9. 4.00	Zentralafrikanische Rep. – Simbabwe	0:1
23. 4.00	Simbabwe – Zentralafrikanische Rep.	3:1
9. 4.00	Äquatorial-Guinea – Rep. Kongo	1:3
23. 4.00	Rep. Kongo – Äquatorial-Guinea	2:1

Gruppe D

7. 4.00	Dschibuti – DR Kongo	1:1
23. 4.00	DR Kongo – Dschibuti	9:1
8. 4.00	Seychellen – Namibia	1:1
22. 4.00	Namibia – Seychellen	3:0
9. 4.00	Eritrea – Nigeria	0:0
22. 4.00	Nigeria – Eritrea	4:0
19. 4.00	Somalia – Kamerun	0:3
23. 4.00	Kamerun – Somalia	3:0
20. 4.00	Mauritius – Ägypten	0:2
23. 4.00	Ägypten – Mauritius	4:2

Gruppe E

8. 4.00	Malawi – Kenia	2:0
22. 4.00	Kenia – Malawi	0:0
8. 4.00	Tansania – Ghana	0:1
23. 4.00	Ghana – Tansania	3:2
8. 4.00	Uganda – Guinea	4:4
23. 4.00	Guinea – Uganda	3:0
9. 4.00	Tschad – Liberia	0:1
23. 4.00	Liberia – Tschad	0:0
9. 4.00	Äthiopien – Burkina Faso	2:1
23. 4.00	Burkina Faso – Äthiopien	3:0

2. RUNDE
Die 25 Sieger der 1. Runde ermittelten in fünf Fünfergruppen mit Hin- und Rückspielen die fünf Teilnehmer an der WM 2002.

Gruppe A

18. 6.00	Angola – Sambia	2:1
18. 6.00	Libyen – Kamerun	0:3
8. 7.00	Sambia – Togo	2:0
9. 7.00	Kamerun – Angola	3:0
28. 1.01	Angola – Libyen	3:1
28. 1.01	Togo – Kamerun	0:2
23. 2.01	Libyen – Togo	3:3
25. 2.01	Kamerun – Sambia	1:0
10. 3.01	Sambia – Libyen	2:0
11. 3.01	Togo – Angola	1:1
21. 4.01	Sambia – Angola	1:1
22. 4.01	Kamerun – Libyen	1:0
6. 5.01	Angola – Kamerun	2:0
6. 5.01	Togo – Sambia	3:2
29. 6.01	Libyen – Angola	1:1
1. 7.01	Kamerun – Togo	2:0
14. 7.01	Sambia – Kamerun	2:2
15. 7.01	Togo – Libyen	2:0
27. 7.01	Libyen – Sambia	2:4
29. 7.01	Angola – Togo	1:1

1. Kamerun	8	14:4	19
2. Angola	8	11:9	13
3. Sambia	8	14:11	11
4. Togo	8	10:13	9
5. Libyen	8	7:19	2

Qualifiziert: Kamerun

Gruppe B

17. 6.00	Nigeria – Sierra Leone	2:0
18. 6.00	Sudan – Liberia	2:0
9. 7.00	Liberia – Nigeria	2:1
9. 7.00	Ghana – Sierra Leone	5:0
27. 1.01	Nigeria – Sudan	3:0
28. 1.01	Ghana – Liberia	1:3
25. 2.01	Sudan – Ghana	1:0
25. 2.01	Liberia – Sierra Leone	1:0
10. 3.01	Sierra Leone – Sudan	0:2
11. 3.01	Ghana – Nigeria	0:0
21. 4.01	Sierra Leone – Nigeria	1:0
22. 4.01	Liberia – Sudan	2:0
5. 5.01	Nigeria – Liberia	2:0
5. 5.01	Sierra Leone – Ghana	1:1
1. 7.01	Liberia – Ghana	1:2
1. 7.01	Sudan – Nigeria	0:4
14. 7.01	Sierra Leone – Liberia	0:1
15. 7.01	Ghana – Sudan	1:0
20. 7.01	Nigeria – Ghana	3:0
20. 7.01	Sudan – Sierra Leone	3:0

1. Nigeria	8	15:3	16
2. Liberia	8	10:8	15
3. Sudan	8	8:10	12
4. Ghana	8	10:9	11
5. Sierra Leone	8	2:15	4

Qualifiziert: Nigeria

Gruppe C

Datum	Spiel	Ergebnis
16. 6.00	Algerien – Senegal	1:1
17. 6.00	Namibia – Marokko	0:0
9. 7.00	Senegal – Ägypten	0:0
9. 7.00	Marokko – Algerien	2:1
26. 1.01	Algerien – Namibia	1:0
28. 1.01	Ägypten – Marokko	0:0
24. 2.01	Namibia – Ägypten	1:1
24. 2.01	Marokko – Senegal	0:0
10. 3.01	Senegal – Namibia	4:0
11. 3.01	Ägypten – Algerien	5:2
21. 4.01	Senegal – Algerien	3:0
21. 4.01	Marokko – Namibia	3:0
4. 5.01	Algerien – Marokko	1:2
6. 5.01	Ägypten – Senegal	1:0
30. 6.01	Namibia – Algerien	0:4
30. 6.01	Marokko – Ägypten	1:0
13. 7.01	Ägypten – Namibia	8:2
14. 7.01	Senegal – Marokko	1:0
21. 7.01	Algerien – Ägypten	1:1
21. 7.01	Namibia – Senegal	0:5

1. Senegal	8	14:2	15
2. Marokko	8	8:3	15
3. Ägypten	8	16:7	13
4. Algerien	8	11:14	8
5. Namibia	8	3:26	2

Qualifiziert: Senegal

Gruppe D

Datum	Spiel	Ergebnis
17. 6.00	Madagaskar – DR Kongo	3:0
18. 6.00	Elfenbeinküste – Tunesien	2:2
8. 7.00	Tunesien – Madagaskar	1:0
9. 7.00	DR Kongo – Rep. Kongo	2:0
27. 1.01	Madagaskar – Elfenbeinküste	1:3
28. 1.01	Rep. Kongo – Tunesien	1:2
25. 2.01	Tunesien – DR Kongo	6:0
10. 3.01	DR Kongo – Elfenbeinküste	1:2
22. 4.01	DR Kongo – Madagaskar	1:0
22. 4.01	Elfenbeinküste – Rep. Kongo	2:0
28. 4.01	Rep. Kongo – Madagaskar	2:0
5. 5.01	Madagaskar – Tunesien	0:2
6. 5.01	Rep. Kongo – DR Kongo	1:1
20. 5.01	Tunesien – Elfenbeinküste	1:1
1. 7.01	Elfenbeinküste – Madagaskar	6:0
1. 7.01	Tunesien – Rep. Kongo	6:0
15. 7.01	Rep. Kongo – Elfenbeinküste	1:1
15. 7.01	DR Kongo – Tunesien	0:3
29. 7.01	Madagaskar – Rep. Kongo	1:0
29. 7.01	Elfenbeinküste – DR Kongo	1:2

1. Tunesien	8	23:4	20
2. Elfenbeinküste	8	18:8	15
3. DR Kongo	8	7:16	10
4. Rep. Kongo	8	5:15	6
5. Madagaskar	8	5:15	5

Qualifiziert: Tunesien

Gruppe E

Datum	Spiel	Ergebnis
17. 6.00	Malawi – Burkina Faso	1:1
9. 7.00	Simbabwe – Südafrika abgebr. (Wertung nach Spielstand 0:2)	
27. 1.01	Südafrika – Burkina Faso	1:0
24. 2.01	Burkina Faso – Simbabwe	1:2
25. 2.01	Malawi – Südafrika	1:2
11. 3.01	Simbabwe – Malawi	2:0
21. 4.01	Burkina Faso – Malawi	4:2
5. 5.01	Südafrika – Simbabwe	2:1
1. 7.01	Burkina Faso – Südafrika	1:1
14. 7.01	Südafrika – Malawi	2:0
15. 7.01	Simbabwe – Burkina Faso	1:0
28. 7.01	Malawi – Simbabwe	0:1

1. Südafrika	6	10:3	16
2. Simbabwe	6	7:5	12
3. Burkina Faso	6	7:8	5
4. Malawi	6	4:12	1
5. Guinea ausgeschlossen			

Qualifiziert: Südafrika

ASIEN
(4 Teilnehmer, davon Japan und Südkorea als Veranstalter direkt qualifiziert)

1. RUNDE
Die zehn Gruppensieger qualifizierten sich für die 2. Runde.

Gruppe 1

Datum	Spiel	Ergebnis
30. 4.01	Syrien – Philippinen	12:0
30. 4.01	Oman – Laos	12:0
4. 5.01	Philippinen – Syrien (in Syrien)	1:5
4. 5.01	Laos – Oman (in Oman)	0:7
7. 5.01	Syrien – Laos	11:0
7. 5.01	Oman – Philippinen	7:0
11. 5.01	Laos – Syrien (in Syrien)	0:9
11. 5.01	Philippinen – Oman (in Oman)	0:2
18. 5.01	Syrien – Oman	3:3
19. 5.01	Laos – Philippinen	2:0
25. 5.01	Oman – Syrien	2:0
26. 5.01	Philippinen – Laos	1:1

1. Oman	6	33:3	16
2. Syrien	6	40:6	13
3. Laos	6	3:40	4
4. Philippinen	6	2:29	1

Gruppe 2
Turnier im Iran

Datum	Spiel	Ergebnis
24.11.00	Iran – Guam	19:0
26.11.00	Tadschikistan – Guam	16:0
28.11.00	Iran – Tadschikistan	2:0

1. Iran	2	21:0	6
2. Tadschikistan	2	16:2	3
3. Guam	2	0:35	0
4. Myanmar zurückgezogen			

Gruppe 3
Turnier in Hongkong

Datum	Spiel	Ergebnis
4. 3.01	Katar – Malaysia	5:1
4. 3.01	Hongkong – Palästina	1:1
8. 3.01	Palästina – Katar	1:2
8. 3.01	Malaysia – Hongkong	2:0
11. 3.01	Palästina – Malaysia	1:0
11. 3.01	Katar – Hongkong	2:0

Turnier in Katar

Datum	Spiel	Ergebnis
20. 3.01	Palästina – Hongkong	1:0
20. 3.01	Malaysia – Katar	0:0
23. 3.01	Katar – Palästina	2:1
23. 3.01	Hongkong – Malaysia	2:1
25. 3.01	Hongkong – Katar	0:3
25. 3.01	Malaysia – Palästina	4:3

1. Katar	6	14:3	16
2. Palästina	6	8:9	7
3. Malaysia	6	8:11	7
4. Hongkong	6	3:10	4

Gruppe 4
Turnier in Singapur

Datum	Spiel	Ergebnis
3. 2.01	Bahrain – Kuwait	1:2
3. 2.01	Singapur – Kirgistan	0:1
6. 2.01	Bahrain – Kirgistan	1:0
6. 2.01	Kuwait – Singapur	1:1
9. 2.01	Kirgistan – Kuwait	0:3
9. 2.01	Singapur – Bahrain	1:2

Turnier in Kuwait

Datum	Spiel	Ergebnis
21. 2.01	Kirgistan – Bahrain	1:2
21. 2.01	Singapur – Kuwait	0:1
24. 2.01	Kuwait – Kirgistan	2:0
24. 2.01	Bahrain – Singapur	2:0
27. 2.01	Kirgistan – Singapur	1:1
27. 2.01	Kuwait – Bahrain	0:1

1. Bahrain	6	9:4	15
2. Kuwait	6	9:3	13
3. Kirgistan	6	3:9	4
4. Singapur	6	3:8	2

STATISTIK ZUR WELTMEISTERSCHAFT 2002

Gruppe 5
Turnier im Libanon
13. 5.01	Thailand – Sri Lanka	4:2
13. 5.01	Libanon – Pakistan	6:0
15. 5.01	Thailand – Pakistan	3:0
15. 5.01	Libanon – Sri Lanka	4:0
17. 5.01	Pakistan – Sri Lanka	3:3
17. 5.01	Libanon – Thailand	1:2

Turnier in Thailand
26. 5.01	Pakistan – Libanon	1:8
26. 5.01	Sri Lanka – Thailand	0:3
28. 5.01	Sri Lanka – Libanon	0:5
28. 5.01	Pakistan – Thailand	0:6
30. 5.01	Sri Lanka – Pakistan	3:1
30. 5.01	Thailand – Libanon	2:2

1. Thailand	6	20:5	16
2. Libanon	6	26:5	13
3. Sri Lanka	6	8:20	4
4. Pakistan	6	5:29	1

Gruppe 6
Turnier im Irak
12. 4.01	Nepal – Kasachstan	0:6
12. 4.01	Irak – Macao	8:0
14. 4.01	Kasachstan – Macao	3:0
14. 4.01	Nepal – Irak	1:9
16. 4.01	Nepal – Macao	4:1
16. 4.01	Kasachstan – Irak	1:1

Turnier in Kasachstan
21. 4.01	Kasachstan – Nepal	4:0
21. 4.01	Macao – Irak	0:5
23. 4.01	Macao – Kasachstan	0:5
23. 4.01	Irak – Nepal	4:2
25. 4.01	Macao – Nepal	1:6
25. 4.01	Irak – Kasachstan	1:1

1. Irak	6	28:5	14
2. Kasachstan	6	20:2	14
3. Nepal	6	13:25	6
4. Macao	6	2:31	0

Gruppe 7
Turnier in Usbekistan
23. 4.01	Turkmenistan – Jordanien	2:0
23. 4.01	Usbekistan – Taiwan	7:0
25. 4.01	Taiwan – Jordanien	0:2
25. 4.01	Usbekistan – Turkmenistan	1:0
27. 4.01	Taiwan – Turkmenistan	0:5
27. 4.01	Usbekistan – Jordanien	2:2

Turnier in Jordanien
3. 5.01	Jordanien – Taiwan	6:0
3. 5.01	Turkmenistan – Usbekistan	2:5
5. 5.01	Taiwan – Usbekistan	0:4
5. 5.01	Jordanien – Turkmenistan	1:2
7. 5.01	Turkmenistan – Taiwan	1:0
7. 5.01	Jordanien – Usbekistan	1:1

1. Usbekistan	6	20:5	14
2. Turkmenistan	6	12:7	12
3. Jordanien	6	12:7	8
4. Taiwan	6	0:25	0

Gruppe 8
7. 4.01	Brunei – Jemen	0:5
8. 4.01	Indien – Ver. Arab. Emirate	1:0
14. 4.01	Brunei – Ver. Arab. Emirate	0:12
15. 4.01	Indien – Jemen	1:1
26. 4.01	Ver. Arab. Emirate – Indien	1:0
27. 4.01	Jemen – Brunei	1:0
4. 5.01	Jemen – Indien	3:3
4. 5.01	Ver. Arab. Emirate – Brunei	4:0
11. 5.01	Jemen – Ver. Arab. Emirate	2:1
12. 5.01	Brunei – Indien	0:1
18. 5.01	Ver. Arab. Emirate – Jemen	3:2
20. 5.01	Indien – Brunei	5:0

1. Ver. Arab. Emirate	6	21:5	12
2. Jemen	6	14:8	11
3. Indien	6	11:5	11
4. Brunei	6	0:28	0

Gruppe 9
1. 4.01	Malediven – Kambodscha	6:0
8. 4.01	Indonesien – Malediven	5:0
15. 4.01	Kambodscha – Malediven	1:1
22. 4.01	Indonesien – Kambodscha	6:0
22. 4.01	China – Malediven	10:1
28. 4.01	Malediven – China	0:1
29. 4.01	Kambodscha – Indonesien	0:2
6. 5.01	Kambodscha – China	0:4
6. 5.01	Malediven – Indonesien	0:2
13. 5.01	China – Indonesien	5:1
20. 5.01	China – Kambodscha	3:1
27. 5.01	Indonesien – China	0:2

1. China	6	25:3	18
2. Indonesien	6	16:7	12
3. Malediven	6	8:19	4
4. Kambodscha	6	2:22	1

Gruppe 10
Turnier in Saudi-Arabien
8. 2.01	Vietnam – Bangladesch	0:0
8. 2.01	Saudi-Arabien – Mongolei	6:0
10. 2.01	Mongolei – Vietnam	0:1
10. 2.01	Bangladesch – Saudi-Arabien	0:3
12. 2.01	Mongolei – Bangladesch	0:3
12. 2.01	Saudi-Arabien – Vietnam	5:0
15. 2.01	Mongolei – Saudi-Arabien	0:6
15. 2.01	Bangladesch – Vietnam	0:4
17. 2.01	Vietnam – Mongolei	4:0
17. 2.01	Saudi-Arabien – Bangladesch	6:0
19. 2.01	Bangladesch – Mongolei	2:2
19. 2.01	Vietnam – Saudi-Arabien	0:4

1. Saudi-Arabien	6	30:0	18
2. Vietnam	6	9:9	10
3. Bangladesch	6	5:15	5
4. Mongolei	6	2:22	1

2. RUNDE

Die beiden Gruppensieger waren direkt für die WM 2002 qualifiziert. Die Gruppenzweiten bestritten zwei Qualifikationsspiele. Der Sieger musste zwei weitere Qualifikationsspiele gegen einen Gruppenzweiten aus Europa (Irland) bestreiten.

Gruppe A
17. 8.01	Irak – Thailand	4:0
17. 8.01	Saudi-Arabien – Bahrain	1:1
23. 8.01	Bahrain – Irak	2:0
24. 8.01	Iran – Saudi-Arabien	2:0
31. 8.01	Saudi-Arabien – Irak	1:0
1. 9.01	Thailand – Iran	0:0
6. 9.01	Bahrain – Thailand	1:1
7. 9.01	Irak – Iran	1:2
14. 9.01	Iran – Bahrain	0:0
15. 9.01	Thailand – Saudi-Arabien	1:3
21. 9.01	Bahrain – Saudi-Arabien	0:4
22. 9.01	Thailand – Irak	1:1
28. 9.01	Irak – Bahrain	1:0
28. 9.01	Saudi-Arabien – Iran	2:2
5.10.01	Iran – Thailand	1:0
5.10.01	Irak – Saudi-Arabien	1:2
12.10.01	Iran – Irak	2:1
16.10.01	Thailand – Bahrain	1:1
19.10.01	Bahrain – Iran	3:1
19.10.01	Saudi-Arabien – Thailand	4:1

1. Saudi-Arabien	8	17:8	17
2. Iran	8	10:7	15
3. Bahrain	8	8:9	10
4. Irak	8	9:10	7
5. Thailand	8	5:15	4

Qualifiziert: Saudi-Arabien

Gruppe B

Datum	Spiel	Ergebnis
16. 8.01	Katar – Oman	0:0
17. 8.01	Ver. Arab. Emirate – Usbekistan	4:1
25. 8.01	China – Ver. Arab. Emirate	3:0
26. 8.01	Usbekistan – Katar	2:1
31. 8.01	Ver. Arab. Emirate – Katar	0:2
31. 8.01	Oman – China	0:2
7. 9.01	Katar – China	1:1
8. 9.01	Usbekistan – Oman	5:0
14. 9.01	Oman – Ver. Arab. Emirate	1:1
15. 9.01	China – Usbekistan	2:0
21. 9.01	Oman – Katar	0:3
22. 9.01	Usbekistan – Ver. Arab. Emirate	0:1
27. 9.01	Ver. Arab. Emirate – China	0:1
28. 9.01	Katar – Usbekistan	2:2
4.10.01	Katar – Ver. Arab. Emirate	1:2
7.10.01	China – Oman	1:0
13.10.01	Oman – Usbekistan	4:2
13.10.01	China – Katar	3:0
19.10.01	Ver. Arab. Emirate – Oman	2:2
19.10.01	Usbekistan – China	1:0

1. China	8	13:2	19	
2. Ver. Arab. Emirate	8	10:11	11	
3. Usbekistan	8	13:14	10	
4. Katar	8	10:10	9	
5. Oman	8	7:16	6	

Qualifiziert: China

PLAY-OFFS DER GRUPPENZWEITEN

25.10.01	Iran – Ver. Arab. Emirate	1:0
31.10.01	Ver. Arab. Emirate – Iran	0:3

Der Iran musste zwei weitere Qualifikationsspiele gegen den Zweiten der Europa-Gruppe 2 (Irland) bestreiten.

EUROPA

15 Teilnehmer, davon Titelverteidiger Frankreich direkt qualifiziert Die neun Gruppensieger waren direkt für die WM 2002 qualifiziert. Aus den neun Gruppenzweiten werden vier rein europäische Qualifikationsspiele mit Hin- und Rückspiel ausgelost. Der neunte europäische Gruppenzweite musste zwei Qualifikationsspiele gegen den Dritten der Asien-Gruppe (Iran) bestreiten. Die fünf Sieger waren ebenfalls für die WM 2002 qualifiziert.

Gruppe 1

Datum	Spiel	Ergebnis
2. 9.00	Schweiz – Russland	0:1
3. 9.00	Färöer – Slowenien	2:2
3. 9.00	Luxemburg – Jugoslawien	0:2
7.10.00	Schweiz – Färöer	5:1
7.10.00	Luxemburg – Slowenien	1:2
11.10.00	Russland – Luxemburg	3:0
11.10.00	Slowenien – Schweiz	2:2
24. 3.01	Jugoslawien – Schweiz	1:1
24. 3.01	Russland – Slowenien	1:1
24. 3.01	Luxemburg – Färöer	0:2
28. 3.01	Russland – Färöer	1:0
28. 3.01	Schweiz – Luxemburg	5:0
28. 3.01	Slowenien – Jugoslawien	1:1
25. 4.01	Jugoslawien – Russland	0:1
2. 6.01	Russland – Jugoslawien	1:1
2. 6.01	Färöer – Schweiz	0:1
2. 6.01	Slowenien – Luxemburg	2:0
6. 6.01	Färöer – Jugoslawien	0:6
6. 6.01	Luxemburg – Russland	1:2
6. 6.01	Schweiz – Slowenien	0:1
15. 8.01	Jugoslawien – Färöer	2:0
1. 9.01	Schweiz – Jugoslawien	1:2
1. 9.01	Slowenien – Russland	2:1
1. 9.01	Färöer – Luxemburg	1:0
5. 9.01	Färöer – Russland	0:3
5. 9.01	Jugoslawien – Slowenien	1:1
5. 9.01	Luxemburg – Schweiz	0:3
6.10.01	Jugoslawien – Luxemburg	6:2
6.10.01	Russland – Schweiz	4:0
6.10.01	Slowenien – Färöer	3:0

1. Russland	10	18:5	23
2. Slowenien	10	17:9	20
3. Jugoslawien	10	22:8	19
4. Schweiz	10	18:12	14
5. Färöer	10	6:23	7
6. Luxemburg	10	4:28	0

Qualifiziert: Russland, Slowenien

Gruppe 2

Datum	Spiel	Ergebnis
16. 8.00	Estland – Andorra	1:0
2. 9.00	Andorra – Zypern	2:3
2. 9.00	Niederlande – Irland	2:2
3. 9.00	Estland – Portugal	1:3
7.10.00	Andorra – Estland	1:2
7.10.00	Zypern – Niederlande	0:4
7.10.00	Portugal – Irland	1:1
11.10.00	Irland – Estland	2:0
11.10.00	Niederlande – Portugal	0:2
15.11.00	Zypern – Andorra	5:0
28. 2.01	Portugal – Andorra	3:0
24. 3.01	Andorra – Niederlande	0:5
24. 3.01	Zypern – Irland	0:4
28. 3.01	Portugal – Niederlande	2:2
28. 3.01	Zypern – Estland	2:2
28. 3.01	Andorra – Irland	0:3
25. 4.01	Irland – Andorra	3:1
25. 4.01	Niederlande – Zypern	4:0
2. 6.01	Irland – Portugal	1:1
2. 6.01	Estland – Niederlande	2:4
6. 6.01	Estland – Irland	0:2
6. 6.01	Portugal – Zypern	6:0
15. 8.01	Estland – Zypern	2:2
1. 9.01	Andorra – Portugal	1:7
1. 9.01	Irland – Niederlande	1:0
5. 9.01	Niederlande – Estland	5:0
5. 9.01	Zypern – Portugal	1:3
6.10.01	Portugal – Estland	5:0
6.10.01	Irland – Zypern	4:0
6.10.01	Niederlande – Andorra	4:0

STATISTIK ZUR WELTMEISTERSCHAFT 2002

1. Portugal	10	33:7	24	
2. Irland	10	23:5	24	
3. Niederlande	10	30:9	20	
4. Estland	10	10:26	8	
5. Zypern	10	13:31	8	
6. Andorra	10	4:36	0	

Qualifiziert: Portugal, Irland

1. Schweden	10	20:3	26	
2. Türkei	10	18:8	21	
3. Slowakei	10	16:9	17	
4. Mazedonien	10	11:18	7	
5. Moldawien	10	6:20	6	
6. Aserbaidschan	10	4:17	5	

Qualifiziert: Schweden, Türkei

Gruppe 3

Datum	Spiel	Ergebnis
2. 9.00	Island – Dänemark	1:2
2. 9.00	Bulgarien – Tschechien	0:1
2. 9.00	Nordirland – Malta	1:0
7.10.00	Nordirland – Dänemark	1:1
7.10.00	Tschechien – Island	4:0
7.10.00	Bulgarien – Malta	3:0
11.10.00	Malta – Tschechien	0:0
11.10.00	Dänemark – Bulgarien	1:1
11.10.00	Island – Nordirland	1:0
24. 3.01	Bulgarien – Island	2:1
24. 3.01	Nordirland – Tschechien	0:1
24. 3.01	Malta – Dänemark	0:5
28. 3.01	Tschechien – Dänemark	0:0
28. 3.01	Bulgarien – Nordirland	4:3
25. 4.01	Malta – Island	1:4
2. 6.01	Nordirland – Bulgarien	0:1
2. 6.01	Island – Malta	3:0
2. 6.01	Dänemark – Tschechien	2:1
6. 6.01	Tschechien – Nordirland	3:1
6. 6.01	Island – Bulgarien	1:1
6. 6.01	Dänemark – Malta	2:1
1. 9.01	Island – Tschechien	3:1
1. 9.01	Malta – Bulgarien	0:2
1. 9.01	Dänemark – Nordirland	1:1
5. 9.01	Tschechien – Malta	3:2
5. 9.01	Bulgarien – Dänemark	0:2
5. 9.01	Nordirland – Island	3:0
6.10.01	Malta – Nordirland	0:1
6.10.01	Tschechien – Bulgarien	6:0
6.10.01	Dänemark – Island	6:0

1. Dänemark	10	22:6	22
2. Tschechien	10	20:8	20
3. Bulgarien	10	14:15	17
4. Island	10	14:20	13
5. Nordirland	10	11:12	11
6. Malta	10	4:24	1

Qualifiziert: Dänemark

Gruppe 4

Datum	Spiel	Ergebnis
2. 9.00	Türkei – Moldawien	2:0
2. 9.00	Aserbaidschan – Schweden	0:1
3. 9.00	Slowakei – Mazedonien	2:0
6.10.00	Mazedonien – Aserbaidschan	3:0
7.10.00	Schweden – Türkei	1:1
7.10.00	Moldawien – Slowakei	0:1
11.10.00	Aserbaidschan – Türkei	0:1
11.10.00	Moldawien – Mazedonien	0:0
11.10.00	Slowakei – Schweden	0:0
24. 3.01	Schweden – Mazedonien	1:0
24. 3.01	Türkei – Slowakei	1:1
24. 3.01	Aserbaidschan – Moldawien	0:0
28. 3.01	Moldawien – Schweden	0:2
28. 3.01	Slowakei – Aserbaidschan	3:1
28. 3.01	Mazedonien – Türkei	1:2
2. 6.01	Schweden – Slowakei	2:0
2. 6.01	Mazedonien – Moldawien	2:2
2. 6.01	Türkei – Aserbaidschan	3:0
6. 6.01	Aserbaidschan – Slowakei	2:0
6. 6.01	Schweden – Moldawien	6:0
6. 6.01	Türkei – Mazedonien	3:3
1. 9.01	Mazedonien – Schweden	1:2
1. 9.01	Moldawien – Aserbaidschan	2:0
1. 9.01	Slowakei – Türkei	0:1
5. 9.01	Aserbaidschan – Mazedonien	1:1
5. 9.01	Slowakei – Moldawien	4:2
5. 9.01	Türkei – Schweden	1:2
6.10.01	Moldawien – Türkei	0:3
7.10.01	Schweden – Aserbaidschan	3:0
7.10.01	Mazedonien – Slowakei	0:5

Gruppe 5

Datum	Spiel	Ergebnis
2. 9.00	Weißrussland – Wales	2:1
2. 9.00	Norwegen – Armenien	0:0
2. 9.00	Ukraine – Polen	1:3
7.10.00	Wales – Norwegen	1:1
7.10.00	Armenien – Ukraine	2:3
7.10.00	Polen – Weißrussland	3:1
11.10.00	Weißrussland – Armenien	2:1
11.10.00	Norwegen – Ukraine	0:1
11.10.00	Polen – Wales	0:0
24. 3.01	Ukraine – Weißrussland	0:0
24. 3.01	Norwegen – Polen	2:3
24. 3.01	Armenien – Wales	2:2
28. 3.01	Polen – Armenien	4:0
28. 3.01	Wales – Ukraine	1:1
28. 3.01	Weißrussland – Norwegen	2:1
2. 6.01	Wales – Polen	1:2
2. 6.01	Ukraine – Norwegen	0:0
2. 6.01	Armenien – Weißrussland	0:0
6. 6.01	Norwegen – Weißrussland	1:1
6. 6.01	Ukraine – Wales	1:1
6. 6.01	Armenien – Polen	1:1
1. 9.01	Weißrussland – Ukraine	0:2
1. 9.01	Wales – Armenien	0:0
1. 9.01	Polen – Norwegen	3:0
5. 9.01	Ukraine – Armenien	3:0
5. 9.01	Norwegen – Wales	3:2
5. 9.01	Weißrussland – Polen	4:1
6.10.01	Wales – Weißrussland	1:0
6.10.01	Polen – Ukraine	1:1
6.10.01	Armenien – Norwegen	1:4

1. Polen	10	21:11	21
2. Ukraine	10	13:8	17
3. Weißrussland	10	12:11	15
4. Norwegen	10	12:14	10
5. Wales	10	10:12	9
6. Armenien	10	7:19	5

Qualifiziert: Polen

Gruppe 6

Datum	Spiel	Ergebnis
2. 9.00	Lettland – Schottland	0:1
2. 9.00	Belgien – Kroatien	0:0
7.10.00	San Marino – Schottland	0:2
7.10.00	Lettland – Belgien	0:4
11.10.00	Kroatien – Schottland	1:1
15.11.00	San Marino – Lettland	0:1
28. 2.01	Belgien – San Marino	10:1
24. 3.01	Kroatien – Lettland	4:1
24. 3.01	Schottland – Belgien	2:2
28. 3.01	Schottland – San Marino	4:0
25. 4.01	Lettland – San Marino	1:1
2. 6.01	Belgien – Lettland	3:1
2. 6.01	Kroatien – San Marino	4:0
6. 6.01	Lettland – Kroatien	0:1
6. 6.01	San Marino – Belgien	1:4
1. 9.01	Schottland – Kroatien	0:0
5. 9.01	San Marino – Kroatien	0:4
5. 9.01	Belgien – Schottland	2:0
6.10.01	Schottland – Lettland	2:1
6.10.01	Kroatien – Belgien	1:0

1. Kroatien	8	15:2	18
2. Belgien	8	25:6	17
3. Schottland	8	12:6	15
4. Lettland	8	5:16	4
5. San Marino	8	3:30	1

Qualifiziert: Kroatien, Belgien

Gruppe 7

2. 9.00	Bosnien-Herzegowina – Spanien	1:2
3. 9.00	Israel – Liechtenstein	2:0
7.10.00	Liechtenstein – Österreich	0:1
7.10.00	Spanien – Israel	2:0
11.10.00	Israel – Bosnien-Herzegowina	3:1
11.10.00	Österreich – Spanien	1:1
24. 3.01	Bosnien-Herzegowina – Österreich	1:1
24. 3.01	Spanien – Liechtenstein	5:0
28. 3.01	Liechtenstein – Bosnien-Herzegowina	0:3
28. 3.01	Österreich – Israel	2:1
25. 4.01	Österreich – Liechtenstein	2:0
2. 6.01	Liechtenstein – Israel	0:3
2. 6.01	Spanien – Bosnien-Herzegowina	4:1
6. 6.01	Israel – Spanien	1:1
1. 9.01	Bosnien-Herzegowina – Israel	0:0
1. 9.01	Spanien – Österreich	4:0
5. 9.01	Liechtenstein – Spanien	0:2
5. 9.01	Österreich – Bosnien-Herzegowina	2:0
7.10.01	Bosnien-Herzegowina – Liechtenstein	5:0
27.10.01	Israel – Österreich	1:1

1. Spanien	8	21:4	20
2. Österreich	8	10:8	15
3. Israel	8	11:7	12
4. Bosnien-Herzegowina	8	12:12	8
5. Liechtenstein	8	0:23	0

Qualifiziert: Spanien

Gruppe 8

3. 9.00	Rumänien – Litauen	1:0
3. 9.00	Ungarn – Italien	2:2
7.10.00	Litauen – Georgien	0:4
7.10.00	Italien – Rumänien	3:0
11.10.00	Litauen – Ungarn	1:6
11.10.00	Italien – Georgien	2:0
24. 3.01	Ungarn – Litauen	1:1
24. 3.01	Rumänien – Italien	0:2
28. 3.01	Georgien – Rumänien	0:2
28. 3.01	Italien – Litauen	4:0
2. 6.01	Rumänien – Ungarn	2:0
2. 6.01	Georgien – Italien	1:2
6. 6.01	Litauen – Rumänien	1:2
6. 6.01	Ungarn – Georgien	4:1
1. 9.01	Georgien – Ungarn	3:1
1. 9.01	Litauen – Italien	0:0
5. 9.01	Ungarn – Rumänien	0:2
5. 9.01	Georgien – Litauen	2:0
6.10.01	Italien – Ungarn	1:0
6.10.01	Rumänien – Georgien	1:1

1. Italien	8	16:3	20
2. Rumänien	8	10:7	16
3. Georgien	8	12:12	10
4. Ungarn	8	14:13	8
5. Litauen	8	3:20	2

Qualifiziert: Italien

Gruppe 9

2. 9.00	Finnland – Albanien	2:1
2. 9.00	Deutschland – Griechenland	2:0
7. 10.00	England – Deutschland	0:1
7. 10.00	Griechenland – Finnland	1:0
11. 10.00	Finnland – England	0:0
11. 10.00	Albanien – Griechenland	2:0
24. 3.01	England – Finnland	2:1
24. 3.01	Deutschland – Albanien	2:1
28. 3.01	Albanien – England	1:3
28. 3.01	Griechenland – Deutschland	2:4
2. 6.01	Finnland – Deutschland	2:2
2. 6.01	Griechenland – Albanien	1:0
6. 6.01	Albanien – Deutschland	0:2
6. 6.01	Griechenland – England	0:2
1. 9.01	Deutschland – England	1:5
1. 9.01	Albanien – Finnland	0:2
5. 9.01	Finnland – Griechenland	5:1
5. 9.01	England – Albanien	2:0
6. 10.01	Deutschland – Finnland	0:0
6. 10.01	England – Griechenland	2:2

DIE QUALIFIKATIONSSPIELE DEUTSCHLANDS

2. 9. 00 in Hamburg
DEUTSCHLAND – GRIECHENLAND 2:0
Deutschland: Kahn – Rehmer, Nowotny, Heinrich (46. Linke) – Deisler, Ramelow, Ballack, Bode – Scholl – Zickler (71. Rink), Jancker
Griechenland: Eleftheropoulos – Uzunidis – Gumas, Amanatidis – Mavrogenidis (23. Patzatzoglou), Zagorakis (77.Lakis), Pursanaidis (66. Chutos), Tsartas, Georgatas – Georgiadis, Liberopoulos
Tore: 1:0 Deisler (17.), 2:0 Uzunidis (75., Eigentor)
SR: Nieto (Spanien) – *Zuschauer:* 48 500

7. 10. 00 in London
ENGLAND – DEUTSCHLAND 0:1
England: Seaman – G. Neville (46. Dyer), Keown, Adams, Le Saux (77. Barry) – Southgate – Beckham (82. Parlour), Scholes, Barmby – Andy Cole, Owen
Deutschland: Kahn – Rehmer, Nowotny, Linke – Ramelow, Hamann, Bode (87. Ziege) – Deisler, Ballack – Scholl – Bierhoff
Tor: 0:1 Hamann (14.)
SR: Braschi (Italien) – *Zuschauer:* 76 377

24. 3. 01 in Leverkusen
DEUTSCHLAND – ALBANIEN 2:1
Deutschland: Kahn – Wörns, Nowotny – Ramelow – Deisle, Hamann (46. Rehmer), Jeremies, Bode – Scholl – Neuville (72. Klose), Bierhoff (46. Jancker)
Albanien: Strakosha – R. Vata, Cipi, Xhumba – Lala, Hasi (84. Fakaj), Kola – F. Vata (78. Skela), Murati – Bushi (63. Rraklli), Tare
Tore: 1:0 Deisler (50.), 1:1 Kola (65.), 2:1 Klose (88.)
SR: Cesari (Italien) – *Zuschauer:* 22 500

28. 3. 01 in Athen
GRIECHENLAND – DEUTSCHLAND 2:4
Griechenland: Eleftheropoulos – Goumas, Basinas, Kostulas (35. Mavrogenidis, Patzatzoglu), Zagorakis, Karagounis (75. Niniadis) – Georgatos – Georgiadis, Liberopoulos – Charisteas (84. Alexandris)
Deutschland: Kahn – Wörns, Nowotny, Heinrich, Ziege – Rehmer, Jeremies (90. Ramelow), Ballack – Deisler – Jancker (78. Bode), Neuville (67. Klose)
Tore: 0:1 Rehmer (6.), 1:1 Charisteas (21.), 1:2 Ballack (25., Foulelfmeter), 2:2 Georgiadis (43.), 2:3 Klose (82.), 2:4 Bode (90.)
SR: Melo Pereira (Portugal) – *Zuschauer:* 40 000

2. 6. 01 in Helsinki
FINNLAND – DEUTSCHLAND 2:2
Finnland: Niemi – Pasanen, Tihinen, Hyypiä, Nylund – Rantanen, Riihilahti (80. Grönlund) – Nurmela (73. Johansson), Litmanen, Kolkka (85. Kuqi) – Forssell
Deutschland: Kahn – Rehmer, Nowotny, Linke – Ramelow, Bode (69. Ziege) – Ballack – Asamoah, Ricken, Neuville (62. Klose) – Jancker (83. Bierhoff)
Tore: 1:0 Forssell (29.), 2:0 Forssell (43.), 2:1 Ballack (68., Foulelfmeter), 2:2 Jancker (72.)
SR: Jol (Niederlande) – *Zuschauer:* 35 774

6. 6. 01 in Tirana
ALBANIEN – DEUTSCHLAND 0:2
Albanien: Strakosha – R. Vata, Cipi, Xhumba (46. Bellai) – Lala, F. Vata, Hasi (61. Skela), Haxhi (81. Muka) – Bushi, Murati – Tare
Deutschland: Kahn – Rehmer, Nowotny, Linke – Ramelow, Ziege – Asamoah (70. Ricken), Ballack – Deisler (84. Baumann) – Neuville (46. Zickler), Jancker
Tore: 0:1 Rehmer (28.), 0:2 Ballack (68.)
SR: Veissiere (Frankreich) – *Zuschauer:* 18 000

1. 9. 01 in München
DEUTSCHLAND – ENGLAND 1:5
Deutschland: Kahn – Wörns (46. Asamoah), Nowotny, Linke – Rehmer, Ballack (67. Klose), Hamann, Böhme – Deisler – Jancker, Neuville (78. Kehl)
England: Seaman – G. Neville, Campbell, Ferdinand, Ashley Cole – Gerrard (78. Hargreaves) – Beckham, Barmby (64. McManaman) – Scholes (83. Carragher) – Owen, Heskey
Tore: 1:0 Jancker (6.), 1:1 Owen (12.), 1:2 Gerrard (45+4.), 1:3 Owen (48.), 1:4 Owen (66.), 1:5 Heskey (74.)
SR: Collina (Italien) – *Zuschauer:* 63 000

6. 10. 01 in Gelsenkirchen
DEUTSCHLAND – FINNLAND 0:0
Deutschland: Kahn – Rehmer, Wörns, Nowotny, Ziege – Ramelow – Ballack, Böhme (46. Asamoah) – Deisler – Bierhoff, Neuville (77. Klose)
Finnland: Niemi – Reini (79. Helin), Tihinen, Hyypiä, Saarinen – Riihilahti, Tainio (83. Grönlund) – Litmanen – Nurmela, Johansson (66. Kuqi) – Forssell
SR: Frisk (Schweden) – *Zuschauer:* 52 333

1. England	8	16:6	17
2. Deutschland	8	14:10	17
3. Finnland	8	12:7	12
4. Griechenland	8	7:17	7
5. Albanien	8	5:14	3

Qualifiziert: England, Deutschland

PLAY-OFFS DER GRUPPENZWEITEN

10. 11. 01 in Kiew
UKRAINE – DEUTSCHLAND 1:1
Ukraine: Lewizki – Lujni, Golowko, Waschtschuk, Nesmaschny – Gussin, Timoschtschuk (72. Parfionow) – Subow – Schewtschenko – Worobej (76. Melaschenko), Rebrow (56. Schischtschenko)
Deutschland: Kahn – Rehmer, Nowotny, Linke – Schneider (79. Ricken), Ramelow, Hamann, Ziege – Ballack – Asamoah, Zickler (68. Jancker)
Tore: 1:0 Subow (18.), 1:1 Ballack (31.)
SR: Braschi (Italien) – *Zuschauer:* 85 000

14. 11. 01 in Dortmund
DEUTSCHLAND – UKRAINE 4:1
Deutschland: Kahn – Rehmer (87. Baumann), Nowotny, Linke – Ramelow, Hamann, Ziege – Schneider, Ballack – Jancker (58. Bierhoff), Neuville (70. Ricken)
Ukraine: Lewizki – Lujni, Waschtschuk, Golowko, Nesmaschny (55. Schischtschenko) – Timoschtschuk (24. Gussin) – Subow, Parfionow, Skripnik – Schewtschenko, Worobej (70. Rebrow)
Tore: 1:0 Ballack (4.), 2:0 Neuville (11.), 3:0 Rehmer (15.), 4:0 Ballack (51.), 4:1 Schewtschenko (90+1.)
SR: Melo Pereira (Portugal) – *Zuschauer:* 52 400

10. 11. 01	Belgien – Tschechien	1:0
14. 11. 01	Tschechien – Belgien	0:1
10. 11. 01	Österreich – Türkei	0:1
14. 11. 01	Türkei – Österreich	5:0
10. 11. 01	Slowenien – Rumänien	2:1
14. 11. 01	Rumänien – Slowenien	1:1
10. 11. 01	Irland – Iran	2:0
15. 11. 01	Iran – Irland	1:0

NORD- UND MITTELAMERIKA
(3 Teilnehmer)

ZENTRAL-ZONE
Die beiden Gruppensieger qualifizierten sich für das Halbfinale, die beiden Zweiten mussten in die Interzonen-Qualifikation gegen Vertreter der Karibik-Zone.

Gruppe A

5. 3.00	El Salvador – Belize		5:0
19. 3.00	Belize – Guatemala (in Honduras)		1:2
2. 4.00	Guatemala – El Salvador		0:1
16. 4.00	Belize – El Salvador		1:3
7. 5.00	El Salvador – Guatemala		1:1
20. 5.00	Guatemala – Belize (in Honduras)		0:0

1. El Salvador	4	10:2	10
2. Guatemala	4	3:3	5
3. Belize	4	2:10	1

Gruppe B

4. 3.00	Honduras – Nicaragua		3:0
19. 3.00	Nicaragua – Panama		0:2
2. 4.00	Panama – Honduras		1:0
16. 4.00	Nicaragua – Honduras		0:1
7. 5.00	Honduras – Panama		3:1
21. 5.00	Panama – Nicaragua		4:0

1. Panama	4	8:3	9
2. Honduras	4	7:2	9
3. Nicaragua	4	0:10	0

KARIBIK-ZONE
Die drei Gruppensieger qualifizierten sich für das Halbfinale, die drei Gruppenzweiten mussten in die Interzonen-Qualifikation.

Gruppe 1

5. 3.00	Kuba – Cayman Islands	4:0
19. 3.00	Cayman Islands – Kuba	0:0
5. 3.00	St.Lucia – Surinam	1:0
19. 3.00	Surinam – St. Lucian	n. V 1:0 (3:1 n. E.)
5. 3.00	Barbados – Grenada	2:2
18. 3.00	Grenada – Barbados	n. V. 2:3
11. 3.00	Aruba – Puerto Rico	4:2
18. 3.00	Puerto Rico – Aruba	2:2
1. 4.00	Aruba – Barbados	1:3
16. 4.00	Barbados – Aruba	4:0
2. 4.00	Kuba – Surinam	1:0
16. 4.00	Surinam – Kuba	0:0
7. 5.00	Kuba – Barbados	1:1
21. 5.00	Barbados – Kuba	n. V. 1:1 (5:4 n. Elfm.)

Gruppe 2

5. 3.00	St. Vincent – US Jungfern-Inseln	9:0
19. 3.00	US Jungfern-Inseln – St. Vincent	1:5
5. 3.00	Brit. Jungfern-Inseln – Bermuda	1:5
19. 3.00	Bermuda – Brit. Jungfern-Inseln	9:0
18. 3.00	St. Kitts/Nevis – Turks/Caicos	8:0
21. 3.00	Turks/Caicos – St.Kitts/Nevis	0:6
	Guyana–Antigua und Barbuda	
	(Guyana von der FIFA suspendiert)	
16. 4.00	St. Vincent – St. Kitts/Nevis	1:0
22. 4.00	St. Kitts/Nevis – St. Vincent	1:2
16. 4.00	Antigua/Barbuda – Bermuda	0:0
23. 4.00	Bermuda – Antigua/Barbuda	1:1
7. 5.00	Antigua/Barbuda – St. Vincent	2:1
21. 5.00	St. Vincent – Antigua/Barbuda	4:0

Gruppe 3

5. 3.00	Trinidad/Tobago – Nied. Antillen	5:0
18. 3.00	Nied. Antillen – Trinidad/Tobago	1:1
5. 3.00	Dominikan. Rep. – Montserrat	3:0
19. 3.00	Montserrat – Dominikan. Rep.	1:3
5. 3.00	Anguilla – Bahamas	1:3
19. 3.00	Bahamas – Anguilla	2:1
11. 3.00	Haiti – Dominica	4:0
19. 3.00	Dominica – Haiti	1:3
1. 4.00	Haiti – Bahamas	9:0
16. 4.00	Bahamas – Haiti	0:4
2. 4.00	Trinidad/Tob. – Dominikan. Rep.	3:0
16. 4.00	Dominikan. Rep. – Trinidad/Tob.	0:1
7. 5.00	Trinidad/Tobago – Haiti	3:1
19. 5.00	Haiti – Trinidad/Tobago	1:1

INTERZONEN-QUALIFIKATION

Kanada war gesetzt. Die drei Sieger qualifizierten sich für das Halbfinale.

3. 6.00	Honduras – Haiti	4:0
17. 6.00	Haiti – Honduras	1:3
4. 6.00	Kuba – Kanada	0:1
11. 6.00	Kanada – Kuba	0:0
11. 6.00	Antigua/Barbuda – Guatemala	0:1
18. 6.00	Guatemala – Antigua/Barbuda	8:1

HALBFINALE

Als Gruppenköpfe gesetzt waren Mexiko, Jamaika und die USA. Costa Rica war zwar gesetzt, wurde jedoch mit den fünf Gruppensiegern der Vorrunde und den drei Siegern der Interzonen-Qualifikation den drei Gruppen zugelost.

Gruppe C

16. 7.00	Kanada – Trinidad/Tobago	0:2
16. 7.00	Panama – Mexiko	0:1
23. 7.00	Panama – Kanada	0:0
23. 7.00	Trinidad/Tobago – Mexiko	1:0
15. 8.00	Mexiko – Kanada	2:0
16. 8.00	Trinidad/Tobago – Panama	6:0
3. 9.00	Mexiko – Panama	7:1
3. 9.00	Trinidad/Tobago – Kanada	4:0
8.10.00	Mexiko – Trinidad/Tobago	7:0
9.10.00	Kanada – Panama	1:0
15.11.00	Panama – Trinidad/Tobago	0:1
15.11.00	Kanada – Mexiko	0:0

1. Trinidad & Tobago	6	14:7	15
2. Mexiko	6	17:2	13
3. Kanada	6	1:8	5
4. Panama	6	1:16	1

Gruppe D

16. 7.00	El Salvador – Honduras	2:5
16. 7.00	St. Vincent – Jamaika	0:1
23. 7.00	El Salvador – St. Vincent	7:1
23. 7.00	Jamaika – Honduras	3:1
16. 8.00	Jamaika – El Salvador	1:0
16. 8.00	Honduras – St. Vincent	6:0
2. 9.00	Honduras – El Salvador	5:0
3. 9.00	Jamaika – St. Vincent	2:0
8.10.00	St. Vincent – El Salvador	1:2
8.10.00	Honduras – Jamaika	1:0
14.11.00	St. Vincent – Honduras	0:7
15.11.00	El Salvador – Jamaika	2:0

1. Honduras	6	25:5	15
2. Jamaika	6	7:4	12
3. El Salvador	6	13:13	9
4. St. Vincent/Grenadines	6	2:25	0

Gruppe E

16. 7.00	Guatemala – USA	1:1
16. 7.00	Barbados – Costa Rica	2:1
22. 7.00	Guatemala – Barbados	2:0
23. 7.00	Costa Rica – USA	2:1
15. 8.00	Costa Rica – Guatemala	2:1
16. 8.00	USA – Barbados	7:0
3. 9.00	Costa Rica – Barbados	3:0
3. 9.00	USA – Guatemala	1:0
8.10.00	Barbados – Guatemala	1:3
11.10.00	USA – Costa Rica	0:0
15.11.00	Guatemala – Costa Rica	2:1
15.11.00	Barbados – USA	0:4

1. USA	6	14:3	11
2. Costa Rica	6	9:6	10
3. Guatemala	6	9:6	10
4. Barbados	6	3:20	3

Entscheidungsspiel in Miami/USA

6. 1.01	Costa Rica – Guatemala	5:2

ENDRUNDE

Die Sieger und Zweiten der drei Halbfinal-Gruppen ermittelten in einer Runde jeder gegen jeden mit Hin- und Rückspielen die drei CONCACAF-Teilnehmer an der WM 2002.

28. 2.01	Jamaika – Trinidad/Tobago	1:0
28. 2.01	USA – Mexiko	2:0
28. 2.01	Costa Rica – Honduras	2:2
25. 3.01	Mexiko – Jamaika	4:0
28. 3.01	Honduras – USA	1:2
28. 3.01	Costa Rica – Trinidad/Tobago	3:0
25. 4.01	Trinidad/Tobago – Mexiko	1:1
25. 4.01	USA – Costa Rica	1:0
25. 4.01	Jamaika – Honduras	1:1
16. 6.01	Mexiko – Costa Rica	1:2
16. 6.01	Jamaika – USA	0:0
16. 6.01	Trinidad/Tobago – Honduras	2:4
20. 6.01	Honduras – Mexiko	3:1
20. 6.01	USA – Trinidad/Tobago	2:0
20. 6.01	Costa Rica – Jamaika	2:1
30. 6.01	Trinidad/Tobago – Jamaika	1:2
1. 7.01	Mexiko – USA	1:0
1. 7.01	Honduras – Costa Rica	2:3
1. 9.01	USA – Honduras	2:3
1. 9.01	Trinidad/Tobago – Costa Rica	0:2
2. 9.01	Jamaika – Mexiko	1:2
5. 9.01	Mexiko – Trinidad/Tobago	3:0
5. 9.01	Honduras – Jamaika	1:0
5. 9.01	Costa Rica – USA	2:0
7.10.01	Honduras – Trinidad/Tobago	0:1
7.10.01	Costa Rica – Mexiko	0:0
7.10.01	USA – Jamaika	2:1
11.11.01	Mexiko – Honduras	3:0
11.11.01	Jamaika – Costa Rica	0:1
11.11.01	Trinidad/Tobago – USA	0:0

1. Costa Rica	10	17:7	23
2. Mexiko	10	16:9	17
3. USA	10	11:8	17
4. Honduras	10	17:17	14
5. Jamaika	10	7:14	8
6. Trinidad & Tobago	10	5:18	5

Qualifiziert: Costa Rica, Mexiko, USA

OZEANIEN
(0 Teilnehmer)

Gruppe 1

Turnier in Australien

7. 4.01	Westsamoa – Tonga	0:1
7. 4.01	Fidschi – Amerikanisch Samoa	13:0
9. 4.01	Tonga – Australien	0:22
9. 4.01	Amerik. Samoa – Westsamoa	0:8
11. 4.01	Westsamoa – Fidschi	1:6
11. 4.01	Australien – Amerik. Samoa	31:0
14. 4.01	Fidschi – Australien	0:2
14. 4.01	Amerikanisch Samoa – Tonga	0:5
16. 4.01	Australien – Westsamoa	11:0
16. 4.01	Tonga – Fidschi	1:8

STATISTIK ZUR WELTMEISTERSCHAFT 2002

1. Australien	4	66:0	12
2. Fidschi	4	27:4	9
3. Tonga	4	7:30	6
4. Westsamoa	4	9:18	3
5. Amerikanisch Samoa	4	0:57	0

Gruppe 2
Turnier in Neuseeland

4. 6.01	Vanuatu – Tahiti	1:6
4. 6.01	Salomonen – Cook Islands	9:1
6. 6.01	Tahiti – Neuseeland	0:5
6. 6.01	Cook Islands – Vanuatu	1:8
8. 4.01	Vanuatu – Salomonen	2:7
8. 6.01	Neuseeland – Cook Islands	2:0
11. 6.01	Salomonen – Neuseeland	1:5
11. 6.01	Cook Islands – Tahiti	0:6
13. 6.01	Neuseeland – Vanuatu	7:0
13. 6.01	Tahiti – Salomonen	2:0

1. Neuseeland	4	19:1	12
2. Tahiti	4	14:6	9
3. Salomonen	4	17:10	6
4. Vanuatu	4	11:21	3
5. Cook Islands	4	2:25	0

Endspiele

20. 6.01	Neuseeland – Australien	0:2
24. 6.01	Australien – Neuseeland	4:1

Australien musste zwei weitere Qualifikationsspiele gegen den Fünften der Südamerika-Gruppe (Uruguay) bestreiten.

SÜDAMERIKA
(5 Teilnehmer)

Alle zehn Mitglieder der südamerikanischen Konföderation CONMEBOL spielten in einer Gruppe mit Hin- und Rückspielen. Die ersten vier Länder waren direkt für die WM 2002 qualifiziert, der Fünfte musste zwei Ausscheidungsspiele gegen den Sieger der Ozeanien-Gruppe (Australien) bestreiten.

28. 3.00	Kolumbien – Brasilien	0:0
29. 3.00	Ecuador – Venezuela	2:0
29. 3.00	Uruguay – Bolivien	1:0
29. 3.00	Argentinien – Chile	4:1
29. 3.00	Peru – Paraguay	2:0
26. 4.00	Bolivien – Kolumbien	1:1
26. 4.00	Paraguay – Uruguay	1:0
26. 4.00	Venezuela – Argentinien	0:4
26. 4.00	Chile – Peru	1:1
26. 4.00	Brasilien – Ecuador	3:2
3. 6.00	Uruguay – Chile	2:1
3. 6.00	Paraguay – Ecuador	3:1
4. 6.00	Argentinien – Bolivien	1:0
4. 6.00	Peru – Brasilien	0:1
4. 6.00	Kolumbien – Venezuela	3:0
28. 6.00	Venezuela – Bolivien	4:2
28. 6.00	Brasilien – Uruguay	1:1
29. 6.00	Ecuador – Peru	2:1
29. 6.00	Chile – Paraguay	3:1
29. 6.00	Kolumbien – Argentinien	1:3
18. 7.00	Uruguay – Venezuela	3:1
18. 7.00	Paraguay – Brasilien	2:1
19. 7.00	Bolivien – Chile	1:0
19. 7.00	Peru – Kolumbien	0:1
19. 7.00	Argentinien – Ecuador	2:0
25. 7.00	Ecuador – Kolumbien	0:0
25. 7.00	Venezuela – Chile	0:2
26. 7.00	Uruguay – Peru	0:0
26. 7.00	Brasilien – Argentinien	3:1
27. 7.00	Bolivien – Paraguay	0:0
15. 8.00	Kolumbien – Uruguay	1:0
15. 8.00	Chile – Brasilien	3:0
16. 8.00	Ecuador – Bolivien	2:0
16. 8.00	Argentinien – Paraguay	1:1
16. 8.00	Peru – Venezuela	1:0
2. 9.00	Paraguay – Venezuela	3:0
2. 9.00	Chile – Kolumbien	0:1
3. 9.00	Uruguay – Ecuador	4:0
3. 9.00	Peru – Argentinien	1:2
3. 9.00	Brasilien – Bolivien	5:0
7.10.00	Kolumbien – Paraguay	0:2
8.10.00	Venezuela – Brasilien	0:6
8.10.00	Bolivien – Peru	1:0
8.10.00	Ecuador – Chile	1:0
8.10.00	Argentinien – Uruguay	2:1
15.11.00	Brasilien – Kolumbien	1:0
15.11.00	Bolivien – Uruguay	0:0
15.11.00	Venezuela – Ecuador	1:2
15.11.00	Paraguay – Peru	5:1
15.11.00	Chile – Argentinien	0:2
27. 3.01	Kolumbien – Bolivien	2:0
27. 3.01	Peru – Chile	3:1
28. 3.01	Ecuador – Brasilien	1:0
28. 3.01	Uruguay – Paraguay	0:1
28. 3.01	Argentinien – Venezuela	5:0
24. 4.01	Ecuador – Paraguay	2:1
24. 4.01	Venezuela – Kolumbien	2:2
24. 4.01	Chile – Uruguay	0:1
25. 4.01	Bolivien – Argentinien	3:3
25. 4.01	Brasilien – Peru	1:1
2. 6.01	Peru – Ecuador	1:2
2. 6.01	Paraguay – Chile	1:0
3. 6.01	Argentinien – Kolumbien	3:0
3. 6.01	Bolivien – Venezuela	5:0
1. 7.01	Uruguay – Brasilien	1:0
14. 8.01	Venezuela – Uruguay	2:0
14. 8.01	Chile – Bolivien	2:2
15. 8.01	Ecuador – Argentinien	0:2
15. 8.01	Brasilien – Paraguay	2:0
16. 8.01	Kolumbien – Peru	0:1
4. 9.01	Chile – Venezuela	0:2
4. 9.01	Peru – Uruguay	0:2
5. 9.01	Paraguay – Bolivien	5:1
5. 9.01	Kolumbien – Ecuador	0:0
5. 9.01	Argentinien – Brasilien	2:1
6.10.01	Bolivien – Ecuador	1:5
6.10.01	Venezuela – Peru	3:0
7.10.01	Uruguay – Kolumbien	1:1
7.10.01	Brasilien – Chile	2:0
7.10.01	Paraguay – Argentinien	2:2
7.11.01	Bolivien – Brasilien	3:1
7.11.01	Ecuador – Uruguay	1:1
7.11.01	Kolumbien – Chile	3:1
8.11.01	Argentinien – Peru	2:0
8.11.01	Venezuela – Paraguay	3:1
14.11.01	Uruguay – Argentinien	1:1
14.11.01	Brasilien – Venezuela	3:0
14.11.01	Paraguay – Kolumbien	0:4
14.11.01	Chile – Ecuador	0:0
14.11.01	Peru – Bolivien	1:1

1. Argentinien	18	42:15	43
2. Ecuador	18	23:20	31
3. Brasilien	18	31:17	30
4. Paraguay	18	29:23	30
5. Uruguay	18	19:13	27
6. Kolumbien	18	20:15	27
7. Bolivien	18	21:33	18
8. Peru	18	14:25	16
9. Venezuela	18	18:44	16
10. Chile	18	15:27	12

Qualifiziert: Argentinien, Ecuador, Brasilien, Paraguay, Uruguay

PLAY-OFFS GEGEN DEN OZEANIEN-SIEGER

20.11.01	Australien – Uruguay	1:0
25.11.01	Uruguay – Australien	3:0

ENDRUNDE IN JAPAN UND SÜDKOREA

Gruppe A

31. Mai 2002 in Seoul:
FRANKREICH – SENEGAL 0:1 (0:1)
Frankreich: Barthez – Thuram, Leboeuf, Desailly, Lizarazu – Vieira, Petit – Djorkaeff (60. Dugarry) – Wiltord (81. D. Cissé), Trezeguet, Henry.
Senegal: Sylva – Coly, Diatta, P. M. Diop, Daf – N'Diaye, Diao, A. Cissé, P. B. Diop, Fadiga – Diouf.
Tor: 0:1 P. B. Diop (30.).
Schiedsrichter: Bujsaim (V. A. Emirate);
Zuschauer: 62 561.

1. Juni 2002 in Ulsan:
URUGUAY – DÄNEMARK 1:2 (0:1)
Uruguay: Carini – Mendez, Sorondo, Montero, Rodriguez (87. Magallanes) – Garcia, Guigou – Varela, Recoba (80. Regueiro) – Silva, Abreu (88. Morales).
Dänemark: Sörensen – Helveg, Laursen, Henriksen, Heintze (57. N. Jensen) – Töfting, Gravesen – Tomasson – Rommedahl, Sand (88. Poulsen), Grönkjaer (70. Jörgensen).
Tore: 0:1 Tomasson (45.), 1:1 Rodriguez (47.), 1:2 Tomasson (83.).
Schiedsrichter: Mane (Kuwait); *Zuschauer:* 30 157.

6. Juni 2002 in Busan:
FRANKREICH – URUGUAY 0:0
Frankreich: Barthez – Thuram, Leboeuf (16. Candela), Desailly, Lizarazu – Wiltord (90./+3 Dugarry), Vieira, Micoud, Petit – Trezeguet (81. Cissé), Henry.
Uruguay: Carini – Lembo, Montero, Sorondo – Varela, Garcia, Romero (71. De los Santos), Rodriguez (72. Guigou) – Recoba – Silva (60. Magallanes), Abreu.
Schiedsrichter: Ramos Rizo (Mexiko); *Zuschauer:* 38 289.

6. Juni 2002 in Daegu:
DÄNEMARK – SENEGAL 1:1 (1:0)
Dänemark: Sörensen – Helveg, Laursen, Henriksen, Heintze – Töfting, Gravesen (62. Poulsen) – Tomasson – Rommedahl, Sand, Grönkjaer (50. Jörgensen).
Senegal: Sylva – Coly, Diatta, Daf, P. M. Diop – Diao, Sarr (46. H. Camara, Mo. N'Diaye (46. S. Camara, 83. Beye), P. B. Diop, Fadiga – Diouf.
Tore: 1:0 Tomasson (16., Foulelfmeter), 1:1 Diao (52.).
Schiedsrichter: Batres (Guatemala); *Zuschauer:* 43 500.

11. Juni 2002 in Incheon:
DÄNEMARK – FRANKREICH 2:0 (1:0)
Dänemark: Sörensen – Helveg, Henriksen, Laursen, Niclas Jensen – Poulsen (76. Bögelund) – Rommedahl, Töfting (79. Nielsen), Gravesen, Jörgensen (46. Grönkjaer) – Tomasson.
Frankreich: Barthez – Candela, Thuram, Desailly, Lizarazu – Makelele, Vieira (71. Micoud) – Wiltord (83. Djorkaeff), Zidane, Dugarry (54. Cissé) – Trezeguet.
Tore: 1:0 Rommedahl (22.), 2:0 Tomasson (67.).
Schiedsrichter: Melo Pereira (Portugal);
Zuschauer: 48 100.

11. Juni 2002 in Suwon:
SENEGAL – URUGUAY 3:3 (3:0)
Senegal: Sylva – Coly (62. Beye), Diatta, Papa Malick Diop, Daf – Papa Bouba Diop, Cissé, N'Dour (76. Faye), Fadiga – H. Camara (66. M. N'Diaye), Diouf.
Uruguay: Carini – Lembo, Sorondo (31. Regueiro), Montero – Varela, Romero (46. Forlan), Garcia, Rodriguez – Recoba – Silva, Abreu (46. Morales).
Tore: 1:0 Fadiga (20., Foulelfmeter), 2:0, 3:0 Papa Bouba Diop (26., 38.), 3:1 Morales (46.), 3:2 Forlan (69.), 3:3 Recoba (88., Foulelfmeter).
Schiedsrichter: Wegereef (Niederlande);
Zuschauer: 33 681.

Abschlußtabelle Gruppe A (in Südkorea)	Dänemark	Senegal	Uruguay	Frankreich	Tore	Punkte	Rang
Dänemark	x	1:1	1:2	2:0	5:2	3	7
Senegal	1:1	x	3:3	1:0	5:4	3	5
Uruguay	1:2	3:3	x	0:0	4:5	3	2
Frankreich	0:2	0:1	0:0	x	0:3	3	1

Für das Achtelfinale qualifiziert: Dänemark und Senegal

Gruppe B

2. Juni 2002 in Busan:
PARAGUAY – SÜDAFRIKA 2:2 (1:0)
Paraguay: Tavarelli – Caceres, Ayala, Gamarra – Arce, Acuna, Struway (86. Franco), Caniza – Alvarenga (66. Gavilan), Campos (72. Morinigo) – Santa Cruz.
Südafrika: Arendse – A. Mokoena, Issa (27. Mukasi), Radebe, Carnell – Nzama, Sibaya, T. Mokoena, Fortune – McCarthy (78. Koumantarakis), Zuma.
Tore: 1:0 Santa Cruz (39.), 2:0 Arce (55.), 2:1 Struway, (63., Eigentor), 2:2 Fortune (90./+1, Foulelfmeter).
Schiedsrichter: Michel (Slowakei); *Zuschauer:* 25 186.

2. Juni 2002 in Gwangju:
SPANIEN – SLOWENIEN 3:1 (1:0)
Spanien: Casillas – Puyol, Hierro, Nadal, Juanfran (82. Romero) – Baraja – Luis Enrique (74. Helguera), Valeron, de Pedro – Raul, Tristan (67. Morientes).
Slowenien: Simeunovic – Galic – Milinovic, Knavs – Novak (78. Gajser), Ales Ceh, Pavlin, Karic – Zahovic (63. Acimovic) – Osterc (56. Cimirotic), Rudonja.
Tore: 1:0 Raul (44.), 2:0 Valeron (74.), 2:1 Cimirotic (82.), 3:1 Hierro (88., Foulelfmeter).
Schiedsrichter: Guezzaz (Marokko); *Zuschauer:* 28 588.

7. Juni 2002 in Jeonju:
SPANIEN – PARAGUAY 3:1 (0:1)
Spanien: Casillas – Puyol, Hierro, Nadal, Juanfran – Luis Enrique, (46. Helguera), Baraja, Valeron (85. Xavi), de Pedro – Raul, Diego Tristan (46. Morientes).
Paraguay: Chilavert – Caceres, Ayala, Gamarra – Arce, Paredes, Acuna, Caniza (78. Struway) – Gavilan, Cardozo (63. Campos), Santa Cruz.
Tore: 0:1 Puyol (10., Eigentor), 1:1 Morientes (53.), 2:1 Morientes (69.), 3:1 Hierro (83., Foulelfmeter).
Schiedsrichter: Ghandour (Ägypten); *Zuschauer:* 41 428.

8. Juni 2002 in Daegu:
SÜDAFRIKA – SLOWENIEN 1:0 (1:0)
Südafrika: Arendse – Nzama, Aaron Mokoena, Radebe, Carnell – Zuma, Sibaya, Teboho Mokoena, Fortune (84. Pule) – Nomvethe (71. Buckley), McCarthy (80. Koumantarakis).
Slowenien: Simeunovic – Vugdalic – Milinovic, Knavs (60. Bulajic) – Novak, Ales Ceh, Pavlin, Karic – Acimovic (60. N. Ceh) – Cimirotic (41. Osterc), Rudonja.
Tor: 1:0 Nomvethe (4.).
Schiedsrichter: Sanchez (Argentinien); *Zuschauer:* 47 226.

12. Juni 2002 in Daejeon:
SÜDAFRIKA – SPANIEN 2:3 (1:2)
Südafrika: Arendse – Nzama, Aaron Mokoena, Radebe (80. Molefe), Carnell – Zuma, Teboho Mokoena, Fortune (83. Lekgetho) – McCarthy, Nomvethe (74. Koumantarakis).
Spanien: Casillas – Torres, Helguera, Nadal, Romero – Joaquin, Xavi, Albelda (52. Sergio), Mendieta – Morientes (78. Luque), Raul (82. Luis Enrique).
Tore: 0:1 Raul (4.), 1:1 McCarthy (31.), 1:2 Mendieta (45./+1), 2:2 Radebe (53.), 2:3 Raul (56.).
Schiedsrichter: Mane (Kuwait); *Zuschauer:* 31 024.

12. Juni 2002 in Seogwipo:
SLOWENIEN – PARAGUAY 1:3 (1:0)
Slowenien: Dabanovic – Bulajic, Milinovic, Tavcar – Novak, Ales Ceh, Pavlin (40. Rudonja), Karic – Acimovic (63. Nastja Ceh) – Cimirotic, Osterc (78. Tiganj).

STATISTIK ZUR WELTMEISTERSCHAFT 2002

Paraguay: Chilavert – Caceres, Ayala, Gamarra – Arce, Acuna, Paredes, Alvarenga (54. Campos), Caniza – Cardozo (61. Cuevas; 90/+3 Franco), Santa Cruz.
Tore: 1:0 Acimovic (45./+2), 1:1 Cuevas (65.), 1:2 Campos (73.), 1:3 Cuevas (84.).
Schiedsrichter: Ramos Rizo (Mexiko); *Zuschauer:* 30 176.

Abschlußtabelle Gruppe B (in Südkorea)	Spanien	Paraguay	Südafrika	Slowenien	Tore	Punkte	Rang
Spanien	x	3:1	3:2	3:1	9:4	3	9
Paraguay	1:3	x	2:2	3:1	6:6	3	4
Südafrika	2:3	2:2	x	1:0	5:5	3	3
Slowenien	1:3	1:3	0:1	x	2:7	3	0

Für das Achtelfinale qualifiziert: Spanien und Paraguay

Gruppe C

3. Juni 2002 in Ulsan.
BRASILIEN – TÜRKEI 2:1 (0:1)
Brasilien: Marcos – Roque Junior, Lucio, Edmilson – Cafu, Gilberto Silva, Roberto Carlos – Juninho (72. Vampeta), Ronaldinho (67. Denilson) – Rivaldo, Ronaldo (74. Luizao).
Türkei: Rüstü – Alpay, Ümit Özat, Bülent (66. Mansiz) – Fatih, Tugay (88. Arif), Bastürk (66. Ümit Davala), Emre Belözoglu, Hakan Ünsal – Hakan Sükür, Hasan Sas.
Tore: 0:1 Hasan Sas (45./+2), 1:1 Ronaldo (50.), 2:1 Rivaldo (87., Foulelfmeter).
Schiedsrichter: Young-Joo Kim (Südkorea); *Zuschauer:* 33 842.

4. Juni 2002 in Gwangju:
CHINA – COSTA RICA 0:2 (0:0)
China: Jiang – Xu, Fan (74. Genwei Yu), Weifeng Li, Wu – Sun (26. Qu), Xiaopeng Li, Tie Li, Ma – Chen Yang (66. Su), Hao.
Costa Rica: Lonnis – Marin, Wright, Martinez, Castro – Wallace (70. Bryce), Solis, Centeno, Gomez – Fonseca (57. Medford), Wanchope (80. Lopez).
Tore: 0:1 Gomez (61.), 0:2 Wright (64.).
Schiedsrichter: Vassaras (Griechenland); *Zuschauer:* 27 217.

8. Juni 2002 in Seogwipo:
BRASILIEN – CHINA 4:0 (3:0)
Brasilien: Marcos – Cafu, Lucio, Roque Junior, Roberto Carlos – Gilberto Silva, Anderson Polga – Juninho (70. Ricardinho), Rivaldo, Ronaldo (72. Edilson), Ronaldinho (46. Denilson).
China: Jiang – Xu, Du, Weifeng Li, Wu – Xiaoping Li, Zhao, Tie Li, Ma (62. Pu Yang) – Hao (75. Qu), Qi (66. Shao).
Tore: 1:0 Roberto Carlos (15.), 2:0 Rivaldo (32.), 3:0 Ronaldinho (45., Foulelfmeter), 4:0 Ronaldo (55.).
Schiedsrichter: Frisk (Schweden); *Zuschauer:* 36 750.

9. Juni 2002 in Incheon:
COSTA RICA – TÜRKEI 1:1 (0:0)
Costa Rica: Lonnis – Wright, Martinez, Marin – Wallace (77. Bryce), Solis, Castro – Centeno (66. Medford), Lopez (77. Parks) – Gomez, Wanchope.
Türkei: Rüstü – Fatih, Ümit Özat, Emre Asik – Ümit Davala, Tugay (88. Arif Erdem), Emre Belözoglu, Ergün – Bastürk (79. Nihat) – Hakan Sukur (75. Ilhan), Hasan Sas.
Tore: 0:1 Emre Belözoglu, 1:1 Parks (86.)
Schiedsrichter: Codja (Benin); *Zuschauer:* 42 299.

13. Juni 2002 in Suwon:
COSTA RICA – BRASILIEN 2:5 (1:3)
Costa Rica: Lonnis – Martinez (74. Parks), Wright, Marin – Wallace (46. Bryce), Lopez, Solis (65. Fonseca), Centeno, Castro – Wanchope, Gomez.
Brasilien: Marcos – Lucio, Anderson Polga, Edmilson – Cafu, Gilberto Silva, Junior – Juninho (61. Ricardinho), Rivaldo (72. Kaka) – Edilson (57. Kleberson), Ronaldo.
Tore: 0:1, 0:2 Ronaldo (10., 13.), 0:3 Edmilson (38.), 1:3 Wanchope (39.), 2:3 Gomez (56.), 2:4 Rivaldo (62.), 2:5 Junior (64.)
Schiedsrichter: Ghandour (Ägypten); *Zuschauer:* 38 524.

13. Juni 2002 in Seoul:
TÜRKEI – CHINA 3:0 (2:0)
Türkei: Rüstü (35. Ömer) – Fatih, Emre Asik, Bülent, Hakan Ünsal – Ümit Davala, Tugay (84. Tayfur), Emre Belözoglu – Bastürk (70. Ilhan) – Hakan Sükür, Hasan Sas.
China: Jiang – Xu, Du, Weifeng Li, Wu (46. Shao) – Xiaopeng Li, Zhao, Tie Li, Pu Yang – Hao (72. Qu), Chen Yang (72. Yu).
Tore: 1:0 Hasan Sas (6.), 2:0 Bülent (9.), 3:0 Ümit Davala (85.).
Schiedsrichter: Ruiz Acosta (Kolumbien); *Zuschauer:* 43 605.

Abschlußtabelle Gruppe C (in Südkorea)	Brasilien	Türkei	Costa Rica	China	Tore	Punkte	Rang
Brasilien	x	2:1	5:2	4:0	11:3	3	9
Türkei	1:2	x	1:1	3:0	5:3	3	4
Costa Rica	2:5	1:1	x	2:0	5:6	3	3
China	0:4	0:3	0:2	x	0:9	3	0

Für das Achtelfinale qualifiziert: Brasilien und Türkei

Gruppe D

4. Juni 2002 in Busan:
SÜDKOREA – POLEN 2:0 (1:0)
Südkorea: Lee W. J. – Choi J. C., Hong, Kim T. Y. – Song, Kim N. I., Yoo (61. Lee C. S.), Lee E. Y. – Park, Hwang (50. Ahn), Seol (90. Cha).
Polen: Dudek – Hajto, Bak (51. Klos), Waldoch, Michal Zewlakow – Kozminski, Kaluzny (65. Marcin Zewlakow), Swierczewski, Krzynowek – Zurawski (46. Kryszalowicz), Olisadebe.
Tore: 1:0 Hwang (26.), 2:0 Yoo (53.).
Schiedsrichter: Ruiz (Kolumbien); *Zuschauer:* 48 760.

5. Juni 2002 in Suwon:
USA – PORTUGAL 3:2 (3:1)
USA: Friedel – Sanneh, Pope (80. Llamosa), Agoos, Hejduk – Mastroeni – Stewart (46. Jones), O'Brien, Beasley – McBride, Donovan (75. Moore).
Portugal: Vitor Baia – Beto – Fernando Couto, Jorge Costa (73. Jorge Andrade), Rui Jorge (69. Paulo Bento) – Figo, Petit, Rui Costa (79. Nuno Gomes), Sergio Conceicao – Joao Pinto, Pauleta.
Tore: 1:0 O'Brien (4.), 2:0 Jorge Costa (29., Eigentor), 3:0 McBride (36.), 3:1 Beto (39.), 3:2 Agoos (71., Eigentor).
Schiedsrichter: Moreno (Ekuador); *Zuschauer:* 37 306.

10. Juni 2002 in Daegu:
SÜDKOREA – USA 1:1 (0:1)
Südkorea: Lee W. J. – Hong – Choi J. C., Kim T. Y. – Song, Kim N. I., Yoo (70. Choi Y. S.), Lee E. Y. – Park (38. Lee C. S.), Hwang (56. Ahn), Seol.
USA: Friedel – Sanneh, Agoos, Pope, Hejduk – Donovan, Reyna, O'Brien, Beasley (75. Lewis) – Mathis (82. Wolff), McBride.
Tore: 0:1 Mathis (24.), 1:1 Ahn (78.).
Schiedsrichter: Meier (Schweiz); *Zuschauer:* 60 778.

10. Juni 2002 in Jeonju:
PORTUGAL – POLEN 4:0 (1:0)
Portugal: Vitor Baia – Frechaut (64. Beto), Fernando Couto, Jorge Costa, Rui Jorge – Petit, Paulo Bento – Figo, Joao Pinto (60. Rui Costa), Sergio Conceicao (69. Capucho) – Pauleta.
Polen: Dudek – Hajto, Waldoch, Mi. Zewlakow (71. Rzasa) – Kozminski, Swierczewski, Kaluzny (16. Bak), Krzynowek – Zurawski (56. Ma. Zewlakow), Olisadebe, Kryszalowicz.
Tore: 1:0, 2:0 Pauleta (14., 65., 77.), 4:0 Rui Costa.
Schiedsrichter: Dallas (Schottland); *Zuschauer:* 31 000.

14. Juni 2002 in Incheon:
PORTUGAL – SÜDKOREA 0:1 (0:0)
Portugal: Vitor Baia – Beto, Fernando Couto, Jorge Costa, Rui

Jorge (73. Abel Xavier) – Petit (77. Nuno Gomes), Paulo Bento – Figo, Joao Pinto, Sergio Conceicao – Pauleta (69. Jorge Andrade).
Südkorea: Lee W. J. – Choi J. C., Hong, Kim T. Y. – Song, Yoo, Kim N. I., Lee Y. P. – Park – Ahn (90.+3 Lee C. S.), Seol.
Tor: 0:1 Park (70.).
Schiedsrichter: Sanchez (Argentinien); *Zuschauer:* 50 239.

14. Juni 2002 in Daejeon:
POLEN – USA 3:1 (2:0)
Polen: Majdan – Klos (89. Waldoch), Zielinski, Glowacki, Kozminski – Murawski, Kucharski (65. Marcin Zewlakow), Krzynowek – Zurawski, Olisadebe (86. Sibik), Kryszalowicz.
USA: Friedel – Sanneh, Pope, Agoos (36. Beasley), Hejduk – Donovan, Reyna, O'Brien, Stewart (68. Jones) – Mathis, Mc Bride (58. Moore).
Tore: 1:0 Olisadebe (3.), 2:0 Kryszalowicz (5.), 3:0 Marcin Zewlakow (66.), 3:1 Donovan (83.).
Schiedsrichter: Lu (China); *Zuschauer:* 26 482.

Abschlußtabelle Gruppe D (in Südkorea)	Südkorea	USA	Portugal	Polen	Tore	Punkte	Rang
Südkorea	x	1:1	1:0	2:0	4:1	3	
USA	1:1	x	3:2	1:3	5:6	3	7 4
Portugal	0:1	2:3	x	4:0	6:4	3	3
Polen	0:2	3:1	0:4	x	3:7	3	3

Für das Achtelfinale qualifiziert: Südkorea und USA

Gruppe E

1. Juni 2002 in Niigata:
IRLAND – KAMERUN 1:1 (0:1)
Irland: Given – Kelly, Breen, Staunton, Harte (77. Reid) – McAteer (46. Finnan), Kinsella, Holland, Kilbane – Duff, Keane.
Kamerun: Boukar – Song, Kalla, Tchato – Geremi, Foé, Womé – Laurén, Olembe – Eto'o, Mboma (69. Suffo).
Tore: 0:1 Mboma (39.), 1:1 Holland (52.).
Schiedsrichter: Kamikawa (Japan); *Zuschauer:* 33 679.

1. Juni 2002 in Sapporo:
DEUTSCHLAND – SAUDI-ARABIEN 8:0 (4:0)
Deutschland: Kahn – Linke, Ramelow (46. Jeremies), Metzelder – Frings, Hamann, Ziege – Schneider, Ballack – Klose (77. Neuville), Jancker (67. Bierhoff).
Saudi-Arabien: Al-Deayea – A. Al-Dossary, Zubromawi, Tukar, Sulimani – K. Al-Dosari (46. I. Al-Sharani) – A. Al-Sharani, Noor (46. Al-Khathran) – Al-Yami (77. A. Al-Dosary), Al-Jaber.
Tore: 1:0 Klose (20.), 2:0 Klose (25.), 3:0 Ballack (40.), 4:0 Jancker (45./+1), 5:0 Klose (69.), 6:0 Linke (72.), 7:0 Bierhoff (84.), 8:0 Schneider (90./+2).
Schiedsrichter: Aquino (Paraguay); *Zuschauer:* 32 218.

5. Juni 2002 in Ibaraki:
DEUTSCHLAND – IRLAND 1:1 (1:0)
Deutschland: Kahn – Linke, Ramelow, Metzelder – Frings, Hamann, Ziege – Schneider (90. Jeremies), Ballack – Klose (85. Bode), Jancker (75. Bierhoff).
Irland: Given – Finnan, Breen, Staunton (88. Cunningham), Harte (74. Reid), G. Kelly (73. Quinn), Holland, Kinsella, Kilbane – Duff, Robbie Keane.
Tore: 1:0 Klose (19.), 1:1 Robbie Keane (90./+2).
Schiedsrichter: Nielsen (Dänemark); *Zuschauer:* 35 854.

6. Juni 2002 in Saitama:
KAMERUN – SAUDI-ARABIEN 1:0 (0:0)
Kamerun: Boukar – Song, Kalla, Tchato – Geremi, Laurén, Foé, Womé (46. Njanka), Ngom Komé – Olembe – Eto'o, Mboma (74. N'Diefi).
Saudi-Arabien: Al-Deayea – Al-Shehri – Al-Jahani, Tukar, Zubromawi, Sulimani (71. A. Al-Dosary) – A. Al-Sharani, I. Al-Shahrani, Al-Temyat, Al-Khathran (86. Noor) – O. Al-Dossary (35. Al-Yami).

Tor: 1:0 Eto'o (66.).
Schiedsrichter: Hauge (Norwegen); *Zuschauer:* 52 328.

11. Juni 2002 in Shizuoka:
KAMERUN – DEUTSCHLAND 0:2 (0:0)
Kamerun: Boukar – Song, Kalla, Tchato (53. Suffo) – Geremi, Foé, Womé, Laurén, Olembe (64. Ngom Komé) – Eto'o, Mboma (80. Job).
Deutschland: Kahn – Linke, Ramelow, Metzelder – Frings, Hamann, Ziege – Schneider (80. Jeremies), Ballack – Jancker (46. Bode), Klose (84. Neuville).
Tore: 0:1 Bode (50.), 0:2 Klose (79.).
Schiedsrichter: Lopez Nieto (Spanien); *Zuschauer:* 47 085.

11. Juni 2002 in Yokohama:
SAUDI-ARABIEN – IRLAND 0:3 (0:1)
Saudi-Arabien: Al-Deayea – Al-Jahani (78. A. Al-Dossary), Tukar, Zubromawi (67. Al-Dosary), Al-Shehri – Al-Dosari, Al-Khathran (66. Al-Shlhoub), Al-Sharani, Sulimani – Al-Temyat – Al-Yami.
Irland: Given – Kelly (79. McAteer), Breen, Staunton, Harte (46. Quinn) – Finnan, Holland, Kinsella (88. Carsley), Kilbane – Kea_ne, Duff.
Tore: 0:1 Robbie Keane (7.), 0:2 Breen (61.), 0:3 Duff (87.).
Schiedsrichter: Ndoye (Senegal); *Zuschauer:* 65 320.

Abschlußtabelle Gruppe E (in Japan)	Deutschland	Irland	Kamerun	Saudi-Arabien	Tore	Punkte	Rang
Deutschland	x	1:1	2:0	8:0	11:1	3	7
Irland	1:1	x	1:1	3:0	5:2	3	5
Kamerun	0:2	1:1	x	1:0	2:3	3	4
Saudi-Arabien	0:8	0:3	0:1	x	0:12	3	0

Für das Achtelfinale qualifiziert: Deutschland und Irland

Gruppe F

2. Juni 2002 in Saitama:
ENGLAND – SCHWEDEN 1:1 (1:0)
England: Seaman – Mills, Ferdinand, Campbell, A. Cole – Hargreaves – Beckham (63. Dyer), Heskey – Scholes – Owen, Vassell (74. J. Cole).
Schweden: Hedman – Mellberg, Jakobsson, Mjällby, Lucic – Linderoth – Alexandersson, Ljungberg – Ma. Svensson (56. A. Svensson) – Larsson, Allbäck (80. A. Andersson).
Tore: 1:0 Campbell (24.), 1:1 Alexandersson (59.).
Schiedsrichter: Carlos Eugenio Simon (Brasilien);
Zuschauer: 52 721.

2. Juni 2002 in Ibaraki:
ARGENTINIEN – NIGERIA 1:0 (0:0)
Argentinien: Cavallero – Pochettino, Samuel, Placente – Zanetti, Simeone, Sorin – Ortega, Veron (78. Aimar), C. Lopez (46. Kily Gonzales) – Batistuta (81. Crespo).
Nigeria: Shorunmu – Sodje (73. Christopher), West, Okoronkwo, Babayaro – Yobo – Okocha, Kanu (48. Ikedia), Lawal – Aghahowa, Ogbeche.
Tor: 1:0 Batistuta (63.).
Schiedsrichter: Veissière (Frankreich); *Zuschauer:* 34 050.

7. Juni 2002 in Kobe
SCHWEDEN – NIGERIA 2:1(1:1)
Schweden: Hedman – Mellberg, Jakobsson, Mjällby, Lucic – Linderoth – Alexandersson, Ljungberg – A. Svensson (84. Ma. Svensson) – Larsson, Allbäck (64. A. Andersson).
Nigeria: Shorunmu – Christopher, West, Okoronkwo, Udeze – Yobo – Utaka, Okocha, Babayaro (66. Kanu) – Aghahowa, Ogbeche (71. Ikedia).
Tore: 0:1 Aghahowa (27.), 1:1 Larsson (35.), 2:1 Larsson (62., Foulelfmeter).
Schiedsrichter: Ortube (Bolivien); *Zuschauer:* 36 194.

STATISTIK ZUR WELTMEISTERSCHAFT 2002

7. Juni 2002 in Sapporo
ARGENTINIEN – ENGLAND 0:1 (0:1)
Argentinien: Cavallero – Pochettino, Samuel, Placente – Zanetti, Simeone, Veron (46. Aimar), Sorin – Ortega, Batistuta (60. Crespo), Kily Gonzalez (64. Claudio Lopez).
England: Seaman – Mills, Ferdinand, Campbell, Ashley Cole – Beckham, Butt, Hargreaves (19. Sinclair), Scholes – Owen (80. Bridge), Heskey (54. Sheringham).
Tor: 0:1 Beckham (44., Foulelfmeter).
Schiedsrichter: Collina (Italien); *Zuschauer:* 35 927.

12. Juni 2002 in Miyagi:
SCHWEDEN – ARGENTINIEN 1:1 (0:0)
Schweden: Hedman – Mellberg, Jakobsson, Mjällby, Lucic – Alexandersson, Linderoth, Anders Svensson (68. Jonson), Magnus Svensson – Larsson (88. Ibrahimovic), Allbäck (46. Andreas Andersson).
Argentinien: Cavallero – Chamot, Samuel, Pochettino – Zanetti, Almeyda (63. Veron), Sorin (63. Kily Gonzales) – Ortega, Aimar, Claudio Lopez – Batistuta (58. Crespo).
Tore: 1:0 Anders Svensson (59.), 1:1 Crespo (88.).
Schiedsrichter: Bujsaim (Vereinigte Arabische Emirate); *Zuschauer:* 45 777.

12. Juni 2002 in Osaka
NIGERIA – ENGLAND 0:0
Nigeria: Enyeama – Sodje, Yobo, Okoronkwo, Udeze – Christopher – Okocha, Obiorah, Opabunmi (86. Ikedia) – Aghahowa, Akwuegbu.
England: Seaman – Mills, Ferdinand, Campbell, A. Cole (85. Bridge) – Beckham, Butt, Scholes, Sinclair – Owen (77. Vassell), Heskey (69. Sheringham).
Schiedsrichter: Hall (USA); *Zuschauer:* 44 864 in Osaka.

Abschlußtabelle Gruppe F (in Japan)	Schweden	England	Argentinien	Nigeria	Tore	Punkte	Rang
Schweden	x	1:1	1:1	2:1	4:3	3	5
England	1:1	x	1:0	0:0	2:1	3	5
Argentinien	1:1	0:1	x	1:0	2:2	3	4
Nigeria	1:2	0:0	0:1	x	1:3	3	1

Für das Achtelfinale qualifiziert: England und Schweden

Gruppe G

3. Juni 2002 in Niigata:
KROATIEN – MEXIKO 0:1 (0:0)
Kroatien: Pletikosa – Zivkovic, R. Kovac, Simunic, Jarni – N. Kovac, Soldo, Prosinecki (46. Rapaic), Tomas – Suker (64. Saric), Stanic.
Mexiko: Perez – Vidrio, Marquez, Carmona – Caballero, Mercado, Torrado, Luna, Morales – Blanco (79. Palencia), Borgetti (68. Hernandez).
Tor: 0:1 Blanco (60., Foulelfmeter).
Schiedsrichter: Lu Jun (China); *Zuschauer:* 32 239.

3. Juni 2002 in Sapporo
ITALIEN – ECUADOR 2:0 (2:0)
Italien: Buffon – Panucci, Cannavaro, Nesta, Maldini – Zambrotta, Tommasi, Di Biagio (70. Gattuso), Doni (65. Di Livio) – Totti (74. Del Piero) – Vieri.
Ecuador: Cevallos – De la Cruz, Hurtado, Porozo, Guerron – Mendez, Obregon, Chala (85. Asencio), E. Tenorio (59. Ayovi) – Aguinaga (46. C. Tenorio), Delgado.
Tore: 1:0 Vieri (7.), 2:0 Vieri (27.).
Schiedsrichter: Hall (USA); *Zuschauer:* 31 081.

8. Juni 2002 in Ibaraki:
ITALIEN – KROATIEN 1:2 (0:0)
Italien: Buffon – Panucci, Nesta (24. Materazzi), Cannavaro, Maldini – Zambrotta, Tommasi, Zanetti, Doni (79. Inzaghi) – Totti, Vieri.
Kroatien: Pletikosa – Robert Kovac – Simunic, Tomas – Saric, Soldo (62. Vranjes), Niko Kovac, Jarni – Vugrinec (57. Olic), Rapaic (79. Simic) – Boksic.

Tore: 1:0 Vieri (55.), 1:1 Olic (73.), 1:2 Rapaic (76.).
Schiedsrichter: Poll (England); *Zuschauer:* 36 472.

9. Juni 2002 in Miyagi:
MEXIKO – ECUADOR 2:1 (1:1)
Mexiko: Perez – Vidrio, Marquez, Carmona – Torrado – Arellano, Rodriguez (87. Caballero), Luna, Morales – Borgetti (77. L. Hernandez), Blanco (90. Mercado).
Ecuador: Cevallos – De la Cruz, Hurtado, Porozo, Guerron – Mendez, Obregon (58. Aguinaga), E. Tenorio (35. M. Ayovi), Chala – Delgado, Kaviedes (53. C. Tenorio).
Tore: 0:1 Delgado (5.), 1:1 Borgetti (28.), 2:1 Torrado (57.).
Schiedsrichter: Daami (Tunesien); *Zuschauer:* 45 610.

13. Juni 2002 in Oita:
MEXIKO – ITALIEN 1:1 (1:0)
Mexiko: Perez – Vidrio, Marquez, Carmona – Torrado – Arellano, Rodriguez (76. Garcia), Luna, Morales (76. Caballero) – Borgetti (80. Palencia), Blanco.
Italien: Buffon – Panucci (63. Coco), Cannavaro, Nesta, Maldini – Zambrotta, Tommasi, Zanetti – Totti (78. Del Piero) – Inzaghi (56. Montella), Vieri.
Tore: 1:0 Borgetti (34.), 1:1 Del Piero (85.).
Schiedsrichter: Simon (Brasilien); *Zuschauer:* 39 291.

13. Juni 2002 in Yokohama:
ECUADOR – KROATIEN 1:0 (0:0)
Ecuador: Cevallos – De la Cruz, Hurtado, Porozo, Guerron – Marlon. Ayovi, Obregon (40. Aguinaga), Chala, Mendez – Carlos Tenorio (76. Kaviedes), Delgado.
Kroatien: Pletikosa – Robert Kovac – Simunic, Tomas – Saric (68. Stanic), Simic (52. Vugrinec), Niko Kovac (59. Vranjes), Jarni – Rapaic – Olic, Boksic.
Tor: 1:0 Mendez (48.).
Schiedsrichter: Mattus (Costa Rica); *Zuschauer:* 65 862.

Abschlußtabelle Gruppe G (in Japan)	Mexiko	Italien	Kroatien	Ecuador	Tore	Punkte	Rang
Mexiko	x	1:1	1:0	2:1	4:2	3	7
Italien	1:1	x	1:2	2:0	4:3	3	4
Kroatien	0:1	2:1	x	0:1	2:3	3	3
Ecuador	1:2	0:2	1:0	x	2:4	3	3

Für das Achtelfinale qualifiziert: Mexiko und Italien

Gruppe H

4. Juni 2002 in Saitama:
JAPAN – BELGIEN 2:2 (0:0)
Japan: Narazaki – Matsuda, Morioka (71. Miyamoto), Koji Nakata – Ichikawa, Toda, Inamoto, Ono (46. Alex Santos) – Hidetoshi Nakata – Yanagisawa, Suzuki (68. Morishima).
Belgien: de Vlieger – Peeters, van Buyten, van Meir, van der Heyden – Simons – Vanderhaeghe, Walem (68. Sonck), Goor – Wilmots – Verheyen (83. Strupar).
Tore: 0:1 Wilmots (57.), 1:1 Suzuki (59.), 2:1 Inamoto (68.), 2:2 van der Heyden (75.).
Schiedsrichter: Mattus (Costa Rica); *Zuschauer:* 55 256.

5. Juni 2002 in Kobe:
RUSSLAND – TUNESIEN 2:0 (0:0)
Russland: Nigmatulin – Solomatin, Nikiforow, Onopko, Kowtun – Karpin, Titow – Ismailow (78. Alejnitschew), Semschow (46. Chowlow) – Pimenow, Bestschastnich (55. Sitschew).
Tunesien: Boumnijel – Trabelsi, Jaidi, M'Kacher, Bouzaine – Bouazizi, Badra (84. Zitouni) – Gabsi (67. M'hadhebi), Ben Achour, Sellimi (67. Beya) – Jaziri.
Tore: 1:0 Titow (59.), 2:0 Karpin (64., Foulelfmeter).
Schiedsrichter: Prendergast (Jamaika); *Zuschauer:* 30 957.

9. Juni 2002 in Yokohama:
JAPAN – RUSSLAND 1:0 (0:0)
Japan: Narazaki – Matsuda, Miyamoto, K. Nakata – Toda, Inamoto (85. Fukunishi) – Myojin, H. Nakata, Ono (75. Hattori)

– Suzuki (72. Nakayama), Yanagisawa.
Russland: Nigmatulin – Solomatin, Nikiforow, Onopko, Kowtun – Smertin (57. Bestschastnich) – Karpin, Titow, Ismailow (52. Chochlow), Semschow – Pimenow (46. Sitschew).
Tor: 1:0 Inamoto (51.).
Schiedsrichter: Dr. Merk (Deutschland);
Zuschauer: 66 108.

10. Juni 2002 in Oita:
TUNESIEN – BELGIEN 1:1 (1:1)
Tunesien: Boumnijel – Trabelsi, Jaidi, Badra, Bouzaine – Ben Achour, Gabsi (67. Sellimi), Bouzizi, Ghodhbane – Jaziri (77. Zitouni), Melki (88. Baya).
Belgien: de Vlieger – Deflandre, de Boeck, van Buyten, van der Heyden – Vanderhaeghe, Simons (74. Mbo Mpenza), Goor – Wilmots – Verheyen (46. Vermant), Strupar (46. Sonck).
Tore: 0:1 Wilmots (13.), 1:1 Bouzaine (17.).
Schiedsrichter: Shield (Australien) ; *Zuschauer:* 37 900.

14. Juni 2002 in Osaka:
TUNESIEN – JAPAN 0:2 (0:0)
Tunesien: Boumnijel – Trabelsi, Jaidi, Badra, Bouzaine (78. Zitouni) – Ghodhbane, Bouzizi – Clayton (61. M'hadhebi), Ben Achour, Melki (46. Beya) – Jaziri.
Japan: Narazaki – Matsuda, Miyamoto, K. Nakata – Myojin, Toda, Inamoto (46. Ichikawa), Ono – Hidetoshi Nakata (84.Ogasawara) – Suzuki, Yanagisawa (46. Morishima).
Tore: 0:1 Morishima (48.), 0:2 Hidetoshi Nakata (75.).
Schiedsrichter: Veissiere (Frankreich); *Zuschauer:* 45 213.

14. Juni 2002 in Shizuoka:
BELGIEN – RUSSLAND 3:2 (1:0)
Belgien: de Vlieger – Peeters, de Boeck (90./+2 van Meir), van Buyten, van Kerckhoven – Vanderhaeghe, Walem – Mbo Mpenza (70. Sonck), Wilmots, Goor – Verheyen (78. Simons).
Russland: Nigmatulin – Solomatin, Nikiforow (42. Sennikow), Onopko, Kowtun – Karpin (83. Kerjakow), Smertin (34. Sitschew), Alejnitschew – Titow – Bestschastnich.
Tore: 1:0 Walem (7.), 1:1 Bestschastnich (52.), 2:1 Sonck (78.), 3:1 Wilmots (82.), 3:2 Sitschew (88.).
Schiedsrichter: Milton Nielsen (Dänemark);
Zuschauer: 46 640.

Abschlußtabelle Gruppe H (in Japan)	Japan	Belgien	Russland	Tunesien	Tore	Punkte	Rang
Japan	x	2:2	1:0	2:0	5:2	3	7
Belgien	2:2	x	3:2	1:1	6:5	3	5
Russland	0:1	2:3	x	2:0	4:4	3	3
Tunesien	0:2	1:1	0:2	x	1:5	3	1

Für das Achtelfinale qualifiziert: Japan und Belgien

Achtelfinale

15. Juni 2002 in Seogwipo:
DEUTSCHLAND – PARAGUAY 1:0 (0:0)
Deutschland: Kahn – Frings, Rehmer (46. Kehl), Linke, Metzelder (60. Baumann) – Schneider, Jeremies, Ballack, Bode – Neuville (90./+3 Asamoah), Klose.
Paraguay:: Chilavert – Arce – Caceres, Ayala, Gamarra – Bonet (84. Gavilan), Acuna, Struway (90./+1 Cuevas), Caniza – Cardozo, Santa Cruz (29. Campos).
Tor: Neuville (88.).
Schiedsrichter: Batres (Guatemala); *Zuschauer:* 25 176.

15. Juni 2002 in Niigata:
DÄNEMARK – ENGLAND 0:3 (0:3)
Dänemark: Sörensen – Helveg (7. Bögelund), Laursen, Henriksen, N. Jensen – Töfting (58. C. Jensen), Tomasson, Gravesen – Rommedahl, Sand, Grönkjaer.
England: Seaman – Mills, Ferdinand, Campbell, A. Cole – Beckham, Butt, Scholes (49. Dyer), Sinclair – Owen (46. Fowler), Heskey (69. Sheringham).
Tore: 0:1 Ferdinand (5.), 0:2 Owen (22.), 0:3 Heskey (44.).
Schiedsrichter: Dr. Merk (Deutschland);
Zuschauer: 40 582.

16. Juni in Oita:
SCHWEDEN – SENEGAL 1:2 i. V. (1:1, 1:1)
Schweden: Hedman – Mellberg, Jakobsson, Mjällby, Lucic – Linderoth – Alexandersson (76. Ibrahimovic), A. Svensson, Ma. Svensson (99. Jonson) – Allbäck (65. A. Andersson), Larsson.
Senegal: Sylva – Coly, Diatta, P.M. Diop (66. Beye), Daf – P.B. Diop, Cissé, Thiaw, Faye – Henri Camara, Diouf.
Tore: 1:0 Larsson (11.), 1:1 Henri Camara (37.), 1:2 Henri Camara (104., Golden Goal).
Schiedsrichter: Aquino (Paraguay); *Zuschauer:* 39 747.

16. 6. 2002 in Suwon:
SPANIEN – IRLAND 1:1 (1:1, 1:0), 3:2 i. E.
Spanien: Casillas – Puyol, Hierro, Helguera, Juanfran – Baraja, Valeron – Luis Enrique, De Pedro (65. Mendieta) – Raul (80. Luque), Morientes (72. Albelda).
Irland: Given – Finnan, Breen, Staunton (50. Cunningham), Harte (82. Connolly) – Gary Kelly (55. Quinn), Kinsella, Holland, Kilbane – Robbie Keane, Duff.
Tore: 1:0 Morientes (8.), 1:1 Robbie Keane (90., Foulelfmeter).
Elfmeterschießen: 0:1 Robbie Keane, 1:1 Hierro, Holland verschießt, 2:1 Baraja, Connolly scheitert an Casillas, Juanfran verschießt, Kilbane scheitert an Casillas, Valeron verschießt, 2:2 Finnan, 3:2 Mendieta.
Schiedsrichter: Frisk (Schweden); *Zuschauer:* 38 926.

17. Juni 2002 in Jeonju:
MEXIKO – USA 0:2 (0:1)
Mexiko: Perez – Vidrio (46. Mercado), Marquez, Carmona – Torrado (78. Garcia Aspe) – Arellano, Rodriguez, Luna, Morales (28. Hernandez) – Borgetti, Blanco.
USA: Friedel – Sanneh, Pope, Berhalter – Reyna, Mastroeni (90./+2 Llamosa), O'Brien, Lewis – Donovan – Wolff (59. Stewart), McBride (79. Jones)
Tore: 0:1 McBride (8.), 0:2 Donovan (65.).
Schiedsrichter: Melo Pereira (Portugal);
Zuschauer: 36 380.

17. Juni 2002 in Kobe:
BRASILIEN – BELGIEN 2:0 (0:0)
Brasilien: Marcos – Cafu, Lucio, Roque Junior, Roberto Carlos – Edmilson, Gilberto Silva – Juninho (57. Denilson), Rivaldo (90. Ricardinho) – Ronaldinho (81. Kleberson), Ronaldo.
Belgien: de Vlieger – Peeters (72. Sonck), van Buyten, Simons, van Kerckhoven – Vanderhaeghe, Walem – Mbo Mpenza, Wilmots, Goor – Verheyen.
Tore: 1:0 Rivaldo (67.), 2:0 Ronaldo (87.).
Schiedsrichter: Prendergast (Jamaika) ; *Zuschauer:* 40 440.

18. Juni 2002 in Miyagi:
JAPAN – TÜRKEI 0:1 (0:1)
Japan: Narazaki – Matsuda, Miyamoto, K. Nakata – Myojin, Toda, Inamoto (46. Suzuki), Ono – H. Nakata, Alex (46. Ichikawa; 86. Morishima) – Nishizawa.
Türkei: Rüstü – Fatih, Alpay, Bülent, Hakan Ünsal – Ümit Davala (74. Nihat), Tugay, Ergün – Bastürk (90. Ilhan), Hasan Sas (85. Tayfur) – Hakan Sükür.
Tor: 0:1 Ümit Davala (12.).
Schiedsrichter: Collina (Italien); *Zuschauer:* 45 666.

18. Juni 2002 in Daejeon:
SÜDKOREA – ITALIEN i. V. 2:1 (0:1, 1:1)
Südkorea: Lee W. J. – Choi J. C., Hong (83. Cha), Kim T. Y. (63. Hwang) – Song, Kim N. I. (68. Lee C. S.), Yoo, Lee Y. P. – Park, Ahn, Seol.
Italien: Buffon – Panucci, Iuliano, Maldini, Coco – Zambrotta (72. di Livio), Zanetti, Tommasi – Totti – Vieri, del Piero (61. Gattuso).
Tore: 0:1 Vieri (18.), 1:1 Seol (88.), 2:1 Ahn (117., Golden Goal).
Schiedsrichter: Moreno (Ecuador); *Zuschauer:* 38 588.

STATISTIK ZUR WELTMEISTERSCHAFT 2002

Viertelfinale

21. Juni 2002 in Shizuoka:
ENGLAND – BRASILIEN 1:2 (1:1)
England: Seaman – Mills, Ferdinand, Campbell, A. Cole (79. Sheringham) – Beckham, Butt, Scholes, Sinclair (56. Dyer) – Heskey, Owen (79. Vassell).
Brasilien: Marcos – Lucio, Edmilson, Roque Junior – Cafu, Kleberson, Gilberto Silva, Roberto Carlos – Ronaldinho, Rivaldo – Ronaldo (70. Edilson).
Tore: 1:0 Owen (23.), 1:1 Rivaldo (45.), 1:2 Ronaldinho (50.).
Schiedsrichter: Rizo (Mexiko); *Zuschauer:* 47 436.

21. Juni 2002 in Ulsan
DEUTSCHLAND – USA 1:0 (1:0)
Deutschland: Kahn – Linke, Kehl, Metzelder – Frings, Hamann, Ziege – Schneider (60. Jeremies), Ballack – Neuville (69. Bode), Klose (88. Bierhoff).
USA: Friedel – Sanneh, Pope, Berhalter – Hejduk (65. Jones), O'Brien, Mastroeni (80. Stewart), Lewis – Reyna – McBride (58. Mathis), Donovan.
Tor: 1:0 Ballack (39.).
Schiedsrichter: Dallas (Schottland); *Zuschauer:* 37 337.

22. Juni 2002 in Gwangju:
SPANIEN – SÜDKOREA 0:0, 3:5 i. E.
Spanien: Casillas – Puyol, Hierro, Nadal, Romero – Helguera (93. Xavi), Baraja – Joaquin, Valeron (80. Luis Enrique), De Pedro (70. Mendieta) – Morientes
Südkorea: Lee W. J. – Choi J. C., Hong, Kim T. Y. (90. Hwang), Song, Kin N. I. (32. Lee E. Y.), Yoo (60. Lee C. S.), Lee Y. P., Park, Ahn, Seol.
Elfmeterschießen: 0:1 Hwang, 1:1 Hierro, 1:2 Park, 2:2 Baraja, 2:3 Seol, 3:3 Xavi, 3:4 Ahn, Joaquin scheitert an Lee W. J., 3:5 Hong.
Schiedsrichter: Ghandour (Ägypten); *Zuschauer:* 42 114.

22. Juni 2002 in Osaka:
SENEGAL – TÜRKEI 0:1 i.V. (0:0)
Senegal: Sylva – Coly, P. M. Diop, Diatta, Daf – P. B. Diop, Cissé, Diao – H. Camara, Diouf, Fadiga.
Türkei: Rüstü – Fatih, Alpay, Bülemt, Ergün – Ümit Davala, Tugay, Emre Belözoglu (91. Arif) – Bastürk, Hakan Sükür (67. Ilhan), Hasan Sas.
Tor: 0:1 Ilhan (94., Golden Goal).
Schiedsrichter: Ruiz (Kolumbien); *Zuschauer:* 44 233.

Halbfinale

25. Juni 2002 in Seoul:
DEUTSCHLAND – SÜDKOREA 1:0 (0:0)
Deutschland: Kahn – Frings, Linke, Ramelow, Metzelder – Schneider (85. Jeremies), Hamann, Ballack, Bode – Klose (70. Bierhoff), Neuville (88. Asamoah).
Südkorea: Lee W. J. – Choi J.C. (56. Lee M.S.), Hong (80. Seol), Kim T.Y. – Song, Yoo, Lee Y.P. – Park – Cha, Hwang (54. Ahn, Lee C.S.
Tor: 1:0 Ballack (75.).
Schiedsrichter: Meier (Schweiz); *Zuschauer:* 65 625.

26. Juni 2002 in Saitama
BRASILIEN – TÜRKEI 1:0 (0:0)
Brasilien: Marcos – Lucio, Edmilson, Roque Junior – Cafu, Gilberto Silva, Roberto Carlos – Kleberson (85. Beletti), Rivaldo – Edilson (75. Denilson), Ronaldo (68. Luizao).
Türkei: Rüstü – Fatih, Alpay, Bülent, Ergün – Ümit Davala (74. Mustafa Izzet), Tugay, Emre Belözoglu (62. Ilhan) – Bastürk (88. Arif), Hasan Sas – Hakan Sükür.
Tor: 1:0 Ronaldo (49.).
Schiedsrichter: Nielsen (Dänemark); *Zuschauer:* 61 058.

Spiel um Platz 3

29. Juni 2002 in Daegu:
SÜDKOREA – TÜRKEI 2:3 (1:3)
Südkorea: Lee W. J. – Yoo, Hong (46. Kim T. Y.), Lee M. S. – Song, Lee Y. P., Lee E. Y (65. Cha) – Park – Seol (79. Choi T.U.), Ahn, Lee C. S.
Türkei: Rüstü – Fatih, Alpay, Bülent, Ergün – Ümit Davala (76. Okan), Tugay, Emre Belözoglu (41. Hakan Ünsal) – Bastürk (86. Tayfur) – Ilhan, Hakan Sükür.
Tore: 0:1 Hakan Sükür (1.), 1:1 Lee E. Y. (9.), 1:2 Ilhan (13.), 1:3 Ilhan (32.), 2:3 Song (90./+3).
Schiedsrichter: Mane (Kuwait); *Zuschauer:* 63 483.

Finale

30. Juni 2002 in Yokohama.
DEUTSCHLAND – BRASILIEN 0:2 (0:0)
Deutschland: Kahn – Linke, Ramelow, Metzelder – Frings, Hamann, Jeremies (77. Asamoah), Bode (84. Ziege) – Schneider – Klose (74. Bierhoff), Neuville.
Brasilien: Marcos – Lucio, Edmilson, Roque Junior – Cafu, Gilberto Silva, Roberto Carlos – Kleberson – Ronaldinho (85. Juninho), Ronaldo (90. Denilson), Rivaldo.
Tore: 0:1 Ronaldo (67.), 0:2 Ronaldo (79.).
Schiedsrichter: Collina (Italien); *Zuschauer:* 69 029.

18. Fußball-Weltmeisterschaft
2006 in Deutschland

QUALIFIKATION

AFRIKA
(5 Teilnehmer)

VORRUNDE

Datum	Spiel	Ergebnis
10.10.03	Guinea-Bissau – Mali	1:2
14.11.03	Mali – Guinea-Bissau	2:0
11.10.03	Niger – Algerien	0:1
14.11.03	Algerien – Niger	6:0
11.10.03	Tansania – Kenia	0:0
15.11.03	Kenia – Tansania	3:0
11.10.03	Seychellen – Sambia	0:4
15.11.03	Sambia – Seychellen	1:1
11.10.03	Uganda – Mauritius	3:0
16.11.03	Mauritius – Uganda	i. V. 3:1
11.10.03	Madagaskar – Benin	1:1
16.11.03	Benin – Madagaskar	3:2
11.10.03	Äquatorial-Guinea – Togo	1:0
16.11.03	Togo – Äquatorial-Guinea	2:0
11.10.03	Sao Tome e Principe – Libyen	0:1
16.11.03	Libyen – Sao Tome e Principe	8:0
11.10.03	Botswana – Lesotho	4:1
16.11.03	Lesotho – Botswana	0:0
12.10.03	Simbabwe – Mauretanien	3:0
14.11.03	Mauretanien – Simbabwe	2:1
12.10.03	Äthiopien – Malawi	1:3
15.11.03	Malawi – Äthiopien	0:0
12.10.03	Burundi – Gabun	0:0
15.11.03	Gabun – Burundi	4:1
12.10.03	Ruanda – Namibia	3:0
15.11.03	Namibia – Ruanda	1:1
12.10.03	Kongo – Sierra Leone	1:0
16.11.03	Sierra Leone – Kongo	1:1
12.10.03	Gambia – Liberia	2:0
16.11.03	Liberia – Gambia	3:0
12.10.03	Sudan – Eritrea	3:0
16.11.03	Eritrea – Sudan	0:0
12.10.03	Tschad – Angola	3:1
16.11.03	Angola – Tschad	2:0
12.10.03	Guinea – Mosambik	1:0
16.11.03	Mosambik – Guinea	3:4
12.10.03	Swasiland – Kap Verde	1:1
16.11.03	Kap Verde – Swasiland (in Ghana)	3:0
16.11.03	Somalia – Ghana (in Ghana)	0:5
19.11.03	Ghana – Somalia	2:0

Burkina Faso nach Rückzug der Zentralafrikanischen Republik kampflos weiter – Freilose: Ägypten, Elfenbeinküste, Kamerun, DR Kongo, Marokko, Nigeria, Senegal, Südafrika, Tunesien

Gruppe 1

Datum	Spiel	Ergebnis
5. 6.04	Sambia – Togo	1:0
5. 6.04	Senegal – Kongo	2:0
6. 6.04	Liberia – Mali	1:0
19. 6.04	Mali – Sambia	1:1
20. 6.04	Kongo – Liberia	3:0
20. 6.04	Togo – Senegal	3:1
3. 7.04	Senegal – Sambia	1:0
4. 7.04	Kongo – Mali	1:0
4. 7.04	Liberia – Togo	0:0
4. 9.04	Sambia – Liberia	1:0
5. 9.04	Mali – Senegal	2:2
5. 9.04	Togo – Kongo	2:0
10.10.04	Liberia – Senegal	0:3
10.10.04	Kongo – Sambia	2:3
10.10.04	Togo – Mali	1:0
26. 3.05	Sambia – Kongo	2:0
26. 3.05	Senegal – Liberia	6:1
27. 3.05	Mali – Togo	1:2
5. 6.05	Kongo – Senegal	0:0
5. 6.05	Mali – Liberia	4:1
5. 6.05	Togo – Sambia	4:1
18. 6.05	Sambia – Mali	2:1
18. 6.05	Senegal – Togo	2:2
19. 6.05	Liberia – Kongo	0:2
3. 9.05	Sambia – Senegal	0:1
3. 9.05	Mali – Kongo	2:0
4. 9.05	Togo – Liberia	3:0
1.10.05	Liberia – Sambia	0:5
8.10.05	Senegal – Mali	3:0
8.10.05	Kongo – Togo	2:3

1. TOGO	10	20:8	23	
2. Senegal	10	21:8	21	
3. Sambia	10	16:10	19	
4. Kongo	10	10:14	10	
5. Mali	10	11:14	8	
6. Liberia	10	3:27	4	

Gruppe 2

Datum	Spiel	Ergebnis
5. 6.04	Südafrika – Kap Verde	2:1
5. 6.04	Burkina Faso – Ghana	1:0
6. 6.04	Uganda – DR Kongo	1:0
19. 6.04	Kap Verde – Uganda	1:0
20. 6.04	Ghana – Südafrika	3:0
20. 6.04	DR Kongo – Burkina Faso	3:2
3. 7.04	Südafrika – Burkina Faso	2:0
3. 7.04	Kap Verde – DR Kongo	1:1
3. 7.04	Uganda – Ghana	1:1
4. 9.04	Burkina Faso – Uganda	2:0
5. 9.04	DR Kongo – Südafrika	1:0
5. 9.04	Ghana – Kap Verde	2:0
9.10.04	Kap Verde – Burkina Faso	1:0
10.10.04	Uganda – Südafrika	0:1
10.10.04	Ghana – DR Kongo	0:0
26. 3.05	Südafrika – Uganda	2:1
26. 3.05	Burkina Faso – Kap Verde	1:2
27. 3.05	DR Kongo – Ghana	1:1
4. 6.05	Kap Verde – Südafrika	1:2
5. 6.05	DR Kongo – Uganda	4:0
5. 6.05	Ghana – Burkina Faso	2:1
18. 6.05	Südafrika – Ghana	0:2
18. 6.05	Uganda – Kap Verde	1:0
18. 6.05	Burkina Faso – DR Kongo	2:0
3. 9.05	Burkina Faso – Südafrika	3:1
4. 9.05	DR Kongo – Kap Verde	2:1
4. 9.05	Ghana – Uganda	2:0
8.10.05	Südafrika – DR Kongo	2:2
8.10.05	Uganda – Burkina Faso	2:2
8.10.05	Kap Verde – Ghana	0:4

1. GHANA	10	17:4	21
2. DR Kongo	10	14:10	16
3. Südafrika	10	12:14	16
4. Burkina Faso	10	14:13	13
5. Kap Verde	10	8:15	10
6. Uganda	10	6:15	8

Gruppe 3

Datum	Spiel	Ergebnis
6. 6.04	Kamerun – Benin	2:1
6. 6.04	Elfenbeinküste – Libyen	2:0
6. 6.04	Sudan – Ägypten	0:3
18. 6.04	Libyen – Kamerun	0:0
20. 6.04	Benin – Sudan	1:1
20. 6.04	Ägypten – Elfenbeinküste	1:2
3. 7.04	Sudan – Libyen	0:1
4. 7.04	Kamerun – Elfenbeinküste	2:0
4. 7.04	Benin – Ägypten	3:3
3. 9.04	Libyen – Benin	4:1

STATISTIK ZUR WELTMEISTERSCHAFT 2006

Datum	Spiel	Ergebnis
5. 9.04	Elfenbeinküste – Sudan	5:0
5. 9.04	Ägypten – Kamerun	3:2
8.10.04	Libyen – Ägypten	2:1
9.10.04	Sudan – Kamerun	1:1
10.10.04	Benin – Elfenbeinküste	0:1
27. 3.05	Kamerun – Sudan	2:1
27. 3.05	Elfenbeinküste – Benin	3:0
27. 3.05	Ägypten – Libyen	4:1
3. 6.05	Libyen – Elfenbeinküste	0:0
4. 6.05	Benin – Kamerun	1:4
5. 6.05	Ägypten – Sudan	6:1
19. 6.05	Kamerun – Libyen	1:0
19. 6.05	Elfenbeinküste – Ägypten	2:0
17. 8.05	Sudan – Benin	1:0
2. 9.05	Libyen – Sudan	0:0
4. 9.05	Ägypten – Benin	4:1
4. 9.05	Elfenbeinküste – Kamerun	2:3
8.10.05	Kamerun – Ägypten	1:1
8.10.05	Sudan – Elfenbeinküste	1:3
9.10.05	Benin – Libyen	1:0

1. ELFENBEINKÜSTE	10	20:7	22
2. Kamerun	10	18:10	21
3. Ägypten	10	26:15	17
4. Libyen	10	8:10	12
5. Sudan	10	6:22	6
6. Benin	10	9:23	5

Gruppe 4

Datum	Spiel	Ergebnis
5. 6.04	Gabun – Simbabwe	1:1
5. 6.04	Nigeria – Ruanda	2:0
5. 6.04	Algerien – Angola	0:0
19. 6.04	Ruanda – Gabun	3:1
20. 6.04	Simbabwe – Algerien	1:1
20. 6.04	Angola – Nigeria	1:0
3. 7.04	Ruanda – Simbabwe	0:2
3. 7.04	Gabun – Angola	2:2
3. 7.04	Nigeria – Algerien	1:0
5. 9.04	Simbabwe – Nigeria	0:3
5. 9.04	Angola – Ruanda	1:0
5. 9.04	Algerien – Gabun	0:3
9.10.04	Ruanda – Algerien	1:1
9.10.04	Gabun – Nigeria	1:1
10.10.04	Angola – Simbabwe	1:0
26. 3.05	Nigeria – Gabun	2:0
27. 3.05	Simbabwe – Angola	2:0
27. 3.05	Algerien – Ruanda	1:0
5. 6.05	Simbabwe – Gabun	1:0
5. 6.05	Ruanda – Nigeria	1:1
5. 6.05	Angola – Algerien	2:1
18. 6.05	Nigeria – Angola	1:1
18. 6.05	Gabun – Ruanda	3:0
19. 6.05	Algerien – Simbabwe	2:2
4. 9.05	Simbabwe – Ruanda	3:1
4. 9.05	Angola – Gabun	3:0
4. 9.05	Algerien – Nigeria	2:5
8.10.05	Nigeria – Simbabwe	5:1
8.10.05	Ruanda – Angola	0:1
8.10.05	Gabun – Algerien	0:0

1. ANGOLA	10	12:6	21
2. Nigeria	10	21:7	21
3. Simbabwe	10	13:14	15
4. Gabun	10	11:13	10
5. Algerien	10	8:15	8
6. Ruanda	10	6:16	5

Gruppe 5

Datum	Spiel	Ergebnis
5. 6.04	Malawi – Marokko	1:1
5. 6.04	Tunesien – Botswana	4:1
19. 6.04	Botswana – Malawi	2:0
20. 6.04	Guinea – Tunesien	2:1
3. 7.04	Botswana – Marokko	0:1
3. 7.04	Malawi – Guinea	1:1
4. 9.04	Kenia – Malawi	3:2
4. 9.04	Marokko – Tunesien	1:1
5. 9.04	Guinea – Botswana	4:0
9.10.04	Botswana – Kenia	2:1
9.10.04	Malawi – Tunesien	2:2
10.10.04	Guinea – Marokko	1:1
17.11.04	Kenia – Guinea	2:1
9. 2.05	Marokko – Kenia	5:1
26. 3.05	Marokko – Guinea	1:0
26. 3.05	Tunesien – Malawi	7:0
26. 3.05	Kenia – Botswana	1:0
4. 6.05	Marokko – Malawi	4:1
4. 6.05	Botswana – Tunesien	1:3
5. 6.05	Guinea – Kenia	1:0
11. 6.05	Tunesien – Guinea	2:0
18. 6.05	Malawi – Botswana	1:3
18. 6.05	Kenia – Marokko	0:0
17. 8.05	Tunesien – Kenia	1:0
3. 9.05	Marokko – Botswana	1:0
3. 9.05	Kenia – Tunesien	0:2
4. 9.05	Guinea – Malawi	3:1
8.10.05	Malawi – Kenia	3:0
8.10.05	Botswana – Guinea	1:2
8.10.05	Tunesien – Marokko	2:2

1. TUNESIEN	10	25:9	21
2. Marckko	10	17:7	20
3. Guinea	10	15:10	17
4. Kenia	10	8:17	10
5. Botswana	10	10:18	9
6. Malawi	10	12:26	6

ASIEN

4 Teilnehmer. Die acht Gruppensieger der 1. Runde erreichten die 2. Runde, die in zwei Vierergruppen ausgetragen wurde. Die beiden Gruppensieger und -zweiten waren direkt für die WM 2006 qualifiziert, die beiden Gruppendritten spielten den Asien-Fünften aus, der weitere Ausscheidungsspiele gegen den Vierten der CONCACAF-Gruppe bestreiten musste. Der Sieger daraus qualifizierte sich ebenfalls für die WM-Endrunde.

VORRUNDE

Datum	Spiel	Ergebnis
19.11.03	Turkmenistan – Afghanistan	11:0
23.11.03	Afghanistan – Turkmenistan	0:2
23.11.03	Taiwan – Macao	3:0
29.11.03	Macao – Taiwan	1:3
26.11.03	Bangladesch – Tadschikistan	0:2
30.11.03	Tadschikistan – Bangladesch	2:0
29.11.03	Laos – Sri Lanka	0:0
3.12.03	Sri Lanka – Laos	3:0
29.11.03	Mongolei – Malediven	0:1
3.12.03	Malediven – Mongolei	12:0
29.11.03	Pakistan – Kirgistan	0:2
3.12.03	Kirgistan – Pakistan	4:0

Da Nepal und Guam zurückzogen, kam Laos als »Lucky Loser« in die 1. Runde.

1. RUNDE

Gruppe 1

Datum	Spiel	Ergebnis
18. 2.04	Iran – Katar	3:1
18. 2.04	Jordanien – Laos	5:0
31. 3.04	Laos – Iran	0:7
31. 3.04	Jordanien – Katar	1:0
9. 6.04	Katar – Laos	5:0
9. 6.04	Iran – Jordanien	0:1
8. 9.04	Laos – Katar	1:6
8. 9.04	Jordanien – Iran	0:2
13.10.04	Laos – Jordanien	2:3
13.10.04	Katar – Iran	2:3
17.11.04	Katar – Jordanien	2:0
17.11.04	Iran – Laos	7:0

1. Iran	6	22:4	15
2. Jordanien	6	10:6	12
3. Katar	6	16:8	9
4. Laos	6	3:33	0

Gruppe 2

Datum	Spiel	Ergebnis
18. 2.04	Palästina – Taiwan	8:0
18. 2.04	Usbekistan – Irak	1:1
31. 3.04	Palästina – Irak	1:1

31. 3.04	Taiwan – Usbekistan			0:1
9. 6.04	Irak – Taiwan (in JOR)			6:1
9. 6.04	Usbekistan – Palästina			3:0
8. 9.04	Taiwan – Irak			1:4
8. 9.04	Palästina – Usbekistan			0:3
13.10.04	Irak – Usbekistan (in JOR)			1:2
14.10.04	Taiwan – Palästina			0:1
16.11.04	Irak – Palästina (in QAT)			4:1
17.11.04	Usbekistan – Taiwan			6:1
1. Usbekistan		6	16:3	16
2. Irak		6	17:7	11
3. Palästina		6	11:11	7
4. Taiwan		6	3:26	0

Palästina bestritt seine Heimspiele in Katar, der Irak in Jordanien und Katar.

Gruppe 3

18. 2.04	Japan – Oman			1:0
18. 2.04	Indien – Singapur			1:0
31. 3.04	Indien – Oman			1:5
31. 3.04	Singapur – Japan			1:2
9. 6.04	Japan – Indien			7:0
9. 6.04	Oman – Singapur			7:0
8. 9.04	Singapur – Oman			0:2
8. 9.04	Indien – Japan			0:4
13.10.04	Singapur – Indien			2:0
13.10.04	Oman – Japan			0:1
17.11.04	Japan – Singapur			1:0
17.11.04	Oman – Indien			0:0
1. Japan		6	16:1	18
2. Oman		6	14:3	10
3. Indien		6	2:18	4
4. Singapur		6	3:13	3

Gruppe 4

18. 2.04	China – Kuwait			1:0
18. 2.04	Malaysia – Hongkong			1:3
31. 3.04	Hongkong – China			0:1
31. 3.04	Malaysia – Kuwait			0:2
9. 6.04	China – Malaysia			4:0
9. 6.04	Kuwait – Hongkong			4:0
8. 9.04	Hongkong – Kuwait			0:2
8. 9.04	Malaysia – China			0:1
13.10.04	Hongkong – Malaysia			2:0
13.10.04	Kuwait – China			1:0
17.11.04	China – Hongkong			7:0
17.11.04	Kuwait – Malaysia			6:1
1. Kuwait		6	15:2	15
2. China		6	14:1	15
3. Hongkong		6	5:15	6
4. Malaysia		6	2:18	0

Gruppe 5

18. 2.04	Ver. Arab. Emirate – Thailand			1:0
18. 2.04	Jemen – Nordkorea			1:1
31. 3.04	Nordkorea – Ver. Arab. Emirate			0:0
31. 3.04	Jemen – Thailand			0:3
9. 6.04	Thailand – Nordkorea			1:4
9. 6.04	Ver. Arab. Emirate – Jemen			3:0
8. 9.04	Nordkorea – Thailand			4:1
8. 9.04	Jemen – Ver. Arab. Emirate			3:1
13.10.04	Nordkorea – Jemen			2:1
13.10.04	Thailand – Ver. Arab. Emirate			3:0
17.11.04	Thailand – Jemen			1:1
17.11.04	Ver. Arab. Emirate – Nordkorea			1:0
1. Nordkorea		6	11:5	11
2. Ver. Arab. Emirate		6	6:6	10
3. Thailand		6	9:10	7
4. Jemen		6	6:11	5

Gruppe 6

18. 2.04	Bahrain – Syrien			2:1
18. 2.04	Kirgistan – Tadschikistan			1:2
31. 3.04	Kirgistan – Syrien			1:1
31. 3.04	Tadschikistan – Bahrain			0:0
9. 6.04	Bahrain – Kirgistan			5:0
10. 6.04	Syrien – Tadschikistan			2:1
8. 9.04	Kirgistan – Bahrain			1:2
8. 9.04	Tadschikistan – Syrien			0:1
13.10.04	Tadschikistan – Kirgistan			2:1
13.10.04	Syrien – Bahrain			2:2
17.11.04	Bahrain – Tadschikistan			4:0
17.11.04	Syrien – Kirgistan			0:1
1. Bahrain		6	15:4	14
2. Syrien		6	7:7	8
3. Tadschikistan		6	5:9	7
4. Kirgistan		6	5:12	4

Gruppe 7

18. 2.04	Südkorea – Libanon			2:0
18. 2.04	Vietnam – Malediven			4:0
31. 3.04	Vietnam – Libanon			0:2
31. 3.04	Malediven – Südkorea			0:0
9. 6.04	Südkorea – Vietnam			2:0
9. 6.04	Libanon – Malediven			3:0
8. 9.04	Vietnam – Südkorea			1:2
8. 9.04	Malediven – Libanon			2:5
13.10.04	Malediven – Vietnam			3:0
13.10.04	Libanon – Südkorea			1:1
17.11.04	Südkorea – Malediven			2:0
17.11.04	Libanon – Vietnam			0:0
1. Südkorea		6	9:2	14
2. Libanon		6	11:5	11
3. Vietnam		6	5:9	4
4. Malediven		6	5:14	4

Gruppe 8

18. 2.04	Saudi-Arabien – Indonesien			3:0
18. 2.04	Turkmenistan – Sri Lanka			2:0
31. 3.04	Sri Lanka – Saudi-Arabien			0:1
31. 3.04	Turkmenistan – Indonesien			3:1
9. 6.04	Indonesien – Sri Lanka			1:0
9. 6.04	Saudi-Arabien – Turkmenistan			3:0
8. 9.04	Sri Lanka – Indonesien			2:2
8. 9.04	Turkmenistan – Saudi-Arabien			0:1
9.10.04	Sri Lanka – Turkmenistan			2:2
12.10.04	Indonesien – Saudi-Arabien			1:3
17.11.04	Indonesien – Turkmenistan			3:1
17.11.04	Saudi-Arabien – Sri Lanka			3:0
1. Saudi-Arabien		6	14:1	18
2. Turkmenistan		6	8:10	7
3. Indonesien		6	8:12	7
4. Sri Lanka		6	4:11	2

2. RUNDE

Gruppe A

9. 2.05	Südkorea – Kuwait			2:0
9. 2.05	Usbekistan – Saudi-Arabien			1:1
25. 3.05	Kuwait – Usbekistan			2:1
25. 3.05	Saudi-Arabien – Südkorea			2:0
30. 3.05	Südkorea – Usbekistan			2:1
30. 3.05	Kuwait – Saudi-Arabien			0:0
3. 6.05	Usbekistan – Südkorea			1:1
3. 6.05	Saudi-Arabien – Kuwait			3:0
8. 6.05	Kuwait – Südkorea			0:4
8. 6.05	Saudi-Arabien – Usbekistan			3:0
17. 8.05	Südkorea – Saudi-Arabien			0:1
17. 8.05	Usbekistan – Kuwait			3:2
1. SAUDI-ARABIEN		6	10:1	14
2. SÜDKOREA		6	9:5	10
3. Usbekistan		6	7:11	5
4. Kuwait		6	4:13	4

Gruppe B

9. 2.05	Japan – Nordkorea			2:1
9. 2.05	Bahrain – Iran			0:0
25. 3.05	Nordkorea – Bahrain			1:2
25. 3.05	Iran – Japan			2:1

STATISTIK ZUR WELTMEISTERSCHAFT 2006

30. 3.05	Nordkorea – Iran	0:2
30. 3.05	Japan – Bahrain	1:0
3. 6.05	Iran – Nordkorea	1:0
3. 6.05	Bahrain – Japan	0:1
8. 6.05	Nordkorea – Japan (in Thailand)	0:2
8. 6.05	Iran – Bahrain	1:0
17. 8.05	Japan – Iran	2:1
17. 8.05	Bahrain – Nordkorea	2:3

1. JAPAN	6	9:4	15
2. IRAN	6	7:3	13
3. Bahrain	6	4:7	4
4. Nordkorea	6	5:11	3

PLAY-OFFS DER GRUPPENDRITTEN

3. 9.05	Usbekistan – Bahrain	1:0

(wegen eines Regelverstoßes des Schiedsrichters annulliert)

8.10.05	Usbekistan – Bahrain	1:1
12.10.05	Bahrain – Usbekistan	0:0

PLAY-OFFS GEGEN DEN CONCACAF-VIERTEN:

12.11.05	TRINIDAD & TOBAGO – Bahrain	1:1
16.11.05	Bahrain – TRINIDAD & TOBAGO	0:1

EUROPA

14 Teilnehmer, davon Veranstalter Deutschland direkt qualifiziert. Die acht Gruppensieger und die zwei besten Gruppenzweiten (Polen und Schweden) qualifizierten sich direkt für die WM 2006. Die anderen Gruppenzweiten ermittelten in Hin- und Rückspielen drei weitere WM-Teilnehmer. Zur Ermittlung der besten Gruppenzweiten wurden die Ergebnisse gegen die drei Gruppensiebten nicht berücksichtigt.

Gruppe 1

18. 8.04	Rumänien – Finnland	2:1
18. 8.04	Mazedonien – Armenien	3:0
4. 9.04	Rumänien – Mazedonien	2:1
4. 9.04	Finnland – Andorra	3:0
8. 9.04	Andorra – Rumänien	1:5
8. 9.04	Armenien – Finnland	0:2
8. 9.04	Niederlande – Tschechien	2:0
9.10.04	Finnland – Armenien	3:1
9.10.04	Tschechien – Rumänien	1:0
9.10.04	Mazedonien – Niederlande	2:2
13.10.04	Andorra – Mazedonien	1:0
13.10.04	Armenien – Tschechien	0:3
13.10.04	Niederlande – Finnland	3:1
17.11.04	Armenien – Rumänien	1:1
17.11.04	Mazedonien – Tschechien	0:2
17.11.04	Andorra – Niederlande (in Spanien)	0:3
9. 2.05	Mazedonien – Andorra	0:0
26. 3.05	Armenien – Andorra	2:1
26. 3.05	Tschechien – Finnland	4:3
26. 3.05	Rumänien – Niederlande	0:2
30. 3.05	Andorra – Tschechien	0:4
30. 3.05	Mazedonien – Rumänien	1:2
30. 3.05	Niederlande – Armenien	2:0
4. 6.05	Tschechien – Andorra	8:1
4. 6.05	Armenien – Mazedonien	1:2
4. 6.05	Niederlande – Rumänien	2:0
8. 6.05	Tschechien – Mazedonien	6:1
8. 6.05	Rumänien – Armenien	3:0
8. 6.05	Finnland – Niederlande	0:4
17. 8.05	Mazedonien – Finnland	0:3
17. 8.05	Rumänien – Andorra	2:0
3. 9.05	Rumänien – Tschechien	2:0
3. 9.05	Armenien – Niederlande	0:1
3. 9.05	Andorra – Finnland	0:0
7. 9.05	Tschechien – Armenien	4:1
7. 9.05	Niederlande – Andorra	4:0
7. 9.05	Finnland – Mazedonien	5:1
8.10.05	Finnland – Rumänien	0:1
8.10.05	Tschechien – Niederlande	0:2
12.10.05	Andorra – Armenien	0:3
12.10.05	Finnland – Tschechien	0:3
12.10.05	Niederlande – Mazedonien	0:0

1. NIEDERLANDE	12	27:3	32
2. TSCHECHIEN	12	35:12	27
3. Rumänien	12	20:10	25
4. Finnland	12	21:19	16
5. Mazedonien	12	11:24	9
6. Armenien	12	9:25	7
7. Andorra	12	4:34	5

Gruppe 2

4. 9.04	Albanien – Griechenland	2:1
4. 9.04	Türkei – Georgien	1:1
4. 9.04	Dänemark – Ukraine	1:1
8. 9.04	Griechenland – Türkei	0:0
8. 9.04	Georgien – Albanien	2:0
8. 9.04	Kasachstan – Ukraine	1:2
9.10.04	Ukraine – Griechenland	1:1
9.10.04	Türkei – Kasachstan	4:0
9.10.04	Albanien – Dänemark	0:2
13.10.04	Kasachstan – Albanien	0:1
13.10.04	Ukraine – Georgien	2:0
13.10.04	Dänemark – Türkei	1:1
17.11.04	Georgien – Dänemark	2:2
17.11.04	Türkei – Ukraine	0:3
17.11.04	Griechenland – Kasachstan	3:1
9. 2.05	Albanien – Ukraine	0:2
9. 2.05	Griechenland – Dänemark	2:1
26. 3.05	Türkei – Albanien	2:0
26. 3.05	Georgien – Griechenland	1:3
26. 3.05	Dänemark – Kasachstan	3:0
30. 3.05	Ukraine – Dänemark	1:0
30. 3.05	Georgien – Türkei	2:5
30. 3.05	Griechenland – Albanien	2:0
4. 6.05	Ukraine – Kasachstan	2:0
4. 6.05	Türkei – Griechenland	0:0
4. 6.05	Albanien – Georgien	3:2
8. 6.05	Kasachstan – Türkei	0:6
8. 6.05	Dänemark – Albanien	3:1
8. 6.05	Griechenland – Ukraine	0:1
17. 8.05	Kasachstan – Georgien	1:2
3. 9.05	Türkei – Dänemark	2:2
3. 9.05	Georgien – Ukraine	1:1
3. 9.05	Albanien – Kasachstan	2:1
7. 9.05	Ukraine – Türkei	0:1
7. 9.05	Dänemark – Georgien	6:1
7. 9.05	Kasachstan – Griechenland	1:2
8.10.05	Georgien – Kasachstan	0:0
8.10.05	Ukraine – Albanien	2:2
8.10.05	Dänemark – Griechenland	1:0
12.10.05	Albanien – Türkei	0:1
12.10.05	Kasachstan – Dänemark	1:2
12.10.05	Griechenland – Georgien	1:0

1. UKRAINE	12	18:7	25
2. Türkei	12	23:9	23
3. Dänemark	12	24:12	22
4. Griechenland	12	15:9	21
5. Albanien	12	11:20	13
6. Georgien	12	14:25	10
7. Kasachstan	12	6:29	1

Gruppe 3

18. 8.04	Slowakei – Luxemburg	3:1
18. 8.04	Liechtenstein – Estland	1:2
4. 9.04	Estland – Luxemburg	4:0
4. 9.04	Lettland – Portugal	0:2
4. 9.04	Russland – Slowakei	1:1
8. 9.04	Slowakei – Liechtenstein	7:0
8. 9.04	Luxemburg – Lettland	3:4
8. 9.04	Portugal – Estland	4:0
9.10.04	Luxemburg – Russland	0:4
9.10.04	Slowakei – Lettland	4:1
9.10.04	Liechtenstein – Portugal	2:2
13.10.04	Lettland – Estland	2:2
13.10.04	Luxemburg – Liechtenstein	0:4
13.10.04	Portugal – Russland	7:1
17.11.04	Russland – Estland	4:0
17.11.04	Liechtenstein – Lettland	1:1
17.11.04	Luxemburg – Portugal	0:5
26. 3.05	Estland – Slowakei	1:2
26. 3.05	Liechtenstein – Russland	1:2
30. 3.05	Estland – Russland	1:1
30. 3.05	Lettland – Luxemburg	4:0
30. 3.05	Slowakei – Portugal	1:1
4. 6.05	Russland – Lettland	2:0
4. 6.05	Estland – Liechtenstein	2:0
4. 6.05	Portugal – Slowakei	2:0

8. 6.05	Lettland – Liechtenstein	1:0
8. 6.05	Estland – Portugal	0:1
8. 6.05	Luxemburg – Slowakei	0:4
17. 8.05	Lettland – Russland	1:1
17. 8.05	Liechtenstein – Slowakei	0:0
3. 9.05	Portugal – Luxemburg	6:0
3. 9.05	Russland – Liechtenstein	2:0
3. 9.05	Estland – Lettland	2:1
7. 9.05	Russland – Portugal	0:0
7. 9.05	Lettland – Slowakei	1:1
7. 9.05	Liechtenstein – Luxemburg	3:0
8.10.05	Russland – Luxemburg	5:1
8.10.05	Slowakei – Estland	1:0
8.10.05	Portugal – Liechtenstein	2:1
12.10.05	Luxemburg – Estland	0:2
12.10.05	Portugal – Lettland	3:0
12.10.05	Slowakei – Russland	0:0

1.	PORTUGAL	12	35:5	30
2.	Slowakei	12	24:8	23
3.	Russland	12	23:12	23
4.	Estland	12	16:17	17
5.	Lettland	12	18:21	15
6.	Liechtenstein	12	13:23	8
7.	Luxemburg	12	5:48	0

Gruppe 4

4. 9.04	Schweiz – Färöer	in Basel 6:0

Schweiz: Zuberbühler – Haas, Müller, M. Yakin, Spycher (46. Magnin – Cabanas (63. Huggel), Wicky, Vogel – H. Yakin, Rey (74. Häberli), Vonlanthen.
Färöer: Knudsen – Olsen, Johannesen, Thorsteinsson, J. R. Jacobsen – a Borg (63. Danielsen), Johnsson, Benjaminsen, Jorgensen (70. Hansen) – Petersen (57. R. Jacobsen), Frederiksberg.
Tore: 0:1 Vonlanthen (10.), 2:0 Vonlanthen (14.), 3:0 Rey (29.), 4:0 Rey (44.), 5:0 Rey (55.), 6:0 Vonlanthen (57.) – *SR:* Tudor (Rumänien) – *Zuschauer:* 11 880.

4. 9.04	Irland – Zypern	3:0
4. 9.04	Frankreich – Israel	0:0
8. 9.04	Schweiz – Irland	in Basel 1:1

Schweiz: Zuberbühler – Haas, M. Yakin, Müller, Magnin – Cabanas, Vogel, Barnetta – H. Yakin, Vonlanthen (73. Lonfat), Rey.
Irland: Given – Carr, Cunningham, O'Brien, Finnan – A. Reid (73. Kavanagh), Roy Keane, Kilbane, Duff – Robbie Keane, Morrison (84. Doherty).
Tore: 0:1 Morrison (9.), 1:1 H. Yakin (17.) – *SR:* Vassaras (Griechenland) – *Zuschauer:* 28 000.

8. 9.04	Israel – Zypern	2:1
8. 9.04	Färöer – Frankreich	0:2
9.10.04	Zypern – Färöer	2:2
9.10.04	Israel – Schweiz	in Tel Aviv 2:2

Israel: Davidovich – Gazal (46. Nimni), Benado, Ben-Haim, Gershon (76. Saban), Keisi, Badir, Tal, Benayoun, Afek, Balili (58. Golan).
Schweiz: Zuberbühler – Haas, Magnin, Müller, M. Yakin (61. Henchoz), Vogel, Cabanas, Barnetta (33. Gygax), Frei, H. Yakin (79. Lonfat), Vonlanthen.
Tore: 1:0 Benayoun (9.), 1:1 Frei (26.), 1:2 Vonlanthen (34.), 2:2 Benayoun (48.) – *SR:* Shield (Australien) – *Zuschauer:* 37 976.

9.10.04	Frankreich – Irland	0:0
13.10.04	Irland – Färöer	2:0
13.10.04	Zypern – Frankreich	0:2
17.11.04	Zypern – Israel	1:2
26. 3.05	Israel – Irland	1:1
26. 3.05	Frankreich – Schweiz	in Paris 0:0

Frankreich: Barthez – Sagnol, Boumsong, Givet, Gallas – Vieira, Pedretti, Giuly, Dhorasoo (59. Meriem), Wiltord (82. Govou), Trezeguet.
Schweiz: Zuberbühler – Degen, Senderos, Müller, Spycher – Lonfat (28. Huggel), Vogel, Gygax (90./+2 Henchoz), Cabanas, Ziegler, Frei.
SR: De Santis (Italien) – *Zuschauer:* 79 373.

30. 3.05	Schweiz – Zypern	in Zürich 1:0

Schweiz: Zuberbühler – Vogel, Cabanas, Frei, Spycher (82. Magnin), Lonfat (62. H. Yakin), Müller, Gygax, Senderos, Ziegler, Frei.
Zypern: Panayiotou - Louka, Lambros, Makridis (65. Satsias), Krassas (80. Yiasoumi), Okkas, Charalampidis, Constantinou, Michail, Ilia, Garpozis (90./+2 Aloneftis 90./+2).

Tor: 1:0 Frei (88.) – *SR:* Dougal (Schottland) – *Zuschauer:* 16 000 – *Rote Karte:* Panayiotou (90.).

30. 3.05	Israel – Frankreich	1:1
4. 6.05	Färöer – Schweiz	in Toftir 1:3

Färöer: Mikkelsen – Hansen, Johannesen, J. R. Jacobsen, Olsen – Danielsen – a Borg (66. Frederiksberg), Benjaminsen – R. Jacobsen, Jörgensen (75. Lakjuni) - Flötum (63. C. Jacobsen).
Schweiz: Zuberbühler – Degen, Müller, Rochat, Magnin, Gygax, Vogel, Wicky (89. Lonfat), Barnetta (68. Margairaz), Vonlanthen (77. Ziegler), Frei.
Tore: 0:1 Wicky (25.), 1:1 R. Jacobsen (70.), 1:2 Frei (72.), 1:3 Frei (84.) – *SR:* Gumienny (Belgien) – *Zuschauer:* 2300.

4. 6.05	Irland – Israel	2:2
8. 6.05	Färöer – Irland	0:2
17. 8.05	Färöer – Zypern	0:3
3. 9.05	Frankreich – Färöer	3:0
3. 9.05	Schweiz – Israel	in Basel 1:1

Schweiz: Zuberbühler – Degen, Müller, Senderos, Magnin (89. Spycher), Gygax, Vogel, Barnetta, H. Yakin (65. Cabanas), Vonlanthen (82. Lustrinelli), Frei.
Israel: Davidovich – Saban, Ben-Haim, Harazi, Benado, Keisy - Badir, Tal, Benayoun (90./+4 Suan), Nimni (71. Zandberg – Katan (65. Golan).
Tore: 1:0 Frei (6.), 1:1 Keisy (20.) – *SR:* Rosetti (Italien) – *Zuschauer:* 30 000.

7. 9.05	Irland – Frankreich	0:1
7. 9.05	Zypern – Schweiz	in Nicosia 1:3

Zypern: Morphis – Llia, Okkarides (46. Lambrou), Louka, Charalambous - Charalampidis, Krassas (64. Nikolaou), Michail (82. Yiasoumi), Aloneftis – Konstantinou, Okkas.
Schweiz: Zuberbühler – Degen, Müller, Senderos, Spycher, Gygax, Vogel, Wicky, Barnetta (89. Huggel), Vonlanthen (81. Lustrinelli), Frei (72. H. Yakin).
Tore: 0:1 Frei (15.), 1:1 Aloneftis (35.), 1:2 Senderos (69.), 1:3 Gygax (84.) – *SR:* Ivanov (Russland) – *Zuschauer:* 3000.

7. 9.05	Färöer – Israel	0:2
8.10.05	Zypern – Irland	0:1
8.10.05	Israel – Färöer	2:1
8.10.05	Schweiz – Frankreich	in Bern 1:1

Schweiz: Zuberbühler – Degen, Müller, Senderos, Magnin, Barnetta (90./+1 Behrami), Vogel, Wicky (83. Lustrinelli), Cabanas, Frei, Vonlanthen (60. Gygax).
Frankreich: Coupet – Reveillere, Thuram, Boumsong, Gallas – Vieira, Makelele – Dhorasoo (46. Cissé), Zidane, Malouda (90./+1 Govou) – Wiltord.
Tore: 0:1 Cissé (53.), 1:1 Magnin (79.) – *SR:* Hauge (Norwegen) – *Zuschauer:* 31 400.

12.10.05	Frankreich – Zypern	4:0
12.10.05	Irland – Schweiz	0:0

Irland: Given – Carr, Dunne, Cunningham, Harte – A. Reid (79. S. Reid), Holland, O'Shea, Kilbane – Robbie Keane (68. Elliott), Morrison (87. Doherty).
Schweiz: Zuberbühler – Degen, Müller, Senderos, Magnin, Barnetta (89. Huggel), Vogel, Wicky, Cabanas, Frei, Vonlanthen (53. Streller).
SR: Dr. Merk (Deutschland) – *Zuschauer:* 34 000.

1.	FRANKREICH	10	14:2	20
2.	SCHWEIZ	10	18:7	18
3.	Israel	10	15:10	18
4.	Irland	10	12:5	17
5.	Zypern	10	8:20	4
6.	Färöer	10	4:27	1

Gruppe 5

4. 9.04	Slowenien – Moldawien	3:0
4. 9.04	Italien – Norwegen	2:1
8. 9.04	Norwegen – Weißrussland	1:1
8. 9.04	Schottland – Slowenien	0:0
8. 9.04	Moldawien – Italien	0:1
9.10.04	Schottland – Norwegen	0:1
9.10.04	Weißrussland – Moldawien	4:0
9.10.04	Slowenien – Italien	1:0
13.10.04	Norwegen – Slowenien	3:0
13.10.04	Moldawien – Schottland	1:1
13.10.04	Italien – Weißrussland	4:3
26. 3.05	Italien – Schottland	2:0
30. 3.05	Moldawien – Norwegen	0:0
30. 3.05	Slowenien – Weißrussland	1:1

STATISTIK ZUR WELTMEISTERSCHAFT 2006

Datum	Spiel	Ergebnis
4. 6.05	Schottland – Moldawien	2:0
4. 6.05	Weißrussland – Slowenien	1:1
4. 6.05	Norwegen – Italien	0:0
8. 6.05	Weißrussland – Schottland	0:0
3. 9.05	Schottland – Italien	1:1
3. 9.05	Slowenien – Norwegen	2:3
3. 9.05	Moldawien – Weißrussland	2:0
7. 9.05	Weißrussland – Italien	1:4
7. 9.05	Moldawien – Slowenien	1:2
7. 9.05	Norwegen – Schottland	1:2
8.10.05	Schottland – Weißrussland	0:1
8.10.05	Norwegen – Moldawien	1:0
8.10.05	Italien – Slowenien	1:0
12.10.05	Italien – Moldawien	2:1
12.10.05	Slowenien – Schottland	0:3
12.10.05	Weißrussland – Norwegen	0:1

1. ITALIEN	10	17:8	23
2. Norwegen	10	12:7	18
3. Schottland	10	9:7	13
4. Slowenien	10	10:13	12
5. Weißrussland	10	12:14	10
6. Moldawien	10	5:16	5

Gruppe 6

Datum	Spiel	Ergebnis
4. 9.04	Österreich – England	2:2
4. 9.04	Aserbaidschan – Wales	1:1
4. 9.04	Nordirland – Polen	0:3
8. 9.04	Wales – Nordirland	2:2
8. 9.04	Österreich – Aserbaidschan	2:0
8. 9.04	Polen – England	1:2
9.10.04	England – Wales	2:0
9.10.04	Aserbaidschan – Nordirland	0:0
9.10.04	Österreich – Polen	1:3
13.10.04	Aserbaidschan – England	0:1
13.10.04	Nordirland – Österreich	3:3
13.10.04	Wales – Polen	2:3
26. 3.05	Polen – Aserbaidschan	8:0
26. 3.05	Wales – Österreich	0:2
26. 3.05	England – Nordirland	4:0
30. 3.05	Polen – Nordirland	1:0
30. 3.05	Österreich – Wales	1:0
30. 3.05	England – Aserbaidschan	2:0
4. 6.05	Aserbaidschan – Polen	0:3
3. 9.05	Wales – England	0:1
3. 9.05	Polen – Österreich	3:2
3. 9.05	Nordirland – Aserbaidschan	2:0
7. 9.05	Nordirland – England	1:0
7. 9.05	Polen – Wales	1:0
7. 9.05	Aserbaidschan – Österreich	0:0
8.10.05	Nordirland – Wales	2:3
8.10.05	England – Österreich	1:0
12.10.05	Österreich – Nordirland	2:0
12.10.05	England – Polen	2:1
12.10.05	Wales – Aserbaidschan	2:0

1. ENGLAND	10	17:5	25
2. POLEN	10	27:9	24
3. Österreich	10	15:12	15
4. Nordirland	10	10:18	9
5. Wales	10	10:15	8
6. Aserbaidschan	10	1:21	3

Gruppe 7

Datum	Spiel	Ergebnis
4. 9.04	Belgien – Litauen	1:1
4. 9.04	San Marino – Serbien-Montenegro	0:3
8. 9.04	Litauen – San Marino	4:0
8. 9.04	Bosnien-Herzegowina – Spanien	1:1
9.10.04	Bosnien-Herzegowina – Serbien-Montenegro	0:0
9.10.04	Spanien – Belgien	2:0
13.10.04	Serbien-Montenegro – San Marino	5:0
13.10.04	Litauen – Spanien	0:0
17.11.04	Belgien – Serbien-Montenegro	0:2
17.11.04	San Marino – Litauen	0:1
9. 2.05	Spanien – San Marino	5:0
26. 3.05	Belgien – Bosnien-Herzegowina	4:1
30. 3.05	Bosnien-Herzegowina – Litauen	1:1
30. 3.05	San Marino – Belgien	1:2
30. 3.05	Serbien-Montenegro – Spanien	0:0
4. 6.05	Serbien-Montenegro – Belgien	0:0
4. 6.05	San Marino – Bosnien-Herzegowina	1:3
4. 6.05	Spanien – Litauen	1:0
8. 6.05	Spanien – Bosnien-Herzegowina	1:1
3. 9.05	Bosnien-Herzegowina – Belgien	1:0
3. 9.05	Serbien-Montenegro – Litauen	2:0
7. 9.05	Litauen – Bosnien-Herzegowina	0:1
7. 9.05	Belgien – San Marino	8:0
7. 9.05	Spanien – Serbien-Montenegro	1:1
8.10.05	Litauen – Serbien-Montenegro	0:2
8.10.05	Bosnien-Herzegowina – San Marino	3:0
8.10.05	Belgien – Spanien	0:2
12.10.05	San Marino – Spanien	0:6
12.10.05	Litauen – Belgien	1:1
12.10.05	Serbien-Montenegro – Bosnien-Herzegowina	1:0

1. SERBIEN-MONTENEGRO	10	16:1	22
2. SPANIEN	10	19:3	20
3. Bosnien-Herzegowina	10	12:9	16
4. Belgien	10	16:11	12
5. Litauen	10	8:9	10
6. San Marino	10	2:40	0

Gruppe 8

Datum	Spiel	Ergebnis
4. 9.04	Malta – Schweden	0:7
4. 9.04	Kroatien – Ungarn	3:0
4. 9.04	Island – Bulgarien	1:3
8. 9.04	Schweden – Kroatien	0:1
8. 9.04	Ungarn – Island	3:2
9.10.04	Schweden – Ungarn	3:0
9.10.04	Malta – Island	0:0
9.10.04	Kroatien – Bulgarien	2:2
13.10.04	Bulgarien – Malta	4:1
13.10.04	Island – Schweden	1:4
17.11.04	Malta – Ungarn	0:2
26. 3.05	Kroatien – Island	4:0
26. 3.05	Bulgarien – Schweden	0:3
30. 3.05	Kroatien – Malta	3:0
30. 3.05	Ungarn – Bulgarien	1:1
4. 6.05	Bulgarien – Kroatien	1:3
4. 6.05	Schweden – Malta	6:0
4. 6.05	Island – Ungarn	2:3
8. 6.05	Island – Malta	4:1
3. 9.05	Schweden – Bulgarien	3:0
3. 9.05	Island – Kroatien	1:3
3. 9.05	Ungarn – Malta	4:0
7. 9.05	Ungarn – Schweden	0:1
7. 9.05	Malta – Kroatien	1:1
7. 9.05	Bulgarien – Island	3:2
8.10.05	Bulgarien – Ungarn	2:0
8.10.05	Kroatien – Schweden	1:0
12.10.05	Malta – Bulgarien	1:1
12.10.05	Schweden – Island	3:1
12.10.05	Ungarn – Kroatien	0:0

1. KROATIEN	10	21:5	24
2. SCHWEDEN	10	30:4	24
3. Bulgarien	10	17:17	15
4. Ungarn	10	13:14	14
5. Island	10	14:27	4
6. Malta	10	4:32	3

PLAY-OFFS DER GRUPPENZWEITEN

12.11.2005 in Bern
SCHWEIZ – Türkei   **2:0**
Schweiz: Zuberbühler – Degen, Müller, Senderos, Magnin - Gygax, Cabanas, Vogel, Barnetta (83. Behrami) – Frei, Streller (77. Vonlanthen).
Türkei: Volkan – Serkan, Alpay, Toraman, Ümit Özat (77. Halil Altintop) – Hüseyin (46. Okan), Selcuk, Tümer, Tuncay (83. Ergün) – Hakan Sükür.
Tore: 1:0 Senderos (41.), 2:0 Behrami (86.) – *SR*: Michel (Slowakei) – *Zuschauer*: 31 130.

16.11.2005 in Istanbul
Türkei – SCHWEIZ   **4:2**
Türkei: Volkan – Hamit Altintop, Tolga, Alpay, Ergün – Selcuk – Serhat (70. Tümer), Emre (82. Bastürk), Tuncay – Necati (80. Fatih Tekke), Hakan Sükür.
Schweiz: Zuberbühler – Degen (46. Behrami), Müller, Senderos, Spycher – Vogel – Barnetta, Cabanas, Wicky – Gygax (33. Streller, 87. Huggel) – Frei.
Tore: 0:1 Frei (2., Handelfmeter); 1:1 Tuncay (24.), 2:1 Tuncay (38.), 3:1 Necati (52., Foulelfmeter), 3:2 Streller (84.), 4:2 Tuncay (89.) – *SR*: De Bleeckere (Belgien) – *Zuschauer* 42 000.

12.11.05	Norwegen – Tschechien	0:1
16.11.05	TSCHECHIEN – Norwegen	1:0
12.11.05	SPANIEN – Slowakei	5:1
16.11.05	Slowakei – SPANIEN	1:1

NORD- UND MITTELAMERIKA

4 Teilnehmer. Die zwölf Gruppensieger der 1. Runde erreichten die 2. Runde, die in drei Vierergruppen ausgetragen wurde. Aus diesen qualifizierten sich die drei Gruppensieger und -zweiten für die 3. Runde, die in einer Gruppe mit Hin- und Rückspielen ausgetragen wurde. Die ersten Drei waren direkt für die WM 2006 qualifiziert, der Gruppenvierte musste zwei Ausscheidungsspiele gegen den Fünften der Asien-Gruppe bestreiten. Der Sieger daraus qualifizierte sich ebenfalls für die WM-Endrunde.

1. RUNDE

Gruppe 1
28. 2.04	Grenada – Guyana	5:0
14. 3.04	Guyana – Grenada	1:3
13. 6.04	USA – Grenada	3:0
20. 6.04	Grenada – USA	2:3

Gruppe 2
29. 2.04	Bermuda – Montserrat	13:0
21. 3.04	Montserrat – Bermuda	0:7
13. 6.04	El Salvador – Bermuda	2:1
20. 6.04	Bermuda – El Salvador	2:2

Gruppe 3
18. 2.04	Haiti – Turks/Caicos-Inseln	5:0
21. 2.04	Turks/Caicos-Inseln – Haiti	0:2
	(beide Spiele in den USA)	
12. 6.04	Haiti – Jamaika	1:1
20. 6.04	Jamaika – Haiti	3:0

Gruppe 4
22. 2.04	Brit. Jungfern-Inseln – St. Lucia	0:1
28. 3.04	St. Lucia – Brit. Jungfern-Inseln	9:0
13. 6.04	Panama – St. Lucia	4:0
20. 6.04	St. Lucia – Panama	0:3

Gruppe 5
22. 2.04	Cayman-Inseln – Kuba	1:2
27. 3.04	Kuba – Cayman-Inseln	3:0
12. 6.04	Kuba – Costa Rica	2:2
20. 6.04	Costa Rica – Kuba	1:1

Gruppe 6
28. 2.04	Aruba – Surinam	1:2
27. 3.04	Surinam – Aruba	8:1
12. 6.04	Surinam – Guatemala	1:1
20. 6.04	Guatemala – Surinam	3:1

Gruppe 7
18. 2.04	Antigua/Barbuda – Niederl. Antillen	2:0
31. 3.04	Niederl. Antillen – Antigua/Barbuda	3:0
12. 6.04	Niederl. Antillen – Honduras	1:2
19. 6.04	Honduras – Niederl. Antillen	4:0

Gruppe 8
13. 6.04	Kanada – Belize	4:0
16. 6.04	Belize – Kanada	0:4
(beide Spiele in Kanada)		

Gruppe 9
26. 3.04	Dominica – Bahamas	1:1
28. 3.04	Bahamas – Dominica	1:3
	(beide Spiele auf den Bahamas)	
19. 6.04	Dominica – Mexiko (in den USA)	0:10
27. 6.04	Mexiko – Dominica	8:0

Gruppe 10
18. 2.04	US-Jungfern-Inseln – St. Kitts/Nevis	0:4
31. 3.04	St. Kitts/Nevis – US-Jungfern-Inseln	7:0
13. 6.04	Barbados – St. Kitts/Nevis	0:2
19. 6.04	St. Kitts/Nevis – Barbados	3:2

Gruppe 11
19. 3.04	Dominikanische Rep. – Anguilla	0:0
21. 3.04	Anguilla – Dominikanische Rep.	0:6
	(beide Spiele in der Dominikanischen Rep.)	
13. 6.04	Dominikanische Rep. – Trinidad/Tobago	0:2
20. 6.04	Trinidad/Tobago – Dominikanische Rep.	4:0

Gruppe 12
13. 6.04	Nicaragua – St. Vincent	2:2
20. 6.04	St. Vincent – Nicaragua	4:1

2. RUNDE

Gruppe A
18. 8.04	Jamaika – USA	1:1
18. 8.04	El Salvador – Panama	2:1
4. 9.04	USA – El Salvador	2:0
4. 9.04	Jamaika – Panama	1:2
8. 9.04	Panama – USA	1:1
8. 9.04	El Salvador – Jamaika	0:3
9.10.04	El Salvador – USA	0:2
9.10.04	Panama – Jamaika	1:1
13.10.04	Jamaika – El Salvador	0:0
13.10.04	USA – Panama	6:0
17.11.04	USA – Jamaika	1:1
17.11.04	Panama – El Salvador	3:0

1. USA	6	13:3	12
2. Panama	6	8:11	8
3. Jamaika	6	7:5	7
4. El Salvador	6	2:11	4

Gruppe B
18. 8.04	Kanada – Guatemala	0:2
18. 8.04	Costa Rica – Honduras	2:5
4. 9.04	Kanada – Honduras	1:1
5. 9.04	Guatemala – Costa Rica	2:1
8. 9.04	Costa Rica – Kanada	1:0
8. 9.04	Honduras – Guatemala	2:2
9.10.04	Honduras – Kanada	1:1
9.10.04	Costa Rica – Guatemala	5:0
13.10.04	Kanada – Costa Rica	1:3
13.10.04	Guatemala – Honduras	1:0
17.11.04	Guatemala – Kanada	0:1
17.11.04	Honduras – Costa Rica	0:0

1. Costa Rica	6	12:8	10
2. Guatemala	6	7:9	10
3. Honduras	6	9:7	7
4. Kanada	6	4:8	5

Gruppe C
18. 8.04	St. Vincent – Trinidad/Tobago	0:2
4. 9.04	St. Kitts/Nevis – Trinidad/Tobago	1:2
8. 9.04	Trinidad/Tobago – Mexiko	1:3
10. 9.04	St. Vincent – St. Kitts/Nevis	1:0
6.10.04	Mexiko – St. Vincent	7:0
10.10.04	Trinidad/Tobago – St. Kitts/Nevis	5:1
10.10.04	St. Vincent – Mexiko	0:1
13.10.04	St. Kitts/Nevis – St. Vincent	0:3
13.10.04	Mexiko – Trinidad/Tobago	3:0
13.11.04	St. Kitts/Nevis – Mexiko	0:5
	(in den USA)	
17.11.04	Trinidad/Tobago – St. Vincent	2:1
17.11.04	Mexiko – St. Kitts/Nevis	8:0

1. Mexiko	6	27:1	18
2. Trinidad & Tobago	6	12:9	9
3. St. Vincent	6	5:12	6
4. St. Kitts/Nevis	6	2:24	0

STATISTIK ZUR WELTMEISTERSCHAFT 2006

3. RUNDE

Datum	Spiel	Ergebnis
9. 2.05	Trinidad/Tobago – USA	1:2
9. 2.05	Panama – Guatemala	0:0
9. 2.05	Costa Rica – Mexiko	1:2
26. 3.05	Costa Rica – Panama	2:1
26. 3.05	Guatemala – Trinidad/Tobago	5:1
27. 3.05	Mexiko – USA	2:1
30. 3.05	Trinidad/Tobago – Costa Rica	0:0
30. 3.05	USA – Guatemala	2:0
30. 3.05	Panama – Mexiko	1:1
4. 6.05	USA – Costa Rica	3:0
4. 6.05	Trinidad/Tobago – Panama	2:0
4. 6.05	Guatemala – Mexiko	0:2
8. 6.05	Mexiko – Trinidad/Tobago	2:0
8. 6.05	Costa Rica – Guatemala	3:2
8. 6.05	Panama – USA	0:3
17. 8.05	USA – Trinidad/Tobago	1:0
17. 8.05	Guatemala – Panama	2:1
17. 8.05	Mexiko – Costa Rica	2:0
3. 9.05	USA – Mexiko	2:0
3. 9.05	Panama – Costa Rica	1:3
3. 9.05	Trinidad/Tobago – Guatemala	3:2
7. 9.05	Guatemala – USA	0:0
7. 9.05	Costa Rica – Trinidad/Tobago	2:0
7. 9.05	Mexiko – Panama	5:0
8.10.05	Panama – Trinidad/Tobago	0:1
8.10.05	Costa Rica – USA	3:0
8.10.05	Mexiko – Guatemala	5:2
12.10.05	Guatemala – Costa Rica	3:1
12.10.05	Trinidad/Tobago – Mexiko	2:1
12.10.05	USA – Panama	2:0

1. USA	10	16:6	22
2. MEXIKO	10	22:9	22
3. COSTA RICA	10	15:14	16
4. TRINIDAD & TOBAGO	10	10:15	13
5. Guatemala	10	16:18	11
6. Panama	10	4:21	2

PLAY-OFFS GEGEN DEN ASIEN-FÜNFTEN:

12.11.05	Trinidad & Tobago – Bahrain	1:1
16.11.05	Bahrain – TRINIDAD & TOBAGO	0:1

OZEANIEN

1 Teilnehmer. Die Gruppensieger und -zweiten der 1. Runde spielten in der 2. Runde zusammen mit Australien und Neuseeland eine einfache Runde. Der Erste und Zweite ermittelten in Hin- und Rückspiel den Ozeanien-Sieger, der Ausscheidungsspiele gegen den Fünften der Südamerika-Gruppe bestreiten musste. Der Sieger dieser Spiele qualifizierte sich für die WM 2006.

1. RUNDE

Gruppe 1
Turnier auf den Salomonen

10. 5.04	Salomonen – Tonga	6:0
10. 5.04	Tahiti – Cook-Inseln	2:0
12. 5.04	Salomonen – Cook-Inseln	5:0
12. 5.04	Tahiti – Neukaledonien	0:0
15. 5.04	Tonga – Cook-Inseln	2:1
15. 5.04	Salomonen – Neukaledonien	2:0
17. 5.04	Neukaledonien – Cook-Inseln	8:0
17. 5.04	Tahiti – Tonga	2:0
19. 5.04	Neukaledonien – Tonga	8:0
19. 5.04	Salomonen – Tahiti	1:1

1. Salomonen	4	14:1	10
2. Tahiti	4	5:1	8
3. Neukaledonien	4	16:2	7
4. Tonga	4	2:17	3
5. Cook-Inseln	4	1:17	0

Gruppe 2
Turnier auf Samoa

10. 5.04	Papua-Neuguinea – Vanuatu	1:1
10. 5.04	Samoa – US-Samoa	4:0
12. 5.04	US-Samoa – Vanuatu	1:9
12. 5.04	Fidschi – Papua-Neuguinea	4:2
15. 5.04	Fidschi – US-Samoa	11:0
15. 5.04	Samoa – Vanuatu	0:3
17. 5.04	US-Samoa – Papua-Neuguinea	0:10
17. 5.04	Samoa – Fidschi	0:4
19. 5.04	Fidschi – Vanuatu	0:3
19. 5.04	Samoa – Papua-Neuguinea	1:4

1. Vanuatu	4	16:2	10
2. Fidschi	4	19:5	9
3. Papua-Neuguinea	4	17:6	7
4. Samoa	4	5:11	3
5. US-Samoa	4	1:34	0

2. RUNDE
Turnier in Australien

29. 5.04	Vanuatu – Salomonen	0:1
29. 5.04	Tahiti – Fidschi	0:0
29. 5.04	Australien – Neuseeland	1:0
31. 5.04	Neuseeland – Salomonen	3:0
31. 5.04	Australien – Tahiti	9:0
31. 5.04	Fidschi – Vanuatu	1:0
2. 6.04	Australien – Fidschi	6:1
2. 6.04	Tahiti – Salomonen	0:4
2. 6.04	Neuseeland – Vanuatu	2:4
4. 6.04	Neuseeland – Tahiti	10:0
4. 6.04	Fidschi – Salomonen	1:2
4. 6.04	Vanuatu – Australien	0:3
6. 6.04	Tahiti – Vanuatu	2:1
6. 6.04	Fidschi – Neuseeland	0:2
6. 6.04	Salomonen – Australien	2:2

1. Australien	5	21:3	13
2. Salomonen	5	9:6	10
3. Neuseeland	5	17:5	9
4. Fidschi	5	3:10	4
5. Tahiti	5	2:24	4
6. Vanuatu	5	5:9	3

Endspiele

3. 9.05	Australien – Salomonen	7:0
6. 9.05	Salomonen – Australien	1:2

PLAY-OFFS GEGEN DEN ASIEN-FÜNFTEN:

12.11.05	Uruguay – AUSTRALIEN	1:0
16.11.05	AUSTRALIEN – Uruguay	n. V. 1:0
	(Elfmeterschießen 4:2)	

SÜDAMERIKA

4 Teilnehmer. Alle zehn Mitglieder der südamerikanischen Konföderation CONMEBOL spielten in einer Gruppe mit Hin- und Rückspielen. Die ersten vier Länder qualifizierten sich direkt für die WM, der Fünfte musste zwei Ausscheidungsspiele gegen den Ozeanien-Sieger bestreiten.

6. 9.03	Argentinien – Chile	2:2
6. 9.03	Ecuador – Venezuela	2:0
6. 9.03	Peru – Paraguay	4:1
7. 9.03	Uruguay – Bolivien	5:0
7. 9.03	Kolumbien – Brasilien	1:2
9. 9.03	Venezuela – Argentinien	0:3
9. 9.03	Chile – Peru	2:1
10. 9.03	Bolivien – Kolumbien	4:0
10. 9.03	Paraguay – Uruguay	4:1
10. 9.03	Brasilien – Ecuador	1:0
15.11.03	Paraguay – Ecuador	2:1
15.11.03	Uruguay – Chile	2:1
15.11.03	Argentinien – Bolivien	3:0
15.11.03	Kolumbien – Venezuela	0:1
16.11.03	Peru – Brasilien	1:1
18.11.03	Venezuela – Bolivien	2:1
18.11.03	Chile – Paraguay	0:1
19.11.03	Ecuador – Peru	0:0
19.11.03	Brasilien – Uruguay	3:3
19.11.03	Kolumbien – Argentinien	1:1
30. 3.04	Argentinien – Ecuador	1:0
30. 3.04	Bolivien – Chile	0:2
31. 3.04	Peru – Kolumbien	0:2
31. 3.04	Paraguay – Brasilien	0:0

Datum	Spiel	Ergebnis
31. 3.04	Uruguay – Venezuela	0:3
1. 6.04	Bolivien – Paraguay	2:1
1. 6.04	Venezuela – Chile	0:1
1. 6.04	Uruguay – Peru	1:3
2. 6.04	Ecuador – Kolumbien	2:1
2. 6.04	Brasilien – Argentinien	3:1
5. 6.04	Ecuador – Bolivien	3:2
6. 6.04	Argentinien – Paraguay	0:0
6. 6.04	Peru – Venezuela	0:0
6. 6.04	Kolumbien – Uruguay	5:0
6. 6.04	Chile – Brasilien	1:1
4. 9.04	Peru – Argentinien	1:3
5. 9.04	Uruguay – Ecuador	1:0
5. 9.04	Brasilien – Bolivien	3:1
5. 9.04	Chile – Kolumbien	0:0
5. 9.04	Paraguay – Venezuela	1:0
9.10.04	Kolumbien – Paraguay	1:1
9.10.04	Bolivien – Peru	1:0
9.10.04	Venezuela – Brasilien	2:5
9.10.04	Argentinien – Uruguay	4:2
10.10.04	Ecuador – Chile	2:0
12.10.04	Bolivien – Uruguay	0:0
13.10.04	Paraguay – Peru	1:1
13.10.04	Brasilien – Kolumbien	0:0
13.10.04	Chile – Argentinien	0:0
14.10.04	Venezuela – Ecuador	3:1
17.11.04	Ecuador – Brasilien	1:0
17.11.04	Argentinien – Venezuela	3:2
17.11.04	Peru – Chile	2:1
17.11.04	Uruguay – Paraguay	1:0
17.11.04	Kolumbien – Bolivien	1:0
26. 3.05	Bolivien – Argentinien	1:2
26. 3.05	Venezuela – Kolumbien	0:0
26. 3.05	Chile – Uruguay	1:1
27. 3.05	Brasilien – Peru	1:0
27. 3.05	Ecuador – Paraguay	5:2
29. 3.05	Bolivien – Venezuela	3:1
30. 3.05	Paraguay – Chile	2:1
30. 3.05	Peru – Ecuador	2:2
30. 3.05	Uruguay – Brasilien	1:1
30. 3.05	Argentinien – Kolumbien	1:0
4. 6.05	Kolumbien – Peru	5:0
4. 6.05	Ecuador – Argentinien	2:0
4. 6.05	Venezuela – Uruguay	1:1
4. 6.05	Chile – Bolivien	3:1
5. 6.05	Brasilien – Paraguay	4:1
7. 6.05	Peru – Uruguay	0:0
8. 6.05	Kolumbien – Ecuador	3:0
8. 6.05	Chile – Venezuela	2:1
8. 6.05	Paraguay – Bolivien	4:1
8. 6.05	Argentinien – Brasilien	3:1
3. 9.05	Paraguay – Argentinien	1:0
3. 9.05	Bolivien – Ecuador	1:2
3. 9.05	Venezuela – Peru	4:1
4. 9.05	Brasilien – Chile	5:0
4. 9.05	Uruguay – Kolumbien	3:2
8.10.05	Ecuador – Uruguay	0:0
8.10.05	Kolumbien – Chile	1:1
8.10.05	Venezuela – Paraguay	0:1
9.10.05	Bolivien – Brasilien	1:1
9.10.05	Argentinien – Peru	2:0
12.10.05	Uruguay – Argentinien	1:0
12.10.05	Brasilien – Venezuela	3:0
12.10.05	Paraguay – Kolumbien	0:1
12.10.05	Chile – Ecuador	0:0
12.10.05	Peru – Bolivien	4:1

		Sp	Tore	Pkt
1.	BRASILIEN	18	35:17	34
2.	ARGENTINIEN	18	29:17	34
3.	ECUADOR	18	23:19	28
4.	PARAGUAY	18	23:23	28
5.	Uruguay	18	23:28	25
6.	Kolumbien	18	24:16	24
7.	Chile	18	18:22	22
8.	Venezuela	18	20:28	18
9.	Peru	18	20:28	18
10.	Bolivien	18	20:37	14

PLAY-OFFS GEGEN DEN OZEANIEN-SIEGER

12.11.05	Uruguay – AUSTRALIEN	1:0
16.11.05	AUSTRALIEN – Uruguay	n. V. 1:1
		(Elfmeterschießen 4:2)

ENDRUNDE IN DEUTSCHLAND

Gruppe A

9. Juni in München
DEUTSCHLAND – COSTA RICA 4:2 (2:1)
DEUTSCHLAND: Lehmann – Friedrich, Mertesacker, Metzelder, Lahm – Schneider (90./+1), Frings, Borowski (72. Kehl), Schweinsteiger – Klose (79. Neuville), Podolski
COSTA RICA: Porras – Umana, Sequeira, Marin – Martinez (66. Drummond), Fonseca, Solis (78. Bolanos), Gonzales – Centeno – Gomez (90./+1 Azofeifa), Wanchope
Tore: 1:0 Lahm (6.), 1:1 Wanchope (12.), 2:1 Klose (17.), 3:1 Klose (60.), 3:2 Wanchope (73.), 4:2 Frings (87.)
Gelbe Karte: Fonseca
Schiedsrichter: Elizondo (Argentinien)
Zuschauer: 64 950 (ausverkauft)

9. Juni in Gelsenkirchen
POLEN – ECUADOR 0:2 (0:1)
POLEN: Boruc – Baszczynski, Jop, Bak, Zewlakow – Sobolewski (67. Jelen), Radomski, Smolarek, Szymkowiak, Krzynowek (78. Kosowski) – Zurawski (83. Brozek)
ECUADOR: Mora – de la Cruz, Hurtado (69. Guagua), Espinoza, Reasco – Valencia, Castillo, E. Tenorio, Mendez – C. Tenorio (65. Kaviedes), Delgado (83. Urrutia)
Tore: 0:1 C. Tenorio (24.), 0:2 Delgado (80.)
Gelbe Karten: Smolarek – Hurtado, Mendez
Schiedsrichter: Kamikawa (Japan)
Zuschauer: 52 000 (ausverkauft)

14. Juni in Dortmund
DEUTSCHLAND – POLEN 1:0 (0:0)
DEUTSCHLAND: Lehmann – Friedrich (63. Odonkor), Mertesacker, Metzelder, Lahm – Schneider, Frings, Ballack, Schweinsteiger (77. Borowski) – Klose, Podolski (70. Neuville)
POLEN: Boruc – Baszczynski, Bosacki, Bak, Zewlakow (83. Dudka) – Sobolewski, Radomski, Jelen (90./+1 Brozek), Krzynowek (77. Lewandowski) – Zurawski – Smolarek
Tor: 1:0 Neuville (90./+1)
Gelbe Karten: Ballack, Odonkor, Metzelder – Krzynowek, Boruc
Gelb-Rote Karte: Sobolewski (75.)
Schiedsrichter: Medina Cantalejo (Spanien)
Zuschauer: 65 000 (ausverkauft)

15. Juni in Hamburg
ECUADOR – COSTA RICA 3:0 (1:0)
ECUADOR: Mora – de la Cruz, Hurtado, Espinoza (69. Guagua), Reasco – Castillo, E. Tenorio – Valencia (73. Urrutia), Mendez – C. Tenorio (46. Kaviedes), Delgado
COSTA RICA: Porras – Sequeira, Marin, Umana – Wallace, Solis, Fonseca (29. Saborio), Gonzalez (56. Hernandez) – Centeno (84. Bernard) – Wanchope, Gomez
Tore: 1:0 C. Tenorio (8.), 2:0 Delgado (54.), 3:0 Kaviedes (90./+2)
Gelbe Karten: Castillo, De la Cruz, Mora – Marin, Solis
Schiedsrichter: Codjia (Benin)
Zuschauer: 50 000 (ausverkauft)

20. Juni in Berlin
ECUADOR – DEUTSCHLAND 0:3 (0:2)
ECUADOR: Mora – De la Cruz, Guagua, Espinoza, Ambrossi – Valencia, E. Tenorio, Ayovi (68. Urrutia), Mendez – Kaviedes, Borja (46. Benitez)
DEUTSCHLAND: Lehmann – Friedrich, Mertesacker, Huth, Lahm – Frings (66. Borowski) – Schneider (73. Asamoah), Schweinsteiger – Ballack – Klose (66. Neuville), Podolski
Tore: 0:1 Klose (4.), 0:2 Klose (44.), 0:3 Podolski (57.)
Gelbe Karten: Valencia – Borowski
Schiedsrichter: Ivanov (Russland)
Zuschauer: 72 000 (ausverkauft)

20. Juni in Hannover
COSTA RICA – POLEN 1:2 (1:1)
COSTA RICA: Porras – Umana, Marin, Badilla – Drummond (70. Wallace), Solis, Gonzalez – Bolanos (78. Saborio), Centeno, Gomez (82. Hernandez) – Wanchope
POLEN: Boruc – Baszczynski, Bosacki, Bak, Zewlakow – Radomski (64. Lewandowski) – Smolarek (85. Rasiak), Szymkowiak, Krzynowek – Jelen, Zurawski (46. Brozek)

STATISTIK ZUR WELTMEISTERSCHAFT 2006

Tore: 1:0 Gomez (25.), 1:1 Bosacki (33.), 1:2 Bosacki (66.)
Gelbe Karten: Umana, Marin, Gomez, Badilla, Gonzalez – Radomski, Bak, Zewlakow, Baszczynski, Boruc
Schiedsrichter: Maidin (Singapur)
Zuschauer: 43 000 (ausverkauft)

Deutschland – Costa Rica		4:2
Polen – Ecuador		0:2
Deutschland – Polen		1:0
Ecuador – Costa Rica		3:0
Ecuador – Deutschland		0:3
Costa Rica – Polen		1:2

1. Deutschland	3	8:2	9
2. Ecuador	3	5:3	6
3. Polen	3	2:4	3
4. Costa Rica	3	3:9	0

Gruppe B

10. Juni in Frankfurt
ENGLAND – PARAGUAY 1:0 (1:0)
ENGLAND: Robinson – Neville, Ferdinand, Terry, Ashley Cole – Beckham, Gerrard, Lampard, Joe Cole (83. Hargreaves) – Owen (56. Downing), Crouch
PARAGUAY: Villar (8. Bobadilla) – Caniza, Caceres, Gamarra, Toledo (82. Nunez) – Bonet (68. Cuevas), Acuna, Paredes, Riveros – Santa Cruz, Valdez
Tor: 1:0 Gamarra (3., Eigentor)
Schiedsrichter: Rodriguez (Mexiko)
Gelbe Karten: Gerrard, Crouch – Valdez
Zuschauer: 43 342 (ausverkauft)

10. Juni in Dortmund
TRINIDAD & TOBAGO – SCHWEDEN 0:0
TRINIDAD & TOBAGO: Hislop – Gray, Sancho, Lawrence, A. John – Yorke – Birchall, Theobald (67. Whitley) – Edwards, Samuel (53. Glen) – S. John
SCHWEDEN: Shaaban – Alexandersson, Mellberg, Lucic, Edman – Linderoth (78. Källström) – Wilhelmsson (79. Jonson), A. Svensson (62. Allbäck), Ljungberg – Ibrahimovic, Larsson
Gelbe Karten: Yorke – Larsson
Gelb-Rote Karte: A. John (46.)
Schiedsrichter: Maidin (Singapur)
Zuschauer: 60 285 (ausverkauft)

15. Juni in Nürnberg
ENGLAND – TRINIDAD & TOBAGO 2:0 (0:0)
ENGLAND: Robinson – Carragher (58. Lennon), Ferdinand, Terry, A. Cole – Gerrard – Beckham, Lampard, J. Cole (75. Downing) – Owen (58. Rooney), Crouch
TRINIDAD & TOBAGO: Hislop – Edwards, Sancho, Lawrence, Gray – Yorke – Birchall, Whitley, Theobald (85. Wise) – Jones (70. Glen), S. John
Tore: 1:0 Crouch (83.), 2:0 Gerrard (90./+1)
Gelbe Karten: Lampard – Theobald, Whitley, Jones, Hislop, Gray
Schiedsrichter: Kamikawa (Japan)
Zuschauer: 41 000 (ausverkauft)

15. Juni in Berlin
SCHWEDEN – PARAGUAY 1:0 (0:0)
SCHWEDEN: Isaksson – Alexandersson, Mellberg, Lucic, Edman – Linderoth – Wilhelmsson (68. Jonson), Källström (86. Elmander), Ljungberg – Ibrahimovic (46. Allbäck) – Larsson
PARAGUAY: Bobadilla – Caniza, Caceres, Gamarra, Nunez – Bonet (81. Barreto), Acuna, Riveros (62. dos Santos) – Paredes – Valdez, Santa Cruz (63. Lopez)
Tor: 1:0 Ljungberg (89.)
Gelbe Karten: Linderoth, Lucic, Allbäck – Caniza, Acuna, Paredes, Barreto
Schiedsrichter: Michel (Slowakei)
Zuschauer: 72 000 (ausverkauft)

20. Juni in Köln
SCHWEDEN – ENGLAND 2:2 (0:1)
SCHWEDEN: Isaksson – Alexandersson, Mellberg, Lucic, Edman – Linderoth (90./+1 Andersson) – Jonson (54. Wilhelmsson), Källström, Ljungberg – Larsson, Allbäck (75. Elmander)
ENGLAND: Robinson –Carragher, Ferdinand (56. S. Campbell), Terry, A. Cole – Hargreaves – Beckham, J. Cole – Lampard – Rooney (69. Gerrard), Owen (4. Crouch)
Tore: 0:1 J. Cole (34.), 1:1 Allbäck (50.), 1:2 Gerrard (85.), 2:2 Larsson (90.)
Gelbe Karten: Alexandersson, Ljungberg – Hargreaves
Schiedsrichter: Busacca (Schweiz)
Zuschauer: 45 000 (ausverkauft)

20. Juni in Kaiserslautern
PARAGUAY – TRINIDAD & TOBAGO 2:0 (1:0)
PARAGUAY: Bobadilla – Caniza (88. da Silva), Caceres (78. Manzur), Gamarra, Nunez – Acuna – Barreto, dos Santos – Paredes – Santa Cruz, Valdez (66. Cuevas)
TRINIDAD & TOBAGO: Jack – Edwards, Sancho, Lawrence, A. John (31. Jones) – Yorke – Birchall, Whitley (67. Latapy), Theobald – Glen (40. Wise), S. John
Tore: 1:0 Sancho (25., ET), 2:0 Cuevas (86.)
Gelbe Karten: Paredes, dos Santos – Sancho, Whitley
Schiedsrichter: Rosetti (Italien)
Zuschauer: 46 000 (ausverkauft)

England – Paraguay	1:0
Trinidad & Tobago – Schweden	0:0
England – Trinidad & Tobago	2:0
Schweden – Paraguay	1:0
Paraguay – Trinidad & Tobago	2:0
Schweden – England	2:2

1. England	3	5:2	7
2. Schweden	3	3:2	5
3. Paraguay	3	2:2	3
4. Trinidad & Tobago	3	0:4	1

Gruppe C

10. Juni in Hamburg
ARGENTINIEN – ELFENBEINKÜSTE 2:1 (2:0)
ARGENTINIEN: Abbondanzieri – Burdisso, Ayala, Heinze, Sorin – Maxi Rodriguez, Mascherano, Cambiasso – Riquelme (90./+3 Aimar) – Saviola (76. Lucho Gonzalez), Crespo (64. Palacio)
ELFENBEINKÜSTE: Tizié – Eboué, K. Touré, Meité, Boka – Zokora, Y. Touré – Keita (77. A. Koné), Kalou (56. Dindane), Akalé (62. B. Koné) – Drogba
Tore: 1:0 Crespo (24.), 2:0 Saviola (38.), 2:1 Drogba (82.)
Gelbe Karten: Saviola, Heinze, Lucho Gonzalez – Eboué, Drogba
Schiedsrichter: de Bleeckere (Belgien)
Zuschauer: 45 442 (ausverkauft)

11. Juni in Leipzig
SERBIEN-MONTENEGRO – NIEDERLANDE 0:1 (0:1)
SERBIEN-MONTENEGRO: Jevric – N. Djordjevic (43. Koroman), Gavrancic, Krstajic, Dragutinovic – Duljaj, Nadj – Stankovic, P. Djordjevic – Milosevic (46. Zigic), Kezman (67. Ljuboja)
NIEDERLANDE: van der Sar – Heitinga, Ooijer, Mathijsen (86. Boulahrouz), van Bronckhorst – Sneijder – van Bommel (60. Landzaat), Cocu – van Persie, van Nistelrooy (69. Kuijt), Robben
Tor: 0:1 Robben (18.)
Gelbe Karten: Stankovic, Koroman, Dragutinovic, Gavrancic – van Bronckhorst, Heitinga
Schiedsrichter: Dr. Merk (Deutschland)
Zuschauer: 37 216

16. Juni in Gelsenkirchen
ARGENTINIEN – SERBIEN-MONTENEGRO 6:0 (3:0)
ARGENTINIEN: Abbondanzieri – Burdisso, Ayala, Heinze, Sorin – Mascherano – Lucho Gonzalez (17. Cambiasso), Maxi Rodriguez (75. Messi) – Riquelme – Saviola (59. Tevez), Crespo
SERBIEN & MONTENEGRO: Jevric – Duljaj, Gavrancic, Dudic, Krstajic – Nadj (46. Ergic), P. Djordjevic – Koroman (49. Ljuboja), Stankovic – Kezman, Milosevic (70. Vukic)
Tore: 1:0 Maxi Rodriguez (6.), 2:0 Cambiasso (31.), 3:0 Maxi Rodriguez (41.), 4:0 Crespo (78.), 5:0 Tevez (84.), 6:0 Messi (88.)

• 449 •

Gelbe Karten: Crespo – Koroman, Nadj, Krstajic
Rote Karte: Kezman (65., rohes Spiel)
Schiedsrichter: Rosetti (Italien)
Zuschauer: 52 000 (ausverkauft)

16. Juni in Stuttgart
NIEDERLANDE – ELFENBEINKÜSTE 2:1 (2:1)
NIEDERLANDE: van der Sar – Heitinga (46. Boulahrouz), Ooijer, Mathijsen, van Bronckhorst – Sneijder (50. van der Vaart) – van Bommel, Cocu – van Persie, Robben – van Nistelrooy (73. Landzaat)
ELFENBEINKÜSTE: Tizié – Eboué, K. Touré, Meité, Boka – Y. Touré, Zokora, Romaric (62. Yapi Yapo) – B. Koné (62. Dindane), A. Koné (73. Akalé) – Drogba
Tore: 1:0 van Persie (23.), 2:0 van Nistelrooy (26.), 2:1 B. Koné (38.)
Gelbe Karten: Robben, Mathijsen, van Bommel, Boulahrouz – Zokora, Drogba, Boka
Schiedsrichter: Ruiz Acosta (Kolumbien)
Zuschauer: 52 000 (ausverkauft)

21. Juni in Frankfurt
NIEDERLANDE – ARGENTINIEN 0:0
NIEDERLANDE: van der Sar – Jaliens, Boulahrouz, Ooijer, de Cler – Sneijder (86. Maduro) – van der Vaart, Cocu – van Persie (67. Landzaat), van Nistelrooy (56. Babel), Kuijt
ARGENTINIEN: Abbondanzieri – Burdisso (24. Coloccini), Ayala, Milito, Cufre – Mascherano – Maxi Rodriguez, Cambiasso – Riquelme (80. Aimar) – Messi (70. Cruz), Tevez
Gelbe Karten: Kuijt, Ooijer, de Cler – Cambiasso, Mascherano
Schiedsrichter: Medina Cantalejo (Spanien)
Zuschauer: 48 000 (ausverkauft)

21. Juni in München
ELFENBEINKÜSTE – SERBIEN-MONTENEGRO 3:2 (1:2)
ELFENBEINKÜSTE: Barry – Eboué, Kouassi, Domoraud, Boka – Zokora, Y. Touré – Keita (73. Kalou), Akalé (60. B. Koné) – Dindane, A. Koné
SERBIEN-MONTENEGRO: Jevric – N. Djordjevic, Gavrancic, Krstajic (16. Nadj), Dudic, Duljaj, Ergic – Stankovic, Ilic, P. Djordjevic – Zigic (67. Milosevic)
Tore: 0:1 Zigic (10.), 0:2 Ilic (20.), 1:2 Dindane (37., Handelfmeter), 2:2 Dindane (67.), 3:2 Kalou (85., Handelfmeter)
Gelbe Karten: Keita, Dindane – Dudic, Duljaj, Gavrancic
Gelb-Rote Karten: Domoraud (90./+1) – Nadj (45./+1)
Schiedsrichter: Rodriguez Moreno (Mexiko)
Zuschauer: 66 000 (ausverkauft)

Argentinien – Elfenbeinküste		2:1
Serbien-Montenegro – Niederlande		0:1
Argentinien – Serbien-Montenegro		6:0
Niederlande – Elfenbeinküste		2:1
Niederlande – Argentinien		0:0
Elfenbeinküste – Serbien-Montenegro		3:2

1. Argentinien	3	8:1	7
2. Niederlande	3	3:1	7
3. Elfenbeinküste	3	5:6	3
4. Serbien-Montenegro	3	2:10	0

Gruppe D

11. Juni in Nürnberg
MEXIKO – IRAN 3:1 (1:1)
MEXIKO: Sanchez – Marquez, Osorio, Salcido – Pardo, Torrado (46. Perez) – Mendez, Pineda – Bravo, Franco (46. Zinha) – Borgetti (52. Fonseca)
IRAN: Mirzapour – Kaabi, Golmohammadi, Rezaei, Nosrati (81. Borhani) – Teymourian, Nekounam – Mahdavikia, Karimi (63. Madanchi) – Daei, Hashemian
Tore: 1:0 Bravo (28.), 1:1 Golmohammadi (36.), 2:1 Bravo (76.), 3:1 Zinha (79.)
Gelbe Karten: Torrado, Salcido – Nekounam
Schiedsrichter: Rosetti (Italien)
Zuschauer: 36 898 (ausverkauft)

11. Juni in Köln
ANGOLA – PORTUGAL 0:1 (0:1)
ANGOLA: Joao Ricardo – Loco, Jamba, Kali, Delgado – André Makanga – Figueiredo (80. Miloy) – Zé Kalanga (70. Edson), Mateus, Mendonca – Akwa (60. Mantorras)
PORTUGAL: Ricardo – Miguel, Ricardo Carvalho, Fernando Meira, Nuno Valente – Petit (72. Maniche), Tiago (82. Hugo Viana) – Cristiano Ronaldo (60. Costinha), Figo, Simao – Pauleta
Tor: 0:1 Pauleta (4.)
Gelbe Karten: Jamba, Loco, André Makanga – Cristiano Ronaldo, Nuno Valente
Schiedsrichter: Larrionda (Uruguay)
Zuschauer: 45 000 (ausverkauft)

16. Juni in Hannover
MEXIKO – ANGOLA 0:0
MEXIKO: Sanchez – Marquez, Osorio, Salcido – Mendez, Pardo, Torrado, Pineda (78. Morales) – Zinha (52. Arellano) – Bravo, Franco (74. Fonseca)
ANGOLA: Joao Ricardo – Loco, Jamba, Kali, Delgado – André Makanga, Figueiredo (73. Rui Marques), Mendonca – Zé Kalanga (83. Miloy), Mateus (68. Mantorras) – Akwa
Gelbe Karten: Delgado, Zé Kalanga, Joao Ricardo
Gelb-Rote Karte: André Makanga (79.)
Schiedsrichter: Maidin (Singapur)
Zuschauer: 43 000 (ausverkauft)

17. Juni in Frankfurt
PORTUGAL – IRAN 2:0 (0:0)
PORTUGAL: Ricardo – Miguel, Fernando Meira, Ricardo Carvalho, Nuno Valente – Costinha, Maniche (67. Petit) – Figo (88. Simao), Deco (80. Tiago), Cristiano Ronaldo – Pauleta
IRAN: Mirzapour – Kaabi, Golmohammadi (88. Bakhtiarizadeh), Rezaei, Nosrati – Teymourian, Nekounam – Mahdavikia, Karimi (65. Zandi), Madanchi (66. Khatibi) – Hashemian
Tore: 1:0 Deco (63.), 2:0 Cristiano Ronaldo (80., FE)
Gelbe Karten: Pauleta, Deco, Costinha – Nekounam, Madanchi, Kaabi, Golmohammadi
Schiedsrichter: Poulat (Frankreich)
Zuschauer: 48 000 (ausverkauft)

21. Juni in Gelsenkirchen
PORTUGAL – MEXIKO 2:1 (2:1)
PORTUGAL: Ricardo – Miguel (61. Paulo Ferreira), Fernando Meira, Ricardo Carvalho, Caneira – Petit – Tiago, Maniche – Figo (80. Boa Morte), Simao – Helder Postiga (69. Nuno Gomes)
MEXIKO: Sanchez – Rodriguez (46. Zinha), Osorio, Salcido – Mendez (80. Franco), Marquez, Pineda (69. Castro) – Pardo, Perez – Fonseca, Bravo
Tore: 1:0 Maniche (6.), 2:0 Simao (24., Handelfmeter), 2:1 Fonseca (29.)
Gelbe Karten: Miguel, Maniche, Boa Morte, Nuno Gomes – Rodriguez, Marquez, Zinha
Gelb-Rote Karte: Perez (61.)
Besonderes Vorkommnis: Bravo verschießt Handelfmeter (57.)
Schiedsrichter: Michel (Slowakei)
Zuschauer: 52 000 (ausverkauft)

21. Juni in Leipzig
IRAN – ANGOLA 1:1 (0:0)
IRAN: Mirzapour – Kaabi (67. Borhani), Rezaei, Bakhtiarizadeh, Nosrati (13. Shojaei) – Teymourian – Mahdavikia, Zandi, Madanchi – Daei, Hashemian (39. Khatibi)
ANGOLA: Joao Ricardo – Loco, Jamba, Kali, Delgado – Miloy, Figueiredo (73. Rui Marques), Mendonca – Zé Kalanga, Mateus (23. Love) – Akwa (51. Flavio)
Tore: 0:1 Flavio (60.), 1:1 Bakhtiarizadeh (75.)
Gelbe Karten: Madanchi, Teymourian, Zandi – Loco, Mendonca, Zé Kalanga
Schiedsrichter: Shield (Australien)
Zuschauer: 38 000

Mexiko – Iran	3:1
Angola – Portugal	0:1
Mexiko – Angola	0:0
Portugal – Iran	2:0
Portugal – Mexiko	2:1
Iran – Angola	1:1

1. Portugal	3	5:1	9
2. Mexiko	3	4:3	4
3. Angola	3	1:2	2
4. Iran	3	2:6	1

STATISTIK ZUR WELTMEISTERSCHAFT 2006

Gruppe E

12. Juni in Gelsenkirchen
USA – TSCHECHIEN 0:3 (0:2)
USA: Keller – Cherundolo (46. O'Brien), Pope, Onyewu, Lewis – Reyna, Mastroeni (46. Johnson) – Beasley, Convey – Donovan, McBride (77. Wolff)
TSCHECHIEN: Cech – Grygera, Rozehnal, Ujfalusi, Jankulovski – Galasek – Poborsky (83. Polak), Rosicky (86. Stajner), Nedved, Plasil – Koller (45. Lokvenc)
Tore: 0:1 Koller (5.), 0:2 Rosicky (36.), 0:3 Rosicky (76.)
Gelbe Karten: Onyewu, Reyna – Rozehnal, Lokvenc, Rosicky, Grygera
Schiedsrichter: Amarilla Demarqui (Paraguay)
Zuschauer: 48 426 (ausverkauft)

12. Juni in Hannover
ITALIEN – GHANA 2:0 (1:0)
ITALIEN: Buffon – Zaccardo, Nesta, Cannavaro, Grosso – Perrotta, Pirlo, de Rossi – Totti (55. Camoranesi) – Gilardino (63. Iaquinta), Toni (81. del Piero)
GHANA: Kingson – Pantsil, Mensah, Kuffour, Pappoe (46. Shilla Illiasu) – E. Addo – Appiah, Essien, Muntari – Amoah (67. Pimpong), Gyan (88. Tachie-Mensah)
Tore: 1:0 Pirlo (40.), 2:0 Iaquinta (83.)
Gelbe Karten: de Rossi, Camoranesi, Iaquinta – Muntari, Gyan
Schiedsrichter: Simon (Brasilien)
Zuschauer: 43 000 (ausverkauft)

17. Juni in Köln
TSCHECHIEN – GHANA 0:2 (0:1)
TSCHECHIEN: Cech – Grygera, Rozehnal, Ujfalusi, Jankulovski – Galasek (46. Polak) – Poborsky (56. Stajner), Rosicky, Nedved, Plasil (68. Sionko) – Lokvenc
GHANA: Kingson – Paintsil, Mensah, Shilla Illiasu, Mohamed – Essien – O. Addo (46. Boateng), Appiah, Muntari – Amoah (80. E. Addo), Gyan (85. Pimpong)
Tore: 0:1 Gyan (2.), 0:2 Muntari (82.)
Gelbe Karten: Lokvenc – O. Addo, Essien, Gyan, Boateng, Muntari, Mohamed
Rote Karte: Ujfalusi (65., Notbremse)
Besonderes Vorkommnis: Gyan verschießt FE (67.)
Schiedsrichter: Elizondo (Argentinien)
Zuschauer: 45 000 (ausverkauft)

17. Juni in Kaiserslautern
ITALIEN – USA 1:1 (1:1)
ITALIEN: Buffon – Zaccardo (54. Del Piero), Nesta, Cannavaro, Zambrotta – Pirlo, De Rossi – Perrotta – Totti (35. Gattuso) – Toni (61. Iaquinta), Gilardino
USA: Keller – Cherundolo, Pope, Onyewu, Bocanegra – Mastroeni – Reyna, Dempsey (62. Beasley), Convey (52. Conrad) – Donovan – McBride
Tore: 1:0 Gilardino (22.), 1:1 Zaccardo (27., ET)
Gelbe Karten: Totti, Zambrotta
Gelb-Rote Karte: Pope (47.)
Rote Karten: de Rossi (28., Tätlichkeit) – Mastroeni (45., grobes Foulspiel)
Schiedsrichter: Larrionda (Uruguay)
Zuschauer: 46 000 (ausverkauft)

22. Juni in Nürnberg
GHANA – USA 2:1 (2:1)
GHANA: Kingson – Paintsil, Mensah, Shilla Illiasu, Mohamed – Boateng (46. O. Addo), Essien, Appiah, Dramani (80. Tachie-Mensah) – Amoah (59. E. Addo), Pimpong
USA: Keller – Onyewu, Conrad – Cherundolo (61. Johnson), Bocanegra – Reyna (40. Olsen) – Dempsey, Donovan, Beasley, Lewis (74. Convey) – McBride
Tore: 1:0 Dramani (22.), 1:1 Dempsey (43.), 2:1 Appiah (45./+2, Foulelfmeter)
Gelbe Karten: Essien, Shilla Illiasu, Mensah, Appiah – Lewis
Schiedsrichter: Merk, Dr. (Otterbach)
Zuschauer: 41 000 (ausverkauft)

22. Juni in Hamburg
TSCHECHIEN – ITALIEN 0:2 (0:1)
TSCHECHIEN: Cech – Grygera, Kovac (78. Heinz), Rozehnal, Jankulovski – Polak – Poborsky (46. Stajner), Rosicky, Nedved, Plasil – Baros (64. Jarolim)
ITALIEN: Buffon – Zambrotta, Nesta (17. Materazzi), Cannavaro, Grosso – Gattuso, Pirlo, Perrotta – Camoranesi (74. Barone), Totti – Gilardino (61. Inzaghi)
Tore: 0:1 Materazzi (26.), 0:2 Inzaghi (87.)
Gelbe Karte: Gattuso
Gelb-Rote Karte: Polak (45./+2)
Schiedsrichter: Archundia Tellez (Mexiko)
Zuschauer: 50 000 (ausverkauft)

USA – Tschechien		0:3
Italien – Ghana		2:0
Tschechien – Ghana		0:2
Italien – USA		1:1
Tschechien – Italien		0:2
Ghana – USA		2:1

1. Italien	3	5:1	7
2. Ghana	3	4:3	6
3. Tschechien	3	3:4	3
4. USA	3	2:6	1

Gruppe F

12. Juni in Kaiserslautern
AUSTRALIEN – JAPAN 3:1 (0:1)
AUSTRALIEN: Schwarzer – Moore (61. Kennedy), Neill, Chipperfield – Grella – Wilkshire (75. Aloisi), Culina – Emerton, Bresciano (53. Cahill) – Kewell – Viduka
JAPAN: Kawaguchi – Tsuboi (56. Moniwa/90./+1 Oguro), Miyamoto, Nakazawa – Komano, H. Nakata, Fukunishi, Santos – Nakamura – Yanagisawa (79. Ono), Takahara
Tore: 0:1 Nakamura (26.), 1:1 Cahill (84.), 2:1 Cahill (89.), 3:1 Aloisi (90./+2)
Gelbe Karten: Grella, Moore, Cahill, Aloisi – Miyamoto, Takahara, Moniwa
Schiedsrichter: Abd El Fatah (Ägypten)
Zuschauer: 46 000 (ausverkauft)

13. Juni in Berlin
BRASILIEN – KROATIEN 1:0 (1:0)
BRASILIEN: Dida – Lucio, Juan, Cafu, Roberto Carlos – Emerson – Zé Roberto – Kaka, Ronaldinho – Adriano, Ronaldo (69. Robinho)
KROATIEN: Pletikosa – Simic, R. Kovac, Simunic – Tudor, N. Kovac (41. J. Leko) – Srna, Babic – N. Kranjcar – Klasnic (56. Olic), Prso
Tor: 1:0 Kaka (44.)
Gelbe Karten: Emerson – N. Kovac, R. Kovac, Tudor
Schiedsrichter: Archundia Tellez (Mexiko)
Zuschauer: 72 000 (ausverkauft)

18. Juni in Nürnberg
JAPAN – KROATIEN 0:0
JAPAN: Kawaguchi – Kaji, Miyamoto, Nakazawa, Santos – Fukunishi (46. Inamoto) – H. Nakata, Ogasawara – Nakamura – Yanagisawa (62. Tamada), Takahara (62. Oguro)
KROATIEN: Pletikosa – Simic, R. Kovac, Simunic – Tudor (70. Olic), N. Kovac – Babic – Srna (87. Bosnjak), N. Kranjcar (78. Modric) – Klasnic, Prso
Gelbe Karten: Miyamoto, Kawaguchi, Santos – R. Kovac, Srna
Besonderes Vorkommnis: Srna verschießt Foulelfmeter (22.)
Schiedsrichter: De Bleeckere (Belgien)
Zuschauer: 41 000 (ausverkauft)

18. Juni in München
BRASILIEN – AUSTRALIEN 2:0 (0:0)
BRASILIEN: Dida – Cafu, Lucio, Juan, Roberto Carlos – Emerson (72. Gilberto Silva), Zé Roberto – Kaka, Ronaldinho – Adriano (88. Fred), Ronaldo (72. Robinho)
AUSTRALIEN: Schwarzer – Moore (69. Aloisi), Neill, Popovic (41. Bresciano) – Emerton, Chipperfield – Grella – Culina, Cahill (56. Kewell), Sterjovski – Viduka
Tore: 1:0 Adriano (49.), 2:0 Fred (89.)
Gelbe Karten: Cafu, Ronaldo, Robinho – Emerton, Culina
Schiedsrichter: Dr. Merk (Deutschland)
Zuschauer: 66 000 (ausverkauft)

22. Juni in Dortmund
JAPAN – BRASILIEN 1:4 (1:1)
JAPAN: Kawaguchi – Kaji, Tsuboi, Nakazawa, Santos – Inamoto, H. Nakata – Nakamura, Ogasawara (56. K. Nakata) – Maki (60. Takahara/66. Oguro), Tamada

BRASILIEN: Dida (82. Rogerio Ceni) – Cicinho, Lucio, Juan, Gilberto – Gilberto Silva – Juninho Pernambucano – Kaka (71. Zé Roberto), Ronaldinho (71. Ricardinho) – Ronaldo, Robinho
Tore: 1:0 Tamada (34.), 1:1 Ronaldo (45./+1), 1:2 Juninho Pernambucano (53.), 1:3 Gilberto (59.), 1:4 Ronaldo (81.)
Gelbe Karten: Kaji – Gilberto
Schiedsrichter: Poulat (Frankreich)
Zuschauer: 65 000 (ausverkauft)

22. Juni in Stuttgart
KROATIEN – AUSTRALIEN 2:2 (1:1)
KROATIEN: Pletikosa – Simic, Tomas (83. Klasnic), Simunic, Babic – Srna, Tudor, N. Kovac – N. Kranjcar (65. J. Leko) – Prso, Olic (74. Modric)
AUSTRALIEN: Kalac – Emerton, Neill, Moore, Chipperfield (75. Kennedy) – Grella (63. Aloisi) – Sterjovski (71. Bresciano), Culina, Cahill, Kewell – Viduka
Tore: 1:0 Srna (2.), 1:1 Moore (38., Handelfmeter), 2:1 N. Kovac (56.), 2:2 Kewell (79.)
Gelbe Karten: Tudor, Pletikosa
Gelb-Rote Karten: Simic (85.), Simunic (90./+3) – Emerton (87.)
Schiedsrichter: Poll (England)
Zuschauer: 52 000 (ausverkauft)

Australien – Japan			3:1
Brasilien – Kroatien			1:0
Japan – Kroatien			0:0
Brasilien – Australien			2:0
Japan – Brasilien			1:4
Kroatien – Australien			2:2

1. Brasilien	3	7:1	9
2. Australien	3	5:5	4
3. Kroatien	3	2:3	2
4. Japan	3	2:7	1

Gruppe G

13. Juni in Stuttgart
FRANKREICH – SCHWEIZ 0:0
FRANKREICH: Barthez – Sagnol, Thuram, Gallas, Abidal – Vieira, Makelele – Wiltord (84. Dhorasoo), Zidane, Ribery (70. Saha) – Henry
SCHWEIZ: Zuberbühler – P. Degen, Müller (75. Djourou), Senderos, Magnin – Vogel – Wicky (82. Margairaz) – Barnetta – Cabanas – Frei, Streller (56. Gygax)
Gelbe Karten: Abidal, Zidane, Sagnol – Magnin, Streller, P. Degen, Cabanas, Frei
Schiedsrichter: Ivanov (Russland)
Zuschauer: 56 000 (ausverkauft)

13. Juni in Frankfurt
SÜDKOREA – TOGO 2:1 (0:1)
SÜDKOREA: Woon-Jae Lee – Jin-Cheul Choi, Young-Chul Kim, Jin-Kyu Kim (46. Jung-Hwan Ahn) – Chong-Gug Song, Ho Lee, Eul-Yong Lee (68. Nam-Il Kim), Young-Pyo Lee – Ji-Sung Park, Chun-Soo Lee – Jae-Jin Cho (83. Sang-Sik Kim)
TOGO: Agassa – Tchangai, Abalo, Nibombé, Assemoassa (62. Forson) – Romao – Senaya (55. Touré), Mamam, Salifou (86. Aziawonou) – Adebayor – Kader
Tore: 0:1 Kader (31.), 1:1 Chun-Soo Lee (54.), 2:1 Jung-Hwan Ahn (72.)
Gelbe Karten: Young-Chul Kim, Chun-Soo Lee – Romao, Tchangai
Gelb-Rote Karte: Abalo (53.)
Schiedsrichter: Poll (England)
Zuschauer: 48 000 (ausverkauft)

18. Juni in Leipzig
FRANKREICH – SÜDKOREA 1:1 (1:0)
FRANKREICH: Barthez – Sagnol, Thuram, Gallas, Abidal – Vieira, Makelele – Wiltord (60. Ribery), Zidane (90./+1 Trezeguet), Malouda (88. Dhorasoo) – Henry
SÜDKOREA: Woon-Jae Lee – Young-Pyo Lee, Jin-Cheul Choi, Young-Chul Kim, Dong-Jin Kim – Nam-Il Kim – Ho Lee (46. Sang-Sik Kim), Eul-Yong Lee (46. Ki-Hyeon Seol) – Chun-Soo Lee (72. Jung-Hwan Ahn), Ji-Sung Park – Jae-Jin Cho
Tore: 1:0 Henry (9.), 1:1 Ji-Sung Park (81.)

Gelbe Karten: Abidal, Zidane – Ho Lee, Dong-Jin Kim
Schiedsrichter: Archundia Tellez (Mexiko)
Zuschauer: 43 000 (ausverkauft)

19. Juni in Dortmund
TOGO – SCHWEIZ 0:2 (0:1)
TOGO: Agassa – Touré, Tchangai, Nibombé, Forson – Agboh (25. Salifou) – Dossevi (69. Senaya), Romao, Mamam (87. Malm) – Adebayor, Kader
SCHWEIZ: Zuberbühler – P. Degen, Müller, Senderos, Magnin – Vogel – Barnetta, Cabanas (77. Streller), Wicky – Gygax (46. Yakin) – Frei (87. Lustrinelli)
Tore: 0:1 Frei (16.), 0:2 Barnetta (88.)
Gelbe Karten: Salifou, Adebayor, Romao – Vogel
Schiedsrichter: Amarilla Demarqui (Paraguay)
Zuschauer: 65 000 (ausverkauft)

23. Juni in Hannover
SCHWEIZ – SÜDKOREA 2:0 (1:0)
SCHWEIZ: Zuberbühler – P. Degen, Müller, Senderos (54. Djourou), Spycher – Vogel – Barnetta, Cabanas, Wicky (88. Behrami) – Yakin (72. Margairaz) – Frei
SÜDKOREA: Woon-Jae Lee – Young-Pyo Lee (64. Jung-Hwan Ahn), Jin-Cheul Choi, Jin-Kyu Kim, Dong-Jin Kim – Nam-Il Kim, Ho Lee – Ji-Sung Park, Chun-Soo Lee, Chu-Young Park (67. Ki-Hyeon Seol) – Jae-Jin Cho
Tore: 1:0 Senderos (23.), 2:0 Frei (77.)
Gelbe Karten: Senderos, Yakin, Wicky, Spycher, Djourou – Chu-Young Park, Jin-Kyu Kim, Jung-Hwan Ahn, Jin-Cheul Choi, Chun-Soo Lee
Schiedsrichter: Elizondo (Argentinien)
Zuschauer: 43 000 (ausverkauft)

23. Juni in Köln
TOGO – FRANKREICH 0:2 (0:0)
TOGO: Agassa – Tchangai, Abalo, Nibombé, Forson – Aziawonou – Senaya, Mamam (59. Olufade), Salifou – Adebayor (75. Dossevi), Kader
FRANKREICH: Barthez – Sagnol, Thuram, Gallas, Silvestre – Vieira (81. Diarra), Makelele – Ribery (77. Govou), Malouda (74. Wiltord) – Trezeguet, Henry
Tore: 0:1 Vieira (55.), 0:2 Henry (61.)
Gelbe Karten: Aziawonou, Mamam, Salifou – Makelele
Schiedsrichter: Larrionda (Uruguay)
Zuschauer: 45 000 (ausverkauft)

Südkorea – Togo			2:1
Frankreich – Schweiz			0:0
Frankreich – Südkorea			1:1
Togo – Schweiz			0:2
Togo – Frankreich			0:2
Schweiz – Südkorea			2:0

1. Schweiz	3	4:0	7
2. Frankreich	3	3:1	5
3. Südkorea	3	3:4	4
4. Togo	3	1:6	0

Gruppe H

14. Juni in Leipzig
SPANIEN – UKRAINE 4:0 (2:0)
SPANIEN: Casillas – Sergio Ramos, Pablo, Puyol, Pernia – Xabi Alonso (55. Albelda) – Marcos Senna, Xavi – Luis Garcia (77. Fabregas), Fernando Torres, Villa (55. Raul)
UKRAINE: Shovkovskyi – Yezerskiy, Rusol, Vashchuk, Nesmachnyy – Husyev (46. Vorobyey), Tymoshchuk, Gusin (46. Shelayev) – Rotan (64. Rebrov) – Voronin, Shevchenko
Tore: 1:0 Xabi Alonso (13.), 2:0 Villa (17.), 3:0 Villa (48., FE), 4:0 Fernando Torres (81.)
Gelbe Karten: Rusol, Yezerskiy
Rote Karte: Vashchuk (47., Notbremse)
Schiedsrichter: Busacca (Schweiz)
Zuschauer: 43 000 (ausverkauft)

14. Juni in München
TUNESIEN – SAUDI-ARABIEN 2:2 (1:0)
TUNESIEN: Boumnijel – Trabelsi, Jaidi, Haggui, Jemmali – Mnari – Bouazizi (55. Nafti), Chedli (69. Ghodhbane) – Namouchi – Jaziri, Chikhaoui (82. Essediri)
SAUDI-ARABIEN: Zaid – Dokhy, Fallatah, Al-Montashari,

STATISTIK ZUR WELTMEISTERSCHAFT 2006

Sulimani – Al-Ghamdi, Aziz, Khariri – Noor (75. Ameen), Al-Temyat (67. Mouath) – Al-Kahtani (82. Al-Jaber)
Tore: 1:0 Jaziri (23.), 1:1 Al-Kahtani (57.), 1:2 Al-Jaber (84.), 2:2 Jaidi (90./+3)
Gelbe Karten: Haggui, Bouazizi, Chedli, Chikhaoui
Schiedsrichter: Shield (Australien)
Zuschauer: 66 000 (ausverkauft)

19. Juni in Hamburg
SAUDI-ARABIEN – UKRAINE 0:4 (0:2)
SAUDI-ARABIEN: Zaid – Dokhy (55. Al-Khathran), Fallatah, Al-Montashari, Sulimani – Al-Ghamdi, Aziz, Khariri – Noor (77. Al-Jaber) – Ameen (55. Mouath), Al-Kahtani
UKRAINE: Shovkovskyi – Husyev, Sviderskiy, Rusol, Nesmachnyy – Kalinichenko, Shelayev, Tymoshchuk – Rebrov (71. Rotan) – Shevchenko (86. Milevskiy), Voronin (79. Gusin)
Tore: 0:1 Rusol (4.), 0:2 Rebrov (36.), 0:3 Shevchenko (46.), 0:4 Kalinichenko (84.)
Gelbe Karten: Dokhy, Al-Ghamdi, Khariri – Nesmachnyy, Kalinichenko, Sviderskiy
Schiedsrichter: Poll (England)
Zuschauer: 50 000

19. Juni in Stuttgart
SPANIEN – TUNESIEN 3:1 (0:1)
SPANIEN: Casillas – Sergio Ramos, Pablo, Puyol, Pernia – Xabi Alonso – Marcos Senna (46. Fabregas), Xavi – Luis Garcia (46. Raul) – Fernando Torres, Villa (56. Joaquin)
TUNESIEN: Boumnijel – Trabelsi, Jaidi, Haggui, Ayari (57. Yahia) – Nafti – Bouazizi (57. Ghodhbane), Mnari – Namouchi, Chedli (80. Guemamdia) – Jaziri
Tore: 0:1 Mnari (8.), 1:1 Raul (71.), 2:1 Fernando Torres (76.), 3:1 Fernando Torres (90./+1, FE)
Gelbe Karten: Puyol, Fabregas – Ayari, Trabelsi, Jaidi, Guemamdia, Jaziri, Mnari
Schiedsrichter: Simon (Brasilien)
Zuschauer: 52 000

23. Juni in Kaiserslautern
UKRAINE – TUNESIEN 1:0 (0:0)
UKRAINE: Shovkovskyi – Husyev, Sviderskiy, Rusol, Nesmachnyy – Tymoshchuk – Shelayev, Rebrov (55. Vorobyey), Kalinichenko (75. Gusin) – Shevchenko (88. Milevskiy), Voronin
TUNESIEN: Boumnijel – Trabelsi, Jaidi, Haggui, Ayari – Bouazizi (80. Ben Saada), Nafti (90./+1 Ghodhbane), Mnari – Namouchi, Chedli (79. Santos) – Jaziri
Tor: 1:0 Shevchenko (70., Foulelfmeter)
Gelbe Karten: Sviderskiy, Shelayev, Tymoshchuk, Rusol – Bouazizi, Jaidi
Gelb-Rote Karte: Jaziri (45./+1)
Schiedsrichter: Amarilla Demarqui (Paraguay)
Zuschauer: 72 000 (ausverkauft)

23. Juni in Kaiserslautern
SAUDI-ARABIEN – SPANIEN 0:1 (0:1)
SAUDI-ARABIEN: Zaid – Dokhy, Fallatah, Al-Montashari, Al-Khathran – Khariri, Aziz (13. Al-Temyat) – Noor, Sulimani (81. Massad) – Al-Harthi, Al-Jaber (68. Mouath)
SPANIEN: Cañizares – Salgado, Juanito, Marchena, Antonio Lopez – Albelda – Fabregas (66. Xavi), Iniesta – Joaquin, Reyes (69. Fernando Torres) – Raul (46. Villa)
Tor: 0:1 Juanito (36.)
Gelbe Karten: Al-Jaber, Al-Temyat – Albelda, Reyes, Marchena
Schiedsrichter: Codjia (Benin)
Zuschauer: 46 000 (ausverkauft)

Spanien – Ukraine		4:0
Tunesien – Saudi-Arabien		2:2
Saudi-Arabien – Ukraine		0:4
Spanien – Tunesien		3:1
Saudi-Arabien – Spanien		0:1
Ukraine – Tunesien		1:0

1. Spanien	3	8:1	9
2. Ukraine	3	5:4	6
3. Tunesien	3	3:6	1
4. Saudi-Arabien	3	2:7	1

Achtelfinale

24. Juni in München
DEUTSCHLAND – SCHWEDEN 2:0 (2:0)
DEUTSCHLAND: Lehmann – Friedrich, Mertesacker, Metzelder, Lahm – Frings (85. Kehl) – Schneider, Schweinsteiger (72. Borowski) – Ballack – Klose, Podolski (74. Neuville)
SCHWEDEN: Isaksson – Alexandersson, Mellberg, Lucic, Edman – Linderoth – Jonson (53. Wilhelmsson), Källström (39. Hansson), Ljungberg – Ibrahimovic (72. Allbäck), Larsson
Tore: 1:0 Podolski (4.), 2:0 Podolski (12.)
Gelbe Karten: Frings – Jonson, Allbäck
Gelb-Rote Karte: Lucic (35.)
Besonderes Vorkommnis: Larsson verschießt Foulelfmeter (53.)
Schiedsrichter: Simon (Brasilien)
Zuschauer: 66 000 (ausverkauft)

24. Juni in Leipzig
ARGENTINIEN – MEXIKO 2:1 N. V. (1:1, 1:1)
ARGENTINIEN: Abbondanzieri – Scaloni, Ayala, Heinze, Sorin – Mascherano – Cambiasso (76. Aimar), Maxi Rodriguez – Riquelme – Saviola (84. Messi), Crespo (75. Tevez)
MEXIKO: Sanchez – Marquez, Osorio, Salcido – Mendez, Pardo (38. Torrado, Guardado (67. Pineda) – Castro, Morales (74. Zinha) – Fonseca – Borgetti
Tore: 0:1 Marquez (5.), 1:1 Crespo (9.), 2:1 Maxi Rodriguez (98.)
Gelbe Karten: Heinze, Sorin – Marquez, Castro, Torrado, Fonseca
Schiedsrichter: Busacca (Schweiz)
Zuschauer: 43 000 (ausverkauft)

25. Juni in Stuttgart
ENGLAND – ECUADOR 1:0 (0:0)
ENGLAND: Robinson – Hargreaves, Ferdinand, Terry, A. Cole – Carrick – Beckham (87. Lennon), Lampard, J. Cole (77. Carragher) – Gerrard (90./+2 Downing) – Rooney
ECUADOR: Mora – De la Cruz, Hurtado, Espinoza, Reasco – Castillo, E. Tenorio (69. Lara) – Valencia, Mendez – Delgado, C. Tenorio (71. Kaviedes)
Tor: 1:0 Beckham (60.)
Gelbe Karten: Terry, Robinson, Carragher – Valencia, C. Tenorio, De la Cruz
Schiedsrichter: De Bleeckere (Belgien)
Zuschauer: 52 000 (ausverkauft)

25. Juni in Nürnberg
PORTUGAL – NIEDERLANDE 1:0 (1:0)
PORTUGAL: Ricardo – Miguel, Fernando Meira, Ricardo Carvalho, Nuno Valente – Costinha – Deco – Figo (84. Tiago), Cristiano Ronaldo (34. Simao) – Pauleta (46. Petit)
NIEDERLANDE: van der Sar – Boulahrouz, Ooijer, Mathijsen (56. van der Vaart), van Bronckhorst – Sneijder – van Bommel (67. Heitinga), Cocu (84. Vennegoor of Hesselink) – van Persie, Robben – Kuijt
Tor: 1:0 Maniche (23.)
Gelbe Karten: Maniche, Petit, Figo, Ricardo, Nuno Valente – van Bommel, Sneijder, van der Vaart
Gelb-Rote Karten: Costinha (45./+1), Deco (78.) – Boulahrouz (63.), van Bronckhorst (90./+5)
Schiedsrichter: Ivanov (Russland)
Zuschauer: 41 000 (ausverkauft)

26. Juni in Kaiserslautern
ITALIEN – AUSTRALIEN 1:0 (0:0)
ITALIEN: Buffon – Zambrotta, Cannavaro, Materazzi, Grosso – Perrotta, Pirlo, Gattuso – Del Piero (75. Totti) – Gilardino (46. Iaquinta), Toni (56. Barzagli)
AUSTRALIEN: Schwarzer – Moore, Neill, Chipperfield – Culina, Grella, Wilkshire – Cahill – Sterjovski (81. Aloisi), Bresciano – Viduka
Tor: 1:0 Totti (90./+5, FE)
Gelbe Karten: Grosso, Gattuso, Zambrotta – Grella, Cahill, Wilkshire
Rote Karte: Materazzi (50., grobes Foulspiel)
Schiedsrichter: Medina Cantalejo (Spanien)
Zuschauer: 46 000 (ausverkauft)

26. Juni in Köln
SCHWEIZ – UKRAINE 0:3 I.E. (0:0, 0:0)
SCHWEIZ: Zuberbühler – P. Degen, Djourou (34. Grichting), Müller, Magnin – Vogel – Cabanas – Wicky – Barnetta

– Yakin (64. Streller) – Frei (117. Lustrinelli)
UKRAINE: Shovkovskyi – Vashchuk – Husyev, Gusin, Nesmachnny – Tymoshchuk – Shelayev – Vorobyey (94. Rebrov), Kalinichenko (75. Rotan) – Voronin (111. Milevskiy) – Shevchenko
Elfmeterschießen: Shevchenko scheitert an Zuberbühler, Streller scheitert an Shovkovskyi, 0:1 Milevskiy, Barnetta verschießt, 0:2 Rebrov, Cabanas scheitert an Shovkovskyi, 0:3 Husyev
Gelbe Karte: Barnetta
Schiedsrichter: Archundia Tellez (Mexiko)
Zuschauer: 45 000 (ausverkauft)

27. Juni in Dortmund
BRASILIEN – GHANA 3:0 (2:0)
BRASILIEN: Dida – Lucio, Juan, Cafu, Roberto Carlos – Emerson (46. Gilberto Silva) – Zé Roberto – Kaka (83. Ricardinho), Ronaldinho – Adriano (61. Juninho Pernambucano), Ronaldo
GHANA: Kingson – Paintsil, Mensah, Shilla Illiasu, Pappoe – Dramani, E. Addo (60. Boateng), Appiah, Muntari – Gyan, Amoah (70. Tachie-Mensah)
Tore: 1:0 Ronaldo (5.), 2:0 Adriano (45./+1), 3:0 Zé Roberto (84.)
Gelbe Karten: Adriano, Juan – Appiah, Muntari, Paintsil, E. Addo
Gelb-Rote Karte: Gyan (81.)
Besonderes Vorkommnis: Schiedsrichter Michel erteilt Ghanas Trainer Dujkovic wegen Reklamierens in der Halbzeit Innenraumverbot
Schiedsrichter: Michel (Slowakei)
Zuschauer: 65 000 (ausverkauft)

27. Juni in Hannover
SPANIEN – FRANKREICH 1:3 (1:1)
SPANIEN: Casillas – Sergio Ramos, Pablo, Puyol, Pernia – Xabi Alonso – Xavi (72. Marcos Senna), Fabregas – Raul (54. Luis Garcia) – Fernando Torres, Villa (54. Joaquin)
FRANKREICH: Barthez – Sagnol, Thuram, Gallas, Abidal – Vieira, Makelele – Ribery, Malouda (74. Govou) – Zidane – Henry (88. Wiltord)
Tore: 1:0 Villa (28., Foulelfmeter), 1:1 Ribery (41.), 1:2 Vieira (83.), 1:3 Zidane (90./+2)
Gelbe Karten: Puyol – Vieira, Ribery, Zidane
Schiedsrichter: Rosetti (Italien)
Zuschauer: 43 000 (ausverkauft)

Viertelfinale

30. Juni in Berlin
DEUTSCHLAND – ARGENTINIEN 4:2 I. E. (1:1, 1:1, 0:0)
DEUTSCHLAND: Lehmann – Friedrich, Mertesacker, Metzelder, Lahm – Schneider (62. Odonkor), Frings, Ballack, Schweinsteiger (74. Borowski) – Klose (86. Neuville), Podolski
ARGENTINIEN: Abbondanzieri (71. Leo Franco) – Coloccini, Ayala, Heinze – Sorin – Mascherano – Lucho Gonzalez – Maxi Rodriguez – Riquelme (72. Cambiasso) – Tevez – Crespo (79. Cruz)
Tore: 0:1 Ayala (49.), 1:1 Klose (80.)
Gelbe Karten: Podolski, Odonkor, Friedrich – Sorin, Mascherano, Maxi Rodriguez, Cruz
Besonderes Vorkommnis: Ersatzspieler Cufre sah im Anschluss an das Elfmeterschießen nach einem Tritt gegen Mertesacker die Rote Karte
Schiedsrichter: Michel (Slowakei)
Zuschauer: 72 000 (ausverkauft)

30. Juni in Hamburg
ITALIEN – UKRAINE 3:0 (1:0)
ITALIEN: Buffon – Zambrotta, Cannavaro, Barzagli, Grosso – Camoranesi (68. Oddo), Pirlo (68. Barone), Gattuso (77. Zaccardo), Perrotta – Totti – Toni
UKRAINE: Shovkovskyi – Rusol (45./+2 Vashchuk) – Sviderskiy (20. Vorobyey) – Husyev, Gusin, Nesmachnyy – Tymoshchuk – Shelayev, Kalinichenko – Shevchenko, Milevskiy (72. Byelik)
Tore: 1:0 Zambrotta (6.), 2:0 Toni (59.), 3:0 Toni (69.)
Gelbe Karten: Sviderskiy, Kalinichenko, Milevskiy
Schiedsrichter: De Bleeckere (Belgien)
Zuschauer: 50 000 (ausverkauft)

1. Juli in Gelsenkirchen
ENGLAND – PORTUGAL 1:3 I. E. (0:0)
ENGLAND: Robinson – Neville, Ferdinand, Terry, A. Cole – Hargreaves – Beckham (52. Lennon/119. Carragher), Lampard, J. Cole (65. Crouch) – Gerrard – Rooney
PORTUGAL: Ricardo – Miguel, Fernando Meira, Ricardo Carvalho, Nuno Valente – Petit, Maniche – Figo (86. Helder Postiga), Tiago (75. Hugo Viana), Cristiano Ronaldo – Pauleta (63. Simao)
Gelbe Karten: Terry, Hargreaves – Petit, Ricardo Carvalho
Rote Karte: Rooney (62., Tätlichkeit)
Schiedsrichter: Elizondo (Argentinien)
Zuschauer: 52 000 (ausverkauft)

1. Juli in Frankfurt
BRASILIEN – FRANKREICH 0:1 (0:0)
BRASILIEN: Dida – Lucio, Juan – Cafu (76. Cicinho), Roberto Carlos – Gilberto Silva – Juninho Pernambucano (63. Adriano), Zé Roberto – Kaka (79. Robinho) – Ronaldo, Ronaldinho
FRANKREICH: Barthez – Sagnol, Thuram, Gallas, Abidal – Vieira, Makelele – Ribéry (77. Govou), Malouda (81. Wiltord) – Zidane – Henry (86. Saha)
Tor: 0:1 Henry (57.)
Gelbe Karten: Cafu, Juan, Ronaldo, Lucio – Sagnol, Saha, Thuram
Schiedsrichter: Medina Cantalejo (Spanien)
Zuschauer: 48 000 (ausverkauft)

Halbfinale

4. Juli in Dortmund
DEUTSCHLAND – ITALIEN 0:2 N.V. (0:0, 0:0)
DEUTSCHLAND: Lehmann – Friedrich, Mertesacker, Metzelder, Lahm – Schneider (83. Odonkor), Kehl, Ballack, Borowski (73. Schweinsteiger) – Klose (111. Neuville), Podolski
ITALIEN: Buffon – Zambrotta, Cannavaro, Materazzi, Grosso – Camoranesi (91. Iaquinta), Pirlo, Gattuso, Perrotta (104. del Piero) – Totti – Toni (74. Gilardino)
Tore: 0:1 Grosso (119.), 0:2 del Piero (120./+1)
Gelbe Karten: Borowski, Metzelder – Camoranesi
Schiedsrichter: Archundia Tellez (Mexiko)
Zuschauer: 65 000 (ausverkauft)

5. Juli in München
PORTUGAL – FRANKREICH 0:1 (0:1)
PORTUGAL: Ricardo – Miguel (62. Paulo Ferreira), Fernando Meira, Ricardo Carvalho, Nuno Valente – Costinha (75. Helder Postiga), Maniche – Figo, Deco, Cristiano Ronaldo – Pauleta (68. Simao)
FRANKREICH: Barthez – Sagnol, Thuram, Gallas, Abidal – Makelele, Vieira – Ribéry (72. Govou), Zidane, Malouda (69. Wiltord) – Henry (85. Saha)
Tor: 0:1 Zidane (33., FE)
Gelbe Karten: Ricardo Carvalho – Saha
Schiedsrichter: Larrionda (Uruguay)
Zuschauer: 66 000 (ausverkauft)

Spiel um Platz 3

8. Juli in Stuttgart
DEUTSCHLAND – PORTUGAL 3:1 (0:0)
DEUTSCHLAND: Kahn – Lahm, Nowotny, Metzelder, Jansen – Schneider, Frings, Kehl, Schweinsteiger (79. Hitzlsperger) – Klose (65. Neuville), Podolski (71. Hanke)
PORTUGAL: Ricardo – Paulo Ferreira, Ricardo Costa, Fernando Meira, Nuno Valente (69. Nuno Gomes) – Costinha (46. Petit), Maniche – Deco – Cristiano Ronaldo, Simao – Pauleta (77. Figo)
Tore: 1:0 Schweinsteiger (56.), 2:0 Petit (61., ET), 3:0 Schweinsteiger (78.), 3:1 Nuno Gomes (88.)
Gelbe Karten: Frings, Schweinsteiger – Ricardo Costa, Costinha, Paulo Ferreira
Schiedsrichter: Kamikawa (Japan)
Zuschauer: 52 000 (ausverkauft)

STATISTIK ZUR WELTMEISTERSCHAFT 2006

Finale

9. Juli in Berlin
ITALIEN – FRANKREICH 5:3 I. E. (1:1, 1:1, 1:1)
ITALIEN: Buffon – Zambrotta, Cannavaro, Materazzi, Grosso – Camoranesi (86. del Piero), Gattuso, Pirlo, Perrotta (61. Iaquinta) – Totti (61. de Rossi) – Toni
FRANKREICH: Barthez – Sagnol, Thuram, Gallas, Abidal – Makelele, Vieira (56. Diarra) – Ribéry (100. Trezeguet), Zidane, Malouda – Henry (107. Wiltord)
Tore: 0:1 Zidane (7., FE), 1:1 Materazzi (19.)
Elfmeterschießen: 1:0 Pirlo, 1:1 Wiltord, 2:1 Materazzi, Trezeguet schießt an die Latte, 3:1 de Rossi, 3:2 Abidal, 4:2 del Piero, 4:3 Sagnol, 5:3 Grosso
Gelbe Karten: Zambrotta – Sagnol, Makelele, Malouda
Rote Karte: Zidane (110., Tätlichkeit)
Schiedsrichter: Elizondo (Argentinien)
Zuschauer: 69 000 (ausverkauft)

Impressum

Sonderausgabe 2009

Redaktionsschluss: 7. September 2009

Unter Verwendung von Bildern und Texten aus: Karlheinz Huba:
»Fußball-Weltgeschichte – 1846 bis heute«, 15. Auflage 2007.

Bild und Text »WM 2010 – Südkorea«: imago, Axel Heiber

Covergestaltung: Stiebner Verlag GmbH

Umschlagfotos: SVEN SIMON

Bibliografische Information Der Deutschen Bibliothek
Die Deutsche Bibliothek verzeichnet diese Publikation in der Deutschen
Nationalbibliografie; detaillierte bibliografische Daten sind im Internet
über <http://dnb.ddb.de> abrufbar.

© 2009 Copress Verlag in der Stiebner Verlag GmbH, München
Alle Rechte vorbehalten.
Wiedergabe, auch auszugsweise, nur mit ausdrücklicher Genehmigung des Verlags.
Gesamtherstellung: Stiebner, München
Printed in Hungary
ISBN-13: 978-3-7679-0956-4
www.copress.de